国家哲学社会科学成果文库

NATIONAL ACHIEVEMENTS LIBRARY
OF PHILOSOPHY AND SOCIAL SCIENCES

经济增长的多维解构

严成樑 著

科学出版社

内 容 简 介

本书从基础理论、劳动层面、资本层面、全要素生产率层面、经济环境层面以及现代经济增长理论与中国经济增长等六个维度研究经济增长。通过对经济增长理论和现实经济问题进行深入细致的研究，以期更好地解释经济增长的动力和源泉，深化对经济增长作用机制的认识。本书在传统经济增长模型基础上引入更加现实的因素，使得经济增长模型设定与现实经济更加一致。同时，从学科交叉融合的视角拓展经济增长模型，注重研究经济增长的微观机制，丰富经济增长理论研究主题，推动经济增长理论学科发展。此外，针对中国经济增长中存在的问题，展开有关政府政策对中国经济增长影响的理论和实证研究，提出激发经济发展活力的对策建议，以更好地服务经济决策。

本书可供经济理论工作者、实际经济部门工作者、高校经管类教学科研人员和学生阅读参考。

图书在版编目（CIP）数据

经济增长的多维解构/严成樑著. —北京：科学出版社，2021.6

（国家哲学社会科学成果文库）

ISBN 978-7-03-068284-0

Ⅰ. ①经… Ⅱ. ①严… Ⅲ. ①中国经济-经济增长-研究
Ⅳ. ①F124.1

中国版本图书馆 CIP 数据核字（2021）第 041916 号

责任编辑：李 莉/ 责任校对：贾娜娜
责任印制：霍 兵/ 封面设计：黄华斌

科学出版社 出版

北京东黄城根北街 16 号
邮政编码：100717
http://www.sciencep.com

北京盛通印刷股份有限公司 印刷

科学出版社发行 各地新华书店经销

*

2021 年 6 月第 一 版 开本：720 × 1000 1/16
2021 年 6 月第一次印刷 印张：32 插页：4
字数：550 000

定价：218.00 元

（如有印装质量问题，我社负责调换）

作者简介

严成樑 1980年9月生，山西平遥人。中央财经大学经济学院教授，博士生导师。2015年入选国家高层次人才特殊支持计划（万人计划）青年拔尖人才，2020年入选教育部“长江学者奖励计划”青年学者。研究方向是经济增长理论与政策。在《经济研究》等经济学核心期刊发表数十篇学术论文，第一作者研究成果获得第二届刘诗白经济学奖、第八届高等学校科学研究优秀成果奖（人文社会科学）、北京市第十一届哲学社会科学优秀成果奖、北京市第十四届哲学社会科学优秀成果奖、北京大学优秀博士学位论文、第六次全国优秀财政理论研究成果奖等学术荣誉，获得霍英东教育基金会第十五届高等院校青年教师基金基础性研究课题资助。专著《经济增长的多维解构》入选《国家哲学社会科学成果文库》。主持国家社会科学基金重大项目、国家社会科学基金一般项目、国家自然科学基金青年项目、教育部人文社会科学研究青年项目和北京市社会科学基金重点项目等国家级、省部级项目。

《国家哲学社会科学成果文库》

出版说明

为充分发挥哲学社会科学研究优秀成果和优秀人才的示范带动作用，促进我国哲学社会科学繁荣发展，全国哲学社会科学工作领导小组决定自 2010 年始，设立《国家哲学社会科学成果文库》，每年评审一次。入选成果经过了同行专家严格评审，代表当前相关领域学术研究的前沿水平，体现我国哲学社会科学界的学术创造力，按照“统一标识、统一封面、统一版式、统一标准”的总体要求组织出版。

全国哲学社会科学工作办公室

2021 年 3 月

目　录

Contents

第 1 章

序 言

根据 Maddison 历史数据（Galor，2008），从公元 1 年到公元 1820 年，全世界人均实际国内生产总值（gross domestic production，GDP）从 445（1990 年国际元，以下单位相同）提高到 667。从公元 1820 年到公元 2001 年，全世界人均实际 GDP 从 667 提高到 6049。通过简单计算可知，以公元 1820 年为界，我们将样本分成两个区间：之前的 1820 年里，全世界人均实际 GDP 只增加了 222；之后的 180 年里，全世界人均实际 GDP 增加了 5382！后一个区间的时间长度不到前者的 1/10，但人均实际 GDP 的增幅是前者的 24 倍！与之相应的问题是，1820 年之前的经济为什么几乎是停滞的？1820 年后经济快速增长的动力是什么？同时，经济基本面相同的两个国家可能呈现截然不同的发展路径。正如 Lucas（1993）给出的经典案例“1960 年时，韩国和菲律宾的生活水平基本相当，按照 1975 年用美元衡量的人均实际 GDP，都是 640 美元，两个国家在其他方面也很相似……从 1960 年到 1988 年，菲律宾人均实际 GDP 的年均增长率是 1.8%，与全世界人均实际 GDP 的增长率相当。韩国同期人均实际 GDP 的年均增长率是 6.2%，按照此速度，每 11 年生活水平就可以翻一番”。Lucas（1993）提问“为什么韩国能产生经济增长奇迹，而菲律宾不能产生经济增长奇迹？”。经济增长理论尝试对以上经济现象给出解释，经济增长理论旨在解释经济增长的源泉，解释现实经济中不同国家和地区之间经济发展水平的差异。

1.1 研究背景

20 世纪 50 年代中后期，以 Solow（1956）为代表的新古典增长理论（neoclassical growth theory）为我们研究经济增长的源泉和解释不同国家之间收入水平的差异提供了一个基准分析范式。20 世纪 80 年代中后期，以 Romer（1986）、Lucas（1988）为代表的内生增长理论（endogenous growth theory）在新古典增长理论的基础上将技术选择内生化，进一步丰富和发展了现代经济增长理论。20 世纪 50 年代中后期和 20 世纪 80 年代中后期是经济增长理论发展的两个黄金时段。在此基础上，Barro（1990）、Romer（1990）以及 Aghion 和 Howitt（1992）等从更多的维度发展了经济增长理论，为经济增长提供了更加丰富的解释。Solow 因为对新古典增长理论的贡献获得了 1987 年的诺贝尔经济学奖，Romer 因为将技术创新融入长期宏观分析获得了 2018 年的诺贝尔经济学奖。Jones（2019）详细介绍了 Romer 对经济增长理论的贡献，其评价 Romer（1990）为“Solow 诺贝尔奖级工作以来经济增长领域最重要的文献”。Romer 获得诺贝尔经济学奖，再次凸显了经济增长理论的重要性，也为经济增长理论研究带来了新的契机。随着经济发展的深入，新的研究话题不断涌现，为理论研究提供了新的素材，这也需要在理论上有所创新才能更好地实现理论与现实的同步（Acemoglu，2012）。据此，我们认为有必要梳理经济增长理论的发展脉络和演化逻辑，并对未来进行展望。

以 Solow（1956）为标志，或者进一步追溯到 Ramsey（1928），在过去的数十年里，经济增长理论取得了巨大的发展。经济增长理论的贡献主要体现在以下三个方面：①经济增长理论为解释经济增长动力和不同国家之间的收入差距提供了基准分析框架。需要说明的是，不同学者关于经济增长动力和源泉的认识存在较大差异。Mankiw 等（1992），Nonnem 和 Vanhoudt（1996），Manuelli 和 Seshadri（2014）等强调物质资本、人力资本等要素投入对经济增长和收入差异的重要性，Hall 和 Jones（1999），Bils 和 Klenow（2000）等强调全要素生产率和技术进步对经济增长和收入差异的重要性。②经济增长理论为研究其他学科问题提供了重要的分析框架，促进了学科交叉。现有文献将经济增长理论与环境经济学、健康经济学、制度经济学、能源经济学、公共财政理论、货币经济学、社会保障理论等学科结合起来，从经济增长视角研究这些学科的问题。③经济增长理论为宏观经济政策评估提供了重要分析框架。经济增长理论可以将需求侧政策（包括财政政策、货币政策等）和供给侧政策（包括知识产权保护政策、人口政策、产业政策、就业政策等）引入模型，从经济增长或社会福利的视角通过定性或定量方法考察宏观政策的经济效应。

正如著名经济学家 Acemoglu（2012）所言，“经济增长是一个令人兴奋的领域”，这主要是以下几个方面的原因：①现实经济中还需要对很多未知的事实给出更好的解释，随着经济发展的深入，新的研究对象不断涌现，这需要在理论上也有所创新才能更好地使理论与现实同步。②经济增长是一个多维的问题，其不仅涉及总产出的增长，还包括部门结构、人口因素和地理因素以及社会性和制度性的原因。③经济增长理论可以更好地将微观和宏观结合起来，宏观经济增长是无数微观经济参与体最优化行为加总的结果。④经济增长为经验分析提供了素材，这衍生出一系列微观的基础性问题。

改革开放四十多年来，我国年均经济增长率超过 9%，创造了人类发展史上的经济增长奇迹。然而，随着人口红利减少、生产要素成本上升、资源环境约束加大和国际经济环境的不确定性增加，中国正面临着经济增长的困境。突出表现在如下两个方面：①需求侧经济增长的动力不足。过去我国经济增长主要依赖于投资和出口，经济增长过度依赖投资带来产能过剩，使投资效率下降，这进一步使投资持续高速增长的潜力下降。在出口方面，国际金融危机的持续影响及中美贸易战使我国出口需求持续低迷。同时，随着劳动力成本的不断提升，我国产品成本优势逐渐减弱，出口拉动经济增长的空间也很有限。②供给动力依赖于要素驱动，技术创新能力较弱。当前，支撑中国经济发展的资源要素禀赋条件发生变化，我国传统的依靠大量劳动力投入和资源消耗的粗放型发展方式已难以持续，经济增长面临更加严格的约束条件，潜在经济增长率出现下行。

基于以上理论和现实背景，我们需要通过发展经济增长理论，以更好地解决理论问题和回应现实关切。根据基本生产函数，总产出取决于劳动、资本和全要素生产率，本书分别对这三个变量进行研究。在劳动方面，我们关注劳动数量和劳动质量，这分别对应本书关于延迟退休和人力资本错配的论述。在资本方面，我们将从更多维度拓展资本的概念，这对应本书关于信息与通信技术（information and communication technology，ICT）资本、无形资本和社会资本的论述。在全要素生产率方面，本书从技术和产业结构变迁的视角展开论述，这分别对应技术创新以及生产要素在产业之间配置的优化。在此基础上，我们强调经济增长环境的重要性，本书从金融发展、制度质量、孝道的代际传递和福利性公共支出结构等角度给出分析。

1.2　关键问题争论

自从 Romer（1986）、Lucas（1988）发表以来，经济学家从不同维度就内生经济增长理论给出了解释，这极大地丰富了经济增长的发生机理研究，对于认识现实经济增长和宏观经济政策设计具有重要意义。但我们也看到，现代经济增长理论对于一些根本的问题仍然没有达成共识。例如，经济增长最重要的动力是什么？导致不同国家和地区之间收入差距的最重要原因是什么？同时，随着技术的进步，也产生了一些新的经济现象，这为增长理论提供了新的研究素材，也需要从理论上给出更好解释。现代经济增长理论的两个关键争论如下。

第一，关于新古典增长理论和内生增长理论学术贡献孰大孰小的争论。一些学者认为新古典增长理论更重要。例如，Mankiw 等（1995）指出“与许多其他理论相似，内生增长理论具有重要地位，但被其支持者过分夸大了”“对于理解这些经济增长奇迹，内生增长理论似乎是不必要的”。Mankiw 等（1995）认为可以将内生增长理论看作新古典增长理论的极端情形，内生增长框架下资本产出弹性趋近于 1，从而经济收敛速度趋向于 0，这对应新古典增长框架下转移动态（transitional dynamics）趋向于无限远的情形。也有学者认为内生增长理论更重要。例如，Jones（2019）认为“（内生增长理论）是经济增长理论的复兴”“只要经济学还存在，Romer（关于内生增长理论）的工作就会被铭记并被发展”。Aghion 和 Howitt（2007）认为可以将新古典增长理论看作内生增长理论的特例，其对应创新投入等于 0 的极限情形。内生增长理论旨在发掘实现经济内生增长的机制，其继承了新古典增长理论的核心分析框架，又部分地放弃了新古典增长理论关于市场完全竞争，生产要素边际产量严格递减等假设。相对于新古典增长理论，内生增长理论更加强调经济增长的微观基础，为经济增长提供了更好的解释。

第二，关于现实经济更支持哪类经济增长理论没有达成共识。一个重要的问题是，哪类经济增长理论更符合现实经济，或者说现实经济增长特征事实更支持哪类经济增长理论？现有文献就这一问题并没有达成共识。在 Romer（1994）看来，资本多样性内生增长模型与新古典增长模型的争论是没有意义的，这是因为每种模型都只能捕捉部分特征事实，适用性都相对有限。Jones（1995b）认为 *AK* 模型（生产函数为 $Y=AK$，所以学术界称其为 *AK* 模型）和创新驱动经济增长模型都不能反映现实，这是因为宏观经济政策冲击对经济增长的影响不是永久性的，这与内生增长模型的结论不一致。Klenow（1998）基于美国四位数制造业的数据发现，相对于人力资本驱动的经济增长模型，创新驱动的经济增长模型可以更好地拟合现实。Howitt（2000）认为相对于新古典增长模型，熊彼特增长模型更符合现实经济。这是因为熊彼特增长模型不仅包含了资本投入的差异，而且也体现了全要素生产率的差异。Aghion 和 Howitt（2007）认为，相对于 *AK* 模型以及水平创新驱动的经济增长模型，熊彼特增长模型在模拟现实和政策分析方面做得更好。

需要说明的是，关于现实经济数据支持哪类理论主要是通过跨国宏观数据进行实证检验的。跨国经济增长实证分析的结果很大程度上依赖于回归方程设定，尤其是回归方程中控制变量的选择（Durlauf et al.，2008）。例如，关于人力资本的测度，可以通过师生比、考试成绩、认知能力等指标来刻画。选用不同的指标测度人力资本，对应的结果也存在较大差异。正如 Ciccone 和 Jarociński（2010）所言“研究者之所以需要选择解释变量是因为经济增长的解释变量几乎和全世界的国家数目一样多，这使得使用经典的回归方程进行分析会产生不确定或脆弱的结论”。此外，一个国家所处的发展阶段不同，经济增长的动力会存在差异。一个国家在经济发展初期，可能是新古典经济增长模式，而后进入物质资本驱动的经济增长模式，最后进入资本积累与创新相互作用驱动的经济增长模式（Funke and Strulik，2000），这也可能是现实数据不支持某类经济增长理论的重要原因。

1.3 值得关注的经济增长现象

经济增长理论旨在更好地解释经济增长现象，经济增长的发展是建立在特征事实基础上的。经济增长理论对经济增长过程中的一些经典特征事实进行提炼，经典的特征事实主要包括 Kaldor（1961）提出的“卡尔多特征事实”，以及 Jones 和 Romer（2010）提出的“新卡尔多特征事实”。随着现实经济的发展，人们对现实经济的认识在不断深化，这为经济增长的发展提供了动力。我们认为以下四个事实是值得关注的重要事实。

1. 特征事实一

工业革命之前很长时间内，人们收入的增长速度很慢；工业革命之后，人们收入的增长速度越来越快。我们根据 Maddison 数据库整理了从公元 1 年到公元 2010 年按照 1990 年可比价格英镑计算的英国人均实际 GDP 数据变化趋势，如图 1-1 所示。可以看出，英国人均实际 GDP 从公元 1 年的 600 英镑增加到 1000 英镑用了 1400 年（从公元 1 年到 1400 年），人均实际 GDP 从 1000 英镑增加到 2000 英镑用了 400 年（从 1400 年到 1800 年），人均实际 GDP 从 2000 英镑增加到 3000 英镑用了 68 年（从 1800 年到 1868 年），人均实际 GDP 从 3000 英镑增加到 4000 英镑用了 21 年（从 1868 年到 1889 年），人均实际 GDP 从 4000 英镑增加到 5000 英镑用了 26 年（从 1889 年到 1915 年），人均实际 GDP 从 5000 英镑增加到 6000 英镑用了 21 年（从 1915 年到 1936 年），人均实际 GDP 从 6000 英镑增加到 7000 英镑用了 15 年（从 1936 年到 1951 年）。人均实际 GDP 位于 7000 英镑到 13000 英镑区间时，人均实际 GDP 每增加 1000 英镑平均需要 5 年，而后人均实际 GDP 每增加 1000 英镑平均仅需 1.5 年。综合上述分析，英国人均实际 GDP 增加同样幅度所需的时间不断缩短。因此，从人类长期历史来看，人们的收入水平会增加更多。现代经济增长理论强调平衡增长路径（balanced growth path），即经济增长率恒定为常数，但实际上不同阶段的经济增长率差别较大，这需要从理论上给出更多解释。需要说明的是，相对于其他国家数据，Maddison 数据库中的英国数据最全，因此，我们选取英国的数据进行分析。

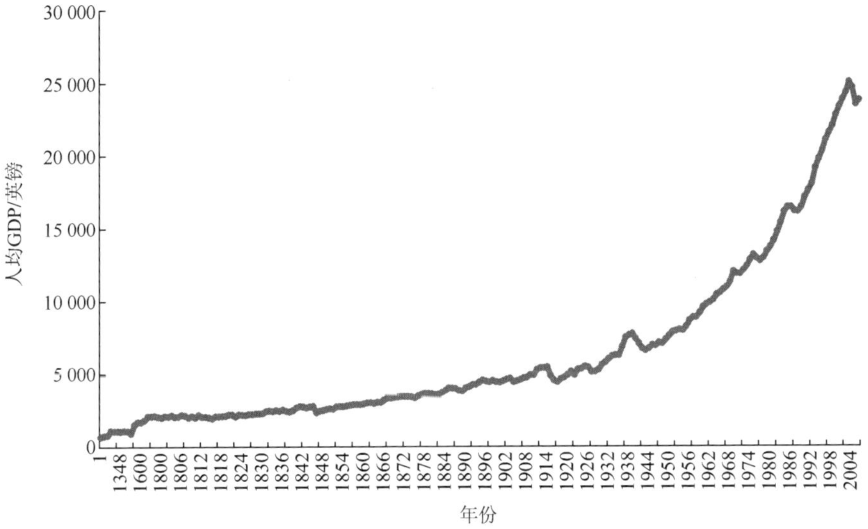

图 1-1 英国人均 GDP（1990 年可比价格）

关于人均实际收入水平上升的原因，经典的文献通过规模效应（scale effect）给出解释（Romer，1990；Kremer，1993）。规模效应是指经济的规模越大，经济增长率越高。其作用逻辑如下：①经济规模越大，高能力的人越多，从而科学家和技术人员可能会有更多，这会促进技术创新，从供给侧促进经济增长。②经济规模越大，市场规模越大，从而企业创新可以获得更多的利润，这从需求侧促进经济增长。需要说明的是，关于经济规模的定义有多种，可以是科学家、工程师数量，也可以是人口总数或是 GDP 等。事实上，人们很早就认识到经济规模是影响经济增长的重要因素。而关于现实经济中是否真正存在规模效应的争论是 20 世纪 90 年代以来随着以研发（Research and Development，R&D）为基础增长理论的兴起而开始的。Kremer（1993）通过对人类历史从公元前 100 万年以来人口规模与技术变迁变化关系进行分析，发现两者呈正相关关系，说明经济中存在规模效应。Barro 和

Sala-i-Martin(2004)通过对 1965～1975 年 87 个国家的数据以及 1976～1985 年 97 个国家的数据进行研究发现，经济增长率与劳动力规模的关系不显著，他们认为经济中不存在规模效应。Jones（1995a）通过对战后经济合作与发展组织（Organization for Economic Co-operation and Development，OECD）国家 R&D 投入和全要素生产率的变化关系的考察，发现这些国家的科学家、工程技术人员的数量及其占劳动力的比例都增加了很多，但这些国家的全要素生产率却没有变化，经济中不存在规模效应。一种普遍认同的观点是，就整个人类历史发展过程而言，经济中存在规模效应，但我们不能用规模效应来解释现代社会经济增长的差异（Dinopoulos and Thompson，1999）。

2. 特征事实二

第二次世界大战后，一些国家和地区成功实现了经济赶超，而一些国家和地区与前沿国家的距离在不断拉大。我们根据佩恩表（Penn world table，PWT）数据计算得到被誉为“亚洲四小龙”的新加坡、韩国、中国香港、中国台湾人均实际 GDP 与美国人均实际 GDP 的对比，如图 1-2 所示。我们用 2011 年不变价格计算的实际 GDP 除以总人口得到按照 2011 年不变

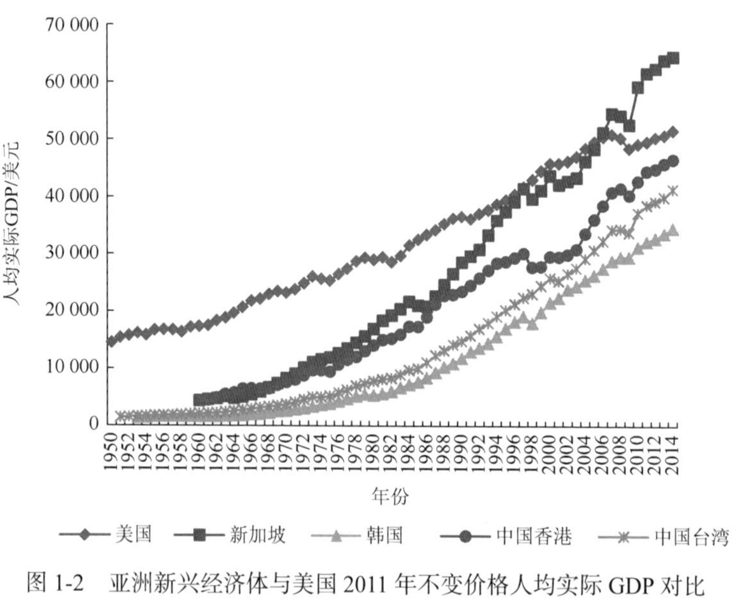

图 1-2 亚洲新兴经济体与美国 2011 年不变价格人均实际 GDP 对比

价格的人均实际 GDP。可以看出，亚洲新兴经济体较好地实现了经济转型和赶超，其中新加坡 1960 年的人均实际 GDP 只有美国的 1/4，2006 年新加坡人均实际 GDP 已经超过美国人均实际 GDP。1953 年韩国人均实际 GDP 是美国人均实际 GDP 的 8%，2014 年这一比例上升到 67%。1960 年中国香港人均实际 GDP 是美国人均实际 GDP 的 25%，2014 年这一比例上升至 90%。1951 年中国台湾人均实际 GDP 是美国人均实际 GDP 的 9%，2014 年这一比例上升至 80%。

亚洲新兴经济体的经济增长奇迹引起了学术界极大的关注。早期的研究主要从生产函数视角，考察要素投入和全要素生产率对经济增长的解释力度。例如，Young（1995）认为亚洲新兴经济体的成功主要是源于要素投入，全要素生产率的贡献很低。当然，这一结论也面临较多的质疑。例如，Hsieh（2002）强调全要素生产率对亚洲新兴经济体经济增长的重要性。Lu（2012）通过经济周期核算（business cycle accounting，BCA）的方法测算亚洲新兴经济体 1966 年以来的经济增长贡献度，研究发现，不同发展阶段的动力也存在较大的差异。在早期发展阶段，要素积累是这些地区经济增长的核心动力；而在后期发展阶段，全要素生产率上升是经济增长的主要动力。也有学者从文化的视角解释经济增长。例如，Liang（2010）认为儒家文化中对教育的重视，以及对家庭和亲人的重视是亚洲经济增长出现奇迹的重要原因，对教育的重视使得人力资本水平提高，有利于吸收国外的先进技术；对家庭的重视使得储蓄率上升和投资增加。

与亚洲新兴经济体快速发展形成鲜明对比的是阿根廷、巴西、墨西哥、哥伦比亚、秘鲁等拉丁美洲国家，这些国家的经济和前沿国家的差距越来越大。从 1980 年到 2005 年，这些国家人均实际 GDP 相对于美国人均实际 GDP 的比例整体在下降，如图 1-3 所示。需要说明的是，这些国家原来的人均实际 GDP 高于亚洲国家和地区，1960 年拉丁美洲国家的人均实际 GDP 在 4000～6000 美元，1960 年阿根廷人均实际 GDP 甚至超过 10 000 美元，而同期的韩国人均实际 GDP 为 1611 美元，中国台湾的人均实际 GDP 为 2068 美元。关于以上经济现象的解释，Howitt（2000）通过构建一个多国的熊彼特增长模型来解释国家之间发展的差异，其认为经济发展的差距不仅源于资本存量的差距，更源于技术的差距。有 R&D 投入的国家会收敛到同一增长率，原因是这些国家可以充分利用本国和别国的生产技术，而没有 R&D 投入的国家则会趋于技术停滞，因为这些国家不能利用别国的技术转移。Ungor（2017）构建了一个九部门产业结构变迁模型来解释亚洲地区与拉丁美洲地区国家发展路径的差异。研究发现，制造业部门全要素生产率和批发零售业部门全要素生产率可以解释这些地区之间的经济增长差异。

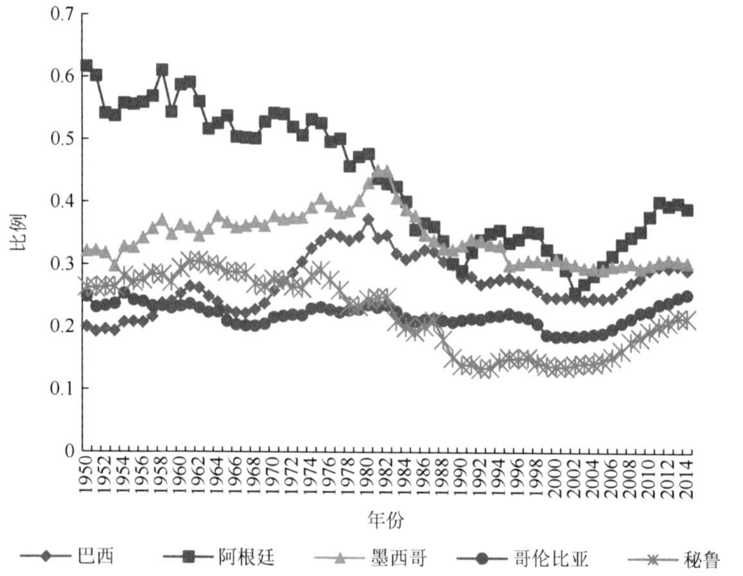

图 1-3 拉丁美洲主要国家人均实际 GDP 相对于美国人均实际 GDP 的比例

3. 特征事实三

发达国家的经济增长率呈不断下降趋势。20 世纪 60 年代以来，发达国家的经济增长率呈现下降的趋势。我们根据世界发展指数（world development indicator，WDI）数据库计算出发达国家的经济增长率，我们将样本区间分为 1961～1970 年、1971～1980 年、1981～1990 年、1991～2000 年、2001～2007 年和 2008～2016 年等六个区间。需要说明的是，我们之所以以 2007 年为样本点划分主要是因为 2007 年爆发的金融危机属于重大冲击。我们通过加总样本区间各个年份的经济增长率，而后再除以样本年份数，进而得到样本区间内的平均经济增长率。我们发现发达国家的平均经济增长率总体呈不断下降的趋势，其中日本下降的幅度最大，日本年均经济增长率从第一个年份区间的 7.98%下降到第六个年份区间的 0.49%，如图 1-4 所示。这里需要强调的是，2007 年金融危机后发达国家的经济增速急剧下滑，如 2008～2016 年法国的年均经济增长率仅为 0.09%。现有研究探讨了新技术（包括人工智能、云计算等）的推广能否扭转发达国家经济增长率持续下降的局势（Alexopoulos and Cohen，2019）。

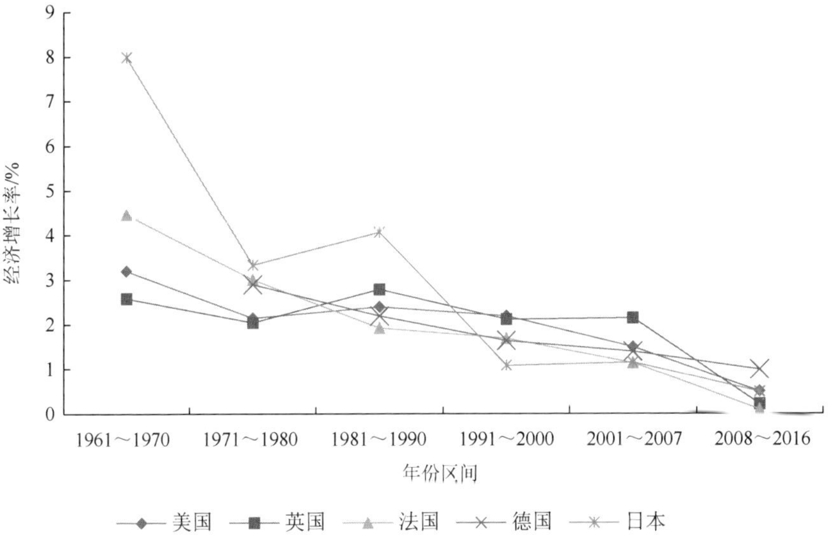

图 1-4 主要发达国家样本区间内平均经济增长率

与以上现象对应的是最近关于长期经济停滞（secular stagnation）的讨论。Cooley 和 Henriksen（2018）认为预期寿命延长和年龄结构变化通过影响储蓄与劳动供给，进而影响宏观经济的加总表现。他们认为供给侧技术进步空间变小使得供给能力受限，需求侧均衡实际利率下降使得投资需求下降，这些都是经济增长乏力的重要原因。Eichengreen（2015）从长期利率下降视角就长期经济停滞特征事实给出了解释，背后的原因包括新兴市场国家的出现使得储蓄增加，缺少吸引力的投资机会使得投资减少、投资品价格下降及人口出生率下降。Gordon（2015）从供给侧就长期经济停滞提供了解释，包括全要素生产率下降，劳动力增长率及劳动参与率的下降。Summers（2015）

认为不能完全从供给侧视角来解释经济停滞，通货膨胀暂时性和前瞻性的下降说明需求侧对于解释经济停滞也很重要。Cette 等（2016）认为，技术进步速度放缓、实际利率下降及过度信贷都是发达国家经济增长下降的重要原因。

4. 特征事实四

近年来，发达国家内部呈现发展不平衡，与前沿国家的差距呈现扩大态势。我们假设美国为技术前沿国家，将其全要素生产率单位化为 1。PWT 数据给出了这些国家相对于美国全要素生产率的变化趋势，如图 1-5 所示。可以看出，1950～1990 年，法国、德国、英国和日本的全要素生产率相对于美国全要素生产率呈现缩小的趋势，即对应经济收敛。1991 年之后，这四个国家全要素生产率相对于美国的全要素生产率呈不断扩大的趋势，这对 Quah（1996）等关于现实经济中“俱乐部收敛”（club convergence）的特征事实提出了挑战。关于经济收敛的新近讨论可以参考 Johnson 和 Papageorgiou（2020）、Battisti 等（2020）。

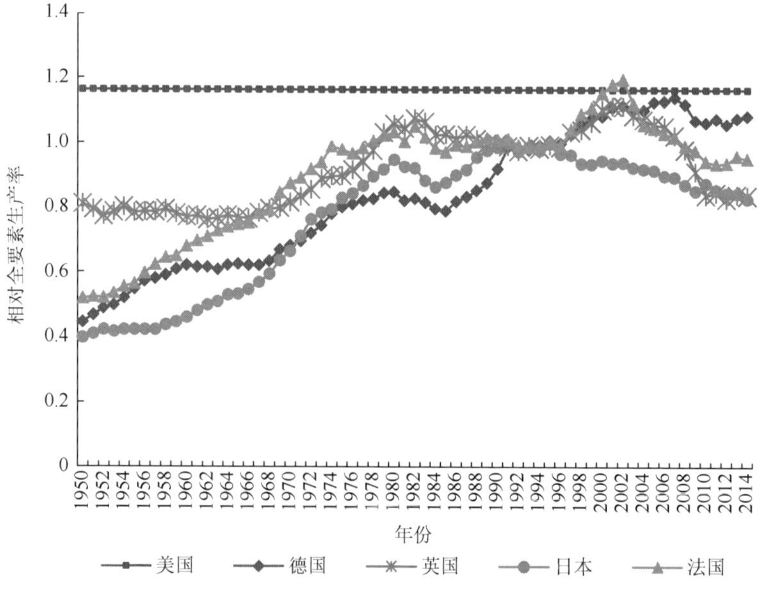

图 1-5　发达国家相对于美国的全要素生产率

Nonneman 和 Vanhoudt（1996）认为发达国家之间人均收入的差距主要是由这些国家之间 R&D 投入的差异导致的，物质资本、人力资本的差异并不能解释发达国家之间的收入差异。Howitt 和 Mayer-Foulkes（2005）在内生增长模型中区分了“现代研发”（modern R&D）与“实施”（implementation），其中前者是在最发达国家进行的，而后者则是在欠发达国家进行的。他们认为“现代研发”是经济发展差异的重要原因，经济最终会收敛到快速增长、较快增长与较慢增长三种状态，这与现实经济中各国经济发展的特征事实更相符。

1.4 本书的结构安排

本书主要包括以下六大部分内容：①介绍基础理论，包括经济增长理论（第 2 章）、经济增长政策（第 3 章）、供需互动引致的创新与经济增长（第 4 章）；②基于劳动层面的分析，包括延迟退休体现的劳动数量（第 5 章），人力资本错配体现的劳动质量（第 6 章）；③基于资本方面的分析，包括 ICT 资本（第 7 章）、无形资本（第 8 章）和社会资本（第 9 章）；④基于全要素生产率层面的分析，包括技术创新（第 10 章）、生产要素在产业之间的配置（第 11 章）；⑤基于经济增长环境层面的分析，包括金融发展（第 12 章）、制度质量（第 13 章）、孝道文化（第 14 章）和福利性公共支出结构（第 15 章）；⑥现代经济增长理论与中国经济增长，包括中国经济增长事实、跨国比较与展望（第 16 章）、关于中国经济增长模型构建的思考（第 17 章）。本书各章的主要内容如下。

第 1 章序言。本章介绍经济增长理论发展的理论和现实背景，两个关键问题的争论：关于新古典增长理论和内生增长理论的贡献大小问题，以及关于现实经济增长遵循哪类理论的问题。本章提出了四个值得关注的经济现象：①实现同等数量收入增加所需要的时间越来越短；②不同国家和地区经济发展表现差异很大；③20 世纪 60 年代以来，发达国家的经济增长率呈不断下降的趋势；④20 世纪 90 年代以来，其他发达国家距离技术前沿国家（美国）的差距在不断扩大。

第 2 章经济增长理论。该章介绍经典的经济增长理论，包括新古典增长理论、内生增长理论和统一增长理论。新古典增长理论强调外生技术进步对经济增长的重要性，内生增长理论强调资本积累和技术创新对经济增长的重要性。资本积累主要包括物质资本积累、人力资本积累和公共资本积累；技术创新包括水平创新和垂直创新。统一增长理论将古典增长理论与现代增长理论结合起来，就整个人类历史发展过程给出解释。该章系统梳理每类经济增长理论的基本框架、核心思想、研究贡献和存在不足。在此基础上，我们介绍经济增长理论的应用、经济增长理论的演进逻辑、值得关注的问题，并展望经济增长理论的未来发展。

第 3 章经济增长：需求刺激政策还是供给侧结构性改革？经济增长是由需求和供给共同决定的。需求管理政策和供给侧结构性改革通过作用于需求侧和供给侧，进而影响经济增长。该章首先从政府支出和政府收入两个视角梳理了需求管理政策，包括基于凯恩斯总需求-总供给框架及经济增长框架的分析。政府收入部分主要关注税收政策和货币政策对经济增长的影响。供给侧政策主要关注知识产权保护政策。在此基础上，我们从促进生产要素配置优化、提高劳动力数量和质量、加快创新驱动、促进产业转型升级、加快市场化改革几个方面提出了供给侧结构性改革促进经济高质量发展的路径。我们强调需求管理政策和供给侧结构性改革相互协调在经济增长中的重要性。

第 4 章供需互动引致的创新与经济增长。该章构建了一个供给与需求相互作用决定创新和经济增长的动态一般均衡模型。在该章的框架下，社会资源约束方程决定消费率，而后通过创新方程决定经济增长率。相对于社会计划者经济，分散经济下更高的消费率可以补偿供给侧动力不足的问题，使得分散经济与社会计划者经济下的经济增长率相等。在此基础上，我们评估需求刺激政策和供给刺激政策的经济绩效。我们将需求刺激政策和供给刺激政策对经济增长的影响分解为价格效应和税收效应，经济刺激政策通过价格效应促进经济增长，通过税收效应抑制经济增长。数值模拟结果显示，相对于需求刺激政策，供给刺激政策对经济增长和社会福利的促进力度更大。该章从供需互动的视角拓展了创新驱动的经济增长理论，为理解创新驱动的经济增长理论提供了一个新的研究视角。

第 5 章延迟退休、人口结构变迁与经济增长。该章构建了一个包含延迟退休的跨期迭代（overlapping generations，OLG）模型，考察延迟退休对经济增长的影响。理论分析表明，延迟退休使得劳动增长率上升，这是因为延迟退休使个体老年时期有更多的收入，从而年轻时期更多的消费和子女数量以及人口出生率上升使得劳动增长率上升，这被称为劳动扩张效应。另外，延迟退休使个体老年时期收入增加，预防性储蓄减少，资本增长率下降，使经济增长率下降，这称为资本抑制效应。延迟退休对经济增长的影响取决于上述两种效应的对比。数值模拟的结果显示，延迟退休引起的劳动扩张效应小于资本抑制效应，延迟退休使经济增长率下降。该章认为在实施延迟退休政策的同时应从宏观视角和微观视角采取经济增长刺激计划，以实现代际福利改善。

第 6 章人力资本错配、拥挤效应与经济增长。人力资本过度集聚会产生拥挤效应，这又会抑制经济增长。该章在 Lucas（1988）经典的内生增长模型基础上考虑人力资本的拥挤效应，这为现实经济中人力资本与经济增长的非显性关系提供了一个理论解释。在此基础上，该章构建了一个熊彼特增长模型来研究人力资本错配对经济增长的影响。人力资本错配是指垄断性企业相比竞争性企业有更高的收入，这使得 R&D 企业必须支付更高的工资，这提高了创新成本，使得均衡状态的 R&D 投入和经济增长率下降。基于我国省级层面数据的测算显示，我国省份之间的人力资本错配程度呈不断下降的趋势。人力资本配置在一定程度上依赖于人力资本环境，人力资本环境越好越有利于降低人力资本错配。在此基础上，该章用全球竞争力指数（global competitive index，GCI）中关于吸引人才、留住人才和人才使用效率的指数来考察人力资本环境对经济增长的影响。

第 7 章 ICT 资本与经济增长。ICT 资本对于我国经济转型和培育新的经济增长点，实现从“人口红利”型、“资本红利”型经济增长到“数字红利”型经济增长转型具有重要意义。该章构建了一个包含 ICT 资本的内生增长模型，ICT 通过投资效应作用于经济增长。基于内生增长模型的分析表明，ICT 资本可以避免生产函数中物质资本边际生产率递减的问题，从而使得经济由新古典增长模式切换为内生增长模式。ICT 投资越多，经济增长率越高。在此基础上，我们通过构建向量自回归模型（vector autoregressive model，VAR）的脉冲响应函数分析三种类型 ICT 资本对宏观经济变量的影响，探究 ICT 资本与物质资本、R&D资本和人力资本之间存在挤入效应或挤出效应。脉冲响应分析表明，人均计算设备资本对其他生产要素具有显著的挤入效应，人均通信设备资本对其他生产要素短期具有挤入效应，长期具有挤出效应；人均计算机软件和数据资本对其不同生产要素的短期和长期影响差别较大。

第8章无形资本与经济增长。该章构建了一个同时包含有形资本和无形资本的经济增长模型，从理论上考察无形资本对经济增长的重要性。基于新古典增长模型的理论研究发现，无形资本投资使得经济收敛到更高的收入水平。基于内生增长模型的研究发现，无形资本投资率越高，经济增长率越高。基于经济合作与发展组织国家数据和我国省级层面数据的经验分析发现，无形资本投资对均衡收入具有显著的促进作用。传导机制的分析表明，无形资本的三个维度，包括计算机化信息、创新特质和经济竞争力对均衡收入都具有促进作用，这说明我们应充分重视无形资本在经济增长中的作用。在此基础上，我们估算了无形资本和有形资本的边际产量，研究发现，无形资本的边际产量高于有形资本的边际产量。这说明我国经济中存在较为严重的资本错配问题，应减少有形资本投资，增加无形资本投资。

第9章社会资本与经济增长。该章在资本积累与创新相互作用的经济增长框架下内生化社会资本积累，考察社会资本偏好对经济增长的影响。我们将社会资本同时引入家庭效用函数和企业创新生产函数，研究发现，社会资本偏好通过增加社会资本投资和物质资本投资，促进R&D效率提升渠道对经济增长产生的正向影响。数值模拟显示，社会资本偏好通过经济增长渠道对社会福利的促进作用大于其通过挤出消费对社会福利的抑制作用，社会资本偏好使得社会福利水平上升。在此基础上，根据世界价值观调查数据，我们综合了社会资本各个维度（包括社会信任、社会网络和社会规范）的数据，并考察社会资本不同维度对经济增长及其传导变量的影响。

第10章R&D投入、创新与经济增长。该章构建了同时包含基础研究和应用研究的内生增长模型，研究最优R&D规模和R&D结构问题。研究发现，现实经济中R&D投入规模低于社会计划者经济下R&D投入规模。现实经济中基础研究投入占R&D投入的比例过低，应用研究投入占R&D支出的比例过高，即现实经济中存在R&D错配的问题。在此基础上，我们估算了我国省级层面的基础研究资本存量和应用研究资本存量，并估算了基础研究资本存量和应用研究资本存量对我国经济增长的贡献。研究发现，基础研究资本存量和应用研究资本存量对我国经济增长的贡献度分别为 30.89% 和 44.99%。我们认为，以往的文献没有区分不同类型 R&D 资本对全要素生产率的影响，这可能高估了物质资本对经济增长的贡献，低估了全要素生产率对经济增长的贡献。分样本的研究发现，我国基础研究资本和应用研究资本对经济增长的贡献度在下降，但两者之和仍接近 50%。相对于沿海地区，内陆地区基础研究资本和应用研究资本对经济增长的贡献度更大。

第 11 章结构变迁、扭曲与经济增长。产业结构变迁促进生产要素由生产效率低的部门流向生产效率高的部门，这被称为是结构变迁红利（structural change bonus）。产业结构变迁过程会将先进技术转移到其他部门，这被称为产业结构变迁的关联效应。该章首先通过哥廷根增长与发展中心（Groningen Growth and Development Center，GGDC）数据库考察了产业结构变迁的一般性规律。我们在传统产业结构变迁的基础上提出了广义产业结构变迁，即劳动力不仅在农业、工业与服务业三大产业之间流动；在产业内部各行业之间也存在劳动力的流动，包括工业内部各行业之间及服务业内部各行业之间的劳动力流动。在此基础上，我们分别估算了狭义产业结构变迁和广义产业结构变迁对经济增长的贡献。研究发现，无论是狭义产业结构变迁还是广义产业结构变迁，两者对经济增长的贡献度都呈倒“U”形。产业间扭曲越大，经济增长率越低。

第 12 章金融发展与经济增长。该章在一个创新驱动的内生增长框架下引入企业 R&D 融资约束，假设企业 R&D 融资约束受金融发展水平的制约。研究表明，金融发展水平越高，R&D 部门越容易融资，知识生产速度和创新能力越强，经济增长率越高。金融发展是经济持续增长的必要条件，该章从金融发展视角为经济转型提供了一个理论解释。在此基础上，运用我国省级层面的面板数据，通过实证分析考察了金融发展对我国经济增长的影响效果和作用机制。研究发现，金融发展通过创新渠道促进我国经济增长。该章的政策含义是，提高金融业的市场化水平，加强对民营企业的信贷支持，通过金融发展促进创新和经济增长。

第 13 章制度质量、经济转型与经济增长。该章在同时包含水平创新和人力资本积累的内生增长模型中引入知识产权保护与教育质量，考察制度质量对经济转型的影响。研究发现，高质量的制度是经济实现转型的必要条件，知识产权保护使创新成为经济增长的动力，高质量的教育使人力资本成为经济增长的动力。制度选择差异可以产生四种经济增长模式：新古典增长模式、人力资本驱动经济增长模式、创新驱动经济增长模式以及人力资本和创新相互作用驱动经济增长模式。在此基础上，我们通过 120 个国家 2006～2015 年的数据考察了制度质量对经济增长的影响。基于全球竞争力数据库提供的创新和人力资本方面的 3 个指标进行实证分析，结果表明知识产权保护、高校与企业的合作及教育质量对经济增长具有显著的促进作用。

第 14 章孝道的代际传递与经济增长。该章构建了一个包含孝道代际传递的跨期迭代模型，将孝道的代际传递对经济增长的影响分解为储蓄率效应和教育支出效应。孝道的代际传递通过减少储蓄率渠道抑制了经济增长，其对教育支出比例的影响不确定。孝道的代际传递使子女对父母的转移支付比例上升，这使人力资本回报率上升，通过引致效应使教育支出比例上升，但通过挤出效应使教育支出比例下降。若人力资本生产函数中教育支出的产出弹性较大，孝道的代际传递使教育支出比例和经济增长率上升；若人力资本生产函数中教育支出的产出弹性较小，孝道的代际传递对教育支出比例和经济增长率的影响都呈倒“U”形。将子女人力资本引入父母效用函数的分析表明，父母对子女人力资本的重视通过提高教育支出比例的渠道促进经济增长，但不会影响储蓄率。基于包含社会保障政策模型的分析表明，社会保障税率对经济增长的影响依赖于孝道的代际传递。孝道的代际传递程度越高，社会保障税率对经济增长的抑制作用越弱。我们认为应重视孝道的代际传递在经济增长中的作用。该章研究为理解经济增长问题提供了一个新的视角。

第 15 章公共服务市场化、消费性支出与经济增长。该章主要回答以下两个方面的问题：①公共服务应该由政府提供还是市场提供？②消费性财政支出是否具有经济增长效应？基于内生经济增长模型的研究表明，如果税收的扭曲性足够大，公共服务的外部性较小，则相对于政府提供的公共服务而言，市场提供公共服务对应更高的经济增长率和社会福利水平。基于我国省级层面的数据研究表明，财政教育支出和财政医疗支出对经济增长具有显著的促进作用，且这一结论是稳健的。财政社会保障支出对经济增长的影响不显著，甚至可能抑制经济增长。该章的理论和实证分析为公共服务市场化提供了理论依据。从促进经济增长的视角考虑，应增加消费性财政支出，尤其是财政教育支出和财政医疗支出。

第 16 章中国经济增长：事实、跨国比较与展望。该章梳理了从需求侧和供给侧研究中国经济增长动力的文献，并就中国经济增长与世界主要国家经济增长事实做了对比分析。基于我国时间序列数据的研究发现，全要素生产率和资本深化是我国经济增长的最重要动力，两者对我国经济增长的贡献度超过 80%，劳动力参与率和人力资本对我国经济增长的贡献度很低。对分样本区间的核算发现，全要素生产率和资本深化对我国经济增长的贡献度在上升，劳动力参与率和人力资本对我国经济增长的贡献度在下降。跨国对比分析发现，相对于发达国家、新兴经济体及发展中国家，我国经济增长成功的核心首先是全要素生产率，其次是资本深化，劳动力参与率的贡献度较低。我国在人力资本方面差距较大，人力资本是制约我国经济增长的短板。

第 17 章关于中国经济增长模型构建的思考。中国经济增长既要遵循世界经济发展的一般性规律，也有其自身发展的特殊性。因此，构建中国经济增长模型时，需要识别中国经济增长中的关键特征事实，并通过模型体现出来，可以采用"中国核心特征事实+标准分析方法"的思路构建中国经济增长模型。

1.5 本书的特色与创新之处

本书的特色与创新之处主要体现在如下四个方面。

第一，强调经济增长的微观基础。传统的经济增长模型主要从宏观视角解释经济增长，这存在以下两个方面的问题：①微观行为是宏观经济增长和收入差异的重要原因（Hsieh and Klenow，2009），我们需要为经济增长提供更加微观的解释。②相对于标准的经济增长模型，包含微观主体决策的框架可以更好地拟合现实经济，更适合评估微观经济政策的经济增长效应。总体变量是基于微观数据加总得到的，基于微观数据加总后，宏观经济政策对不同微观主体的影响可能相互抵消掉了，这使得基于总量数据分析得到的结论可能是有偏的。基于现有经济增长理论微观基础薄弱的问题，本书在模型设定上更注重微观机制设计。研究延迟退休对家庭微观行为选择的影响、社会资本和金融发展对经济增长影响的微观机理、孝道的代际传递对经济增长的影响，这都属于探究经济增长的微观基础。

第二，强调从学科交叉的视角研究经济增长理论。经济增长理论不仅为我们研究经济增长问题提供了基准分析框架，而且为学科交叉融合提供了重要框架。基于经济增长框架下对其他学科问题的研究，可以深化我们对经济增长问题的认识，也可以从经济增长率或社会福利极大化的视角为相关政策设计提供理论依据。本书将经济增长理论与社会学、人口经济学、产业经济学、制度经济学、公共财政理论、金融学、社会保障理论等学科结合起来，从经济增长视角研究这些学科的问题。通过学科交叉融合，本书尝试更好地研究经济增长中的理论和现实问题。

第三，理论模型构建的创新。本书在传统经济增长模型基础上引入更加现实的因素，使得内生增长模型的假定与现实经济更一致。从更细的维度来理解劳动、资本、全要素生产率和经济环境在经济增长中的作用。通过引入更多的因素来修正现有内生增长模型的缺陷，且考虑到不同要素影响经济增长机制存在的差异。例如，构建供需互动引致创新的经济增长模型，构建同时包含基础研究和应用研究的 R&D 驱动经济增长模型、内生化社会资本、内生化 ICT 资本，通过无形资本投入解释经济中存在的多重均衡点问题。

第四，学术观点的创新。通过经济增长理论与公共财政理论、产业经济学、社会保障理论、制度经济学等学科的交叉融合研究，本书提出了关于经济增长决定的一系列创新性观点。这包括：①可以采用“中国核心特征事实+标准分析方法”的思路构建适合中国经济增长的模型；②需求侧可以弥补供给侧动力不足的短板，两者相互协调有利于实现社会计划经济下的经济增长率；③人力资本过度集聚会产生拥挤效应，人力资本的拥挤效应会抑制经济增长；④经济增长过程中存在基础研究与应用研究投入的错配；⑤经济增长过程中存在有形资本与无形资本的错配；⑥产业结构变迁对经济增长率的影响呈倒“U”形；⑦经济中存在最优的产业要素匹配结构；⑧孝道的代际传递对经济增长的影响不确定；⑨强调消费性财政支出对经济增长的重要性等。

第　2　章

经济增长理论

经济增长是经济学家关注的永恒主题。斯密（Smith）、马尔萨斯（Malthus）、李嘉图（Ricardo）等古典经济学家对经济增长问题都有深入的研究。古典增长理论具有丰富的经济思想，这对现代经济增长理论，尤其是对内生增长理论发展有深远的影响。经济增长理论的发展始终贯穿着如下两个主题：①更好地阐释经济增长的源泉；②更好地解释不同国家和地区之间收入水平及经济增长的差异。不同学者对于这些问题的认识差别较大，有学者认为技术进步速度的差异是经济增长差异的重要原因，也有学者将经济增长的差异归因于偏好、人力资本水平及制度安排等。

经济增长理论将现实经济核心特征模型化。正如 Solow（1956）所言“经济学家构建的模型包含了现实经济的关键经验规则（empirical regularities），我们通过这些模型来解释现实经济现象并给出政策建议”。我们通常认为现代经济增长理论的起源是 Harrod（1939）和 Domar（1946）建立的哈罗德-多马（Harrod-Domar）模型，该模型将凯恩斯框架的短期分析拓展到长期分析，其认为经济系统是不稳定的（Hagemann，2009）。Solow（1956）建立的新古典增长模型通过假设生产函数中资本与劳动存在替代关系旨在回应 Harrod-Domar 模型经济增长不稳定的问题。以 Romer（1986）和 Lucas（1988）为代表的内生增长模型在新古典增长模型基础上内生化经济增长率，进一步深化了人们对经济增长问题的认识。经济增长理论博大精深，除了新古典增长模型和内生增长模型外，20 世纪 50 年代以来还有一些重要的研究，包括卡尔多经济增长模型、卡莱斯基（Kaleckian）经济增长模型、演化经济增长模型等。需要说明的是，尽管现代经济增长理论学派众多，但纵观其发展过程，新古典增长理论以及在此基础上发展起来的内生增长理论是现代经济增长理论的主流，沿着这条线索发展的经济增长理论也被称为正统经济增长理论，运用其他分析范式建立的经济增长理论被视为非正统经济增长理论（Dutt，2017）。

Solow（1956）建立的新古典增长模型在构建正式经济增长模型过程中迈出了伟大的第一步（Romer，1994）。现代经济增长理论包括新古典增长理论和内生增长理论两个发展阶段，其中内生增长理论又包括资本多样化的经济增长理论和创新驱动的经济增长理论。现代经济增长理论的演化本质上是对生产函数的拓展。生产函数不仅使得经济增长理论与微观经济学联系起来，而且也搭建了模型和数据之间的桥梁（Acemoglu，2009）。新古典增长理论通过外生技术进步和劳动力增长来解释经济增长，新古典增长理论也被称为外生增长理论。内生增长理论认为经济增长率是由经济参与体（包括家庭、厂商和政府）的最优化行为决定的，而不是外生给定的。新古典增长理论在解释现实经济方面存在的不足促成了内生增长理论的兴起。内生增长理论放弃了新古典增长理论的一些关键假设，如假设外生技术进步，以及假设不同的技术水平相同（Romer，1994）。相对于新古典增长理论，内生增长理论关于经济增长源泉的解释非常丰富。从技术性来看，内生增长理论要求平衡增长路径上资本的边际生产率为满足某些参数条件（大于贴现率）的常数。自 20 世纪 50 年代中期 Solow（1956）发表以来，尽管经济增长理论的文献浩如烟海，但本质上都是在新古典增长模型和内生增长模型基础上做的改进和拓展。

以 Solow（1956）为代表的新古典增长理论为我们阐释经济增长的源泉和解释不同国家之间收入水平及经济增长的差异提供了一个标准的分析范式。20 世纪 80 年代中后期，以 Romer（1986）、Lucas（1988）为代表的内生增长理论在新古典增长理论的基础上将技术选择内生化，进一步丰富和发展了现代经济增长理论。内生增长理论突破了新古典增长理论关于技术进步外生的假设，强调技术进步内生。相对于新古典增长理论，内生增长理论的两个突出特点：①经济增长率是内生的，取决于经济参与者（包括消费者、厂商和政府等）的最优化行为；②政府政策可以通过影响经济参与者的最优化行为，进而影响经济增长。内生增长理论为政府政策影响经济增长提供了重要理论基础，同时为我们研究其他问题提供了一个重要的分析框架。随着内生增长理论的兴起，宏观公共财政理论、健康经济学、环境经济学、制度经济学等学科都获得了很大的发展。根据 Romer（1993）、Zeng（1997），我们可以将内生增长理论分为以资本为基础的（capital-based）增长理论和以思想为基础的（idea-based）增长理论。以资本为基础的增长理论认为资本积累是经济增长的重要力量，创新驱动经济增长理论则强调创新和知识积累在内生化技术进步与经济增长中的重要作用。

2.1 经济增长理论：从特征事实到经济增长模型

经济特征事实（stylized facts）为经济增长理论提供研究对象，经济增长理论需要精准地拟合和解释经济增长事实。现实经济现象纷繁复杂，经济学家通过总结、归纳、抽象出核心特征事实，对核心经济特征事实的提炼在很大程度上依赖于经济学家对经济现象的认知。现代经济增长理论发展过程中影响较大的有 Kaldor（1961）提出的卡尔多特征事实，以及 Jones 和 Romer（2010）提出的新卡尔多特征事实。Kaldor（1961）提出的卡尔多特征事实包括以下内容：①人均产出随着时间的推移持续增长；②劳均资本持续增长；③资本回报率几乎为常数；④资本产出比总体稳定；⑤国民收入中资本收入份额和劳动收入份额总体稳定；⑥不同国家之间的经济增长率差别较大。随着经济社会的发展，经济增长呈现出一些新的发展态势。基于对经济增长新现象的判断，Jones 和 Romer（2010）提炼出了新卡尔多特征事实。相较于卡尔多特征事实主要强调资本对经济增长的作用，新卡尔多特征事实更多地强调知识、制度、人口和人力资本在经济增长中的重要性。Jones 和 Romer（2010）提出的新卡尔多特征事实主要包括以下内容：①随着全球化和城市化进程的加快，物品、知识、金融和人口流动增加，这使得市场范围得以扩张；②在过去的一个多世纪中，总人口和人均 GDP 的增长率呈不断增加的趋势；③人均实际 GDP 增长率的方差随着与技术前沿距离的增加而不断上升；④要素投入对跨国人均实际 GDP 差异的解释力度不超过二分之一；⑤劳动力的人力资本水平不断上升；⑥技术性劳动力相对于非技术性劳动力人力资本水平的上升并没有引起相对工资的很大变化，即相对工资长期保持稳定。新卡尔多特征事实拓展了人们对经济增长问题的认识，也为经济增长理论研究提供了更多的话题。其他有影响力的特征事实，包括 Romer（1994）提出的五个特征事实：①市场上存在很多厂商；②知识具有非竞争性，可以同时被很多人使用；③物质活动（physical activities）是可以被复制的，生产函数对竞争性投入满足常数规模报酬；④人们的经济活动引起经济增长；⑤个人和企业可以从发现新知识、新产品中获得垄断利润。

如何在纷繁复杂的经济现象中捕捉和提炼核心经济事实并将这些问题模型化体现了不同学者的不同认识。在捕捉经济增长核心特征事实的基础上，经济学者通过构建动态一般均衡经济增长模型来研究现实。经济增长模型设定的组成部分，包括家庭行为、企业行为、政府行为、产品市场出清及要素市场出清。Solow（1956）是现代经济增长理论发展过程中的基准性工作。在 Solow 模型基础上，Cass（1965）、Koopmans（1965）将家庭的消费储蓄选择内生化，提出了无限期限（infinite horizon）分析框架，这被称为拉姆齐-卡斯-库普曼斯（Ramsey-Cass-Koopmans）模型。Diamond（1965）提出有限期限（finite horizon）的跨期迭代模型，这也被称为戴蒙德（Diamond）模型。以上两个模型为现代经济增长理论的发展提供了基础性工作。在此基础上，经济学者将单部门模型拓展为两部门模型和多部门模型，模型维度的提高意味着内生变量数量的增加，不同部门生产的产品存在差异。或是尽管两个部门生产的产品相同，但部门特征也存在较大差异。

经济增长模型反映了经济学者对现实经济运行的认知，是经济学思想的数学表述。经济增长模型得到的结论在很大程度上依赖于模型核心假设，基本假设不同，对应机制不同，得到的结论也差别较大。通常而言，模型假设需要兼顾以下两个方面：①模型设定需要有较好的现实依据，或者说，模型设定至少不能与现实相违背。②技术性要求。例如，为了得到内点解，我们需要假设生产函数满足 Inada 条件。再如，内生增长模型中，根据平衡增长路径上经济增长率大于零的条件及横截性条件，我们要求消费、资本和产出的增长率相等（Barro and Sala-i-Martin，2004）。经济增长模型本身存在一定的局限性，即使最为经典的模型也只能将有限因素内生化，只能反映部分核心特征事实。而现实经济是纷繁复杂的，模型无法体现全部因素。经济增长模型需要用尽量简洁的数学语言刻画现实经济的核心特征事实，模型构建中每一个内生变量的选取都非常关键，不能有冗繁变量。客观的说，任何模型都面临着我们期望从模型中得到什么与给定建模技巧状态下可行性之间的妥协（Romer，1994）。通常而言，一个好的经济增长模型，需要回答以下几个方面的问题：①新引入变量区别于模型中已有变量的核心特征是什么？②内生化该变量的机制是什么？或者说消费者或企业采用内生该变量的激励是什么？③如何模型化该变量既能体现作者的核心思想，也能与经济增长理论的技术性要求相契合。

在理论模型构建基础上，我们可以运用现实经济数据来检验理论假设和结论是否正确。一个好的经济增长模型需要经历从经济事实到理论模型，而后再从理论模型到现实数据检验的反复循环，以期得到更加精准的模型。其演进逻辑如下：特征事实+技术性设定→基准模型→实证检验→拓展的模型→实证再检验→更加精炼的模型。WDI 数据库、PWT 数据库、GGDC 数据库、Maddison 数据库等跨国可比宏观数据库的推出极大地促进了经济增长经验分析的发展，并促使了一批经典文献的产生，如 Barro（1991）、Mankiw 等（1992）、Islam（1995）。这些文献通过跨国截面数据或面板数据研究经济增长，为经济增长理论模型设定和结果检验提供了经验支持。此外，近年来个人和企业层面微观数据的大规模使用使人们对经济增长问题有了更加深刻的认识（Hsieh and Klenow，2009）。

需要说明的是，尽管各种经济增长模型都存在一定的局限性，但我们不能因为这些局限而完全否定经济增长理论。正如 Temple（2003）对经济增长理论与现实经济不相一致以及经济增长理论中包含过多强假设的论述“……经济增长模型总是过于简化，因此，简单地运用经济增长模型来分析过去或是预测未来都是错误的。那么，经济增长理论的作用是什么？理论模型的作用在于其为我们提供了一个思考的实验室（thought laboratory），这使得我们可以分析并量化参数变化以及政策干预对经济的影响……理论模型的结论往往取决于一些强假设，但这并不意味着理论模型是无用的，因为这些必要假设可以为我们提供重要的分析素材。这有利于简化分析，而且即使放宽这些假设，我们也会面临同样的问题……”总之，理论模型的各种强假设有利于我们更好地分析问题。同样地，尽管经济增长理论与现实经济存在一定的差距，但它反映了人们对经济增长实现机制的认识，也为我们研究问题提供了重要的分析框架。

经过六十多年的发展，经济增长理论的研究范式已经很成熟，但经济增长理论面临着数学滥用（mathiness）的问题。大量经济增长理论模型论文关注的重点是从数学上如何实现某一结论，而对模型中体现的经济直觉、模型设定的现实依据、模型是否能很好地解释现实等关注不够。正如 Romer（2015）在“Mathiness in the theory of economic growth”（《经济增长理论中的数学滥用》）一文中指出的那样，数学滥用忽视了变量之间的逻辑关系，会导致错误的结论。经济增长模型的构建应遵循清晰、精确、严谨的原则。如何用简洁的数学语言刻画反映现实经济的关键变量是理论面临的重要挑战。经济增长理论需要回归现实问题，更好地解释经济增长现象。

2.2 原始的模型

Solow（1956）建立的 Solow 模型引领了现代经济增长理论的发展。在 Solow 模型的基础上，Cass（1965）、Koopmans（1965）将家庭的消费储蓄选择内生化，提出了无限期限框架下的最优增长模型，这被称为 Ramsey-Cass-Koopmans 模型，这是现代经济增长理论的基准分析框架。需要说明的是，Ramsey（1928）在《储蓄的数学理论》一文提出了内生化家户储蓄的工作，但直到 20 世纪 60 年代，Cass（1965）和 Koopmans（1965）在 Solow（1956）模型的基础上建立了内生化储蓄率的最优增长模型，人们才意识到 Ramsey（1928）工作的重要性。Barro 和 Sala-i-Martin（2004）甚至认为现代经济增长理论可以追溯到 Ramsey（1928）。在该框架下，经济行为人的最优性问题是

$$\max\int_0^{+\infty} u(c)\mathrm{e}^{-(\rho-n)t}\,\mathrm{d}t \tag{2-1}$$

其面临的预算约束方程是

$$\dot{k} = Af(k) - (n+\delta)k - c \tag{2-2}$$

其中，c 表示人均消费；$u(c)$ 表示效用函数；ρ 表示贴现率；n 表示人口增长率；k 表示人均资本，$k(0)=k_0$；A 表示技术水平；$Af(k)$ 表示人均生产函数；δ 表示资本折旧率。

以上模型隐含了很多其他假定。例如，假设完全竞争市场，行为人是同质的，企业是同质的，构建的是包含家体和企业的两部门模型，没有考虑政府行为、封闭经济的框架等。需要说明的是，Solow 模型中只是考虑了方程（2-2）的资本动态积累方程，没有考虑代表性个体的跨期最优选择。假设储蓄率 s 为外生给定，消费率为 $1-s$，从而 $c=(1-s)Af(k)$，将其代入方程（2-2）可以得到 $\dot{k}=sAf(k)-(n+\delta)k$，这一方程即为 Solow 模型的核心方程。

在以上模型中，经济的两个基本面是供给侧和需求侧。供给侧对经济增长的影响主要通过生产函数来体现，我们将在以后的章节中给出说明。需求侧对经济增长的影响主要通过拓展效用函数来体现，具体是指将效用函数由 $u(c)$ 拓展为 $u(c,x)$。其中，c 表示消费；x 表示影响福利水平的其他变量。根据文献进展，可以将 x 表示为闲暇、社会平均消费、财富、习惯形成、健康水平、环境质量等。现代经济增长理论强调供给侧对经济增长的决定作用，需求侧对经济增长的作用被弱化，即在经济增长理论中供给与需求的地位并不对等。事实上，给定生产函数性质，经济增长特征就会自然决定。例如，在方程（2-2）中，假设 $Af(k)=Ak^{\alpha}$。其中，A 为大于 0 的常数，若 $0<\alpha<1$，则均衡状态的经济增长率等于 0；若 $\alpha=1$，则模型具有内生增长模型的特征，经济增长率大于 0。我们再以经典模型为例予以说明，在 Lucas（1988）模型中，给定人力资本的动态积累方程，其实就决定了经济是内生持续增长的。在 Romer（1990）的创新驱动模型中，给定知识生产函数，就决定了经济是内生增长的。在 Jones（1995a）的半内生增长框架下，给定知识生产函数的形式，自然就决定了平衡增长路径上的经济增长率。

一个重要的问题是，在经济增长决定中，既然需求侧是从属于供给侧的，那么需求侧效用函数拓展在经济增长理论中发挥何种作用？我们认为效用函数拓展至少发挥两方面的作用：第一，在效用函数中内生化更多新的变量，这会改变代表性个体跨期消费决策的最优性条件。因此，在供给侧生产函数决定经济增长模式的基础上，需求侧偏好拓展可以研究更多的现实经济问题。例如，Zou（1994）将财富偏好引入效用函数，其发现财富偏好越强，经济增长率越高。第二，效用函数拓展极大地提高了经济增长理论对现实经济的解释能力，或者说使得经济增长理论模型可以更好地拟合现实经济。例如，Carroll 等（2000）将习惯形成引入效用函数后发现，拓展的模型可以更好地解释储蓄和经济增长的关系。效用函数拓展对解释经济增长中的经典问题，如贫困性陷阱、经济增长不确定性等也有很大帮助。

现有文献在以上原始模型基础上内生化更多的控制变量和状态变量，以研究更多现实经济问题。这里需要强调的是，我们需要为引入的内生变量提供深刻的理论解释，并从微观机理上给出说明。一些变量引入模型后会对生产函数和效用函数都产生影响。例如，在环境经济学和经济增长理论交叉融合的模型中，一方面，环境质量会影响人们的福利水平，从而进入效用函数；另一方面，环境质量通过影响劳动者的健康水平，从而进入生产函数。以上原始模型是考虑家庭部门和企业部门的两部门模型，我们可以将其拓展为包含政府的三部门模型。政府政策（包括财税政策、货币政策、社会保障政策、环境政策、产业政策等）通过影响家庭和企业的最优化决策，从而影响经济增长。

方程（2-1）和方程（2-2）构建的是确定性经济增长模型，现实经济中面临各种不确定性，这会通过直接或间接渠道影响经济增长。因此，我们可以将以上模型拓展为随机增长框架，这体现在可以将随机变量 z 引入生产函数，从而人均生产函数拓展为 $y = Af(k,z)$，Brock 和 Mirman（1972）、Merton（1975）是这方面的经典文献。随机冲击的来源是多元的，可以是供给侧的冲击，如技术冲击、劳动供给冲击；也可以是需求侧的冲击，如偏好冲击；还可以是政府政策冲击，如政府支出冲击。将随机冲击引入内生增长模型，可以研究不确定性对平均经济增长率的影响。Acemoglu（2009）较为详细地介绍了随机经济增长模型的原理和应用。

方程（2-1）和方程（2-2）构建的是封闭经济模型，我们可以在以上模型基础上考虑国外部门，从而将其拓展为开放经济框架。在这种情况下，需要考虑产品流动、资本流动和知识流动等问题，这对应经济增长理论和国际贸易理论的交叉融合。这方面研究的经典文献有 Krugman（1979）以及

Grossman 和 Helpman（1991）。通常而言，发达国家具有技术优势，发展中国家劳动力的成本更低，发展中国家的吸收能力（absorptive capacity）对于吸引技术和外商直接投资（foreign direct investment，FDI）至关重要。开放经济框架下，可以研究发达国家和发展中国家的创新、模仿和知识产权保护问题，也可以从更加微观的视角研究 Lucas（1990a）悖论，即资本为什么没有从富国流向穷国？

2.3 新古典增长理论

新古典增长理论产生于 20 世纪 50 年代中期，Solow（1956）构建了一个基准模型来解释不同国家和地区之间的经济增长与收入差距问题，这被称为 Solow 模型。这里需要首先提及的是 Harrod（1939）和 Domar（1946）建立的 Harrod-Domar 模型，其催生了以 Solow 为代表的新古典增长理论的兴起。在 Harrod-Domar 模型中，有保证的（warranted）经济增长率取决于储蓄率与资本产出比，而自然（natural）增长率则取决于人口增长率与技术增长率。由于储蓄率、资本产出比、人口增长率及技术增长率都是外生给定的参数，因此，有保证的经济增长率与自然增长率相等需要增加很强的参数约束条件，或者说两者相等只能是一种偶然。在 Harrod-Domar 模型中，不存在使得有保证的经济增长率与自然增长率相等的机制，因而经济是不稳定的。基于 Harrod-Domar 模型存在的经济不稳定问题，Solow（1956）修正了 Harrod-Domar 模型中生产函数要求资本和劳动满足固定比例的条件，假设新古典生产函数，即生产过程中资本和劳动可以相互替代。在 Solow 模型中，资本产出比的调整使得有保证的经济增长率与自然增长率相等，从而经济依靠内生的动力可以收敛到稳态均衡。Solow 模型获得了极高的评价，Romer（1994）认为“其在构建正式经济增长模型过程中迈出了伟大的第一步”，Acemoglu（2009）则认为“这个模型不仅塑造了对经济增长的分析方法，而且塑造了对整个宏观领域的分析方法”。基于对经济增长理论的突出贡献，Solow 获得了 1987 年的诺贝尔经济学奖。

2.3.1 Solow 模型

Solow 模型假设企业利用资本 K 、劳动 L 和技术 A 生产最终产品 Y ，假设柯布-道格拉斯（Cobb-Dauglas）形式的生产函数 $Y = K^{\alpha}(AL)^{1-\alpha}$ 。假定初始的技术水平为 $A(0)$，技术进步的速度为 g ，从而 $A(t) = A(0)\mathrm{e}^{gt}$ 。初始的劳动数量为 $L(0)$ ，劳动力增长率为 n ，从而 $L(t) = L(0)\mathrm{e}^{nt}$ 。假设封闭经济的框架，经济中只有家庭部门和企业部门，不考虑政府部门。总量资本积累动态方程为

$$\dot{K} = sK^{\alpha}(AL)^{1-\alpha} - \delta K \tag{2-3}$$

其中，s 表示储蓄率；δ 表示资本折旧率。定义人均有效劳动资本 $k = K/(AL)$ ，我们可以推导出人均有效劳动资本的动态积累方程：

$$\dot{k} = sk^{\alpha} - (n + \delta + g)k \tag{2-4}$$

根据方程（2-4）可以推导出人均有效劳动资本对应的经济增长率：

$$\frac{\dot{k}}{k} = sk^{\alpha-1} - (n + \delta + g) \tag{2-5}$$

根据方程（2-5），结合均衡状态（steady state）的定义可以得到均衡状态劳均资本存量：

$$k^{*} = \left[\frac{s}{n + \delta + g}\right]^{\frac{1}{1-\alpha}} \tag{2-6}$$

根据方程（2-6），均衡状态的劳均资本存量取决于储蓄率、人口增长率和资本折旧率。通过比较静态分析可知，储蓄率越高，均衡状态劳动资本水平越高。人口增长率越高，均衡状态的人均资本存量越低。资本折旧率越高，均衡状态的人均资本存量越低。由于均衡状态的人均收入取决于资本存量，且人均收入与人均资本存量正相关。因此，储蓄率增加使得均衡状态收入上升。人口增长率上升或资本折旧率上升使得均衡状态的收入下降。我们可以得到均衡状态人均资本存量和人均收入的增长率等于技术进步速度 g ，总产出和总资本的增长率等于人口增长率与技术进步速度之和 $n + g$ 。需要说明

的是，在新古典增长模型中，储蓄率虽不能影响均衡状态的经济增长率，但可以影响转移动态过程的经济增长率。且储蓄率越高，转移动态过程中的经济增长率越高。

2.3.2 Mankiw 等的模型

Solow 模型强调外生技术进步、储蓄率和劳动力增长率对解释跨国收入差异的重要性。Mankiw 等（1992）在 Solow 模型的基础上引入人力资本以更好地解释现实不同国家和地区经济发展水平的差距。Mankiw 等（1992）给出如下形式的生产函数：

$$Y = K^{\alpha} H^{\beta} (AL)^{1-\alpha-\beta} \tag{2-7}$$

其中，Y、K、H、A、L 分别表示总产出、物质资本、人力资本、外生技术和劳动力数量。假定初始技术为 $A(0)$，技术进步速度为 g，从而 $A(t) = A(0)\mathrm{e}^{gt}$。初始劳动数量为 $L(0)$，劳动力增长率为 n，从而 $L(t) = L(0)\mathrm{e}^{nt}$。

Mankiw 等（1992）给出如下的物质资本和人力资本动态积累方程：

$$\dot{K} = s_K Y - \delta_K K \tag{2-8}$$

$$\dot{H} = s_H Y - \delta_H H \tag{2-9}$$

其中，s_K 和 s_H 分别表示总产出中用于物质资本投资和教育投资的比例；δ_K 和 δ_H 分别表示上述两种资本对应的折旧率，为简化起见，假设 $\delta_K = \delta_H = \delta$。我们用 $k = K/(AL)$、$h = H/(AL)$ 分别表示人均有效劳动的物质资本、人力资本，可以得到人均有效劳动的产出水平 $y = Y/(AL) = k^{\alpha} h^{\beta}$。根据上述定义，结合方程（2-8）和方程（2-9），可以得到人均有效劳动的物质资本和人力资本的动态积累方程：

$$\dot{k} = s_K y - (n + g + \delta)k \tag{2-10}$$

$$\dot{h} = s_H y - (n + g + \delta)h \tag{2-11}$$

我们用 k^* 和 h^* 分别表示均衡状态人均有效劳动的物质资本和人力资本，令 $\dot{k} = 0$，$\dot{h} = 0$，从而可以求得

$$k^* = \left(\frac{s_K^{1-\beta} s_H^{\beta}}{n + g + \delta} \right)^{\frac{1}{1-(\alpha+\beta)}} \tag{2-12}$$

$$h^* = \left(\frac{s_K^{\alpha} s_H^{1-\alpha}}{n+g+\delta}\right)^{\frac{1}{1-(\alpha+\beta)}} \tag{2-13}$$

在此基础上，我们可以求得 y^*：

$$y^* = \left(\left(\frac{s_K}{n+g+\delta}\right)^{\alpha}\left(\frac{s_H}{n+g+\delta}\right)^{\beta}\right)^{\frac{1}{1-(\alpha+\beta)}} \tag{2-14}$$

根据方程（2-14），人均有效劳动产出与物质资本投资率和人力资本投资率呈正相关，与劳动力增长率、外生技术进步速度及资本折旧率呈负相关。

Mankiw 等（1992）在 Solow（1956）基础上引入人力资本积累，运用跨国截面数据发现，包含人力资本积累的新古典增长模型对发展中国家人均收入差异的解释能力高达 78%，因而该框架可以较好地解释不同国家之间的收入差异问题。他们认为传统的 Solow 模型没有考虑人力资本积累，由此得到的回归方程存在严重的变量缺失问题，这不能很好地解释国家之间收入水平的差异。Mankiw 等（1992）的工作在学术界存在广泛的争论，Klenow 和 Rodríguez-Clare（1997）以及 Bernanke 和 Gurkaynak（2001）围绕 Mankiw 等（1992）中的指标选择、样本选取、模型设定、计量方法等展开讨论。

MRW（Mankiw，Romer，Weil）框架已经成为经济增长经验分析的一个基本范式。很多学者在 Mankiw 等（1992）的基础上做了拓展，考察了各种资本投入对经济增长的影响，从而丰富了这一框架下的研究结论。在 Mankiw 等（1992）的基础上可以将生产函数拓展为

$$Y = \left(\prod K_i^{\alpha_i}\right)(AL)^{1-\sum \alpha_i} \tag{2-15}$$

对应的第 i 种类型资本的动态积累方程可以表述为 $\dot{K}_i = s_i Y - \delta K_i$。这里的第 i 种资本可以是 R&D 资本、政府公共资本、健康资本、社会资本等。Knowles 和 Owen（1995）认为，教育水平并不能完整地刻画人力资本水平，健康水平也是衡量人力资本水平的重要指标。他们在 Mankiw 等（1992）的基础上引入健康资本，根据 22 个发达国家和 62 个发展中国家的数据，研究发现，健康投资可以显著促进经济增长。严成樑（2011）给出了同时包含教育资本、健康资本和 R&D 资本的拓展的 MRW 模型。王弟海等（2016）基

于138个国家（地区）的数据发现，健康投资是导致跨国收入差异的重要原因。Nonneman和Vanhoudt（1996）在Mankiw等（1992）的基础上引入R&D资本，以22个OECD国家的数据为样本，研究发现包含R&D资本的MRW模型对OECD国家之间收入水平差异的解释能力高达73.2%，从而解决了Mankiw等（1992）面临的批判。Ishise和Sawada（2009）在Mankiw等（1992）的基础上引入社会资本（social capital），并估算了社会资本对经济增长的影响。研究发现，社会资本可以显著促进经济增长，但其对产出的影响力度要小于其他资本投入，社会资本的产出弹性为0.1左右。

20世纪90年代以来，Mankiw等（1992）在Solow模型的基础上考虑更多要素来解释不同国家之间收入的差异被称为“新古典复兴”（neoclassical revival）（Klenow and Rodríguez-Clare，1997）。时至今日，新古典增长模型仍是宏观经济分析的重要框架。McGrattan和Prescott（2010）基于新古典增长模型的数值模拟表明，新古典增长模型可以更好地拟合现实经济。

2.3.3 简要评论

综合上述介绍，新古典增长理论以Solow（1956）为基准，在此基础上引入更多累积性要素，假设外生技术进步，强调要素投入对跨国收入差异的重要性。新古典增长理论面临各种批判，其中三个突出的批判如下：①新古典增长理论通过假设外生增长来解释经济增长，并没有揭示经济增长的真实源泉。在新古典增长框架下，全要素生产率的增长率外生给定，全要素生产率属于“黑匣子”。②新古典增长理论并不能很好地解释不同国家和地区之间的收入水平差距。经典的经验文献在指标选取、内生性处理、假设样本中所有国家具有相同的技术、假设经济处于均衡状态等方面都存在问题。例如，Klenow和Rodríguez-Clare（1997）修正了Mankiw等（1992）关于人力资本投资水平的测度指标，基于明瑟（Mincer-based）方法估算人力资本，发现物质资本和人力资本对跨国收入差异的解释能力不超过15%，全要素生产率对跨国收入差异的解释能力不低于85%，这彻底颠覆了Mankiw等（1992）的结论。③关于经济收敛的争论。新古典增长理论强调经济是收敛的，即距离均衡状态越远，经济增长速度越快。现实经济中相同储蓄率和技术水平国家的人均收入并没有收敛于同一水平，这不支持新古典增长理论的结论（Grossman and Helpman，1994；Romer，1994）。

2.4 资本驱动的内生增长理论

内生增长理论成长于20世纪80年代中后期，Romer（1986）、Lucas（1988）是内生增长理论产生的标志性工作。区别于新古典增长理论，内生增长理论认为经济增长取决于消费者、厂商和政府的最优化行为，因此经济增长是内生决定的。内生增长理论关于经济增长理论的解释非常丰富，根据经济增长的源泉，内生增长理论主要分为资本多样化的理论和创新驱动的理论。新古典增长理论模型在设定上存在缺陷以及在解释现实经济中存在不足。例如，完全竞争市场的假定未能真实反映核心经济特征事实，通过假设外生变量增长来解释经济增长的理论逻辑遭到批判，现实经济数据并不支持新古典增长理论强调的经济收敛结论等，这些都促成了内生增长理论的产生。需要说明的是，20世纪60年代的经典研究——Arrow（1962）、Frankel（1962）、Uzawa（1965）为内生增长理论的产生提供了闪亮的思想。

内生增长理论本质上是对新古典生产函数 $y = Af(k)$ 的改进，其中，y 表示人均产出；A 表示技术水平；k 表示人均资本存量。资本驱动的内生增长理论将新古典生产函数拓展为 $y = Af(k_1, k_2, \cdots)$，其中，k_i 表示第 i 种类型的可累积性资本。在资本驱动的内生增长框架下，通过引入更多类型的资本避免了新古典生产函数中物质资本的边际产量随资本投入增加严格递减。生产函数最终可以化成 AK 型，因而资本驱动的内生增长理论也被称为 AK 理论。给定生产函数 $y = Af(k)$，假设 A 为大于0的常数，新古典增长理论与资本驱动内生增长理论的核心区别在于：在新古典增长框架下，若资本数量足够大，资本的边际生产率趋向于0，即 $\lim_{k \to +\infty} Af'(k) = 0$；而在资本驱动的内生增长模型中，若资本数量足够大，资本的边际生产率应收敛于大于0的常数，$\lim_{k \to +\infty} Af'(k) = \Omega > 0$。$AK$ 理论要求生产函数中资本对应的指数等于1，关于 AK 函数现实合理性的一个解释是将 K 理解为广义资本，其不仅包括狭义的物质资本，也包括人力资本、公共资本、健康资本等，不同类型资本的产出弹性加总可以等于1（Mankiw et al.，1995）。

需要强调的是，在新古典生产函数基础上考虑更加现实的假定就可以推导出 AK 生产函数。Barro 和 Sala-i-Martin（2004）假设第 i 个企业的生产函数为 $Y_i = F(K_i, A_i L_i)$，该生产函数满足新古典生产函数的各种性质。在此基础上考虑两点更加现实的假设：①假设经济中存在溢出效应，即企业之间可以共享技术，我们假设总的技术水平为 $\bar{A} = \sum A_i$，据此生产函数修正为 $Y_i = F(K_i, \bar{A} L_i)$；②假设经济中存在干中学（learning by doing），技术水平等于资本存量，$A_i = K_i$，从而 $\bar{A} = \sum A_i = \sum K_i = K$，据此，生产函数可以修正为 $Y_i = F(K_i, KL_i)$。生产函数满足常数报酬，进而可以得到总产出函数：

$$Y = \sum Y_i = \sum F(K_i, KL_i) = F\left(\sum K_i, K\sum L_i\right) = F(K, KL) = F(1, L)K \tag{2-16}$$

假设人口增长率等于0，方程（2-16）中 $F(1,L) \triangleq A$ 为常数，因此方程（2-16）对应 AK 生产函数。新古典增长理论要求生产函数中资本的指数小于1，方程（2-16）体现的资本指数等于1。将 $Y = AK$ 生产函数代入资本动态积累方程，可以得到 $\dot{K} = sAK - \delta K$。在此基础上，我们可以求得资本增长率：

$$\dot{K}/K = sA - \delta \tag{2-17}$$

根据方程（2-17），在 AK 框架下，即使没有技术进步（A 为常数）和劳动力增长，只要满足 $sA > \delta$，则资本的增长率大于0，即依靠经济自身的力量可以实现持续增长。

2.4.1　物质资本驱动的经济增长模型

Romer（1986）是物质资本积累通过干中学效应实现经济内生增长的标志性工作，其假设新古典增长函数：

$$Y_i = F(K_i, A_i L_i) = K_i^{\alpha}(A_i L_i)^{1-\alpha} \tag{2-18}$$

经济中存在溢出效应，即技术可以同时被很多企业使用，因此，$A_i = A$，其中，$A = \sum_j A_j$ 是经济中技术水平的加总。考虑到以上条件，第 i 个企业的生产函数为

$$Y_i = K_i^{\alpha}(AL_i)^{1-\alpha} \tag{2-19}$$

经济中存在干中学效应，假设技术水平取决于资本存量，从而 $A_i = K_i$，因此总量技术 $A = \sum_j A_j = \sum_j K_j = K$，将上述条件代入方程（2-19）可以得到：

$$Y_i = K_i^{\alpha}(KL_i)^{1-\alpha} \tag{2-20}$$

经济中的总产出是所有企业生产的加总：

$$Y = \sum_i Y_i = \sum_i K_i^{\alpha}(KL_i)^{1-\alpha} \tag{2-21}$$

我们假设所有企业都是同质的，从而有

$$Y = \left[\sum_i K_i\right]^{\alpha}\left\{K\left[\sum_i L_i\right]\right\}^{1-\alpha} \tag{2-22}$$

考虑到 $K = \sum_i K_i$， $L = \sum_i L_i$，方程（2-22）可以转化为

$$Y = L^{1-\alpha}K \tag{2-23}$$

根据方程（2-23），生产函数关于资本的指数等于 1，从而资本的边际生产率为常数，经济可以实现持续增长。

具体地，代表性家庭的问题是

$$\max \int_0^{+\infty} \frac{C^{1-\sigma}-1}{1-\sigma} \mathrm{e}^{-\rho t}\,\mathrm{d}t$$

预算约束方程是

$$\dot{K} = L^{1-\alpha}K - C \tag{2-24}$$

通过求解家庭的最优化问题可以得到经济增长率为

$$\frac{\dot{C}}{C} = \frac{L^{1-\alpha}-\rho}{\sigma} \tag{2-25}$$

根据方程（2-25），若 $L^{1-\alpha} > \rho$，经济能够实现持续增长。以劳动力数量刻画的经济规模越大，经济增长率越高。综合上述分析，溢出效应与干中学是从新古典增长到内生增长的重要条件。

2.4.2 人力资本驱动的经济增长模型

Lucas（1988）是人力资本驱动内生经济增长的标志性工作。在 Lucas（1988）的框架下，代表性个体的问题是

$$\max \int_0^{+\infty} \frac{c^{1-\sigma}-1}{1-\sigma} \mathrm{e}^{-\rho t}\,\mathrm{d}t$$

其中，c 表示消费；ρ 表示时间偏好率；σ 表示消费跨期替代弹性的倒数。

个体面临如下的预算约束方程：

$$\dot{k} = rk + w(uh) - c \tag{2-26}$$

$$\dot{h} = B(1-u)h \tag{2-27}$$

其中，r 表示利率；k 表示物质资本；rk 表示资本所得；w 表示工资；u 表示劳动时间；h 表示人力资本水平；$w(uh)$ 表示劳动所得。根据方程（2-26），个体的资本收入和劳动收入用于消费与资本积累。方程（2-27）是人力资本积累方程。其中，B 表示学习效率；$1-u$ 表示学习时间。

我们通过构造如下现值的 Hamiltonian 系统来求解上述优化问题：

$$H = \frac{c^{1-\sigma}-1}{1-\sigma} + \lambda_1\left[rk + w(uh) - c\right] + \lambda_2 B(1-u)h$$

其中，λ_1 表示物质资本的影子价格；λ_2 表示人力资本的影子价格。

通过求解上述优化问题，我们可以得到如下最优性条件：

$$\frac{\partial H}{\partial c} = c^{-\sigma} - \lambda_1 = 0 \tag{2-28}$$

$$\frac{\partial H}{\partial u} = \lambda_1 wh - \lambda_2 Bh = 0 \tag{2-29}$$

$$\frac{\partial H}{\partial k} = \lambda_1 r = \rho\lambda_1 - \dot{\lambda}_1 \tag{2-30}$$

$$\frac{\partial H}{\partial h} = \lambda_1 wu + \lambda_2 B(1-u) = \rho\lambda_2 - \dot{\lambda}_2 \tag{2-31}$$

和横截性条件：

$$\lim_{t\to+\infty} \lambda_1 k\exp(-\rho t) = \lim_{t\to+\infty} \lambda_2 h\exp(-\rho t) = 0$$

厂商通过雇用物质资本和人力资本进行生产，简化起见，我们不考虑人力资本的外部性，这种假设不会影响本章的结论。企业生产函数为

$$y = Ak^{\alpha}(uh)^{1-\alpha} \tag{2-32}$$

在工资、利率给定的前提下，厂商选择最优的物质资本和劳动数量以极大化自身利润。通过求解厂商的最优化问题，我们可以得到如下最优性条件：

$$r = \alpha Ak^{\alpha-1}(uh)^{1-\alpha} \tag{2-33}$$

$$w = (1-\alpha)Ak^{\alpha}(uh)^{-\alpha} \tag{2-34}$$

给定的 $k(0)$ 和 $h(0)$、上述经济的竞争性均衡 $\{c,k,h,u\}$、价格水平 $\{r,w\}$ 使

得代表性的个体福利极大化和厂商的利润极大化，同时满足家庭的预算约束方程及政府的预算约束方程。

根据方程（2-29），可知：

$$\lambda_1 w = \lambda_2 B \tag{2-35}$$

将其代入方程（2-31），且将方程两端同时除以 λ_2 可得：

$$\dot{\lambda}_2 / \lambda_2 = \rho - B \tag{2-36}$$

将方程（2-32）～方程（2-34）代入方程（2-26），可以得到经济中总的资源约束方程：

$$\dot{k} = Ak^{\alpha}(uh)^{1-\alpha} - c \tag{2-37}$$

根据以上模型设定，我们可以得到平衡增长路径的定义。

平衡增长路径：经济的平衡增长路径 $\{c,k,h,u,y\}$ 是这样一个竞争性均衡——c、k、h、y 的增长率均为常数 γ，u 为常数。

根据方程（2-28）及平衡增长路径的定义，可以得到

$$\dot{\lambda}_1 / \lambda_1 = -\sigma\gamma \tag{2-38}$$

根据方程（2-34）、方程（2-35）及平衡增长路径的定义，我们可知：

$$\dot{\lambda}_1 / \lambda_1 = \dot{\lambda}_2 / \lambda_2 \tag{2-39}$$

根据方程（2-36）、方程（2-38）和方程（2-39），我们可以求得经济增长率：

$$\gamma = \frac{B-\rho}{\sigma} \tag{2-40}$$

根据方程（2-40），在 Lucas（1988）模型中，经济增长率取决于学习效率参数 B 以及偏好参数 ρ 和 σ。根据方程（2-27）及平衡增长路径的定义，我们可知 $\gamma = B(1-u)$。在 Lucas（1988）模型中，人力资本积累方程（2-27）是核心设定。人力资本积累是驱动经济增长的源泉，且人力资本积累的速度主要取决于其选择学习的时间。人力资本生产效率 B 越高，人力资本积累速度越快，经济增长率越高。个体越有耐心（ρ 越小），消费跨期替代弹性越大（σ 越小），个体选择的学习时间越长，人力资本积累和经济增长速度越快。

Lucas（1988）假设人力资本具有外部性，生产函数为

$$y = Ak^{\alpha}(uh)^{1-\alpha} h_a^{\zeta} \tag{2-41}$$

其中，k表示物质资本；u表示劳动时间；h表示人力资本水平；h_a表示社会平均人力资本水平；ζ表示人力资本的溢出效应。Lucas（1988）认为，人力资本与物质资本的区别主要体现在两个方面：①人力资本具有外部性，而物质资本不具有外部性。②人力资本生产部门是时间密集型的。由于人力资本具有外部性，且个体没有考虑其人力资本积累对整个社会的溢出效应，因而分散经济下个体选择的学习时间及经济增长率要低于社会计划者经济。Rebelo（1991）、Jones等（1993）在Lucas（1988）的基础上，假设人力资本不仅需要人力资本投入，而且需要物质资本投入，进而拓展了人力资本驱动的经济增长模型。

2.4.3 公共资本驱动的经济增长模型

政府公共支出是社会经济正常运行的必要条件。政府提供的公路、铁路、水利、电力等基础设施可以提高资本和劳动的边际生产率，政府提供的法律使得产权得到有效保护，从而使得经济有序运转。政府提供的转移支付及社会保障可以促进社会和谐，降低不平等程度。政府提供的教育、医疗服务可以提高人们的教育水平和健康水平。根据财政支出功能的不同，财政支出通常划分为生产性财政支出和消费性财政支出。生产性财政支出是指那些对生产具有直接促进作用的支出，消费性财政支出则是指那些对提高社会福利有促进作用的支出。经济增长理论认为生产性财政支出可以直接进入生产函数，通过提高资本与劳动的边际生产率进而促进经济增长。消费性财政支出直接进入效用函数，可以直接提高人们的福利水平。Arrow和Kurz（1970）最早在新古典增长框架下模型化财政支出对经济增长的影响。Barro（1990）最早在内生增长框架下引入了政府财政支出，考察了财政支出规模与财政支出结构对经济增长的影响。

Barro（1990）将财政支出按照流量的形式引入模型，生产函数$y=f(k,g)=Ak^{\alpha}g^{1-\alpha}$，$0<\alpha<1$，其中，$k$、$g$、$y$分别表示人均资本、人均生产性财政支出和人均产出。

家庭通过选择消费c以极大化自身的福利水平：

$$\max_{c}\int_{0}^{+\infty}\frac{c^{1-\sigma}-1}{1-\sigma}\mathrm{e}^{-\rho t}\,\mathrm{d}t$$

预算约束方程为

$$\dot{k}=(1-\tau)Ak^{\alpha}g^{1-\alpha}-c \tag{2-42}$$

其中，σ表示消费跨期替代弹性的倒数；ρ表示主观贴现率；τ表示收入税税率。

政府通过征收收入税为财政支出融资，其面临的预算约束方程为

$$g=\tau y=\tau Ak^{\alpha}g^{1-\alpha} \tag{2-43}$$

根据政府预算约束方程可得$g=(\tau A)^{1/\alpha}k$，将其代入企业生产函数可得

$$y=Ak^{\alpha}g^{1-\alpha}=\tau^{\frac{1-\alpha}{\alpha}}A^{\frac{1}{\alpha}}k \tag{2-44}$$

根据方程（2-44），生产函数中人均资本对应的指数为1，从而该生产函数为AK生产函数。Barro（1990）的核心思想是，通过引入生产性财政支出，避免了新古典增长模型中资本边际回报率递减的可能性。换言之，通过引入生产性财政支出，总产出函数对于广义资本满足常数规模报酬，资本的边际回报率为常数，进而可以实现内生经济增长。

2.4.4 简要评述

事实上，资本种类多样化内生增长理论所做的工作是将新古典生产函数$y=Ak^{\alpha}$，$\alpha\in(0,1)$，拓展为$y=Ak^{\alpha}X$，这里的X表示其他类型的资本，最终可将其约简为$y=Ak$。其核心是在新古典生产函数的基础上引入更多的内生可积累变量，使得生产函数中资本对应的指数等于1，进而为AK生产函数提供理论依据。除了以上提到的Lucas（1988）人力资本驱动的经济增长模型、Barro（1990）公共资本驱动的经济增长模型，还包括装备（equipment）资本和结构（structure）资本驱动的经济增长的模型（Greenwood et al.，1997）、健康资本驱动的经济增长模型（Gupta and Barman，2010）、社会资本驱动的经济增长模型（Chou，2006）。需要说明的是，关于AK模型是否能够拟合现实存在很大的争论。例如，Jones（1995a）通过数据发现“AK模型为长期经济增长提供了一种错误呈现”。这是因为通过数据发现投资率上升对经济增长率的影响最多为8～10年，而不是永久性的经济增长上升，这与AK模型的结论不同。而McGrattan（1998）的经验研究给出了支持AK模型的证据。

2.5 创新驱动的内生增长理论

创新驱动增长理论成长于20世纪90年代，其中Romer（1990），Grossman和Helpman（1991），Aghion和Howitt（1992）做了开创性的工作。创新驱动增长理论认为内生的R&D和创新是推动技术进步与经济增长的决定性因素。创新驱动经济增长理论强调创新、R&D和知识积累对推动技术进步与经济增长的突出作用，因此，这类理论也被称为是以R&D为基础的增长理论（R&D-based growth theory）、以知识为基础的增长理论（knowledge-based growth theory）、以创新为基础的增长理论（innovation-based growth theory）和以思想为基础的增长理论（idea-based growth theory）。创新驱动的经济增长理论认为，知识与资本最大的区别是资本具有竞争性，而知识具有非竞争性，同一个知识可以同时为很多企业所采用，而不会影响其生产效率。创新驱动经济增长理论强调的实现经济增长的作用机制是，厂商为获得垄断利润不断增加R&D支出，这又增加了知识存量从而推动了技术创新，技术创新又进一步推动了新产品和新方法的实现，进而促进了经济增长。我们可以通过下面的关系表述创新驱动增长理论强调实现经济增长的作用机制：垄断利润→R&D支出→知识存量增加→技术创新→新产品（新方法）→经济增长。

创新驱动的内生增长理论强调内生技术进步对经济增长的决定作用，这对应将生产函数 $y = Af(k)$ 中的技术水平 A 内生化，即将新古典增长理论中外生技术进步这个“黑匣子”打开。创新驱动的内生增长理论强调技术进步和全要素生产率对经济增长与收入差异的决定作用。根据创新模式的划分，主要包括水平创新和垂直创新。水平创新是指通过R&D使得生产投入品的种类不断增加，这又进一步促进了专业化，进而促进了技术进步和经济增长。垂直创新是指通过R&D使得产品质量不断提高，质量高的产品逐步将质量低的产品排挤出市场，进而推动技术进步。水平创新模型也被称为种类扩张模型（variety expansion model），而垂直创新模型也被称为质量梯子模型（quality ladder model）。从研究框架来看，创新驱动经济增长理论假设经济中存在最终产品部门、中间产品部门和R&D部门。其中，中间产品部门面临垄断竞争的市场结构，R&D部门通过专利定价获得中间产品部门的垄断利润，这也是激励企业创新的动力。需要说明的是，在资本多样化的内生增长模型中，并没有针对特定技术创新的投入。这种情况下，技术进步可以被理解为投资的边效应（side effect）。

相对于新古典增长模型和资本驱动的内生增长模型，创新驱动经济增长模型具有更好的微观基础。例如，Aghion 等（2015）认为熊彼特增长模型从以下两个角度可以更好地将宏观和微观结合起来：①其强调创造性毁灭可以与微观中的市场力量、企业动态（firm dynamics），以及企业之间和产业之间的资源配置结合起来；②这类理论使用了大量的微观数据，包括企业进入、退出数据，企业规模分布等，可以运用微观数据证实或证伪宏观理论。按照文献发展脉络和理论演化逻辑，我们将代表性的创新驱动增长模型分为早期内生增长模型、半内生增长模型（semi-endogenous growth model）及完全内生增长模型。严成樑和龚六堂（2009a）较为全面地综述了创新驱动经济增长理论。本节我们将分别给出每类模型的基本框架，并就每类模型的特点、存在的缺陷以及如何修正这些缺陷等分别予以阐述。

2.5.1 早期内生增长模型

早期内生增长模型的代表性工作有 Romer（1990）、Grossman 和 Helpman（1991）、Aghion 和 Howitt（1992）。这类模型包含以下三个特点：①知识生产过程中存在很强的溢出效应，知识生产函数中知识存量对应的指数为 1；②劳动力为常数，没有人口增长；③经济中存在规模效应（scale effect）。我们这里通过介绍 Romer（1990）的模型，进而使我们对这类增长模型的特点有一个较为清晰的认识。Romer（1990）给出了如下知识生产函数：

$$\dot{A}=\delta L_A A \tag{2-45}$$

其中，$\dot{A}$ 表示新生产的知识；A 表示经济中总的知识存量；L_A 表示用于 R&D 部门的劳动力（包括科学家、工程师等）数量；δ 表示知识生产的效率，$\delta>0$。Romer（1990）给出的总量生产函数为

$$Y=(AL_Y)^{\alpha}K^{1-\alpha} \tag{2-46}$$

其中，Y 表示总产出；K 表示物质资本；L_Y 表示用于生产最终物品的劳动力数量。当经济处于平衡增长路径上时，物质资本增长率与总产出的增长率

相等，因此，经济增长率等于知识积累的速度：

$$\gamma = \gamma_A = \delta L_A = \delta s^* L \tag{2-47}$$

其中，$L = L_A + L_Y$ 表示经济中总的劳动力数量；s^* 表示平衡增长路径上用于 R&D 部门的劳动力的比例；γ 和 γ_A 分别表示经济增长率和知识积累速度。事实上，s^* 可以表示为各个模型参数（包括政府政策）的函数。

早期内生增长模型的突出特点是经济中存在规模效应。根据方程（2-47），劳动力数量 L 越多，经济增长率越高，即经济中存在规模效应。规模效应是指经济规模（主要的衡量指标包括经济中的总人口、GDP、科学家工程师的数量等）越大，经济增长率越高。一些学者认为可以从两方面对经济中存在的规模效应予以解释：①劳动力总数越多，相应的科学家、工程师的数量也越多（当经济处于平衡增长路径上时，s^* 为常数），从而发现新知识的概率也越大，进而创新越多，经济增长率越高。②经济规模越大，新产品面临的市场就越大，创新可以获得的利润就越多，企业创新的动力越大，R&D 投入越多，因而经济增长率也越高。

值得注意的是，关于现实经济中是否存在规模效应的争议很大，Jones（1995a）通过对战后 OECD 国家经济发展的特征事实的检验发现，战后这些国家用于 R&D 的科学家、工程师的绝对数量以及其占总人口的比例都有了很大的提高，但这些国家的全要素生产率和经济增长率却并没有上升，甚至有下降的趋势。因此，Jones（1995a）认为经济中不存在规模效应，早期内生增长模型并不能很好地描述和解释现实经济。此外，对早期内生增长理论的一个批判是，知识生产函数（2-45）中，知识存量对应的指数必须为 1。当该指数大于 1 时，经济增长率将趋于无穷大；而当该指数小于 1 时，经济增长率将趋向于 0。事实上，这也是 Solow（1997）、Temple（2003）等对新增长理论最大的批判之一，他们认为新增长理论强调的知识（资本）积累方程中知识（资本）对应指数为 1 这一“刀锋条件”（knife-edge condition）很难与现实经济相符。

2.5.2　半内生增长模型

半内生增长模型主要是针对早期内生增长模型中的规模效应以及刻画

知识溢出效应的指数为 1 的批判而提出的，代表性工作有 Jones（1995a）、Kortum（1997）、Segerstrom（1998）。其核心思想是知识生产过程中面临着递减的技术机会，即随着知识存量的增加，知识存量的边际生产率越来越低。为维持经济的持续增长，R&D 投入（主要是劳动）也必须持续增加。当经济处于平衡增长路径上时，劳动力中用于 R&D 部门的比例为常数，因此，人口增长率必须为正。这里通过考察 Jones（1995a）的模型进而使我们对这类模型的特点有一个总体认识，Jones（1995a）给出了如下的知识积累方程：

$$\dot{A} = \delta L_A^{\lambda} A^{\phi} \tag{2-48}$$

其中，L_A 表示科学家、工程师的数量；λ 表示重复效应（duplication effect），$0<\lambda<1$，不同企业为生产同一知识而投入 R&D，这导致 R&D 的重复投入，使得经济中的平均 R&D 生产率降低；ϕ 表示知识生产的外部性，$\phi>0$ 表示正的溢出效应，企业的知识生产对经济具有正的外部性，$\phi<0$ 表示拖出效应（fishing out effect），即越是简单的知识越容易被发现，而后发现新知识的难度越来越大。方程（2-48）的核心假定是 $\phi<1$。根据方程（2-48），当经济收敛于平衡增长路径上时，可以求得经济增长率为

$$\gamma = \lambda n/(1-\phi) \tag{2-49}$$

根据方程（2-49），经济增长率取决于一些外生参数，包括人口增长率、知识生产函数中刻画溢出效应与重复效应的参数。人口增长率越高，经济增长率越高。与 Romer（1990）不同，在 Jones（1995a）的框架下经济增长率取决于人口增长率，而不是人口绝对数量，这可以被理解为相对规模效应。因此，有时候我们说 Romer 模型中具有绝对规模效应，Jones 模型中具有相对规模效应（Sanchez-Losada，2019）。需要说明的是，我们之所以说 Jones 的增长模型是半内生的（semi-endogenous），主要是因为尽管经济增长率是由经济参与者（包括家庭、厂商和政府等）的最优化行为决定的，但政府政策不能影响经济增长率，经济增长率取决于人口增长率以及刻画知识生产函数的一些外生参数。

半内生增长模型同样面临着批判，Jones（1999）指出半内生增长模型的以下两个缺陷：①根据方程（2-49），经济增长率与人口增长率正相关，

这可能与现实经济不相符。例如，瑞典、芬兰等国家虽然没有人口增长或者人口增长率为负，但其仍有经济增长。②经济增长率只取决于一些外生参数，包括外生人口出生率和知识生产函数参数。政府政策不能影响经济增长，这也可能与现实经济不相符。例如，Kocherlakota 和 Yi（1997）通过对美英两国时间序列数据的实证检验发现，政府政策（如税收等）可以影响经济增长。

2.5.3 完全内生增长模型

完全内生增长模型主要是针对 Jones（1999）关于半内生增长模型存在的两个缺陷提出的，其核心思想是随着经济规模的增加，水平创新部门的个数会同比例增加，这使得每个部门的 R&D 投入保持不变。代表性的工作有 Young（1998）、Peretto（1998）、Howitt（1999）。这类模型的共同特点主要有：①经济中包括水平创新和垂直创新两类 R&D 部门；②水平创新部门中没有溢出效应，而垂直创新部门中存在较强的溢出效应；③经济增长率取决于水平创新与垂直创新的速度，其中水平创新的速度与人口增长率相等；④经济中没有规模效应，政府政策可以通过影响总产出（或是劳动力）中用于垂直创新部门的比例进而影响经济增长。

我们这里通过给出一个代表性的框架，就完全内生增长模型的一些特征予以说明。假定如下的总产出函数：

$$Y=\left(\int_0^Q (A_i X_i)^{1/\theta}\,\mathrm{d}i\right)^{\theta} \tag{2-50}$$

其中，Y 表示总产出；Q 表示中间物品的种类（水平创新部门的个数）；A_i 表示第 i 种中间物品的生产效率；X_i 表示第 i 种中间物品的数量，$X_i=L_{X_i}$，L_{X_i} 表示生产第 i 种中间物品需要雇用的劳动力数量；θ 表示中间物品的替代弹性，$\theta>1$。根据 Jones（1999），我们假定水平创新和垂直创新的积累方程分别为

$$Q=\eta L \tag{2-51}$$

$$\dot{A}_i=\delta L_{A_i} A \tag{2-52}$$

其中，L_{A_i} 表示用于第 i 个垂直创新部门的劳动力数量；A 表示平均的质量水

平，$A=\int_0^Q (A_i/Q)\mathrm{d}i$。根据对称性，计算可得：

$$Y=Q^{\theta}AL_X \tag{2-53}$$

根据方程（2-51），水平创新的速度与劳动力增加的速度相同，我们假设劳动力中用于垂直创新的比例为s，用于生产中间物品的比例为$1-s$，即

$$\int_0^Q L_{A_i}\,\mathrm{d}i=sL,\quad \int_0^Q L_{X_i}\,\mathrm{d}i=(1-s)L \tag{2-54}$$

根据方程（2-51）～方程（2-54），当经济处于平衡增长路径上时，我们可求得经济增长率：

$$\gamma=(\theta-1)n+\delta s^*/\eta \tag{2-55}$$

其中，s^*表示平衡增长路径上劳动力中用于垂直创新部门的比例，其可以表示为模型各参数（包括政府政策）的函数。根据方程（2-55），即使假设人口增长率等于零，经济也可以实现持续增长（s^*与n无关）；政府政策可以通过影响劳动力在垂直创新部门和中间物品生产部门中的比例，进而影响经济增长。相对于早期内生增长模型和半内生增长模型而言，完全内生增长模型可以更好地描述现实经济。这是因为现实经济中既有产品质量的不断提高，也有产品种类的不断增加。

值得注意的是，任意给定一个包含两个 R&D 部门的经济增长模型，经济符合完全内生增长模型与否取决于一些强假设。Li（2000）给出了一个广义的包含两个 R&D 部门的增长模型，假定水平创新和垂直创新部门都有可能存在溢出效应。其发现，当且仅当水平创新部门没有溢出效应，且垂直创新部门溢出效应对应的指数为 1 时，两个 R&D 部门的增长模型满足完全内生增长模型的特点；否则，经济仍然是一个半内生增长经济，即经济增长率只取决于人口增长率等一些外生参数。进一步地，Li（2002）考察了一个包含 $K(K>2)$ 个 R&D 部门的增长模型，发现 R&D 部门越多，经济符合完全内生增长经济需要的强假设也越多，从而经济是半内生增长经济的可能性越大。Cozzi（2017）构建了一个混合（hybrid）创新驱动经济增长模型，研究发现，经济增长是半内生增长模型还是完全内生增长模型依赖于人口出生率参数条件。若人口出生率较低，经济是完全内生增长模型；若人口出生率高于某一阈值，经济是半内生增长模型。

2.5.4　简要评述

以上三类创新驱动经济增长模型在设定方面存在较大差异，但其核心思想都强调内生的 R&D 和创新是推动经济增长的决定性因素。针对原有模型的缺陷，我们通过修正关键性假定，使得理论更好地描述和解释现实经济。这里通过给出一个广义知识生产函数，进而概括三类增长理论要求满足的参数条件。给定知识生产函数 $\dot{A}=\delta(X/Q)^{\sigma}A^{\phi}$，其中，$\delta$ 表示外生技术参数；σ 表示 R&D 投入的生产效率；ϕ 表示知识的溢出效应；X 表示 R&D 投入；Q 表示水平创新部门的数目，$Q \propto L^{\beta}$，L 表示劳动力数量，β 表示反映产品种类的参数（Ha and Howitt，2007）。表 2-1 给出了以上三类增长模型对应的参数条件。

表 2-1　三类增长模型要求满足的参数条件

经济增长模式	ϕ	β	σ
早期内生增长模型	1	0	>0
半内生增长模型	<1	0	>0
完全内生增长模型	1	1	>0

2.6　统一增长理论

以上我们是从经济增长动力视角对经济增长理论给出的说明，或者说是从生产函数演化视角给出的说明。我们也可以从其他视角来梳理经济增长理论的发展。例如，从时间角度来看，经济增长理论分析从“长期”拓展到“超长期”。新古典增长理论和内生增长理论是对工业革命以来持续经济增长给出的解释，这属于“长期”分析。2000 年以来经济增长理论发展的一个重要分支是统一增长理论（unified growth theory），这对应整个人类历史，包括工业革命之前的人类经济发展历史以及工业革命之后的人类历程。工业革命之前经济是停滞的，工业革命之后经济是持续增长的。统一增长理论就以上两个发展阶段给出解释，并探求实现转型的原因和动力，这属于“超长期”分析。事实上，这也是 2000 年以来经济增长理论发展中较为热门的一个研究方向。Galor 和 Weil（2000）、Hansen 和 Prescott（2002）是这一领域的标志性工作。严成樑和王弟海（2012）较为全面地介绍了统一增长理论。

经济增长理论的发展旨在为经济增长的源泉以及世界上不同国家和地区之间经济增长的差异提供合理的解释。马尔萨斯理论只能解释工业革命之前的经济停滞，而不能解释现代经济持续增长。新古典增长理论和内生增长理论的发展为现代经济的持续增长提供了合理的解释。新古典增长理论和内生增长理论面临如下批判：①只能解释工业革命以后的现代经济增长，不能解释工业革命之前人类的发展历史，而现代经济增长时期只占整个人类历史时期的 0.1%；②不能为发达国家从经济停滞到经济持续增长的转型过程提供合理的解释；③不能为不同国家和地区之间人均收入水平的持续拉大给出更好的说明；④不能解释整个人类社会发展过程中的人口转型等问题。因此，如何通过一个统一的框架来解释整个人类历史发展过程是经济学家面临的挑战。

2000 年以来，经济学家尝试将马尔萨斯理论与现代经济增长理论结合起来，通过统一增长的框架来解释整个人类历史的不同发展阶段以及经济发展不同阶段之间的内生转型过程，其中 Galor（2005，2010）较为全面地介绍了统一增长理论。统一增长理论对经济增长理论的贡献主要体现在如下两个方面：①将整个人类历史统一起来，从而为整个人类历史发展提供解释，而不仅是为某个阶段的发展提供解释；②强调人口规模、技术进步和人力资本之间的相互作用对经济发展与转型的重要性，为经济增长及经济转型提供更好的微观基础。需要说明的是，统一增长理论不仅为我们考察经济的内生转型问题提供了一个基准分析框架，而且有利于更好地分析人口转型、人力资本的出现、工业革命、农业起源等问题。

2.6.1 一个简单的统一增长模型

借鉴 Wang 和 Xie（2004），我们给出一个简要的统一增长模型。假设经济中存在传统部门（traditional sector）和现代部门（modern sector）两个生产部门，传统部门可以看作农业部门，现代部门可以看作非农业部门，假设传统部门的生产函数为

$$Y_1 = A_1 K_1^{\alpha} L_1^{1-\alpha} \tag{2-56}$$

其中，K_1 和 L_1 分别表示传统部门的资本和劳动，现代部门的生产函数为

$$Y_2 = A_2 K_2^{\alpha} L_2^{1-\alpha} \tag{2-57}$$

其中，K_2 和 L_2 分别表示现代部门的资本和劳动。为简化起见，假设传统部门和现代部门生产函数的差异主要体现在全要素生产率的差异，现代部门的全要素生产率高于传统部门的全要素生产率，$A_2 > A_1$。经济中面临劳动约束 $L_1 + L_2 \leqslant L$，以及资本约束 $K_1 + K_2 \leqslant K$。我们假设产品市场出清，传统部门和现代部门生产的产品用于消费，即 $C_1 = Y_1$，$C_2 = Y_2$。家庭效用建立在传统产品消费和现代产品消费基础上，假设家庭效用函数为 $\ln C_1 + \ln\left(C_2 + \theta\right)$。

将以上条件结合起来可以得到家庭的目标函数：

$$\max\left\{\ln\left(A_1 K_1^{\alpha} L_1^{1-\alpha}\right) + \ln\left(A_2 K_2^{\alpha} L_2^{1-\alpha} + \theta\right)\right\}$$

预算约束方程为

$$L_1 + L_2 \leqslant L \tag{2-58}$$

$$K_1 + K_2 \leqslant K \tag{2-59}$$

通过求解上述模型可以得到传统部门和现代部门的资本分别为

$$K_1 = 0.5\frac{A_2 K^{\alpha} L^{1-\alpha} + \theta}{A_2 K^{\alpha-1} L^{1-\alpha}} \tag{2-60}$$

$$K_2 = 0.5\frac{A_2 K^{\alpha} L^{1-\alpha} - \theta}{A_2 K^{\alpha-1} L^{1-\alpha}} \tag{2-61}$$

根据方程（2-61），当经济中的资本存量 K、劳动力水平 L 或现代部门的全要素生产率 A_2 较低时，满足 $A_2 K^{\alpha} L^{1-\alpha} \leqslant \theta$ 时，现代部门的资本存量等于 0，即经济中只有传统部门，不存在现代部门。若经济中的资本、劳动和现

代部门的全要素生产率较高时，经济中同时存在传统部门和现代部门。一个国家最初资本和劳动较少，此时经济中只有传统部门，没有现代部门；而后随着资本和劳动水平的提高，现代部门开始出现，这时传统部门和现代部门同时存在。

2.6.2 统一增长理论对经济转型的解释

统一增长理论旨在对人类历史从经济停滞到经济持续增长的过程给出解释，同时就经济发展不同阶段的内生转型给出更好的说明。统一增长理论主要从技术进步、人力资本积累、人口结构变迁等角度来解释经济发展转型。需要说明的是，由于不同国家和地区经济转型的时点不同，我们可以通过统一增长理论的框架来解释不同国家和地区之间经济增长与人均收入水平的差距。

第一，技术进步与经济转型。统一增长理论认为内生技术进步或是外生技术冲击等都是经济从停滞状态到实现持续增长的重要原因。Galor 和 Weil（2000）认为技术进步使得家庭的可支配收入增加，这放松了家庭的预算约束，从而家庭可以选择更多数量的子女及更高的人力资本投入。此外，技术进步使得企业对人力资本的需求量增加，这又带动人力资本投资。技术进步的上述两种效应使得经济中人力资本投资增加，这又促进了人力资本水平的提高，并进一步引致经济实现转型，经济从马尔萨斯时期过渡到后马尔萨斯时期再过渡到现代经济增长时期。Kogel 和 Prskawetz（2001）研究发现，农业部门技术水平的提高使得农业生产部门劳动力的边际回报率及人口增长率上升，人口增长率的上升又进一步引发了工业生产部门技术水平的提升。农业部门生产技术与工业部门生产技术的相互作用使得经济从马尔萨斯陷阱进入现代经济阶段。Hansen 和 Prescott（2002）假设经济中存在马尔萨斯生产部门和索洛生产部门，其中马尔萨斯生产部门是土地集约型的，索洛生产部门是资本密集型的。研究发现，技术水平提高是实现经济转型的重要原因。若技术水平较低，则经济处于马尔萨斯阶段，人均收入水平和消费水平保持不变。随着技术水平的不断提高，经济从马尔萨斯阶段进入现代经济持续增长阶段，人均收入水平和消费水平持续增长。

第二，人力资本积累与经济转型。Tamura（2002）通过人力资本积累的视角为人类从农业社会向工业社会的内生转型提供了解释。若人力资本水平较低，则农业部门的生产更有效率；若人力资本水平较高，则工业部门的生产更有效率。研究发现，经济中可以产生两条平衡增长路径，一个是马尔萨斯均衡，另一个是现代经济增长均衡。人力资本积累使得工业生产的平均生产率高于农业生产的平均生产率，人类从农业社会进入工业社会。Lagerlof（2003）认为较小的疾病冲击力度使得人口死亡率下降，人口规模增加。这又使得人力资本的生产效率和收入水平增加，从而使得经济从马尔萨斯时期进入后马尔萨斯时期。同时，家庭更注重子女的质量，因此家庭选择更少的子女数量及更高的教育投资，这又有利于加快人力资本积累，人力资本水平的不断提高使得经济从后马尔萨斯阶段进入现代经济持续增长阶段。Galor 和 Moav（2004）的研究表明，在经济发展早期，经济中的物质资本较少，从而人力资本的回报率要低于物质资本的回报率，经济增长主要是物质资本驱动的。随着经济的不断发展，经济中的物质资本存量增加，这使得人力资本的回报率上升，人力资本投资不断增加，人力资本投资成为促进经济增长的重要原因。

第三，人口结构变迁与经济转型。在新古典增长理论和内生增长理论的框架下，人口转型与经济增长问题通常是被割裂开的，统一增长理论将这两个问题统一到同一框架下进行分析。Doepke（2004）认为可以通过人口结构变迁来解释经济转型。人口变动影响经济发展的渠道有：①人口增长率越高，人均物质资本存量越少，从而人均收入水平越低；②高人口出生率伴随着较低的教育水平和人力资本水平；③人口增长通过影响人群中的年龄结构和劳动力的数量进而对整体经济产生影响。Boucekkine 等（2003）构建了一个跨期迭代模型，假设预期寿命可以影响人力资本积累和经济增长。研究发现，人口转型通过影响人力资本积累的动机及教育投资进而影响经济增长，人口结构变迁在经济从马尔萨斯阶段进入现代经济持续增长阶段中发挥着至关重要的作用。Strulik 和 Weisdorf（2010）强调人口结构变迁在从马尔萨斯经济停滞到现代持续增长过程中的重要作用。营养品价格会影响父母的生育子女数量的决策，这又会进一步影响经济结构转型。研究发现，随着子女成活率的上升，人口出生率下降，同时人口结构对经济发展的影响是非单调的。d’Albis 等（2018）通过建立一个两期生育决策的跨期迭代模型来解释从传统经济向现代经济的转型，传统经济中不考虑教育投资，收入增加使得生育年龄提前。现代经济中考虑教育投资，个体为获得更高的收入而推迟生育年龄。模型可以拟合生育率的不断下降，以及生育时点的“U”形走势。

第四，其他视角的分析。除上述几个作用机制外，经济学家还尝试从演化经济学视角、国际贸易视角及生物地理学视角为人类社会发展的内生转型给出解释。Galor 和 Moav（2002）通过一个演化增长模型为人类社会的经济转型提供合理解释，他们认为生存的抗争引发了自然选择（natural selection），并由此使得人类不断进化，这又使得人类社会从经济停滞实现持续增长。具体地，在马尔萨斯阶段，人们心力和智力不断发展，进化优势随之产生，这又提高了技术水平以及对子女人力资本投资的增加，技术进步与人力资本积累的相互作用使得经济从停滞到持续增长。Olsson 和 Hibbs（2005）从生物地理学（biogeography）的角度来解释史前经济发展及经济转型问题。有利的生物地理条件使得农作物种植推广和家禽驯化，这使得人类从狩猎采集时期进入农业社会。研究发现，生物地理条件可以影响技术进步，从采集狩猎阶段进入农业社会的时间越早，技术持续增长的时间越长，进入工业社会的时间越早，经济发展水平从而越高。Galor 等（2009）认为土地所有权不同导致人力资本形成，技术进步速度以及人口转型时点的差别，有助于解释不同国家和地区之间的收入差距问题。

2.7 经济增长理论的应用

2.7.1 基于生产函数理解长期经济增长

Benhabib 和 Spiegel（1994）的实证研究发现资本（包括物质资本和人力资本）积累和创新是推动经济增长的重要力量。为此，Howitt 和 Aghion（1998）在 Aghion 和 Howitt（1992）的基础上引入资本积累，假设知识生产不仅需要投入劳动，而且需要投入资本。他们得到的研究结论如下：资本积累速度越快，R&D 可以获得的利润越高，企业 R&D 投入越多；知识积累速度越快，技术进步越快，资本的边际回报率越高，这使得家庭储蓄的动机越强，从而总产出中用于资本积累的比例越高。资本积累和创新相互作用促进经济增长的模型包含如下两个基本特征：①物质资本和人力资本是开展 R&D 活动以及使得 R&D 生产的技术应用于生产的前提；②创新推动的技术进步有利于提高物质资本和人力资本的生产与使用效率，从而提高资本积累的速度。相较于资本积累驱动经济增长的模型以及创新驱动的经济增长模型，资本积累和创新相互作用的框架可以更好地拟合现实经济发展的特征事实。例如，Papageorgiou 和 Fidel（2006）在一个半内生增长模型中引入人力资本积累，发现人力资本与创新相互作用引起的劳动力的跨部门流动，可以有效地解释韩国和日本经济发展的特征事实。

此外，从生产函数方面给出更丰富的设定可以更好地解释经济转型。Sorensen（1999）在 Romer（1990）的框架下内生化人力资本积累，发现当人力资本水平较低时，创新的回报较低，经济中没有创新，人力资本积累是推动经济增长的唯一因素；而当人力资本水平达到一定规模时，创新可以获得较高的回报，这种情况下人力资本和创新相互作用共同推动经济增长。Peretto（2021）给出了一个包含自然资源的经济增长模型，经济经历三个发展阶段：第一个发展阶段，通过自然资源维持人口增长；第二个发展阶段，通过人口增长驱动内生创新；第三个发展阶段，知识积累是经济增长的唯一源泉。其中，第三个阶段是最关键的，经济增长不依赖于物质性投入，技术进步还可以弥补自然资源耗竭对经济的负面影响。

2.7.2　基于偏好视角理解长期经济增长

经济增长模型设定的两个基本面是技术和偏好，技术主要是对生产函数的改进，偏好则是对效用函数的拓展。Ramsey 模型是宏观经济研究的一个重要分析框架，在基准的 Ramsey 模型中，代表性个体的效用函数是时间可分的（time separable）。时间可分的效用函数由于其简洁而广泛应用，但在分析现实经济问题时其存在一些缺陷，通过这类效用函数分析得到的结论与现实经济差别较大。为此，经济学家尝试从不同的角度对 Ramsey 模型进行拓展，以期使得 Ramsey 模型的结论可以更好地拟合现实经济。

传统的经济增长模型假设人们的偏好主要依赖于消费，现实经济中很多因素（包括闲暇、健康、环境质量等）都会对人们的偏好产生影响。偏好设定会影响人们的消费储蓄选择，从而影响资本积累和经济增长，我们通过以下举例予以说明。

第一，对Ramsey模型的一个重要拓展是引入习惯形成（habit formation），也即假设代表性个体的效用不仅取决于当期消费，而且取决于过去消费形成的消费习惯。习惯形成的效用函数不是时间可分的，原因是当期消费不仅可以直接影响当期效用，而且还可以通过习惯形成影响未来福利。Ryder和Heal（1973）首次将习惯形成模型化，其将效用函数由$u(c)$拓展为$u(c,h)$。其中，c表示消费；h表示消费习惯。在代表性个体的效用函数中引入习惯形成会影响代表性个体的最优化行为，进而影响经济运行结果。同时，代表性个体的预算约束方程中会增加一个关于习惯存量的动态积累方程，这相当于是在传统模型的基础上增加了一个状态变量。根据Rozen（2010），习惯形成主要从两个维度对经济产生影响：①习惯形成通过影响偏好，进而影响代表性个体的风险规避程度。习惯形成存量越高，消费的边际效用随消费的变化改变越大，从而风险规避程度越高。②引入习惯形成后，传统模型中增加了一个状态变量，习惯存量是一个缓慢调整的状态变量，外生冲击对未来消费可以产生持续的影响。

第二，我们可以将闲暇引入效用函数，从而将效用函数由$u(c)$拓展为$u(c,l)$。其中，c表示消费；l表示闲暇。内生化闲暇的模型可以更好地描述现实经济，Azariadis等（2013）认为对闲暇偏好及闲暇外部性的微小差异可以引起工作时间和经济增长的很大差异，这可以用来解释美国和欧洲经济增长路径的差异。同时，闲暇对应更多的机制，理论研究的机制也可以更加丰富。Turnovsky（2000）认为内生化闲暇有两大优点：①消费税和劳动收入税不再是一揽子税收，它们可以通过影响家庭的劳动闲暇选择，进而影响资本的边际回报与经济增长。②政府的消费性公共支出也可以通过影响家庭的劳动闲暇选择，进而影响经济增长。此外，也有学者认为内生化劳动闲暇选择是在低维经济系统产生不定性（indeterminacy）的重要条件，例如，Benhabib和Farmer（1994）通过内生化劳动闲暇选择在一个两维系统中找到了经济增长的不定性。Ladron-De-Guevara等（1999）发现内生化闲暇使得经济更容易产生多重均衡点，这可以更好地解释经济增长的差异。

第三，我们可以将财富引入效用函数，这对应将效用函数由 $u(c)$ 拓展为 $u(c,a)$。其中，a 表示家庭拥有的资产数量。基于以上效用函数，Zou（1994）的研究发现，个体对财富的偏好越强，储蓄率越高，对应的经济增长率越高，且经济中可以产生多重均衡点，从而可以用来解释贫困陷阱（poverty trap）及大推动（big push）等问题。Chu 等（2020）在一个熊彼特增长模型中引入财富偏好，他们认为在不同发展阶段，财富偏好对经济增长的影响差别较大。在早期阶段，财富偏好使得经济从长期停滞状态转入持续经济增长，且财富偏好促进了经济增长。随着进入市场的企业数量的增加，每个企业获得的利润减少，这对企业创新和经济增长具有负面影响。

第四，也有学者将环境污染或健康水平引入效用函数，将效用函数拓展为 $u(c,p)$。其中，p 表示环境污染。环境污染导致健康水平下降，从而使得福利水平下降。Perez 和 Ruiz（2007）在一个包含环境污染的内生增长模型中假设污染是生产外部性所导致的，污染对家庭效用具有负面影响。研究发现，经济中存在两条平衡增长路径，第一条平衡增长路径对应较高的污染和较高的经济增长率；第二条平衡增长路径对应较低的污染和较低的经济增长率。

2.7.3　经济增长不确定性

经济增长不确定性包括局部不确定性（local indeterminacy）与全局不确定性（global indeterminacy）。局部不确定性是指在初始状态变量给定的前提下，对应无穷个控制变量使得经济收敛到均衡点（平衡增长路径），即经济中存在无穷条收敛路径收敛到均衡状态。不同国家选择的收敛路径不同，经济发展特征也存在较大差异。全局不确定性是指模型存在多重均衡解，从初始状态出发，经济可能会收敛到不同的均衡状态。考察经济增长模型的动态特征有利于更好地认识经济增长模型以及理解经济增长的差异。无论是新古典增长模型、简单 AK 模型、人力资本积累驱动经济增长的两部门内生增长模型，还是 R&D 驱动经济的三部门内生增长模型，考察模型的动态特征都是经济增长理论的重要内容（严成樑和龚六堂，2011）。

我们可以通过考察模型的动态特征进而考察是否存在经济增长的不确定性问题。若模型系数矩阵特征负根（或实部为负的虚根）的数量少于状态变量（state variable）的个数，则均衡点（平衡增长路径）是不稳定的。此时，若初始状态不在均衡点，则经济不会收敛到均衡点。若系数矩阵特征负根（或实部为负的虚根）的数量与模型状态变量的个数相等，则均衡点（平衡增长路径）是鞍点稳定的（saddle-path stable）。此时，给定初始的状态变量值，经济中存在唯一的控制变量（control variable）和收敛路径使得经济收敛到均衡点（平衡增长路径）；若模型系数矩阵特征负根（或实部为负的虚根）的数量大于状态变量的个数，则经济中存在局部不确定性。此时，对于给定的初始状态变量，经济中存在无穷个控制变量可以使得经济收敛到均衡点（平衡增长路径），即经济中存在无穷条收敛路径可以使得经济收敛到均衡点。需要说明的是，若系数矩阵特征根的实部为零（特征根为纯虚数），此时对应极限环（limit cycle）的情形。

现有的关于经济增长局部不确定性的文献研究主要是在 Benhabib 和 Farmer（1994）的基础上考察的。Benhabib 和 Farmer（1994）在一个新古典增长模型中内生化劳动选择，假设效用函数关于消费和休闲是可分的。研究发现，若要产生经济增长的不确定性须满足如下两个条件：①生产函数满足规模报酬递增，且规模报酬递增的程度远大于现实经济数据估算的结果；②劳动需求曲线的斜率为正，且劳动需求曲线的斜率大于劳动供给曲线的斜率。上述两个条件与现实经济存在很大差异，一大批学者在 Benhabib 和 Farmer（1994）的基础上通过修正效用函数，使效用函数关于消费和休闲不是可分的，或是在效用函数中引入更多因素；通过修正生产技术，将其拓展到两个部门或是多个部门的增长框架等，从而较好地解决了对 Benhabib 和 Farmer（1994）的批判。

2.8 经济增长理论的演化逻辑

经济增长理论演进的动力在于更好地解释经济增长现象，基准的经济增长模型在解释经济现象时存在短板。过去几十年，经济增长理论主要是从以下三个维度发展的。

2.8.1 经济增长理论的发展过程是人们对全要素生产率认识深化的过程

全要素生产率有狭义和广义之分。狭义的全要素生产率主要是指技术，这具体包括技术发明、技术扩散（diffusion）和采用（adoption）。广义的全要素生产率则是指除资本和劳动以外，对产出有促进作用的因素。从某种程度上说，全要素生产率衡量的是“一项无知的测度”（a measure of ignorance）。

第一，关于技术创新，主要包括两类工作：①突破总量技术中性设定，假设不同生产部门的技术不同，或是不同生产要素面临不同的技术进步，这可以更好地解释经济增长现象。Greenwood 等（1997）提出了投资专有性（investment-specific）技术进步，数值模拟结果显示投资专有性技术进步对经济增长的贡献度超过希克斯中性技术对经济增长的贡献度。Acemoglu（2002）认为技术进步偏向取决于要素相对供给带来的价格效应和市场效应，其中价格效应使得稀缺要素的技术进步更快，市场效应使得充裕要素的技术进步更快，上述两种效应的对比又取决于生产函数中要素的替代弹性。②在Romer（1990）以及 Aghion 和 Howitt（1992）的基础上就知识生产过程给出更加微观的解释，或是更细致地区分各种类型的知识生产。Weitzman（1998）提出重组增长（recombinant growth），认为新知识的生产是一个递归的多阶段组合过程，通过新知识与旧知识的重组生产出更新的知识。Gersbach 等（2018）提出了包含基础研究和应用研究的内生增长模型，基础研究和应用研究之间存在双向溢出效应，研究发现基础研究是产生经济增长的充要条件。Acemoglu 等（2016）区分了递增创新（incremental innovation）和重大创新（breakthrough innovation），递增创新是指超越领先（leading-edge）技术一个阶梯，重大创新是指创新者超越前沿（frontier）技术一个阶梯，从而实现部门间的技术越级提升。

第二，关于技术引进和吸收。技术创新集中在少数发达国家，世界上多数的国家只是引进技术（Zaire，1998）。关于发展中国家引进发达国家技术影响较大的研究包括以下两个方面：①适宜技术（appropriate technology）。Basu 和 Weil（1998）提出了适宜技术经济增长模型，即一个国家需采取与其禀赋相当的技术。相对于新古典增长模型和简单内生增长模型，考虑适宜技术的经济增长模型可以更好地预测现实。Acemoglu 和 Zilibotti（2001）认为发展中国家的人力资本与发达国家的技术不匹配，这使得发达国家和发展中国家的收入差距进一步加大。Caselli 和 Coleman（2001）同样认为富裕国家选择与技术性劳动力相适应的技术，贫穷国家选择与非技术性劳动力相适应的技术。Nelson 和 Pack（1999）认为对技术的引进依赖于吸收（assimilation）能力，而吸收能力又依赖于一个国家的人力资本水平和企业家精神。②技术采用壁垒（barrier-to-adoption）。发展中国家存在阻碍技术采用的壁垒，这使得发展中国家企业采用先进技术的成本上升，这可以解释发展中国家与发达国家之间的收入差异，Parente 和 Prescott（1994）是这方面的经典文献。

关于广义全要素生产率方面的研究包括：①要素配置与全要素生产率。根据新古典经济学的要素配置原则，生产要素的边际生产率在部门之间相等，可以实现配置最优。现实经济中存在的各种摩擦和扭曲使得生产要素配置并不满足等边际原则，这会造成效率损失。现有研究关注要素配置优化对全要素生产率的影响，包括物质资本错配对全要素生产率的影响（Hsieh and Klenow，2009），以及人力资本错配对全要素生产率的影响（Hsieh et al.，2019）。同时，生产要素再配置也有助于技术流动。例如，Xu（2017）认为企业的合并（merger）和收购（acquisition）引起资本的重新配置，促进了技术流动。②制度、文化等软环境对经济增长的促进作用。包括关于制度对经济增长的影响（Acemoglu，2005），社会凝聚力（social cohesion）对经济增长的影响（Gradstein and Justman，2002），社会距离、社会互动对经济增长的影响（Varvarigos and Xin，2018），企业家精神与经济增长（Jiang et al.，2010），儒教（confucianism）与经济增长（Liang，2010）。

2.8.2　经济增长理论的发展过程是经济增长框架微观化的过程

现有的经济增长框架主要运用新古典经济学分析方法，假设经济中存在代表性个体和代表性企业，消费者通过选择消费和储蓄极大化自身福利，厂商通过选择雇用资本和劳动数量极大化自身利润，政府预算约束方程平衡。同时，假设市场是完全竞争的。这些设定的缺点在于假设过于宏观，微观基础薄弱。经济增长理论的微观基础解释很大程度上是对这些经典假设的突破，构建更具微观基础的经济增长模型。

第一，基于家庭视角的微观设定。首先，从微观视角拓展家庭的效用函数，包括内生化闲暇、内生化子女数量和质量、内生化职业选择、内生化社会资本。这种情况下，家庭预算约束方程也需要进行调整。其次，将代表性个体的框架拓展为异质性个体的框架，包括考虑初始财富的异质性（Garcia-Penalosa and Turnovsky，2007）、能力的异质性（Arawatari et al.，2018）、风险态度的异质性（Galor and Michalopoulos，2012）、耐心程度的异质性（Marshell et al.，2019）、天生人力资本的异质性（Lefebvre et al.，2019）。异质性会导致个体的决策差异，从而影响经济加总的结果。例如，能力的异质性会导致个体职业选择的差异，低能力的劳动者成为工人，高能力的劳动者成为企业家（Jiang et al.，2010）。相对于代表性个体的框架，异质性个体的框架可以更精准地反映现实，同时其也可以用于研究更多的问题。例如，收入不平等、税收不平等。最后，现有文献更加强调代际之间的策略互动，这主要是基于跨期迭代模型的分析，如 Ehrlich 和 Lui（1991）、Klimaviciute 等（2017）。

第二，从企业视角考虑更加微观的设定。首先是关于生产函数的拓展，在传统生产函数基础上引入更多的要素。例如，将企业家的管理能力（managerial ability）、金融发展水平、劳动者健康水平、ICT 资本等引入生产函数，以区分高技术劳动力和低技术劳动力。这可以解决生产函数经验分析与现实经济数据不一致的问题（Mankiw et al.，1992）。其次，将代表性企业的框架拓展为异质性企业，考虑企业生产率异质性，企业家管理能力的异质性，企业融资约束的异质性。或是考虑生产部门的异质性，假设经济中存在正规部门和非正规部门（Lopez-Martin，2018）。最后，丰富企业组织结构。在不完全信息框架下，引入委托代理问题，考虑最优契约设计（Bonfiglioli and Gancia，2014）。内生化企业动态（firm dynamics），考虑企业的进入与退出，内生化企业数量和规模。在企业预算约束方程中引入金融摩擦，假设企业的借款受企业销售额的限制。企业微观行为不仅可以更好地描述企业生产决策，也有助于从微观视角解释跨国收入差异等宏观经济现象。

第三，从市场结构上更加突出微观设定。新古典经济学假定产品市场和要素市场都是完全竞争的，生产要素获得等于边际产量的支付，厂商是要素价格的接受者。完全竞争市场假设距离现实经济有较大差距，同时，现实经济中生产函数关于竞争性生产要素可能满足递增规模报酬，若假设市场完全竞争，则企业利润为负，没有企业进行生产，这与现实经济不相符。此外，完全竞争的假设使得产业政策（如反垄断、规制）等无法分析。在创新驱动经济增长框架下，垄断竞争市场产生的利润是驱动企业创新的动力。现有研究主要基于熊彼特增长模型研究市场结构多元化对经济增长的影响，包括在熊彼特增长框架下假设每个中间产品部门是双寡头（duopolistic）竞争，发现适度的产品市场竞争可以促进经济增长（Aghion et al.，2001）。在离散形式的熊彼特增长模型中，分别假设波特兰德（Bertrand）和合谋（collusion）情形，研究不同市场结构对经济增长的影响（Lambson and Phillips，2007）。关于要素市场复杂性的考虑，在劳动力市场摩擦的框架下，工资率是通过企业与工人的谈判内生决定的（Hashimoto and Im，2019）。

2.8.3 经济增长理论的发展过程是学科交叉融合的过程

经济增长理论不仅为研究经济增长提供了基准框架，而且为学科融合提供了重要框架。基于经济增长框架研究其他学科的问题，可以深化对经济增长问题的认识，也可以从经济增长率或社会福利极大化的视角为相关政策设计提供理论依据。这里的学科融合，主要是经济增长理论与经济学其他学科的交叉融合，如与公共财政理论、货币经济学、健康经济学、环境经济学、人口经济学、金融学、制度经济学等学科的交叉融合。学科交叉融合本质上是对 Ramsey 模型中的生产函数、效用函数、家庭预算约束等做的改进和拓展。这里简要介绍几个重点研究领域。

第一，公共财政理论与经济增长理论的融合。这类文献在经济增长框架下引入政府财政支出和税收，考察财政税收政策影响经济增长的传导机制，研究的主题包括，最优财政支出规模、最优财政支出结构、最优税收结构等。Barro（1990）、Devarajan 等（1996）是考察财政支出规模、财政支出结构对经济增长影响的经典文献，他们发现最优公共支出规模和结构取决于财政支出的产出弹性。将各种类型的财政支出，包括财政教育支出、财政健康支出（Nakamura and Mihara，2016）和财政R&D支出（Alpaslan and Ali，2018）引入生产函数或效用函数。Chamley（1986）、Judd（1985）基于新古典增长框架下的最优税收结构，关于最优资本收入税率为零的论述是最优税收理论的经典文献。单部门*AK*模型下最优税收政策（Turnovsky，1996）研究，人力资本驱动经济增长框架下的最优税收政策研究（Chen and Lu，2013），水平创新经济下的最优税收政策研究（Long and Pelloni，2017），这些研究丰富了税收政策影响经济增长的传导机制。

第二，货币经济学与经济增长理论的融合。在经济增长框架下模型化货币政策，货币政策通过进入货币效用函数（money in utility，MIU）或是按照货币优先（cash in advance，CIA）的方式引入模型。Tobin（1965）、Sidrauski（1967）、Stockman（1981）、Abel（1985）在新古典增长模型中考察货币政策对均衡收入的影响机制和作用效果。在新古典增长模型、资本多样化的内生增长模型及创新驱动经济增长模型中引入货币政策，对经济增长的影响机制存在差异，对应的社会福利损失也存在差异（Wu and Zhang，1998）。Arawatari等（2018）在水平创新驱动经济增长框架下研究货币政策对经济增长的影响，Chu等（2017）在熊彼特增长模型中假设R&D支出受到CIA约束限制，发现名义利率对经济增长率的影响呈倒“U”形。

第三，环境经济学、健康经济学与经济增长理论的融合。生产和消费会产生环境污染，这又会影响环境质量，进而使得人们的健康状况下降，或是使得人们的预期寿命缩短，现有文献将环境质量和健康水平引入生产函数或效用函数。相对于标准的框架，在预算约束方程中需要考虑人们在健康方面的支出。政府通过征收环境税，并将税收收入用于环境污染治理和公共健康支出。这里考察环境税的二次红利（double dividends），以及通过分散经济复制社会计划经济反推最优环境税。环境税不仅可以改善环境质量，产生绿色红利（green dividend），也可以产生效率红利（efficiency dividend），使得均衡状态的收入提高或是促进经济增长。与之相关的问题还有环境库兹涅茨曲线，随着收入水平的提高，环境污染不断加剧；当收入超过某一阈值后，环境污染不断减少。Bovenberg和de Mooij（1997）、Stokey

（1998）是这一领域的经典文献，Brock 和 Taylor（2010）、Pautrel（2012）、Wang 等（2015）在此基础上做了更新的拓展。

第四，社会保障理论、人口经济学与经济增长理论的融合。社会保障制度会影响代表性个体年轻时期和老年时期的预算约束方程，在标准的跨期迭代模型下，经济中存在动态无效（dynamic inefficiency）的可能性，现收现付社保制度可以使得储蓄减少，资本存量下降，实现效率提升。人口老龄化使得预期寿命延长，老年人口相对增加，这使得人口结构发生变化。预期寿命延长使得个体年轻时期需要更多储蓄以满足老年时期的消费，这使得均衡状态的资本存量增加。事实上，社保缴费率及人口老龄化对经济增长的影响依赖于模型设定，两者对经济增长的影响既存在负向机制，也存在正向机制。例如，社会保障制度通过增加人力资本投资促进经济增长（Zhang，1995），社会保障制度可以通过减少子女数量、提高劳动时间的渠道使代表性个体的收入增加（Miyazaki，2013），人口老龄化对经济增长的影响依赖于代际之间的转移支付（Kunze，2014），人口老龄化通过促进老年劳动力供给增加的渠道使得代表性个体的收入上升（Hirazawa and Yakita，2017）。

第五，制度经济学与经济增长理论的融合。新古典增长理论和内生增长理论强调要素投入和技术进步对经济增长的决定作用。North 和 Thomas（1973）、Acemoglu 等（2005）则认为要素投入与技术进步都是经济增长的表现，或者说是经济增长的相近原因，制度是经济增长的根本原因。现有文献将制度引入内生增长模型，从作用机制上来看，制度通过保护产权、降低交易成本等渠道促进经济增长。可以考虑一般意义上的广义制度，研究制度质量、制度柔韧性（flexibility）对经济增长的影响；或是考虑一种特定的制度，如知识产权保护制度、法律制度对经济增长的影响。从模型设定来看，可以将制度作为外生变量引入模型框架，从而研究制度影响经济增长的传导机制和作用效果。或是将制度内生化，假设制度质量取决于社会监督等。此外，按照政治经济学的思路，考虑不同阶层之间的冲突，研究最优制度设计。可以将制度引入全要素生产率，制度通过影响微观经济主体的最优化行为，进而影响经济增长，这使得经济增长框架更加微观化。

2.9　值得关注的问题

现代经济增长理论取得了极大的发展，但现代经济增长理论在研究思路方面还存在以下两方面的不足：①现代经济增长理论主要关注效率，而对公平关注不够。具体地，现代经济增长理论主要关注如何产生经济增长，如何使得经济增长率极大化，但对经济增长成果分配关注不够。现实经济中，我们不仅关注做大“蛋糕”，而且也关注分好“蛋糕”。收入分配改革通过调动劳动者积极性、促进消费需求升级等机制有利于促进经济增长。②现代经济增长理论侧重从总量视角研究经济增长的动力，从结构视角解释经济增长动力的理论研究薄弱。结构层面主要强调经济结构，包括产业结构、收入分配结构、消费结构、区域结构、城乡结构等。经济结构优化是经济增长的动力，如服务业内部结构优化升级、消费结构升级、收入分配结构优化及区域协调发展都是驱动经济增长的动力。当经济发展到高级阶段后，从经济结构视角理解经济增长更加重要。

除以上问题外，现代经济增长理论在技术性分析和精准反映现实方面还存在一些问题。其中技术性分析方面存在的问题包括：内生增长理论要求核心生产函数满足线性设定以及对转移动态过程的忽略。精准反映现实方面存在的问题包括：弱化需求侧在经济增长决定中的重要性，以及关于发展中国家和经济转型国家经济增长理论薄弱。我们分别对这些问题展开阐述。

2.9.1　内生增长理论与“线性批判”

内生增长理论面临的“线性批判”（linearity critique），是指为了实现内生经济增长，核心函数设定要求满足特定的线性参数条件。若参数条件稍微偏离线性假设，则不会产生内生经济增长。而这些参数条件是否成立，并没有很好的经验支持。Growiec（2007）指出，“（内生增长模型的）平衡增长路径是脆弱的，对参数值微小的冲击很敏感”。内生增长模型中核心生产函数的设定也被称为“刀锋条件”。内生增长理论的两个分支——资本多样化的内生增长理论以及创新驱动的经济增长理论都面临“线性批判”的问题。

新古典增长理论假设生产函数中资本的产出弹性严格小于 1，若没有外生的技术进步，则均衡的人均资本和人均收入收敛于常数。资本驱动的内生增长理论假设 AK 生产函数，生产函数是 $Y = AK$ 。其中，K 表示资本，A 表示除资本外对生产有促进作用的因素。这突破了新古典增长理论要求生产函数需满足的稻田条件，即经济要实现持续增长，生产函数中资本对应的指数必须等于 1。若该指数小于 1，则回到新古典增长理论的思路。若该指数大于 1，则随着时间的推移，经济增长率趋向于无限大，这将产生爆炸式经济增长，这显然与现实经济不一致。关于 AK 生产函数现实合理性的一个解释是将 K 理解为广义资本，其不仅包括狭义的物质资本，也包括人力资本、公共资本、健康资本等，不同类型资本的产出弹性加总，可以等于 1（Mankiw et al.，1995）。

创新驱动经济增长理论也面临着“线性批判”的问题。水平创新的代表性模型是 Romer（1990），其给出的核心方程是 $\dot{A} = \delta L_A A$ 。其中，A 表示知识存量；$\dot{A}$ 表示新生产的知识；L_A 表示 R&D 部门科学家、工程师的数量。根据该方程可以求得知识增长率 $\dot{A}/A = \delta L_A$ 。因此，科学家、工程师的数量越多，经济增长率越高。Jones（1995a）将知识生产函数拓展为 $\dot{A} = \delta L_A A^{\phi}$ ，经济增长模式在很大程度上依赖于知识存量的指数 ϕ 。若 $\phi = 1$，经济中存在规模效应；若 $\phi < 1$，则经济中不存在规模效应；若 $\phi > 1$，则经济是奇点（singularity）经济，这种情形下经济增长率趋向于无穷大。若 $\phi < 1$，对应半内生经济增长模型。这种情况下，知识生产函数及人口出生率就可以决定经济增长率，经济政策不能影响经济增长率。

“线性批判”本质上是内生增长理论要求平衡增长路径上经济增长率为常数的条件与现实经济不一致。与之相关的是关于奇点经济的讨论，这对应资本驱动经济增长理论中生产函数 $Y = AK^{\phi}$ 中 $\phi > 1$ 的情形，以及知识生产函数 $\dot{A} = \delta L_A A^{\phi}$ 中 $\phi > 1$ 的情形。这些情形下，经济增长率会在有限时间内趋向于无穷大，或是当经济收敛于平衡增长路径上时，经济增长率会趋于无穷大（Aghion et al.，2019）。关于奇点经济产生的依据存在较大的争议，一种解释是，人工智能等技术革命使得经济实现递增规模报酬。现有经验分析发现，随着知识存量的增加，创新的难度会越来越大，经济增长率不会趋向无穷大（Bloom et al.，2020）。

2.9.2　平衡增长路径还是转移动态？

平衡增长路径是指当时间足够长，内生变量 $X(t)$ 增长率收敛于常数，$\lim_{t\to+\infty}\dot{X}(t)/X(t)=g$。Palivos 等（1997）将以上条件称为渐进（asymptotically）性平衡增长路径。如果可累积变量的增长率都大于零，则平衡增长路径是非退化的（non-degenerate），这也是现有内生增长理论通常考虑的情形。在短期平衡增长路径上，可累积变量的增长率大于零。例如，在内生增长模型中，消费和产出的增长率为大于零的常数。单位化的比例指标收敛于常数，在部门之间的配置比例为常数。例如，Lucas（1988）关于个体的劳动时间和学习时间，Romer（1990）关于最终产品部门和 R&D 部门的劳动力比例等。平衡增长路径在反映现实的时候存在缺陷，如不能反映库兹涅茨特征事实，即农业部门劳动力份额不断下降，工业部门劳动力份额稳定，服务业部门劳动力份额不断上升。Kongsamut 等（2001）提出了广义平衡增长路径（generalized balanced growth path），Jones（2002）提出了常数增长路径假说（constant growth path hypothesis）来解决平衡增长路径与现实不一致的问题。与平衡增长路径相区别，常数增长路径并不需要内生变量的增长率永久性为常数。

转移动态是指从初始状态到均衡状态的运动过程，其可以反映模型的短期动态特征（Mulligan and Sala-i-Martin，1993），经济处于转移动态与均衡状态的特征存在较大差异。现有文献存在的一个问题是聚焦平衡增长路径分析，对转移动态的关注不够。这存在以下三个方面的问题：①现实经济中面临各种不确定性，对经济的冲击或扰动会使得经济从一条平衡增长路径转移到另一条平衡增长路径，转移动态会持续较长过程。②由于转移动态持续时间较长，这对于福利分析和政策评估具有较为重要的意义，只是考虑平衡增长路径的情形，以及同时考虑平衡增长路径和转移动态的情形差别较大。③在新古典增长模型和半内生增长框架下，政府政策不能影响均衡状态的经济增长率。但若考虑转移动态过程，政府政策可以影响经济增长率。

经济增长核算的结果表明了考虑转移动态在经济分析中的重要性。Jones（2002）发现，与传统的假设美国经济处于平衡增长路径的思路不同，长期因素对美国经济增长的贡献度不超过 20%，超过 80%的增长与转移动态有关。Hasanzadeh 和 Khan（2019）基于加拿大数据的经济增长核算表明，加拿大 90%的经济增长归因于转移动态，贡献度最大的是物质资本强度和人力资本，均衡状态上人口因素对经济增长的贡献度为 10%。基于以上分析，转移动态分析至关重要。正如 Temple（2003）提到的“模型的长期均衡状态表示经济最终实现的点，或许未来需要很长时间才能达到这一状态。我们对这一最终状态的了解很少，对为实现最终状态的过程需要给予更多关注”。

2.9.3 过度强调供给侧对经济增长的决定性作用，需求侧对经济增长的作用被弱化

现实经济中，经济增长是由供给与需求共同决定的。在动态一般均衡框架下，经济中包括供给侧和需求侧两个方面。经济增长理论主要强调供给侧对经济增长的决定作用，需求侧对经济增长的作用被弱化，即在经济增长理论中供给与需求的地位并不对等。在经济增长理论中，给定生产函数性质，经济增长特征就会自然决定。例如，在新古典增长框架下，若不考虑外生技术进步，不论偏好如何设定，均衡状态人均指标的经济增长率都为零。Solow 模型甚至都没有考虑消费者的最优化行为。再如，在 AK 模型中，若满足特定的参数条件，不管偏好形式如何设定，经济增长率都始终大于零。在以 Jones（1995a）为代表的半内生增长框架下，一旦给定知识生产函数的形式，自然就决定了平衡增长路径上的经济增长率。

供给侧决定经济增长主要体现在生产函数的设定上，需求侧影响经济增长主要是通过效用函数来体现的。家庭的最优性选择的不同决定了储蓄和劳动供给存在差异，这又会影响资本形成和均衡劳动，进而影响经济增长。偏好的拓展是将效用函数 $u(c)$ 拓展为 $u(c,x)$。其中，c 表示消费；x 表示其他影响福利水平的变量。这里的 x 可以表示习惯形成（Carroll et al.，1997），包括内部习惯形成和外部习惯形成。x 也可以表示社会平均消费（Dupor and Liu，2003），其对效用的不同影响决定了个体是羡慕性的（admiration）或是嫉妒性的（jealousy）。x 也可以表示财富（Zou，1994），这对应资本主义精神（capitalism）。x 也可以表示闲暇（Ladron-De-Guevara et al.，1999），在人

力资本积累生产函数中 x 取决于考虑劳动和闲暇时间后的学习时间。x 也可以表示政治资本（Ehrlich and Lui，1999）或子女数量（Miyazaki，2013）。x 还可以表示其他各种变量。毫无疑问，x 的引入使得代表性个体的决策更加丰富，这会影响消费的边际效用，也会影响人们的需求结构。

现代经济增长理论过度强调供给侧对经济增长的决定性作用，需求侧对经济增长的作用被弱化，这与现实经济不相符。正如 Solow（1997）所言“一个更有趣的问题是，一个主要时间段潜在产出的增长是由需求侧驱动的”。Dosi 等（2010）认为熊彼特强调的创新引擎，需要与凯恩斯强调的需求引擎相互协调才能实现长期高速增长。Delong 和 Summers（2012）指出“需求不足引致供给潜力乏力，这类似于反向的萨伊定律（Say’s law）”。Cova 等（2019）的研究发现，尽管技术方面是导致全球经济增长率下降的主要原因，但财政政策和货币政策的相互协调可以减缓经济衰退。再如，长期经济停滞的原因不仅包括供给侧技术创新速度的下降，也包括需求不足。

供给侧和需求侧是相互联系、相互作用的，供给侧和需求侧的匹配程度决定了经济增长路径。需求总量增加和需求升级通过扩大市场，增加企业利润等渠道带动经济增长。当前，中国经济增长中存在严重的供需结构错配问题，供给结构调整跟不上需求结构的变化，如低端供给过多，中高端供给不足（王一鸣，2017）。供给侧结构性改革通过提升供给质量和效率，增强供给体系对需求结构的适应性，这体现了需求对供给的引领作用。郭克莎和杨阔（2017）分析了现代经济增长理论对需求因素忽略的表现，认为中国经济增长的主要动力是需求扩张。消费包括生存性消费、发展型消费和享受型消费，生存性消费对经济增长的促进作用有限，但发展型消费和享受型消费对经济增长有时能起到引领性作用。袁富华等（2016）提出消费结构升级可以促进人力资本提升和知识创新，这又会促进效率提升。现实经济中，扩张性财政政策带来的收入增加，收入分配结构改革使得中等收入群体扩大，以及人口结构变化等都是消费升级的重要原因。

2.9.4 发展中国家和经济转型国家经济增长理论研究薄弱

现有的经济增长理论主要是以西方发达国家的经济增长历程为特征事

实构建和发展起来的，即专注于成熟经济体研究。虽然一些文献在经济增长框架下考虑了发展中国家的关键特征，如假设经济中存在非正规部门，存在金融摩擦，但这方面的研究总体薄弱。经济转型国家，主要是指经济制度由计划经济向市场经济转变的国家，关于计划经济体经济增长理论的研究也较为薄弱。Bajona 和 Locay（2009）模型化计划经济的两个核心特征是游说效应（lobbying effect）和再分配效应（redistribution effect）。游说效应是指生产要素由中央计划者向企业家配置，企业家需要花时间游说中央计划者以获得更多资源，这使得企业家用于生产活动的时间减少，产出下降。再分配效应是指计划经济下领导者具有平均主义倾向，这使得个体成为企业家的意愿下降，也使得企业家工作努力积极性下降以及全要素生产率和经济增长率下降。Yu 和 Lai（2020）认为转型国家的一个重要特征是国有企业的私有化，他们在一个熊彼特增长模型中考察了企业的私有化对经济增长和社会福利的影响，研究发现，私有化有利于促进经济增长，但其对社会福利的影响不确定。

随着发展中国家和经济转型国家经济规模的不断扩大，发展中国家和经济转型国家在全球经济中发挥越来越重要的作用，构建与其发展轨迹相匹配的经济增长模型是经济增长理论有待关注的问题。现有文献直接套用成熟的新古典增长模型和内生增长模型来解释转型国家的经济增长路径。这种分析存在较大的局限性，这是因为现代经济增长模型是以西方发达国家经济发展特征事实为样本构建的，转型国家与发达国家在各方面都存在很大的差异，这些模型没有反映转型国家现实经济的核心特征。从经济增长模型与现实经济特征事实相契合的角度来看，这类文献的贡献并不突出。

2.10 经济增长理论的未来发展

未来经济增长理论发展的重点包括如下几个方面。

2.10.1 新技术对经济增长的影响

新技术的推广和使用会产生许多新的经济现象，这为经济增长理论的发展提供了新的研究素材。同时，与经济增长相关的实证研究越来越不局限于使用跨国宏观数据，微观数据的收集和使用为经济增长理论的发展提供新的研究证据。互联网、大数据、人工智能（artificial intelligence）等新技术的使用和推广有助于扩大经济参与体可以获得的数据集、减少信息失灵、减少市场无序。现有文献做了一些初步的工作，如 Aghion 等（2019）、Berg 等（2018）研究了人工智能对经济增长的影响，Jones 和 Tonetti（2020）将数据作为一种生产要素引入经济增长模型。但这些研究距离理解新技术与经济增长的关系还有较大差距，如已有文献将人工智能等同于自动化对应的工作任务由资本替代劳动。事实上，人工智能包括的内容很广，如机器学习、计算机视觉等内容，如何在经济增长框架下模型化这些技术还有待探讨。可以从更微观的视角研究新技术作用于经济增长的机制，探讨新技术对企业组织结构、市场结构、职业选择等变量的影响，并进行微观经济政策评估。模型设定时需要注意的问题有：新技术与传统技术的关键区别是什么？从技术上如何构建新技术决定方程才能够使理论模型技术性要求与现实经济互相兼顾？

2.10.2 需求决定的经济增长理论

经典的经济增长理论主要强调供给对需求的决定作用，未来经济增长理论需要提升需求在经济增长中的作用，突出供需互动对经济增长的重要性。我们可以将凯恩斯的思想融入经济增长框架，强调超额需求对供给的反向拉动作用，并考察需求升级对经济增长和经济转型的促进作用。需要说明的是，供给侧引致的经济增长通常是从长期视角展开分析，需求引致的经济增长则主要侧重短期分析。这里面临的挑战是，如何更好地将长期分析和短期分析纳入一个统一的分析框架？

结合当下中国经济增长中面临的产能过剩问题，通过构建供需失衡的框架对于理解中国经济增长至关重要。同时，传统框架关于消费的设定过于简单，消费包括生存性消费、发展型消费和享受型消费，生存性消费对经济增长的决定作用有限，但发展型消费和享受型消费对经济增长起到决定性作用。为此，可以在 Romer（1990）基础上区分两种创新，一种是供给引领的创新，其通过供给侧促进经济增长；另一种是需求引领的创新，即消费升级驱动经济增长。需求引领的创新又会反作用于供给引领的创新。在此基础上，可以评估促进消费需求升级的政策的经济效应，这也有利于更好地认识经济转型问题。相对于已有的主要从供给侧考虑新古典增长模式、物质资本积累驱动经济增长模式、人力资本驱动经济增长模式、创新驱动经济增长模式（Funke and Strulik，2000；Chen and Funke，2013），运用该框架可以考察高水平消费对经济增长的驱动作用。

2.10.3 大学科融合视角下的经济增长微观基础

经济增长理论在经济学中占据特殊地位的一个重要原因是可以将宏观和微观很好地结合起来（Acemoglu，2012）。微观行为决策是导致宏观经济增长和收入差异的重要原因，相对于标准的经济增长模型，包含微观经济主体决策的框架可以更好地拟合现实数据。现有的考察经济增长微观基础的文献主要将微观经济学、产业组织理论、博弈论与信息经济学等与经济增长理论结合起来，这属于经济学内部学科的交叉融合。我们可以更多地从大学科融合的视角来理解经济增长的微观基础，主要是将非经济学科（心理学、社会学、政治学、计算机等学科）与经济增长理论结合起来。例如，人们的心理过程和心理特征不同，决定了其偏好和决策也存在差异（Strulik，2017）。随着计算机技术的发展，新技术的引入使得生产函数的凸凹性不确定，这可以帮助我们更好地理解贫困性陷阱、奇点经济等。人们关于女性在社会中地位的性别规范（gender norms）不同，其消费投资决策也存在差异，这又会影响经济增长。结合实验数据或调查数据，从跨学科的视角考察经济增长框架下技术、偏好、市场结构如何演化，可以帮助我们更好地理解经济增长的微观基础、更好地解释不同国家之间的收入差距。

第　3　章

经济增长：需求刺激政策还是供给侧结构性改革？

供给和需求是市场经济内在关系的两个基本方面，供给和需求平衡是经济内生增长的重要条件。正如 Gordon（2015）提到的"长期经济停滞不仅取决于供给或需求，而是供给与需求综合作用的结果"。现代增长理论假设供给决定需求，事实上，需求也会反作用于供给。作为社会总需求的重要组成部分，消费、投资和出口通过各产业部门之间的技术经济联系和产业波及效应，对国民经济各产业部门产生直接或间接的生产诱发作用，进而直接影响整个国民经济增长的速度和质量（刘瑞翔和安同良，2011）。随着收入水平的提高，人们的需求偏好从数量型消费向质量型消费转变，这对供给提出了更高的要求，会促进供给升级，激励技术进步和产业结构变迁。供给侧的技术进步、资本形成和劳动供给通过直接扩大生产能力的途径促进经济增长。

经济会经历从低级向高级演化的过程，一个经济体在不同发展阶段的经济增长动力存在较大差异。在经济增长初期，经济增长主要依赖于土地、劳动等生产要素投入；而后经济进入以资本为驱动因素的阶段，经济增长主要依赖于物质资本积累；经济发展到高水平阶段，其增长依赖于 R&D 和技术创新。现有研究关于改革开放以来我国经济持续增长给出了很好的解释和分析。蔡昉（2013a）将经济增长阶段划分为马尔萨斯式的贫困陷阱（"M"形增长）、刘易斯式的二元经济发展（"L"形增长）、刘易斯转折点（"T"形增长）和索洛式的新古典增长（"S"形增长），中国经济增长已经经历过这四种类型中的前三个阶段。黄泰岩（2014）将改革开放以来我国经济增长的历程划分为两个发展阶段：第一个阶段是 1978～1997 年，这一阶段经济增长主要依赖于生产要素投入，尤其是廉价劳动力具有无限供给的特点。生产要素的结构优化配置以及经济体制改革释放的经济活力也是驱动经济增长的重要引擎。第二个阶段是 1998～2012 年，这一阶段经济增长的突出特点是以投资为主导的需求拉动经济增长模式。刘伟（2016）认为 1978～1998 年，我国宏观经济失衡的总体表现是需求膨胀，供给不足，整个国民经济表现为严重的短缺经济，这一阶段宏观经济政策长期采取紧缩政策，以遏制通货膨胀；1998～2010 年，这段时期我国经济失衡的突出特点是需求不足和供给过剩，我国宏观经济政策旨在扩大内需，采取积极的财政政策和稳健的货币政策。

根据国际经验，需求管理政策在刺激经济方面发挥着至关重要的作用。Klein 和 Ventura（2020）基于爱尔兰的特征事实发现，企业税率下降以及政府消费和转移性支出占 GDP 比例的下降可以解释 1980 年以来爱尔兰经济的快速发展。Economides 等（2020）基于欧元区的研究发现，增加政府在教育和健康方面的支出，以及降低社会保障税等扭曲性税收是欧元区摆脱 2008 年金融危机以来经济衰退的最好方法。1994 年以来，我们过度强调需求管理政策对经济增长的调节和刺激作用，我国财政支出的增长率远高于经济增长率，如图 3-1 所示。同时，虽然我国 M2 增长率总体呈下降的趋势，但实际上高于同期的经济增长率。我国 M2/GDP 呈不断上升的趋势，从 1994 年的 0.965 上升到 2016 年的 2.083，如图 3-2 所示。

当前，我国经济下行的一个重要原因是供给和需求失衡，而这又主要归根于供给侧不能适应需求侧的动态调整。在需求侧，随着我国居民收入水平的不断提高，我国的需求结构已经发生了很大的变化，人们对食品、衣着等消费品的需求比例在下降，而对发展性和享受性消费品的需求在不断增长。同时，随着中高收入群体规模的扩大，我国居民消费模式发生变化，模仿性排浪式消费模式阶段基本结束，个性化、多样化消费逐渐成为主流，相对于消费数量，人们更加重视消费质量和品牌。

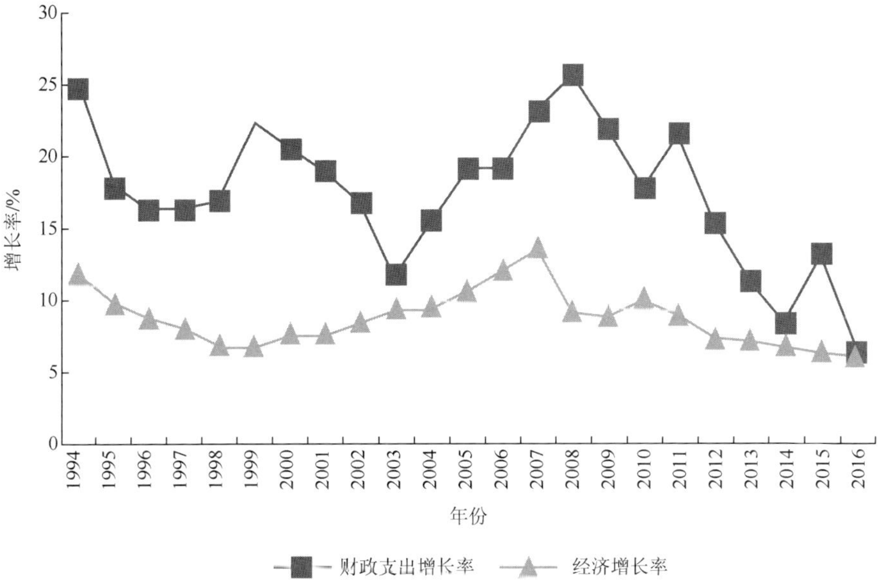

图 3-1　我国财政支出增长率与经济增长率对比

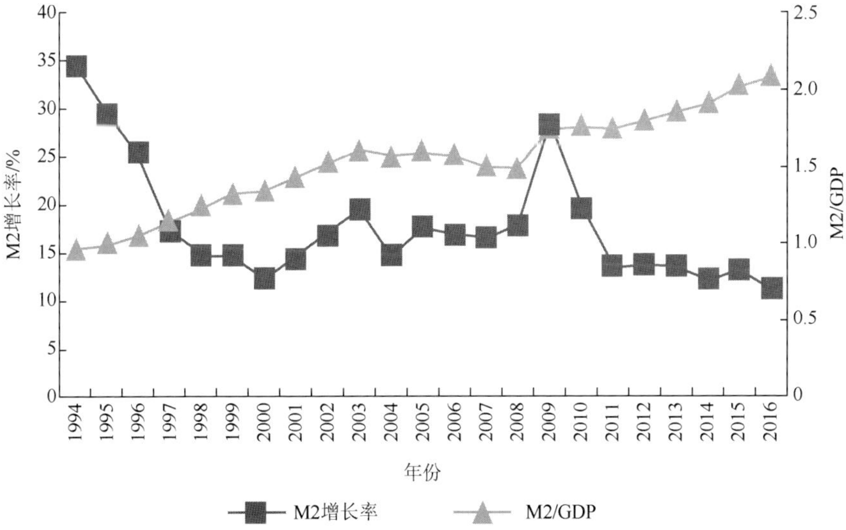

图 3-2　我国 M2 增长率及 M2/GDP

3.1 需求管理政策：财政支出视角

3.1.1 基于凯恩斯宏观经济学的需求管理政策

关于需求管理政策经济效应的短期分析，经典的是凯恩斯的总供给-总需求模型，具体包括希克斯-汉森（Hicks-Hansen，IS-LM）模型，如图 3-3 所示，以及据此推出的总供给-总需求（aggregate supply-aggregate demand，AS-AD）模型，如图 3-4 所示。在凯恩斯宏观经济框架下，需求管理政策主要体现在财政政策使得 IS 曲线移动，以及货币政策使得 LM 曲线移动，两者都可以引起总需求曲线的移动。这里主要面临以下两个问题：①需求管理政策实施的效果依赖于一系列条件，包括总需求曲线的斜率和总供给曲线的斜率等。例如，IS 曲线的斜率和 LM 曲线的斜率决定了总需求曲线随需求管理政策调整移动幅度的大小。需要说明的是，在一些特殊情况下，需求管理政策无效。例如，如果 IS 曲线接近于垂线，这种情况下扩张性货币政策使得 LM 曲线移动，但并不能使得总需求增加。再如，如果 LM 曲线的斜率非常大，这种情况下扩张性财政政策使得 IS 曲线移动，但也不能影响总需求。②需求管理政策使得总需求曲线沿着总供给曲线移动，这使得总体价格水平

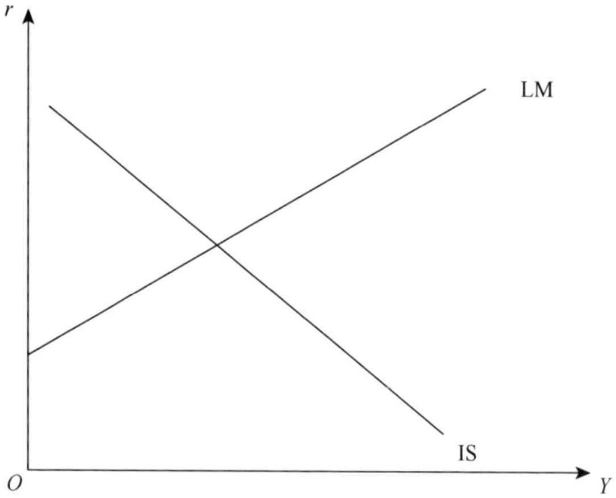

图 3-3 IS-LM 模型

上升，从而产生通货膨胀。收入水平上升对应失业率下降，这是需求管理政策的积极影响，其与需求管理政策使得通货膨胀率上升的消极影响之间存在权衡。需求管理政策的力度并不是越大越好，也不是越小越好，现实经济中应该存在合适的（appropriate）需求管理政策。

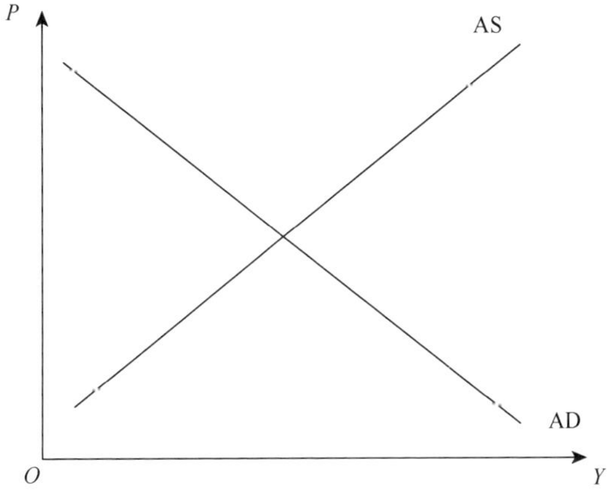

图 3-4　AS-AD 模型

凯恩斯宏观理论强调逆经济调节，即经济过热时，可以运用紧缩性财政政策；经济萧条时，可以运用扩展性财政政策。Ljungqvist 和 Uhlig（2000）基于一个“追赶琼斯”经济模型发现，税收政策通过消除消费外部性以实现社会最优，社会最优税率与生产率冲击正相关。若生产冲击使经济过热，则可以通过提高税率使个体减少消费实现社会最优；若经济处于萧条状态，则可以通过降低税率使个体增加消费从而实现社会最优。“追赶琼斯”框架下的最优税收政策设定与凯恩斯强调的需求管理政策相一致，尽管两者在作用机制上差别较大。Dosi 等（2010）认为凯恩斯需求管理政策是供给驱动经济增长的有益补充，单纯的技术创新并不能保持经济高增长。

3.1.2　基于经济增长理论的需求管理政策

Barro（1990）首先在一个 AK 模型中考察了最优财政支出规模的问题，其将财政支出按照流量的形式引入模型，生产函数 $y = f(k,g) = Ak^{\alpha}g^{1-\alpha}$ 。其中，α 表示人均资本的产出弹性，$0<\alpha<1$；A、k、g、y 分别表示全要素生产率、人均资本、人均生产性财政支出与人均产出。

家庭通过选择消费 c 来极大化自身的福利水平：

$$\max_{c}\int_{0}^{+\infty}\frac{c^{1-\sigma}-1}{1-\sigma}\mathrm{e}^{-\rho t}\,\mathrm{d}t \tag{3-1}$$

个体面临的动态预算约束方程为

$$\dot{k}=(1-\tau)Ak^{\alpha}g^{1-\alpha}-c \tag{3-2}$$

其中，c 表示消费；σ 表示消费跨期替代弹性的倒数；ρ 表示主观贴现率；τ 表示收入税税率。

政府通过征收收入税为财政支出融资，其面临的预算约束方程为

$$g=\tau y=\tau Ak^{\alpha}g^{1-\alpha} \tag{3-3}$$

我们通过构建现值的 Hamiltonian 系统求解上述优化问题，可以将经济增长率表示为财政支出规模 g/y 的函数：

$$\frac{\dot{c}}{c}=\frac{[1-(g/y)]\alpha A^{1/\alpha}(g/y)^{(1-\alpha)/\alpha}-\rho}{\sigma} \tag{3-4}$$

根据一阶条件，我们可求出使经济增长率极大的最优财政支出规模 $(g/y)^{*}=1-\alpha$，即最优财政支出规模恰好等于财政支出的产出弹性。财政支出规模与经济增长率之间存在一个倒“U”形关系，如图 3-5 所示。若 $g/y<1-\alpha$，则随着财政支出规模的增加，经济增长率上升；若 $g/y>1-\alpha$，则随着财政支出规模的增加，经济增长率降低。相应的作用机制是，财政支出对经济增长的影响体现在两方面：①根据生产函数，财政支出与民间资本互补，财政支出规模越大，民间资本的边际回报率越高，从而经济增长率越高。②根据预算约束方程，财政支出通过收入税来实现，财政支出规模越大，收入税税率越高，这又直接降低了资本的边际回报率。上述两种力量之间存在一个权衡（tradeoff）：若 $g/y<1-\alpha$，则生产性财政支出对经济增长直接的促进作用更大；若 $g/y>1-\alpha$，则税收对经济增长的抑制作用更大；若 $g/y=1-\alpha$，则上述两种作用正好相互抵消。因而，最优税率等于最优财政支出规模，$\tau=g/y=1-\alpha$。

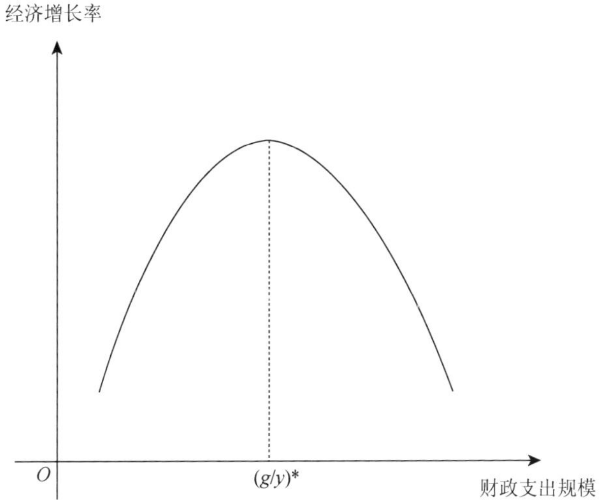

图 3-5　财政支出规模对经济增长率的影响

需要说明的是，在 Barro（1990）中，财政支出是以流量（flow）形式引入模型的。与 Barro（1990）不同，Futagami 等（1993）认为，财政支出可以不断累积形成公共资本。他们将政府公共支出按照存量（stock）形式引入模型。公共资本的动态积累方程为

$$\dot{g} = \tau y = \tau A k^{\alpha} g^{1-\alpha} \tag{3-5}$$

通过求解最优化问题，可得到一个关于经济增长率 γ 与财政支出规模 g/y 的隐函数：

$$\gamma = \frac{\dot{c}}{c} = \frac{[1-(g/y)\gamma]\alpha A^{1/\alpha}(g/y)^{(1-\alpha)/\alpha} - \rho}{\sigma} \tag{3-6}$$

根据隐函数定理，结合方程（3-6），我们可以求得使经济增长率极大化的最优财政支出规模 $(g/y)^*$ 满足的条件：$(g/y)^* = (1-\alpha)/\gamma^*$，其中，$\gamma^*$ 表示最优财政支出规模对应的经济增长率。若 $g/y < (g/y)^*$，则随着财政支出规模的增加，经济增长率上升；若 $g/y > (g/y)^*$，则随着财政支出规模的增加，经济增长率降低；财政支出规模与经济增长率之间存在一个倒“U”形关系，这一作用机制与 Barro（1990）相同。

在 Barro（1990）基础上，财政支出结构对经济增长的影响也是需求管理政策需要关注的重点，这主要包括以下两个模型。

3.1.3 Barro（1990）财政支出结构对经济增长影响的模型

Barro（1990）将财政支出分为生产性财政支出和消费性财政支出，考察了财政支出结构对经济增长的影响。Barro（1990）给出了生产函数 $y = f(k, g_1) = Ak^{\alpha} g_1^{1-\alpha}$。其中，$k$ 表示物质资本；g_1 表示生产性公共支出。通过求解企业的最优化问题，可以得到利率等于资本的边际生产率。

消费性财政支出对于家庭而言外生给定，家庭通过选择消费 c 以极大化以下福利函数：

$$\max_{c} \int_{0}^{+\infty} (\ln c + \beta \ln g_2) \mathrm{e}^{-\rho t} \, \mathrm{d}t \tag{3-7}$$

家庭面临如下的预算约束方程：

$$\dot{k} = (1-\tau) y - c \tag{3-8}$$

其中，c 表示消费；g_2 表示消费性公共支出；τ 表示收入税税率；β 表示相对于消费性而言，家庭对消费性公共支出的偏好，$\beta > 0$。

政府通过征收收入税为公共支出融资，政府的预算约束方程为

$$\tau y = g = g_1 + g_2 \tag{3-9}$$

财政支出中 $0 < \phi < 1$ 的部分用于 g_1，即 $g_1 = \phi g$；财政支出中 $0 < 1-\phi < 1$ 的部分用于 g_2，即 $g_2 = (1-\phi) g$。

将家庭、企业、政府的最优性问题结合起来，我们可以求得平衡增长路径上的经济增长率：

$$\gamma = \frac{\dot{c}}{c} = (1-\tau) \alpha A^{1/\alpha} (\phi \tau)^{(1-\alpha)/\alpha} - \rho \tag{3-10}$$

从而生产性公共支出规模对经济增长的影响为

$$\frac{\mathrm{d}\gamma}{\mathrm{d}\phi} = \frac{(1-\tau)(1-\alpha) A^{1/\alpha} (\phi \tau)^{(1-\alpha)/\alpha}}{\phi} \tag{3-11}$$

根据方程（3-11），我们可知 $\mathrm{d}\gamma / \mathrm{d}\phi > 0$，即生产性财政支出占总财政支出的比例越高，经济增长率越高。这是因为生产性财政支出进入生产函数，可以提高资本的边际回报率；消费性财政支出进入效用函数，不影响资本的边际回报率。因此，生产性财政支出占总财政支出的比例越高，资本边际回报率越高，家庭的储蓄越多，经济增长率越高。

3.1.4　Devarajan 等（1996）财政支出结构对经济增长影响的模型

Devarajan 等（1996）区分了不同类型的生产性公共支出，给出如下的生产函数：

$$y = f(k, g_1, g_2) = \left[\alpha k^{-\xi} + \beta g_1^{-\xi} + \chi g_2^{-\xi}\right]^{-1/\xi} \tag{3-12}$$

其中，$\alpha > 0$，$\beta \geqslant 0$，$\chi \geqslant 0$，$\alpha + \beta + \chi = 1$，$\xi \geqslant -1$；$k$ 表示资本；g_1 和 g_2 分别表示两种不同类型的生产性公共支出，如政府分别在公路和电信方面的支出。

政府通过征收收入税为公共支出融资，收入税率为 τ，政府的预算约束方程为

$$\tau y = g = g_1 + g_2 \tag{3-13}$$

财政支出中 $0 < \phi < 1$ 的部分用于 g_1，$g_1 = \phi g$；$0 < 1 - \phi < 1$ 的部分用于 g_2，$g_2 = (1-\phi) g$。

家庭通过选择消费 c 以极大化福利水平：

$$\max_c \int_0^{+\infty} \frac{c^{1-\sigma} - 1}{1-\sigma} \mathrm{e}^{-\rho t} \mathrm{d}t \tag{3-14}$$

面临如下的预算约束方程：

$$\dot{k} = (1-\tau) y - c \tag{3-15}$$

通过求解上述优化问题，我们可得到经济增长率：

$$\gamma = \frac{\alpha(1-\tau)\left\{\alpha\tau^{\xi} / [\tau^{\xi} - \beta\phi^{-\xi} - \chi(1-\phi)^{-\xi}]\right\}^{-(1+\xi)/\xi} - \rho}{\sigma} \tag{3-16}$$

从而财政支出结构对经济增长的影响为

$$\frac{\mathrm{d}\gamma}{\mathrm{d}\phi} = \frac{\alpha(1-\tau)(1+\xi)[\alpha\tau^{\xi}]^{-(1+\xi)/\xi}[\beta\phi^{-(1+\xi)} - \chi(1-\phi)^{-(1+\xi)}]}{\sigma[\tau^{\xi} - \beta\phi^{-\xi} - \chi(1-\phi)^{-\xi}]^{-1/\xi}} \tag{3-17}$$

假定 $\gamma > 0$，从而 $\mathrm{d}\gamma/\mathrm{d}\phi = 0$ 等价于 $(1+\xi)[\beta\phi^{-(1+\xi)} - \chi(1-\phi)^{-(1+\xi)}] = 0$。由于 $\xi \geqslant -1$，从而 $(1+\xi)[\beta\phi^{-(1+\xi)} - \chi(1-\phi)^{-(1+\xi)}] = 0$ 等价于：

$$\frac{\phi}{1-\phi} = \left[\frac{\beta}{\chi}\right]^{1/(1+\xi)} \tag{3-18}$$

根据上述推导，我们可知分类财政支出占总财政支出的最优比例取决于

分类财政支出生产效率的对比。某类财政支出的生产效率越高，对总产出的贡献越大，则该类财政支出占总财政支出的最优比例也应越高。事实上，我们可以将 Devarajan 等（1996）的思路推广到 $n>2$ 种财政支出的情形。例如，我们假设有 $n>2$ 种财政支出同时进入生产函数，那么最优的财政支出结构同样取决于各种类型财政支出对总产出贡献力度的大小。

3.2 需求管理政策：税收政策视角

需求管理政策中涉及政府收入的重要来源是税收，宏观公共财政理论将税收种类分为消费税（consumption taxation）、劳动收入税（labor income taxation）和资本收入税（capital income taxation），不同税种对经济的扭曲性差别较大。消费税通过影响消费和闲暇的边际替代率，从而影响个体的消费-闲暇决策。资本所得税通过降低税后资本的边际回报率，进而对投资和经济增长有负面影响。劳动所得税通过影响代表性个体的劳动-休闲选择，进而影响经济增长。最优税收理论考察的问题是，在没有一揽子税收（非扭曲性税收）的前提下，为实现既定的公共支出，政府应当如何征税（扭曲性税收），从而使得税收对经济的扭曲最小化。宏观公共财政理论关于最优税收问题的研究主要是在新古典增长框架，尤其是在内生增长框架下考察的。经济学家普遍认为，相对于消费税和劳动收入税，资本收入税的扭曲性更大。正如 Summers（1981）提到的“用消费税取代资本收入税可以使均衡状态的产出水平增加 18%，均衡状态的消费水平增加 16%。由此每年带来的福利改进相当于是 1500 亿美元。换言之，用消费税取代资本收入税对代表性消费者一生效用的改进相当于是增加 6 年收入所带来的福利改进”。Lucas（1990b）提到的“取消资本收入税可以使资本存量增加约 35%……这将 2 倍于膨胀率下降 10%带来的福利改进，20 倍于消除美国战后经济波动带来的福利改进，10 倍于取消美国产品市场垄断带来的福利改进……这将是我从事经济学研究 25 年来最为珍贵的免费午餐”。

3.2.1　税收政策扭曲性分析

通过定量分析考察税收对经济的影响是宏观公共财政理论的一个重要研究领域。税收定量分析是指在经济增长框架下引入财政税收政策，通过参数化（calibration）和数值模拟（numerical simulation）考察资本收入税率或劳动收入税率变化对消费、休闲、资本、社会福利水平等内生变量的影响，并估算税收对经济增长的影响以及税收的社会福利损失。相对于定性分析而言，税收定量分析揭示出税率 1 个百分点的改变对经济增长和社会福利损失的影响到底有多大，其结论更具体。20 世纪 90 年代以来，以 Lucas（1990b）、Jones 等（1993）以及 Stokey 和 Rebelo（1995）为代表的一些经济学家通过定量分析估算了税收政策的经济增长效应与社会福利损失。

Lucas（1990b）指出可以通过如下的方程估算税收的社会福利损失或收益：

$$\int_0^{+\infty} U((1+\varepsilon)c^A(t), l^A(t))\mathrm{e}^{-\rho t}\,\mathrm{d}t = \int_0^{+\infty} U(c^B(t), l^B(t))\mathrm{e}^{-\rho t}\,\mathrm{d}t \tag{3-19}$$

其中，$c^A(t)$ 和 $l^A(t)$ 分别表示基准（benchmark）经济中的消费和休闲路径。$c^B(t)$ 和 $l^B(t)$ 分别表示税率改变后对应的消费和休闲路径；ε 表示税收福利损失的大小；$\varepsilon>0$ 表示从状态 A 到状态 B 是一个福利改善的过程，$\varepsilon<0$ 表示从状态 A 到状态 B 是一个福利损失的过程。Lucas（1990b）在一个包含物质资本积累与人力资本积累的两部门模型中估算了资本收入税的社会福利损失。研究发现，取消资本收入税，通过征收劳动收入税为公共支出融资，可以使社会福利的改进相当于增加 5.5%的消费。需要说明的是，Lucas（1990b）只是考察了经济处于平衡增长路径上的情形，他猜想若将转移动态（transitional dynamics）过程考虑进去，税收对社会福利损失的影响可能会降低。考察转移动态过程中税收的社会福利损失很重要，这是因为以下两个方面的原因：①当经济处于平衡增长路径或是处于转移动态过程中时，政府政策对经济的影响可能正好相反；②转移动态持续的时间较长，Barro 认为整个转移动态过程需要 50～70 年。

在新古典增长框架下，经济增长率是外生给定的，政府政策不能影响经济增长。因此，现有的估算税收经济增长效应的文献主要是在内生增长框架下，尤其是在 Uzawa-Lucas 模型下考察的，而估算税收社会福利损失的文献则主要是在新古典增长框架和 Uzawa-Lucas 模型下考察的。税收定量分析文献的一个重要结论是，用消费税或是劳动收入税取代资本收入税有利于促进经济增长，改善社会福利。需要说明的是，现有文献给出了不同的假设，运用的框架不同，或是基准参数取值的差异，税收政策的经济增长效应与社会福利损失差别较大，如表 3-1 所示。此外，经济增长的源泉不同，税收政策作用于经济增长的机制不同，税收定量分析的结论也差别较大。例如，King 和 Rebelo（1990）分别在新古典增长模型、简单内生增长模型及两部门内生增长模型中考察了资本收入税的社会福利损失。研究发现，将资本收入税率从 20%提高到 30%，新古典增长经济中税收的社会福利损失相当于 1.6%的消费，简单内生增长框架下税收的社会福利损失相当于 65.4%的消费，两部门内生增长模型下税收的社会福利损失相当于 62.7%的消费。也有一些文献考虑了更多的机制，如 Schubert 和 Turnovsky（2018）在内生化失业率的框架下估算税收政策的经济增长效应和社会福利损失。

表 3-1　税收政策的经济增长效应与社会福利损失定量分析结果

文献	税收的经济增长效应	税收的福利损失
Lucas（1990b）	0.03%	5.5%的消费
King 和 Rebelo（1990）	1.52%	62.7%的消费（两部门内生增长模型）
Jones 等（1993）	8.00%	1.37%的消费
Pecorino（1993）	2.53%	3.4%的消费
Devereux 和 Love（1994）	0.20%	8.6%的消费
Pecorino（1994）	2.56%	—
Stokey 和 Rebelo（1995）	几乎为零	—
Laitner（1995）	—	1.5%的消费
Razin 和 Yuen（1996）	很大	—
Glomm 和 Ravikumar（1998）	0.02%	—
Imrohoroglu（1998）	—	6.4%的消费
Mendoza 和 Tesar（1998）	—	2.9%的消费

续表

文献	税收的经济增长效应	税收的福利损失
Kim（1998）	0.85%	—
Ortigueira（1998）	—	0.027%的消费
Hendricks（1999）	0.24%	—
Grüner 和 Heer（2000）	—	1.27%的消费
Gómez（2003）	0.19%	1.04%的消费
Gómez（2007）	0.21%	0.46%的消费
Chen 等（2017）	0.15%	—
Schubert 和 Turnovsky（2018）	1.24%	1.277%的消费

注：—表示该文献中没有考察该问题

Stokey 和 Rebelo（1995）在 Lucas（1990b）的两部门内生增长框架下，考察了资本收入税的经济增长效应。他们认为要素份额、折旧率、消费跨期替代弹性及劳动供给弹性等都是导致税收政策经济增长效应差异的重要因素，而生产函数中各投入要素之间的替代弹性对经济增长的影响不大。在与美国现实经济相符的参数环境下，通过数值模拟，发现资本收入税对经济增长几乎没有影响，这与 Lucas（1990b）的结论是一致的。Mendoza 等（1997）在 Lucas（1990b）两部门的内生增长框架下考察了税收对经济增长的影响。通过参数校准和数值模拟，他们发现税收是超中性的，对经济增长的影响很小。资本收入税和劳动收入税对经济增长具有微弱的阻碍作用，消费税对经济增长具有微弱的促进作用。Glomm 和 Ravikumar（1998）在 Lucas（1990b）的基础上，在人力资本积累部门引入政府生产性公共支出，考察了税收的经济增长效应。研究发现，尽管考虑到了财政支出对经济增长的促进作用，资本收入税对经济增长的影响仍然很小，这与美国现实经济是一致的。Hendricks（1999）在一个生命周期（life-cycle）模型中考察了税收的经济增长效应，其认为相对于无限期限框架而言，有限期限框架下税收的经济增长效应较小，且对于参数值的选取不敏感。取消所有税收，经济增长率最多可以上升 1.1%。在与实际经济相符的参数环境下，取消所有税收可使经济增长率上升 0.24%。

3.2.2 Chamley（1986）最优资本税率为零的讨论

Chamley（1986）关于最优资本税率为零的结论是最优税收理论定性分析中的里程碑式的工作。基于一个新古典增长框架，Chamley（1986）假定代表性个体具有无限期限的生命，且没有生产的不确定性，他进而考察了最优资本税收问题。Chamley（1986）的结论是，给定 Koopmans 形式的效用函数，当经济处于均衡状态时，最优资本收入税率等于零。进一步地，Chamley（1986）考察了最优资本收入税率的动态变化趋势。假定效用函数 $u(c,1-n)=1/(1-\sigma)c^{1-\sigma}+\varphi(1-n)$，其中，$c$ 和 $(1-n)$ 分别表示消费和休闲。Chamley（1986）最优资本收入税率的动态变化趋势是，在一个有限的时期内（T 期之前），最优资本收入税率为 100%，而后（T 期之后）最优资本收入税率为零，如图 3-6 所示。需要说明的是，这里的 T 是由经济系统内生决定的，其取决于模型设定的各个参数。Chamley（1986）关于最优资本收入税率动态变化趋势作用机制的解释是，资本收入税具有两种效应：①由于当期投资已经实现，对现有的资本征税相当于是一揽子税收，即资本收入税具有一揽子效应（lump sum effect）；②资本收入税降低了未来投资和储蓄的边际回报率，对经济具有抑制作用，即资本收入税具有扭曲效应。T 期之前，资本收入税的一揽子效应要比扭曲效应大，因此，可以对资本收入征收 100% 的税率；而 T 期之后，资本收入税的扭曲效应要比一揽子效应大，因此，最优的资本收入税率为零。

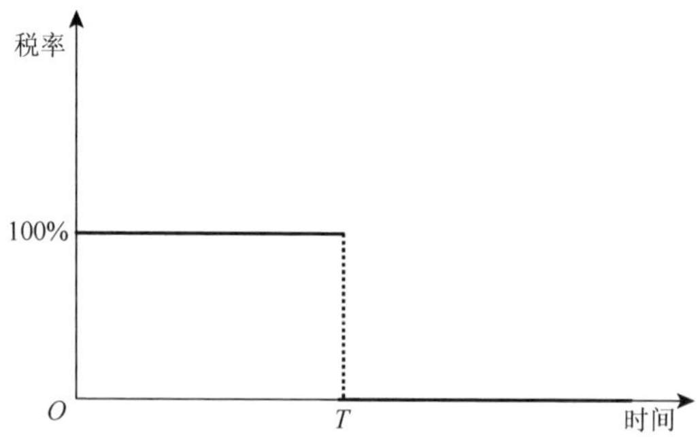

图 3-6 Chamley（1986）最优资本收入税率的动态变化趋势

Chamley（1986）考察的是次优（second-best）税收问题。其思路如下：期初时，政府宣布资本收入税率和劳动收入税率；在资本收入税率、劳动收入税率和要素价格（利率和工资水平）既定，且满足预算约束平衡的前提下，代表性个体做出最优化选择。需要说明的是，尽管要素价格（利率和工资水平）是由经济中的储蓄和劳动供给决定的，但对于代表性个体而言，要素价格却是外生给定的。在代表性个体优化行为的基础上，结合代表性个体的预算约束方程以及政府的预算约束方程，政府通过选择资本收入税率和劳动收入税率以极大化代表性个体的社会福利，从而可求得次优税收政策。值得注意的是，次优税收存在时间不一致性（time inconsistent）问题。其作用机制是，为鼓励未来的投资，在第 0 期时，政府承诺第 T 期的资本收入税率为 0。可一旦到了第 T 期，投资已经实现，资本收入税不会对当期投资产生影响，政府最优的决策是在当期（第 T 期）征收很高的资本收入税率，以此类推。因此，除非有很强的承诺能力（commitment power）保证政府实施期初制定的次优税收政策，否则资本收入税率为 0 的次优税收政策是不可信的，政府没有激励来履行其承诺，详细的讨论见 Benhabib 和 Rustichini（1997）。值得注意的是，次优税收问题是相对于最优（first-best）税收问题而言的。最优税收问题是指政府通过税收工具使分权经济（decentralized economy）复制（replicate）社会计划者经济（social planner economy）。严成樑和龚六堂（2009b）较为全面地综述了最优资本税收方面的工作。

Chamley（1986）是最优资本税收的标志性工作，其为我们考察最优资本税收问题提供了一个基本分析框架。值得注意的是，Chamley（1986）最优资本收入税率为零的结论是基于一系列严格的假定得到的。例如，新古典增长框架，完备的（complete）资本市场，代表性个体是无限期限的，封闭经济，没有生产的不确定性，等等。因此，一个重要的问题是，放松 Chamley（1986）的这些基本假定，最优资本收入税率为零的结论仍然成立吗？根据现有文献的发展脉络和演化逻辑，我们将从两个角度考察该问题。其中一些学者认为，Chamley（1986）的结论是稳健的（robust），即使放松 Chamley（1986）的基本假定，最优资本收入税率为零的结论仍然成立；而另一些学者则认为，若放松 Chamley（1986）的基本假定，最优资本收入税率为零的结论可能不再成立。需要说明的是，理论模型的结论很大程度上取决于模型的一些关键假定。尽管这些文献在模型设定和技术性细节等方面都存在较大差异，但实际上都是对 Chamley（1986）的丰富和发展，这有利于加深我们对最优资本税收问题的认识。

3.3　需求管理政策：货币政策视角

货币政策影响经济的传导渠道包括：货币政策影响实际利率和名义利率，这会影响融资成本，进而影响投资和创新。货币政策实施需要兼顾价格稳定、经济增长等因素。关于货币政策对经济的影响较为经典的是古典二分法，即区分名义变量和实际变量，货币供给量可以影响名义变量，但不能影响实际变量。凯恩斯主义强调短期价格黏性，货币供给对经济可以产生短期影响，但在长期货币对经济增长的影响会消失。在经济增长框架下，货币政策对经济增长的影响具有不确定性，货币政策可能促进或抑制经济增长。货币供给增加会引起通货膨胀，通货膨胀社会福利损失的估算是宏观经济学关注的一个重点。

3.3.1　货币政策的经济增长效应

货币政策对经济增长的影响是经济增长理论和货币经济学关注的重要内容，经典的研究包括 Tobin（1965）、Sidrauski（1967）、Stockman（1981）等。Tobin（1965）在一个新古典增长框架下引入货币政策，研究发现，货币供给增长率越快，均衡状态的资本存量水平越高，即货币政策对经济的影响存在“托宾效应”（Tobin effect）。原因是，货币增长率越快，名义利率越高，持有货币的机会成本越高，从而家庭会减少货币持有量，增加储蓄，这使得均衡状态的资本存量上升。Sidrauski（1967）在一个新古典增长框架下通过货币进入效用函数的形式引入货币，研究发现，货币政策对均衡状态的资本存量和经济增长率没有影响，即货币是超中性的（super-neutral）。Stockman（1981）通过 CIA 的方式将货币引入经济增长模型，其假设消费或是投资的前提是必须持有足够多的货币。研究发现，货币政策对经济增长的影响取决于 CIA 约束设定，若只有消费受到 CIA 约束限制，货币政策是超中性的；若消费和投资同时受到 CIA 约束限制，则货币政策可以影响经济增长，货币增长速度越快，均衡状态的资本存量水平越低。此外，也有学者通过交易成本（transaction cost）或是直接将货币引入生产函数进行研究发现，货币政策对经济增长的影响取决于交易成本函数或是生产函数设定，货币政策不一定是超中性的。在多部门经济增长框架下，可以考虑更丰富的设定。例如，在创新驱动经济增长中引入货币政策，假设 R&D 部门受 CIA 约束限制。新近的研究主要是基于搜寻-匹配理论考察货币政策对经济增长的影响。近年来，学术界关注的一个重要问题是货币政策对不平等的影响。这里的不平等可以有多个维度，包括收入不平等、消费不平等、福利不平等。Chang 等（2020）认为货币政策对不平等的影响依赖于家庭的异质性。他们的研究发现，通货膨胀使得收入不平等程度下降，而其对消费不平等的影响呈“U”形。

现有文献主要通过以下三种形式将货币引入经济增长模型：①货币进入效用函数。其核心思想是将效用函数由$u(c)$拓展为$u(c,m)$。其中，c表示人均消费；m表示人均实际货币余额，满足$u_m(c,m)>0$，$u_{mm}(c,m)<0$，即拥有货币可以带来更高的效用水平，货币的边际效用递减。②CIA。其核心思想是，消费或投资的前提是必须持有货币。假设消费受持有货币的限制，则需要增加约束$c\leqslant m$。假设消费和部分投资都要受货币的限制，则需要增加约束$c+\phi i\leqslant m$。其中，i表示投资；ϕ表示投资受货币约束的比例，$\phi\in[0,1]$。③交易成本（transaction costs，TC）的方式。其核心思想是，持有货币使得交易更容易，交易成本更低。假设交易成本函数为$T(c,m)$，需要满足$T_c(c,m)>0$，$T_{cc}(c,m)>0$，$T_m(c,m)<0<T_{mm}(c,m)$。这种情况下，个体的预算约束方程为$\dot{k}=f(k)-c-T(c,m)$，持有货币使交易成本下降，从而使可支配收入增加。

3.3.2　货币政策的社会福利损失

根据货币数量理论和货币数量方程式，假定货币流通速度稳定，货币增长超过实际 GDP 增长会导致通货膨胀。通货膨胀使人们持有货币的实际购买力下降，产生通货膨胀税（inflation tax），通货膨胀会对经济产生系统性扭曲。一个重要的问题是，货币供给增加引起的通货膨胀的社会福利损失有多大？根据 Guerron-Quintana（2011），现有文献主要是沿着两条线路来考察通货膨胀社会福利损失的：第一条是 Bailey（1956）开创的，根据货币需求曲线估算通货膨胀的社会福利损失，代表性的工作包括 Lucas（2000）、Ireland（2009）。第二条主要是基于动态一般均衡的框架，运用新古典增长模型和内生增长模型估算通货膨胀的社会福利损失，代表性的工作包括 Cooley 和 Hansen（1989）、Gomme（2015）。新近的文献通过放宽一般均衡模型的各种假定，更全面地估算通货膨胀的社会福利损失。例如，①突破完全市场竞争的假定，在动态随机一般均衡（dynamic stochastic general equilibrium，DSGE）框架下估算通货膨胀的社会福利损失（Guerron-Quintana，2011）；②突破代表性个体的框架，假设异质性个体的框架（Boel and Camera，2009）；③突破无限生命期限的框架，采用生命周期框架（Gomme，2015）；④突破封闭经济的框架，采用两国开放经济框架（Chu et al.，2015）。理论假设不同，通货膨胀影响经济的作用机制不同，由此得到的通货膨胀社会福利损失也存在较大差异。例如，相对于代表性个体框架而言，在异质性个体框架下，货币适度增长有利于放松低收入者的预算约束，改善收入分配状况，提高社会福利水平。近年来，Lagos 和 Wright（2005）、Faig 和 Li（2009）、Chiu 和 Molico（2010）通过更具有微观基础的货币搜寻模型（money search model）估算通货膨胀的社会福利损失。经济增长的动力不同，货币政策对经济增长的作用机制和实际效果也差别较大。例如，Wu 和 Zhang（1998）的研究表明，简单 *AK* 模型、两部门内生增长模型、Lucas 模型及 Romer 模型中通货膨胀的社会福利损失分别相当于减少 151.29%、88.63%、111.35%和 390.11%的消费。

现有的估算通货膨胀社会福利损失的文献主要是在标准的经济框架下引入更加现实的假定，在此基础上根据现实经济数据校准模型基本参数，而后量化分析通货膨胀的社会福利损失。这一领域代表性的两篇文献是 Cooley 和 Hansen（1989）以及 Lucas（2000），这两篇文献发现通货膨胀的社会福利损失都很小。Cooley 和 Hansen（1989）发现通货膨胀率由 10%下降到 0 对应的社会福利改善相当于增加 0.38%的消费。Lucas（2000）发现，通货膨胀率由 10%下降到 0 对应的社会福利改善相当于增加 1%的消费。但也有学者研究发现通货膨胀的社会福利损失较大。Wu 和 Zhang（2000）突破了 Cooley 和 Hansen（1989）的完全竞争与常数规模报酬的假定，研究发现，在垄断竞争与递增规模报酬下通货膨胀的社会福利损失是 Cooley 和 Hansen（1989）的 9 倍！基于动态随机一般均衡模型，Guerron-Quintana（2011）研究发现，通货膨胀率上升 10%带来的社会福利损失相当于减少 13%的消费。在 Guerron-Quintana（2011）的框架下，分期价格契约和价格指数化是放大通货膨胀社会福利损失的重要原因。Wen（2015）强调了通货膨胀通过削弱货币的预防性保险价值使消费风险增加，这阻止了家庭层面的消费平滑，并放大了通货膨胀的社会福利损失，通货膨胀率上升 10%带来的社会福利损失相当于减少 3%～4%的消费。

3.4　知识产权保护政策

供给侧政策包含的内容很广，包括产业政策、人口政策、就业政策等。我们这里以知识产权保护为例，基于封闭经济和开放性经济的框架，就知识产权保护对经济增长的影响予以说明。封闭经济框架假设经济中只有一个国家，而开放经济的框架一般包括两类国家——发达国家和发展中国家，其中发达国家是创新的主体，而发展中国家模仿发达国家的创新成果。

3.4.1　理论分析

这里通过一个简单的模仿函数来对创新、模仿和知识产权保护的关系进行介绍，Helpman（1993）给出了如下的动态积累方程：

$$\dot{A}_c = \mu(A - A_c) \tag{3-20}$$

其中，A_c 表示已被模仿的中间物品的种类；μ 表示模仿概率；$A - A_c$ 表示尚未被模仿的中间物品的种类。在方程（3-20）中，知识产权保护程度与模仿概率是反向关系。μ 越小，中间物品被模仿的概率越低，知识产权保护程度越高，反之则相反。需要说明的是，现有的文献认为模仿概率可被视为外生变量或是内生变量。在模仿概率外生的情形下，知识产权保护程度的加强相当于模仿概率下降，如方程（3-20）。而在模仿概率内生的情形中，知识产权保护程度的加强相当于模仿难度的增加。

在封闭经济框架下考察知识产权保护对经济增长影响的文献较多。Kwan 和 Lai（2003）、Iwaisako 和 Futagami（2003）等认为知识产权保护程度的加强使得创新成果被模仿的概率降低，创新回报增加，企业创新的动力增强，因而企业会投入更多的 R&D 进行创新，这促进了经济增长。Furukawa（2007）以及 Horii 和 Iwaisako（2007）则认为知识产权保护对经济增长的影响是不确定的，知识产权保护程度与经济增长率之间存在一个倒“U”形关系。Furukawa（2007）在 Rivera-Batiz 和 Romer（1991）的框架下内生化经验积累，发现尽管知识产权保护可以提高创新回报，使 R&D 投入增加，进而促进经济增长；但知识产权保护又使具有垄断权力的中间物品生产部门占总的中间物品生产部门的比例上升，这又降低了经验水平进而降低了资本的边际回报率和经济增长率。Horii 和 Iwaisako（2007）认为知识产权保护一方面使新产品被模仿的概率降低，提高了创新的回报，进而促进了经济增长；另一方面知识产权保护又使完全竞争的部门减少，这又对创新和经济增长有负的影响。因此，知识产权保护程度与经济增长率之间有一个倒“U”形关系。

在封闭经济的框架下，知识产权保护对社会福利的影响也是不确定的。这是因为尽管知识产权保护可以使垄断部门获得的利润增加，从而使 R&D 投入和经济增长率上升，进而提高福利水平。但知识产权保护也会对福利产生负的影响。例如，Kwan 和 Lai（2003）认为在考察知识产权保护对社会福利的影响时应将整个转移动态过程考虑进去，知识产权保护使 R&D 投入增加而期初的消费减少，这又降低了转移动态过程中的福利水平。Iwaisako 和 Futagami（2003）认为知识产权保护程度加强使完全竞争部门占总的生产部门的比例下降，这又使总产出和消费减少，福利水平降低。上述文献均认为知识产权保护程度与社会福利水平之间存在一个倒“U”形关系。

相对于封闭经济而言，开放性经济下考察知识产权保护对经济影响文献的结论更为丰富。这类文献主要考察发达国家或是发展中国家知识产权保护对外商直接投资、技术传播、经济增长及社会福利的影响。Helpman（1993）通过求解一个动态一般均衡模型，发现在模仿概率外生给定的前提下，发达国家知识产权保护程度增强使发展中国家的经济状况恶化，而对发达国家的影响却是不确定的。Lai（1998）指出发展中国家知识产权保护对经济的影响主要取决于发达国家向发展中国家转移产品与技术的途径。Glass 和 Saggi（2002）在 Helpman（1993）的基础上内生化模仿，发现知识产权保护使发展中国家的模仿成本上升，又使发展中国家模仿发达国家的技术，以及发达国家对发展中国家的外商直接投资减少。与 Lai（1998）不同，Glass 和 Saggi（2002）认为发展中国家的知识产权保护对经济的影响与发达国家通过何种途径向发展中国家转移技术无关。Glass 和 Wu（2007）在 Lai（1998）的基础上内生化模仿，发现知识产权保护对创新和外商直接投资的影响在很大程度上取决于发达国家的创新模式。Mondal 和 Gupta（2008）在 Lai（1998）的基础上内生化模仿，并假设发展中国家的劳动类型分为技术性劳动与非技术性劳动，他们发现发展中国家知识产权保护程度增加可以使发达国家创新速度降低，发达国家向发展中国家的技术转移减少。Chu 和 Peng（2011）在两国 R&D 驱动经济增长模型下研究发现，任何一个国家知识产权保护程度的上升都使经济增长率上升，但会加剧收入不平等。Irmen 和 Kuehnel（2014）基于水平创新驱动的经济增长模型发现，知识产权保护使劳动力过多地从生产部门流向公共部门，这给社会福利带来负向影响。Tanaka 和 Iwaisako（2014）认为知识产权保护有利于促进创新和外商直接投资，但对社会福利的影响不确定。若发展中国家初始的知识产权保护程度较弱，且 R&D 补贴率不高，则知识产权保护对发展中国家的社会福利和发达国家的社会福利都有促进作用。Zheng 等（2020）认为发展中国家知识产权保护程度的加强使发达国家和发展中国家的工资差异缩小，对发达国家的创新有暂时的促进作用。发达国家知识产权保护程度的加强使发达国家和发展中国家的工资差距拉大，对发展中国家的技术转移减少。

3.4.2　经验分析

Rapp 和 Rozek（1990）、Park 和 Ginarte（1997）分别给出了衡量知识产权保护程度的指标。Rapp 和 Rozek（1990）把知识产权保护程度分为五个不同的等级，将其分别用不同的数值表示。Park 和 Ginarte（1997）在 Rapp 和

Rozek（1990）的基础上进一步把度量知识产权的指标分为五大类：①知识产权保护覆盖的范围；②是否为国际条约的成员；③权利丧失的保护；④执法措施力度；⑤保护期限。其中，每个类别又包含若干指标。基于上述指标，一些文献从实证的角度考察了知识产权保护对经济增长、创新和外商直接投资的影响。董雪兵等（2012）测算了1985～2010年我国的知识产权保护程度，研究发现我国知识产权保护程度在逐年提高，其中1992年和2001年两个关键节点前后知识产权保护程度提高最快。

Gould和Gruben（1996）通过对56个国家1960～1988年的实证检验发现，知识产权保护程度越高，经济增长率越高；相对于封闭经济而言，开放经济下知识产权保护对经济增长的作用更显著。Park和Ginarte（1997）通过对60个国家1960～1990年经济发展的特征事实检验发现，知识产权保护通过R&D资本和物质资本积累渠道促进经济增长，知识产权保护程度越高，R&D投资越多，经济增长率越高。但是，也有一些学者得到了不同的结论。Falvey等（2004）运用80个国家的面板数据检验发现，知识产权保护对经济增长的影响取决于国家的发展水平：对于经济发展水平越高的国家，知识产权保护程度越高，其经济增长率越高；而对于经济发展水平较低的国家，知识产权保护并不一定能促进经济增长。Horii和Iwaisako（2007）通过对100个国家1960～2000年知识产权保护程度与经济增长率之间关系的数据研究发现，知识产权保护程度与经济增长率之间的关系不显著。

知识产权保护对创新影响已成为现有文献研究的重点。Schneider（2005）通过对47个国家1970～1990年研究数据的实证检验发现，知识产权保护对发达国家和发展中国家创新的影响不同，发达国家的知识产权保护可以促进本国创新，而发展中国家知识产权保护却对本国创新有负的影响。一个可能的原因是，发达国家的经济是以创新为主体的经济，而发展中国家主要以模仿为主。但是，也有学者得到了不同的结论。例如，Chen和Puttitanun（2005）通过对64个发展中国家1975～2000年研究数据的实证检验发现，即使在发展中国家，知识产权保护也有利于促进创新。Kanwar（2007）通过对44个国家1981～2000年的实证检验，同样发现知识产权保护有利于促进创新。

也有一些学者从实证的角度考察了知识产权保护对外商直接投资的影响，但结论也不完全一致。Primo Braga 和 Fink（2000）发现知识产权保护对外商直接投资的影响不显著。Mansfield（1995）对美国化工和医药行业企业的调查研究发现，一个国家的知识产权保护程度会直接影响美国企业在这个国家投资的数量，即知识产权保护有利于吸引外商直接投资。Lee 和 Mansfield（1996）通过对 100 家美国公司的调查，同样发现一个国家知识产权保护程度增加可以使流入这个国家的外商直接投资增加。Javorcik（2004）通过对东欧与苏联国家数据的分析发现知识产权保护对不同部门外商直接投资的影响不同，知识产权保护程度越高，技术密集部门的外商直接投资越多，而其他部门的外商直接投资则可能越少。

3.5　供给侧结构性改革及其作用路径

3.5.1　现实背景

改革开放以来，高投资率、低要素成本优势、持续推进的市场化改革等因素支撑了中国经济持续高增长。然而，随着人口红利减少、生产要素成本上升、资源环境约束加大和国际经济环境的不确定性增加，中国正面临着保持经济中高速增长的困境。一方面，保持中高速经济增长对于我国经济社会发展至关重要。据测算，要想实现到 2020 年 GDP 相当于 2010 年翻一番，“十三五”时期，我国 GDP 年均增长率须保持在 6.5%以上，即使实现全面建成小康社会的目标之后，相当长时间 GDP 仍需保持一定的增长速度，才能实现第二个百年奋斗目标。因此，保持经济中高速增长是我们长期的任务（李克强，2015）。另一方面，传统的偏重数量式的经济增长模式已经难以为继，中国需要寻找新的增长动力源泉，必须推动经济结构优化，力求实现经济高质量发展。当前，我国处于经济增速换挡期、结构调整阵痛期和前期刺激政策消化期“三期叠加”的时期，中国经济将面临较大的下行压力，我们需要促进经济由旧常态向新的增长模式转型。我国正在大力推进的供给侧结构性改革通过去产能、去库存、去杠杆、降成本、补短板以解决我国经济过去增长中积累的一系列问题，促进经济走上可持续发展路径，同时这也是在培育新的增长点和寻找经济增长新动能。

过去很长一段时间，我国过多地强调需求侧，尤其是投资对经济增长的作用。随着投资规模的增加，投资带来的效益不断下降，这会带来产能过剩问题。这种情况下，我国经济增长动力需要从需求侧向供给侧转型。当前，供给侧制约我国经济增长的因素包括：①经济中存在的各种市场扭曲使我国物质资本、人力资本和劳动在地区、产业、行业及企业之间存在严重的资源错配问题；②技术创新能力较弱，核心技术与前沿国家存在较大差距；③产业结构不合理，三大产业之间农业和工业部门的比例较高，服务业部门比例较低，工业内部和服务业内部结构不合理、处于产业价值链的中低端；④市场在资源配置中的决定性作用有待更好的发挥。

我国政府和学术界在过去很长一段时间尽管强调需求管理政策，但一些学者也意识到了供给侧政策的重要性。例如，龚敏和李文溥（2007）基于我国经济的数据通过实证研究发现，我国经济稳定增长的关键因素正在由需求转向供给，宏观调控应更多地重视供给，增强有效供给能力。黄泰岩（2014）基于跨国数据的分析表明，一个经济体能否跨越中等收入陷阱，在很大程度上依赖于供给侧的差异，这又包括技术创新、人力资本水平、产业结构转型升级及制度因素。关于供给侧结构性改革的定义与核心，现有研究并没有达成一致。龚刚（2016）认为，中国供给侧结构性改革的目标是发展知识密集型经济，需要为自主 R&D 和创新提供足够的激励，因此，对应的改革措施包括教育体制、科研体制和企业制度的改革等。杨伟民（2016）认为，结构性改革要解决的核心问题是矫正要素配置扭曲，而这又包括企业内部要素的配置和组合、企业间的要素配置结构以及产业结构配置优化。王少平和杨洋（2017）认为经济新常态下，我国应从需求刺激的宏观政策转变为培育长期经济增长和加强供给侧结构性改革。

3.5.2 含义与需要关注的问题

经济新常态背景下，我国由高速增长阶段转向高质量发展阶段。供给侧结构性改革从提高供给质量出发，用改革的办法推进结构调整，矫正要素配置扭曲，减少无效和低端供给，扩大有效和中高端供给，提高供给结构对需求变化的适应性和灵活性，提高全要素生产率，促进经济社会持续健康发展。我们认为，供给侧结构性改革应对应使得供给能力和效率提升的一揽子政策组合，这些政策通过促进生产要素配置优化、科技水平提升、产业转型升级、政府与市场关系优化等几个渠道激发我国经济发展内生动力，从而使我国供给效率提升，实现供需匹配和经济均衡发展。

我们认为，推进供给侧结构性改革应关注以下几个问题。

第一，促进生产要素配置优化。生产要素是经济增长的基本决定因素，我们不仅需要关注生产要素投入数量，也要关注生产要素的配置效率。根据经典的经济学理论，不同部门之间的生产要素配置满足等边际原则，即各部门生产要素的边际产量相等时，对应最优的生产要素配置组合。中国经济发展过程中的一个典型特征事实是，经济中存在的各种扭曲（distortion）或壁垒（barrier）阻碍了生产要素在不同部门之间的自由流动，从而产生了资源错配。例如，政策扭曲、市场垄断等使我国实际生产要素配置与最优配置仍有很大差距。资源错配使我国经济增长受限。资源错配在我国省份之间、行业之间、企业之间都很重要。Hsieh 和 Klenow（2009）根据我国 1998～2005 年制造业企业的微观数据研究发现，减少生产要素错配扭曲可使我国每年全要素生产率增长率超过 2%；若我国劳动和资本的边际回报率能达到美国的效率水平，则我国的全要素生产率可以提高 30%～50%。Brandt 等（2013）根据我国 1985～2007 年的省级层面数据研究发现，要素市场错配对我国经济增长的影响度超过 20%。供给侧结构性改革通过减少物质资本、人力资本、劳动等要素市场扭曲，把生产要素从低效率的行业和企业转移到高效率的行业和企业，这有利于提升总体全要素生产率。同时，在互联网时代，数据已经成为可以与物质资本和人力资本相提并论的重要生产要素，通过充分使用互联网和大数据可以促进生产要素配置优化。

第二，加快技术创新。改革开放以来，高投资率、低要素成本等因素和优势支撑了中国经济的持续高增长。当前，支撑中国经济发展的资源要素禀赋条件发生变化。这种情形下要加快推动经济增长由要素驱动向创新驱动转型。加快科技创新有利于扩大有效和中高端供给，增强供给结构对需求变化的适应性和灵活性。相较于发达国家，我国科技创新还有较大的差距。根据 2016 年全球创新指数（global innovation index，GII）报告，中国排第 25 位。根据 PWT 数据库测算的世界主要国家的全要素生产率，2014 年我国的全要素生产率为 0.433，而美国、加拿大、德国、日本的全要素生产率分别为 1、0.781、0.930 和 0.711。因此，我国全要素生产率还有很大的提升空间。中国加快创新中需要关注的问题包括：①继续增加 R&D 投入，保证 R&D 支出在 GDP 占比中有相对较高的比例；②优化 R&D 支出的结构，尤其是注意 R&D 支出要向基础研究支出倾斜；③推出高质量的创新。值得注意的是，尽管我国的专利申请数、论文发表数等表征科技进步的指标有很大改善，但我国在核心技术领域的创新与发达国家存在较大差距。企业是 R&D 投入的重要微观主体，因此，要出台一系列政策激励微观企业增加创新投入。同时，创新能够产生正的外部效应，政府的作用不容忽视，尤其是在基础研究投入及高等学校科研支出方面，要增加政府的财政支出力度。

第三，促进产业转型升级。产业结构不合理是导致我国供给侧效率低下的重要原因。我国三大产业之间的关系有待优化，突出表现在农业和工业部门占比较高，服务业部门占比较低。根据 GGDC 产业数据库的数据，2010 年我国农业部门、工业部门和服务业部门增加值占 GDP 的比例分别为 9.15%、51.24%和 39.61%。日本农业部门、工业部门和服务业部门增加值占 GDP 的比例分别为 1.52%、30.58%和 67.9%。美国农业部门、工业部门和服务业部门增加值占 GDP 的比例分别为 0.94%、17.87%和 81.19%。因此，我国农业部门和工业部门的规模过大，而服务业部门的规模过小。三大产业内部也有待优化，突出表现在工业大而不强，传统服务业占较大的份额，现代服务业发展滞后。工业部门主要以制造业为主，我们以制造业部门平均劳动力增加值对比世界主要国家制造业发展状况。根据 GGDC 数据库的数据测算，以 2010 年为例，日本制造业部门平均劳动力的实际产值为 137 607 美元，美国为 108 324 美元，中国为 11 215 美元，我国制造业劳均实际产值不及日本的 10%。从服务业内部来看，美国服务业中金融、保险和商业服务占服务业增加值的比例最大，达到 48.25%，以现代服务业为主。而我国产业结构以批发、零售和酒店业等传统服务业为主，达到 30.19%，金融、保险和商业服务占比仅为 20.68%。综合上述分析，我们需要加快产业结构转型进程，优化产业结构，提高服务业占比。同时，提升制造业部门的技术水平和生产效率，促进我国制造业从价值链低端走向价值链中高端。优化服务业内部结构，加快现代服务业发展。

第四，加快市场化改革。加强市场化改革有利于正确处理政府和市场的关系，充分发挥市场在资源配置中的决定性作用。市场化改革是我国经济增长的动力，樊纲等（2011）认为我国市场化进程的不断推进是促进我国经济增长的重要原因。经济新常态下，市场化改革进程的推进依赖于政府职能转变。这需要正确处理政府与市场的关系，将不应该由政府来做和政府做不好的事情交给市场去做，同时加强政府对市场的监管和公共服务优化。加快政府职能转变主要包括以下三方面的内容：①简政放权。通过简化各类行政审批程序，下放审批权限，减少政府对企业等微观经济主体的过度干预。在当前我国经济下行的背景下，深化行政审批改革和推进投资审批改革可以有效地促进创新、创业，增强经济增长内生动力。②放管结合。市场经济运行有其自身的缺陷，当前我国市场经济秩序还不规范，还存在不公平竞争等现象。这种情况下需要加强对市场的监管、营造公平竞争的市场环境。③优化服务。这包括提升我国公共产品和公共服务的供给水平，提高行政服务效率，为企业生产和人民生活提供更多便利。总之，要通过简政放权、放管结合、优化服务最大限度地激发市场活力和社会创造力，释放更多的改革红利。

3.5.3　作用逻辑

我们认为，供给侧结构性改革的实施需要一系列宏观、中观和微观政策组合，供给侧结构性改革通过提升供给能力和效率实现供给与需求在更高层次上的匹配，从而实现经济内生增长。供给侧结构性改革对经济增长的作用逻辑如图 3-7 所示。

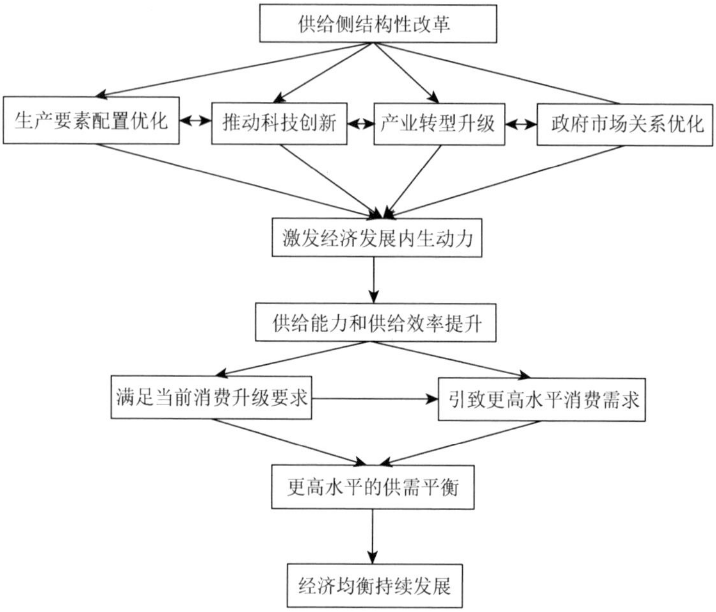

图 3-7 供给侧结构性改革作用的逻辑机制

3.6 供给侧政策与需求管理政策的相互协调

经济增长是供给与需求综合作用的结果，供给与需求的良性循环可以促进经济增长，供给与需求的错配则会抑制经济增长。为实现供给与需求的动态平衡，我们既可以运用供给侧政策，也可以运用需求侧政策，即供给侧结构性改革和需求管理政策。过度依赖需求管理政策会对经济带来潜在的危害。黄泰岩（2014）指出过度依赖需求刺激政策是导致经济陷入“中等收入陷阱”的重要原因，这又主要包括如下两个方面：①扩张性货币政策使得通货膨胀率上升；②政府通过发行债务为财政支出融资，使得政府债务高企，这又会影响预期和投资等渠道，导致经济波动。刘伟（2016）认为实行需求管理政策会导致巨大的资产泡沫，严重的产能过剩和巨额的政府债务，这会形成金融危机和经济危机的隐患。

基于国际经验，供给侧或需求侧的原因都可能导致经济衰退，这体现在关于美国、日本和欧洲国家的长期经济停滞解释中。Eichengreen（2015）从长期利率下降就长期经济停滞特征事实给出了解释，背后的原因包括新兴市场国家的出现使储蓄增加，缺少吸引力的投资机会使投资减少、投资品价格下降及人口出生率下降。Gordon（2015）从供给侧就长期经济停滞提供了解释，主要是全要素生产率的下降、劳动力增长率的下降及劳动参与率的下降。Cooley 和 Henriksen（2018）认为 20 世纪 90 年代以来，尽管日本采取了财政刺激计划和扩张性货币政策，但并没有摆脱经济停滞状态。同样的故事发生在欧洲和美国，金融危机后，这些国家采取了扩张性财政政策和货币政策，但经济增长率始终低于金融危机之前。关于 20 世纪 90 年代日本经济大衰退的原因，一些学者从需求角度寻找原因，包括财政刺激不足、流动性陷阱、投资低迷以及金融中介存在的问题等。Hayashi 和 Prescott（2002）认为需求侧因素并不是日本经济长期衰退的真正原因，主要原因在于供给侧，包括全要素生产率下降，以及单位劳动力每周工作时间从 1988 年的 44 小时下降到 1993 年的 40 小时。

当前，我们通过经济政策调节经济运行时需要注意以下两个方面的内容。

第一，从供给侧视角进行分析，并不是说需求侧和需求管理政策不重要。需求管理政策和供给侧结构性政策各有所长，经济政策应侧重供给还是侧重需求，要结合经济发展的具体情况来进行分析。在强调供给侧结构性改革的时候，也不能忽略需求调整对经济增长的重要性。Delong 和 Summers（2012）指出“需求不足引致供给潜力乏力，这类似于反向的萨伊定律”。Summers（2015）指出“若供给增加没有与需求增加相匹配，这会带来通货紧缩的压力。通货紧缩使实际利率上升，导致需求下降，从而进一步加剧通货紧缩”。我们需要综合运用需求管理政策和供给侧结构性改革，从宏观和微观两个视角激发经济活力，提升经济增长质量。

第二，宏观经济政策制定需要考虑中国经济的特殊性，单纯借鉴国际经济经验，而不考虑中国发展阶段的特殊性可能会陷入误区。正如 Perkins（2012）所言“中国在经济结构方面，至少在需求端的结构方面与其他国家有很大的不同，这使中国要面临与其他国家不同的特殊挑战。中国如何应对这些挑战决定了其能否快速跨越中等收入阶段”。

第 4 章

供需互动引致的创新与经济增长

供给和需求是宏观经济循环系统的两个基本方面。供给侧和需求侧相互联系，相互作用，供给侧和需求侧的匹配决定了经济增长路径。当前，我国经济的一个重要特征是供需结构性失衡，供给结构调整跟不上需求结构的转型升级（王一鸣，2017）。一方面，经济新常态下，随着人们收入水平的提高，我国居民的消费模式发生变化，模仿型、排浪式消费基本结束，个性化、多样化逐渐成为主流。人们不再关注消费数量，而更多地关注消费的层次和质量。另一方面，我国供给侧存在结构性失衡，这表现在高质量产品和服务供给不足，而低端产品供给过剩。供给侧结构性改革通过提高供给质量和效率，使供给可以更好地满足消费升级的需求，通过供给和需求的良性互动，进而促进经济实现高水平均衡。主流的经济增长理论主要强调供给侧在经济增长中的决定性作用，需求侧在经济增长中的作用被低估。根据 Bloom 等（2020）的经验证据，随着知识存量的增加，R&D 的难度会越来越大。这里需要回答的问题是，知识增长的驱动力到底是什么？我们认为，创新的过程是供给与需求互动的过程。以 Romer（1990）为代表的创新驱动经济增长理论主要强调供给侧决定经济增长，我们认为需求也是驱动创新的动力。

本章构建供需互动引致创新的经济增长模型，旨在提升需求侧在经济增长中的重要性。根据我国经济增长的特征事实发现，需求侧是驱动我国经济增长的重要引擎（刘瑞翔和安同良，2011；郭克莎和杨阔，2017）。从理论逻辑上分析，消费可以促进创新，这主要是因为以下几点：①消费需求总量增加和升级有利于扩大市场规模，通过增加企业利润等渠道带动经济增长。

而需求不足则会导致产能过剩，阻碍生产规模的扩大，制约经济增长。②消费需求对供给具有引领作用。消费升级倒逼企业提升技术水平，带动产业转型升级，提升供给质量和效率，这些都有利于促进经济增长。当前，我国推进的供给侧结构性改革旨在通过高质量供给满足日益升级的国内消费需求。③消费本身具有生产性，消费升级通过提升劳动力的人力资本水平等渠道提高生产效率。高培勇等（2020）认为消费升级可以促进知识中产群体扩大再生产，消费需求升级推动高端消费增加，具有特殊的生产性和效率补偿效应。国内学者也做了一些理论上的尝试，我们最近注意到陈昆亭和周炎（2020）构建了需求决定经济增长的模型，他们认为需求会制约创新和社会生产，尤其是到了工业化充分发展的阶段，需求侧在经济增长中的作用更加重要。

本章的模型是基于 Romer（1990）经典创新驱动经济增长模型做的拓展和改进。相较于现有的创新驱动经济增长模型，本章的贡献主要体现在以下三个方面：①将消费引入知识生产函数，突出需求侧对创新和经济增长的驱动作用，从而建立供给和需求相互作用引致创新的经济增长模型。②从供给侧强调经济增长动力的文献，通常认为分散经济中存在外部性，垄断竞争等扭曲，这使得分散经济下的经济增长率低于社会计划者经济（Lucas，1988；Romer，1990）。在本章的模型中，相对于社会计划者经济，分散经济下的消费率更高，这可以弥补供给侧动力不足的问题。③从经济增长和社会福利两个维度，评估需求刺激政策和供给刺激政策的经济绩效。在 Romer（1990）的框架下，创新生产函数对应的供给曲线决定经济增长率，经济增长与社会资源约束曲线体现的需求结构没有关系。在本章的框架下，创新生产函数决定的供给曲线与社会资源约束方程对应的需求结构曲线共同决定经济增长。相应的作用逻辑是，社会资源约束曲线决定消费率，而后其再通过创新曲线决定经济增长率。

4.1　文献回顾

供给和需求都是经济增长的动力。我们通常强调的需求侧经济增长动力，主要是指消费、投资和出口。供给侧经济增长动力，主要是指资本、劳动和技术。需要说明的是，经济增长理论和实证研究更多地强调供给侧对经济增长的决定作用。这体现在主流经济增长模型中，新古典增长理论和内生增长理论都主要强调供给侧对经济增长的决定性作用。从经验分析来看，经济增长核算文献主要基于总量生产函数，从供给侧估算资本、劳动和全要素生产率对我国经济增长的贡献度（Zhu，2012；蔡昉，2013b）。目前争论的一个焦点是，改革开放以来中国经济增长的动力到底是要素投入增长，还是全要素生产率提升。由于计量方法、模型设定、指标选取等方面的原因，不同文献得到的结论差别较大。在此基础上，现有文献在总量生产函数基础上对全要素生产率做了更为细致的考察，运用经济增长核算方法估算人力资本、产业结构变迁、资源错配、市场化水平等变量对我国经济增长的贡献度。从需求侧核算消费、投资、出口对我国经济增长贡献度的文献很少，较为重要的文献有刘瑞翔和安同良（2011）。

内生增长理论关于经济增长动力和源泉的解释非常丰富，其中一个分支是创新驱动的经济增长理论（innovation-driven growth theory）。以 Romer（1990）为代表的创新驱动经济增长理论为内生技术进步和经济增长提供了新的解释，这也是 Romer 获得 2018 年诺贝尔经济学奖的重要原因。创新驱动的经济增长理论认为，与物质资本和人力资本不同，知识具有非竞争性，这使得经济产生递增规模报酬。同时，与新古典经济增长理论不同，创新驱动的经济增长理论强调垄断竞争市场结构产生的利润是激励企业创新的动力，因而更加强调实现经济增长的微观机制。Romer（1990）是经济增长理论的里程碑式的工作，一大批学者在此基础上做了拓展和改进。其中影响较大的包括以 Jones（1995a）为代表的半内生增长模型，以及以 Young（1998）为代表的完全内生增长模型。这两类模型在 Romer（1990）的基础上引入更加现实的设定，使得创新驱动的经济增长理论可以更好地解释经济现实。Cozzi（2017）构建了一个混合（hybrid）的创新驱动经济增长模型，认为经济增长是半内生增长模式还是完全内生增长模式依赖于人口出生率的取值。若人口出生率较低，则该经济增长属于完全内生增长模型；若人口出生率高于某一阈值，则该经济增长属于半内生增长模型。

国内外学者通过拓展 Romer 的创新驱动经济增长模型，研究了更多与创新驱动经济增长密切相关的理论和现实问题（Funke and Strulik，2000；

Sanchez-Losada，2019）。创新驱动经济增长理论的核心设定是知识生产函数，知识生产函数性质不同，决定了平衡增长路径的性质也存在较大差异。Jones（1995a）、Reis 和 Sequeira（2007）、Gersbach 等（2018）等拓展了 Romer（1990）的知识生产函数，但都假设创新取决于 R&D 部门的劳动投入。Howitt 和 Aghion（1998）、Sanchez-Losada（2019）将物质资本或人力资本引入知识生产函数，也是在强调供给侧对创新的决定性作用。以 Romer（1990）为代表的创新驱动经济增长模型认为经济增长取决于供给侧，需求侧对经济增长没有影响，这与现实经济不相符。需求在创新过程中发挥着重要作用，这可以从市场规模效应、消费的生产效应等多个方面予以体现。同时，创新驱动经济增长理论认为经济中存在扭曲，R&D 企业没有考虑其创新产品的技术溢出效应和垄断竞争市场结构带来的效率损失，这使得分散经济中最优 R&D 投资规模要低于社会计划者经济下的 R&D 投资规模，因此分散经济下的经济增长率要低于社会计划者经济下的经济增长率（Zeng and Zhang，2007；Perez-Sebastian，2015）。

经济增长模型的一个重要作用是进行宏观政策评估，即从经济增长的视角为最优宏观经济政策设计提供理论依据。经济刺激政策包括需求刺激政策和供给刺激政策。需求刺激政策通过影响需求总量或需求结构，进而影响经济增长。供给刺激政策通过提升供给能力和供给效率，促进经济增长。基于创新驱动的经济增长模型，现有文献主要强调供给刺激政策对经济增长的影响，这是因为在创新引致经济增长模型中，经济增长的动力来源于供给侧。创新驱动的经济增长模型通常假设经济中包括最终产品部门、中间产品部门和 R&D 部门。也有文献在创新驱动的经济增长模型中内生化人力资本积累、引入教育部门（Gómez and Sequeira，2014）。供给刺激政策主要考察应该补贴最终产品部门、中间产品部门还是 R&D 部门（Zeng and Zhang，2007；Gómez and Sequeira，2013），补贴创新还是模仿（Perez-Sebastian，2007），补贴 R&D 部门还是教育部门（Gómez & Sequeira，2014）。Zeng 和 Zhang（2007）认为相对于补贴最终产品部门和中间产品部门，补贴 R&D 部门更有利于促进经济增长。Gómez 和 Sequeira（2014）认为相对于生产补贴和教育补贴，R&D 补贴更有利于提高社会福利。此外，也有一些学者在现实经济的参数环境下，计算了最优的 R&D 补贴率。Segerstrom（2007）的数值模拟发现，最优 R&D 补贴率为 48%。以上文献存在的不足是没有考虑需求刺激政策对经济增长的影响，也没有对比需求刺激政策和供给刺激政策对经济增长的作用效果。

本章将消费引入知识生产函数，建立供给和需求相互作用促进创新的经济增长模型，同时评估供给刺激政策和需求刺激政策的经济效应。供给刺激政策主要是补贴 R&D 部门劳动，需求刺激政策主要是对消费予以补贴。我们关注的问题是，供给刺激政策和需求刺激政策何者更有利于促进经济增长、改善社会福利。我们将经济刺激政策对经济增长的影响分解为价格效应和税收效应，经济刺激政策通过价格效应促进经济增长，通过税收效应抑制经济增长。数值模拟的分析表明，相对于需求刺激政策，供给刺激政策更有利于促进经济增长、提升社会福利。

4.2 基准模型

本节在 Romer（1990）的基础上构建供需互动决定创新的经济增长模型，其中体现供给侧的动力主要是指 R&D 部门的劳动投入，需求侧的动力是居民消费对创新的反向拉动作用。

4.2.1 家庭

家庭通过选择最优消费路径极大化如下目标函数：

$$\max\int_0^{+\infty}\frac{C^{1-\sigma}-1}{1-\sigma}e^{-\rho t}\,dt \tag{4-1}$$

其中，C 表示消费；ρ 表示主观贴现率；σ 表示相对风险规避系数；t 表示时间。

家庭的预算约束方程为

$$\dot{K}=rK+wL+\int_0^A\pi_i\,di-P_A\dot{A}-C \tag{4-2}$$

其中，r 和 w 分别表示利率和工资率；K 和 L 分别表示资本和劳动；rK 和 wL

分别表示资本收入和劳动收入；$\int_0^A \pi_i \,\mathrm{d}i$ 表示利润；$P_A \dot{A}$ 表示用于购买新产品的支出。我们假设经济中总的劳动力 L 外生给定，且不考虑劳动力增长。我们定义 $\mathrm{d}X/\mathrm{d}t = \dot{X}$，即变量上方加圆点表示该变量对时间 t 求导。

我们通过构建如下现值的 Hamiltonian 函数来求解上述优化问题：

$$H = (C^{1-\sigma} - 1)/(1-\sigma) + \lambda\left[rK + wL + \int_0^A \pi_i \,\mathrm{d}i - P_A \dot{A} - C\right]$$

其中，H 表示 Hamiltonian 方程；λ 表示物质资本的影子价格，我们可以得到如下最优性条件：

$$H_C = C^{-\sigma} - \lambda = 0 \tag{4-3}$$

$$H_K = \lambda r = \rho\lambda - \dot{\lambda} \tag{4-4}$$

横截性条件：

$$\lim_{t\to+\infty} \lambda K \mathrm{e}^{-\rho t} = 0$$

根据方程（4-3）和方程（4-4）可以得到如下消费动态积累方程：

$$\dot{C}/C = (r-\rho)/\sigma \tag{4-5}$$

4.2.2　最终产品部门

最终产品部门通过雇用劳动 L_Y 和中间产品 $x(i)$（$i \in [0, A]$），来生产最终产品 Y。最终产品部门是完全竞争的，总产出函数关于劳动和中间产品满足常数规模报酬：

$$Y = L_Y^{\alpha} \int_0^A x(i)^{1-\alpha} \,\mathrm{d}i \tag{4-6}$$

最终产品部门通过选择雇用劳动和中间产品的数量以极大化如下利润函数：

$$\max\left\{L_Y^{\alpha} \int_0^A x(i)^{1-\alpha} \,\mathrm{d}i - wL_Y - \int_0^A p(i)x(i)\,\mathrm{d}i\right\}$$

其中，$L_Y^{\alpha} \int_0^A x(i)^{1-\alpha} \,\mathrm{d}i$ 表示最终产品部门可以获得的总收入；w 表示劳动力的工资；$p(i)$ 表示第 i 种中间产品的价格；wL_Y 和 $\int_0^A p(i)x(i)\,\mathrm{d}i$ 分别表示雇用劳动力和购买中间产品的成本。

通过求解最终产品部门的利润极大化函数，我们可以得到如下最优性条件：

$$w=\alpha L_Y^{\alpha-1}\int_0^A x(i)^{1-\alpha}\,\mathrm{d}i \tag{4-7}$$

$$p(i)=L_Y^{\alpha}(1-\alpha)x(i)^{-\alpha} \tag{4-8}$$

4.2.3 中间产品部门

中间产品部门由一系列具有垄断权力的厂商组成，这些厂商从市场上租借资本，假设每生产 1 单位中间产品需要从市场上租借 1 单位资本，每单位资本的利息成本为 r 。中间产品部门厂商通过选择生产中间产品（或是选择租借资本）的数量极大化如下利润函数：

$$\max\left\{p(i)x(i)-rx(i)\right\}$$

其中， $p(i)x(i)$ 和 $rx(i)$ 分别表示 $x(i)$ 单位中间产品的市场价值和生产成本。

将方程（4-8）得到的最终产品部门对中间产品的需求函数代入中间产品部门的利润极大化函数，通过求解中间产品部门的最优性问题，可得：

$$r=L_Y^{\alpha}(1-\alpha)^2x(i)^{-\alpha} \tag{4-9}$$

将方程（4-8）和方程（4-9）代入中间产品部门的利润极大化函数，可求得中间产品部门的利润函数：

$$\pi=\alpha(1-\alpha)L_Y^{\alpha}x(i)^{1-\alpha} \tag{4-10}$$

4.2.4 R&D 部门

R&D 部门通过雇用科学家和工程师进行技术 R&D，可以生产出知识（knowledge）或是点子（idea），其体现为专利、新产品等，我们统一称 R&D 部门生产的是知识。知识生产函数是创新引致经济增长理论的核心，知识生产函数形式不同，经济增长模式也存在较大差异。Romer（1990）认为知识生产过程中具有很强的溢出效应，这体现在知识生产函数中累积知识存量对应的指数要求等于 1,这也是产生内生经济增长的必要条件。Bloom 等(2020)基于行业数据的研究发现，现实经济中多数行业知识发现越来越难，知识存量对应的指数应小于 1，甚至小于 0，这说明 Romer（1990）的知识生产函数在描述现实和解释经济增长时可能存在问题。与之对应的问题是，知识增长的动力是什么？根据现有的创新驱动经济增长文献，创新动力主要依赖于供给侧，包括R&D人员的数量、R&D人员的人力资本水平等（Jones，1995a；Funke and Strulik，2000；Gersbach et al.，2018）。我们认为创新不仅依赖于供给侧的力量，也依赖于需求侧的力量。这里供给侧的力量主要是指R&D部门的劳动力，需求侧的力量是指消费。我们给出如下知识生产函数：

$$\dot{A}=\delta L_A C \tag{4-11}$$

其中，δ表示R&D部门的生产效率；L_A表示R&D部门的劳动力（科学家、工程师）数量。与现有创新驱动经济增长理论最大的区别是，方程（4-11）假设消费对创新具有促进作用。消费水平越高，R&D部门劳动力的生产率越高，新生产的知识也越多。方程（4-11）将消费引入知识生产函数的现实依据如下：①消费越多，企业创新能够获得的市场份额越大，创新成功能够获得的利润越多，从而企业有更大的积极性创新。②现实经济中消费引领创新，消费升级带动企业努力实现产品更新换代，通过创新有利于实现供需匹配。经济新常态背景下，模仿型消费、排浪性消费阶段基本结束，个性化消费和多样性消费成为主流，这对技术创新提出了更高要求。③随着收入水平的提高，人们的消费结构从生存性消费向发展性消费和享受性消费转变。在健康、娱乐和文化等方面的消费支出增加，这有利于提高R&D人员的健康水平和人力资本水平，也有利于激发R&D人员的创新灵感，这些都有利于创新。

本章的知识生产函数以及模型设定可以体现供给和需求相互作用引致创新与经济增长的机制。具体地，知识生产函数中R&D人员与消费需求互补，为了实现技术创新，供给侧和需求侧的因素缺一不可。从作用机制来看，消费需求越高，R&D人员的边际生产率越高，企业有更强的激励雇用更多R&D人员，这有利于加快技术创新，这体现了需求通过促进供给对创新和经济增长的正向影响。同时，R&D人员越多，生产的新知识越多，技术水平越高，总产出越多，从而消费越多，这也会促进技术创新，这体现了供给通过创造需求对创新和经济增长的促进作用。本章关于知识生产函数的拓展可以更好地体现消费对经济增长的促进作用。

根据Romer（1990），我们假设R&D部门同样是完全竞争的，这对应如下无套利条件：

$$P_A\dot{A}=wL_A \tag{4-12}$$

方程（4-12）左端表示企业通过雇用 L_A 单位的劳动力使 R&D 部门市场价值的增加值（R&D 部门创造的价值），右端表示 R&D 部门需要支付的劳动力成本，劳动力在最终产品部门工作和 R&D 部门工作可以获得同样的工资收入。

中间产品部门需要从 R&D 部门购买专利来生产新产品，根据 Romer（1990），R&D 部门生产知识的价格等于中间产品部门垄断利润的贴现值：

$$P_A(t)=\int_t^{+\infty}\pi(\tau)\exp\left(-\int_t^{\tau}r(s)\,\mathrm{d}s\right)\mathrm{d}\tau \qquad (4\text{-}13)$$

4.2.5 竞争性均衡

竞争性均衡是指存在价格组合 $\{r,W,p(i),P_A\}$ 以及要素组合 $\{C,K,x(i),L_A,L_Y\}$ 满足以下六个条件：①在预算约束方程（4-2）给定的前提下，家庭通过选择消费极大化自身福利；②最终产品部门通过选择劳动和中间产品数量极大化自身利润；③中间产品部门通过选择中间品数量极大化自身利润；④R&D 部门通过选择劳动数量极大化自身利润；⑤劳动力市场均衡，家庭劳动供给与部门劳动需求相等，$L=L_A+L_Y$；⑥资本市场均衡，家庭的资本供给总量等于中间产品部门对资本的需求量：

$$K=\int_0^A x(i)\,\mathrm{d}i \qquad (4\text{-}14)$$

4.2.6 模型求解

根据对称性，当经济处于均衡状态时，最终产品部门对每种中间产品的需求量相同。再根据市场出清条件，每种中间产品的供给量也相同，$x(i)=x$（$i\in[0,A]$）。根据方程（4-14），我们可以得到 $x=K/A$，将其代入方程（4-6）可以得到最终产品部门的生产函数：

$$Y=(AL_Y)^{\alpha}K^{1-\alpha} \qquad (4\text{-}15)$$

将最终产品部门、中间产品部门、R&D 部门的最优化问题及劳动力市场均衡条件代入方程（4-2），我们可以得到如下社会资源约束方程：

$$\dot{K}=Y-C \qquad (4\text{-}16)$$

当经济收敛于平衡增长路径上时，内生变量的增长率为常数。根据 R&D

部门生产函数（4-11），最终产品部门生产函数（4-15）及社会资源约束方程（4-16），结合内生增长理论关于平衡增长路径的定义及经济参与体的最优化行为，当经济收敛于平衡增长路径上时，C、K、Y、A 的增长率相同，我们假设经济增长率为 γ。最终产品部门的劳动 L_Y 和 R&D 部门的劳动 L_A 为常数。根据方程（4-5）以及平衡增长路径满足的条件可知：$r=\rho+\sigma\gamma$。根据中间产品部门的最优性条件方程（4-9）以及最终产品部门生产函数（4-15）可知：$r=(1-\alpha)^2(Y/K)$。将上述两个条件结合起来可知：

$$Y/K=(\rho+\sigma\gamma)\big/(1-\alpha)^2 \tag{4-17}$$

根据方程（4-17）及平衡增长路径的条件可知：$\dot{K}/Y=\dot{K}/K\times K/Y=(1-\alpha)^2\gamma/(\rho+\sigma\gamma)$，将方程（4-16）两端同时除以 Y 可得：

$$\frac{C}{Y}=1-\frac{(1-\alpha)^2\gamma}{\rho+\sigma\gamma}=M(\gamma) \tag{4-18}$$

我们将方程（4-18）称为社会资源约束曲线体现的消费率与经济增长率的关系。可以看出，消费率越高，经济增长率越低。相应的传导机制是消费率越高，储蓄越少，这使得投资减少，资本增长率下降。

根据方程（4-13），结合平衡增长路径的条件可以得到：$P_A=\pi/r$。将其代入方程（4-12），且结合方程（4-10）可得：$P_A\dot{A}=(P_AA)\dot{A}/A=(A\pi/r)\gamma=(\alpha(1-\alpha)Y/(\rho+\sigma\gamma))\gamma$。根据方程（4-7）可得：$w=\alpha Y/L_Y$。将以上条件代入方程（4-12），可以得到 $(1-\alpha)\gamma/(\rho+\sigma\gamma)=L_A/L_Y$。结合劳动力市场的条件 $L=L_A+L_Y$，可以得到 R&D 部门和最终产品部门的劳动力数量分别为

$$L_A=(1-\alpha)\gamma L/[\rho+\sigma\gamma+(1-\alpha)\gamma] \tag{4-19}$$

$$L_Y=(\rho+\sigma\gamma)L/[\rho+\sigma\gamma+(1-\alpha)\gamma] \tag{4-20}$$

将方程（4-11）两端同除以 Y 可得：

$$\dot{A}/Y=\delta L_A(C/Y) \tag{4-21}$$

其中，$\dot{A}/Y=(A/K)(K/Y)\dot{A}/A$，根据方程（4-15）可知，$Y/K=(AL_Y/K)^{\alpha}$，从而 $A/K=(Y/K)^{(1/\alpha)}(1/L_Y)$，因而 $\dot{A}/Y=(Y/K)^{(1/\alpha)-1}(1/L_Y)\dot{A}/A$。结合方程（4-17）和方程（4-20），得到 $\dot{A}/Y$，将其和方程（4-19）代入方程（4-21）可以推导出创新曲线体现的消费率与经济增长率的关系：

$$\frac{C}{Y}=\frac{1-\alpha}{\delta L^2}\left[\frac{\rho+\sigma\gamma}{(1-\alpha)^2}\right]^{1/\alpha}\left[1+\frac{(1-\alpha)\gamma}{\rho+\sigma\gamma}\right]^2=N(\gamma) \tag{4-22}$$

我们通过图形的方法阐述经济增长率的确定。将方程（4-18）右端定义为 $M(\gamma)$，可以得到：$\lim_{\gamma\to 0}M(\gamma)=1$，$\lim_{\gamma\to+\infty}M(\gamma)=1-(1-\alpha)^2/\sigma$，$M'(\gamma)=-(1-\alpha)^2\times\rho/(\rho+\sigma\gamma)^2<0$ 。将方程（4-22）右端定义为 $N(\gamma)$，可以得到：$\lim_{\gamma\to 0}N(\gamma)=\left[(1-\alpha)/(\delta L^2)\right]\left[\rho/(1-\alpha)^2\right]^{1/\alpha}$，$\lim_{\gamma\to+\infty}N(\gamma)=+\infty$，$N'(\gamma)=\left[N(\gamma)/(\rho+\sigma\gamma)\right]\times\left[\sigma/\alpha+2(1-\alpha)\rho/(\rho+\sigma\gamma+(1-\alpha)\gamma)\right]>0$。若 $\lim_{\gamma\to 0}N(\gamma)<\lim_{\gamma\to 0}M(\gamma)$，即 $\left[(1-\alpha)/(\delta L^2)\right]\times\left[\rho/(1-\alpha)^2\right]^{1/\alpha}<1$，由于 $M(\gamma)$ 单调递减，$N(\gamma)$ 单调递增，因此均衡点唯一确定。需要说明的是，由于两条曲线的单调性相反，凸凹性不影响交点的数量。简化起见，我们不考虑上述两个函数的凸凹性，具体如图 4-1 所示，其中横轴表示经济增长率，纵轴表示消费率。可以看出，社会资源约束曲线与创新曲线的交点（E 点）决定均衡状态的经济增长率和消费率。从传导机理上分析，社会资源约束方程决定消费率，创新曲线决定经济增长率。社会资源约束方程的移动引起消费率变化，进而通过创新曲线决定经济增长率的变化。综合以上分析，本章的模型可以更好地体现消费需求在经济增长中的作用。

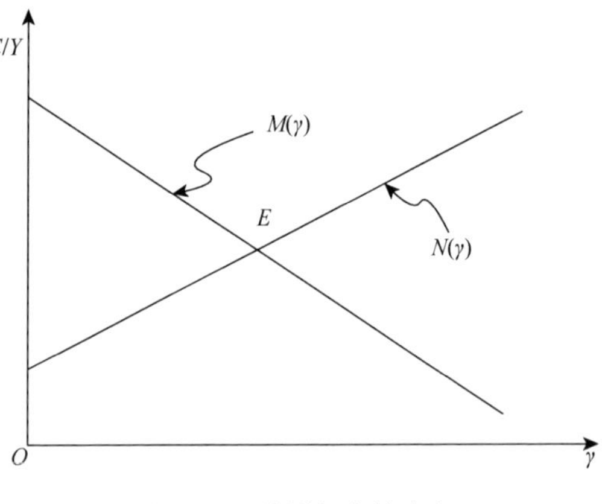

图 4-1 经济增长率的确定

我们进一步将本章的模型与 Romer（1990）的模型进行对比，以加深对本章模型的认识。在 Romer（1990）的框架下，根据 R&D 部门的无套利条件 $P_A\dot{A}=wL_A$，以及劳动力市场供需平衡条件 $L=L_A+L_Y$，我们也可以得到方程（4-19）的 R&D 部门劳动力数量。与本章相区别，Romer（1990）的知识生产函数 $\dot{A}=\delta L_A A$，将该方程两端同时除以 A，可以得到 $\gamma=\delta L_A$，将其与方程（4-19）联列，可以求得 Romer（1990）框架下的经济增长率：

$$\gamma=\frac{\delta(1-\alpha)L-\rho}{\sigma+(1-\alpha)} \tag{4-23}$$

方程（4-23）是 Romer（1990）框架下的创新曲线，Romer（1990）框架下的社会资源约束与本章相同，均为方程（4-18）。据此，我们可以通过图 4-2 体现 Romer（1990）关于经济增长率和消费率的确定，E 点为均衡点。可以看出，在 Romer（1990）中，经济增长率由方程（4-23）对应的创新曲线决定，与社会资源曲线决定的消费率无关，从而方程（4-23）在图 4-2 中为垂线。可以看出，在图 4-1 中，社会资源约束曲线变动带来的消费率变动可以影响经济增长。有利于促进消费的政策使得 $M(\gamma)$ 向上移动，对应更高的消费率，从而通过创新曲线决定更高的经济增长率。在图 4-2 中，社会资源约束曲线带来的消费率变动对经济增长没有影响，即 $M(\gamma)$ 的移动只是影响均衡状态的消费率，但对经济增长率没有影响。综合上述分析，本章认为

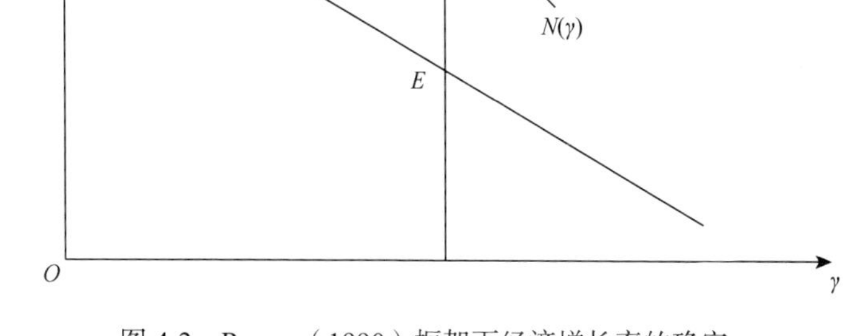

图 4-2　Romer（1990）框架下经济增长率的确定

经济增长率不仅取决于创新曲线，而且取决于社会资源约束曲线。社会资源约束曲线决定的消费需求对经济增长具有促进作用，这为我们从供需互动的视角理解创新和经济增长提供了一个新的分析视角。据此可知，在本章框架下，需求和供给都是经济增长的动力，这为我们评估需求侧和供给侧政策的经济增长效应提供了一个基准分析框架。

4.3 社会计划者经济

4.3.1 两种分析框架

分散经济（decentralized economy）和社会计划者经济（social planner economy）是经济增长模型的两种分析框架。在分散经济下，经济参与体（包括家庭、企业和政府）分别做出决策，某个经济体做最优化决策时，其将其他经济参与体的最优化行为看作外生给定的。由于存在外部性、市场扭曲和信息不对称等问题，分散经济得到的是一种次优配置。社会计划者经济假设经济中存在一个社会计划者可以协调资源配置，从整个社会做出最优决策，从而实现一次最优配置。社会计划者经济是一种理想状态，现实经济中并不存在。在内生增长模型中，在分散经济基础上进一步介绍社会计划者经济，旨在更好地理解分散经济中存在的扭曲，从而更好地识别模型的核心机制。例如，Romer（1990）、Jones（1995a）、Jones 和 Williams（2000）。

若经济中不存在扭曲，则分散经济与社会者计划经济是等价的。例如，基准的 Ramsey 模型。若经济中存在扭曲，社会计划者经济占优于分散经济。例如，Romer（1990）认为分散经济下没有考虑知识生产的溢出效应，以及中间产品部门垄断竞争的扭曲，这使分散经济下的经济增长率低于社会计划者经济的增长率。当经济中存在扭曲时，可以通过政府干预纠正经济中存在的扭曲，以实现分散经济与社会计划者经济的等价。宏观经济政策设计的一个重要研究方向是，如何设计宏观政策使分散经济复制社会计划者经济，进而反推一次最优政策，如 Turnovsky（1996）、Steger（2005）。在供给驱动创新的经济增长框架下，分散经济下的经济增长率要低于社会计划者经济（Romer，1990；Zeng and Zhang，2007）的经济增长率。基于供需互动引致创新的内生增长模型，我们进一步考察分散经济与社会计划者经济下的经济增长率。

4.3.2　求解社会计划者经济

社会计划者经济对应如下最优性问题：

$$\max\int_0^{+\infty}\frac{C^{1-\sigma}-1}{1-\sigma}\mathrm{e}^{-\rho t}\,\mathrm{d}t$$

面临的预算约束方程为

$$\dot{K}=(AL_Y)^{\alpha}K^{1-\alpha}-C$$

$$\dot{A}=\delta L_A C$$

$$L=L_A+L_Y$$

我们通过构建如下现值的 Hamiltonian 函数来求解上述最优化问题：

$$H=(C^{1-\sigma}-1)/(1-\sigma)+\lambda[(AL_Y)^{\alpha}K^{1-\alpha}-C]+\mu\delta(L-L_Y)C$$

其中，λ 和 μ 分别表示状态变量物质资本和知识存量的影子价格，这对应如下最优性条件：

$$H_C=C^{-\sigma}-\lambda+\mu\delta(L-L_Y)=0 \tag{4-24}$$

$$H_{L_Y}=\lambda\alpha Y/L_Y-\mu\dot{A}/L_A=0 \tag{4-25}$$

$$H_K=\lambda(1-\alpha)Y/K=\rho\lambda-\dot{\lambda} \tag{4-26}$$

$$H_A=\lambda\alpha Y/A=\rho\mu-\dot{\mu} \tag{4-27}$$

横截性条件：

$$\lim_{t\to+\infty}\lambda K\mathrm{e}^{-\rho t}=\lim_{t\to+\infty}\mu A\mathrm{e}^{-\rho t}=0$$

在社会计划者经济下，平衡增长路径上，C、Y、K、A 的增长率相同，为与分散经济相区别，我们假设社会计划者经济下这些变量的增长率为 γ^*。L_A 和 L_Y 为常数。根据方程（4-25）可知，λ 和 μ 的增长率相等，根据方程（4-24）可知 $\dot{\lambda}/\lambda=\dot{\mu}/\mu=(-\sigma)\dot{C}/C=-\sigma\gamma^*$，将方程（4-26）两端同时除以 λ 可得 $(1-\alpha)Y/K=\rho-\dot{\lambda}/\lambda=\rho+\sigma\gamma^*$，从而 $Y/K=(\rho+\sigma\gamma^*)/(1-\alpha)$。将社会计划者经济的社会资源约束方程 $\dot{K}=(AL_Y)^{\alpha}K^{1-\alpha}-C$ 两端同时除以 Y，且代入以上条件可得

$$\frac{C}{Y}=1-\frac{(1-\alpha)\gamma^{*}}{\rho+\sigma\gamma^{*}} \tag{4-28}$$

通过对比方程（4-18）和方程（4-28）可知，在经济增长率相等的前提下，相对于社会计划者经济，分散经济下的消费率更高。这是因为分散经济框架下，假设中间产品部门是垄断竞争的，这使得中间产品部门资本的数量更少，从而总收入中用于资本形成的比例更低，用于消费的比例更高。

根据方程（4-25）可知，$\lambda\alpha Y/L_Y=\mu\dot{A}/L_A$，将其代入方程（4-27），且将方程（4-27）两端同时除以μ可得：$\dot{\mu}/\mu=\rho-(L_Y/L_A)\gamma^{*}=-\sigma\gamma^{*}$，结合劳动力市场条件$L=L_A+L_Y$，可以得到社会计划者经济下 R&D 部门和最终产品部门的劳动力：

$$L_A=\gamma^{*}L/(\rho+\sigma\gamma^{*}+\gamma^{*}) \tag{4-29}$$

$$L_Y=(\rho+\sigma\gamma^{*})L/(\rho+\sigma\gamma^{*}+\gamma^{*}) \tag{4-30}$$

通过对比方程（4-19）和方程（4-29）可知，在经济增长率相等的前提下，方程（4-29）决定的社会计划者经济下的 R&D 劳动力数量高于分散经济下的 R&D 劳动力数量。这是因为在分散经济下，中间产品部门是垄断竞争的，这使得 R&D 部门获得的利润较少，因此其雇用的劳动力较少。综合以上分析，从由创新生产函数决定的经济增长动力分析，分散经济下消费率更高，因而分散经济下需求侧动力大于社会计划者经济下的需求侧动力；社会计划者经济下 R&D 部门劳动力更多，因而分散经济下的供给侧动力小于社会计划者经济下的供给侧动力。

根据方程（4-24）和方程（4-26）可得$\dot{\lambda}/\lambda=\rho-(1-\alpha)Y/K=-\sigma\gamma^{*}$，从而$Y/K=(\rho+\sigma\gamma^{*})/(1-\alpha)$，根据生产函数可知：$Y/K=(AL_Y/K)^{\alpha}$。根据创新函数可知：$\dot{A}/Y=\delta L_A(C/Y)$，其中，$\dot{A}/Y=(A/K)(K/Y)\dot{A}/A=(Y/K)^{(1/\alpha)-1}(1/L_Y)\dot{A}/A$。结合方程（4-30）可以得到：

$$\frac{C}{Y}=\frac{1-\alpha}{\delta L^{2}}\left[\frac{\rho+\sigma\gamma^{*}}{1-\alpha}\right]^{1/\alpha}\left[1+\frac{\gamma^{*}}{\rho+\sigma\gamma^{*}}\right]^{2} \tag{4-31}$$

联列方程（4-28）和方程（4-31），可以得到社会计划者经济下的经济增长率γ^{*}由以下方程决定：

$$1-\frac{(1-\alpha)\gamma^*}{\rho+\sigma\gamma^*}=\frac{1-\alpha}{\delta L^2}\left[\frac{\rho+\sigma\gamma^*}{1-\alpha}\right]^{1/\alpha}\left[1+\frac{\gamma^*}{\rho+\sigma\gamma^*}\right]^2 \tag{4-32}$$

4.3.3　对比分析

联列方程（4-18）和方程（4-22），可以得到分散经济下的经济增长率由以下方程决定：

$$1-\frac{(1-\alpha)^2\gamma}{\rho+\sigma\gamma}=\frac{1-\alpha}{\delta L^2}\left[\frac{\rho+\sigma\gamma}{(1-\alpha)^2}\right]^{1/\alpha}\left[1+\frac{(1-\alpha)\gamma}{\rho+\sigma\gamma}\right]^2 \tag{4-33}$$

Romer（1990）以及 Zeng 和 Zhang（2007）认为由于分散经济下中间产品部门的垄断性带来效率损失，这使得分散经济下的经济增长率低于社会计划者经济下的经济增长率。在本章的框架下，当满足特定参数条件时，分散经济与社会计划者经济下的经济增长率相等，也即分散经济下的经济增长率并不一定低于社会计划者经济下的经济增长。我们假设分散经济与社会计划者经济下的经济增长率相等，$\gamma=\gamma^*$，根据方程（4-32）和方程（4-33）可以反推出经济增长率相等需要满足如下条件：

$$(1-\alpha)^{\frac{1}{\alpha}}=\frac{\rho+\sigma\gamma-(1-\alpha)\gamma}{\rho+\sigma\gamma-(1-\alpha)^2\gamma}\left[\frac{\rho+\sigma\gamma+(1-\alpha)\gamma}{\rho+\sigma\gamma+\gamma}\right]^2 \tag{4-34}$$

由于平衡增长路径上的经济增长率是模型参数的函数，根据方程（4-34），当模型参数满足特定条件时，分散经济与社会计划者经济下的经济增长率相等。分散经济相对于社会计划者经济的扭曲主要体现在以下两个方面：①分散经济下由于中间产品部门具有垄断性，从而总产出中用于投资的比例更低，用于消费的比例更高，这使分散经济下需求侧的经济增长率倾向于要比社会计划者经济下需求侧的经济增长率更高。②分散经济下中间产品部门的垄断性以及没有考虑知识生产的溢出效应使 R&D 部门的劳动力更少，这使分散经济下供给侧的经济增长率低于社会计划者经济下供给侧的经济增长率。因此，分散经济与社会计划者经济下经济增长率的大小对比不确定。需要说明的是，Romer（1990）只是考虑了供给侧动力，且分散经济框架下 R&D 部门的劳动力更少，因而分散经济下经济增长率低于社会计划者经济。本章认为需求侧动力可以弥补供给侧动力不足的问题，使分散经济下的经济增长率与社会计划者经济下的经济增长率相等。

需要说明的是，这里的分散经济和社会计划者经济并不是经济制度，不涉及政府与市场的关系。经济制度主要包括中央计划经济（centrally planned economy）和市场主导的经济（market-oriented economy）。前者强调政府在资源配置中的作用，后者强调市场在资源配置中的作用。改革开放以来我国的经济实践启示，我们需要充分发挥市场在资源配置中的决定性作用，更好地发挥政府的作用，激发各类市场主体的活力。一些学者尝试在经济增长模型中区分两种经济制度。例如，Roberts 和 Rodriguez（1997）认为中央计划经济旨在极大化国家消费，国家消费具体包括军事支出、非生产性的投资性支出、政府官员的寻租收入，这使得工人消费及生产性投资减少。Bajona 和 Locay（2009）认为，与市场主导的经济相区别，在中央计划经济下，政府拥有配置资源的权利，企业家倾向于花费时间来游说政府，为企业争取更多的资源，这使其在生产方面的投入减少。同时，中央计划经济具有平均主义倾向，更关注收入分配的公平性。

4.4 模型的应用

在经济新常态背景下，我国经济面临较大的经济下行压力。中国经济增长前沿课题组（2014）认为由于“三重因素”叠加，我国经济增长呈现结构性减速的态势，须关注“减速治理”这一重大问题。根据 Higgins 等（2016）的预测，未来我国经济增长呈“L”形走势，而不是“U”形走势。Barro（2016）认为中国 1990 年以来的高速经济增长已远高于条件收敛理论的预测，其不可能永久偏离“收敛的铁定律”（iron law of convergence），以及不可能永远背离国际历史经验，我国人均实际 GDP 增长率将从 8%下降到 3%～4%。因此，长期来看，如何避免经济增长衰退是我国经济面临的巨大挑战。这种情况下，从供给侧和需求侧哪个方面采取刺激措施更优就成为政策评估时需要考虑的问题。在本章的框架下，根据方程（4-11），供给侧和需求侧都是促进创新的重要原因。从供给侧考虑，R&D 部门的劳动力越多，生产的新知识越多，经济增长率越高；从需求侧来看，消费水平越高，越有利于知识创新，经济增长率越高。我们在本章的框架下引入需求刺激政策和供给刺激政策，其中需求刺激政策是指对消费的补贴，这有利于降低消费的实际价格，从而扩大消费，促进创新；供给刺激政策是对 R&D 部门劳动力的补贴，这使R&D部门企业雇用劳动力的成本更低，R&D部门选择雇用更多的劳动力，从而引致更多创新。本节关注的问题是，需求刺激政策和供给刺激政策何者更有利于促进经济增长和提升社会福利。

4.4.1　模型化刺激政策

我们在方程（4-2）的基础上考虑对消费的补贴，此时家庭的预算约束方程为

$$\dot{K} = rK + wL + \int_0^A \pi_i \mathrm{d}i - P_A \dot{A} - (1 - S_C)C \tag{4-35}$$

其中，S_C 表示对消费的补贴，我们假设 S_C 为常数。S_C 越高表示消费的成本越低，从而家庭倾向于选择更多的消费。

家庭的目标函数仍然是极大化家庭的福利水平，我们通过构建如下现值的 Hamiltonian 函数来求解上述优化问题：

$$H = (C^{1-\sigma} - 1)/(1 - \sigma) + \lambda\left[rK + wL + \int_0^A \pi_i \,\mathrm{d}i - P_A \dot{A} - (1 - S_C)C\right]$$

其中，λ 表示物质资本的影子价格，我们可以得到如下最优性条件：

$$H_C = C^{-\sigma} - \lambda(1 - S_C) = 0 \tag{4-36}$$

$$H_K = \lambda r = \rho\lambda - \dot{\lambda} \tag{4-37}$$

横截性条件：

$$\lim_{t \to +\infty} \lambda K e^{-\rho t} = 0$$

根据方程（4-36）和方程（4-37），整理可得：

$$\frac{\dot{C}}{C} = \frac{r - \rho}{\sigma} \tag{4-38}$$

我们假设政府对最终产品部门征税，税率为 τ，从而最终产品部门的最优化问题为

$$\max\left\{(1 - \tau)L_Y^{\alpha}\int_0^A x(i)^{1-\alpha}\,\mathrm{d}i - wL_Y - \int_0^A p(i)x(i)\,\mathrm{d}i\right\}$$

可以得到最优性条件：

$$w=(1-\tau)\alpha L_Y^{\alpha-1}\int_0^A x(i)^{1-\alpha}\,\mathrm{d}i \tag{4-39}$$

$$p(i)=(1-\tau)L_Y^{\alpha}(1-\alpha)x(i)^{-\alpha} \tag{4-40}$$

中间产品部门的问题与基准模型相同，将方程（4-40）的反需求函数代入中间产品部门的利润极大化问题，可以得到

$$r=(1-\tau)L_Y^{\alpha}(1-\alpha)^2x(i)^{-\alpha} \tag{4-41}$$

$$\pi=(1-\tau)\alpha(1-\alpha)L_Y^{\alpha}x(i)^{1-\alpha} \tag{4-42}$$

R&D 部门的生产函数仍然如方程（4-11）所示，供给侧政策主要体现为对 R&D 部门的补贴，考虑供给侧刺激政策后，R&D 部门的无套利条件为

$$P_A\dot{A}=(1-S_R)wL_A \tag{4-43}$$

其中，S_R 表示对 R&D 部门的补贴，S_R 越高表示 R&D 部门雇用劳动力的成本越低，R&D 部门雇用的劳动力越多。新知识的定价仍然如方程（4-8）所示，我们假设平衡增长路径上的经济增长率为 γ。与基准模型中求解思路相同，根据 R&D 部门的无套利条件和劳动力市场供需平衡条件，我们可以求得 R&D 部门和最终产品部门的劳动力分别为

$$L_A=\frac{(1-\alpha)\gamma L}{(1-S_R)(\rho+\sigma\gamma)+(1-\alpha)\gamma} \tag{4-44}$$

$$L_Y=\frac{(1-S_R)(\rho+\sigma\gamma)L}{(1-S_R)(\rho+\sigma\gamma)+(1-\alpha)\gamma} \tag{4-45}$$

根据方程（4-44）和方程（4-45），R&D 部门的财政补贴 S_R 越高，R&D 部门的劳动力相对最终产品部门的劳动力越多。政府将最终产品部门的税收收入用于对消费和 R&D 部门的补贴，政府部门收入和支出平衡关系为

$$\tau Y=S_RwL_A+S_CC \tag{4-46}$$

将最终产品部门、中间产品部门和 R&D 部门的最优化问题代入方程（4-35），与基准模型的推导思路相同，考虑到平衡增长路径上的经济增长率为 γ，我们可以得到：

$$\frac{C}{Y}=\frac{1-\tau}{1-S_C}\left\{1+\frac{\alpha(1-\alpha)S_R\gamma}{(1-S_R)(\rho+\sigma\gamma)}-\frac{(1-\alpha)^2\gamma}{\rho+\sigma\gamma}\right\} \tag{4-47}$$

根据方程（4-47），税率越高，可支配收入越少，从而消费越低；对消费的补贴率越高，消费比率越高；对 R&D 的补贴率越高，收入越高，消费率越高。若 $S_R = S_C = \tau = 0$，则方程（4-47）退化成方程（4-18）。将政府预算约束方程（4-46）两端同时除以 Y，且结合企业的最优性问题以及平衡增长路径上的经济增长率为 γ 的条件，可得

$$\tau = \frac{\alpha S_R(1-\alpha)\gamma + S_C(C/Y)(1-S_R)(\rho+\sigma\gamma)}{\alpha S_R(1-\alpha)\gamma + (1-S_R)(\rho+\sigma\gamma)} \tag{4-48}$$

将方程（4-48）代入方程（4-47），可以得到社会资源约束方程决定的消费率：

$$\frac{C}{Y} = \frac{(\rho+\sigma\gamma)(1-S_R) + \alpha(1-\alpha)S_R\gamma - (1-\alpha)^2\gamma(1-S_R)}{(\rho+\sigma\gamma)(1-S_R) + \alpha(1-\alpha)S_R\gamma - S_C(1-\alpha)^2\gamma(1-S_R)} \tag{4-49}$$

与基准模型的求解思路相同，根据创新生产函数，我们可以得到：

$$\frac{C}{Y} = \frac{(1-\alpha)(1-\tau)(1-S_R)}{\delta L^2}\left(\frac{\rho+\sigma\gamma}{(1-\tau)(1-\alpha)^2}\right)^{1/\alpha}\left(1+\frac{(1-\alpha)\gamma}{(1-S_R)(\rho+\sigma\gamma)}\right)^2 \tag{4-50}$$

若 $S_R = S_C = \tau = 0$，则方程（4-50）退化成方程（4-22）。将方程（4-48）代入方程（4-50），可以得到由创新曲线决定的消费率：

$$\frac{C}{Y} = \frac{(1-\alpha)(1-S_R)}{\delta L^2}\left(\frac{\rho+\sigma\gamma}{(1-\alpha)^2}\right)^{1/\alpha}\left(1+\frac{(1-\alpha)\gamma}{(1-S_R)(\rho+\sigma\gamma)}\right)^2 \times \left(\frac{(1-S_C C/Y)(1-S_R)(\rho+\sigma\gamma)}{(1-S_R)(\rho+\sigma\gamma)+\alpha(1-\alpha)S_R\gamma}\right)^{1-(1/\alpha)} \tag{4-51}$$

4.4.2　经济增长视角的分析

联列方程（4-49）和方程（4-51），我们可以得到经济增长率是消费补贴（需求刺激政策）和 R&D 补贴（供给刺激政策）的函数。消费补贴通过直接影响消费率，进而间接影响 R&D 部门的劳动供给。R&D 劳动补贴通过直接影响 R&D 部门的劳动供给，使技术水平提升以及总产量和消费增加，

并进一步使技术水平上升。需要说明的是，由于无法通过定性的方法直接考察需求刺激政策和供给刺激政策对经济增长的影响，我们采用数值实验的方法进行分析。根据模型参数的现实经济含义，我们设定如下基准参数值：$\alpha=0.6$，$\sigma=2$，$\rho=0.03$，$\delta=0.5$，$L=1$。我们通过政策试验（policy experiment）来考察需求刺激政策和供给刺激政策对经济增长的作用。在考虑需求刺激政策时，我们假设不存在供给刺激政策，此时，$S_R=0$。在考虑供给刺激政策时，我们假设不存在需求刺激政策，此时，$S_C=0$。这样可以较为干净地剥离出供给刺激政策和需求刺激政策对经济增长的影响。图 4-3 是两种政策情形下经济增长的表现。其中，横轴表示需求刺激政策对应的消费补贴率，或是供给刺激政策对应的 R&D 补贴率，纵轴表示经济增长率，实线表示需求刺激政策对应的经济增长率，+++++线表示供给刺激政策对应的经济增长率。可以看出，需求刺激政策和供给刺激政策对经济增长的变化方向不同。需求刺激政策使经济增长率下降，供给刺激政策使得经济增长率上升。补贴率相同时，相对于需求刺激政策，供给刺激政策对应的经济增长率更高。基于以上分析，相对于需求刺激政策而言，供给刺激政策更有利于促进经济增长。

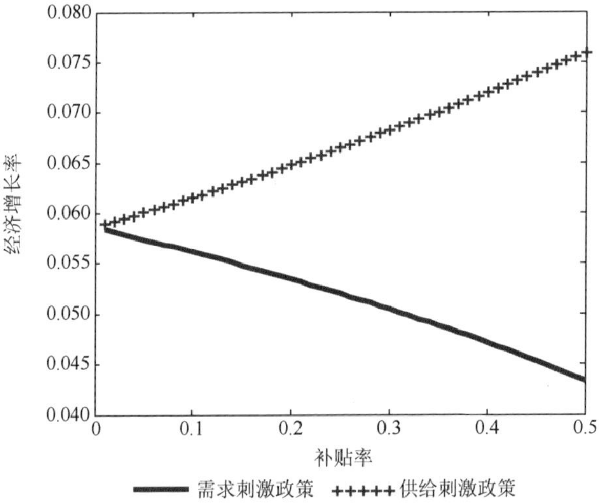

图 4-3 经济刺激政策对经济增长的影响

我们以下分析需求刺激政策和供给刺激政策影响经济增长的作用机制：一方面，消费补贴率上升使消费实际价格下降，这通过价格效应使消费增加，创新速度增加，经济增长率上升；另一方面，消费补贴率上升意味着政府需要征收更高的税率以应对消费补贴支出的增加，这通过税收效应使中间产品部门利润下降，创新获得的收益下降，从而 R&D 部门劳动力减少，经济增长率下降。因此，消费补贴对经济增长率的影响是不确定的，其取决于消费补贴带来的价格效应与税收效应的力量对比。在本章基准的参数环境下，消费补贴率通过税收效应对经济增长的抑制作用大于其通过价格效应带来的促进作用，因而消费补贴率使经济增长率下降。R&D 补贴对经济增长的影响包括两个方面：①R&D 补贴率上升通过价格效应使 R&D 部门雇用劳动力的成本下降，从而 R&D 部门雇用的劳动力更多，这使创新增长的速度加快。②R&D 补贴率越高，政府需要征收更高的税率以应对财政补贴，这通过税收效应使 R&D 获得的利润下降，从而 R&D 部门的劳动力减少，这对创新和经济增长具有抑制作用。可以看出，在本章基准的参数环境下，R&D 补贴通过价格效应对经济增长的促进作用大于其通过税收对经济增长的抑制作用，因而 R&D 补贴率使经济增长率上升。

我们进一步假设模型基准参数在一定范围内变动，考察供给刺激政策和需求刺激政策对经济增长作用效果对比是否稳健，相应的结果见表 4-1。我们给出了八种参数变动情形，可以看出，与基准参数值情形相同，需求刺激政策使经济增长率下降，供给刺激政策使经济增长率上升；给定相等的补贴率，相对于需求刺激政策，供给刺激政策对应更高的经济增长率。以上分析说明，从促进经济增长的角度考虑，相对于需求刺激政策，供给刺激政策更为有效。

表 4-1　经济刺激政策对经济增长影响的敏感性分析

政策实验		补贴率				
		0.1	0.2	0.3	0.4	0.5
情形 1：$\alpha=0.5$	需求刺激政策	0.0787	0.0745	0.0698	0.0645	0.0586
	供给刺激政策	0.0852	0.088	0.0909	0.0937	0.0963

续表

政策实验		补贴率				
		0.1	0.2	0.3	0.4	0.5
情形 2：$\alpha=0.7$	需求刺激政策	0.0379	0.0364	0.0346	0.0327	0.0304
	供给刺激政策	0.0423	0.0457	0.0495	0.0538	0.0588
情形 3：$\sigma=1.5$	需求刺激政策	0.0693	0.0661	0.0626	0.0586	0.0539
	供给刺激政策	0.0752	0.0785	0.0819	0.0854	0.0887
情形 4：$\sigma=3$	需求刺激政策	0.0406	0.0385	0.0363	0.0338	0.0310
	供给刺激政策	0.0449	0.0477	0.0509	0.0544	0.0585
情形 5：$\rho=0.02$	需求刺激政策	0.0599	0.0573	0.0543	0.051	0.0472
	供给刺激政策	0.0652	0.0682	0.0716	0.0751	0.0788
情形 6：$\rho=0.04$	需求刺激政策	0.0523	0.0496	0.0465	0.0431	0.0393
	供给刺激政策	0.0578	0.0612	0.0648	0.0688	0.0730
情形 7：$\delta=0.3$	需求刺激政策	0.0383	0.0363	0.034	0.0315	0.0287
	供给刺激政策	0.0424	0.0448	0.0475	0.0504	0.0535
情形 8：$\delta=0.7$	需求刺激政策	0.0712	0.0680	0.0643	0.0602	0.0556
	供给刺激政策	0.0777	0.0816	0.0857	0.0902	0.0948

4.4.3 社会福利视角的分析

相对于经济增长，社会福利水平是更值得关注的指标。我们从社会福利的视角对比供给刺激政策和需求刺激政策的宏观经济运行效果。计算思路如下：$C=(C/K)K=(C/Y)(Y/K)K_0\,\mathrm{e}^{\gamma t}$，当经济收敛于平衡增长路径上时，$C/Y$ 和 Y/K 均为常数，其中 C/Y 为方程（4-49）或方程（4-51）。通过求解最终产品部门和家庭最优性问题，可以得到：$Y/K=(\rho+\sigma\gamma)/(1-\tau)/(1-\alpha)^2$，将方程（4-48）得到的税率代入，可以得到 Y/K。经济增长率由联列方程（4-49）和方程（4-51）决定。将以上条件代入方程（4-1），我们可以得到总的社会福利：

$$\text{welfare} = \frac{1}{1-\sigma}\left\{\frac{\left[(C/Y)(Y/K)K_0\right]^{1-\sigma}}{\rho-(1-\sigma)\gamma} - \frac{1}{\rho}\right\} \tag{4-52}$$

由于 C/Y 、Y/K 、γ 都是 S_C 和 S_R 的函数，因此通过方程（4-52）计算得到的社会福利也是 S_C 和 S_R 的函数。在此基础上，我们可以考察 S_C 和 S_R 对社会福利的影响，并从社会福利的视角对比需求刺激政策和供给刺激政策何者更有效。图 4-4 给出了需求刺激政策和供给刺激政策对社会福利的影响，其中，横轴表示需求刺激政策对应的消费补贴率，或是供给刺激政策对应的 R&D 补贴率，纵轴表示社会福利水平，实线表示需求刺激政策对应的社会福利，+++++表示供给刺激政策对应的社会福利。可以看出，需求刺激政策和供给刺激政策都使得社会福利上升。相对于实施需求刺激政策，实施供给刺激政策对应更高的社会福利。通过对比图 4-3 和图 4-4 可知，供给刺激政策对经济增长和社会福利的影响方向一致；需求刺激政策使经济增长率下降，但使社会福利上升。这是因为根据方程（4-52），社会福利取决于消费率、产出资本比和经济增长率，需求刺激政策通过经济增长率下降的渠道使社会福利下降，但通过提高消费率的渠道使社会福利水平上升。这也说明经济刺激政策对经济增长与社会福利的影响可能差别较大。图 4-4 说明需求刺激政策和供给刺激政策通过价格效应对社会福利的促进作用大于其通过税收带来的扭曲作用。

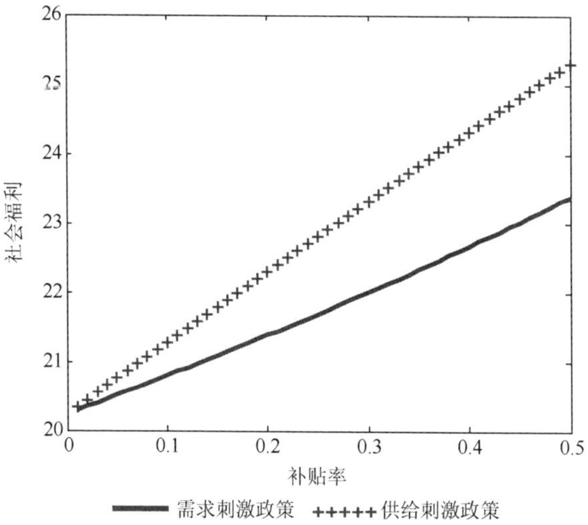

图 4-4　经济刺激政策对社会福利的影响

我们进一步假设基准参数值在一定范围内变动，进而考察供给刺激政策和需求刺激政策对社会福利的影响是否稳健。表 4-2 给出了八种参数变动情形，可以看出，与基准参数情形下的结论相同，需求刺激政策和供给刺激政策都使社会福利水平上升；相对于需求刺激政策，实施供给刺激政策时对应更高的社会福利水平。这说明从提升社会福利的角度看，相对于需求刺激政策，供给刺激政策更为有效。

表 4-2 经济刺激政策对社会福利影响的敏感性分析

政策实验		补贴率				
		0.1	0.2	0.3	0.4	0.5
情形 1：$\alpha=0.5$	需求刺激政策	20.9927	21.3900	21.8008	22.2315	22.6932
	供给刺激政策	21.3835	22.1614	22.9357	23.7010	24.4483
情形 2：$\alpha=0.7$	需求刺激政策	21.7134	22.4388	23.2013	24.0108	24.881
	供给刺激政策	22.2199	23.4016	24.5598	25.6894	26.7842
情形 3：$\sigma=1.5$	需求刺激政策	33.1827	33.7301	34.3117	34.9423	35.6467
	供给刺激政策	34.2193	35.8007	37.3992	39.0025	40.5863
情形 4：$\sigma=3$	需求刺激政策	12.2559	12.7393	13.2186	13.6953	14.1705
	供给刺激政策	12.4423	13.0746	13.6629	14.2052	14.6995
情形 5：$\rho=0.02$	需求刺激政策	36.1879	36.8029	37.4497	38.1385	38.8854
	供给刺激政策	36.7557	37.9000	39.0271	40.1314	41.2041
情形 6：$\rho=0.04$	需求刺激政策	13.5639	14.1212	14.7105	15.3416	16.0301
	供给刺激政策	13.9615	14.8887	15.8103	16.7225	17.6199
情形 7：$\delta=0.3$	需求刺激政策	12.3641	13.3893	14.4729	15.6337	16.9004
	供给刺激政策	13.0890	14.7879	16.4768	18.1492	19.7954
情形 8：$\delta=0.7$	需求刺激政策	24.5132	24.9153	25.3387	25.7903	26.2810
	供给刺激政策	24.8620	25.5890	26.3067	27.0115	27.6983

4.5 小　　结

经济增长理论主要强调供给侧对经济增长的决定性作用，需求对经济增长的作用被弱化。Romer（1990）是经济增长理论的标志性工作，其提出了内生创新作用于经济增长的机制。R&D 企业通过雇用科学家和工程师进行知识 R&D，生产出更多种类的产品，促进技术进步和经济增长。在 Romer（1990）经典的模型中，创新曲线对经济增长起决定性作用，社会资源约束曲线决定的需求不能影响经济增长。本章突破 Romer（1990）关于经济增长单纯由供给侧决定的设定，将消费引入创新生产函数，这可以理解为消费引领创新，或是消费结构升级为创新提供智力支持。在本章的框架下，需求和供给相互作用共同促进经济增长。需求侧可以弥补供给侧动力不足的短板，两者相互协调有利于实现社会计划者经济下的经济增长率。在此基础上，我们引入需求刺激政策和供给刺激政策，从经济增长和社会福利两个维度评估经济刺激政策的作用。经济刺激政策通过价格效应促进经济增长，通过税收扭曲效应抑制经济增长。在本章的参数环境下，需求刺激政策使经济增长率下降，供给刺激政策使经济增长率上升，需求刺激政策和供给刺激政策都使社会福利上升。相对于需求刺激政策，供给刺激政策对应更高的经济增长率和社会福利水平。本章模型化消费需求对技术创新和经济增长的作用，这是对经济增长理论的丰富和发展。对于加快我国经济由要素驱动向创新驱动转型，实现经济高质量发展具有较为重要的理论和现实意义。

本章的政策启示包括如下两个方面：①技术创新是我国经济实现高质量发展的核心动力，我们不仅需要重视 R&D 劳动投入和经费投入，也需要充分重视消费需求升级对技术创新的拉动作用。通过供给侧结构性改革促进技术创新和消费升级实现良性互动与螺旋式上升，助推经济实现高水平供需均衡发展。②从经济增长和社会福利政策评估效果来看，供给侧政策对经济增长的影响力度更大。因此，经济下行背景下，需要更好地发挥供给刺激政策的作用，辅之以需求刺激政策。需要说明的是，本章强调的创新本质上属于生产性创新，进一步的研究可以区分生产性创新和消费性创新。生产性创新生产的产品直接应用于生产，消费性创新生产的产品主要是用于满足人们的消费，生产性创新和消费性创新之间存在技术溢出效应。此外，本章研究的创新主要是指产品种类的多元化，进一步的研究可以同时从产品种类多元化和产品质量提升两个维度来刻画创新。在此基础上，我们可以更好地理解供需互动引致的创新与经济增长。

第 5 章

延迟退休、人口结构变迁与经济增长

人口老龄化是当今世界主要国家面临的重要问题。WDI 数据库公布了中国、日本、德国、美国、英国、法国等国家 65 岁以上人口的占比，如图 5-1 所示。可以看出，这些国家 65 岁以上老年人口占总人口的比例总体呈现不断上升的趋势，其中日本老龄化问题最严重，日本 65 岁以上人口占比从 1960 年的 5.72%上升到 2015 年的 26.34%，样本期间上升幅度超过 20 个百分点。中国 65 岁以上老年人口占比从 1960 年的 3.65%上升到 2015 年的 9.55%。

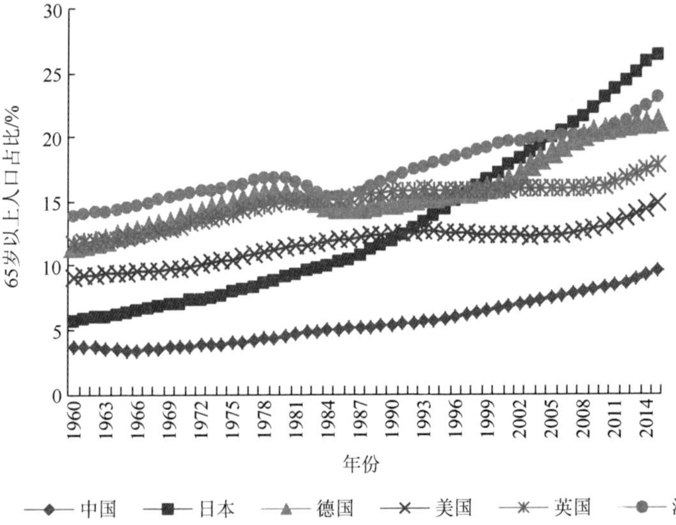

图 5-1 世界主要国家 65 岁以上人口占比变化趋势

老龄人口占比的不断提高与人口出生率下降有紧密关系，提高人口出生率是应对老龄化问题的重要途径。WDI 数据库公布了中国、日本、德国、美国、英国、法国等国家的人口出生率，如图 5-2 所示。可以看出，这些国家的人口出生率总体呈下降的趋势，其中我国人口出生率下降的幅度最大，我国每个妇女生育子女的平均数量从 1960 年的 5.75 个下降到 2015 年的 1.56 个。

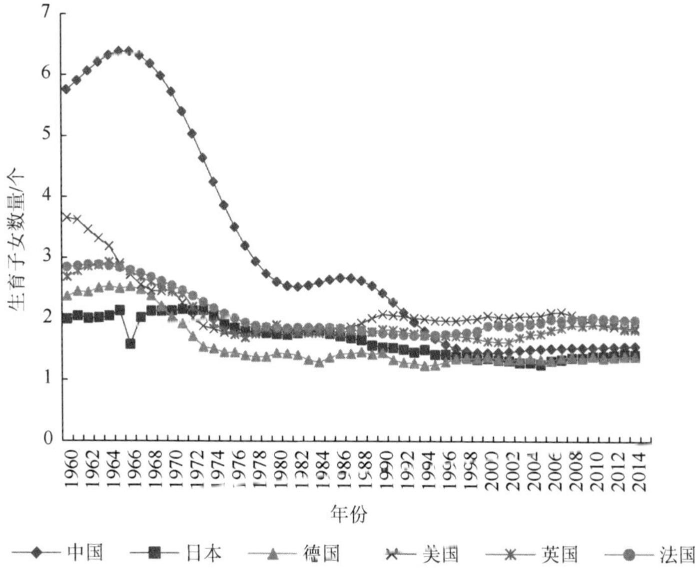

图 5-2　世界主要国家平均每个妇女生育的子女数量

为应对人口老龄化对经济的负面冲击，世界主要国家都陆续出台了延迟退休政策。OECD 统计数据库给出了 OECD 国家当前和未来的退休年龄，如表 5-1 所示。可以看出，绝大多数 OECD 国家当前男性和女性的退休年龄都大于或等于 65 岁，且未来预期的退休年龄都呈现上升趋势。目前我国法定的企业职工退休年龄是：男职工年满 60 周岁，女职工年满 50 周岁，女干部年满 55 周岁。我国法定退休年龄低于 OECD 国家的法定退休年龄。随着人口老龄化进程的加快，我国将逐步从人口红利期转向人口负债期，老年人口占比逐年上升，年轻劳动力人口占比逐年下降。

表 5-1 OECD 国家劳动力当前和未来退休年龄（单位：岁）

国家	当前退休年龄		未来退休年龄	
	男性	女性	男性	女性
澳大利亚	65	65	67	67
奥地利	65	60	65	65
比利时	65	65	65	65
加拿大	65	65	65	65
智利	65	60	65	65
捷克	63	62.3	65	65
丹麦	65	65	74	74
爱沙尼亚	63	63	65	65
芬兰	65	65	68	68
法国	61.6	61.6	64	64
德国	65	65	65	65
希腊	62	62	62	62
匈牙利	63	60	65	65
冰岛	67	67	67	67
爱尔兰	66	66	68	68
以色列	67	62	67	64
意大利	66.6	65.6	71	71
日本	65	65	65	65
韩国	61	61	65	65
拉脱维亚	62.8	62.8	65	65
卢森堡	60	60	60	60
墨西哥	65	65	65	65
荷兰	65.5	65.5	71	71
新西兰	65	65	65	65
挪威	67	67	67	67
波兰	66	61	65	60
葡萄牙	66.2	66.2	68	68
斯洛伐克	62	62	68	68
斯洛文尼亚	59.3	59	60	60

续表

国家	当前退休年龄		未来退休年龄	
	男性	女性	男性	女性
西班牙	65	65	65	65
瑞典	65	65	65	65
瑞士	65	64	65	64
土耳其	60	58	61	59
英国	65	63	68	68
美国	66	66	67	67

资料来源：OECD 统计数据库

我国现行的法定退休年龄是改革开放初期制定的，随着我国人民生活水平的不断提高，人口预期寿命不断延长，但我国的法定退休年龄一直没有调整，我国退休年龄相对于发达国家的退休年龄偏低。为应对人口老龄化对我国劳动供给的负面冲击，借鉴发达国家的成功经验，我国将推出渐进式延迟退休政策。2012 年 6 月，由人力资源和社会保障部与国家发展和改革委员会等部门制定的《社会保障“十二五”规划纲要》发布，提出研究弹性延迟领取养老金年龄的政策。党的十八届三中全会提出研究制定渐进式延迟退休年龄政策。《中共中央关于制定国民经济和社会发展第十四个五年规划和二〇三五年远景目标的建议》提出实现基本养老保险全国统筹，实施渐进式延迟法定退休年龄。一些学者探讨了我国的延迟退休方案。例如，蔡昉和张车伟（2015）给出的我国延迟退休方案是，从 2018 年开始，女性退休年龄每 3 年延迟 1 岁，男性退休年龄每 6 年延迟 1 岁，至 2045 年男性、女性退休年龄同步达到 65 岁。

学术界关于延迟退休的好处与弊端存在较大争议。支持延迟退休的观点认为：①延迟退休使劳动供给增长，可以更好地应对人口老龄化对劳动供给的冲击；②延迟退休使劳动者工作时间更长，社保收入增加，延迟退休使退休时间缩短，社保支出减少，这有利于实现社保账户平衡；③延迟退休使劳动者工作时间增加，这使人力资本回报率上升，因此父母会增加对子女的教育投入，促进人力资本水平提高及经济增长；④延迟退休使人力资本得到充分利用，如在高技能行业实施延迟退休使人力资本得到充分利用；⑤延迟退休通过收入效应使个体整条路径的消费增长，社会福利改善。

反对延迟退休的观点认为：①延迟退休使年轻人就业更加困难，这会提高失业率；②老年人的就业机会较少，延迟退休并不能增加老年人的就业，而是增加了政府的失业支出；③延迟退休使老年人的健康状况恶化，这会影响劳动的效率，也会增加健康方面的社会保障支出，这会影响社会保障的稳定性和可持续性；④延迟退休使年老时期的闲暇减少，导致社会福利下降；⑤延迟退休会加剧社会不公平，这是因为延迟退休政策限制了低能力劳动者的就业机会，而对高能力劳动者就业机会却影响很小。

5.1 特征事实

5.1.1 劳动时间与劳动供给增长率

我们这里介绍劳动变动趋势特征事实，并简要分析劳动供给与经济增长的关系。PWT 数据给出的美国、德国、日本、韩国、新加坡和中国香港单位劳动力平均每年劳动时间的变化趋势，如图 5-3 所示。可以看出，发达国

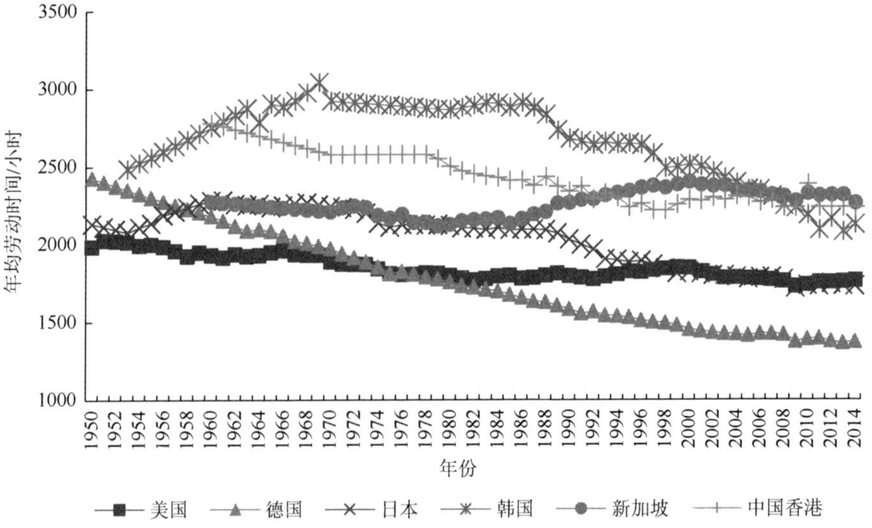

图 5-3 代表性国家和地区单位劳动力年均劳动时间

家和地区的年均劳动时间总体不断下降，其中德国人工作时间减少得最快，从1950年的每年工作2427小时减少到2014年的1371小时，亚洲新兴经济体韩国、新加坡和中国香港的劳动时间总体较高，上述三个地区劳动力的年均劳动时间总体收敛到2200小时。

基于PWT数据，我们计算了美国、德国、日本等发达国家的就业增长率，如图5-4所示。我们计算了韩国、新加坡、中国香港等新兴经济体的就业增长率，如图5-5所示。综合图5-3～图5-5，相对于发达国家，新兴经济体对应更高的就业增长率和劳动时间，这可以部分地解释亚洲新兴经济体经济增长的奇迹。我们给出了劳动力年均劳动时间与经济增长率的散点图，如图5-6所示。其中横轴是单位劳动力每年劳动时间取自然对数，纵轴是经济增长率。可以看出，两者之间呈严格正向关系。此外，我们给出了就业增长率与经济增长率之间的散点图，如图5-7所示。其中横轴是就业增长率，纵轴是经济增长率。可以看出，两者之间呈严格的正向关系。综合上述分析，劳动时间投入和就业增长有利于促进经济增长，这印证了Solow（1956）、Jones（1995a）、Kremer（1993）等主流经济增长理论的结论。

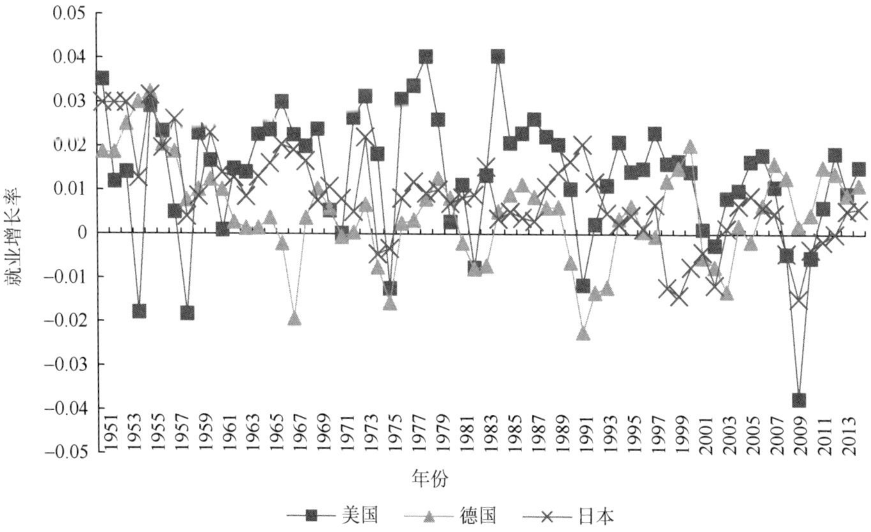

图5-4　发达国家就业增长率变化趋势

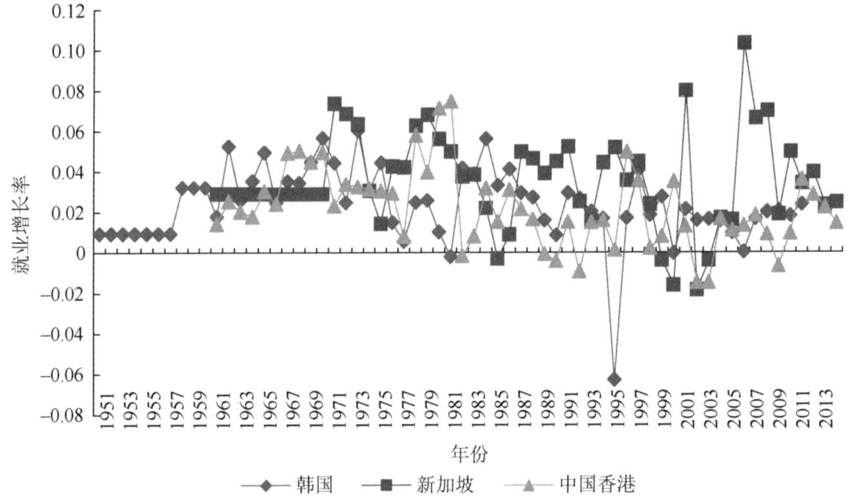

图 5-5 新兴经济体就业增长率变化趋势

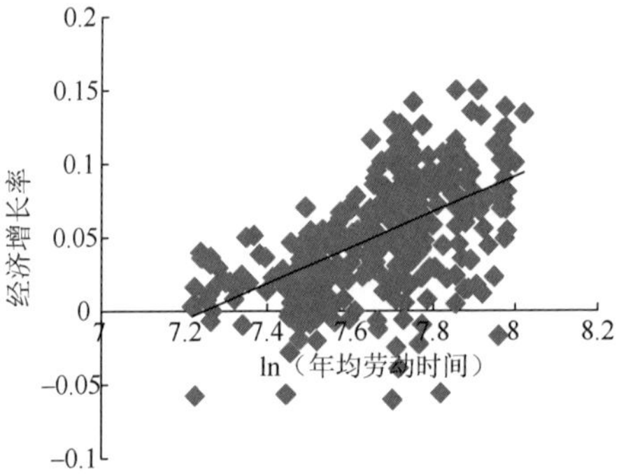

图 5-6 劳动力年均劳动时间与经济增长率的散点图

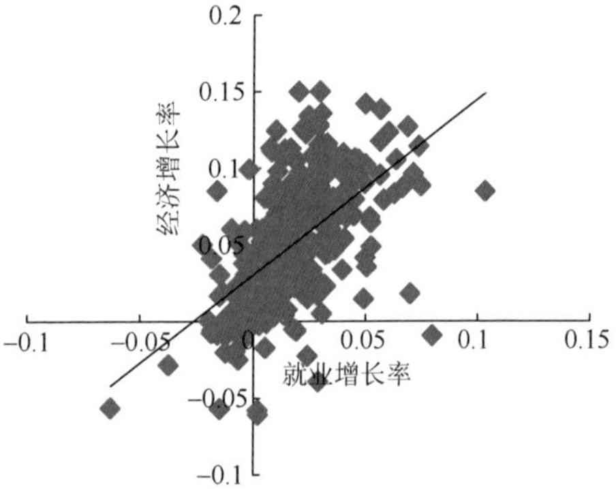

图 5-7 就业增长率与经济增长率的散点图

5.1.2 我国人口结构演化趋势

基于 2017 年《全球人口展望》（World population perspective，WPP）的数据，可以考察我国人口结构的演变趋势，我们给出了 0～14 岁和 65 岁及以上劳动力人口占总人口的比例，两者的加总表示人口依存度，如图 5-8 所示。可以看出，我国 0～14 岁人口占总人口的比例总体呈下降趋势，65 岁及以上人口占总人口的比例总体呈上升的趋势，15～64 岁劳动人口占总人口的比例在 2010 年达到峰值，而后缓慢下降。人口出生率下降对经济增长的短期转移动态影响和长期均衡影响存在差异，在开始时能够产生人口红利，而后人口红利会消失，转化为负面影响。优化人口结构的一个重要途径是提高人口出生率，我国政府已经意识到了该问题的重要性，开始实施三孩政策。

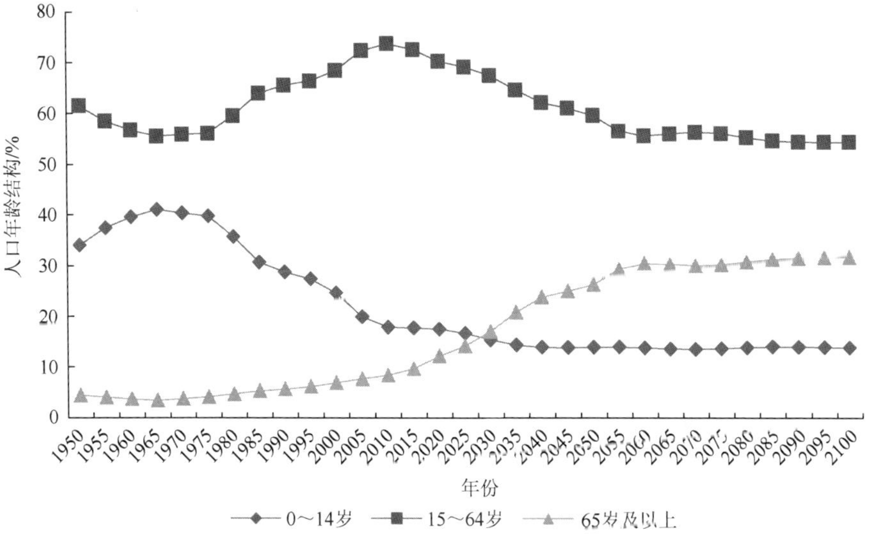

图 5-8　中国人口年龄结构演化路径

现有文献通常使用人口抚养比（dependency ratio），包括少儿抚养比和老年抚养比来刻画人口结构，具体用 15 岁以下和 65 岁以上人口占劳动人口的比重来表示。我们用 0～14 岁人口除以 15～64 岁人口得到少儿抚养比，用 65 岁以上人口除以 15～64 岁人口得到老年抚养比，用少儿抚养比和老年抚养比加总得到总抚养比。我国少儿抚养比总体呈现下降的趋势，这也反映了我国人口出生率的不断下降；老年抚养比不断上升，这反映了预期寿命的延长；总抚养比总体呈“V”形，2010 年达到最低，如图 5-9 所示。2010 年之前我国总人口抚养比下降主要是由少儿抚养比下降驱动的，2010 年之后我国总人口抚养比上升主要是由老年抚养比上升驱动的。

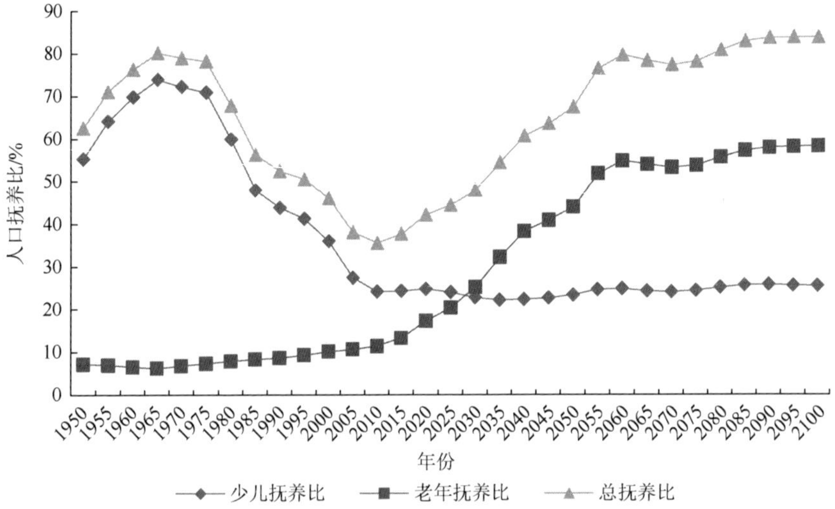

图 5-9 中国人口抚养比演化路径

劳动人口规模和劳动力年龄结构都是经济增长的重要因素。Zhang 等（2015）基于中国省级层面的数据研究发现，劳动力年龄结构对经济增长的贡献度与劳动人口规模同样重要。其中劳动人口规模是指劳动人口（15～64 岁人口）占总人口的比例，劳动人口结构则是劳动力内部不同年龄段的劳动力占总劳动力的比例。我们将劳动力人口年龄划分为 15～34 岁、35～54 岁和 55～64 岁三组，分别表示低龄劳动力人口、中等年龄劳动力人口和高龄劳动力人口。我们用各个年龄段的人口除以 15～64 岁的人口得到劳动力内部年龄结构。我国低龄劳动力人口占比总体呈下降的趋势，中等年龄劳动力人口占比总体稳定，高龄劳动力人口总体呈上升的趋势，如图 5-10 所示。Zhang 等（2015）研究发现，中等年龄劳动力人口占比上升可以促进收入增加，低龄劳动力人口和高龄劳动力人口占比上升使收入下降。

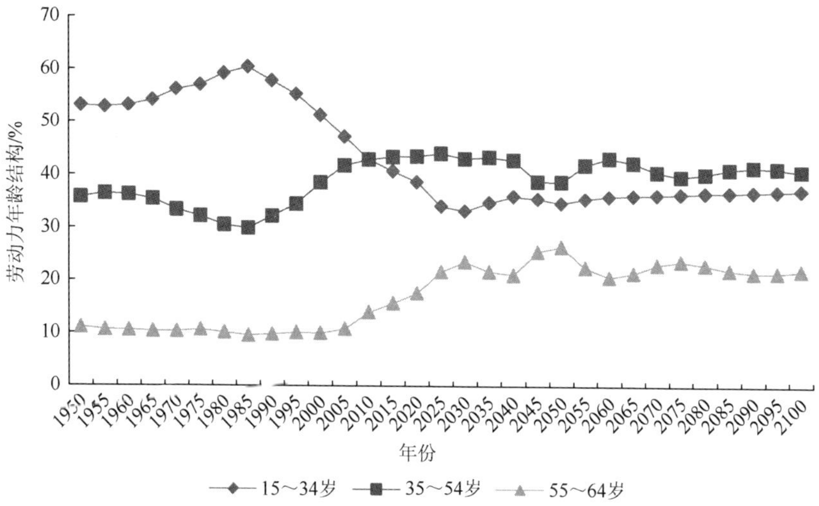

图 5-10　我国劳动力年龄结构演化路径

我们根据《世界人口展望》的数据计算了我国 1950 年、2000 年、2050 年和 2100 年的人口年龄分布，如图 5-11 所示。我们用各个年龄段的人口占总人口的比例表示，80 岁之前每 5 岁设定一个区间，80 岁以后的人口看作一个整

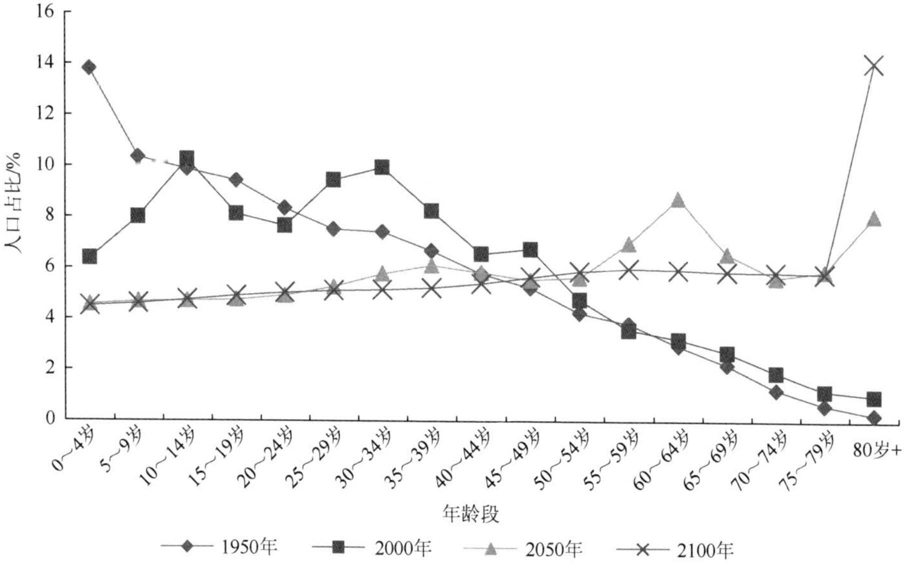

图 5-11　我国人口年龄分布

体。可以看出，1950 年和 2000 年我国人口分布的总体趋势是，随着年龄的增加，该年龄段人口占总人口的比例不断下降。2050 年和 2100 年，我国人口分布并没有随年龄增加呈下降的趋势。2050 年，我国 50 岁以下各年龄段人口分布差别不大。2100 年我国 80 岁以下各年龄段的人口分布差别不大。2100 年我国 80 岁及以上人口占比相较于 2050 年有很大提升，达到 14.15%，这说明我国未来面临严峻的人口老龄化挑战。

5.2 文献回顾

5.2.1 社会保障制度对经济的影响

与本章主题相关的第一篇文献研究的是社会保障制度对宏观经济的影响。现有的关于社会保障问题的文献主要是基于 Diamond（1965）开创的跨期迭代模型来研究社会保障政策对经济增长、社保收入、社会福利和人口出生率等宏观变量的影响。Zhang（1995）是关于社会保障对经济增长的较为重要的研究，这篇论文在包含人力资本的内生增长框架下考察社会保障政策对经济增长的影响。研究发现，现收现付社会保障制度通过降低人口出生率和刺激人力资本投资的渠道促进经济增长，相对于完全基金社保体系而言，现收现付社保体系可能对应更高的经济增长率。Lambrecht 等（2005）、Kunze（2012）及 Ono 和 Uchida（2016）在 Zhang（1995）的基础上考虑了更加现实的因素，丰富了社会保障政策影响经济增长的作用机制。Heer 和 Irmen（2014）通过量化分析表明，社会保障制度对经济增长的影响依赖于经济增长模式。

社会保障制度对其他内生变量的影响也是学术界关注的重点。基于新古典增长模型，Fanti 和 Gori（2010）的研究表明社保缴费率下降可能使社保收入增加。Miyazaki（2013）的研究发现，社会缴费率对人口出生率的影响不确定，其取决于抚养子女需要的时间投入和物质投入。Hirazawa 等（2014）发现若社会保障制度能在退休人群之间实现收入再分配，社保缴费率能提高人口出生率；若社会保障制度不能实现收入再分配，则社保缴费率对人口出生率没有影响。Wang（2015）认为社保收入对人口出生率的影响包括税收效应、收入效应及失业效应。在合理的参数环境下，社保收入越高，人口出生率越高。

5.2.2　延迟退休对经济的影响

近年来，涌现出大量文献考察延迟退休对经济的影响，这些研究主要集中在以下几个方面。

第一，延迟退休对劳动供给和就业的影响。邹铁钉和叶航（2015）发现，延迟退休对就业的挤出效应存在个体差异性，对高技能劳动者的影响较小，而对低技能劳动者的影响较大。郭凯明和颜色（2016）通过构建统一增长模型研究发现，延迟退休对劳动供给增长的影响方向取决于父母对子女数量和质量的相对重视程度。刘晓光和刘元春（2017）的研究发现，实施渐进式延迟退休年龄政策能够显著提高劳动供给，在政策实施的前 5 期，每期可带来城市劳动供给增加 200 万～300 万人，可以有效缓解人口老龄化对我国劳动供给的不利影响。张熠等（2017）通过跨期迭代模型数值模拟发现，延迟退休对就业的岗位创造效应大于岗位占用效应，延迟退休使就业增加。

第二，延迟退休对社保收入的影响。邹铁钉和叶航（2015）发现，延迟退休对养老金亏空的影响呈倒“U”形关系，这说明延迟退休时间并不是越长越好。Li 和 Lin（2016）模拟将工作 40 年退休 15 年调整为工作 43 年退休 12 年对 2013～2100 年养老金替代率的影响，发现养老金替代率首先有一个增加，而后不断下降，到 2070 年又开始上升。Miyazaki（2014）基于跨期迭代模型的研究发现延迟退休并不一定能使社保收入增加，在符合现实经济的参数环境下，延迟退休可能使社保收入下降。Kitao（2014）在人口结构变迁的情形下考虑社会保障的持续性，假设工资税率为 10.6%，则退休年龄需要从 66 岁上升至 73 岁。Cremer 和 Pestieau（2003）认为延迟退休年龄可以部分减轻社会保障账户的压力。王天宇等（2016）基于一个 75 期的世代交叠模型研究发现，延迟退休对于缓解养老金财政压力的边际效果会逐渐减小，推迟退休年龄 1～2 岁不会造成失业率的大幅上升。严成樑（2017a）基于跨期迭代模型的研究表明，延迟退休使工资收入下降，对社保收入的影响方向不定。延迟退休使得养老金替代率上升，即延迟退休使个体退休后的社保收入相对于退休前的工资收入上升。

第三，延迟退休对经济增长的影响。Kunze（2014）基于包含人力资本的内生增长模型发现，延迟退休对经济增长率的影响呈倒“U”形。其核心传导机制是，一方面，延迟退休通过延长工作时间使得人力资本投资回报率上升；另一方面，延迟退休使得工资水平和人力资本回报率下降。严成樑（2016）的研究发现，延迟退休对经济增长的影响取决于经济增长模式。在新古典增长框架下，延迟退休通过提高人口出生率的渠道使经济增长率上升。在内生增长框架下，延迟退休通过人口出生率的正向影响不足以弥补其对资本积累的负向影响，延迟退休使经济增长率下降。

第四，延迟退休对健康的影响。基于德国的数据，Eibich（2015）通过断点回归发现，退休通过减缓工作压力、增加睡眠时间和提高锻炼身体频率的渠道改善健康状况。Zhu（2016）基于澳大利亚的数据发现退休使妇女自己报告的健康、身体健康和精神健康状况都得以改善，延迟退休使健康状况下降带来的损失要大于其通过劳动供给提高带来的福利改善。Heller-Sahlgren（2017）基于欧洲的数据发现，延迟退休使人们精神健康（mental health）改善。Shai（2018）基于以色列的数据研究发现，延迟退休使健康状况下降，对于教育水平低的劳动者这种效应更为显著。以上文献主要是基于发达国家样本的分析，Che 和 Li（2018）通过中国健康与营养调查（China Health and Nutrition Survey，CHNS）的数据研究发现，延迟退休使健康状况恶化，退休使男性白领工人报告较差健康的人数下降 0.34%。退休主要通过增加与健康相关的活动以及培养更好的生活方式改善健康状况。

第五，延迟退休对产业升级和转型的影响。鲁元平等（2016）基于可计算一般均衡模型的研究发现，延迟退休的劳动供给效应对第二产业的促进作用要优于第三产业，这会对产业升级产生不利影响。但供给增加带来的要素成本降低会使劳动和资本两大要素得到更加合理的利用和配置，从而提高产业结构合理化水平。姚东旻（2016）研究发现，“一刀切”延迟退休和“渐进式”延迟退休对失业率的影响差别较大，但两种延迟退休都有利于减缓老龄化对产业升级的负面冲击，促进产业结构调整升级。

5.2.3 人口红利与经济增长

改革开放以来，中国经济增长的一个重要动力是人口红利（demographic dividend）。人口出生率下降通过降低少儿依存比使人口依存比下降、劳动人口占总人口的比例上升，导致劳动供给和储蓄增加，从而带来经济增长，这被称为人口红利。也有学者将人口红利区分为一次红利（first dividend）和二次红利（second dividend）。其中，一次红利是指人口结构变化使劳动供给的暂时性增加，这会促进经济增长；二次红利是指人口结构变化对物质资本和人力资本的影响，其对经济增长的影响是长期和持续性的（Mason et al.，2016）。Bloom 等（2020）的研究表明，人口红利对东亚新兴经济体 1965～1990 年经济增长的贡献度超过 1/3。Bloom 等（2010）的研究发现，人口结构变化带来的劳动力参与率上升可以较好地解释中国和印度经济 20 世纪 70 年代和 80 年代的经济起飞。Ha 和 Lee（2016）基于亚洲国家的数据研究发现，若控制人口结构变量，传统的绝对收敛理论和相对收敛理论可能并不成立，他们提出了人口结构驱动的中等收入陷阱，这可以解释部分亚洲国家近年来与美国人均收入差距拉大的问题。Cooley 和 Henriksen（2018）从人口老龄化与预期寿命延长的视角来解释发达国家近年来的经济增长衰退。人口结构对经济增长的影响取决于劳动供给弹性、消费跨期弹性及生产函数中资本和劳动的替代弹性。

人口结构影响经济增长的传导渠道包括：①人口结构变迁通过储蓄渠道作用于经济增长。根据生命周期理论，不同年龄段人口的消费储蓄行为存在差异。相对于非劳动人口而言，劳动人口有确定性的收入，其用于储蓄的比例更高。因此，劳动人口比例上升使储蓄增加。同时，预期寿命延长使个体需要为退休后更长时期的消费提供保障，这也使个体工作时期的储蓄更高。②人口结构变化通过人力资本积累的渠道影响经济增长。人口预期寿命延长使教育投资的回报上升，这会促进人力资本积累和经济增长。人口结构的变化使人们在健康方面的投资增加，这也使人力资本水平上升。父母面临子女数量和质量选择的权衡，人口出生率下降使父母对子女质量方面的投入增加。因此，人口结构变化使劳动力质量提高。③人口结构变化通过促进创新的渠道促进经济增长。这是因为人口老龄化带来的资本效应使人们的收入水平不断提高，这通过增加新产品销售利润的渠道，促进供给侧创新（Kuhn and Prettner，2018）。④人口结构变化也通过规模效应或集聚效应的渠道促进经济增长。当然，现实经济中人口结构变化对经济增长的影响能否充分发挥出来也依赖于一个国家或地区对劳动力的吸收能力。在极端情形下，如果经济中的就业岗位需求有限，通过人口结构变化带来的劳动力增加都处于失业状态，则人口结构变化不能影响经济增长（Golley and Wei，2015）。⑤人口结构变迁通过劳动供给的渠道作用于经济增长。人口结构变迁的两个原因是预期寿命延长和人口出生率的下降，预期寿命延长使老年人工作的时间更长，这有利于增加劳动供给。而人口出生率下降使未来劳动供给减少，这会对潜在的劳动供给带来抑制作用。⑥人口结构还会通过一般均衡效应影响工资率和利率，进而通过影响要素价格放大个体生命周期选择对经济的影响（Cooley and Henriksen，2018）。

根据 Zhang 等（2015），现有文献主要通过以下两种方式考察人口结构变化对经济增长的影响：①增长回归框架（growth regression framework），其主要是在经典的 Barro（1991）经济增长回归方程中控制初始人口变量。②发展核算框架（development accounting framework），其主要是在人均实际收入的水平方程中引入当期人口变量。相对于增长回归框架而言，发展核算框架的优点在于可以将人口变量对经济增长影响的传导渠道更加细化。现有文献发现，人口红利对我国经济增长贡献度在 1/6～1/4（Golley and Wei，2015）。Zhang 等（2015）基于 1990～2005 年我国省份的数据发现，人口结构变化对我国经济增长的贡献度为 1/5，人口结构差异对省份经济发展差异的贡献度超过 1/8。Li 等（2017）认为，未来我国人口红利对经济增长的影响已经非常有限，这主要是基于以下三个方面的原因：①从人口的年龄结构来看，劳动人口占总人口比例上升的趋势会因为低出生率和人口老龄化停滞；②随着城镇化水平的不断提高，劳动力由农村向城市的流动速度会下降；③劳动力由国有企业向私有部门流动的速度也会下降。Sanchez-Losada（2019）通过构建创新驱动的经济增长模型，量化分析人口增长对经济增长的贡献度。通过数值模拟发现，人口增长对市场收入增加的贡献度为 1/5，对有效收入增长的贡献度仅为 1/16。

5.3　模型框架

本节构建了一个包含延迟退休的跨期迭代模型，考察延迟退休对经济增长的影响效果和作用机制。个体决定消费、储蓄、生育子女数量和劳动供给，企业通过雇用资本和劳动生产最终产品，政府通过征税为生产性财政支出和社会保障支出融资。

5.3.1　个体

我们假设代表性个体（individuals）生活两期，包括年轻时期和年老时期。个体在年轻时期和年老时期都有1单位时间禀赋，年轻时期的时间用于劳动和抚育子女。年老时期的部分时间用于劳动，部分时间用于享受退休生活。借鉴 Kunze（2014）、Miyazaki（2014）的思路，我们假设个体在年老时期确定性的存活，这使我们的分析相对简化。年轻时期的劳动收入用于满足年轻时期的消费和储蓄，以及缴纳社保基金。年老时期的消费等于年轻时期储蓄的本金和利息回报、年老时期劳动的工资收入及社保基金收入的加总。代表性个体的福利建立在年轻时期消费 c_t^{y}、年老时期消费 c_{t+1}^{o} 及子女数量 n_t 的基础上，目标函数为

$$\max\left\{\ln c_t^{\mathrm{y}} + \alpha \ln c_{t+1}^{\mathrm{o}} + \beta \ln n_t\right\} \tag{5-1}$$

其中，α 表示贴现因子，该指标越大，个体对年老时期消费越关注，$\alpha > 0$；β 表示相对于消费而言，个体年轻时期对子女数量的偏好，$\beta > 0$，该指标越大，个体越偏好生育子女。

根据新古典增长理论和内生增长理论，劳动供给增长促进专业化分工并产生规模效应，是经济增长的重要动力。在 Solow 模型中，劳动力增长促进总产出增长。在以 Jones（1995a）为代表的半内生增长框架下，劳动力增长使 R&D 投入增长，促进创新能力提升。在现代经济增长框架下，一个重要的问题是劳动力增长外生给定，这使经济增长理论面临假设经济增长来解释经济增长的批判。现实经济中，劳动力增长是内生的。父母通过权衡生育子女的成本和收益决定子女的数量，这又决定了经济中的劳动供给。根据 Wang

（2015），父母生育子女主要是基于两个方面的考虑：①利他主义假说（altruism hypothesis），即父母能够从拥有子女中获得快乐，此时子女类似于消费品；②利己主义假说（egoism hypothesis），即父母生育子女的原因是在年老时期获得子女的照料，这使个体年老时期的生活更有保障，此时子女类似于投资品。借鉴 Yew 和 Zhang（2009）及 Wang（2015）的思路，在方程（5-1）中，我们将子女数量引入个体效用函数，这更多地对应利他主义假说，即父母能从拥有子女中获得快乐，这类似于多子多福的体现。

个体在年轻时期和年老时期的预算约束方程分别为

$$c_t^{\mathrm{y}} + s_t = (1-\tau)w_t(1-vn_t) \tag{5-2}$$

$$c_{t+1}^{\mathrm{o}} = (1+r_{t+1})s_t + (1-\tau)w_{t+1}x + (1-x)p_{t+1} \tag{5-3}$$

其中，w_t 表示第 t 期的工资率；r_{t+1} 表示第 t+1 期的利率；p_{t+1} 表示第 t+1 期单位时间内退休老年人获得的社保收入；τ 表示劳动收入税率。个体年轻时期工作并抚养子女，每个子女需要付出的时间是 v，生育的子女数量是 n_t，需要总的时间投入是 vn_t。年轻时期总的时间禀赋是 1，因而用于劳动的时间是 $1-vn_t$。年老时期的工作时间是 x，退休时间是 $1-x$。借鉴郭凯明和颜色（2016）及严成樑（2016）关于延迟退休设定的思路，延迟退休的体现是年老时期工作时间增加，即 x 上升，享受退休时间 $(1-x)$ 缩短。需要说明的是，现实经济中父母面临子女数量和子女质量（对子女的教育投入）的权衡。简化起见，我们这里只是考察子女数量，不考虑子女质量。

现实经济中抚育子女不仅需要父母的时间投入，而且需要物质投入和教育投入。关于抚育子女的成本，现有文献有些是用时间投入表示的，也有文献是用物质投入表示的。用时间投入表示抚育子女成本的文献如 Zhang 和 Zhang（2007）以及 Mizuno 和 Yakita（2013）。这些文献假设个体年轻时期总的时间禀赋为 1，减去养育子女需要付出的时间投入，剩余时间用于劳动获得工资收入。用物质投入表示抚育子女成本的文献如 Fanti 和 Gori（2010）及 Wang（2015）。这些文献设定的基本思路是，抚养子女的成本进入个体年轻时期的预算约束方程，个体年轻时期的收入用于满足消费、储蓄及抚育子女。此外，跨期迭代框架下内生化人力资本积累的文献考虑子女成本时有时不仅考虑时间成本，而且考虑抚养子女的教育投入。本节假设抚育子女主要是时间成本，这使我们的分析相对简化。

在本节的框架下，我们假设个体年轻时间用于劳动和抚养子女，没有考虑闲暇。同时，年老时期的退休时间也没有作为闲暇进入效用函数。若内生化个体年轻时期的劳动休闲选择，并将闲暇引入效用函数，则延迟退休对劳动供给影响的机制会更丰富。例如，预期到年老时期需要工作更长的时间，个体可能在年轻时期选择更多的闲暇。

根据方程（5-2）和方程（5-3），我们可以得到个体如下的预算约束方程：

$$c_t^{\mathrm{y}} + \frac{c_{t+1}^{\mathrm{o}}}{1+r_{t+1}} = (1-\tau)w_t(1-vn_t) + \frac{(1-\tau)w_{t+1}x + (1-x)p_{t+1}}{1+r_{t+1}} \tag{5-4}$$

方程（5-4）左端表示个体一生的消费支出贴现，方程（5-4）右端表示个体一生的收入贴现，包括年轻时期和年老时期的劳动收入贴现及退休后的社保收入贴现。

我们通过构建如下的 Lagrange 函数来求解个体的最优化问题：

$$\begin{aligned} L = {} & \ln c_t^{\mathrm{y}} + \alpha \ln c_{t+1}^{\mathrm{o}} + \beta \ln n_t \\ & + \lambda \left\{ (1-\tau)w_t(1-vn_t) + \frac{(1-\tau)w_{t+1}x + (1-x)p_{t+1}}{1+r_{t+1}} - c_t^{\mathrm{y}} - \frac{c_{t+1}^{\mathrm{o}}}{1+r_{t+1}} \right\} \end{aligned}$$

其中，λ 表示 Lagrange 乘子，个体选择年轻时期的消费 c_t^{y}、年老时期的消费 c_{t+1}^{o} 及子女数量 n_t 以极大化自身福利，对应的最优性条件为

$$\partial L / \partial c_t^{\mathrm{y}} = 1/c_t^{\mathrm{y}} - \lambda = 0 \tag{5-5}$$

$$\partial L / \partial c_{t+1}^{\mathrm{o}} = \alpha / c_{t+1}^{\mathrm{o}} - \lambda/(1+r_{t+1}) = 0 \tag{5-6}$$

$$\partial L / \partial n_t = \beta / n_t - \lambda(1-\tau)w_t v = 0 \tag{5-7}$$

根据方程（5-5）和方程（5-6）可以得到：

$$c_{t+1}^{\mathrm{o}} = \alpha c_t^{\mathrm{y}}(1+r_{t+1}) \tag{5-8}$$

根据方程（5-5）和方程（5-7）可以得到：

$$n_t = (\beta c_t^{\mathrm{y}}) / ((1-\tau)w_t v) \tag{5-9}$$

5.3.2　企业

我们假设市场完全竞争，所有企业都是同质的。根据 Barro（1990）及 Barro 和 Sala-i-Martin（2004），生产性财政支出（铁路、公路、水利、电力、通信等基础设施）对企业生产有正向溢出效应，政府提供的基础设施越完善，

越有利于企业生产，企业资本的边际回报率越高。为此，我们将生产性财政支出引入生产函数。假设如下生产函数：

$$y_t = Ak_t^{\theta} g_t^{1-\theta} \tag{5-10}$$

其中，A 表示全要素生产率；y_t 表示第 t 期的劳均产出，$y_t = Y_t / ((1-vn_t)L_t + xL_{t-1})$，$Y_t$ 表示总产出；$(1-vn_t)L_t + xL_{t-1}$ 表示第 t 期总的劳动供给，这包括年轻劳动力 $(1-vn_t)L_t$ 和老年劳动力 xL_{t-1}；$k_t = K_t/((1-vn_t)L_t + xL_{t-1})$ 和 $g_t = G_t / ((1-vn_t)L_t + xL_{t-1})$ 分别表示劳均资本和财政支出；θ 表示资本产出弹性，$\theta \in (0,1)$；$1-\theta$ 表示生产性财政支出的产出弹性，$1-\theta \in (0,1)$。方程（5-10）通过引入财政支出，从而避免了新古典增长框架下资本边际回报率递减的可能性。换言之，通过引入政府公共支出，总产出函数对于广义资本满足常数规模报酬，资本的边际回报率为常数，进而可以实现经济的持续增长。

借鉴 Diamond（1965）的经典设定，我们假设资本完全折旧①，通过求解企业利润极大化问题，结合方程（5-10）生产函数可以得到：

$$1 + r_t = \theta A k_t^{\theta-1} g_t^{1-\theta} \tag{5-11}$$

$$w_t = (1-\theta) A k_t^{\theta} g_t^{1-\theta} \tag{5-12}$$

5.3.3 政府

政府通过对劳动收入征税形成税收，部分税收收入用于社会保障支出，剩余的税收收入用于生产性财政支出。政府预算约束方程为

$$\tau(1-vn_t)w_t L_t + \tau w_t x L_{t-1} = (1-x)p_t L_{t-1} + G_t \tag{5-13}$$

其中，方程（5-13）左端表示总的劳动税收，包括对年轻劳动力征收的税收 $\tau(1-vn_t)w_t L_t$，以及老年劳动力征收的税收 $\tau w_t x L_{t-1}$。方程（5-13）右边的两项分别表示社会保障支出 $(1-x)p_t L_{t-1}$，以及生产性财政支出 G_t。其中，生产性财政支出进入生产函数，与企业资本互补，通过提高资本的边际生产率，从而对生产和经济增长产生促进作用；社会保障支出具有民生性财政支出的性质，其进入个体年老时期的预算约束方程，这放宽了个体年老时期的预算约束，因此个体年老时期可以选择更高的消费。

① 需要说明的是，在本章的跨期迭代框架下，我们假设每期为 30 年，这一假定有现实依据。

经济中存在现收现付和完全基金两种社会保障制度。在现收现付社会保障制度下，年轻人缴纳的社保基金用于发放当期退休的老年人的养老金。在完全基金社会保障制度下，年轻人缴纳的社保基金用于投资，年老时政府将其年轻时期缴纳的社保基金连本带息返还。本节的社会保障制度具有类似现收现付社会保障体制的特征，即政府对工作人群征收，而后部分收入转移给退休的老年人。现实经济中社会保障支出和生产性公共支出属于不同的支出账户，本节政府预算约束方程的设定主要是借鉴了Kaganovich和Zilcha（1999）、Wang（2015）、Ono和Uchida（2016）的思路。在基准的模型中，Kaganovich和Zilcha（1999）、Ono和Uchida（2016）假设政府通过征收劳动收入税为社会保障支出和财政教育支出融资，Wang（2015）假设政府通过劳动收入税为社会保障和子女补贴（child allowance）融资。事实上，我们也可以假设总税率$\tau=\tau_1+\tau_2$，其中τ_1表示社会保障缴费率，τ_2表示税率。

我们假设社会保障支出和生产性公共支出在财政支出中的占比分别为Δ和$1-\Delta$，结合方程（5-13），我们可以得到如下方程：

$$(1-x)p_t L_{t-1}=\Delta\left\{\tau(1-vn_t)w_t L_t+\tau w_t x L_{t-1}\right\} \tag{5-14}$$

$$G_t=(1-\Delta)\left\{\tau(1-vn_t)w_t L_t+\tau w_t x L_{t-1}\right\} \tag{5-15}$$

根据国民收入分配原则，经济中的总收入包括资本所得和劳动所得。政府可以对资本所得征税，也可以对劳动所得征税。资本所得税和劳动所得税是政府收入的重要组成部分，但两者对经济增长的影响机制却差别很大。资本所得税通过降低税后资本的边际回报率，进而对投资和经济增长有抑制作用。劳动所得税通过影响代表性个体的劳动休闲选择，从而影响经济增长。我们这里考察的是政府征收劳动收入税的情形，进一步的研究可以在以上设定下分析资本收入税的情形。

5.3.4　宏观均衡

在经济中初始资本K_0给定的前提下，宏观均衡是指存在个体选择变量$\left\{c_t^{\mathrm{y}},c_{t+1}^{\mathrm{o}},s_t,n_t\right\}$，总量资本和劳动$\left\{K_t,(1-vn_t)L_t+xL_{t-1}\right\}$，要素价格$\left\{r_t,w_t\right\}$和宏观政策$\left\{\tau,x,\Delta\right\}$满足如下条件：①在要素价格和政策变量$\left\{\tau,x,\Delta\right\}$给定的前提

下，个体通过选择极大化自身福利；②在要素价格给定前提下，企业通过选择来极大化利润；③政府预算约束方程平衡，方程（4-14）和方程（4-15）成立；④劳动力市场均衡，个体劳动供给等于企业对劳动的需求；⑤资本市场均衡，经济中的储蓄等于投资，$K_{t+1}=s_t L_t$。将上述方程两端同除以第 t+1 期的总劳动力 $(1-vn_{t+1})L_{t+1}+xL_t$，结合劳动力增长条件可得劳均资本动态积累方程：

$$k_{t+1}=\frac{K_{t+1}}{(1-vn_{t+1})L_{t+1}+xL_t}=\frac{s_t}{(1-vn_{t+1})n_t+x} \tag{5-16}$$

5.4　求解和分析

本节求解竞争性均衡，并通过数值模拟分析延迟退休对经济增长的影响。具体地，将方程（5-8）代入方程（5-4）中，可得：

$$c_t^{y}=\frac{1}{1+\alpha}\left\{(1-\tau)w_t(1-vn_t)+\frac{(1-\tau)w_{t+1}x+(1-x)p_{t+1}}{1+r_{t+1}}\right\} \tag{5-17}$$

将方程（5-17）代入方程（5-2）中，可得：

$$s_t=\frac{\alpha}{1+\alpha}(1-\tau)(1-vn_t)w_t-\frac{1}{1+\alpha}\frac{(1-\tau)w_{t+1}x+(1-x)p_{t+1}}{1+r_{t+1}} \tag{5-18}$$

将方程（5-14）两端同除以 L_{t-1}，结合人口增长条件得到第 t+1 期的问题为

$$(1-x)p_{t+1}=\Delta\tau w_{t+1}\left\{(1-vn_{t+1})n_t+x\right\} \tag{5-19}$$

将方程（5-19）代入方程（5-18），整理可得：

$$s_t=\frac{\alpha}{1+\alpha}(1-\tau)(1-vn_t)w_t-\frac{1}{1+\alpha}\frac{w_{t+1}}{1+r_{t+1}}\left[(1-\tau+\Delta\tau)x+\Delta\tau(1-vn_{t+1})n_t\right] \tag{5-20}$$

将方程（5-20）代入方程（5-16），且结合生产函数和企业最优性条件可知：

$$\left[(1-vn_{t+1})n_t+x\right]k_{t+1}=\frac{\alpha(1-\tau)(1-vn_t)(1-\theta)Ak_t^{\theta}g_t^{1-\theta}}{1+\alpha}-\frac{(1-\theta)k_{t+1}\left[(1-\tau+\Delta\tau)x+\Delta\tau(1-vn_{t+1})n_t\right]}{(1+\alpha)\theta} \tag{5-21}$$

将方程（5-17）代入方程（5-9），结合企业的最优性条件可得：

$$n_t=\frac{\beta}{(1-\tau)v}\frac{1}{1+\alpha}\left\{(1-\tau)(1-vn_t)+\frac{k_{t+1}\left[(1-\tau+\Delta\tau)x+\Delta\tau(1-vn_{t+1})n_t\right]}{\theta Ak_t^{\theta}g_t^{1-\theta}}\right\} \tag{5-22}$$

将方程（5-15）两端同除以总的劳动供给 $(1-vn_t)L_t+xL_{t-1}$ 可以得到：$g_t=(1-\Delta)\tau w_t$。

将企业最优化问题与政府预算约束方程结合起来可知：$g_t=(1-\Delta)\tau(1-\theta)Ak_t^{\theta}g_t^{1-\theta}$，整理可得：

$$g_t=\left[(1-\Delta)\tau(1-\theta)A\right]^{\frac{1}{\theta}}k_t \tag{5-23}$$

将方程（5-23）代入方程（5-10），得到均衡状态的劳均收入：

$$y_t=A^{\frac{1}{\theta}}((1-\Delta)\tau(1-\theta))^{\frac{1-\theta}{\theta}}k_t \tag{5-24}$$

根据方程（5-21）和方程（5-24），结合均衡状态的条件 $n_t=n_{t+1}=n^*$，可以得到资本增长率：

$$\frac{k_{t+1}}{k_t}=\frac{\alpha(1-\tau)(1-vn^*)(1-\theta)A\left[(1-\Delta)\tau(1-\theta)A\right]^{\frac{1-\theta}{\theta}}}{(1+\alpha)\left[(1-vn^*)n^*+x\right]+\left[(1-\theta)/\theta\right]\left[(1-\tau+\Delta\tau)x+\Delta\tau(1-vn^*)n^*\right]} \tag{5-25}$$

本节构建的是内生增长模型，当经济收敛于均衡状态时，资本增长率 k_{t+1}/k_t 为常数。根据方程（5-22）和方程（5-24），结合均衡状态的条件 $n_t=n_{t+1}=n^*$，可以得到：

$$\frac{k_{t+1}}{k_t}=\frac{(1-\tau)v(1+\alpha)n^*/\beta-(1-\tau)(1-vn^*)}{(1-\tau+\Delta\tau)x+\Delta\tau(1-vn^*)n^*}\theta A\left[(1-\Delta)\tau(1-\theta)A\right]^{\frac{1-\theta}{\theta}} \tag{5-26}$$

联列方程（5-25）和方程（5-26），可以求解出均衡状态的劳均资本增长率 k_{t+1}/k_t 和人口增长率 n^*。根据劳均资本的定义 $k_t=K_t/((1-vn_t)L_t+xL_{t-1})$，可以得到：

$$K_t=((1-vn_t)L_t+xL_{t-1})k_t=((1-vn_t)n_{t-1}+x)L_{t-1}k_t \tag{5-27}$$

根据（5-27）可以推导出：

$$K_{t+1}=((1-vn_{t+1})n_t+x)L_tk_{t+1} \tag{5-28}$$

根据方程（5-27）和方程（5-28）计算得到：

$$\frac{K_{t+1}}{K_t}=\frac{(1-vn_{t+1})n_t+x}{(1-vn_t)n_{t-1}+x}\frac{L_t}{L_{t-1}}\frac{k_{t+1}}{k_t}=\frac{(1-vn_{t+1})n_t+x}{(1-vn_t)n_{t-1}+x}n_{t-1}\frac{k_{t+1}}{k_t} \tag{5-29}$$

均衡状态的人口增长率满足$n_{t+1}=n_t=n^*$，根据方程（5-29）可以得到总资本的增长率：

$$\frac{K_{t+1}}{K_t}=n^*\frac{k_{t+1}}{k_t} \tag{5-30}$$

第 t 期年轻人和老年人的劳动供给分别为$(1-vn_t)L_t$和xL_{t-1}，从而第 t 期总的劳动供给$\varPhi_t=(1-vn_t)L_t+xL_{t-1}$=$((1-vn_t)L_t/L_{t-1}+x)L_{t-1}$=$((1-vn_t)n_{t-1}+x)L_{t-1}$。均衡状态人口出生率为常数，年轻劳动力增长率等于人口出生率。因此，均衡状态的劳动增长率等于人口出生率。根据方程（5-30），经济增长率是人口增长率与劳均资本增长率的乘积。根据方程（5-25）和方程（5-26）推导出的人口出生率和资本增长率都是延迟退休变量x的函数，我们通过数值模拟考察延迟退休对经济增长的影响。考虑到本节的设定属于标准经济，与我国现实经济存在较大差距。我们以发达国家经济为样本进行数值模拟，而不是模拟中国经济。个体 20 岁之前主要接受教育，我们假设年轻时期和年老时期每期为 30 年。根据 Fanti 和 Gori（2012），我们设定贴现率$\alpha=0.6$，父母对子女的偏好参数$\beta=0.2$，生产函数中的资本产出弹性$\theta=0.3$。现有文献中关于τ的取值有较大差别，Yew 和 Zhang（2009）关于的τ的取值在 0～0.4，Fanti 和 Gori（2012）关于的τ的取值是 0.16，在本节的框架下，考虑到部分劳动收入税用于社会保障支出，部分用于生产性财政支出，即相对于单独为社保支出融资的情形，政府可能需要征收更高的税率，我们假设基准的$\tau=0.3$。当然，这一取值可能过高或过低，为此我们取$\tau=0.2$和$\tau=0.4$进行敏感性分析。根据 Fanti 和 Gori（2012），抚育子女成本参数是通过人口出生率校准得到的。我们取$v=0.08$，据此可以得到基准参数环境下均衡状态的人口出生率与现实经济大体相符。考虑到不同发达国家人口出生率存在差异，我们取 $v=0.07$ 和 $v=0.09$ 进行稳健性分析。关于全要素生产率参数，我们取 $A=20$ 。

我们将这些基准参数代入模型系统，得到均衡状态的内生变量值，而后通过数值模拟考察延迟退休对内生变量的影响。借鉴 Kunze（2014）、Miyazaki（2014）关于延迟退休对经济影响的分析思路，我们假设基准模型中年老时期工作长度取决于政府决策 x，政府通过调整 x 来影响个体年老时期的工作时间和退休时点，我们通过数值分析考察 x 的变化对经济增长率的影响。延迟退休使均衡状态的劳均资本增长率下降，如图 5-12 所示。相应的作用机制是，延迟退休使个体年老时期的劳动收入增加，个体年轻时期的储蓄减少，从而均衡状态的资本存量下降，我们将这种效应称为资本抑制效应（capital depression effect）。延迟退休使年老时期收入增加，个体年轻时期用更多的时间抚养子女，人口出生率更高，这又使劳动力增长率上升，我们将这种效应称为劳动扩张效应（labor expansion effect）。延迟退休使人口出生率上升，如图 5-13 所示。因此，根据方程（5-30），延迟退休对经济增长的影响取决于资本抑制效应与劳动扩张效应的对比。延迟退休使经济增长率下降，如图 5-14 所示，这说明延迟退休引起的资本抑制效应大于劳动扩张效应。

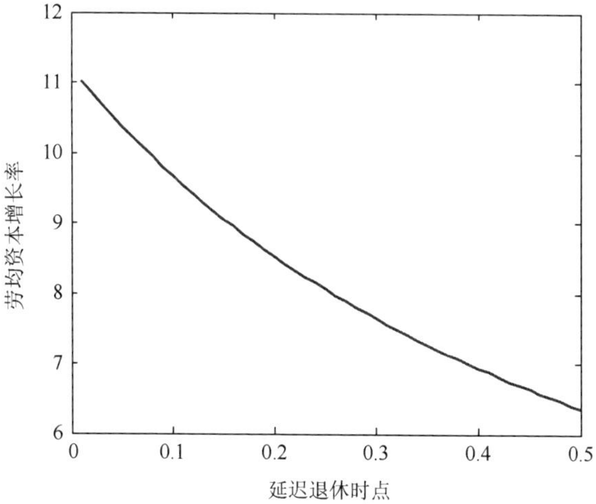

图 5-12　延迟退休对劳均资本增长率的影响

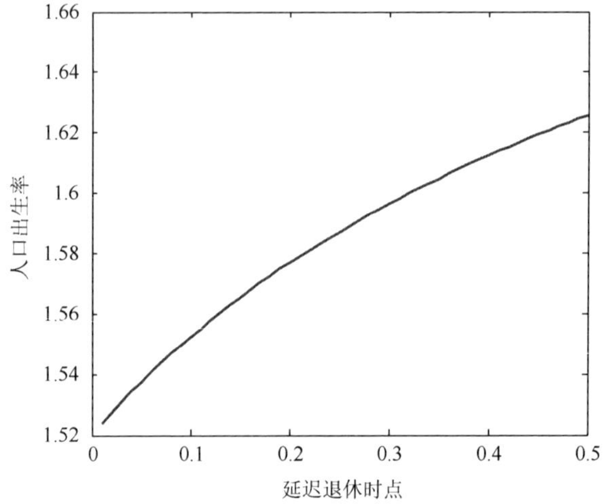

图 5-13　延迟退休对人口出生率的影响

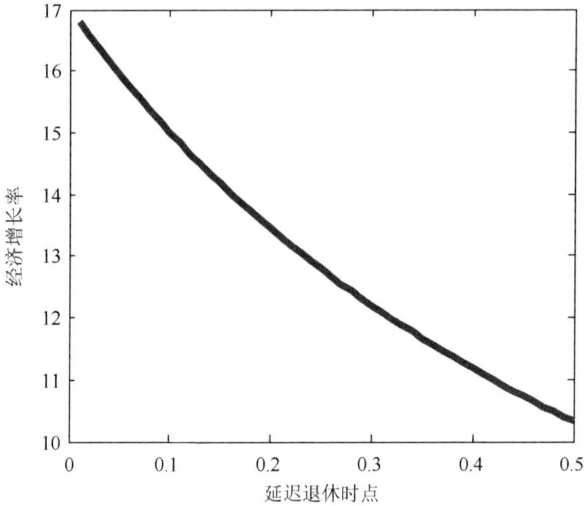

图 5-14　延迟退休对经济增长率的影响

本节是关于延迟退休对经济增长率的敏感性分析。我们关心的问题是，延迟退休对经济增长率的影响是否会因为模型基准参数的变化而产生变化？我们给出了延迟退休对经济增长影响的稳健性检验，如表 5-2 所示。我们分别从劳动扩张效应和资本抑制效应两个维度考察延迟退休对经济增长的影响。可以看出，当模型基准参数在合理范围内变动时，延迟退休使人口出生率上升，劳均资本增长率下降，总产出增长率下降。这与基准框架相同，延迟退休通过资本抑制效应使经济增长率下降，通过劳动扩张效应使经济增长率上升，且资本抑制效应要大于劳动扩张效应。

表 5-2　延迟退休对经济增长影响的稳健性检验

x		延时退休时点					
		0.05	0.1	0.2	0.3	0.4	0.5
$\alpha = 0.55$	n^*	1.572	1.586	1.609	1.627	1.643	1.655
	k_{t+1}/k_t	9.546	8.908	7.869	7.061	6.411	5.876
	K_{t+1}/K_t	15.002	14.125	12.660	11.490	10.531	9.725
$\alpha = 0.74$	n^*	1.450	1.467	1.495	1.517	1.535	1.550
	k_{t+1}/k_t	12.635	11.744	10.318	9.223	8.350	7.635
	K_{t+1}/K_t	18.318	17.226	15.421	13.988	12.813	11.829
$\beta = 0.1$	n^*	0.826	0.838	0.857	0.871	0.881	0.890
	k_{t+1}/k_t	18.430	16.446	13.601	11.635	10.183	9.064
	K_{t+1}/K_t	15.217	13.789	11.662	10.135	8.976	8.063
$\beta = 0.3$	n^*	2.167	2.183	2.210	2.232	2.251	2.268
	k_{t+1}/k_t	7.473	7.077	6.410	5.866	5.410	5.023
	K_{t+1}/K_t	16.194	15.449	14.165	13.095	12.181	11.390
$\theta = 0.25$	n^*	1.569	1.585	1.612	1.634	1.651	1.665
	k_{t+1}/k_t	20.778	19.266	16.854	15.009	13.548	12.355
	K_{t+1}/K_t	32.593	30.542	27.176	24.518	22.365	20.571
$\theta = 0.4$	n^*	1.493	1.504	1.524	1.539	1.553	1.564
	k_{t+1}/k_t	4.214	3.961	3.544	3.208	2.936	2.707
	K_{t+1}/K_t	6.289	5.958	5.399	4.939	4.559	4.234
$\tau = 0.2$	n^*	1.505	1.524	1.555	1.579	1.599	1.615
	k_{t+1}/k_t	4.960	4.581	3.986	3.537	3.184	2.897
	K_{t+1}/K_t	7.465	6.982	6.199	5.586	5.089	4.678

续表

x		延时退休时点					
		0.05	0.1	0.2	0.3	0.4	0.5
$\tau=0.4$	n^*	1.567	1.578	1.597	1.613	1.626	1.636
	k_{t+1}/k_t	16.208	15.225	13.597	12.301	11.242	10.358
	K_{t+1}/K_t	25.391	24.026	21.715	19.836	18.274	16.950
$v=0.07$	n^*	1.755	1.770	1.796	1.817	1.834	1.849
	k_{t+1}/k_t	9.155	8.600	7.683	6.955	6.361	5.863
	K_{t+1}/K_t	16.056	15.223	13.797	12.636	11.666	10.840
$v=0.09$	n^*	1.368	1.383	1.406	1.425	1.439	1.452
	k_{t+1}/k_t	11.557	10.689	9.319	8.278	7.458	6.788
	K_{t+1}/K_t	15.815	14.781	13.106	11.793	10.735	9.853

5.5 人口增长、侵蚀效应与经济增长

现代经济增长理论认为，人口增长通过规模效应促进技术进步，这又会带动经济增长（Kremer，1993；Jones，1995a）。现有研究通过实证分析发现，人口增长率与经济增长率之间的关系并不确定。从长期来看，经济增长率与人口增长率呈正向关系；而在经济发展的不同阶段，从短期来看，经济增长率与人口增长率的关系又不确定。技术进步对人力资本积累具有侵蚀效应（erosion effect），即技术进步速度越快，人们学习先进技术所需要的时间越少，这对人力资本积累具有负向影响，这从理论上和实证上都给出了证实（Galor，2005）。本节在 Jones（1995a）的 R&D 驱动经济增长框架下内生化侵蚀效应，旨在为现实经济中人口出生率与经济增长率之间的不确定关系提供一个理论解释。我们强调的核心机制是，在 Jones（1995a）的框架下，人口增长通过相对规模效应使技术水平和经济增长率上升。在本节的框架下，除上述正向作用机制外，人口增长率上升使技术水平上升，又通过侵蚀效应使人力资本积累和经济增长率下降。

5.5.1　家庭

家庭的最优化问题是极大化如下的福利函数：

$$\max\int_0^{+\infty}(\ln c)\mathrm{e}^{-(\rho-n)t}\,\mathrm{d}t$$

其中，c 表示消费；ρ 表示主观贴现率；n 表示人口增长率。

家庭面临如下的预算约束方程：

$$\dot{k}=(r-n)k+w(uh)-c \tag{5-31}$$

$$\dot{h}=B(1-u)h-\delta g_A h \tag{5-32}$$

其中，r 和 w 分别表示利率和工资率；k 和 h 分别表示物质资本和人力资本；u 和 $1-u$ 分别表示劳动时间和学习时间；B 表示反映人力资本部门效率的参数；δ 表示反映侵蚀效应的参数。方程（5-31）是物质资本动态积累方程，这类似于 Lucas（1988）的思路。方程（5-32）是人力资本动态积累方程。其中，g_A 表示技术（知识）的增长率。借鉴 Reis 和 Sequeira（2007）的思路，方程（5-32）的核心特征是考虑了侵蚀效应，即技术进步使人力资本积累减少。

我们通过构建如下现值的 Hamiltonian 方程求解上述优化问题：

$$H=\ln c+\lambda_1\left[(r-n)k+w(uh)-c\right]+\lambda_2\left[B(1-u)h-\delta g_A h\right]$$

其中，λ_1 和 λ_2 分别表示物质资本和人力资本的影子价格（shadow price）。

我们可以得到如下的最优性条件：

$$\frac{\partial H}{\partial c}=c^{-1}-\lambda_1=0 \qquad \Rightarrow \qquad c^{-1}=\lambda_1 \tag{5-33}$$

$$\frac{\partial H}{\partial u}=\lambda_1 wh-\lambda_2 Bh=0 \qquad \Rightarrow \qquad \lambda_1 w=\lambda_2 B \tag{5-34}$$

$$\dot{\lambda}_1=(\rho-n)\lambda_1-\lambda_1(r-n) \tag{5-35}$$

$$\dot{\lambda}_2=(\rho-n)\lambda_2-\lambda_1 wu-\lambda_2\left[B(1-u)-\delta g_A\right] \tag{5-36}$$

和横截性条件：

$$\lim_{t\to+\infty}\lambda_1 k\,\mathrm{e}^{-(\rho-n)t}=\lim_{t\to+\infty}\lambda_2 h\,\mathrm{e}^{-(\rho-n)t}=0$$

5.5.2 最终产品部门

最终产品部门通过雇用人力资本（$H_Y = u_Y hL$）和中间产品[$x(i)$]来生产最终产品（Y）。其中u_Y表示个体在最终产品部门的劳动时间，L表示总的劳动力。最终产品部门是完全竞争的，总产出函数关于人力资本和中间产品满足常数规模报酬：

$$Y = H_Y^{\alpha} \int_0^A x(i)^{1-\alpha} \, \mathrm{d}i \tag{5-37}$$

我们假设最终产品的价格水平为 1，最终产品部门通过选择雇用人力资本和中间产品的数量极大化如下的利润函数：

$$\max\left\{H_Y^{\alpha} \int_0^A x(i)^{1-\alpha} \, \mathrm{d}i - wH_Y - \int_0^A p(i)x(i) \, \mathrm{d}i\right\}$$

其中，$H_Y^{\alpha} \int_0^A x(i)^{1-\alpha} \, \mathrm{d}i$表示最终产品部门可以获得的总收入；$w$表示单位人力资本的工资；$p(i)$表示第$i$种中间产品的价格；$wH_Y$和$\int_0^A p(i)x(i) \, \mathrm{d}i$分别表示雇用人力资本和购买中间产品的成本。

通过求解上述优化问题，我们可得到最终产品部门对人力资本和中间产品的反需求函数：

$$w = \alpha H_Y^{\alpha-1} \int_0^A x(i)^{1-\alpha} \, \mathrm{d}i \tag{5-38}$$

$$p(i) = (1-\alpha) H_Y^{\alpha} x(i)^{-\alpha} \tag{5-39}$$

5.5.3 中间产品部门

中间产品部门由一系列具有垄断权力的厂商组成，且每个厂商生产的产品各不相同。这些厂商从市场上租借资本，假设每生产 1 单位中间产品需要从市场上租借 1 单位资本，每单位资本的利息成本为r。中间产品部门的厂商通过选择生产中间产品（或是选择租借资本）的数量极大化自身利润：

$$\pi = \max\{p(i)x(i) - rx(i)\}$$

其中，$p(i)x(i)$和$rx(i)$分别表示$x(i)$单位中间物品的市场价值和生产成本。

将方程（5-39）得到的中间产品的反需求函数代入中间产品部门的利润极大化问题，通过求解中间产品部门的最优性问题，可以得到：

$$r=(1-\alpha)^2 H_Y^{\alpha} x(i)^{-\alpha} \tag{5-40}$$

将方程（5-39）和方程（5-40）代入中间产品部门的利润极大化问题，可求得中间产品部门的利润：

$$\pi=\alpha(1-\alpha) H_Y^{\alpha} x(i)^{1-\alpha} \tag{5-41}$$

5.5.4 R&D 部门

R&D 部门通过雇用人力资本，同时利用已有知识来生产新知识，R&D 部门的生产函数为

$$\dot{A}=\theta H_A^{\lambda} A^{\phi},\ 0<\lambda<1,\ \phi<1 \tag{5-42}$$

其中，θ 表示 R&D 部门生产效率的参数；H_A 表示 R&D 部门雇用的人力资本数量，$H_A=u_A hL$，u_A 表示在 R&D 部门的工作时间；A 表示经济中的知识存量；ϕ 表示知识生产的溢出效应；L 表示总劳动力。$u_A+u_Y=u$，当经济收敛于平衡增长路径上时，这三个变量均为常数。

将 R&D 部门生产函数（5-42）两端同除以知识存量 A，得到知识增长率 $g_A=\theta H_A^{\lambda} A^{\phi-1}$，当经济收敛于平衡增长路径上时，知识增长率为常数，从而可以得到：

$$\frac{\dot{A}}{A}=\frac{\lambda}{1-\phi}\left\{\frac{\dot{h}}{h}+\frac{\dot{L}}{L}\right\} \tag{5-43}$$

根据方程（5-34），可知：

$$\frac{\dot{\lambda}_1}{\lambda_1}+\frac{\dot{w}}{w}=\frac{\dot{\lambda}_2}{\lambda_2} \tag{5-44}$$

将方程（5-34）代入方程（5-36），且方程两端同除以 λ_2 可得：

$$\frac{\dot{\lambda}_2}{\lambda_2}=\rho-n-B+\delta g_A \tag{5-45}$$

根据方程（5-38）可知，$\dot{w}/w=\dot{Y}/Y-\dot{H}/H$。

最终产品部门生产函数（5-37）可以化成 $Y=(AH_Y)^{\alpha} K^{1-\alpha}$，考虑到平衡增长路径上 Y、K、C 的增长率相等，从而 $\dot{w}/w=g_A$，根据方程（5-33）可知，$\dot{\lambda}_1/\lambda_1=-\dot{c}/c$。将以上条件代入方程（5-44）可得：

$$-g_y+g_A=\frac{\dot{\lambda}_2}{\lambda_2} \tag{5-46}$$

其中，g_y 表示人均产出的增长率，我们通常用其来表示经济增长率。联列方程（5-45）和（5-46）可得：

$$g_A = \frac{\rho - n - B + g_y}{1-\delta} \tag{5-47}$$

根据方程（5-43）可知人力资本增长率 g_H 与知识增长率 g_A 之间满足如下的关系：$g_H = g_A(1-\phi)/\lambda$。根据最终产品部门生产函数，总产出增长率 $g_Y = g_H + g_A = [1+(1-\phi)/\lambda]g_A$。在此基础上，可以求得人均产出增长率：

$$g_y = [1+(1-\phi)/\lambda]g_A - n \tag{5-48}$$

联列方程（5-47）和（5-48），可以求得经济增长率：

$$g_y = \frac{\left[1+\dfrac{\lambda}{1-\phi}\right](B-\rho)+\left[1+\dfrac{(2-\delta)\lambda}{1-\phi}\right]n}{1+\dfrac{\delta\lambda}{1-\phi}} \tag{5-49}$$

根据基本参数设定可知，方程（5-49）的分母由于始终大于零，因此，人口增长率对经济增长率的影响依赖于$1+\dfrac{(2-\delta)\lambda}{1-\phi}$和零的大小对比，这在很大程度上依赖于侵蚀效应$\delta$的取值范围：

$$\operatorname{sign}\left\{\frac{\mathrm{d}g_y}{\mathrm{d}n}\right\} = \operatorname{sign}\left\{\frac{1-\phi}{\lambda}+2-\delta\right\} \tag{5-50}$$

据此可以得到以下三种情形：①若$\delta < \dfrac{1-\phi}{\lambda}+2$，则$\mathrm{d}g_y/\mathrm{d}n > 0$，此时人口出生率通过技术溢出效应对经济增长的直接贡献大于其通过侵蚀效应对人力资本和经济增长的负面影响；②若$\delta = \dfrac{1-\phi}{\lambda}+2$，则$\mathrm{d}g_y/\mathrm{d}n = 0$，即人口增长率通过技术进步对经济增长的促进作用与其通过侵蚀效应对人力资本和经济增长的负面效应相互抵消；③若$\delta > \dfrac{1-\phi}{\lambda}+2$，则$\mathrm{d}g_y/\mathrm{d}n < 0$，此时人口增长通过技术进步带来的侵蚀效应大于其通过技术进步产生的溢出效应。综合上述分析，人口出生率对经济增长的影响是不确定的。以上模型丰富了人口增长对经济增长率影响的结论，为现实经济中人口增长率对经济增长率影响不确定的特征事实提供了一个理论解释。

5.6 小　　结

本章构建了一个包含延迟退休的跨期迭代模型，考察延迟退休对经济增长的影响效果和作用机制。理论模型分析表明，延迟退休通过劳动扩张效应使经济增长率上升，但通过资本抑制效应使经济增长率下降，且劳动扩张效应小于资本抑制效应，因而延迟退休使经济增长率下降。关于延迟退休的现实政策启示，与之相关的内容包括：①我国实施的三孩政策旨在提高人口出生率，以优化人口结构，增加未来劳动供给。本章发现延迟退休使人口出生率上升，因此，从人口出生率角度来看，延迟退休政策与三孩政策并不矛盾。②延迟退休使劳均资本增长率和总体经济增长率下降，三孩政策可能也会有这样的影响效果。三孩政策放松了家庭的生育预算约束，家庭可能会选择生育更多的子女，这使家庭劳动时间减少，且抚育子女的支出会增加，这可能使储蓄减少，这又使均衡状态的资本下降，进而使收入下降。因此，在实施三孩政策和延迟退休政策的同时，需要配套相应的有利于增加储蓄的税收激励政策或投资补助计划，以尽量减少这些政策对资本积累的负向影响。需要说明的是，单纯从政策层面放宽生育预算约束限制对人口出生率的促进作用可能很有限。事实上，我国人口出生率不断下降的一个重要原因是，抚育子女的成本在不断上升，这包括抚育子女的时间成本和物质成本等。因此，未来的一个重要工作是降低抚育子女成本，这包括采取对生育子女的补贴。

随着人口出生率的下降和人口老龄化进程的加快，我国将从人口红利时期进入人口赤字时期。Zhang 等（2015）预测 2020～2050 年我国人口结构变化会使经济增长率下降 1.2%。人口年龄分布变化从供给侧为经济增长提供潜力，而这种潜力能否得到释放在很大程度上也依赖于制度环境，包括政府制度质量、劳动法规、宏观管理、开放性水平、教育政策等（Bloom et al., 2010）。还需要关注的是，劳动力的健康水平也是经济增长的决定因素。Madsen（2018）认为过去两个世纪中，寄生虫引起的疾病和传染性疾病的下降以及营养水平的提升使发达国家的生理资本（physiological capital）和认知能力显著提升，这使得生产率上升。

本章可能的改进和拓展方向包括：①可以在本章框架下内生化个体年轻

时期的劳动闲暇选择，这使延迟退休对经济增长的影响机制更丰富。②社会保障支出和生产性财政支出属于不同的账户，我国通过划拨国有资产来应对未来养老金支付压力，可以在本章模型基础上区分社会保障部门和财政部门，区分国有企业和非国有企业。③放宽个体年老时期确定性存活的假定，在包含预期寿命框架下量化分析延迟退休和人口老龄化对经济增长的影响。此外，人口政策对我国经济的影响也是值得关注的问题。现实经济中讨论比较多的人口政策是中国的独生子女政策。Liao（2013）的研究发现，我国实施的独生子女政策使人力资本水平和人均收入水平不断提高，但对不同群体的社会福利影响差别较大。关于我国实施三孩政策对劳动供给、人力资本和社会福利的影响也是值得关注的问题。

第 6 章

人力资本错配、拥挤效应与经济增长

经典的经济增长文献强调人力资本对经济增长的重要性。人力资本一方面通过与生产要素互补提高其他要素的生产效率；另一方面使技术吸收和引进更加容易，这也有利于促进经济增长。事实上，经济增长不仅取决于人力资本的数量和质量，而且取决于人力资本的配置，经济增长依赖于能否实现“人尽其才”，需要减少人力资本错配。关于人力资本错配的原因，一种解释是现实经济中劳动力在跨地区、跨部门流动时存在诸多限制性条件。例如，户籍制度、社会保障制度、教育制度等使劳动力不能从生产效率低的部门流入生产效率高的部门，这主要表现在劳动力不能在城市和农村之间流动，不能在农业部门和非农业部门之间自由流动（Brandt et al.，2008）。

需要说明的是，人力资本错配不是中国特有的经济现象。在美国，相对于科学或工程专业，法律和商学专业的学业时间更短，且工作前景更好，这使优秀的年轻人从科学部门流失到私有部门（Jeon and Menicucci，2008）。Hsieh 等（2013）发现 1960 年，美国 94%的医生和律师从业者是白人男性，2008 年，医生和律师从业者中白人男性的比例下降到 62%。考虑到白人男性、白人女性、黑人男性和黑人女性等不同群体的先天能力在年份之间不存在系统性的差异，1960 年的职位分布说明黑人和白人女性并没有在他们具有比较优势的部门工作，人力资本错配严重。1960～2008 年工作职位分布的收敛带来的人才配置效率提升可以解释 15%到 20%的劳均产出增长。Ebeke 等（2015）运用 69 个发展中国家的数据研究发现，在制度质量高的地区，石油收入使劳动力由法律、管理和社会科学专业转移到工程、制造和建筑专业，在制度质量低的地区劳动力流动则相反。

6.1　人力资本拥挤效应与经济增长

根据经典的经济增长理论，人力资本是内生经济增长的引擎（Lucas，1988；Mankiw et al.，1992）。经验分析发现，人力资本对经济增长的影响不稳健，回归结果依赖于样本选取、指标设计和计量方法。我们认为人力资本过度集聚会产生拥挤效应（congestion effect），这使得人力资本的生产效率下降，甚至阻碍了经济增长。现实经济中，大城市聚集了大量人力资本，即人力资本具有空间集聚效应。从行业分布来看，大学生、研究生在专业选择时，大部分人愿意选择金融、管理等专业，这些专业的入学成绩历年来都是最高的，将来就业时这些行业人力资本过高，也会产生拥挤效应。本节中，我们在 Lucas（1988）经典的内生增长模型中考察人力资本拥挤效应对经济增长的影响。

企业通过雇用劳动和资本生产最终产品，我们假设如下的生产函数：

$$y = Ak^{\alpha}\left(uh\right)^{1-\alpha} h_a^{\gamma} \tag{6-1}$$

其中，y 表示人均产出；$A>0$ 表示技术水平；k 表示人均物质资本；h 表示人力资本；u 表示劳动时间；h_a 表示考虑拥挤效应后的平均人力资本水平。需要说明的是，h_a 对消费者而言是外生给定的。我们设定 $h_a = h/k^{\delta}$，其中 $\delta \in [0,1]$ 是刻画人力资本拥挤效应的指标，$\delta = 0$ 表示人力资本没有拥挤效应，$\delta = 1$ 表示完全的人力资本拥挤效应，δ 越大表示人力资本拥挤效应越大。以上设定的现实依据是，人力资本拥挤效应与经济发展水平相关，我们用人均资本表示经济发展水平。通常情况下，经济发展水平越高，人力资本水平越高，人力资本的拥挤效应也越大。

个体面临如下的预算约束方程：

$$\dot{k} = Ak^{\alpha}(uh)^{1-\alpha} h_a^{\gamma} - c \tag{6-2}$$

个体总的时间禀赋是 1，u 表示劳动时间，$1-u$ 表示学习时间，人力资

本动态积累方程为

$$\dot{h} = B(1-u)h \tag{6-3}$$

其中，$B > 0$ 表示人力资本部门生产效率。

代表性个体极大化一生的福利水平，目标函数为

$$\max \int_0^{+\infty} \frac{c^{1-\sigma}-1}{1-\sigma} \mathrm{e}^{-\rho t}\,\mathrm{d}t \tag{6-4}$$

代表性个体的问题是，在方程（6-2）和方程（6-3）给定的前提下，极大化（6-1）的目标函数，我们通过构建如下 Hamiltonian 方程来求解最优化问题：

$$H = \frac{c^{1-\sigma}-1}{1-\sigma} \mathrm{e}^{-\rho t} + \lambda_1 \left[Ak^{\alpha}(uh)^{1-\alpha} h_a^{\gamma} - c \right] + \lambda_2 B(1-u)h$$

其中，λ_1 和 λ_2 表示协状态变量，我们可以得到如下最优性条件：

$$H_c = c^{-\sigma}\mathrm{e}^{-\rho t} - \lambda_1 = 0 \tag{6-5}$$

$$H_u = \lambda_1 (1-\alpha) Ak^{\alpha} u^{-\alpha} h^{1-\alpha} h_a^{\gamma} - \lambda_2 Bh = 0 \tag{6-6}$$

$$H_k = \lambda_1 \alpha Ak^{\alpha-1}(uh)^{1-\alpha} h_a^{\gamma} = -\dot{\lambda}_1 \tag{6-7}$$

$$H_h = \lambda_1 (1-\alpha) Ak^{\alpha} u^{1-\alpha} h^{-\alpha} h_a^{\gamma} + \lambda_2 B(1-u) = -\dot{\lambda}_2 \tag{6-8}$$

横截性条件：

$$\lim_{t\to+\infty} \lambda_1 k - \lim_{t\to+\infty} \lambda_2 h = 0$$

将方程（6-6）代入方程（6-8）可以得到：$\dot{\lambda}_2 = -\lambda_2 B$，简单变换得到：

$$\dot{\lambda}_2 / \lambda_2 = -B \tag{6-9}$$

根据方程（6-1）可知 $Ak^{\alpha}u^{-\alpha}h^{1-\alpha}h_a^{\gamma} = y/u$，当经济收敛于平衡增长路径上时，个体的劳动时间收敛于常数，从而 $u = u^*$，因而方程（6-6）可以整理为 $\lambda_1(1-\alpha)y = \lambda_2 Buh$。将以上方程两端同时取自然对数，并对时间 t 求导可以得到平衡增长路径上各变量之间增长率满足如下关系：

$$\frac{\dot{\lambda}_1}{\lambda_1} + \frac{\dot{y}}{y} = \frac{\dot{\lambda}_2}{\lambda_2} + \frac{\dot{h}}{h} \tag{6-10}$$

根据方程（6-5）可知：

$$\frac{\dot{\lambda}_1}{\lambda_1} = -\sigma \frac{\dot{c}}{c} - \rho \tag{6-11}$$

根据方程（6-1）的生产函数，结合平衡增长路径上 k 和 y 增长率相等的

条件，我们可以得到平衡增长路径上各变量之间的增长率满足以下条件：

$$\frac{\dot{h}}{h}=\frac{1-\alpha+\gamma\delta}{1-\alpha+\gamma}\frac{\dot{k}}{k} \tag{6-12}$$

将方程（6-9）～方程（6-11）结合起来，且根据内生增长模型平衡增长路径上c、k和y的增长率相同的条件（Barro and Sala-i-Martin，2004），综合上述条件计算得到经济增长率为

$$B-\rho=(\sigma-1)\frac{\dot{k}}{k}+\frac{\dot{h}}{h} \tag{6-13}$$

将方程（6-12）和方程（6-13）结合起来可以得到经济增长率为

$$\frac{\dot{k}}{k}=\frac{(B-\rho)(1-\alpha+\gamma)}{(\sigma-1)(1-\alpha+\gamma)+(1-\alpha+\gamma\delta)} \tag{6-14}$$

根据方程（6-14）可以得到：

$$\frac{\mathrm{d}\,\dot{k}/k}{\mathrm{d}\,\delta}=-\frac{\gamma(B-\rho)(1-\alpha+\gamma)}{\left[(\sigma-1)(1-\alpha+\gamma)+(1-\alpha+\gamma\delta)\right]^2}<0 \tag{6-15}$$

根据方程（6-15），人力资本的拥挤效应δ越大，人力资本使用效率越低，经济增长率越低。因此，现实经济中一些国家和地区尽管有较高的人力资本水平，但人力资本拥挤效应使高人力资本并没有引起高经济增长。一个问题是，如何降低人力资本拥挤效应？政府可以通过经济手段激励促进人力资本配置优化，缩小行业之间的薪酬差距。可以设计区域优惠政策，增强经济发展水平较低地区对高水平人力资本的吸引力，鼓励劳动力跨部门、跨地区流动。

6.2 人力资本错配与经济增长：文献视角

人力资本不仅包括人力资本数量，也包括人力资本质量。人力资本数量主要通过平均教育年限计算得到，人力资本质量则主要通过考试成绩及师生比来衡量。需要说明的是，用平均教育年限刻画人力资本存在较大的问题。正如 Hanushek 和 Woessmann（2012）指出的“这种方法隐性的假设 1 年教育会带来同样的知识和技术的增加，而与教育体系无关。例如，在秘鲁接受 1 年教育带来的人力资本生产效率的提升与在日本接受 1 年教育带来的人力

资本生产效率提升相等。同等重要的是，这种方法假设正规（formal）学校是教育的主要来源，非学校因素的质量差异对教育结果的影响很小”。Delgado 等（2014）通过非参数方法发现平均教育年限对经济增长的影响不显著，相对于平均教育年限而言，考试分数是刻画人力资本水平的更有效指标。Hanushek 和 Woessmann（2012）认为，用数学、科学、阅读成绩测度的认知技能（cognitive）是反映人力资本的更合理指标，这主要是基于以下三方面原因：①该指标可以捕捉知识和能力的差异；②该指标不仅反映学校教育的结果，也包括了学生从其他渠道获得的能力；③该指标认为不同教育质量学生的表现存在较大差异，这有利于评估影响教育质量政策。使用这一指标的缺陷在于其更多的是反映学生的认知能力，而不是劳动者（工人）的认知能力。事实上，Lucas（2015）认为人力资本是一个广义的指标，学校接受教育对人力资本提升只是一个很小的份额，人力资本更多的是老师、同事、竞争对手及其他人带来的学习效应和溢出效应，关于如何更好地衡量这一指标需要从理论上给出更好的解释。

经济学家较早就关注到了人力资本错配对经济增长的重要性。例如，Baumol（1990）认为企业家精神在生产性活动（如创新）和非生产性活动（如寻租、有组织犯罪）之间的分布决定了经济增长率，政府政策可以更好地促进企业家精神配置。Murph（1991）强调人力资本结构对经济增长的重要性，最聪明的人成为企业家，而不是寻租者，这有利于激励创新和促进经济增长，人力资本错配可以解释非洲和拉丁美洲国家经济增长的衰退。近年来，一批文献研究如何避免人力资本错配对经济的负面影响。Hassler 和 Mora（2000）的研究发现，技术进步使能力的回报率上升，家庭背景的回报率下降，技术进步使人力资本配置优化。Bernasconi 和 Profeta（2012）强调的机制是，企业家更容易识别员工的能力，这使人力资本错配下降。穷人更偏好财政教育支出，而富人更偏好财政转移支付。Jovanovic（2014）构建了异质性企业和异质性工人的跨期迭代模型，假设个体的工作经验会产生学习效应，年轻人对自己的能力不熟悉，存在工作错配的可能性，有效劳动工作匹配可以实现更高的经济增长率。Agénor 和 Canuto（2015）认为若经济激励不够，高能力的人可能不选择接受教育，其进入技术需求量低的最终产品部门工作，导致人力资本错配，这也是产生中等收入陷阱的重要原因。

关于我国人力资本错配的成因和影响，现有文献做了一些分析。庄子银（2007）认为人力资本配置是经济增长的决定性因素，从事创新的企业家越多，经济增长率越高；从事非生产性的寻租、逃税和腐败的企业家越多，经济增长率越低。张车伟和薛欣欣（2008）的研究发现，国有部门的平均工资是非国有部门平均工资的 2 倍。国有部门劳动力的平均教育年限是 11.41 年，比非国有部门劳动力平均教育年限高出 5 年。尹志超和甘犁（2009）的实证分析发现，2000 年以来公共部门相对于非公共部门存在较大的工资溢价，公共部门大专以上学历劳动力工资比非公共部门同等教育程度劳动力工资高出 9.46%。中国经济增长前沿课题组（2014）研究发现，我国科学研究和技术服务业，教育，公共管理、社会保障和社会组织，卫生，社会工作，金融业，文化体育，娱乐业等市场化程度较低的行业或国有资本高度主导行业的人力资本水平高，而制造业和批发零售业人力资本水平较低。李世刚和尹恒（2014）基于异质性个体跨期迭代的模型估算显示，人才错配的社会福利成本大约相当于潜在产出的 10%～20%，如果寻租获得的收益足够高，则人力资本错配导致的社会福利成本很大。

6.3 人力资本错配与经济增长：理论模型

本节在 Aghion 和 Howitt（1992）熊彼特增长模型的基础上引入人力资本错配，我们假定经济中存在三类生产部门：最终产品部门、中间产品部门和垂直创新部门。其中，最终产品部门和垂直创新部门是完全竞争的，中间产品部门是垄断竞争的。最终产品部门通过购买中间产品来生产最终产品，中间产品部门通过向垂直创新部门购买专利来生产中间产品，垂直创新部门生产专利的价格等于中间产品部门垄断利润的贴现值。

6.3.1 最终产品部门

最终产品部门通过购买中间产品来生产最终产品，最终产品部门生产函数可以表示为

$$y_t = A_t F(x_t) \tag{6-16}$$

其中，$F(0)=0$，$F'(x_t)>0$，$F''(x_t)<0$；y_t 表示最终产品的数量；x_t 表示中间产品的数量；A_t 表示中间产品的生产效率，$A_t = A_0\gamma^t$，γ 表示中间产品的生产效率参数，$\gamma>1$。

假设中间产品的价格为 p_t，根据完全竞争市场条件假定和最优性条件，可求解得到最终产品生产部门对中间产品的反需求函数为

$$p_t = A_t F'(x_t) \tag{6-17}$$

6.3.2　中间产品部门

中间产品部门通过雇用技术性劳动力（skilled labor）以及购买垂直创新部门生产的专利来生产中间产品，中间产品部门购买专利的价格等于其可以获得垄断利润的贴现流。需要说明的是，购买新专利是中间产品部门生产的前提。我们假定每生产 1 单位中间产品需要投入 1 单位技术性劳动力，从而中间产品部门的生产函数为

$$x_t = l_t \tag{6-18}$$

其中，l_t 表示中间产品部门雇用的技术性劳动力总数。

在中间产品需求曲线给定的前提下，厂商生产 x_t 单位中间产品需要雇用 x_t 单位的技术性劳动力，从而中间产品部门的问题是选择 x_t 以极大化如下利润函数：

$$\max \pi_t = p_t(x_t)x_t - w_t^i x_t \tag{6-19}$$

其中，w_t^i 表示技术性劳动力的工资水平。将方程（6-17）代入上述利润极大化问题，可以得到最优性条件：

$$w_t^i = A_t F'(x_t) + A_t F''(x_t)x_t \tag{6-20}$$

定义 $\varpi(x) = F'(x) + F''(x)x$，且对于任意 $x>0$，我们假定 $\varpi'(x)<0$，$\lim_{x\to 0}\varpi(x) = +\infty$，$\lim_{x\to +\infty}\varpi(x) = 0$。事实上，上述关于 $\varpi(x)$ 的这些假定是保证均衡点是稳定的必要条件。

将方程（6-17）和方程（6-20）代入方程（6-19），可求得中间产品部门的利润为

$$\pi_t = -A_t F''(x_t)x_t^2 \tag{6-21}$$

6.3.3 垂直创新

我们假设经济增长主要是通过垂直创新（vertical innovation）实现的。垂直创新是指通过 R&D 使产品质量不断提高，质量高的产品逐步将质量低的产品排挤出市场，进而推动技术进步。垂直创新是一个创造性毁灭的过程，创新成功的企业会将原来的企业排挤出市场，成为新的垄断者。因此，企业在做投资决策时，必须将其创新成功的概率以及其将来被排挤出市场的概率考虑到，即企业具有完美预期（perfect foresight）。垂直创新部门是完全竞争的，厂商雇用 n_t 单位技术性劳动力和 R 单位专业性劳动力来创新，创新成功的概率服从泊松发生率（Poisson arrival rate），$\lambda\phi(n_t,R)$。假定 $\phi(n_t,R)$ 对于 n_t 和 R 满足常数规模报酬，经济中总的专业性劳动力 R 是固定的，全部用于垂直创新部门。厂商通过选择 n_t 以极大化自身利润：

$$\max\left\{\lambda\phi(n_t,R)V_{t+1}-w_t^v n_t\right\}$$

其中，V_{t+1} 表示第 t+1 个创新可以获得的价值；w_t^v 表示专业化劳动力的工资。假设 $\phi(n_t,R)=\varphi(n_t)$，其中 $\varphi(0)=0$，$\varphi'(n_t)>0$，$\varphi''(n_t)\leqslant 0$。根据垂直创新部门的利润极大化问题，可得到如下最优性条件：

$$w_t^v=\lambda\varphi'(n_t)V_{t+1} \tag{6-22}$$

对于一个外部厂商而言，V_{t+1} 是第 t+1 个创新（专利）的价格。根据竞争性条件，V_{t+1} 等于中间产品部门获得的垄断利润 π_{t+1} 的预期贴现值：

$$V_{t+1}=\frac{\pi_{t+1}}{r+\lambda\varphi(n_{t+1})} \tag{6-23}$$

其中，r 表示利率，$r>0$；$\lambda\varphi(n_{t+1})$ 表示创造性毁灭（creative destruction）效应，即在位企业被其他创新成功的企业排挤出市场，从而丧失垄断利润的可能性。

6.3.4 人力资本错配

根据劳动力市场的无套利条件，在没有任何摩擦和扭曲的前提下，技术性劳动力在中间产品部门劳动和垂直创新部门劳动获得的工资应相等。现实经济中由于在垄断部门工作更容易获得额外收益，这种收益不仅包括经济上的收入，也包括工作相对轻松，社会地位相对较高，从而更具有吸引力。因此，即使垄断部门支付较低的工资，劳动力也愿意在垄断部门工作。我们假设两个部门之间的劳动力工资满足如下条件：

$$w_t^v = (1+\theta)w_t^i \tag{6-24}$$

其中，$\theta \geqslant 0$ 表示劳动力在垄断部门相对于完全竞争部门工作的工资溢价，其既是反映人力资本市场扭曲的指标，也反映了人力资本的错配程度。θ 越大，人力资本错配越严重，这种情况下，相对于垄断生产部门，R&D 部门需要支付更高的工资率才能吸引劳动力流入。

6.3.5　模型求解和分析

根据上述模型设定，经济中唯一的决策变量是考察技术性劳动力在中间产品部门和垂直创新部门的分配。根据方程（6-20）～方程（6-24）以及技术性劳动力的市场出清条件，$L = n_i + x_i = n_{i+1} + x_{t+1}$，我们可以得到：

$$(1+\theta)\frac{F'(L-n_t)+F''(L-n_t)(L-n_t)}{\lambda\varphi'(n_t)} = \frac{-\gamma F''(L-n_{t+1})(L-n_{t+1})^2}{r+\lambda\varphi(n_{t+1})} \tag{6-25}$$

根据上述方程，可以将 n_t 表示成 n_{t+1} 的函数，即 $n_t = \psi(n_{t+1})$。事实上，我们可以证明 $\psi:[0,N) \to R_+$ 是严格递减的。我们将方程（6-25）的左端定义为 $c(n_t)$，表示 R&D 投资的边际成本；右端定义为 $b(n_{t+1})$，表示 R&D 投资的边际收益。$c(n_t)$ 和 $b(n_{t+1})$ 的表达式分别为

$$c(n_t) = (1+\theta)\frac{F'(L-n_t)+F''(L-n_t)(L-n_t)}{\lambda\varphi'(n_t)} \tag{6-26}$$

$$b(n_{t+1}) = \frac{-\gamma F''(L-n_{t+1})(L-n_{t+1})^2}{r+\lambda\varphi(n_{t+1})} \tag{6-27}$$

对于给定的 n_t 和 n_{t+1}，随着 θ 的增加，$c(n_t)$ 向上移动，而 $b(n_{t+1})$ 保持不变。因此，竞争性均衡的 R&D 投资规模由 n_1^* 下降到 n_2^*，如图 6-1 所示。相应的传导机制是，θ 越大，中间产品部门技术性劳动力的隐性收入越高，垂直创新部门技术性劳动力的工资也随之上升，这又提高了 R&D 和创新的机会成本，从而使得垂直创新部门的技术性劳动力数量减少。

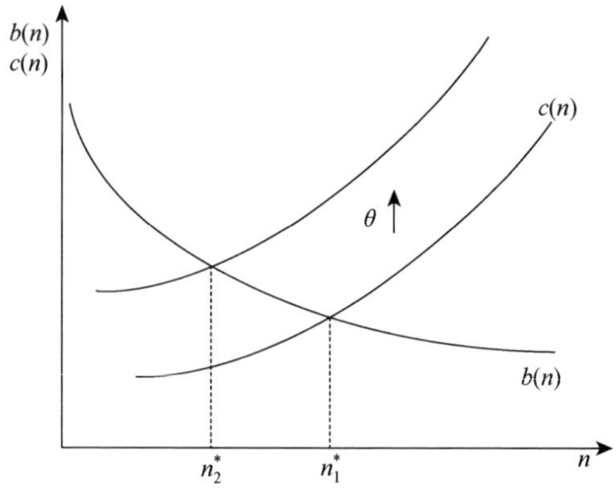

图 6-1　人力资本错配对 R&D 投资规模的影响

经济的完美预期均衡（perfect foresight equilibrium）是指满足 $n_t = \psi(n_{t+1})$ 的 $\{n_t\}_0^{+\infty}$ 。经济的稳定均衡（stationary equilibrium）n^{CE} 满足 $n^{\mathrm{CE}} = \psi(n^{\mathrm{CE}})$ 。这里假定 $c(0) < b(0)$，因为若 $c(0) \geqslant b(0)$，则稳定均衡的 R&D 投资为零。若 $c(0) < b(0)$，可以证明 n^{CE} 满足：

$$(1+\theta)\frac{F'(L-n^{\mathrm{CE}})+F''(L-n^{\mathrm{CE}})(L-n^{\mathrm{CE}})}{\lambda\varphi'(n^{\mathrm{CE}})}=\frac{-\gamma F''(L-n^{\mathrm{CE}})(L-n^{\mathrm{CE}})^2}{r+\lambda\varphi(n^{\mathrm{CE}})} \quad (6\text{-}28)$$

根据 Aghion 和 Howitt（1992）的求解思路，我们可以得到竞争性均衡对应的经济增长率为 $\lambda\varphi(n^{\mathrm{CE}})\ln\gamma$ 。根据上面的分析，可以得到竞争性均衡经济下的 R&D 投资规模 n^{CE} 是由方程（6-28）决定的。综合上述分析，人力资本错配越严重，R&D 投资规模越小，经济增长率越低。需要说明的是，本节假设技术性工人的人力资本水平外生给定，进一步的研究可以将人力资本内生化，进而考虑宏观经济政策通过人力资本渠道对经济增长的影响。

6.4　中国人力资本错配测度

人力资本错配是一个综合性指标，其对应的测度也是多维的，现有研究中用理学和工学专业学生相对于法律专业、商学专业的学生数来刻画人力资本错配。基于微观层面数据的分析在数据可得性方面受限，我们运用省级层面的宏观数据估算我国的人力资本错配。基本思路是，不同省份人力资本的生产效率差异越小，则省份之间的人力资本错配程度越低。需要说明的是，人力资本配置效率包括多个维度，不仅包括省份之间的配置，还包括行业之间及企业之间的配置。《中国统计年鉴》公布的全国 1%人口抽样调查数据给出了各教育层级的人数，考虑到九年制义务教育的普及推广，用小学学历和初中学历人口难以捕捉近年来我国人力资本演化的真实状况。同时，随着社会分工趋于高级化，各种工作岗位对高人力资本水平劳动力的需求都呈现上升的趋势。

基于上述现实背景及我国省级层面数据（不包含西藏和港澳台地区数据）的可得性，根据《中国统计年鉴》公布的全国 1%人口抽样调查数据，我们选取两个指标来测量人力资本水平：一是高中及以上人口（包括高中、大专、本科和研究生）占总人口的比例，具体估算结果如图 6-2 所示。二是大专及以上人口（包括大专、本科和研究生）占总人口的比例，具体估算结果如图 6-3 所示。可以看出，通过两种方法测度的人力资本数值存在差距，但在总体方向上具有一致性，即相对于中西部地区，东部地区对应更高的人力资本水平。同时，相对于 1997 年，2015 年我国省区市的人力资本水平有较大幅度的提升。

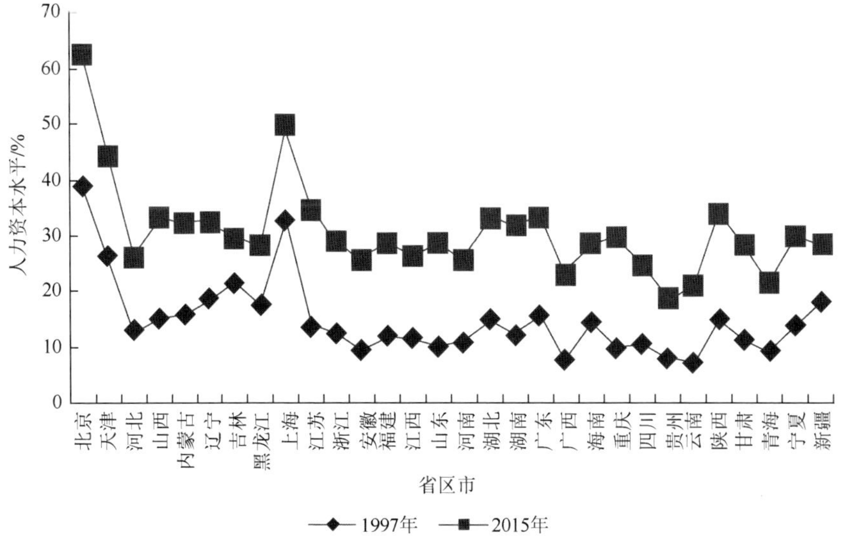

图 6-2　我国高中及以上人口分省人力资本分布

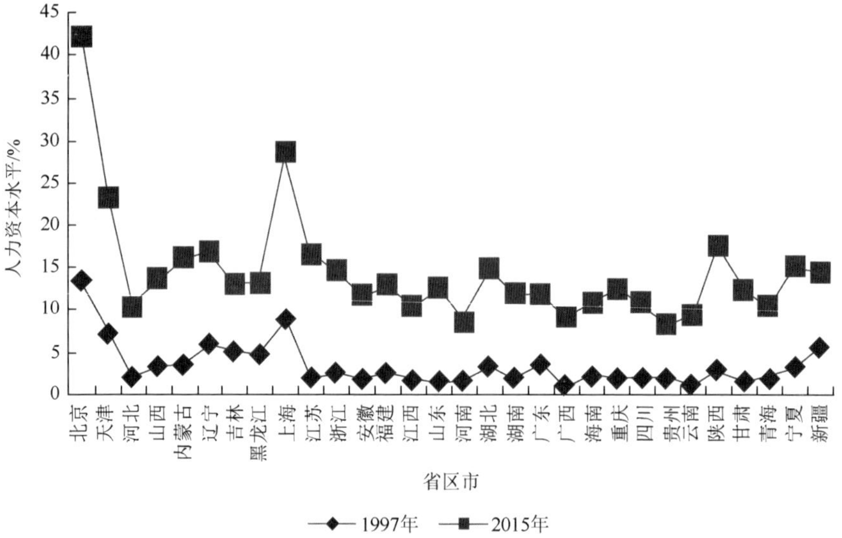

图 6-3 我国大专及以上人口分省人力资本分布

借鉴龚六堂和谢丹阳（2004）的思路，我们通过平均离差的方法计算人力资本错配程度。设定第 i 个省份人力资本水平和人均实际收入分别为 h_i 和 y_i，我们用 y_i/h_i 表示单位人力资本产生的实际收入，我们用 y/h 表示平均的人力资本实际收入，可以得到绝对离差 $|y_i/h_i - y/h|$，在此基础上计算得到如式（6-29）所示的平均离差指标：

$$\varUpsilon = \frac{1}{N}\sum_{i=1}^{N}\left|y_i/h_i - y/h\right| \tag{6-29}$$

我们再将上述绝对离差除以平均人力资本实际收入得到相对平均离差指标：

$$\varOmega = \frac{1}{N}\sum_{i=1}^{N}\frac{\left|y_i/h_i - y/h\right|}{y/h} \tag{6-30}$$

我们通过方程（6-30）定义的相对平均离差来衡量人力资本的错配。可以看出，该值越大表示我国的人力资本错配越严重。根据计算结果，无论是以高中及以上人口占总人口的比例人力资本指标测度的人力资本错配（图 6-4 中的人力资本错配 1），还是以大专及以上人口占总人口的比例人力资本指标测度的人力资本错配（图 6-4 中的人力资本错配 2），我国人力资本错配程度都呈现不断下降的趋势，这说明我国人力资本在空间分布上趋于优化。

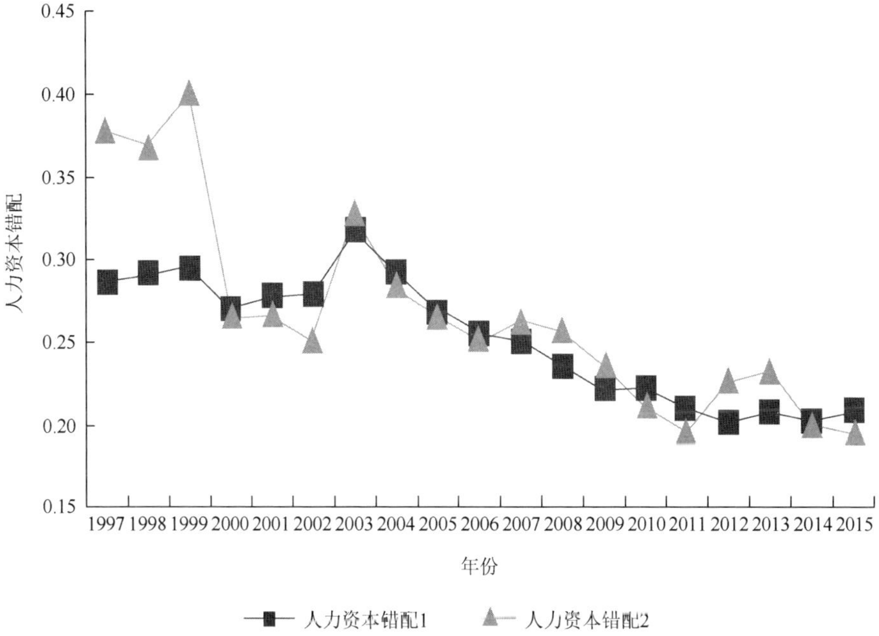

图 6-4　我国的人力资本错配程度

6.5　实 证 分 析

人力资本对经济增长的影响力度及人力资本的错配在一定程度上依赖于人力资本环境。根据经验证据，从发达国家到发展中国家人力资本的转移，尤其是吸引在发达国家接受过严格训练的科学家对于发展中国家成功实现工业化发挥了至关重要的作用（Shifa，2020），而这又依赖于人力资本成长的环境。好的环境可以提升人力资本回报率，鼓励人们增加对人力资本的投入，促进人力资本水平提升。同时，好的环境使人们可以寻找更适合自己的工作机会，这有利于减少人力资本错配。据我们所知，目前公开可得的数据库还没有提供跨国人力资本错配的数据。我们用全球竞争力指数中反映人才成长环境方面的指标来表征人力资本环境。人力资本环境越好，越有利于人才配置，人力资本的错配程度越低。

6.5.1 模型设定

我们通过构建回归方程（6-31）考察人力资本环境对经济增长的影响：

$$\gamma_i = \alpha + \beta I_i + \gamma S_i + \theta H_i + \varepsilon_i \qquad (6\text{-}31)$$

其中，被解释变量γ表示经济增长率，我们用人均实际 GDP 的增长率表示经济增长率。我们控制影响经济增长的变量，包括投资率I和产业结构指标S。我们用资本形成占 GDP 的比例表示投资率，用服务业部门增加值占 GDP 的比例表示产业结构，上述两个指标对应的数据来源于 WDI 数据库。H表示反映人力资本环境方面的指标。

由于全球竞争力指数中只公布了 2013 年、2014 年和 2015 年的人力资本环境方面的数据，我们分别用这 3 年的数据考察人力资本环境对经济增长的影响。人力资本环境的指标包括全球竞争力指数数据库给出的 3 个指标：①国家留住人才的能力（country capacity to retain talent）。对应的问题是“你的国家是否能留住人才？”，问题得分在 1～7 分，其中 1 分表示最优秀和聪明的人去其他国家寻找机会，7 分表示最优秀和最聪明的人留在本国寻求机会。分值越高表示国家留住人才的能力越强。②国家吸引人才的能力（country capacity to attract talent）。对应的问题是“你的国家是否能从国外吸引人才？”，问题得分在 1～7 分，其中 1 分表示不能，7 分表示能从全世界吸引最优秀和最聪明的人才。分值越高表示吸引人才的能力越强。③人才使用效率（efficient use of talent）。我们绘制了上述 3 个指标测度的人力资本环境核密度分布图，如图 6-5～图 6-7 所示。可以看出，人力资本环境并没有出现随时间推移改善的状况。其中，人才使用效率这一指标甚至出现下降的趋势。我们可以用人力资本环境方面的指标来反映人力资本错配程度，人力资本环境越好，越有利于发挥不同类型人才的积极性和创造性，人力资本错配程度越低。

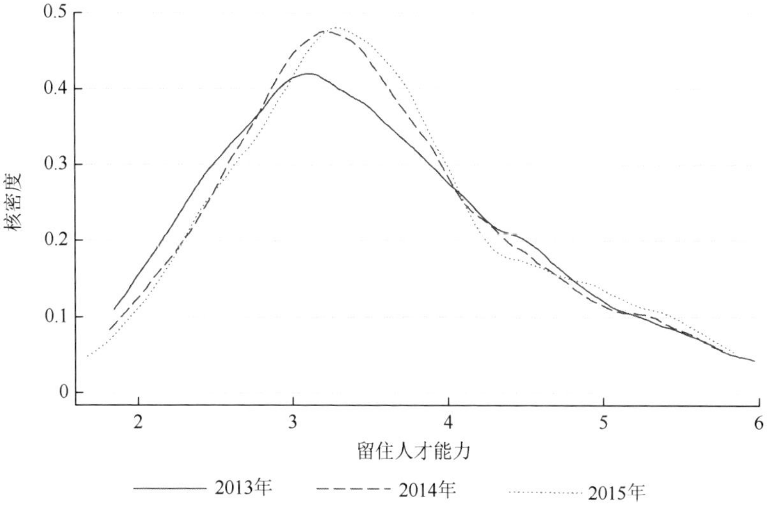

图 6-5　留住人才能力的核密度分布图

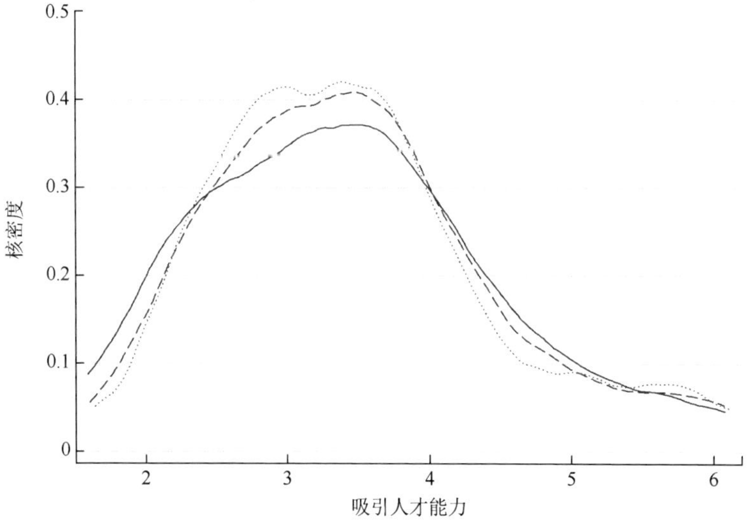

图 6-6　吸引人才能力的核密度分布图

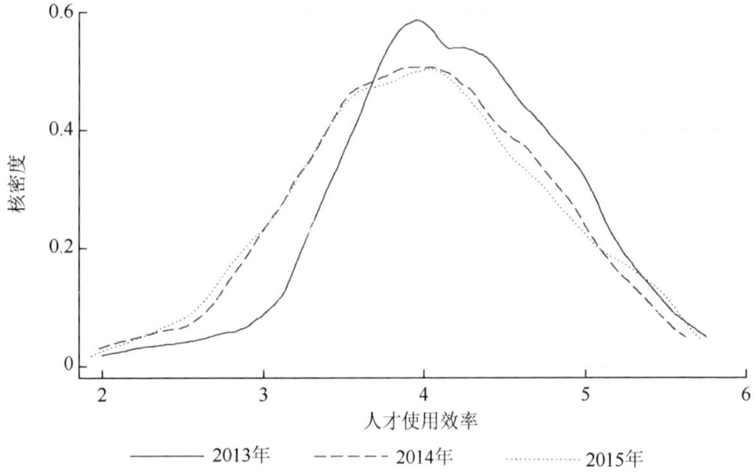

图 6-7 人才使用效率的核密度分布图

表 6-1 给出了全球竞争力指数中 2013 年、2014 年和 2015 年我国人力资本环境三个指标的得分及国际排名。可以看出，我国留住人才能力从 2013 年到 2014 年下降，2015 年开始上升，而我国吸引人才能力及人才使用效率在下降，这说明我国人力资本环境水平有下降趋势。

表 6-1 我国人力资本环境

年份	留住人才能力		吸引人才能力		人才使用效率	
	得分	世界排名	得分	世界排名	得分	世界排名
2013	4.277	31	4.386	26	4.971	17
2014	4.166	31	4.242	27	4.681	22
2015	4.170	30	4.177	27	4.582	26

资料来源：全球竞争力指数

6.5.2 回归结果分析

考虑到不同年份的样本存在差异，我们分别考察 2013 年、2014 年和 2015 年人力资本环境三个维度指标对经济增长的影响，具体结果如表 6-2 所示。考虑到这三个指标之间存在较为严重的共线性，我们采用逐步回归的方法进行分析。可以看出，留住人才能力、吸引人才能力和人才使用效率三个指标的系数均显著为正，这说明人力资本环境越好，经济增长率越高。服务业规模对经济增长有显著的促进作用，投资对经济增长的影响不显著，这可能是因为经济转型过程中物质资本的作用下降。需要说明的是，尽管现有文献关于人力资本对经济增长的作用存在很大争议，但在 Lucas（2015）看来人力资本对经济增长的作用是根本性的。正如 Lucas（2015）指出的“如果这些批判（人力资本对经济增长的作用有限）是对的，则年龄收入关系可以看作年龄的特定固定效应，这低估了人力资本对经济增长的作用。这使得外生技术的作用得以放大，而促进人力资本积累政策的作用被低估”。因此，我们需要重视人力资本环境对经济增长的作用。

表 6-2　人力资本环境对经济增长的影响

变量	2013 年	2013 年	2013 年	2014 年	2014 年	2014 年	2015 年	2015 年	2015 年
投资率	−0.001	−0.003	0.005	0.008	0.008	0.016	0.021	0.022	0.037***
	(−0.05)	(−0.26)	(0.40)	(0.82)	(0.72)	(1.44)	(1.58)	(1.59)	(2.67)
产业结构	0.057***	0.060***	0.059***	0.076***	0.081***	0.084***	0.083***	0.089***	0.089***
	(7.09)	(7.30)	(6.77)	(9.05)	(9.39)	(9.20)	(9.17)	(9.59)	(9.08)
留住人才能力	0.653***			0.581***			0.618***		
	(6.52)			(5.63)			(5.31)		
吸引人才能力		0.539***			0.456***			0.481***	
		(5.58)			(4.65)			(4.29)	
人才使用效率			0.676***			0.416***			0.465***
			(4.36)			(2.98)			(3.15)
常数项	3.057***	3.331***	2.227***	1.844***	2.048***	1.584**	0.998	1.154	0.600
	(4.80)	(5.10)	(2.73)	(2.97)	(3.20)	(2.10)	(1.40)	(1.55)	(0.69)
观测值	127	127	127	120	120	120	101	101	101
R^2	0.511	0.475	0.430	0.584	0.553	0.508	0.594	0.560	0.525

***和**分别表示在 1%和 5%的水平上显著

6.6 小 结

人力资本同时具有溢出效应和拥挤效应。溢出效应是人力资本具有正的外部性，这包括通过示范效应和技术效应促进经济增长。拥挤效应是指人力资本过于集中使得人力资本产生效率低下的问题。本章通过构建内生增长模型考察人力资本拥挤效应和人力资本错配对经济增长的影响。运用我国省级层面数据估算了我国的人力资本错配程度，研究发现自 1997 年以来，我国人力资本错配程度总体呈下降趋势，这说明人力资本的空间配置趋于优化。在此基础上，我们通过全球竞争力指数中的留住人才能力、吸引人才能力及人才使用效率三个反映人力资本环境方面的指标来刻画人力资本环境，并运用计量方法考察人力资本环境对经济增长的影响。基于跨国数据研究发现，人力资本环境提升对经济增长具有显著的促进作用。本章的政策含义是，我们不仅需要注重人力资本水平的数量和质量，也要注意人力资本拥挤效应，努力减少人力资本错配，为人力资本成长和配置提供更好的环境。

人力资本投入包括私人（private）投入和政府公共（public）投入。这里需要强调的是公共教育支出的重要性。公共教育支出通过提高师生比率、提高教师质量、更新教学设备等直接渠道来增加人力资本数量和提升人力资本质量。政府公共教育支出有利于缩小不同背景家庭孩子之间的信息差异，这使孩子的社会选择能力提升，这会激发经济活力，而使家庭背景在社会筛选中的作用下降，公共教育体系质量提升是发展中国家走出低增长陷阱的重要方法（Hassler and Mora，2000）。此外，经济发展水平不同，人力资本的关注重点也应该存在差异。Altinok 和 Aydemir（2017）的研究发现，高收入国家应注重增加高技能人力资本，而低收入国家更应注重基础技能投资。结合我国的现实，东部沿海地区应推进高水平人力资本，而中西部地区可能更需要注重基础技能投资。

从技术性的角度考虑，人力资本对经济增长的影响值得深入研究。例如，Ahsan 和 Haque（2017）认为教育对经济增长的影响存在门槛效应，当经济发展水平超过某一阈值后，教育可以显著促进经济增长。Altinok 和 Aydemir（2017）发现认知能力对经济增长的影响呈非线性，取决于该国与技术前沿国家的距离。相对于发达国家，欠发达国家认知能力对经济增长的影响高出60%。基于本章内容，未来的两个重要工作如下：①基于微观调研数据估算人力资本生产函数。正如 Lucas（2015）所言“人力资本积累对经济增长的贡献使得其值得拥有自己的生产函数……这需要更多的工作”。因此，我们可以估算跨国人力资本生产函数以及基于我国微观数据估算人力资本生产函数。②更科学地测度人力资本。我们不仅需要关注人力资本的数量，而且需要关注人力资本的质量。通过构建合适的指标能更好地捕捉人力资本的发展，从而为量化分析人力资本对经济增长的贡献度提供理论基础。

第 7 章

ICT 资本与经济增长

未来中国经济增长的一个着力点是发挥数字红利，而能否收获数字红利在一定程度上依赖于 ICT。事实上，随着通信技术的发展，互联网越来越成为人们获得信息的主要渠道，人们之间的沟通也开始更多地依赖于电话与互联网。根据国家统计局公布的数据，我国的电话普及率从 1992 年的 1.61 部/百人上升到 2016 年的 110.55 部/百人，我国移动电话普及率从 1992 年的 0.02 部/百人上升到 2016 年的 95.6 部/百人，我国的互联网普及率从 2002 年的 4.6%上升到 2016 年的 53.2%，如图 7-1 所示。综合上述数据，1992 年以

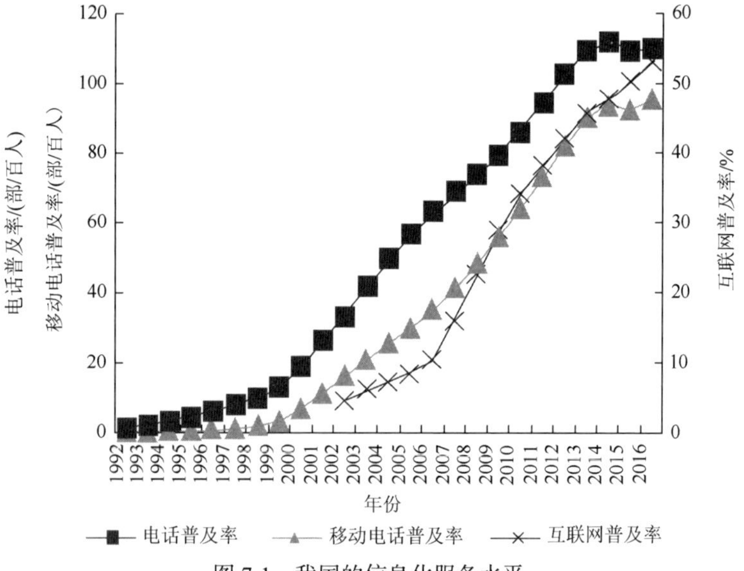

图 7-1　我国的信息化服务水平

来，我国的信息化水平有很大提升。基于跨国数据的实证研究发现，互联网是驱动经济增长的引擎。互联网使用者比例每提高 1%，可以使得经济增长率提高 0.05%（Choi and Yi，2009）。

尽管我国的信息化水平不断提高，但我国的 ICT 水平在全世界仍处于中等水平。根据国际电信联盟（International Telecommunication Union，ITU）公布的 ICT 发展指数（ICT development index，IDI）[①]，IDI 包括三个分指数：ICT 接入分指数、ICT 使用分指数和 ICT 技能分指数，每个分指数反映了 ICT 技术发展过程的不同维度。在指标构成方面，IDI 由 11 个细分指标构成。其中，ICT 接入分指数包括固定电话普及率、移动电话普及率、人均国际出口带宽、电脑家庭普及率、互联网家庭普及率共 5 个指标。ICT 使用分指数包括网民普及率、固定宽带人口普及率、移动宽带人口普及率共 3 个指标。ICT 技能分指数包括平均受教育年限、中等教育毛入学率、高等教育毛入学率共 3 个指标。我国 ICT 发展指数与发达国家相比仍存在较大的差距，2017 年我国 ICT 发展指数在全世界排第 80 名，如表 7-1 所示。

表 7-1　2017 年 ICT 发展指数

国家	得分	排名	国家	得分	排名
冰岛	8.98	1	英国	8.65	5
韩国	8.85	2	荷兰	8.49	7
瑞士	8.74	3	挪威	8.47	8
丹麦	8.71	4	中国	5.60	80

关于 ICT 对经济增长影响的经典问题是索洛悖论（Solow paradox），具体是指计算机在生产和生活中发挥着巨大作用，我们处处可以看到计算机，但在经济增长核算时却发现计算机对经济增长的贡献度很低，这引起了人们极大的关注（Acemoglu et al.，2014）。实证分析结论依赖于指标选取和测度

① http://www.itu.int/net4/ITU-D/idi/2017/index.html#idi2017comparison-tab[2020-12-12]。

方法，不同学者得到的研究结论差别较大。Stiroh（2002）认为信息技术与生产率之间存在很强的相关性，基于美国工业企业数据研究发现，信息技术生产和使用可以解释 1995～2000 年美国生产率的复兴。Roller 和 Waverman（2001）认为相对于其他基础设施，信息技术的核心特征是网络外部性（network externalities）。基于 21 个 OECD 国家 1970～1990 年的数据研究发现，通信技术对经济增长的影响呈非线性，经济中存在电信基础设施投资阈值。超过该阈值之后，电信基础设施投资规模越大，其对经济增长的促进作用越大。相对于欠发达国家，发达国家通信基础设施投资对经济增长的促进作用更大。

7.1 经验证据

ICT 的快速发展将人类带入了数字经济时代，产生了巨大的数字红利（digital dividends）。经验研究发现，ICT 资本在促进经济增长中发挥着重要的作用（Jorgenson et al.，2005）。作为一项广义通用技术（general purpose technology，GPT），ICT 主要通过以下三个渠道促进经济增长：①ICT 资本与其他生产要素（包括人力资本、R&D 资本、无形资本等）互补，从而有利于提升其他生产要素的边际生产效率；②ICT 资本有利于提升全要素生产率，促进技术水平提高；③ICT 资本有利于降低市场扭曲，通过加强市场竞争的渠道促进资源优化配置和企业创新。除以上宏观机制外，也有一些学者从微观视角考察 ICT 促进经济增长的机制。Jerbashian 和 Kochanova（2017）认为 ICT 资本通过降低企业进入和搜寻成本的渠道加强市场竞争：①ICT 资本可以降低企业的信息搜寻成本，并帮助企业确定合适的投资；②ICT 资本通过改善信息流动和管理，从而有利于降低企业运营成本，这也会鼓励企业进入市场；③ICT 资本可以降低消费者和企业的搜寻成本，这有利于加强市场竞争。Wang 和 Li（2017）认为 ICT 通过以下方式促进生产率提高：①ICT 通过促进知识共享使 R&D 投入增加，且 ICT 与 R&D 投资互补；②ICT 通过加强员工管理和降低交易成本，进而提高组织效率。

Oliner 和 Sichel（2000）基于美国数据的研究发现，1996～1999 年相对于 1991～1995 年，美国劳动生产率提升的 45%来源于商业部门的信息技术资本，26%来源于计算机制造技术，因而 ICT 对 20 世纪 90 年代后半期相对于前半期高速增长的贡献度超过 2/3。基于跨国数据，Timmer 和 van Ark（2005）认为 ICT 资本深化可以解释美国与欧盟生产率的差异。基于欧盟资本、劳动、能源、材料和服务（European Union capital，labor，energy，material and service，EU KLEMS）的数据。Oulton（2012）的研究发现，大多数欧洲国家的 ICT 强度低于美国，ICT 对经济增长的平均贡献为 0.5 个百分点，若这些国家的 ICT 投资达到美国的水平，则 ICT 对经济增长的贡献还会提高 0.2 个百分点。Corrado 等（2017）基于 EU KLEMS 的数据发现，生产函数中无形资本（intangible capital）的产出弹性依赖于 ICT 资本，这说明 ICT 与无形资本互补。Niebel（2018）认为 ICT 资本对经济增长的影响在发达国家和发展中国家之间存在差异：①相对于发达国家，发展中国家的人力资本水平和 R&D 投入水平更低，这会影响 ICT 投资的吸收能力（absorptive capacity）。②在发展中国家，ICT 投资带来的网络效应（network effect）可能使这些国家实现“蛙跳”（leapfrog），实现跨越式发展。

近年来，国内学者开始关注 ICT 投资对我国经济增长的影响。罗雨泽等（2008）运用 2000～2005 年我国 31 个省区市的数据，通过实证研究发现电信投资对我国经济增长的边际贡献平均为 2.376%。分区域考察的结果表明，电信投资及其贡献存在着明显的区域非均衡，在西部对生产率的促进作用远远高于东部和中部。严成樑（2012）的研究发现，互联网使用频率和电话使用频率对我国自主创新与经济增长都有显著的正向影响，相对于低水平创新而言，互联网使用频率和电话使用频率对高水平创新的促进作用更显著。郑世林等（2014）运用我国省级面板数据研究发现，在电信行业发展初期，移动电话和固定电话共同促进了经济增长；2000 年以后，移动电话基础设施对经济增长虽仍有显著的促进作用，但作用力度在递减，而固定电话基础设施对经济增长具有负向影响。蔡跃洲和张钧南（2015）认为 ICT 对经济增长的影响包括替代效应和渗透效应，其中替代效应是指 ICT 资本通过替代其他资本促进经济增长；渗透效应是 ICT 作为通用技术渗透和运用于各生产部门，提高生产率和促进经济增长。王亚菲和王春云（2017）基于行业层面的数据发现，ICT 投资在我国经济增长中发挥着越来越重要的作用，1994～2014 年我国 ICT 服务价值占资本服务价值的比例为 5%～8%，我国 ICT 投资还有很大的提升空间。

7.2 特 征 事 实

基于 EU KLEMS 数据库，我们计算了美国、法国、德国和英国 ICT 投资占 GDP 的比例，如图 7-2 所示。可以看出，这些国家 ICT 投资占 GDP 的比例总体呈现上升的趋势，2015 年美国和法国 ICT 投资占 GDP 的比例超过 3.5%。我们将总投资划分为 ICT 投资和非 ICT 投资，ICT 投资占总投资的比例反映投资结构。我们计算了美国、法国、德国和英国 ICT 投资占总投资的比例，如图 7-3 所示。可以看出，发达国家 ICT 投资占总投资的比例总体呈现上升趋势。2015 年，美国、法国和英国 ICT 投资占总投资的比例超过或接近 15%，德国 ICT 投资占总投资的比例接近 8%。

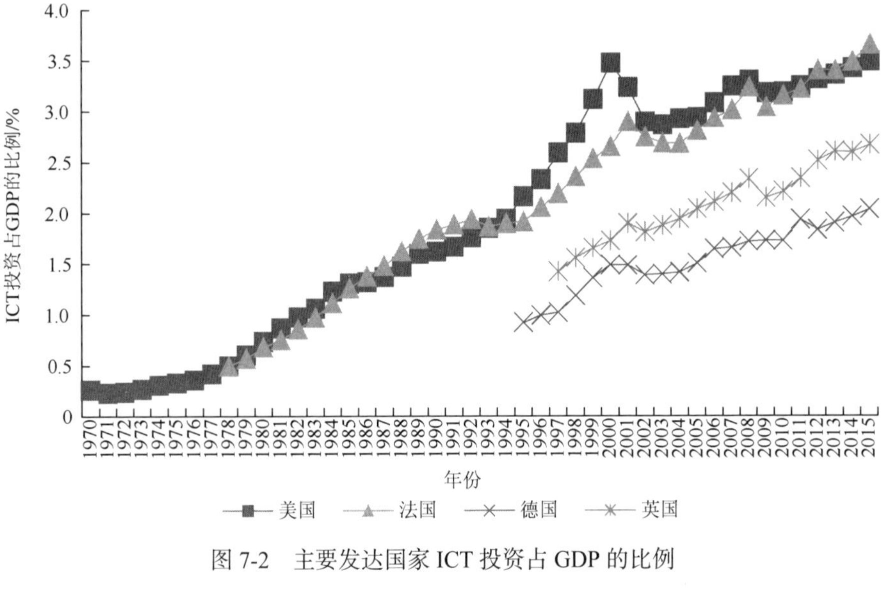

图 7-2 主要发达国家 ICT 投资占 GDP 的比例

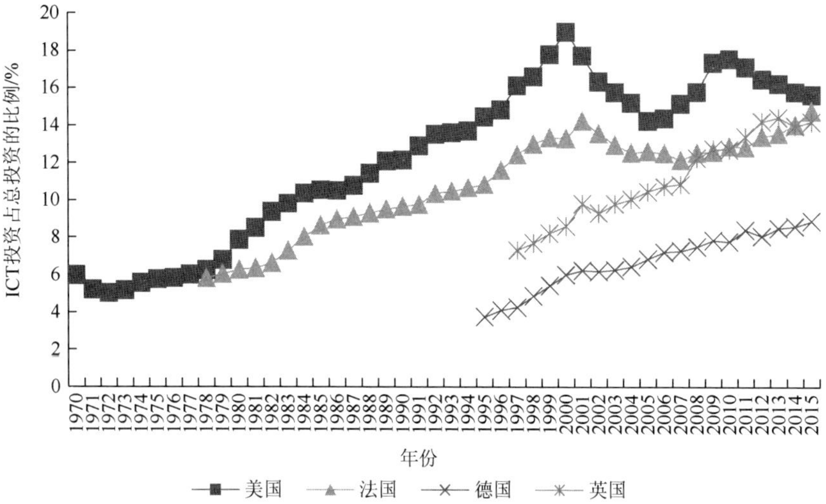

图 7-3　主要发达国家 ICT 投资占总投资的比例

ICT 主要包括计算设备、通信设备、计算机软件和数据。我们可以考察 ICT 内部的投资结构，具体用某类 ICT 投资占 ICT 总投资的比例表示。美国的 ICT 投资结构中，计算设备投资占比呈倒“U”形，通信设备投资占比总体不断下降，计算机软件和数据投资占比总体不断上升，如图 7-4 所示。法

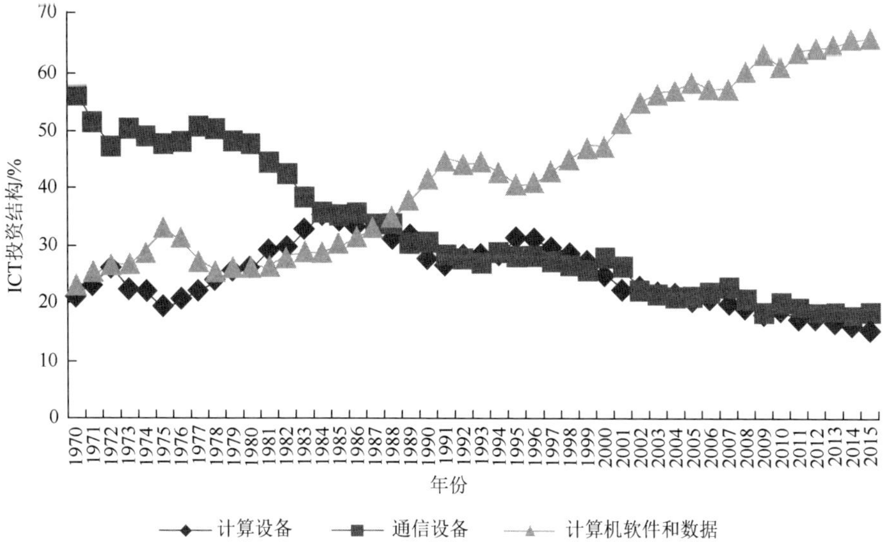

图 7-4　美国的 ICT 投资结构

国的ICT投资结构中，计算设备投资和通信设备投资占比总体不断下降，计算机软件和数据投资占比总体不断上升，如图7-5所示。德国的ICT投资结构中，计算设备投资占比总体呈现上升趋势，通信设备投资占比总体呈现下降趋势，计算机软件和数据投资占比总体平稳，如图7-6所示。英国ICT的

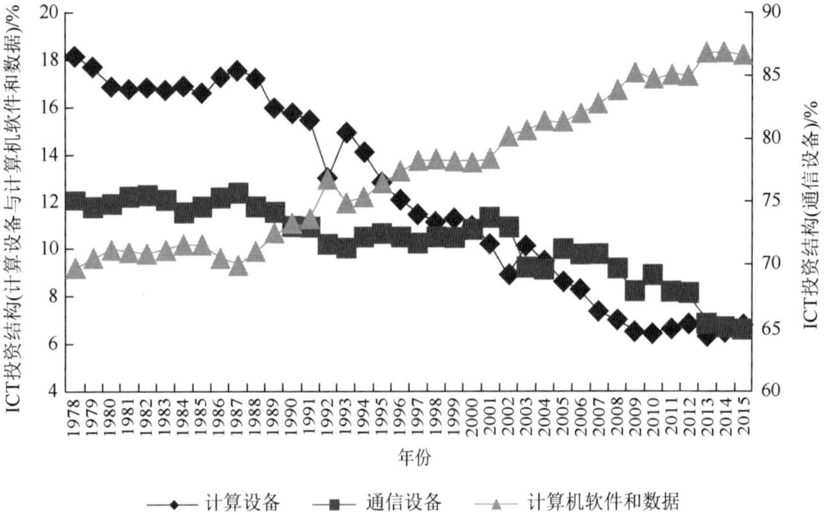

图7-5 法国的ICT投资结构

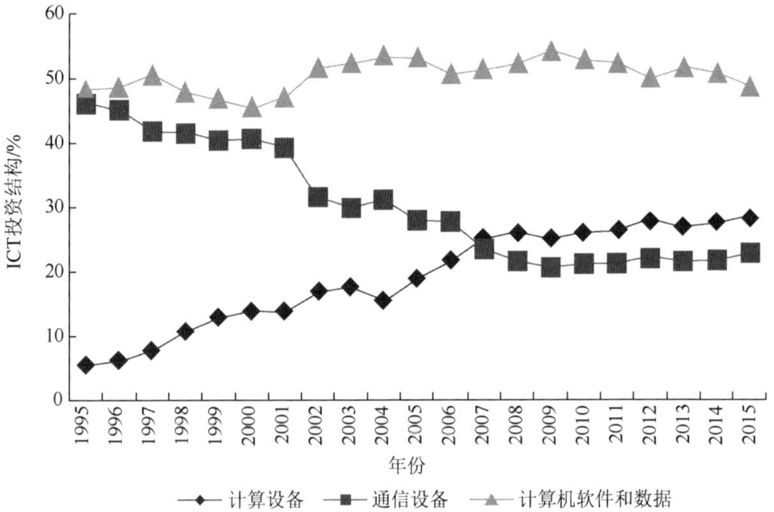

图7-6 德国的ICT投资结构

投资结构中，计算设备投资、通信设备投资、计算机软件和数据投资占比总体平稳，如图 7-7 所示。

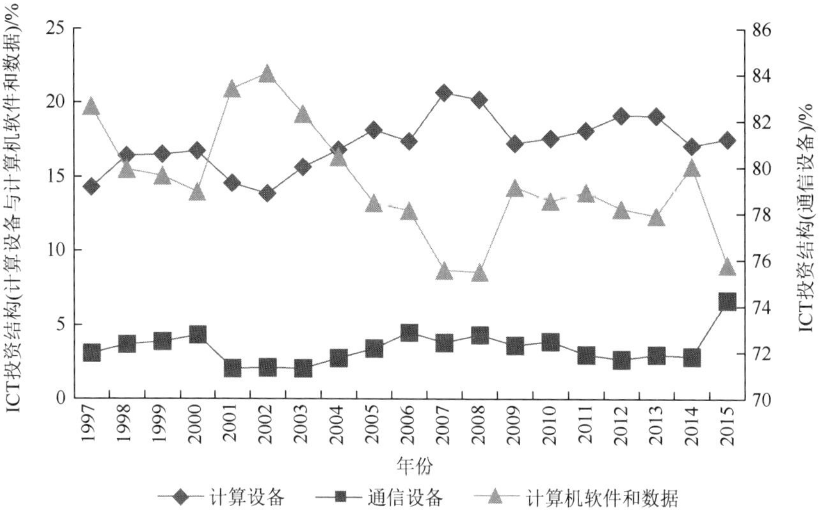

图 7-7　英国的 ICT 投资结构

我们进一步计算了这些国家 ICT 资本的增长率，如图 7-8 所示，其中美国、法国、英国对应左纵轴，德国对应右纵轴。可以看出，法国 ICT 资本增长率总体平稳，美国、英国和德国 ICT 资本的增长率总体呈下降的趋势。EU KLEMS 给出了这些国家 ICT 资本对经济增长的贡献度，如图 7-9 所示，其中美国、法国和英国对应左纵轴，德国对应右纵轴。可以看出，这些国家 ICT 资本对经济增长的贡献度波动较大。

7.3　理论模型分析

在本节中，我们构建了一个 ICT 资本驱动经济增长的动态一般均衡模型。我们假设整个经济中包含最终产品生产部门和 ICT 部门。我们认为 ICT 资本使传统新古典生产函数中资本边际产量随资本投入增加严格递减的设定

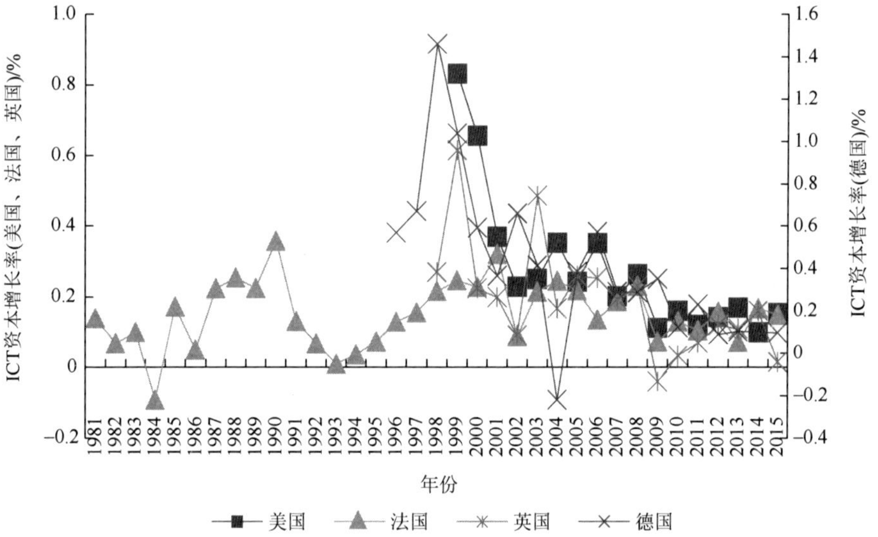

图 7-8 主要国家 ICT 资本增长率

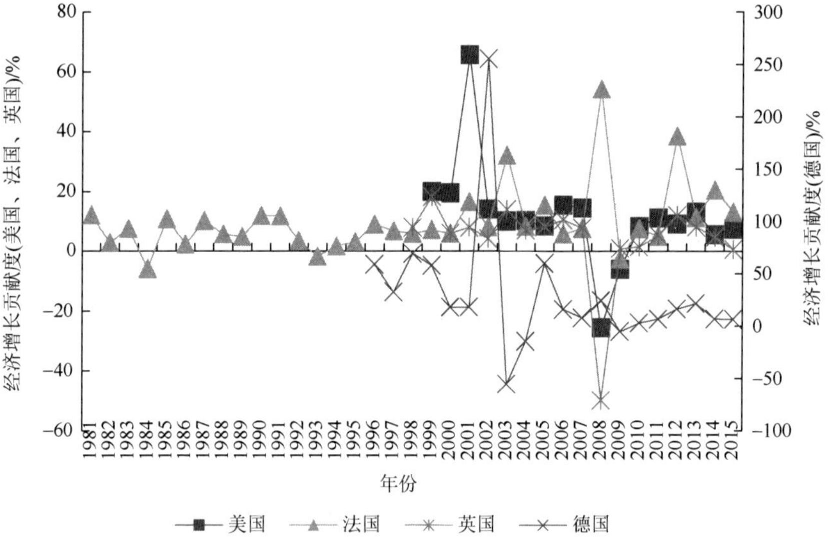

图 7-9 主要国家 ICT 资本对经济增长的贡献度

不再成立，ICT 资本是从新古典经济增长到内生经济增长的重要途径。我们假设 ICT 资本与物质资本互补，其含义是 ICT 资本水平越高，物质资本的生产效率越高，这与经验研究发现的 ICT 促进经济增长的机制相一致（Niebel，2018）。Erumban 和 Das（2016）认为 ICT 通过投资效应和溢出效应来影响经济，其中投资效应是指 ICT 使资本对经济增长的贡献度上升，溢出效应是指 ICT 使全要素生产率上升。

我们假设如下的最终产品生产函数：

$$y = Ak_{\mathrm{P}}^{\alpha} k_{\mathrm{ICT}}^{1-\alpha} \tag{7-1}$$

其中，k_{P} 表示物质资本；k_{ICT} 表示 ICT 资本；A 表示最终产品部门的生产效率，$A>0$。简化起见，我们不考虑人口增长。人均产出用于消费、ICT 投资和物质资本积累。我们假设如下的物质资本动态积累方程：

$$\dot{k}_{\mathrm{P}} = Ak_{\mathrm{P}}^{\alpha} k_{\mathrm{ICT}}^{1-\alpha} - c - i_{\mathrm{ICT}} \tag{7-2}$$

其中，i_{ICT} 表示 ICT 部门的投资。ICT 部门的生产函数为

$$\dot{k}_{\mathrm{ICT}} = Bi_{\mathrm{ICT}}^{\theta} k_{\mathrm{ICT}}^{1-\theta} \tag{7-3}$$

其中，B 表示 ICT 部门生产效率，$B>0$。根据方程（7-3），ICT 部门的产出取决于 ICT 投资及 ICT 资本存量。

经济的最优化问题是，在方程（7-2）和方程（7-3）给定的前提下极大化如下目标函数：

$$\max \int_0^{+\infty} \frac{c^{1-\sigma}-1}{1-\sigma} \mathrm{e}^{-\rho t}\, \mathrm{d}t \tag{7-4}$$

我们通过构造如下现值的 Hamiltonian 方程来求解上述优化问题：

$$H = \frac{c^{1-\sigma}-1}{1-\sigma} + \lambda_1 \left(Ak_{\mathrm{P}}^{\alpha} k_{\mathrm{ICT}}^{1-\alpha} - c - i_{\mathrm{ICT}} \right) + \lambda_2 Bi_{\mathrm{ICT}}^{\theta} k_{\mathrm{ICT}}^{1-\theta}$$

其中，λ_1 表示物质资本的影子价格；λ_2 表示 ICT 资本的影子价格。

我们可以得到如下最优性条件：

$$\frac{\partial H}{\partial c} = c^{-\sigma} - \lambda_1 = 0 \tag{7-5}$$

$$\frac{\partial H}{\partial i_{\mathrm{ICT}}} = -\lambda_1 + \lambda_2 \theta Bi_{\mathrm{ICT}}^{\theta-1} k_{\mathrm{ICT}}^{1-\theta} = 0 \tag{7-6}$$

$$\frac{\partial H}{\partial k_{\mathrm{P}}} = \lambda_1 \alpha Ak_{\mathrm{P}}^{\alpha-1} k_{\mathrm{ICT}}^{1-\alpha} = \rho\lambda_1 - \dot{\lambda}_1 \tag{7-7}$$

$$\frac{\partial H}{\partial k_{\mathrm{ICT}}} = \lambda_1 (1-\alpha) Ak_{\mathrm{P}}^{\alpha} k_{\mathrm{ICT}}^{-\alpha} + \lambda_2 (1-\theta) Bi_{\mathrm{ICT}}^{\theta} k_{\mathrm{ICT}}^{-\theta} = \rho\lambda_2 - \dot{\lambda}_2 \tag{7-8}$$

和横截性条件：

$$\lim_{t\to+\infty}\lambda_1 k_{\mathrm{P}}\,\mathrm{e}^{-\rho t}=\lambda_2 k_{\mathrm{ICT}}\,\mathrm{e}^{-\rho t}=0$$

根据方程（7-5）可知：

$$-\sigma\frac{\dot{c}}{c}=\frac{\dot{\lambda}_1}{\lambda_1} \tag{7-9}$$

根据方程（7-6），可知：

$$\lambda_1=\lambda_2\theta B i_{\mathrm{ICT}}^{\theta-1}k_{\mathrm{ICT}}^{1-\theta} \tag{7-10}$$

将方程（7-10）两端取自然对数，对时间 t 求导，可得：

$$\frac{\dot{\lambda}_1}{\lambda_1}=\frac{\dot{\lambda}_2}{\lambda_2}+(\theta-1)\frac{\dot{i}_{\mathrm{ICT}}}{i_{\mathrm{ICT}}}+(1-\theta)\frac{\dot{k}_{\mathrm{ICT}}}{k_{\mathrm{ICT}}} \tag{7-11}$$

根据方程（7-7）可知：

$$\frac{\dot{\lambda}_1}{\lambda_1}=\rho-\alpha A k_{\mathrm{P}}^{\alpha-1}k_{\mathrm{ICT}}^{1-\alpha} \tag{7-12}$$

将方程（7-10）代入方程（7-8），且方程两端同除以 λ_2，结合平衡增长路径的条件整理可得：

$$\frac{i_{\mathrm{ICT}}}{y}=\frac{(1-\alpha)\theta\gamma}{\rho+(\sigma-(1-\theta))\gamma} \tag{7-13}$$

其中，γ 表示平衡增长路径上的经济增长率，根据最终产品部门的生产函数——方程（7-1），以及 ICT 部门的生产函数方程（7-3），平衡增长路径上 i_{ICT}、k_{ICT}、k_{P}、c 和 y 的增长率相等，均为 γ。

根据方程（7-9）和方程（7-12）及平衡增长路径定义可知：

$$\frac{k_{\mathrm{P}}}{k_{\mathrm{ICT}}}=\left(\frac{A\alpha}{\rho+\sigma\gamma}\right)^{\frac{1}{1-\alpha}} \tag{7-14}$$

将方程（7-3）两端同除以 k_{ICT}，可知：

$$\frac{\dot{k}_{\mathrm{ICT}}}{k_{\mathrm{ICT}}}=B\left(\frac{i_{\mathrm{ICT}}}{k_{\mathrm{ICT}}}\right)^{\theta}=B\left(\frac{i_{\mathrm{ICT}}}{y}\frac{y}{k_{\mathrm{ICT}}}\right)^{\theta}=B\left(\frac{i_{\mathrm{ICT}}}{y}A\left(\frac{k_{\mathrm{P}}}{k_{\mathrm{ICT}}}\right)^{\alpha}\right)^{\theta} \tag{7-15}$$

根据方程（7-14）、方程（7-15）及平衡增长路径的定义，我们可以得到：

$$\frac{i_{\mathrm{ICT}}}{y}=B^{-\frac{1}{\theta}}A^{-\frac{1}{1-\alpha}}\alpha^{-\frac{\alpha}{1-\alpha}}\gamma^{\frac{1}{\theta}}(\rho+\sigma\gamma)^{\frac{\alpha}{1-\alpha}} \tag{7-16}$$

将方程（7-13）和方程（7-16）结合起来，我们可得到如下均衡增长率决定式：

$$\frac{(1-\alpha)\theta\gamma}{\rho+(\sigma-(1-\theta))\gamma}=B^{-\frac{1}{\theta}}A^{-\frac{1}{1-\alpha}}\alpha^{-\frac{\alpha}{1-\alpha}}\gamma^{\frac{1}{\theta}}(\rho+\sigma\gamma)^{\frac{\alpha}{1-\alpha}} \tag{7-17}$$

我们可以将上述方程进行进一步整理，可得：

$$(1-\alpha)\theta B^{\frac{1}{\theta}}A^{\frac{1}{1-\alpha}}\alpha^{\frac{\alpha}{1-\alpha}}=(\rho+(\sigma-(1-\theta))\gamma)(\rho+\sigma\gamma)^{\frac{\alpha}{1-\alpha}}\gamma^{\frac{1}{\theta}-1} \tag{7-18}$$

通过上述分析，可以得到经济增长率是通过方程（7-18）决定的。由于 $0<\theta<1$，且 $\sigma>1$，我们可知方程（7-18）的右端为 γ 的单调递增函数，而左边是一个常数，所以存在一个 γ 满足该式，从而经济增长率是存在且唯一确定的。我们可以通过比较静态分析来考察经济增长率的决定问题。最终产品部门的生产效率参数 A 和 ICT 部门的生产效率参数 B 越高，方程（7-18）左端对应的数值越大，方程（7-18）决定的经济增长率越高。需要说明的是，在上述框架下，若不考虑 ICT 资本，则模型退化为 Solow 模型，均衡状态经济增长率为零。基于以上分析，ICT 资本是使经济由停滞状态到持续增长的重要条件。在以上模型中，ICT 资本使物质资本的边际生产效率上升，使物质资本的边际回报率最终收敛于常数。

7.4　实 证 分 析

根据 EU KLEMS 的标准，ICT 主要包括计算设备（computing equipment）、通信设备（communication equipment）、计算机软件和数据（computer software and databases）三部分内容。不同类型 ICT 资本对经济增长的影响存在差异。基于总量层面数据的分析会掩盖结构层面的信息，得到的结论较为粗糙。Edquist 和 Henrekson（2015）将 ICT 资本划分为硬件（hardware）和软件（software），基于瑞典的行业数据发现，软件可以促进经济增长，硬件对经济增长的影响不显著。因此，有必要考察不同类型 ICT 资本对经济增长的影响。需要说明的是，EU KLEMS 的数据库较好地测算了高收入国家的 ICT 资本及 ICT 资本对于经济增长的贡献度。一个值得关注的问题是，ICT 资本对经济的短期动态影响如何？这既包括ICT资本对GDP的影响，也包括ICT资本与其他各种类型资本的相互影响。我们以美国经济为样本考察ICT资本对经济增长及其他生产要素的影响。

需要说明的是，我们之所以要选择美国数据进行分析，主要是因为美国数据对应的年份最长，且其经济规模大，在世界中发挥着重要作用。德国、英国可得数据区间是1995～2014年，其对应20个观测值，运用时间序列分析可能存在较大问题。我们也尝试通过面板数据模型分析该问题，但截面观测值较少。因此，选择美国1970～2014年的年度数据。我们通过脉冲响应分析考察ICT资本对经济的短期动态影响。我们采用EViews 8.0软件进行分析。

7.4.1 单位根检验

根据经济增长经验分析通常的思路，经济增长的决定因素包括物质资本、人力资本和R&D资本。在此基础上，我们引入ICT资本，并根据EU KLEMS的标准，进一步细分不同类型的ICT资本。本节涉及的变量主要包括人均实际GDP取自然对数$\ln Y_t$，人均计算设备资本取自然对数$\ln \mathrm{KIT}_t$，人均通信设备资本取自然对数$\ln \mathrm{KCT}_t$，人均计算机软件和数据资本取自然对数$\ln \mathrm{KSD}_t$，人均物质资本取自然对数$\ln \mathrm{KP}_t$，人均R&D资本取自然对数$\ln \mathrm{RD}_t$，人力资本取自然对数$\ln H_t$。我们采用增广的迪基-富勒（augmented Dickey-Fuller，ADF）检验和菲利普斯-佩龙（Phillips-Perron，PP）检验两种方法来检验各变量是否存在单位根。原假设是各时间序列存在单位根，对于各变量的水平值，ADF检验和PP检验都不能拒绝存在单位根的原假设，说明这些变量是非平稳的。通过检验发现所有变量都是一阶单整变量，如表7-2所示。

表7-2 单位根检验

变量	水平变量		一阶差分变量	
	ADF	PP	ADF	PP
人均实际GDP	−1.532	−1.637	-5.715^{***}	-5.688^{***}
人均计算设备资本	−0.527	−0.255	-2.844^{*}	-2.782^{*}

续表

变量	水平变量		一阶差分变量	
	ADF	PP	ADF	PP
人均通信设备资本	−2.522	−2.747	−4.864***	−4.836***
人均计算机软件和数据资本	−2.106	−1.865	−6.181***	−7.365***
人均物质资本	0.218	−0.069	−2.712***	−2.537***
人均 R&D 资本	−3.086	−2.116	−3.667***	−3.762***
人力资本	−1.578	−2.131	−2.284**	−2.461**

***、**和*分别表示在 1%、5%和 10%的水平上拒绝原假设

7.4.2　协整检验

协整关系描述的是两个或多个非平稳时间序列之间的长期均衡关系。虽然两个或多个变量的时间序列是非平稳的，但它们的某种线性组合却是平稳的，这种线性关系就体现了各变量之间的长期均衡关系。为避免伪回归，需要检验各变量之间是否存在协整关系。根据表 7-3 的 Johanson 协整检验结果，我们可知这些变量至少存在一个协整向量，从而它们之间存在长期稳定的关系。

表 7-3　Johanson 协整检验

协整关系数量	特征根	迹统计量	最大特征根统计量
0	0.667	186.847***	47.253**
≤1	0.643	139.595***	44.252**
≤2	0.514	95.343***	30.984
≤3	0.454	64.358***	26.004
≤4	0.422	38.355***	23.586
≤5	0.232	14.769	11.325

***和**分别表示在 1%和 5%的水平上拒绝原假设

7.4.3 VAR 模型的构建

根据施建淮等（2008），若一组变量是协整的，按水平变量建立的 VAR（向量自回归）模型就不是错误识别，并且最小二乘估计在这种情况下是一致估计。因此，我们可以通过构建如下 VAR 模型利用脉冲响应函数来考察各变量之间的动态关系：

$$\Omega_t = C_0 + C_1\Omega_{t-1} + C_2\Omega_{t-2} + \cdots + C_p\Omega_{t-p} + \varepsilon_t$$

其中，$\Omega_t = \left(\ln Y_t, \ln \mathrm{KIT}_t, \ln \mathrm{KCT}_t, \ln \mathrm{KSD}_t, \ln \mathrm{KP}_t, \ln \mathrm{RD}_t, \ln H_t\right)$；$\varepsilon_t$ 表示随机扰动向量；C_0、C_1、C_2、$\cdots$、C_p 表示参数矩阵。我们通过赤池信息准则（Akaike information criterion，AIC）和施瓦茨准则（Schwarz criterion，SC）来确定模型的滞后期数。我们首先考察 VAR 模型对应特征方程的特征根是否满足平稳性条件。可以看出，所有的特征根都落在单位圆内，如图 7-10 所示。这说明我们构建的 VAR 模型满足平稳性条件，从而这里的经验分析是有效的。

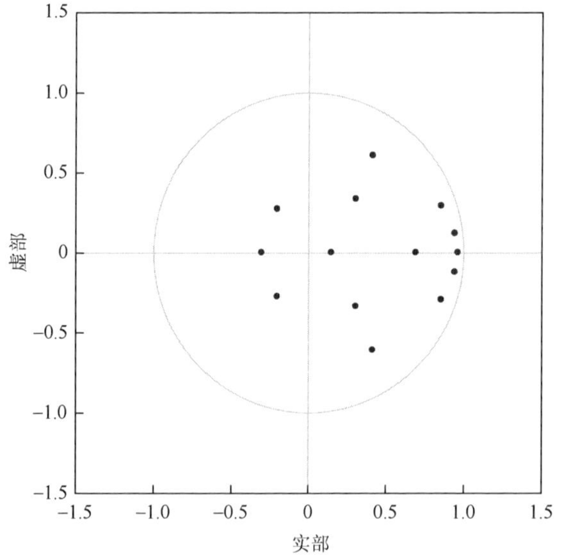

图 7-10　VAR 模型的稳定性检验

7.4.4 脉冲响应分析

脉冲响应函数描述的是 VAR 模型中一个内生变量冲击对其他内生变量的影响。下面分别给人均计算设备资本 1 单位的正向冲击，从而得到各因素变化的脉冲响应图，如图 7-11 所示。其中横轴表示冲击作用的时间（单位：年），纵轴表示响应力度的大小（单位：%），实线表示脉冲响应函数曲线，虚线表示正负 2 倍标准差的偏离带。可以看出，人均计算设备资本增加后使得人均实际 GDP 增加，且在第 13 期达到最大，此时 1 单位正向冲击使经济增长率上升 0.05 个单位。人均计算设备资本对其他资本可能产生挤出效应（crowding out effect），也可能产生挤入效应（crowding in effect）。其中挤出效应是指计算设备资本增加使其他资本投入减少，这对人均实际 GDP 具有负向影响。挤入效应是指由于人均计算设备资本与其他类型资本互补，人均计算设备资本增加使其他资本生产效率上升，这对人均实际 GDP 具有正向影响。根据图 7-11 可知，人均计算设备资本正向冲击使人均实际 GDP 和其他资本都增加，因而人均计算设备资本对其他生产要素都具有挤入效应。

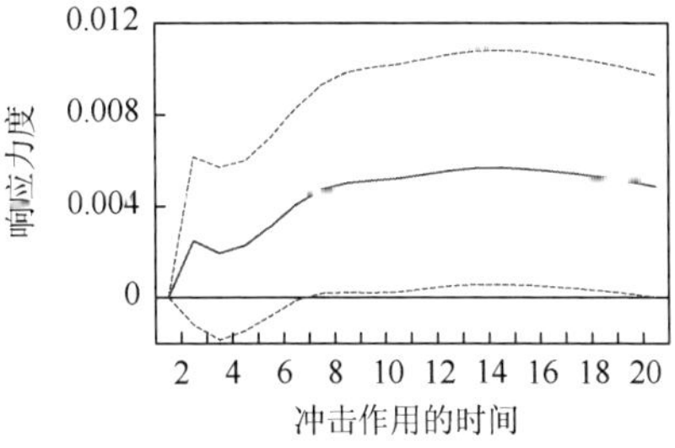

(a) ln*Y*对lnKIT的脉冲响应

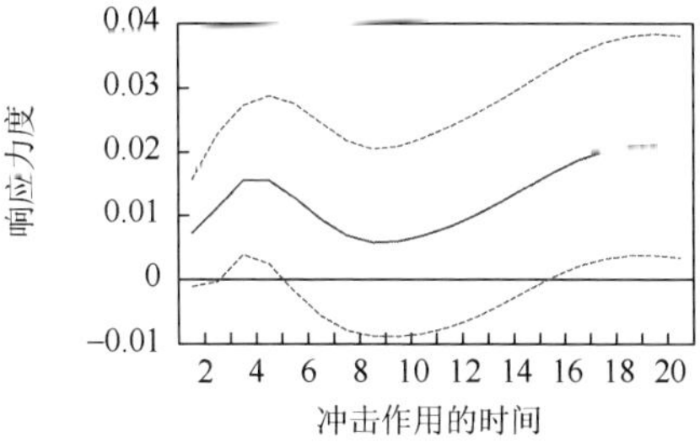

(b) lnKCT对lnKIT的脉冲响应

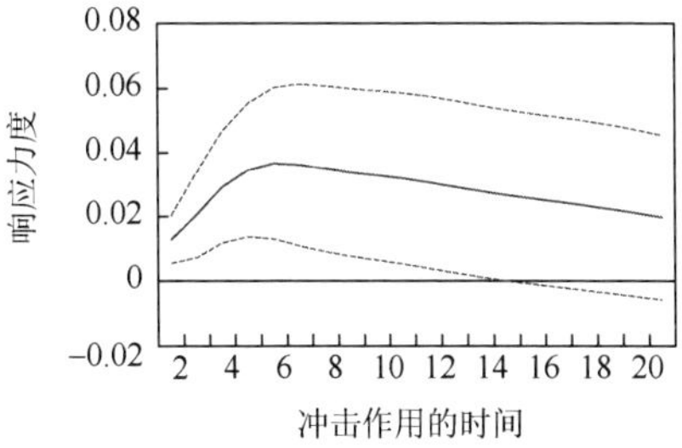

(c) lnKSD对lnKIT的脉冲响应

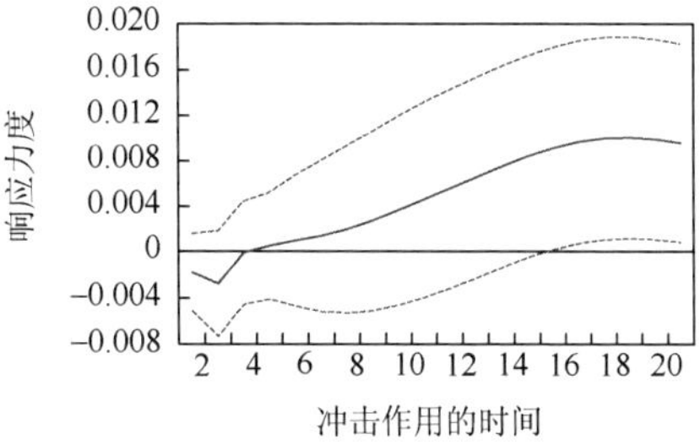

(d) lnKP对lnKIT的脉冲响应

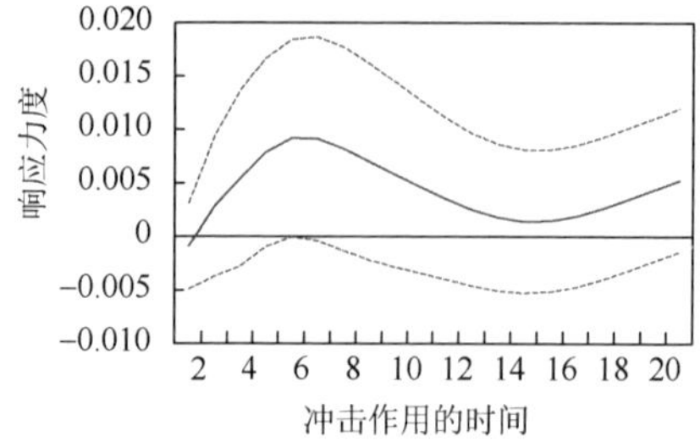

(e) lnRD对lnKIT的脉冲响应

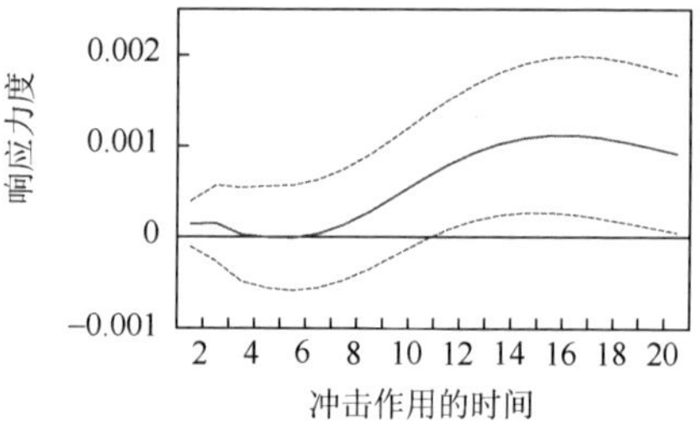

(f) ln*H*对lnKIT的脉冲响应

图 7-11 KIT 冲击对经济的影响

我们给出了人均通信设备资本 1 个单位正向冲击对经济的影响，如图 7-12 所示。可以看出，人均通信设备资本正向冲击对人均实际 GDP 在前 10 期具有正向影响，从第 11 期开始，这种影响由正转负。人均通信设备资本对人均计算设备资本在前 6 期具有挤入效应，从第 7 期转化成挤出效应；人均通信设备资本对人均计算机软件和数据资本开始时具有微弱的挤入效应，从第 3 期开始转化成挤出效应。人均通信设备资本对人均物质资本在前 10 期具有挤入效应，

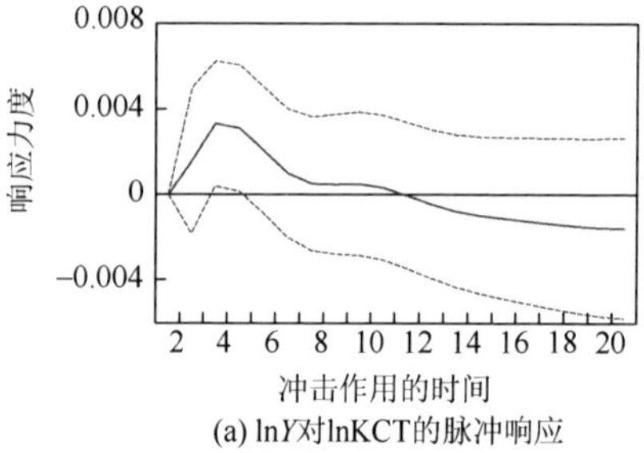

(a) ln*Y*对lnKCT的脉冲响应

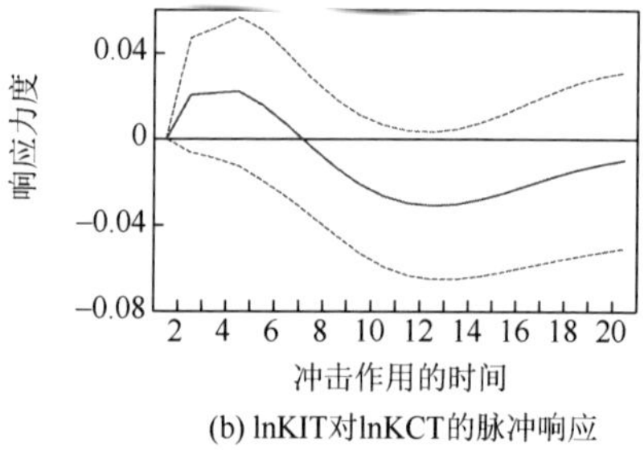

(b) lnKIT对lnKCT的脉冲响应

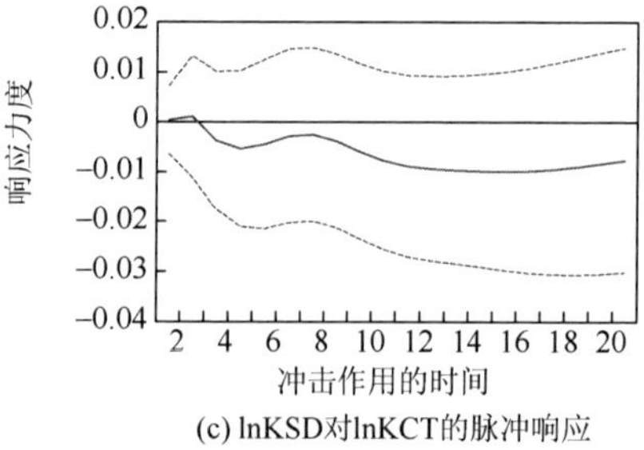

(c) lnKSD对lnKCT的脉冲响应

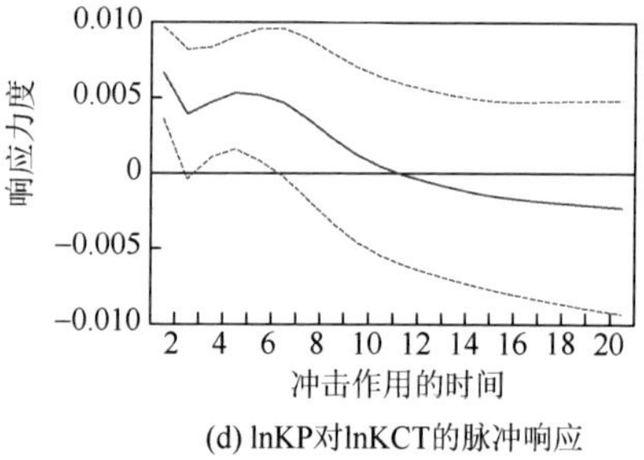

(d) lnKP对lnKCT的脉冲响应

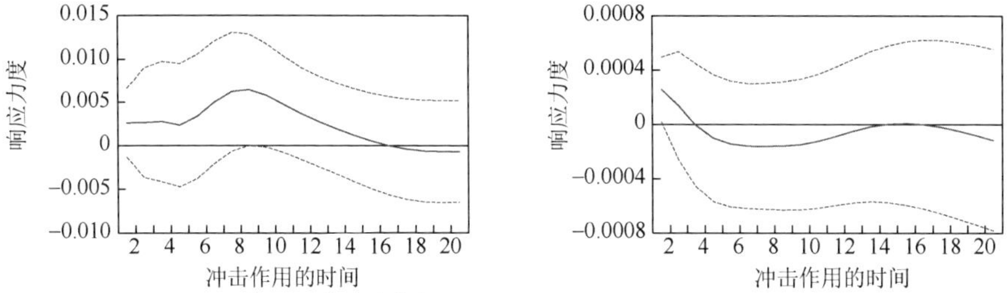

(e) lnRD对lnKCT的脉冲响应　　(f) ln$H$对lnKCT的脉冲响应

图 7-12　KCT 冲击对经济的影响

从第 11 期开始转化成挤出效应。人均通信设备资本对人均 R&D 资本在前 15 期具有挤入效应，从第 16 期开始转化成挤入效应。人均通信设备资本对人均人力资本在期初具有挤入效应，从第 3 期开始转化成挤出效应。综合上述分析，人均通信设备资本对其他各种类型的资本开始具有挤入效应。随着时间的推移，挤入效应逐渐转化成挤出效应。

我们给出了 1 单位人均计算机软件和数据资本冲击对经济的短期动态影响，如图 7-13 所示。可以看出，人均计算机软件和数据资本在期初对人均实际 GDP 具有负向影响，从第 2 期转化成正向影响。人均计算机软件和数据资本对人均计算设备资本期初具有挤出效应，从第 5 期转化成挤入效应，第 19 期又转化成挤出效应。人均计算机软件和数据资本对人均通信设备资本的影响不确定，从第 6 期转化为挤入效应。人均计算机软件和数据资本对人均 R&D 资本期初具有挤入效应，从第 3 期转化成挤出效应，从第 11 期又转化成挤入效应。人均计算机软件和数据资本对人均物质资本和人力资本始终具有挤入效应。综合以上分析，不同类型 ICT 资本对经济的短期动态影响差别较大。因此，我们需要关注 ICT 资本对其他生产要素的挤出效应。

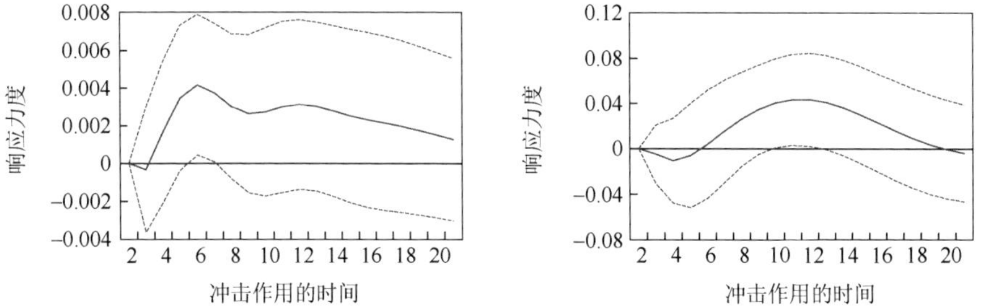

(a) ln$Y$对lnKSD的脉冲响应　　(b) lnKIT对lnKSD的脉冲响应

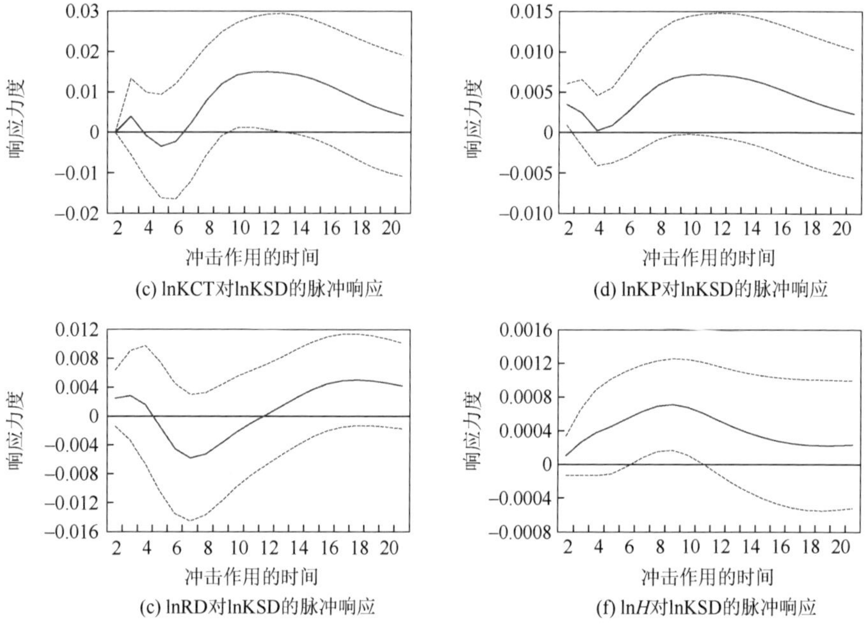

图 7-13　KSD 冲击对经济的影响

7.5　小　　结

本章构建了一个包含ICT资本和非ICT资本的内生增长模型，研究发现，ICT 部门生产效率越高，经济增长率越高。ICT 资本可以规避传统的物质资本边际生产率随资本投入严格递减的趋势，从而为经济实现内生增长提供了一个解释，这丰富了内生增长理论关于经济增长源泉的研究。理论模型结果显示，ICT 投资越多，经济增长率越高。基于美国数据的 VAR 分析表明，不同类型 ICT 资本对经济的短期动态影响存在较大差异。其中，人均计算设备资本对经济中其他生产要素具有挤入效应，人均通信设备资本对经济中其他要素短期具有挤入效应，长期具有挤出效应；人均计算机软件和数据资本对不同生产要素的短期和长期影响差别较大。本章认为应重视 ICT 投资，优化 ICT 投资结构。

本章可能的拓展包括以下几点：①估算 ICT 资本的回报率，并将其与物质资本、R&D 资本及人力资本投资的回报率进行对比。②基于行业和企业层面数据的分析。现有研究主要基于国家层面数据研究 ICT 资本对经济增长的影响，基于行业和企业层面的数据可以从微观上揭示出 ICT 资本对全要素生产率和经济增长的影响。此外，基于宏观数据的分析可能低估了 ICT 资本对经济增长的贡献度。这是因为 ICT 资本还可以通过微观渠道促进经济增长。例如，ICT 资本通过促进市场竞争的渠道对经济增长有正向影响（Jerbashian and Kochanova，2017）。

第 8 章

无形资本与经济增长

随着物质资本投入的不断增加，有形资本（tangible capital）的边际回报率不断下降，其对经济增长的作用逐渐减弱，未来需更多地强调无形资本（intangible capital）对经济增长的作用。与机器设备和厂房不同，无形资本并不是物质体现（physical embodiment）。根据 Corrado 等（2005，2009），无形资本主要包括以下三个方面：①计算机化信息（computerized information），主要包括软件和数据库；②创新特质（innovation property），主要包括 R&D、设计、金融服务中的产品发展、矿产勘查和艺术原创支出；③经济竞争力（economic competency），主要包括市场 R&D、广告、培训和组织资本（organizational capital）。我们可以将无形资本引入生产函数，并通过计量方法估算无形资本的产出弹性。Roth 和 Thum（2013）基于欧洲国家的数据发现，生产函数中无形资本的产出弹性在 0.25～0.55。Chen 等（2016）基于行业层面的数据估算发现，生产函数中无形资本的产出弹性为 0.17。

无形资本对经济增长的贡献度问题是学术界研究的热点。Corrado 等（2009）研究发现，1973～1995 年无形资本深化对美国经济增长的贡献度为 26.38%，1995～2003 年无形资本深化对美国经济增长的贡献度为 27.18%。Fukao 等（2009）基于经济增长核算的结果表明，无形资本对日本经济增长的贡献度较低，这是因为日本无形资本在总资本中的占比较低。Marrano 等（2009）的研究发现，1995～2003 年英国无形资本对经济增长的贡献度为 20%，在无形资本构成中，经济竞争力发挥的作用最大，计算机化信息的作用次之，创新特质的作用最小。Hulten 和 Hao（2012）的研究发现，2006 年中国无形资本投资占 GDP 的比例为 7.06%，低于美国、日本等发达国家，2000～2008 年，无形资本对中国经济增长的贡献度为 15.12%。Baldwin 等（2012）发现 2008 年加拿大无形资本投资占 GDP 的比例为 13.2%，无形资本投资与有形资本投资的比值从 1976 年的 0.23 上升到 2008 年的 0.66，无形资本投资对经济增长发挥着显著作用。Borgo 等（2013）基于英国 2000～2008 年的行业数据研究发现，无形资本深化对劳动生产率增长的贡献度为 23%，高于计算机硬件的贡献度（12%）、其他有形投资的贡献度（18%）及人力资本的贡献度（7%）。

无形资本在解释现实经济增长中发挥着重要作用。例如，Chen 等（2016）认为 20 世纪 90 年代中期以来欧洲经济增长乏力的重要原因不仅包括 ICT 投资率低下，也包括无形资本投资率较低，这使得 ICT 资本的使用效率较低。我们根据 Corrado 等（2012）提供的数据计算得到部分 OECD 国家 2010 年的人均无形资本，如图 8-1 所示。可以看出，不同国家人均无形资本的数量差别较大，其中捷克、意大利、斯洛文尼亚和西班牙人均无形资本不超过

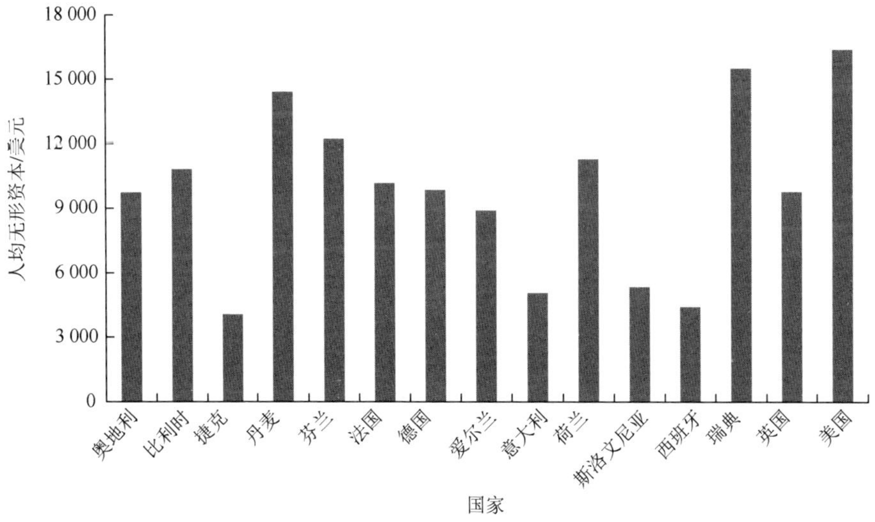

图 8-1　部分 OECD 国家人均无形资本

6000 美元，美国人均无形资本最高，高达 16 401 美元。我们进一步考察无形资本与实际收入之间的散点图，如图 8-2 所示。其中横轴表示人均无形资本取自然对数，纵轴表示人均实际收入取自然对数。可以看出，人均无形资本与人均实际收入之间呈现严格正向关系，人均无形资本越高，人均实际收入越高。

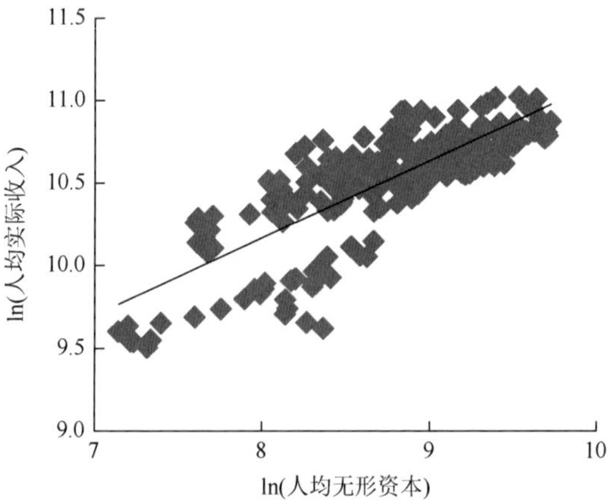

图 8-2　无形资本与人均实际收入的散点图

我们根据 Corrado 等（2012）提供的数据计算出 2010 年部分 OECD 国家无形资本内部投资结构，用分类无形资本与无形资本总量的比值表示无形资本内部结构，如表 8-1 所示。可以看出，在无形资本内部结构中，创新特质所占的比例最高，在大多数国家该比例超过 50%；经济竞争力次之，计算机化信息所占的比例最低。

表 8-1　2010 年部分 OECD 国家无形资本内部结构

国家	计算机化信息	创新特质	经济竞争力
奥地利	11.71%	57.57%	30.75%
比利时	12.19%	46.82%	41.01%
捷克	9.98%	56.60%	33.43%
丹麦	25.94%	50.76%	23.63%

续表

国家	计算机化信息	创新特质	经济竞争力
芬兰	14.56%	63.13%	22.31%
法国	17.43%	51.53%	31.11%
德国	9.98%	62.89%	27.19%
爱尔兰	7.76%	46.28%	45.96%
意大利	13.79%	52.70%	33.52%
荷兰	16.11%	43.84%	40.09%
斯洛文尼亚	9.41%	60.09%	30.49%
西班牙	20.45%	53.01%	26.54%
瑞典	18.86%	58.84%	22.38%
英国	19.30%	42.47%	38.42%
美国	9.95%	64.76%	25.22%

本章构建了一个同时包含有形资本和无形资本的经济增长模型，并运用计量经济学分析方法，通过跨国数据和我国分省数据考察无形资本对均衡收入水平的影响。

8.1　资本产出比与经济增长

过去很长一段时间，我国经济增长过多地依赖于资本形成。我们根据 PWT 9.0 数据计算得到我国资本产出比和资本增长率的变化趋势，如图 8-3 所示，其中左边的纵轴是资本产出比，右边的纵轴是资本增长率。我们将整个样本区间划分为以下三个阶段：第一个阶段是 1978～1992 年，我国资本产出比从 1.26 增加到 1.55，这段时间资本产出比总体稳定，资本增长率在 8%附近上下波动。第二个阶段是 1993～2003 年，我国资本产出比从 1.56 增加到 2.34，这段时间资本增长率在 10%附近上下波动，这属于资本快速增长时期。第三个阶段是 2004～2014 年，我国资本产出比从 2.40 上升到 4.13，资本增长率在 13%左右波动，这属于资本高速增长时期。资本产出比上升反映了我国生产能力的扩张，资本产出比急剧上升的动力是我国投资不断增加。其背后的原因包括地方政府为促进 GDP 增长的投资冲动，中央政府为应对金融危机冲击实施的一揽子计划等。

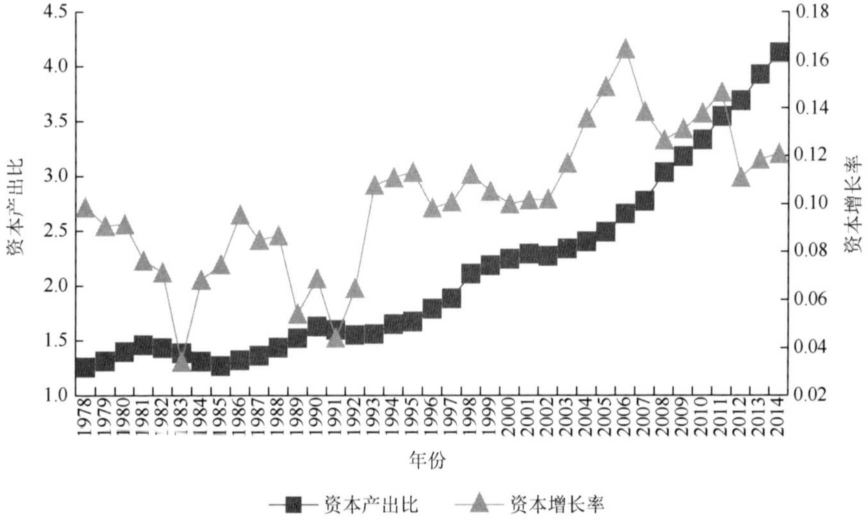

图 8-3　1978～2014 年我国的资本产出比以及资本增长率

经济发展不同阶段，资本产出比对经济增长的影响也存在差异。我们给出了基于我国经济数据的散点图，如图 8-4 所示，其中横轴是资本产出比，纵轴是经济增长率。可以看出，资本产出比对经济增长的影响不确定。当资本产出比较低时，随着资本产出比的上升，经济增长率呈上升趋势；当资本产出比超过某一阈值后，随着资本产出比的上升，经济增长率下降，这说明单纯地依靠增加资本很难维系持续的经济增长。其中可能的原因是，资本形成投入过多挤占了其他方面的投入，资本形成中存在拥挤效应，这也提醒我们过度资本扩张对经济增长是有害的。

我们给出了七国集团（Group of Seven，G7）1950～2014 年资本产出比与经济增长率的散点关系图，如图 8-5 所示，其中横轴是资本产出比，纵轴是经济增长率。可以看出，两者之间具有显著的负向关系。资本产出比越高，经济增长率越低。在此基础上，我们给出了金砖国家资本产出比与经济增长率之间的散点图，如图 8-6 所示，横轴是资本产出比，纵轴是经济增长率，可以看出，两者之间具有显著的负向关系，即资本产出比越高，经济增长率越低。

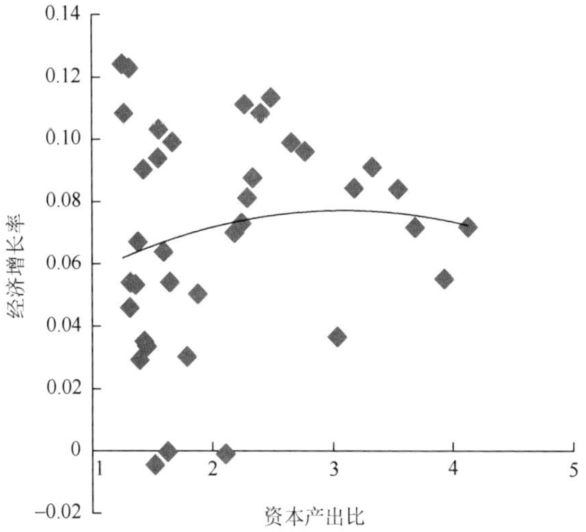

图 8-4　改革开放以来我国资本产出比与经济增长率的散点图

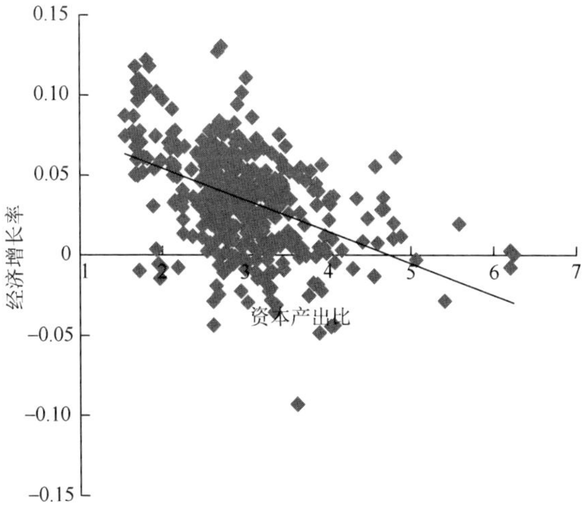

图 8-5　G7 国家资本产出比与经济增长率的散点图

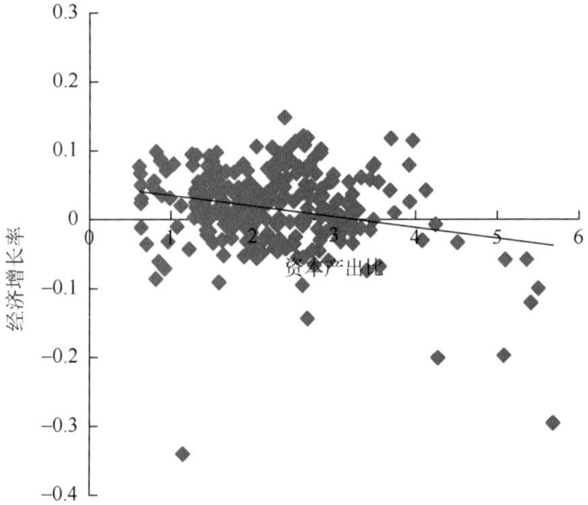

图 8-6 金砖国家资本产出比与经济增长率的散点图

8.2 理论模型

相对于传统框架，包含无形资本的模型可以更好地拟合经济特征事实。McGrattan 和 Prescott（2010）认为传统的新古典增长模型中没有考察无形资本的作用，这使得其不能解释 20 世纪 90 年代美国经济的繁荣，他们在新古典增长框架下引入无形资本并建立模型，发现该模型可以较好地解释美国经济现实。Corrado 等（2009）认为，对于像美国这样的处于技术前沿的国家，不考虑无形资本的作用会低估资本在收入分配中的重要性，高估劳动在收入分配中的重要性，包含无形资本的框架则可以更好地解释经济增长。McGrattan（2017）认为有形资本具有竞争性，而无形资本具有非竞争性。相对于不包括无形资本的单部门模型，包含无形资本的模型可以更好地拟合美国经济的劳动时间，更好地解释 1985～2014 年的三次经济繁荣和随后的经济衰退。Hou 和 Johri（2018）认为在商业周期框架下引入无形资本可以更好地解释现实，基于方差分解的结果显示，无形资本生产率冲击可以解释 85%的产出增长，超过 50%的投资增长及 90%的利润方差。Mitra（2019）认为生产函数中无形资本重要性的提升可以解释劳动力市场的动态转移及经济大稳健（great moderation）时期总产出波动的下降。Klein 和 Ventura（2020）认为引入无形资本会放大税收改革和财政支出改革对经济的影响，这使全要素生产率残差对经济的解释力度下降。

8.2.1　基准模型

本节首先给出一个包含有形资本和无形资本的经济增长模型，而后我们从分段投资函数以及考虑无形资本溢出效应的视角对模型进行拓展。我们假设总产出依赖于有形资本、无形资本、劳动和全要素生产率。给出如下的总产出函数：

$$Y = AK_{\mathrm{T}}^{\alpha}K_{\mathrm{I}}^{\beta}L^{1-\alpha-\beta} \tag{8-1}$$

其中，Y、A、K_{T}、K_{I}、L 分别表示总产出、全要素生产率、有形资本、无形资本、劳动力数量；α 和 β 分别表示有形资本和无形资本的产出弹性。假定初始的劳动力数量为 $L(0)$，劳动力的增长率为 n，从而 $L(t)=L(0)\mathrm{e}^{nt}$。

借鉴 Mankiw 等（1992）及 Nonneman 和 Vanhoudt（1996）等的思路，我们假设有形资本投资与无形资本投资是总收入的既定比例，其对应以下动态积累方程：

$$\dot{K}_{\mathrm{T}} = s_{\mathrm{T}}Y - \delta_{\mathrm{T}}K_{\mathrm{T}} \tag{8-2}$$

$$\dot{K}_{\mathrm{I}} = s_{\mathrm{I}}Y - \delta_{\mathrm{I}}K_{\mathrm{I}} \tag{8-3}$$

其中，s_{T} 和 s_{I} 分别表示总产出中用于有形资本和无形资本投资的比例；δ_{T} 和 δ_{I} 分别表示有形资本折旧率和无形资本折旧率。为计算方便，我们假设上述两种资本的折旧率相等，即 $\delta_{\mathrm{T}}=\delta_{\mathrm{I}}=\delta$。我们用 $k_{\mathrm{T}}=K_{\mathrm{T}}/L$ 和 $k_{\mathrm{I}}=K_{\mathrm{I}}/L$ 分别表示人均有形资本和人均无形资本，将方程（8-1）两端同除以 L，可以得到人均产出水平 $y=Y/L=Ak_{\mathrm{T}}^{\alpha}k_{\mathrm{I}}^{\beta}$。

根据上述定义，结合方程（8-2）和方程（8-3）可以得到人均有形资本和无形资本的动态积累方程：

$$\dot{k}_{\mathrm{T}} = s_{\mathrm{T}}Ak_{\mathrm{T}}^{\alpha}k_{\mathrm{I}}^{\beta} - (n+\delta)k_{\mathrm{T}} \tag{8-4}$$

$$\dot{k}_{\mathrm{I}} = s_{\mathrm{I}}Ak_{\mathrm{T}}^{\alpha}k_{\mathrm{I}}^{\beta} - (n+\delta)k_{\mathrm{I}} \tag{8-5}$$

在方程（8-1）中，总产出关于累积性生产要素（有形资本和无形资本）

的指数加总小于 1，从而对应新古典增长模式，均衡状态的增长率等于 0。我们用 k_{T}^{*} 和 k_{I}^{*} 分别表示均衡状态的劳均有形资本和劳均无形资本。令 $\dot{k}_{\mathrm{T}}=0$，$\dot{k}_{\mathrm{I}}=0$，结合方程（8-4）和方程（8-5），可以得到均衡状态的平均劳动力有形资本和无形资本：

$$k_{\mathrm{T}}^{*}=\left\{\frac{As_{\mathrm{T}}^{1-\beta}s_{\mathrm{I}}^{\beta}}{n+\delta}\right\}^{\frac{1}{1-\alpha-\beta}} \tag{8-6}$$

$$k_{\mathrm{I}}^{*}=\left\{\frac{As_{\mathrm{T}}^{\alpha}s_{\mathrm{I}}^{1-\alpha}}{n+\delta}\right\}^{\frac{1}{1-\alpha-\beta}} \tag{8-7}$$

将方程（8-6）和方程（8-7）代入生产函数 $y^{*}=A\left(k_{\mathrm{T}}^{*}\right)^{\alpha}\left(k_{\mathrm{I}}^{*}\right)^{\beta}$，可以得到均衡状态的人均收入：

$$y^{*}=A^{\frac{1}{1-\alpha-\beta}}\left[\frac{s_{\mathrm{T}}}{n+\delta}\right]^{\frac{\alpha}{1-\alpha-\beta}}\left[\frac{s_{\mathrm{I}}}{n+\delta}\right]^{\frac{\beta}{1-\alpha-\beta}} \tag{8-8}$$

根据方程（8-8）可知，有形资本投入比例 s_{T} 和无形资本投入比例 s_{I} 对均衡状态收入有正向影响，这是因为有形资本和无形资本投入越多，对应均衡状态的有形资本和无形资本越多，从而收入水平越高。根据方程（8-8），通过比较静态分析可知：

$$\frac{\partial y^{*}}{\partial s_{\mathrm{I}}}=\frac{\beta}{(1-\alpha-\beta)(n+\delta)}A^{\frac{1}{1-\alpha-\beta}}\left[\frac{s_{\mathrm{T}}}{n+\delta}\right]^{\frac{\alpha}{1-\alpha-\beta}}\left[\frac{s_{\mathrm{I}}}{n+\delta}\right]^{\frac{\beta}{1-\alpha-\beta}-1}>0 \tag{8-9}$$

根据方程（8-9），无形资本投资使得均衡状态的人均收入上升，这主要是因为根据方程（8-6）和方程（8-7），无形资本投资使得均衡状态的人均有形资本和无形资本都上升。这对应如下方程：

$$\frac{\partial k_{\mathrm{T}}^{*}}{\partial s_{\mathrm{I}}}=\frac{\beta s_{\mathrm{I}}^{-1}}{1-\alpha-\beta}\left\{\frac{As_{\mathrm{T}}^{1-\beta}s_{\mathrm{I}}^{\beta}}{n+\delta}\right\}^{\frac{1}{1-\alpha-\beta}}>0 \tag{8-10}$$

$$\frac{\partial k_{\mathrm{I}}^{*}}{\partial s_{\mathrm{I}}}=\frac{(1-\alpha)s_{\mathrm{I}}^{-1}}{1-\alpha-\beta}\left\{\frac{As_{\mathrm{T}}^{\alpha}s_{\mathrm{I}}^{1-\alpha}}{n+\delta}\right\}^{\frac{1}{1-\alpha-\beta}}>0 \tag{8-11}$$

根据方程（8-4）和方程（8-5），我们可以得到均衡状态需要满足以下条件组合：

$$\dot{k}_{\mathrm{T}}=s_{\mathrm{T}}Ak_{\mathrm{T}}^{\alpha}k_{\mathrm{I}}^{\beta}-(n+\delta)k_{\mathrm{T}}=0 \;\Rightarrow\; k_{\mathrm{T}}=\left[\frac{n+\delta}{s_{\mathrm{T}}A}\right]^{\frac{1}{\beta}}k_{\mathrm{T}}^{\frac{1-\alpha}{\beta}} \tag{8-12}$$

$$\dot{k}_{\mathrm{I}}=s_{\mathrm{I}}Ak_{\mathrm{T}}^{\alpha}k_{\mathrm{I}}^{\beta}-(n+\delta)k_{\mathrm{I}}=0 \;\Rightarrow\; k_{\mathrm{I}}=\left[\frac{s_{\mathrm{I}}A}{n+\delta}\right]^{\frac{1}{1-\beta}}k_{\mathrm{T}}^{\frac{\alpha}{1-\beta}} \tag{8-13}$$

我们可以通过作图的方法考察无形资本投资对经济均衡的影响，以 k_{T} 为横轴，k_{I} 为纵轴。由于 $0<\alpha+\beta<1$，从而推出 $1-\alpha>\beta$，因此 $\dot{k}_{\mathrm{T}}=0$ 是过原点单调递增的凸函数，$\dot{k}_{\mathrm{I}}=0$ 是过原点单调递增的凹函数，均衡点位于 $\dot{k}_{\mathrm{T}}=0$ 和 $\dot{k}_{\mathrm{I}}=0$ 的交点。无形资本投资上升使得 $\dot{k}_{\mathrm{I}}=0$ 上移，均衡点由 A 点移动到 B 点，相对于 A 点，B 点对应更高的人均有形资本和人均无形资本，也对应更高的收入水平，如图 8-7 所示。

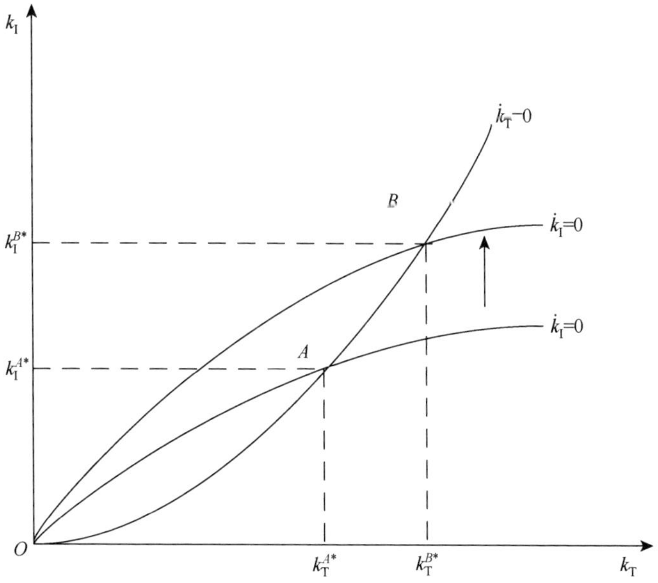

图 8-7　无形资本投资率上升对经济均衡的影响

我们进一步考察模型均衡状态$\left(k_{\mathrm{T}}^{*},k_{\mathrm{I}}^{*}\right)$的动态特征。具体地，将方程（8-4）和方程（8-5）在均衡状态附近进行一阶泰勒展开，可以得到如下线性化系统：

$$\dot{k}_{\mathrm{T}}=\left(s_{\mathrm{T}}A\alpha\left(k_{\mathrm{T}}^{*}\right)^{\alpha-1}\left(k_{\mathrm{I}}^{*}\right)^{\beta}-(n+\delta)\right)\left(k_{\mathrm{T}}-k_{\mathrm{T}}^{*}\right)+s_{\mathrm{T}}A\left(k_{\mathrm{T}}^{*}\right)^{\alpha}\beta\left(k_{\mathrm{I}}^{*}\right)^{\beta-1}\left(k_{\mathrm{I}}-k_{\mathrm{I}}^{*}\right) \quad (8\text{-}14)$$

$$\dot{k}_{\mathrm{I}}=s_{\mathrm{I}}A\alpha\left(k_{\mathrm{T}}^{*}\right)^{\alpha-1}\left(k_{\mathrm{I}}^{*}\right)^{\beta}\left(k_{\mathrm{T}}-k_{\mathrm{T}}^{*}\right)+\left(s_{\mathrm{I}}A\left(k_{\mathrm{T}}^{*}\right)^{\alpha}\beta\left(k_{\mathrm{I}}^{*}\right)^{\beta-1}-(n+\delta)\right)\left(k_{\mathrm{I}}-k_{\mathrm{I}}^{*}\right) \quad (8\text{-}15)$$

以上线性化系统对应的系数矩阵为

$$\boldsymbol{\Psi}=\begin{bmatrix} s_{\mathrm{T}}A\alpha\left(k_{\mathrm{T}}^{*}\right)^{\alpha-1}\left(k_{\mathrm{I}}^{*}\right)^{\beta}-(n+\delta) & s_{\mathrm{T}}A\left(k_{\mathrm{T}}^{*}\right)^{\alpha}\beta\left(k_{\mathrm{I}}^{*}\right)^{\beta-1} \\ s_{\mathrm{I}}A\alpha\left(k_{\mathrm{T}}^{*}\right)^{\alpha-1}\left(k_{\mathrm{I}}^{*}\right)^{\beta} & s_{I}A\left(k_{\mathrm{T}}^{*}\right)^{\alpha}\beta\left(k_{\mathrm{I}}^{*}\right)^{\beta-1}-(n+\delta) \end{bmatrix}$$

我们假设上述系数矩阵的两个特征根分别是λ_1和λ_2，根据线性代数知识，结合均衡状态需要满足的条件可得：

$$\begin{aligned}\lambda_1+\lambda_2=\operatorname{Tr}(\Psi)&=\left(s_{\mathrm{T}}A\alpha\left(k_{\mathrm{T}}^{*}\right)^{\alpha-1}\left(k_{\mathrm{I}}^{*}\right)^{\beta}-(n+\delta)\right)+\left(s_{\mathrm{I}}A\left(k_{\mathrm{T}}^{*}\right)^{\alpha}\beta\left(k_{\mathrm{I}}^{*}\right)^{\beta-1}-(n+\delta)\right)\\ &=(\alpha-1)s_{\mathrm{T}}A\left(k_{\mathrm{T}}^{*}\right)^{\alpha-1}\left(k_{\mathrm{I}}^{*}\right)^{\beta}+(\beta-1)s_{\mathrm{I}}A\left(k_{\mathrm{T}}^{*}\right)^{\alpha}\left(k_{\mathrm{I}}^{*}\right)^{\beta-1}\end{aligned}$$

（8-16）

$$\begin{aligned}\lambda_1\lambda_2=\operatorname{Det}(\Psi)&=\left(s_{\mathrm{T}}A\alpha\left(k_{\mathrm{T}}^{*}\right)^{\alpha-1}\left(k_{\mathrm{I}}^{*}\right)^{\beta}-(n+\delta)\right)\left(s_{\mathrm{I}}A\left(k_{\mathrm{T}}^{*}\right)^{\alpha}\beta\left(k_{\mathrm{I}}^{*}\right)^{\beta-1}-(n+\delta)\right)\\ &\quad-s_{\mathrm{T}}A\left(k_{\mathrm{T}}^{*}\right)^{\alpha}\beta\left(k_{\mathrm{I}}^{*}\right)^{\beta-1}s_{\mathrm{I}}A\alpha\left(k_{\mathrm{T}}^{*}\right)^{\alpha-1}\left(k_{\mathrm{I}}^{*}\right)^{\beta}\\ &=(n+\delta)\left((n+\delta)-s_{\mathrm{T}}A\alpha\left(k_{\mathrm{T}}^{*}\right)^{\alpha-1}\left(k_{\mathrm{I}}^{*}\right)^{\beta}-s_{\mathrm{I}}A\left(k_{\mathrm{T}}^{*}\right)^{\alpha}\beta\left(k_{\mathrm{I}}^{*}\right)^{\beta-1}\right)=(1-\alpha-\beta)(n+\delta)^2\end{aligned}$$

（8-17）

由于$0<\alpha<1$，$0<\beta<1$，$0<\alpha+\beta<1$，根据方程（8-16）和方程（8-17）可知$\lambda_1+\lambda_2<0$，$\lambda_1\lambda_2>0$。据此我们可以得到：①若λ_1和λ_2为实根，则$\lambda_1<0$，$\lambda_2<0$；②若λ_1和λ_2为虚根，则其实部为负。综合上述分析，均衡状态$\left(k_{\mathrm{T}}^{*},k_{\mathrm{I}}^{*}\right)$为稳定的均衡点，即给定任意的初始状态，通过系统作用都可以收敛到均衡状态$\left(k_{\mathrm{T}}^{*},k_{\mathrm{I}}^{*}\right)$。

8.2.2　多重均衡点的情形

我们假设无形资本投资是分段函数，当收入水平较低时，无形资本投资率较低；当收入水平较高时，无形资本的投资率较高。由于无形资本是收入水平的重要决定因素，我们假设如下分段的无形资本投资函数：

$$s_{\mathrm{I}}=\begin{cases}s_{\mathrm{I}}^{1}, & k_{\mathrm{I}}\leqslant\bar{k}_{\mathrm{I}}\\ s_{\mathrm{I}}^{2}, & k_{\mathrm{I}}>\bar{k}_{\mathrm{I}}\end{cases}\tag{8-18}$$

其中，$\bar{k}_{\mathrm{I}}$ 表示临界的无形资本数量，我们假设 $s_{\mathrm{I}}^{2}>s_{\mathrm{I}}^{1}$，即更高的收入水平对应更高的无形资本投资率。

将以上条件代入无形资本动态积累方程可得：

$$\dot{k}_{\mathrm{I}}=\begin{cases}s_{\mathrm{I}}^{1}y-(n+\delta)k_{\mathrm{I}}, & k_{\mathrm{I}}\leqslant\bar{k}_{\mathrm{I}}\\ s_{\mathrm{I}}^{2}y-(n+\delta)k_{\mathrm{I}}, & k_{\mathrm{I}}>\bar{k}_{\mathrm{I}}\end{cases}\tag{8-19}$$

在以上框架下可以产生多重均衡点，即可以解释现实经济中不同国家会收敛到不同的均衡点，这可以更好地解释不同国家经济发展水平的差距。将方程（8-19）的分段函数代入方程（8-4）和方程（8-5），可以计算得到分段的无形资本动态积累方程决定的均衡状态的无形资本分别为

$$\left(k_{\mathrm{I}}^{1}\right)^{*}=\left\{A\frac{s_{\mathrm{T}}^{\alpha}\left(s_{\mathrm{I}}^{1}\right)^{1-\alpha}}{n+\delta}\right\}^{\frac{1}{1-\alpha-\beta}}\tag{8-20}$$

$$\left(k_{\mathrm{I}}^{2}\right)^{*}=\left\{A\frac{s_{\mathrm{T}}^{\alpha}\left(s_{\mathrm{I}}^{2}\right)^{1-\alpha}}{n+\delta}\right\}^{\frac{1}{1-\alpha-\beta}}\tag{8-21}$$

我们假设 $\bar{k}_{\mathrm{I}}\in\left(\left(k_{\mathrm{I}}^{1}\right)^{*},\left(k_{\mathrm{I}}^{2}\right)^{*}\right)$，从而经济中存在两个均衡点，如图 8-8 所示。无形资本投入较低的国家收敛到低的收入水平，无形资本投入较高的国家则收敛到高的收入水平，这分别对应图 8-8 中的 A 点和 B 点。其中 A 点对应较低的有形资本、无形资本和收入水平；B 点对应较高的有形资本、无形资本和收入水平。需要说明的是，这里的 A 点也可以被理解为是贫困陷阱。因此，无形资本投入的差异是导致均衡收入水平差异的重要原因。

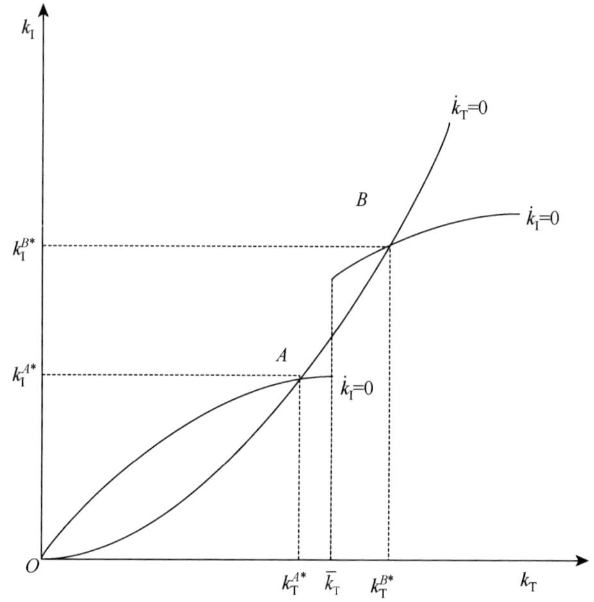

图 8-8　无形资本投入差异与经济均衡差异

关于图 8-8 的推导思路如下，根据均衡状态需要满足的条件 $\dot{k}_{\mathrm{T}}=s_{\mathrm{T}}Ak_{\mathrm{T}}^{\alpha}k_{\mathrm{I}}^{\beta}-(n+\delta)k_{\mathrm{T}}=0$，可以得到：$k_{\mathrm{I}}=\left[(n+\delta)/(s_{\mathrm{T}}A)\right]^{\frac{1}{\beta}}k_{\mathrm{T}}^{\frac{1-\alpha}{\beta}}$，由于 $0<\alpha+\beta<1$，因此 $(1-\alpha)/\beta>1$，且横轴是 k_{T}，纵轴是 k_{I}。因此，$\dot{k}_{\mathrm{T}}=0$ 是过原点的单调递增的凸函数。同样地，$\dot{k}_{\mathrm{I}}=0$ 是过原点的单调递增的凹函数，且以 $\bar{k}_{\mathrm{I}}$ 为跳跃点，$\bar{k}_{\mathrm{I}}$ 左右两端的投资率存在差异。$\bar{k}_{\mathrm{I}}$ 左端对应较低的无形资本投资率，经济收敛于 A 点，这对应较低的均衡状态收入；$\bar{k}_{\mathrm{I}}$ 右端对应较高的无形资本投资率，经济收敛于 B 点，对应较高的均衡状态收入。

据此可知，在以上框架中存在经济增长全局不确定性（global indeterminacy），即经济中存在多重均衡解，从初始状态出发，经济可能会收敛到不同的均衡状态。我们可以通过经济增长的全局不确定性来解释贫困陷阱（poverty trap）及大推动（big push）等问题。已有的研究发现，财政政策、货币政策、知识产权保护，习惯形成及技术外部性等都是产生全局不确定性的重要原因，本章从无形资本投资的视角来解释经济增长的不确定性。

8.2.3　内生增长的情形

我们进一步细化有形资本与无形资本。我们假设有形资本通过扩大投资的渠道提升生产能力，无形资本除通过投资渠道扩大生产能力外，对技术进步也有促进作用。我们在 Romer（1990）、Jones（1995）的基础上，将无形资本引入知识生产函数，假设无形资本可以产生技术溢出效应，给出如下知识生产函数：

$$\dot{A} = \eta K_1^{\lambda} A^{\phi}\text{，}\lambda + \phi < 1 \tag{8-22}$$

其中，$\dot{A}$ 表示新生产的知识；A 表示知识存量；K_1 表示无形资本的数量；η 表示除无形资本和知识存量之外，其他作用于知识生产的各种因素综合；ϕ 刻画了知识生产的溢出效应，其也被称为“站在巨人肩膀上的效应”（standing on the giants' shoulders effect）；λ 表示无形资本对知识生产的促进力度。λ 和 ϕ 越大，表示知识生产的效率越高。为简化起见，我们不考虑劳动力增长。根据方程（8-22）可以得到均衡状态的知识增长率：

$$\dot{A}/A = \eta K_1^{\lambda} A^{\phi-1} \tag{8-23}$$

均衡状态知识的增长率为常数，将方程（8-23）两端取自然对数，并对时间 t 求导，可得：

$$\frac{\dot{A}}{A} = \frac{\lambda}{1-\phi}\frac{\dot{K}_1}{K_1} \tag{8-24}$$

根据有形资本和无形资本的动态积累方程可知，当经济收敛于平衡增长路径上时，有形资本、无形资本及总产出的增长率相等，我们将其记为平衡增长路径上的经济增长率 γ 。结合生产函数取自然对数，并对时间 t 求导，可得：

$$\frac{\dot{A}}{A} = (1-\alpha-\beta)\frac{\dot{K}_1}{K_1} \tag{8-25}$$

综合方程（8-24）和方程（8-25），我们可知，为实现经济内生增长，生产函数和知识生产函数参数需满足以下条件：

$$\lambda/(1-\phi) = 1-\alpha-\beta \tag{8-26}$$

这里需要说明的是，上述参数条件至关重要，这是因为若 $\lambda/(1-\phi)<1-\alpha-\beta$，则知识增长的速度过慢，不能抵消资本边际产量下降的速度，这种情况下经济会收敛于均衡点，从而均衡状态的经济增长率为 0。若 $\lambda/(1-\phi)>1-\alpha-\beta$，则知识增长的速度过快，总产出增长的速度超过资本的增长速度，这种情况下均衡状态的经济增长率趋向无穷大。我们集中考虑满足方程（8-26）的情形，这种情况恰好可以产生内生经济增长。

根据方程（8-23）和平衡增长路径上经济增长率为 γ 的条件，可知：

$$A=\left[\eta K_{\mathrm{I}}^{\lambda}/((1-\alpha-\beta)\gamma)\right]^{\frac{1}{1-\phi}} \tag{8-27}$$

我们将方程（8-27）代入生产函数可得：

$$Y=\left[\eta/((1-\alpha-\beta)\gamma)\right]^{\frac{1}{1-\phi}}K_{\mathrm{T}}^{\alpha}K_{\mathrm{I}}^{\beta+\frac{\lambda}{1-\phi}}L^{1-\alpha-\beta} \tag{8-28}$$

将方程（8-2）两端同除以 K_{T}，方程（8-3）两端同除以 K_{I}，并结合平衡增长路径上两者的增长率相等的条件可得：

$$K_{\mathrm{T}}=s_{\mathrm{T}}K_{\mathrm{I}}/s_{\mathrm{I}} \tag{8-29}$$

将方程（8-29）代入方程（8-28），并结合方程（8-26），可得：

$$\begin{aligned}Y&=\left[\eta/((1-\alpha-\beta)\gamma)\right]^{\frac{1}{1-\phi}}(s_{\mathrm{T}}/s_{\mathrm{I}})^{\alpha}K_{\mathrm{I}}^{\alpha+\beta+\frac{\lambda}{1-\phi}}L^{1-\alpha-\beta}\\&=\left[\eta/((1-\alpha-\beta)\gamma)\right]^{\frac{1}{1-\phi}}(s_{\mathrm{T}}/s_{\mathrm{I}})^{\alpha}L^{1-\alpha-\beta}K_{\mathrm{I}}\end{aligned} \tag{8-30}$$

将方程（8-30）代入方程（8-3），将方程两端同除以 K_{I}，且结合平衡增长路径上经济增长率为 γ 的条件，可得：

$$\gamma=\left[\eta/((1-\alpha-\beta)\gamma)\right]^{\frac{1}{1-\phi}}s_{\mathrm{T}}^{\alpha}s_{\mathrm{I}}^{1-\alpha}L^{1-\alpha-\beta}-\delta \tag{8-31}$$

方程（8-31）可以决定内生的经济增长率 γ，其取决于有形资本的投资率、无形资本的投资率及其他模型参数。我们通过作图的方法将方程（8-31）左端和右端表示出来，横轴是经济增长率 γ。方程（8-31）左边是过原点的 45 度斜线，方程（8-31）右边是单调递减的凸函数，如图 8-9 所示。

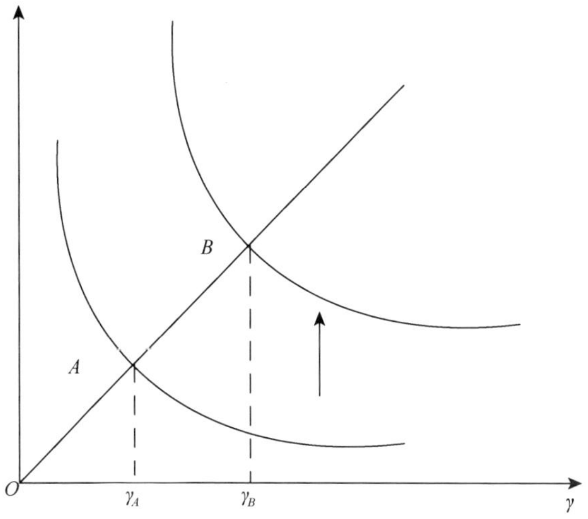

图 8-9　无形资本投资率上升对经济增长的影响

可以看出，经济中存在唯一均衡点，决定平衡增长路径上的经济增长率。无形资本投资率 s_1 越高，则方程右边数值越大，从而右边函数对应的曲线位置越高。无形资本投资率上升使得经济由 A 点移动到 B 点，因此，无形资本投资率上升使得经济增长率上升。相较于原先的模型，考虑到无形资本的知识溢出效应，则经济可以实现内生增长。这拓展了知识生产函数的设定，从无形资本的视角解释经济增长的源泉和动力。根据方程（8-31），劳动力数量越多，经济规模越大，经济增长率越高，即经济中存在规模效应。

8.3　基于跨国数据的实证分析

8.3.1　研究框架

根据数据的可得性，我们可以找到资本形成占 GDP 的比例及无形资本数量，因此，我们将原先的方程做一些等价变换。根据方程（8-7）可知：

$$s_{\mathrm{I}}^{*}=\left\{\frac{\left(k_{\mathrm{I}}^{*}\right)^{1-\alpha-\beta}}{s_{\mathrm{T}}^{\alpha}}\frac{n+\delta}{A}\right\}^{\frac{1}{1-\alpha}} \tag{8-32}$$

将其代入方程（8-6）可得：

$$k_{\mathrm{T}}^{*}=A^{\frac{1}{1-\alpha}}\left[\frac{s_{\mathrm{T}}}{n+\delta}\right]^{\frac{1}{1-\alpha}}\left(k_{\mathrm{I}}^{*}\right)^{\frac{\beta}{1-\alpha}} \tag{8-33}$$

我们将方程（8-33）代入均衡状态的人均产出函数 $y^{*}=A\left(k_{\mathrm{T}}^{*}\right)^{\alpha}\left(k_{\mathrm{I}}^{*}\right)^{\beta}$ 可得：

$$y^{*}=A^{\frac{1}{1-\alpha}}\left\{\frac{s_{\mathrm{T}}}{n+\delta}\right\}^{\frac{\alpha}{1-\alpha}}\left(k_{\mathrm{I}}^{*}\right)^{\frac{\beta}{1-\alpha}} \tag{8-34}$$

根据方程（8-34）可知，无形资本差异是不同国家人均收入差异的重要原因。无形资本投资越多，均衡状态的收入越高。根据方程（8-34），就该方程两端分别取自然对数，并借鉴Mankiw等（1992）的思路，假设 $\ln A=a+\varepsilon$，可以得到如下关于均衡状态人均产出的回归方程：

$$\ln y^{*}=a+\frac{\alpha}{1-\alpha}\ln s_{\mathrm{T}}+\frac{\beta}{1-\alpha}\ln k_{\mathrm{I}}^{*}-\frac{\alpha}{1-\alpha}\ln(n+\delta)+\varepsilon \tag{8-35}$$

事实上，我们可以将方程（8-35）整理为如下受限形式的回归方程：

$$\ln y^{*}=a+\frac{\alpha}{1-\alpha}\left[\ln s_{\mathrm{T}}-\ln(n+\delta)\right]+\frac{\beta}{1-\alpha}\ln k_{\mathrm{I}}^{*}+\varepsilon \tag{8-36}$$

8.3.2 基于跨国数据的分析

基于Corrado等（2012）构建的无形资本投资（Intangible Capital Investment，INTAN-Invest）数据库，样本国家主要包括奥地利、比利时、捷克、丹麦、芬兰、法国、德国、爱尔兰、意大利、荷兰、斯洛文尼亚、西班牙、瑞典、英国、美国等 15 个国家。可以看出，这些国家主要集中在西北欧和北美，经济发展水平较高。所选样本区间为1995～2010年。

静态面板数据可以采用混合普通最小二乘法（pooled ordinary least square，pooled OLS）、固定效应（fixed effect）模型和随机效应（random effect）模型进行分析。pooled OLS 忽略了个体间不可观测或被遗漏的异质性，而该异质性可能与解释变量相关从而导致估计不一致（陈强，2010），因此，这种方法应用较少。或者即使使用并报告了 pooled OLS 回归的结果，也是作为参照系，还需要做各种稳健性检验。静态面板数据分析中使用较多的是固定效应模型和随机效应模型分析方法。若数据是从总体中抽样得到的，则可以使用随机效应模型；若对应总体数据，如我国分省的数据，则不存在随机抽样的问题，通常使用固定效应模型。这里使用固定效应模型，具体结果见表 8-2，其中（1）和（2）是基准模型分析，（3）和（4）是受限模型分析。（1）和（3）假设资本折旧率等于 5%，（2）和（4）假设资本折旧率等于 10%。可以看出，与有形资本、人力资本相同，无形资本对产出具有显著的促进作用。

表 8-2　无形资本对均衡收入的影响

变量	（1）固定效应	（2）固定效应	（3）固定效应	（4）固定效应
$\ln s_T$	0.313***	0.313***		
	(6.40)	(6.40)		
$\ln k_I^*$	0.256***	0.256***	0.293***	0.288***
	(12.36)	(12.35)	(21.15)	(20.95)
$\ln(n+\delta)$	0.720	1.266		
	(1.62)	(1.62)		
$\ln s_T - \ln(n+\delta)$			0.310***	0.315***
			(6.28)	(6.40)
常数项	5.936**	4.192**	7.572***	7.784***
	(8.31)	(2.36)	(53.80)	(61.76)
R^2	0.684	0.684	0.676	0.678

注：括号内为 t 值

***和**分别表示在 1%和 5%的水平上显著

可以看出，无论是基准模型，还是受限模型，无形资本前面的系数都显著为正，这说明无形资本对均衡收入具有促进作用。以往的文献发现用包含物质资本和人力资本的框架来解释发达国家经济发展时存在较大的问题（Nonneman and Vanhoudt，1996）。根据本章构建的包含无形资本的框架，我们发现 R^2 较大，这说明控制无形资本变量可以较好地解释发达国家内部的收入差异，这是对 Mankiw 等（1992）及 Nonneman 和 Vanhoudt（1996）的重要改进。根据以上分析，无形资本可能是传统框架下缺失的重要变量，无形资本投资的差异是发达国家内部收入差距的重要原因。

根据受限形式的回归结果及系数对应的经济学含义，我们可以反推出生产函数参数值 $\alpha = 0.237$ 、$\beta = 0.224$ 。在此基础上，我们还可以运用上述框架估算生产要素的边际回报率。其思路是，根据人均有效资本积累的动态方程（8-4）～方程（8-7），我们可知当经济处于均衡状态时，生产要素投资的边际回报率等于投资的边际产出减去折旧率。在此基础上，我们可以给出如下生产要素投资回报率的表达式：

$$\pi_i = \frac{\partial Y}{\partial K_i} = \sigma_i \frac{n+\delta}{s_i} \tag{8-37}$$

其中， $i = \mathrm{T,I}$ ，相应的 $\sigma_i = \alpha, \beta$ 。

我们根据方程（8-37）得到有形资本边际产量和无形资本边际产量的核密度图，如图 8-10 所示。其中，图 8-10（a）为有形资本边际产量的核密度图，图 8-10（b）为无形资本边际产量的核密度图。可以看出，相对于有形资本边际产量的核密度图，无形资本边际产量的核密度图更偏右，这说明无形资本的边际生产率更高。

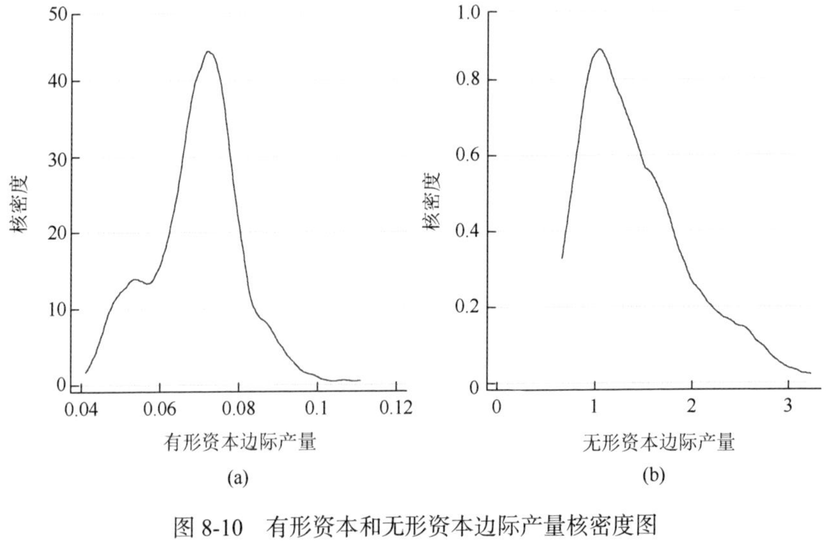

图 8-10　有形资本和无形资本边际产量核密度图

8.4　基于中国省级数据的实证分析

本节运用我国省级层面的数据考察无形资本是否存在水平效应和增长效应。我们用资本形成占 GDP 的比例表示有形资本投资率，分省无形资本的数据来源于 Li 和 Wu（2018），我们用无形资本的总数除以劳动力总数来表示劳均无形资本。我国无形资本总量从 2003 年的 2.35 万亿元增加到 2014 年的 18.27 万亿元，如图 8-11 所示。

我们进一步考察无形资本的内部结构，无形资本主要包括计算机化信息资本、创新特质资本及经济竞争力资本。我们用分类无形资本占总无形资本的比例表示无形资本内部结构，如图 8-12 所示。可以看出，创新特质资本占无形资本的份额最高，样本期间内尽管其占无形资本的份额呈现不断下降的趋势，但其占比始终超过 50%。计算机化信息资本占无形资本的比例从 2003 年的 12.66%上升到 2014 年的 36.87%。经济竞争力资本占无形资本的比例从 2003 年的 20.88%下降到 2014 年的 11.87%。通过与表 8-1 发达国家无形资本的结构相对比，我国经济竞争力投资占比较低，而计算机化信息投资占比较高。

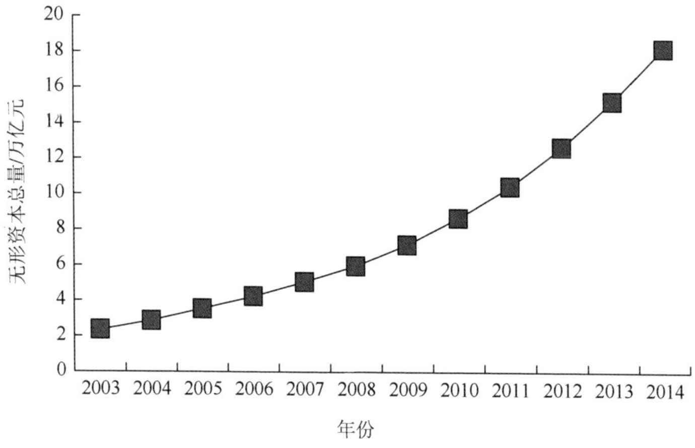

图 8-11　我国无形资本总量

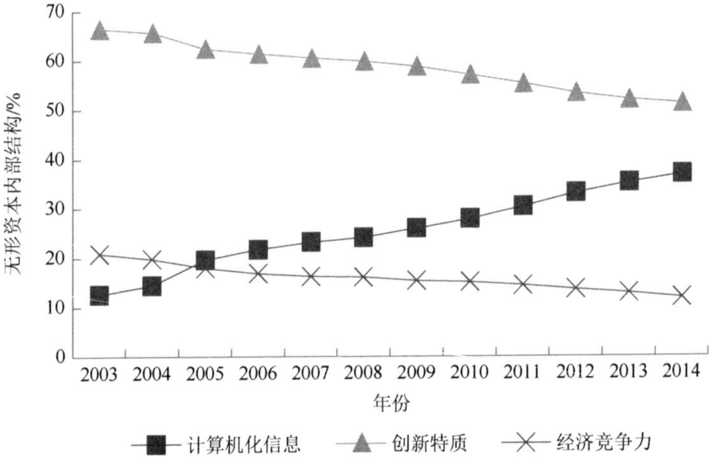

图 8-12 我国无形资本内部结构

我们根据可比价格计算出 2014 年我国 31 个省区市的人均无形资本，如图 8-13 所示。总体而言，经济发展水平更高的省区市对应的人均无形资本水平更高。例如，北京、上海的人均无形资本水平较高。无形资本主要包括计算机化信息资本、创新特质资本和经济竞争力资本三个方面，我们分别从这三个维度考察无形资本影响经济增长的传导机制。基于 Li 和 Wu（2018）

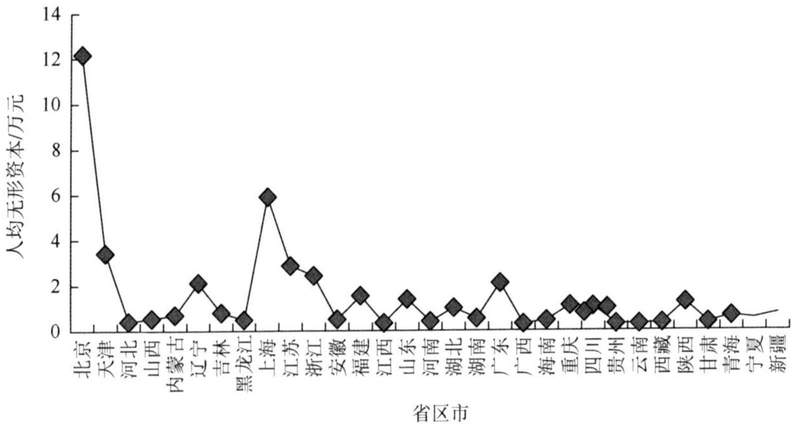

图 8-13 我国分省人均无形资本

的数据，我们计算了 2014 年根据可比价格计算的我国分省的人均计算机化信息资本、创新特质资本和经济竞争力资本，如图 8-14～图 8-16 所示。可以看出，与总体无形资本的特征相同，经济发展水平高的省区市，人均分类无形资本也较多。

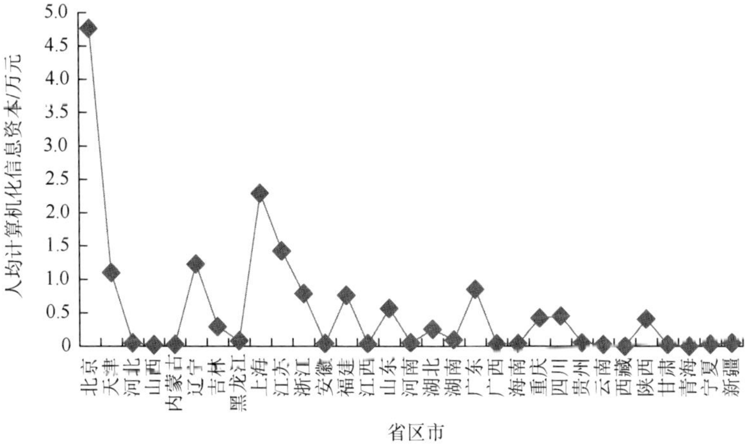

图 8-14　我国分省人均计算机化信息资本

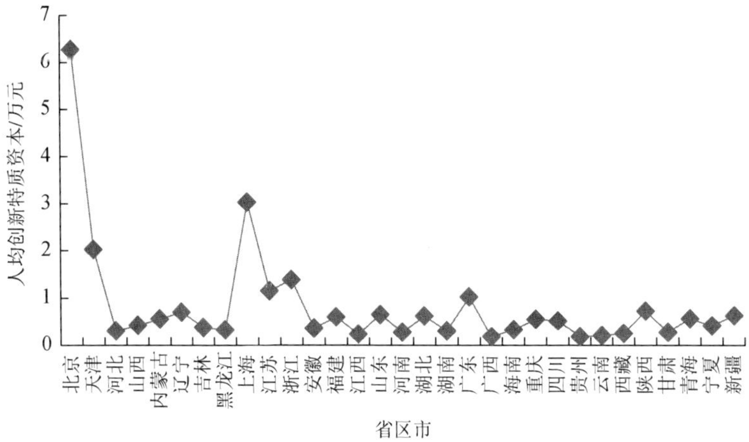

图 8-15　我国分省人均创新特质资本

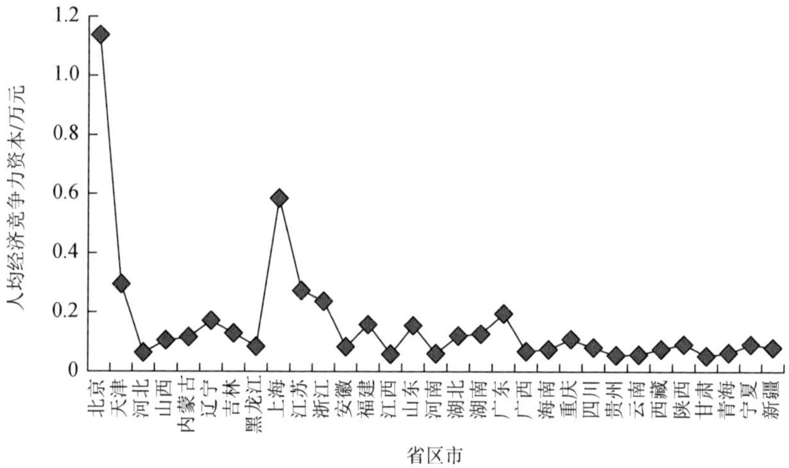

图 8-16 我国分省人均经济竞争力资本

基于省级层面的数据，我们考察无形资本对我国均衡收入的影响，如表 8-3 所示。可以看出，无论是通过非受限模型还是受限模型，无形资本对应的系数都显著为正，这说明无形资本是促进我国省区市收入水平增加的原因。回归对应的 R^2 都较高，这说明包含无形资本的框架可以更好地解释我国不同省区市之间经济发展水平的差异。

表 8-3 我国无形资本对均衡收入的影响

变量	（1）固定效应	（2）固定效应	（3）固定效应	（4）固定效应
$\ln s_{\mathrm{T}}$	0.260***	0.260***		
	（5.37）	（5.37）		
$\ln k_{\mathrm{I}}^{*}$	0.623***	0.623***	0.613***	0.613***
	（46.68）	（46.78）	（46.84）	（46.40）
$\ln(n+\delta)$	−1.666***	−3.277***		
	（−3.71）	（−3.80）		
$\ln s_{\mathrm{T}}-\ln(n+\delta)$			0.315***	0.314***
			（6.92）	（6.76）
常数项	4.533***	9.399***	2.247***	2.447***
	（5.95）	（4.64）	（22.28）	（18.43）
R^2	0.919	0.919	0.917	0.916

注：括号内为 t 值

***表示在 1%的水平上显著

根据受限形式回归可以得到，当资本折旧率取 10%时，可以反推出 $\alpha=0.38$，$\beta=0.195$。根据方程（8-37），我们可以计算出有形资本与无形资本的边际回报率。我们绘制有形资本边际产量和无形资本边际产量的核密度分布图，如图 8-17 所示。可以看出，相对于有形资本边际产量，无形资本边际产量对应的核密度图更向右偏移，且对应的波峰更低，这说明总体而言，无形资本的边际产量更高。这也说明现实经济中可能存在较为严重的资源错配现象，将更多的资源从有形资本向无形资本配置有利于提高产出水平。

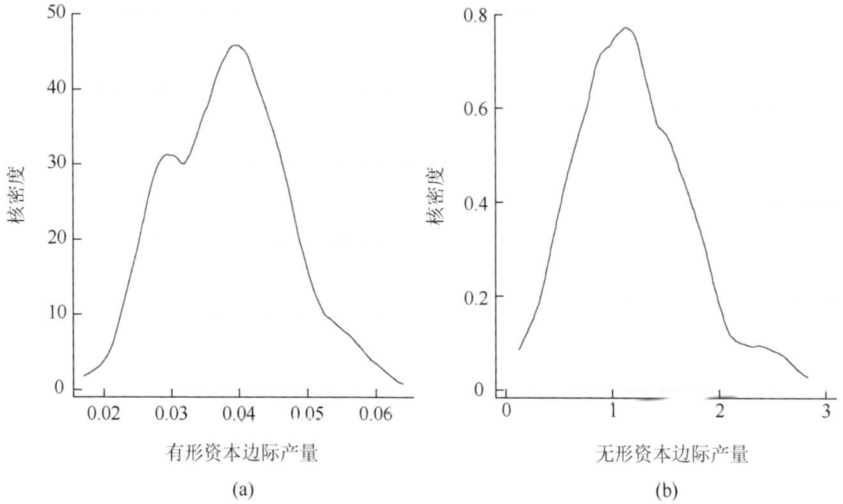

图 8-17　我国有形资本与无形资本的边际产量核密度图

根据 Li 和 Wu（2018），我们计算了我国无形资本投资占有形资本投资比例的变化趋势，如图 8-18 所示。可以看出，尽管 2007 年之后我国无形资本投资占有形资本投资的比例上升，但无形资本投资仍远低于有形资本投资，2014 年这一比值低于 0.24。

无形资本包括计算机化信息资本、创新特质资本及经济竞争力资本。我们分别考察三种不同无形资本对收入水平的影响，这对应无形资本影响实际收入的传导机制。我们用 k_C^*、k_R^* 和 k_E^* 分别表示人均计算机化信息资本、人均创新特质资本和人均经济竞争力资本。可以看出，计算机化信息资本、创新特质资本和经济竞争力资本对均衡收入具有显著的促进作用，如表 8-4 所示。

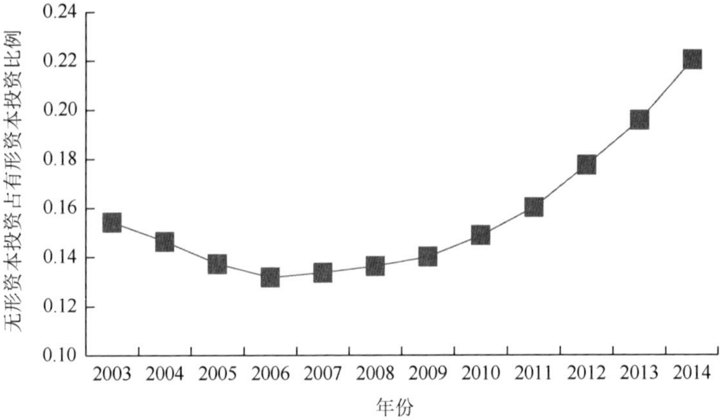

图 8-18 我国无形资本投资占有形资本投资比例

因此，表 8-3 中无形资本对均衡收入的传导机制在三个维度都是存在的。从影响力度来看，经济竞争力资本对均衡收入的影响力度最大，创新特质资本的影响力度次之，计算机化信息资本的影响力度最小。

表 8-4 分类的无形资本对均衡收入的影响

变量	（1）固定效应	（2）固定效应	（3）固定效应	（4）固定效应	（5）固定效应	（6）固定效应
$\ln s_{\mathrm{T}}$	0.408^{***}	0.295^{***}	0.138^{***}			
	（5.50）	（5.53）	（2.61）			
$\ln k_{\mathrm{C}}^{*}$	0.342^{***}			0.341^{***}		
	（28.82）			（29.73）		
$\ln k_{\mathrm{R}}^{*}$		0.655^{***}			0.648^{***}	
		（43.70）			（44.68）	
$\ln k_{\mathrm{E}}^{*}$			0.855^{***}			0.845^{***}
			（46.07）			（46.95）
$\ln(n+\delta)$	−0.773	-1.118^{***}	-1.126^{**}			
	（−1.16）	（−2.35）	（−2.47）			

续表

变量	（1）固定效应	（2）固定效应	（3）固定效应	（4）固定效应	（5）固定效应	（6）固定效应
$\ln s_T - \ln(n+\delta)$				0.423^{***}	0.328^{***}	0.179^{***}
				（6.13）	（6.59）	（3.64）
常数项	3.684^{***}	3.936^{***}	5.141^{***}	3.092^{***}	2.601^{***}	3.528^{***}
	（3.27）	（4.87）	（6.61）	（21.17）	（23.96）	（36.56）
R^2	0.833	0.914	0.921	0.833	0.913	0.920

注：括号内为 t 值

***和**分别表示在 1%和 5%的水平上显著

8.5　小　　结

本章构建了一个包含有形资本和无形资本的经济增长模型，考察无形资本投资对均衡收入和经济增长率的影响。研究发现，无形资本投入比例越高，均衡收入水平越高。无形资本投入使经济中产生多重均衡点，无形资本投入高的国家和地区收敛到高的收入水平，无形资本投入低的国家和地区收敛到低的收入水平。基于内生增长框架的分析表明，无形资本投资比例越高，经济增长率越高。在此基础上，基于 OECD 国家和中国省级层面的数据发现，无形资本投资有利于促进收入增加。无形资本的边际产量远高于物质资本的边际产量，这说明通过减少有形资本投入，增加无形资本投入更符合要素配置有效性原则。

经济竞争力是无形资本的重要组成部分，其中一个重要方面是管理资本（managerial capital），管理资本是指管理者或企业所有者管理企业的能力。Bruhn 等（2010）认为管理资本主要通过两条渠道作用于经济增长：①管理资本可以提高物质资本、劳动、人力资本等生产要素的边际生产率。例如，能力更强的管理者可以更好地激励劳动者，物质资本购买决策中少出现错误，做出更好的市场和价格决策。②管理者在企业投资决策和生产决策中发挥着重要作用。管理资本可以使得管理者更好地预测企业的生产要素需求，更好决定企业购买或租用的资本和劳动数量与类型。需要说明的是，无形资本是一个宽广的概念，很难精确测度，基于传统的投入产出分析得到的全要素生产率可能并不能反映现实的技术进步状况（McGrattan，2017）。因此，给出无形资本的精确测度指标对于研究生产率和解释长期经济停滞具有较为重要的意义。此外，本章基于国家层面和省级层面宏观数据进行分析，进一步的研究可以运用行业或企业层面的微观数据研究无形资本对经济增长的影响。

第　9　章

社会资本与经济增长

传统经济增长理论将经济增长的动力归因于资本、劳动和技术。事实上，偏好、文化层面的变量也是经济增长的决定性因素。20 世纪 90 年代以来，社会资本对经济增长的影响成为经济增长理论研究的重点领域。与物质资本不同，社会资本是一个综合的概念，其包含的内容非常丰富。Putnam（1993）将社会资本定义为"能通过增进协调行为提高效率的社会组织特征，如信任、规范、网络"。从广义上来说，社会资本可以理解为"基于社会关系、网络和组织的非正式制度和组织，它们可以创造共享知识、相互信任、社会规范和不成文规则"（Durlauf and Fafchamps，2005）。Chou（2006）认为可以将社会资本分为三个层次：①微观层次的社会资本。这主要是指个人之间相互交往形成社会资本，使得家庭成员之间、朋友之间及社会不同成员之间建立联系。②中观层次的社会资本。这主要是指不同经济实体，如企业之间相互联系的社会资本。③宏观层次的社会资本。这主要是指制度层面的东西，包括政策、法律、法规等。Kalfa 和 Piracha（2018）认为社会资本由近及远包括三个方面：与亲密朋友或家人的黏结（bonding）关系，与同事或相对疏远朋友的纽带（bridging）关系以及与通过社会参与跟其他人互动的连接（linking）关系。

9.1 文献回顾

9.1.1 传导机制

以往的大量文献从社会学角度研究社会资本对经济增长的影响。Knack 和 Keefer（1997）、Temple 和 Johnson（1998）、Zak 和 Knack（2001）的实证分析表明，社会资本可以显著促进经济增长。近年来，经济学家和社会学家尝试从经济学的视角研究社会资本对经济增长的影响。关于社会资本作用于经济增长的传导机制。Chou（2006）、Bofota 等（2016）强调社会资本的“资本”属性，社会资本通过作用于生产方式对经济增长产生影响。正如 Agénor 和 Dinh（2015）所言“尽管很多经济学家开始时质疑将社会互动划分为一种资本的合理性，现在他们中更多的人承认社会资本、物质资本和人力资本在跨期维度以及产生外部性和未来收益方面确实有很多共性之处”。Chou（2006）从三个不同的角度在内生增长框架下引入社会资本，具体包括：①社会资本进入人力资本积累函数，社会资本通过人力资本积累渠道促进经济增长。②社会资本通过信任和社会规范的渠道促进金融发展，进而促进经济增长。③社会资本使不同企业之间的网络更方便，使得技术创新更容易，进而促进经济增长。Growiec 和 Growiec（2014）认为社会资本是贫困性陷阱和经济中产生多重均衡的重要原因，高的信任水平和社会资本使经济收敛到更高的福利水平，低的社会资本使经济陷入贫困陷阱，对应更低的社会福利。Bofota 等（2016）将社会资本引入人力资本积累方程，他们认为若社会资本对人力资本的替代性增强，则即使个体将更多的时间用于劳动也不会导致经济增长率下降。Kalfa 和 Piracha（2018）认为，一方面，社会资本使个体获得与其能力相匹配的工作职位，从而减少劳动力市场错配；另一方面，社会资本会加剧劳动力错配。例如，对于长期失业且面临经济困境者，更倾向于接受比其实际能力更低职位的工作。因此，尽管社会资本可以促进就业，但却可能造成劳动力市场的错配。

现有的考察社会资本对经济增长影响的文献较好地分析了社会资本作用于经济增长的传导机制，但这些文献面临以下两个方面的问题：第一，不同学者关于社会资本核心特征的认识不同，由此关于社会资本的定义也差别较大。例如，Putnam 等（1993）认为社会资本是社会组织提高效率的保证，包括信任、社会规范和社会网络；Durlauf 和 Fafchamps（2005）认为社会资本的核心特征可以归纳为信息共享（information sharing）、群体认同（group identity）及团队合作（community cooperation）。第二，不同学者关于社会资本核心特征的认识不同，其关于社会资本测度指标的选取也存在较大差异。例如，有学者通过信任、社会网络、公益组织的数量及公益组织的参与度来刻画社会资本，也有学者通过人们捐赠血液的积极性、父母和子女的交流频率及邻里之间的交流频率等来衡量社会资本。Durlauf 和 Fafchamps（2005）关于社会资本定义及社会资本指标测度有较好的综述。此外，社会资本对经济增长影响经验分析中存在的一个关键问题是内生性问题。现有研究通过构建地理指标、语言指标、历史指标及政治指标来解决该问题。例如，Peiro-Palomino（2016）分别选取地理纬度、1850 年该地区是否有大学的虚拟变量、语言规则等作为社会资本的工具变量。

9.1.2　文献进展

国内学者已经意识到社会资本对我国经济增长的重要性，并通过实证分析考察了社会资本对经济的影响。张维迎和柯荣住（2002）通过中国跨省的信任调查数据考察了信任对企业规模、企业发展速度、引进外资等的影响。他们的研究表明，信任对经济绩效有显著的正向影响，一个地区能否被人们所信任与人们之间的交易被重复的可能性、交易的发达程度、教育水平等因素有关。根据 1999 年我国五个城市的调查数据，边燕杰（2004）通过社会网络测度社会资本，研究发现，社会资本对收入水平有提升作用。卢燕平（2007）用自愿免费献血的比例作为社会资本的代理变量，研究发现，社会资本水平越高，国民收入和投资水平越高。杨宇和沈坤荣（2010）的研究表明，不同类型的社会资本对我国经济增长的影响差别较大，信任对我国经济增长具有显著的促进作用，而民间组织密度对我国经济增长的影响不显著。严成樑（2012）基于省级层面的面板数据分析发现，社会资本通过促进创新，尤其是高水平创新的渠道促进经济增长。万建香和汪寿阳（2016）发现社会资本和技术创新相互作用有利于打破“资源诅咒”。吕朝凤等（2019）的研究发现，社会信任可以显著促进中国省份的经济增长，且这一促进效应随着行业契约密集度的增大而提高。

随着理论研究的深入，关于社会资本的研究无论是从方法上，还是从思路上都更加细化。Bofota 等（2016）在 Uzawa-Lucas 模型中将社会资本引入人力资本积累方程，研究发现，人力资本部门的社会资本产出弹性对经济增长的影响呈倒“U”形，人力资本生产部门关于社会资本的产出弹性在 6%～10%。Dearmon 和 Grier（2011）通过 50 个国家 1976～2005 年的数据研究发现，信任对人力资本水平具有显著的促进作用，对投资的影响是非线性的。相对于信任水平高的国家，在信任水平低的国家，信任对投资的影响力度更大。Horváth（2013）通过贝叶斯模型的估算发现，信任是驱动长期经济增长的关键变量，在法律体系不健全的国家，信任对经济增长的作用更重要。Forte 等（2015）运用欧洲 85 个地区 1995～2008 年的数据研究发现，社会信任和社会网络可以促进经济增长，而社会规范对经济增长的影响不显著。Peiro-Palomino（2016）通过非参方法发现，东欧国家社会资本对经济增长的影响是非线性的。也有一些学者关注社会资本的决定问题，即哪些因素导致了不同国家之间社会资本水平的差异。Siziba 和 Bulte（2012）运用津巴布韦和莫桑比克的数据发现，市场一体化使得社会信任水平下降。Oto-Peralías 和 Romero-Ávila（2017）认为持续性的不平等导致社会冷漠或政治冷漠，这又会影响社会资本。数据分析发现，土地不平等对于血液捐赠具有负面影响，持续性不平等使社会资本水平下降。

相对于现有研究而言，本章的创新之处主要体现在以下两个方面：第一，在资本积累与创新相互作用的经济增长模型中内生化社会资本积累。考虑到社会资本对生产效率和社会福利都会产生影响，我们将社会资本同时引入生产函数和效用函数，进而考察经济增长决定问题。具体地，将 Howitt 和 Aghion（1998），Akçomak 和 ter Weel（2009），严成樑（2012）结合起来，更加全面地考察社会资本作用于经济增长的传导机制。第二，借鉴 Putnam（1993）关于社会资本的定义，从社会信任、社会网络和社会规范三个方面来构建社会资本测度指标。在此基础上，考察社会资本与经济增长、投资率、人力资本水平及 R&D 强度的直观关系。

9.2 理论模型

本节在资本积累与创新相互作用的经济增长框架下内生化社会资本积累，考察社会资本偏好对经济增长的影响效果和作用机制。在本章的框架下，社会资本是驱动经济增长的重要引擎。以往的内生增长模型要么强调物质资本或是人力资本对经济增长的重要性（Romer，1986；Lucas，1988），要么强调知识生产和技术进步对经济增长的重要性（Romer，1990；Aghion and Howitt，1992）。Howitt 和 Aghion（1998）将资本积累驱动经济增长的框架与创新驱动经济增长的框架结合起来，提出了资本积累与创新相互作用推动技术进步和经济增长的模型。相对于新古典增长模型、资本驱动的内生增长模型及创新驱动的内生增长模型，这类模型与现实经济特征更相符。例如，赵志耘等（2007）通过实证研究发现物质资本积累与技术进步的动态融合是我国经济增长的一个典型事实，资本积累与技术创新相互作用共同促进经济增长。基于资本积累与创新相互作用的模型引入社会资本，社会资本通过促进物质资本与技术创新的融合，进而促进经济增长。

9.2.1 家庭

传统文献将社会资本理解为人们之间的信任、社会规范和社会网络等。我们认为，通过社会信任衡量的社会资本会对人们的福利产生影响。社会信任水平提高使得人们更有安全感，生活在信任水平较高的地区会更幸福。社会资本可以促进个人与企业之间的信息共享，使人们与经济机会、互助及保险更加匹配。社会资本也使个体可以更好地应对市场不完备或制度不完备（Agénor and Dinh，2015）。本章将社会资本引入代表性个体的效用函数。我们假定经济是由连续同质、具有无限寿命的家庭组成的，家庭总的测度为 1，且不考虑人口增长。家庭有 1 单位的时间用于劳动。我们假定家庭的效用是建立在自身消费和社会资本基础上的，家庭的目标函数为

$$\max\int_0^{+\infty}(\ln C_t+\beta\ln S_t)\mathrm{e}^{-\rho t}\,\mathrm{d}t \tag{9-1}$$

其中，C_t 和 S_t 分别表示消费和社会资本水平；ρ 表示主观贴现率，$\rho>0$；

β 表示相对于消费而言，社会资本对个体福利的重要性，$\beta>0$。

遵循 Ishise 和 Sawada（2009），严成樑（2012），Bofota 等（2016）的思路，假设家庭会将其部分收入用于社会资本积累，家庭的预算约束方程为

$$\dot{K}_t=\left(r_tK_t+W_tl_t+\int_0^1\pi_{it}\,\mathrm{d}i\right)-C_t-Q_t-I_t \tag{9-2}$$

其中，r_t 表示利率；K_t 表示资本；r_tK_t 表示资本收入；w_t 表示工资；l_t 表示劳动；W_tl_t 表示劳动收入；$\int_0^1\pi_{it}\,\mathrm{d}i$ 表示利润收入；Q_t 表示 R&D 支出；I_t 表示社会资本投资。

社会资本积累取决于家庭在社会资本方面的投入，这对应如下的社会资本动态积累方程：

$$\dot{S}_t=I_t \tag{9-3}$$

我们通过构造如下现值的 Hamiltonian 系统来求解上述优化问题：

$$H_t=\ln C_t+\beta\ln S_t+\mu_{1t}\left(\left(r_tK_t+W_tl_t+\int_0^1\pi_{it}\,\mathrm{d}i\right)-C_t-Q_t-I_t\right)+\mu_{2t}I_t$$

其中，μ_{1t} 表示 K_t 对应的协状态变量；μ_{2t} 表示 S_t 对应的协状态变量。

据此可以得到如下的最优性条件：

$$\partial H_t/\partial C_t=C_t^{-1}-\mu_{1t}=0 \tag{9-4}$$

$$\partial H_t/\partial I_t=-\mu_{1t}+\mu_{2t}=0 \tag{9-5}$$

$$\dot{\mu}_{1t}=\rho\mu_{1t}-\mu_{1t}r_t \tag{9-6}$$

$$\dot{\mu}_{2t}=\rho\mu_{2t}-\beta/S_t \tag{9-7}$$

横截性条件：

$$\lim_{t\to+\infty}\mu_{1t}K_t\,\mathrm{e}^{-\rho t}=\lim_{t\to+\infty}\mu_{2t}S_t\,\mathrm{e}^{-\rho t}=0$$

根据方程（9-4）可知：

$$\mu_{1t}=C_t^{-1} \tag{9-8}$$

根据方程（9-5）可知：

$$\mu_{1t}=\mu_{2t} \tag{9-9}$$

将方程（9-6）两端同除以 μ_{1t}，方程（9-7）两端同除以 μ_{2t}，且根据方程（9-9）可得 μ_{1t} 和 μ_{2t} 的增长率相等的条件。从而可以得到：

$$r_t/C_t=\beta/S_t \tag{9-10}$$

根据方程（9-4）和方程（9-6），我们可知在平衡增长路径上消费的增长率为

$$\frac{\dot{C}_t}{C_t}=r_t-\rho \tag{9-11}$$

9.2.2 最终产品部门

我们假定最终产品部门由无穷多的厂商构成，厂商总的测度为 1。最终产品部门利用劳动（l_t）和中间产品（x_{it}，$i\in[0,1]$），来生产最终产品（Y_t）。我们假设最终产品生产部门是完全竞争的，最终产品部门生产函数对于劳动和中间物品满足常数规模报酬：

$$Y_t=l_t^{1-\alpha}\int_0^1 A_{it}x_{it}^{\alpha}\,\mathrm{d}i\ ,\ \ 0<\alpha<1 \tag{9-12}$$

其中，A_{it} 表示第 i 种中间产品生产效率的参数。

为简化起见，我们假设最终产品的价格为 1。最终产品部门极大化如下利润函数：

$$\max\left\{l_t^{1-\alpha}\int_0^1 A_{it}x_{it}^{\alpha}\,\mathrm{d}i-W_tl_t-\int_0^1 P_{it}x_{it}\,\mathrm{d}i\right\}$$

根据最优性条件，我们可以求得最终产品部门对劳动和中间产品的反需求函数分别为

$$W_t=(1-\alpha)l_t^{-\alpha}\int_0^1 A_{it}x_{it}^{\alpha}\,\mathrm{d}i \tag{9-13}$$

$$P_{it}=l_t^{1-\alpha}A_{it}\alpha x_{it}^{\alpha-1} \tag{9-14}$$

其中，方程（9-13）和方程（9-14）的左端分别表示工资 W_t 和中间产品的价格 P_{it}；方程（9-13）和方程（9-14）的右端分别表示劳动和中间产品的边际生产率。

9.2.3 中间产品部门

中间产品部门是由一系列具有垄断权力的厂商组成的，且每个中间产品部门生产的产品各不相同。这些厂商要从市场上租借资本来生产中间产品，不失一般性地，我们假设中间产品部门的生产函数为

$$x_{it} = K_{it} / A_{it} \tag{9-15}$$

其中，K_{it} 表示第 i 个中间产品部门雇用的资本数量，我们这里用 K_{it} 除以 A_{it}，表示越是最新的技术则越是资本密集型的。中间产品的生产效率越高，则每生产 1 单位中间产品所需要的资本也就越多。需要说明的是，这一假定也是使得技术进步为劳动增进性的（labor-augmenting）以及均衡利率为常数的必要条件，详细的讨论见 Zeng 和 Zhang（2002）。

我们假定每单位资本的利息成本为 r，中间产品部门的问题是选择 x_{it} 以极大化自身利润。结合方程（9-14）和方程（9-15），我们可以将中间产品部门的利润极大化问题表述为

$$\max\left\{P_{it}x_{it} - r_t K_{it}\right\} = \max\left\{l_t^{1-\alpha} A_{it} \alpha x_{it}^{\alpha} - r_t A_{it} x_{it}\right\}$$

我们可得到最优性条件：

$$r_t = l_t^{1-\alpha} \alpha^2 x_{it}^{\alpha-1} \tag{9-16}$$

将方程（9-16）代入中间产品部门的利润极大化问题，可得到利润为

$$\pi_{it} = \alpha(1-\alpha) l_t^{1-\alpha} A_{it} x_{it}^{\alpha} \tag{9-17}$$

9.2.4 创新

这里的创新是指垂直创新，即通过 R&D 使产品质量不断提高。厂商投入最终产品进行创新，创新一旦成功，生产效率高的中间产品就会取代生产效率低的中间产品，创新成功的厂商就可以获得垄断利润。我们将社会资本引入生产函数，且假设社会资本对创新具有促进作用。以下我们从社会信任、社会规范和社会网络三个维度分析社会资本对创新的作用。

社会信任是现有文献关于社会资本衡量的核心维度。社会信任可以促进创新，这主要通过以下机制实现：第一，R&D 和创新具有较大风险，风险资本家（venture capitalist）是风险规避的。风险资本家不能完全监督 R&D 人员的行为，信息不对称、逆向选择等问题使风险投资家选择的 R&D 投资较小。若风险资本家与 R&D 人员之间能相互信任，风险投资家选择的 R&D 投资越多，知识生产和创新越多。社会信任水平越高，风险投资家和 R&D 人员之间的合作越容易实现，创新越强（Akçomak and ter Weel，2009；严成樑，2012）。第二，信任可以降低交易成本，交易成本下降和寻租带来的资源浪费减少使

R&D 部门投入增加。第三，信任对物质资本投资和人力资本水平具有显著的促进作用。社会信任越高，总产出越高，这使创新获得的回报率上升。

社会网络有利于提升创新水平，这是因为人们参加活动越多，人与人之间的交流越频繁，从而越容易产生更多好的创意。因此，从理论上说，社会网络越发达，R&D 强度可能越大。

社会规范在某种程度上是一个国家制度质量的体现，这包括衡量一国制度的完善程度和制度实施情况。以社会规范表征社会资本时，我们认为可以从以下两个方面理解社会资本对创新的促进作用：第一，法律制度越完善，知识产权保护越严格，企业 R&D 投入获得的回报就越能得到保证，从而企业部门从事 R&D 活动的积极性上升。第二，制度质量低下会导致寻租现象，挤占企业 R&D 投入。制度质量越高，政府 R&D 资金被挪用和浪费的概率越小，政府 R&D 投入的使用效率越高。

综合上述传导机制分析，社会资本对创新具有显著的促进作用，我们将社会资本引入知识生产函数，假设创新发生率（arrival rate）服从泊松（Poisson）过程：

$$\omega_t = \lambda n_t,\ n_t = \frac{Q_t^{\theta}(S_t)^{1-\theta}}{A_t^{\max}},\quad \lambda > 0,\ 0 < \theta < 1 \tag{9-18}$$

其中，$A_t^{\max} = \max\{A_{it},\ i \in [0,\ 1]\}$ 表示领先技术参数（leading-edge technology parameter）；λ 表示 R&D 部门的生产效率；Q_t 表示 R&D 投资；S_t 表示社会资本；n_t 表示经过生产率调整的 R&D 投入。

我们假定 R&D 部门同样是完全竞争的，根据无套利条件可知：

$$\omega_t V_t = Q_t \tag{9-19}$$

其中

$$V_t = \int_t^{+\infty} \pi_{t\tau} \exp\left(-\int_t^{\tau}(r_s + \omega_s)\mathrm{d}s\right)\mathrm{d}\tau \tag{9-20}$$

其中，方程（9-19）的左端表示企业投入 R&D 可以获得的期望收益，右端表示其要支付的成本。方程（9-20）表示一旦创新成功后企业可以获得的总收益，我们用利率和创新发生率之和表示折现率，原因是一方面，厂商要将其未来收益额折为现值，其对应的折现率为利率；另一方面，厂商每一时刻散失垄断权力和利润的概率等于别的厂商创新成功的概率。

9.2.5　知识外溢

根据 Caballero 和 Jaffe（1993），我们假定领先技术参数 $A_t^{\max}$ 的变化是由创新带来的知识外溢引起的，且知识增长速度与创新发生率成正比，我们假设这一比例为 ε，其刻画了每个创新对于公共知识的边际贡献率。因此，领先技术的增长速度为

$$\frac{\dot{A}_t^{\max}}{A_t^{\max}} = \varepsilon\lambda n_t，\ \varepsilon > 0 \tag{9-21}$$

我们可以证明当时间趋向于无穷长时，满足如下条件：

$$A_t^{\max} = A_t(1+\varepsilon) \tag{9-22}$$

根据 Howitt 和 Aghion（1998），我们假定对于任意时间 t，方程（9-22）均成立。

9.2.6　竞争性均衡

经济的竞争性均衡（competitive equilibrium）是指存在这样一组价格组合 $\left\{r_t, W_t, \{P_{it}\}_{i=0}^{1}\right\}$ 以及要素组合 $\left\{C_t, l_t, \{x_{it}\}_{i=0}^{1}, K_t, Q_t, I_t\right\}$ 使得：①在满足预算约束方程（9-2）的前提下，家庭选择消费和社会资本投资以极大化自身福利方程（9-1）；②在 W_t、$\{P_{it}\}_{i=0}^{1}$ 给定的前提下，最终产品部门的厂商通过选择劳动和中间产品的数量极大化自身利润；③在 r_t 给定的前提下，中间产品部门通过选择生产中间产品的数量以极大化自身利润；④R&D 部门选择 R&D 投入以极大化自身利润；⑤家庭的预算约束方程（9-2）每期平衡；⑥中间产品市场出清，即最终产品部门对中间产品的需求量恰好等于中间产品的供给量；⑦R&D 市场出清，即家庭选择的 R&D 投入恰好等于厂商对 R&D 投入的需求；⑧劳动市场出清，即厂商对劳动的需求恰好等于家庭劳动的供给，$l_t = 1$；⑨资本市场出清，即资本供给总量等于中间部门厂商对资本的需求量：

$$K_t = \int_0^1 K_{it}\,\mathrm{d}i \tag{9-23}$$

9.3　模型求解与数值分析

9.3.1　求解竞争性均衡

根据中间产品部门的最优化问题，当经济处于均衡状态时，最终产品部门对每种中间产品的需求量也相同。再根据市场出清条件，我们知道每种中间产品的供给量也相同，$x_{it}=x_t$，$i\in[0,1]$。将其代入方程（9-15），我们有 $K_{it}=A_{it}x_t$。将 K_{it} 代入方程（9-23），则：

$$K_t=x_t\int_0^1 A_{it}\,\mathrm{d}i=A_t x_t \tag{9-24}$$

其中，$A_t=\int_0^1 A_{it}\,\mathrm{d}i$ 表示平均的技术水平。

将方程（9-24）代入方程（9-12）、方程（9-13）、方程（9-16）和方程（9-17），我们可知：

$$Y_t=A_t^{1-\alpha}K_t^{\alpha} \tag{9-25}$$

$$W_t=(1-\alpha)Y_t \tag{9-26}$$

$$r_tK_t=\alpha^2 Y_t \tag{9-27}$$

$$\int_0^1 \pi_{it}\,\mathrm{d}i=\alpha(1-\alpha)Y_t \tag{9-28}$$

将方程（9-25）～方程（9-28）代入方程（9-2），可得如下社会资源约束方程：

$$\dot{K}_t=Y_t-C_t-Q_t-I_t \tag{9-29}$$

根据方程（9-29），总产出用于消费、技术创新、物质资本投资和社会资本投资。我们单位化劳动，$k_t=K_t/A_t$，$y_t=Y_t/A_t$，$q_t=Q_t/A_t$，$s_t=S_t/A_t$，$i_t=I_t/A_t$ 分别表示有效劳动的资本、产出、R&D 投资、社会资本存量和社会资本投资。将方程（9-28）两端同除以 K_t，同时根据方程（9-25），我们可知当经济处于平衡增长路径上时 C_t、K_t、Q_t、S_t、I_t、Y_t 和 A_t 的增长率相同，我们假设平衡增长路径上的经济增长率为 γ。

定义　平衡增长路径：给定 $K(0)=K_0$，$S(0)=S_0$，$A(0)=A_0$，经济的平衡增长路径是这样一种竞争性均衡——$\left\{A_t^{\max},A_t,K_t,S_t,C_t,Y_t,I_t,Q_t\right\}$ 的增长率均为常数 γ；$k_t=k$，$y_t=y$，$n_t=n$，$\omega_t=\omega$，$q_t=q$，$s_t=s$，$i_t=i$ 均为常数。

将方程（9-18）右端的分子和分母同除以 A_t，同时根据方程（9-22），当经济处于平衡增长路径上时，我们有

$$(1+\varepsilon)n = q^{\theta}s^{1-\theta} \tag{9-30}$$

将方程（9-20）代入方程（9-19），同时两端同除以 A_t，当经济处于平衡增长路径上时，我们有

$$q = \frac{\alpha(1-\alpha)(1+\varepsilon)\gamma}{\varepsilon r+\gamma}y \tag{9-31}$$

根据平衡增长路径的定义及方程（9-21），我们可得：

$$\gamma = \varepsilon\lambda n \tag{9-32}$$

根据方程（9-8）、方程（9-18）、方程（9-19）和方程（9-27），我们可以将平衡增长路径上的利率表示为

$$r = \rho+\gamma \tag{9-33}$$

根据方程（9-25），我们有 $y = k^{\alpha}$；根据方程（9-27），我们可知 $rk = \alpha^2 y$，从而可得 $r = \alpha^2 k^{\alpha-1}$，将其与方程（9-33）及 $\gamma = \varepsilon\lambda n$ 相结合可以得到：

$$k = \left(\alpha^2/(\varepsilon\lambda n+\rho)\right)^{1/(1-\alpha)} \tag{9-34}$$

$$y = \left(\alpha^2/(\varepsilon\lambda n+\rho)\right)^{\alpha/(1-\alpha)} \tag{9-35}$$

将方程（9-3）两端同除以 S_t，且结合平衡增长路径上经济增长率为 γ 的条件可知 $I_t = \gamma S_t$。根据方程（9-10）和方程（9-33）可知 $C_t = ((\rho+\gamma)/\beta)S_t$。将上述条件代入方程（9-29），且将方程（9-29）两端同除以 K_t，并结合方程（9-31）可得：

$$\frac{\dot{K}_t}{K_t} = \left(1-\frac{\alpha(1-\alpha)(1+\varepsilon)\gamma}{\varepsilon(\rho+\gamma)+\gamma}\right)\frac{\rho+\gamma}{\alpha^2}-\left(\frac{\rho+\gamma}{\beta}+\gamma\right)\frac{\rho+\gamma}{\alpha^2}\frac{S_t}{Y_t} \tag{9-36}$$

根据方程（9-30）可得：

$$(1+\varepsilon)(n/y) = (q/y)^{\theta}(s/y)^{1-\theta} \tag{9-37}$$

将方程（9-31）、方程（9-32）和方程（9-35）代入方程（9-37）可得：

$$\frac{s}{y} = \left(\frac{1+\varepsilon}{\varepsilon\lambda}\gamma\left(\frac{\rho+\gamma}{\alpha^2}\right)^{\alpha/(1-\alpha)}\left(\frac{\varepsilon(\rho+\gamma)+\gamma}{\alpha(1-\alpha)(1+\varepsilon)\gamma}\right)^{\theta}\right)^{1/(1-\theta)} \tag{9-38}$$

将S_t/Y_t的分子和分母同除以A_t可以得到$S_t/Y_t = s/y$，将方程（9-38）代入方程（9-36），且结合平衡增长路径上经济增长率为γ的条件可得：

$$\frac{\alpha^2\gamma}{\rho+\gamma}=\left(1-\frac{\alpha(1-\alpha)(1+\varepsilon)\gamma}{\varepsilon(\rho+\gamma)+\gamma}\right)-\left(\frac{\rho+\gamma}{\beta}+\gamma\right)$$
$$\left(\frac{1+\varepsilon}{\varepsilon\lambda}\gamma\left(\frac{\rho+\gamma}{\alpha^2}\right)^{\alpha/(1-\alpha)}\left(\frac{\varepsilon(\rho+\gamma)+\gamma}{\alpha(1-\alpha)(1+\varepsilon)\gamma}\right)^{\theta}\right)^{1/(1-\theta)} \tag{9-39}$$

根据方程（9-39），可以得到经济增长率是模型外生参数的非线性函数。在此基础上，我们可以进行比较静态分析。

9.3.2 参数化和数值模拟

我们采用数值模拟方法，在与现实经济相符的参数环境下，运用Matlab软件考察社会资本偏好对经济增长的影响。根据Lucas（1990b），我们假设消费跨期替代弹性的倒数为2，代表性个体的主观贴现率为0.02。假设资本收入占总产出的份额为25%。Caballero和Jaffe（1993）利用美国21个不同部门567个公司1965～1981年的数据，估算了这些企业的创造性毁灭率。研究发现，这些部门平均的年创造性毁灭率为4%。不同部门的年创造性毁灭率差别很大，一些部门的年创造性毁灭率高达25%，而一些部门的年创造性毁灭率则几乎为0。因此，我们取基准的创造性毁灭率为4%。根据方程（9-21）、平衡增长路径的定义及基准的经济增长率设定，我们可以反推出$\varepsilon = 0.5$。Kortum（1993）估算的私人R&D投资的产出弹性在0.2和0.6之间，我们假设私人R&D投资的产出弹性为0.5，我们设定$\lambda = 0.2$以确保经济增长率在合理的范围内变化。

在基准的参数环境下，社会资本偏好与经济增长率之间呈单调递增关系，社会资本偏好越强，经济增长率越高，如图9-1所示。相应的传导机制是，社会资本偏好增强使得家庭在社会资本投资方面的支出增加，使得社会资本水平提升，进而提高R&D生产效率和促进经济增长。

在本章的框架下，经济增长率取决于社会资本投资、R&D投资和物质资本投资。我们用I_t/Y_t、Q_t/Y_t、$\dot{K}_t/Y_t$分别表示社会资本投资率，R&D投资率和物质资本投资率，并分别考察社会资本偏好对这些变量的影响。我们可以得到社会资本投资率的决定方程：

$$\frac{I_t}{Y_t}=\frac{\dot{S}_t}{Y_t}=\frac{\dot{S}_t}{S_t}\frac{S_t}{Y_t}=\gamma\left(\frac{1+\varepsilon}{\varepsilon\lambda}\gamma\left(\frac{\rho+\gamma}{\alpha^2}\right)^{\alpha/(1-\alpha)}\left(\frac{\varepsilon(\rho+\gamma)+\gamma}{\alpha(1-\alpha)(1+\varepsilon)\gamma}\right)^{\theta}\right)^{1/(1-\theta)} \quad (9\text{-}40)$$

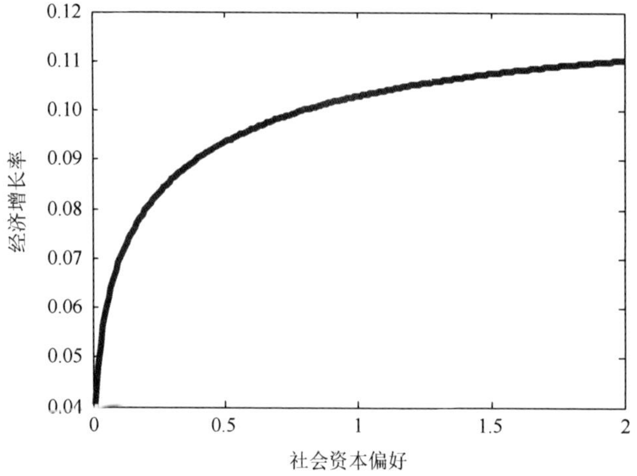

图 9-1　社会资本偏好对经济增长率的影响

R&D 投资率的决定方程：

$$\frac{Q_t}{Y_t}=\frac{\alpha(1-\alpha)(1+\varepsilon)\gamma}{\varepsilon(\rho+\gamma)+\gamma} \quad (9\text{-}41)$$

物质资本投资率的决定方程：

$$\frac{\dot{K}_t}{Y_t}=\frac{\dot{K}_t}{K_t}\frac{K_t}{Y_t}=\frac{\alpha^2\gamma}{\rho+\gamma} \quad (9\text{-}42)$$

社会资本偏好使社会资本投资率上升，如图 9-2 所示。这是因为社会资本偏好使个体相对于消费而言更加重视社会资本，因此会增加社会资本投资。社会资本偏好使 R&D 投资和物质资本投资上升，如图 9-3 和图 9-4 所示。这是因为根据本章 R&D 部门的生产函数，社会资本和 R&D 投资互补，社会资本越多，R&D 投资回报率越高，从而 R&D 投资越多。根据本章的生产函数，知识水平使资本边际回报率上升，从而物质资本投资比例也上升。根据方程（9-29），总产出用于物质资本投资、社会资本投资、R&D 投资。综合社会资本偏好对上述三个中间变量的影响，可以得出社会资本偏好使得消费下降，如图 9-5 所示。

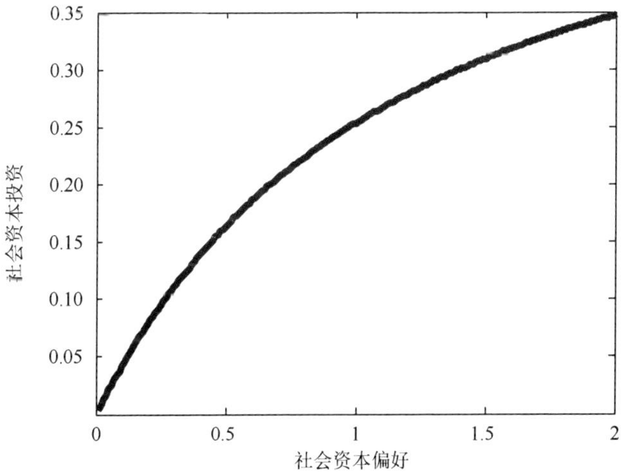

图 9-2　社会资本偏好对社会资本投资的影响

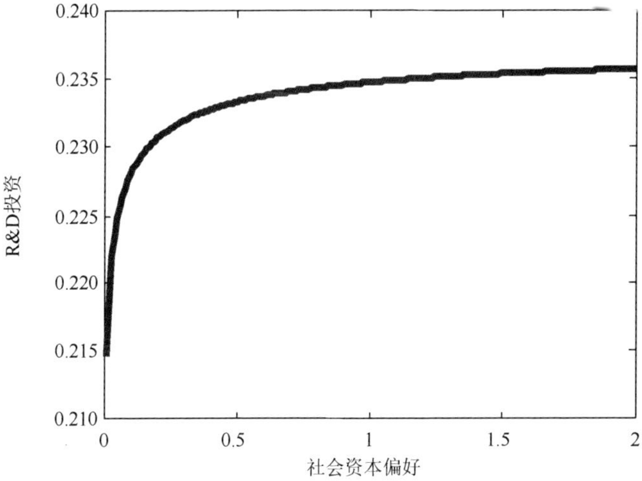

图 9-3　社会资本偏好对 R&D 投资的影响

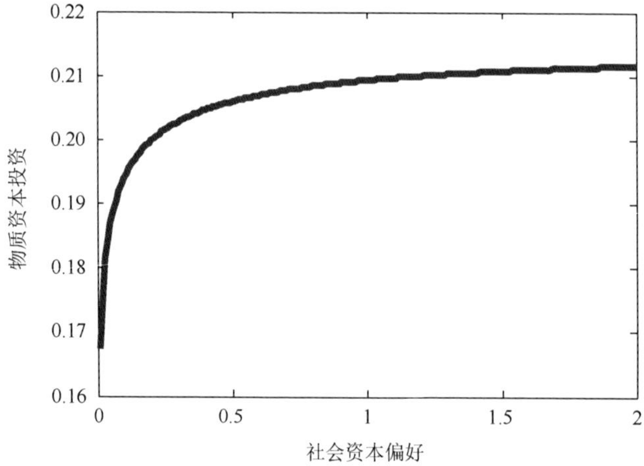

图 9-4 社会资本偏好对物质资本投资的影响

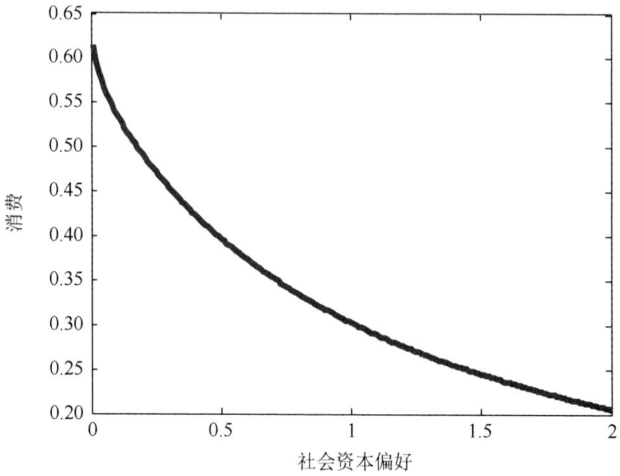

图 9-5 社会资本偏好对消费的影响

我们进一步考察社会资本偏好对社会福利水平的影响。根据方程(9-1)，社会福利水平主要取决于消费和社会资本水平。在本章的框架下，社会资本偏好对社会福利水平的影响包括如下两个方面：第一，社会资本偏好越强，个体用于社会资本投资增加，这使得创新能力提高，促进经济增长，这使得社会福利水平上升。第二，社会资本偏好使得总收入中用于消费的比例下降，这又使得社会福利水平下降。综合上述两种作用，社会资本偏好对社会福利的影响不确定。

我们下面计算社会福利水平，将 $S/Y=s/y$，$Y/K=r/\alpha^2=(\rho+\gamma)/\alpha^2$，$K=K_0\mathrm{e}^{\gamma t}$ 结合起来，可以得到：

$$S=\frac{S}{Y}\frac{Y}{K}K=\left(\frac{1+\varepsilon}{\varepsilon\lambda}\gamma\left(\frac{\rho+\gamma}{\alpha^2}\right)^{\alpha/(1-\alpha)}\left(\frac{\varepsilon(\rho+\gamma)+\gamma}{\alpha(1-\alpha)(1+\varepsilon)\gamma}\right)^{\theta}\right)^{1/(1-\theta)}\frac{\rho+\gamma}{\alpha^2}K_0\mathrm{e}^{\gamma t} \quad (9\text{-}43)$$

按照同样的思路，我们可以得到：

$$C=\frac{C}{Y}\frac{Y}{K}K=\left(1-\frac{Q}{Y}-\frac{I}{Y}-\frac{\dot{K}}{Y}\right)\frac{\rho+\gamma}{\alpha^2}K_0\mathrm{e}^{\gamma t} \quad (9\text{-}44)$$

将方程（9-40）～方程（9-42）代入方程（9-44），我们可以将 C 表示成经济增长率 γ 的函数，在此基础上我们将方程（9-43）和方程（9-44）代入方程（9-1）。并且假设初始的资本水平 $K_0=1$，可以计算得到社会福利水平：

$$\Omega=\frac{1}{\rho}\ln\left(1-\gamma\left(\frac{1+\varepsilon}{\varepsilon\lambda}\gamma\left(\frac{\rho+\gamma}{\alpha^2}\right)^{\alpha/(1-\alpha)}\left(\frac{\varepsilon(\rho+\gamma)+\gamma}{\alpha(1-\alpha)(1+\varepsilon)\gamma}\right)^{\theta}\right)^{1/(1-\theta)}-\frac{\alpha(1-\alpha)(1+\varepsilon)\gamma}{\varepsilon(\rho+\gamma)+\gamma}-\frac{\alpha^2\gamma}{\rho+\gamma}\right)$$
$$+\frac{1+\beta}{\rho}\ln\left(\frac{\rho+\gamma}{\alpha^2}\right)+\frac{1+\beta}{\rho^2}\gamma+\frac{\beta}{\rho}\ln\left(\frac{1+\varepsilon}{\varepsilon\lambda}\gamma\left(\frac{\rho+\gamma}{\alpha^2}\right)^{\alpha/(1-\alpha)}\left(\frac{\varepsilon(\rho+\gamma)+\gamma}{\alpha(1-\alpha)(1+\varepsilon)\gamma}\right)^{\theta}\right)^{1/(1-\theta)}$$

（9-45）

根据方程（9-45），我们进一步考察社会资本偏好对社会福利水平的影响，如图 9-6 所示。可以看出，社会资本偏好越强，社会福利水平越高。这说明社会资本偏好通过社会资本增加和经济增长率上升对社会福利的正向影响要大于其通过消费率下降对社会福利的负向影响。基于以上分析，在现实经济参数环境下，我们不用担心社会资本偏好对社会福利的抑制作用。

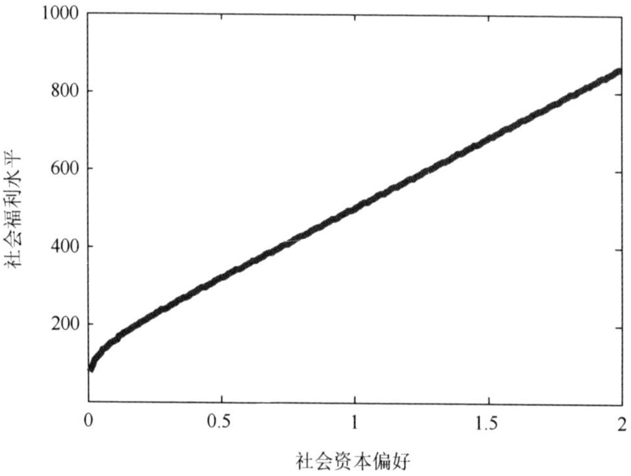

图 9-6 社会资本偏好对社会福利水平的影响

9.4 社会资本测度

根据 Putnam（1993）关于社会资本的定义，社会资本主要包括社会信任、社会网络和社会规范三个方面的内容。现有研究主要根据世界价值观调查（World Value Survey，WVS）的数据整理估算社会资本。运用世界价值观调查数据，结合文献通用的方法，我们给出了关于社会资本通用方法对应的数据，这涵盖了社会资本六期调查的结果，可以使我们对不同国家各个维度的社会资本有更加直观的认识，也为后续研究社会资本对经济的影响提供数据基础。世界价值观调查第一期调查的样本区间是1981～1984 年，第二期调查的样本区间是 1989～1993 年，第三期调查的样本区间是 1994～1998 年，第四期调查的样本区间是 1999～2004 年，第五期调查的样本区间是 2005～2009 年，第六期调查的样本区间是 2010～2014 年。借鉴 Bjørnskov（2006）的方法，我们将所有问题得分取平均值来衡量不同维度社会资本的表现。

9.4.1　社会信任

Bjørnskov（2006），Dearmon 和 Grier（2011），Gur 和 Bjørnskov（2016）通过世界价值观调查信任的数据来反映社会资本。对应如下问题“通常情形下，多数人是可以信任的，还是需要保持警惕？这个问题对应三种回答，分别是：①大多数人是可以信任的；②需要特别警惕；③不知道”。计算方法为将世界价值观调查的国家层面数据中公布的大多数人是可以信任的数值填入表 9-1，该数值越高表示社会信任水平越高，社会资本水平越高。我们给出了根据每期调查得到的社会信任水平，如表 9-1 所示。可以看出，西北欧国家，如挪威、瑞典、荷兰、芬兰的社会信任水平较高；大洋洲国家，如澳大利亚和新西兰的社会信任水平也较高；经济发展水平较低的非洲国家、拉丁美洲国家及南亚国家的社会信任水平较低。根据世界价值观调查，我国的社会信任一直处于较高的水平。

表 9-1　社会信任得分均值

国家（地区）	第一期	第二期	第三期	第四期	第五期	第六期
阿尔巴尼亚			24.3%	23.2%		
阿尔及利亚				10.8%		17.2%
安道尔					20%	
阿根廷	24.5%	22.4%	17.1%	15%	17.4%	19.2%
亚美尼亚			23.5%			10.9%
澳大利亚	46.3%		39.6%		45.6%	51.4%
阿塞拜疆			19.4%			14.8%
巴林						33.5%
孟加拉国			20.5%	23.3%		
白俄罗斯		25.0%	23.0%			32.6%
波斯尼亚			24.8%	15.6%		
巴西		6.6%			9.2%	7.1%
保加利亚			23.7%		19.6%	
布基纳法索					13.8%	
加拿大				38.4%	41.8%	

续表

国家（地区）	第一期	第二期	第三期	第四期	第五期	第六期
智利		22.1%	20.9%	22.2%	12.4%	12.4%
中国		59.4%	50.4%	52.5%	49.3%	60.3%
哥伦比亚			10.7%		14.3%	4.1%
克罗地亚			22.8%			
塞浦路斯					9.7%	7.5%
捷克		30.2%	27.2%			
多米尼加			25.2%			
厄瓜多尔						7.2%
埃及				37.5%	18.5%	21.5%
萨尔瓦多			14.1%			
爱沙尼亚			21.1%			39.0%
埃塞俄比亚					21.4%	
芬兰	56%		47.9%		58.0%	
法国					18.7%	
格鲁吉亚			17.7%		17.6%	8.8%
德国			32.1%		33.8%	44.6%
加纳					8.5%	5.0%
英国			29.1%		30.0%	
危地马拉					14.9%	
匈牙利	31.9%		22.5%		28.7%	
印度		33.5%	32.8%	38.9%	20.7%	32.1%
印度尼西亚				45.7%	37.5%	
伊朗				49.6%	10.5%	
伊拉克				46.1%	38.6%	30.0%
以色列				22.9%		
意大利					27.5%	
日本	37.4%	37.6%	39.8%	39.6%	36.6%	35.9%
约旦				27.1%	30.7%	13.2%
哈萨克斯坦						38.3%
科威特						28.5%

续表

国家（地区）	第一期	第二期	第三期	第四期	第五期	第六期
吉尔吉斯斯坦				16.6%		36.3%
拉脱维亚			23.9%			
黎巴嫩						9.8%
利比亚						10.0%
立陶宛			21.3%			
马其顿			7.5%	13.1%		
马来西亚					8.8%	8.5%
马里					14.9%	
墨西哥	17.0%	30.2%	29.4%	20.8%	15.4%	12.4%
摩尔多瓦			21.8%	14.1%	17.6%	
黑山			30.4%	32.9%		
摩洛哥				23.0%	12.8%	12.3%
荷兰					42.6%	66.1%
新西兰			47.5%		48.5%	55.3%
尼日利亚		21.7%	16.0%	25.3%		15.0%
挪威			64.8%		73.7%	
巴基斯坦			18.7%	28.2%		22.2%
巴勒斯坦						15.8%
秘鲁			4.9%	10.6%	6.2%	8.4%
菲律宾			5.5%	8.3%		3.2%
波兰		31.3%	16.9%		18.1%	22.2%
波多黎各			5.9%	22.4%		
卡塔尔						21.4%
罗马尼亚			17.9%		19.3%	7.7%
俄国		34.7%	23.2%		24.6%	27.8%
卢旺达					4.8%	16.6%
沙特阿拉伯				50.5%		
塞尔维亚			28.4%	18.3%		
塞尔维亚和黑山					13.6%	
新加坡				16.7%		37.3%

续表

国家（地区）	第一期	第二期	第三期	第四期	第五期	第六期
斯洛伐克		23.0%	25.8%			
斯洛文尼亚			15.3%		17.5%	19.9%
南非	26.1%	26.6%	15.4%	11.5%		23.3%
韩国	36.0%	33.6%	30.3%	27.3%	28.0%	26.5%
西班牙		29.2%	28.7%	32.7%	19.8%	19.0%
瑞典	52.5%		56.6%	63.7%	65.2%	60.1%
瑞士		26.5%	34.5%		51.2%	
坦桑尼亚				7.7%		
泰国					41.3%	32.1%
特立尼达和多巴哥					3.8%	3.2%
突尼斯						15.5%
土耳其		9.8%	5.5%	18.6%	4.8%	11.6%
乌干达				7.6%		
乌克兰			28.8%		24.5%	23.1%
美国	44.1%		35.2%	35.5%	39.1%	34.8%
乌拉圭			21.1%		24.6%	13.8%
乌兹别克斯坦						13.9%
委内瑞拉			13.3%	15.8%		
越南				38.7%	50.9%	
也门						38.5%
赞比亚					10.8%	
津巴布韦				11.7%		8.3%

资料来源：世界价值观调查

9.4.2 社会网络

Forte 等（2015）通过社会网络来衡量社会资本。问题形式为“请仔细查看以下志愿性组织或活动，你是该组织的活跃会员、非活跃会员，还是没有加入该组织？志愿性组织包括：①教会或宗教组织；②艺术、音乐或教育组织；③工会；④政党，环境组织；⑤专业组织”。计算方法如下：世界价值观调查公布了回答是上述问题中活跃会员的比重，再将上述五个组织的值取平均值，数值越高表示参加活动越积极，社会网络越广泛，社会资本水平越高。表 9-2 是根据每期调查均值计算得到的参加活动衡量的社会资本水平。

表 9-2　社会网络得分均值

国家（地区）	第一期	第二期	第三期	第四期	第五期	第六期
阿尔巴尼亚			17.42%	13.72%	22.34%	
阿尔及利亚				8.38%		4.90%
安道尔						
阿根廷	7.48%	3.80%	14.46%	6.74%	15.76%	17.24%
澳大利亚	15.12%		29.44%		31.64%	27.72%
阿塞拜疆			9.88%			4.36%
巴林						29.40%
孟加拉国			18.98%	26.32%		
白俄罗斯			11.92%			13.76%
波斯尼亚			27.52%	5.68%		
巴西		8.52%			27.7%	22.78%
保加利亚			5.52%		4.54%	
布基纳法索					28.98%	
加拿大				17.9%	32.02%	
智利		8.22%	27.82%	7.72%	22.90%	17.52%
中国		14.24%	30.60%	4.44%	13.36%	5.80%
哥伦比亚			14.90%		14.36%	24.94%
克罗地亚			24.44%			
塞浦路斯					19.50%	15.12%
捷克			12.26%			
多米尼加			41.06%			
厄瓜多尔						11.86%
埃及					3.88%	0.66%
萨尔瓦多			16.38			
爱沙尼亚			8.54			9.98%
埃塞俄比亚					40.88%	
芬兰	8.28%		34.66%		35.74%	

续表

国家（地区）	第一期	第二期	第三期	第四期	第五期	第六期
法国					11.74%	
格鲁吉亚			3.42%		3.18%	5.24%
德国			19.54%		16.22%	18.28%
加纳					46.58%	37.18%
英国					25.64%	
匈牙利			10.22%		4.86%	
印度			19.80%	12.22%	64.24%	46.42%
印度尼西亚					32.22%	
伊朗					18.54%	
伊拉克						4.58%
以色列						
意大利					17.10%	
日本	6.88%	5.26%	13.04%	7.28%	15.34%	11.18%
约旦					1.42%	6.70%
哈萨克斯坦						8.14%
科威特						35.43%
吉尔吉斯斯坦				7.02%		19.52%
拉脱维亚			10.62%			
黎巴嫩						20.56%
利比亚						12.76%
立陶宛			7.24%			
马其顿			17.54%	9.36%		
马来西亚					20.68%	15.60%
马里					51.50%	
墨西哥	7.64%	7.42%	37.78%	8.66%	30.00%	27.78%
摩尔多瓦			16.92%	10.80%	17.74%	
黑山			19.40%	10.78%		
摩洛哥				1.76%	8.62%	8.36%
荷兰					22.80%	17.12%
新西兰			37.30%		38.76%	34.90%
尼日利亚			39.90%			39.46%

续表

国家（地区）	第一期	第二期	第三期	第四期	第五期	第六期
挪威			28.46%		30.02%	
巴基斯坦						7.70%
巴勒斯坦						15.06%
秘鲁			26.42%	10.64%	15.18%	16.54%
菲律宾			11.20%	9.66%		29.22%
波兰			5.55%		13.22%	12.42%
波多黎各			37.12%	15.18%		
卡塔尔						16.45%
罗马尼亚			17.74%		4.92%	10.06%
俄国		16.18%	11.06%		11.28%	6.06%
卢旺达					39.46%	42.28%
沙特阿拉伯						
塞尔维亚			12.90%	5.50%		
塞尔维亚和黑山					15.10%	
新加坡				8.56%		18.46%
斯洛伐克			14.08%			
斯洛文尼亚			16.90%		16.92%	15.2%
南非	12.46%		41.26%	19.74%	36.4%	47.14%
韩国	8.70%	14.82%	24.50%	15.66%	18.62%	26.24%
西班牙		3.96%	17.66%	4.12%	9.96%	8.64%
瑞典	20.68%		30.70%	37.30%	34.02%	28.8%
瑞士		9.32%	27.18%		29.20%	
坦桑尼亚				32.50%		
泰国					24.56%	18.36%
特立尼达和多巴哥					32.50%	31.24%
突尼斯						2.18%
土耳其			7.92%		3.26%	3.24%
乌干达				17.62%		
乌克兰			10.32%		11.9%	7.72%
美国	22.52%		45.30%	31.04%	37.40%	35.84%
乌拉圭			18.06%		14.35%	11.08%

续表

国家（地区）	第一期	第二期	第三期	第四期	第五期	第六期
乌兹别克斯坦						5.52%
委内瑞拉			22.70%	11.36%		
越南				16.16%	12.82%	
也门						8.66%
赞比亚					52.30%	
津巴布韦				19.46%		37.36%

资料来源：世界价值观调查

9.4.3 社会规范

Forte 等（2015）通过社会规范来衡量社会资本。世界价值观调查对应的问题“请回答你认为以下活动是合理的、不合理的，还是介于两者之间？这 10 项活动分别如下：①向政府申请自己不符合条件的收入；②乘坐公共交通工具逃票；③偷漏税；④受贿；⑤同性恋；⑥卖淫；⑦流产；⑧离婚；⑨安乐死；⑩自杀”。计算方法如下：世界价值观调查提供了每一问题对应回答的平均值。表 9-3 是根据世界价值观调查提供的上述问题回答计算得到的均值。需要说明的是，得分均值越高表示社会规范越差，得分均值越低表示社会规范越好。

表 9-3 社会规范得分均值

国家（地区）	第一期	第二期	第三期	第四期	第五期	第六期
阿尔巴尼亚			3.37%	2.50%		
阿尔及利亚				2.30%		3.04%
安道尔					5.00%	
阿根廷	2.41%	2.59%	3.08%	2.82%	3.46%	3.51%
亚美尼亚			3.27%			1.84%
澳大利亚	3.44%		3.60%		3.99%	3.95%
阿塞拜疆			2.89%			1.76%
巴林						2.26%

续表

国家（地区）	第一期	第二期	第三期	第四期	第五期	第六期
孟加拉国			1.27%	1.21%		
白俄罗斯		3.25%	3.57%			3.10%
波斯尼亚			2.58%	2.45%		
巴西		2.57%			3.28%	2.99%
保加利亚			3.16%		3.60%	
布基纳法索					2.52%	
加拿大				3.24%	3.53%	
智利		2.38%	2.77%	3.08%	3.46%	3.43%
中国		2.76%	2.76%	2.10%	2.22%	2.58%
哥伦比亚			2.64%		2.44%	2.63%
克罗地亚			4.22%		3.09%	
塞浦路斯						2.87%
捷克		5.67%	4.53%			
多米尼加			2.74%			
厄瓜多尔						2.53%
埃及				1.85%	2.26%	2.50%
萨尔瓦多			2.06%			
爱沙尼亚			3.48%			3.20%
埃塞俄比亚					1.91%	
芬兰	3.17%		3.71%		3.85%	
法国					4.47%	
格鲁吉亚			2.63%		1.86%	1.71%
德国			4.34%		3.97%	3.73%
加纳					2.23%	1.70%
英国			5.37%		3.94%	
危地马拉					3.00%	
匈牙利	2.33%		3.95%		3.36%	
印度		1.98%	2.07%	2.68%	3.29%	4.14%

续表

国家（地区）	第一期	第二期	第三期	第四期	第五期	第六期
印度尼西亚				1.96%	1.70%	
伊朗				1.94%	2.31%	
伊拉克				1.64%	1.40%	2.47%
以色列				4.12%		
意大利					2.75%	
日本	2.68%	2.78%	3.10%	3.15%	3.39%	3.07%
约旦				1.57%	1.53%	1.86%
哈萨克斯坦						2.90%
科威特						2.77%
吉尔吉斯斯坦				2.59%		2.48%
拉脱维亚			3.97%			
黎巴嫩						3.22%
利比亚						2.02%
立陶宛			3.03%			
马其顿			2.59%	2.60%		
马来西亚					3.30%	2.44%
马里					3.44%	
墨西哥	2.91%	3.77%	3.08%	3.10%	3.55%	3.39%
摩尔多瓦			2.94%	3.55%	3.30%	
黑山			3.12%	2.94%		
摩洛哥				1.67%	2.11%	1.91%
荷兰					4.22%	4.51%
新西兰			3.74%		3.85%	3.84%
尼日利亚		2.38%	1.97%	1.96%		2.15%
挪威			3.58%		4.30%	
巴基斯坦				1.37%		1.70%
巴勒斯坦						2.34%
秘鲁			2.84%	2.55%		2.95%

续表

国家（地区）	第一期	第二期	第三期	第四期	第五期	第六期
菲律宾			3.06%	3.17%		3.75%
波兰		2.40%	2.64%		2.75%	2.79%
波多黎各			2.28%	2.22%		
卡塔尔						2.05%
罗马尼亚			2.92%		2.41%	2.17%
俄国		2.76%	3.27%		3.34%	3.31%
卢旺达					2.04%	1.92%
沙特阿拉伯				2.32%		
塞尔维亚			3.18%	2.81%		
塞尔维亚和黑山					4.70%	
新加坡				2.60%		3.24%
斯洛伐克		4.84%	4.12%			
斯洛文尼亚			3.83%		4.27%	4.04%
南非	2.74%	2.57%	2.45%	2.91%	2.78%	4.22%
韩国	2.82%	2.61%	2.78%	2.91%	2.99%	2.81%
西班牙		3.34%	3.53%	3.46%	4.14%	3.80%
瑞典	3.27%		4.66%	4.22%	4.76%	4.69%
瑞士		3.16%	4.15%		4.29%	
坦桑尼亚				1.70%		
泰国					3.05%	2.43%
特立尼达和多巴哥					2.43%	1.96%
突尼斯						2.06%
土耳其		2.42%			1.96%	1.79%
乌干达				2.19%		
乌克兰			3.31%		3.33%	3.01%
美国	2.58%		2.85%	3.20%	3.45%	3.51%
乌拉圭			3.22%		3.90%	3.66%
乌兹别克斯坦						2.11%

续表

国家（地区）	第一期	第二期	第三期	第四期	第五期	第六期
委内瑞拉			2.38%	2.59%		
越南				1.94%	2.08%	
也门						2.12%
赞比亚					3.42%	
津巴布韦				1.47%		2.34%

资料来源：世界价值观调查

9.5 机制分析

本章从社会信任、社会网络、社会规范三个维度分析社会资本对经济增长的影响。借鉴 Barro（1991）的方法，我们通过散点图考察变量之间的直观关系。我们给出三个维度的社会资本水平，更全面地考察不同维度社会资本对经济增长的影响。在此基础上，我们考察社会资本对经济增长动力传导变量的影响。根据经济增长理论，我们选取三个最主要的传导变量，包括物质资本形成率、人力资本水平和 R&D 强度。我们将世界价值观六期调查数据得到的社会资本与相应国家和年份的经济增长率匹配进行分析。

9.5.1 社会资本与经济增长率

社会资本是经济增长的重要影响因素。Algan 和 Cahuc（2010）利用美国不同代际来自各个国家移民祖先的信任作为这些国家的信任指标，进而从制度、地理等传统变量中分离出信任对经济发展的影响。研究发现，继承的信任（inherited trust）可以在很大程度上解释发展中国家的落后，也可以较好地解释 20 世纪发达国家之间经济发展的差异。现有文献关于社会资本对经济增长的影响存在较大差异，这与样本国家时间区间、指标测度方法及计量方法等有关。我们用横轴表示社会资本水平，纵轴表示经济增长率。可以看出，社会信任与经济增长率呈微弱的负向关系，如图 9-7 所示。社会网络与经济增长率呈微弱的正向关系，如图 9-8 所示。以社会规范表示社会资本时，散点图的拟合线斜率为负，如图 9-9 所示。由于社会规范得分越低表示社会资本水平越高。因此，以社会规范表示社会资本时，社会资本与经济增长率严格正相关。

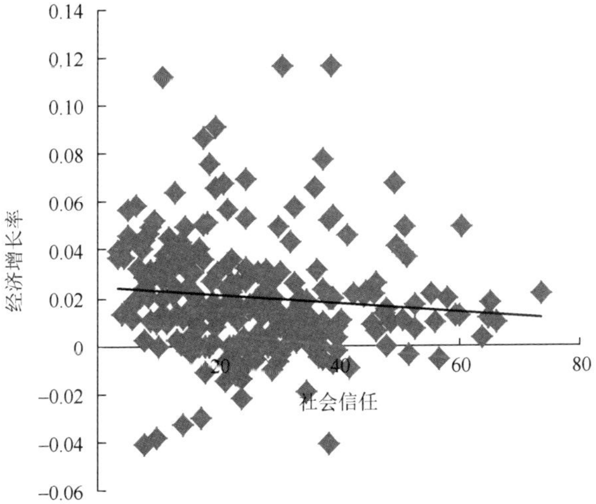

图 9-7　社会信任与经济增长率

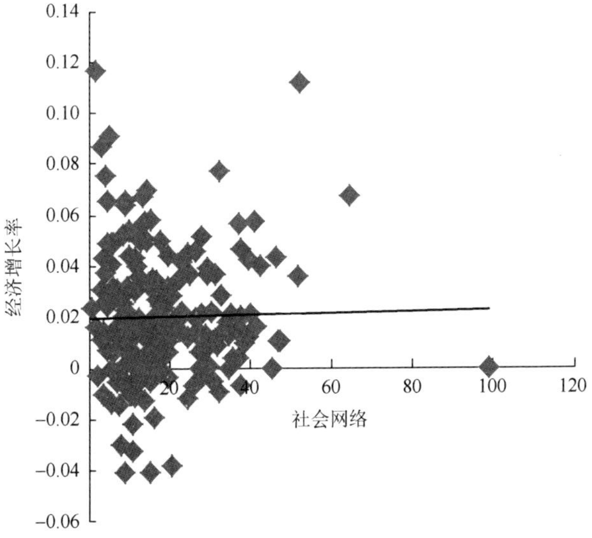

图 9-8　社会网络与经济增长率

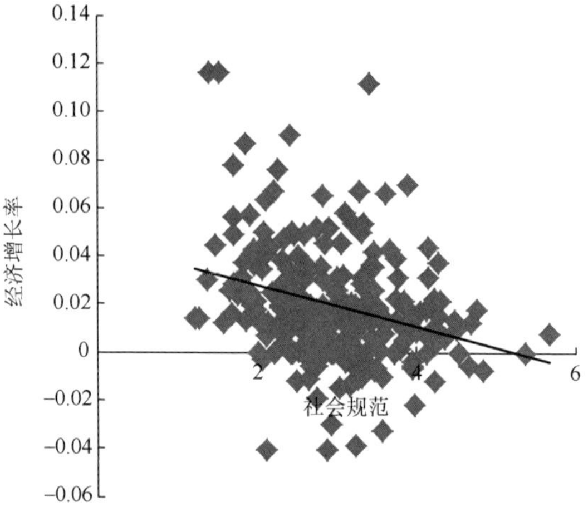

图 9-9　社会规范与经济增长率

9.5.2　社会资本与投资率

我们用 WDI 数据中公布的资本形成总额除以 GDP 表示投资率。横轴表示社会资本水平，纵轴表示投资率。社会信任可以促进投资，如图 9-10 所示。这可能是因为在信任水平更高的国家和地区，企业家投资面临欺诈行为的概率较低，投资的预期回报率较高，因而企业有更强的动力去投资。Zak

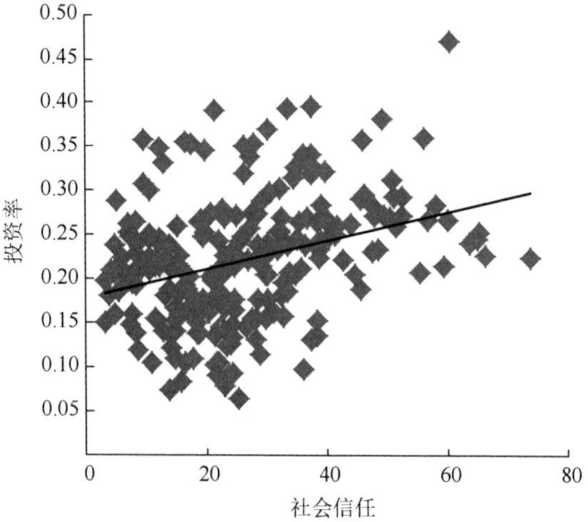

图 9-10　社会信任与投资率

和 Knack（2001）的研究也发现，社会资本对于投资具有显著的促进作用。在社会信任水平更高的国家和地区，企业更容易获知投资机会信息，而且更便于全面评估这些投资项目的收益，信任引致的微观效率改进也使得投资增加（Dearmon and Grier，2011）。社会网络对投资率的影响不显著，如图 9-11 所示。由于社会规范得分越高表示社会资本水平越低。因此，以社会规范表示社会资本时，社会资本与投资率严格负相关，如图 9-12 所示。

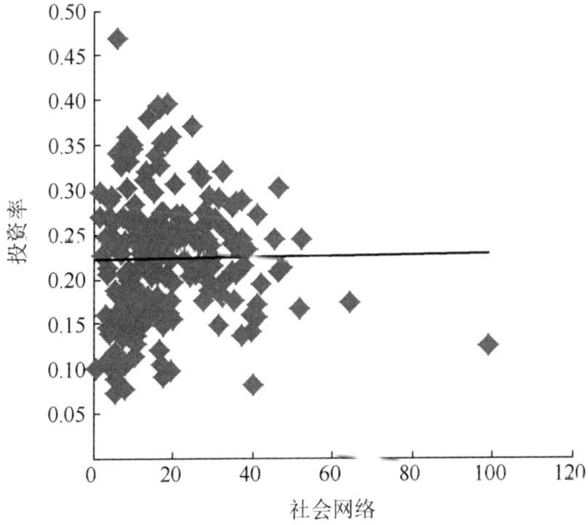

图 9-11　社会网络与投资率

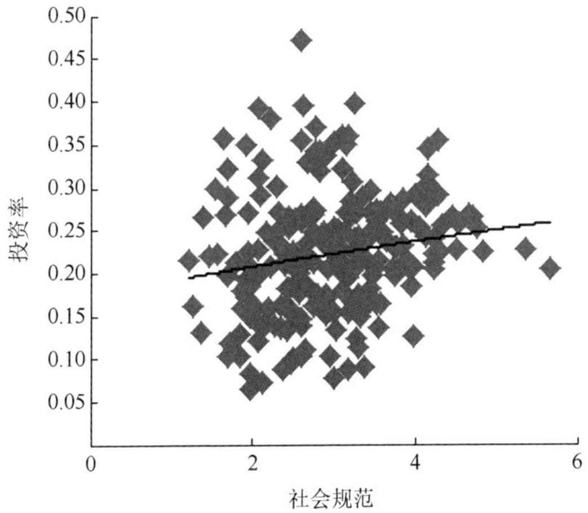

图 9-12　社会规范与投资率

9.5.3 社会资本与人力资本水平

我们用 PWT 9.0 数据库公布的平均教育年限和教育回报率合成指标表示人力资本水平。横轴表示社会资本水平，纵轴表示人力资本水平。可以看出，社会信任与人力资本水平呈严格正向关系，如图 9-13 所示。Papagapitos 和 Riley（2009）、Bjørnskov（2009）认为社会信任可以通过以下三条渠道影响人力资本投资：第一，信任水平越高，物质资本投资越多，由于工资是物质资本的函数，这使得工资收入上升，从而教育回报率上升，个体会选择更多的人力资本投资。第二，社会信任越高说明个体能确定性地获得教育投资回报，这使得教育投资增加。第三，社会信任水平越高，使得监督成本下降，企业倾向于雇用教育水平更高的劳动力。根据散点图可以看出，社会网络与人力资本水平负相关，如图 9-14 所示。由于社会规范得分越高表示社会资本水平越低。因此，以社会规范表示社会资本时，社会资本与人力资本水平严格负相关，如图 9-15 所示。

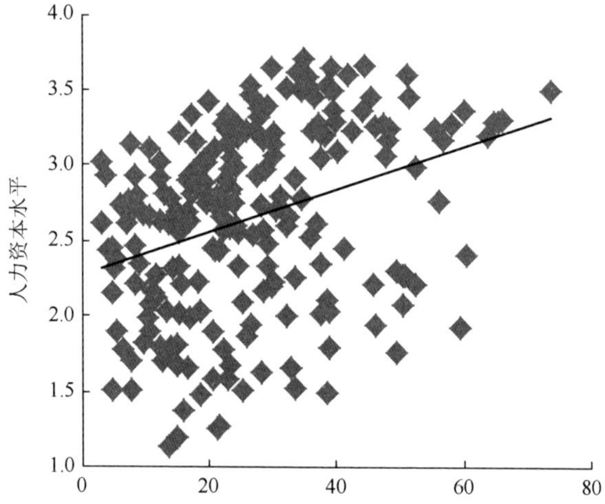

图 9-13 社会信任与人力资本水平

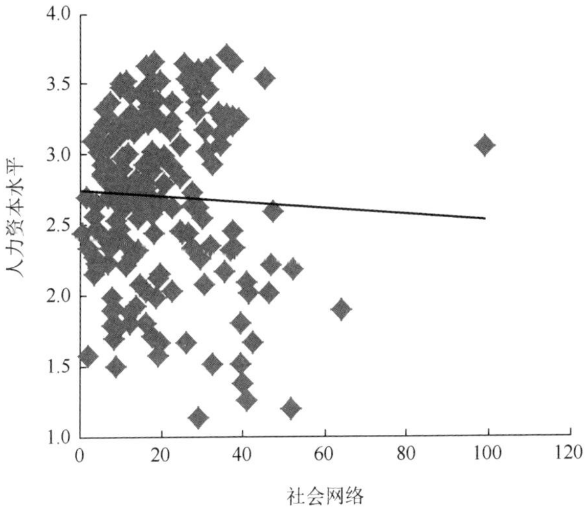

图 9-14　社会网络与人力资本水平

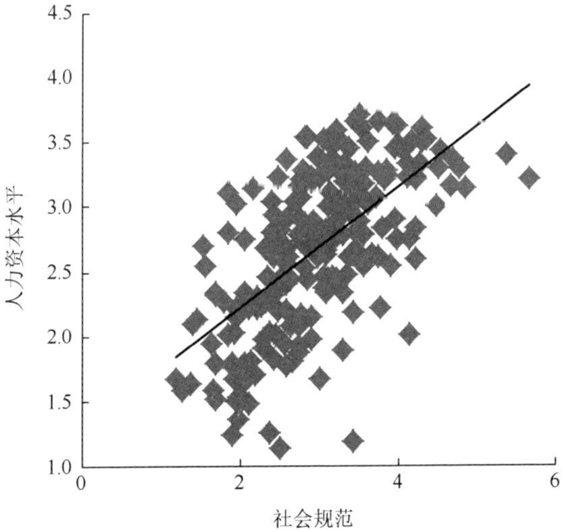

图 9-15　社会规范与人力资本水平

9.5.4　社会资本与 R&D 强度

我们用 WDI 数据库公布的 R&D 支出除以 GDP 表示 R&D 强度，横轴表示社会资本水平，纵轴表示 R&D 强度。我们分别考察不同维度社会资本与 R&D 强度的关系，可以看出，社会信任与 R&D 强度存在微弱的负向关系，如图 9-16 所示。社会网络与 R&D 强度存在微弱的负向关系，如图 9-17 所示。社会规范与 R&D 强度之间存在微弱的正向关系，如图 9-18 所示。除

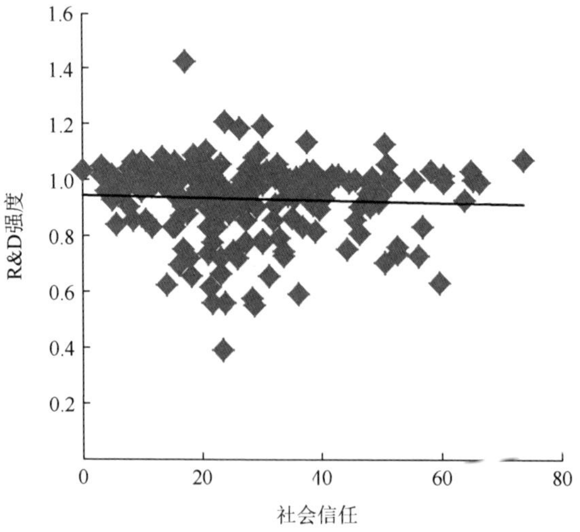

图 9-16 社会信任与 R&D 强度

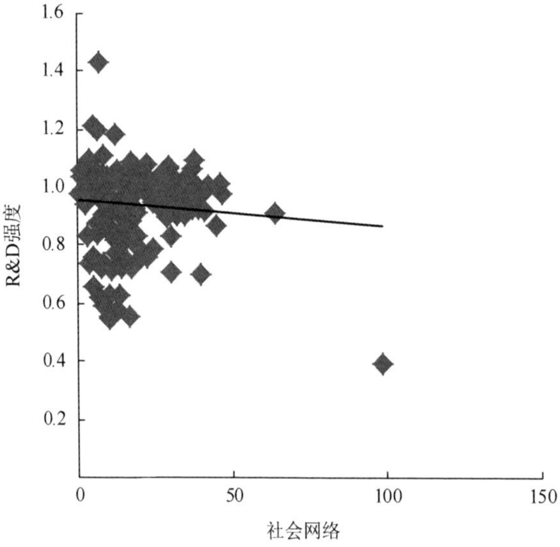

图 9-17 社会网络与 R&D 强度

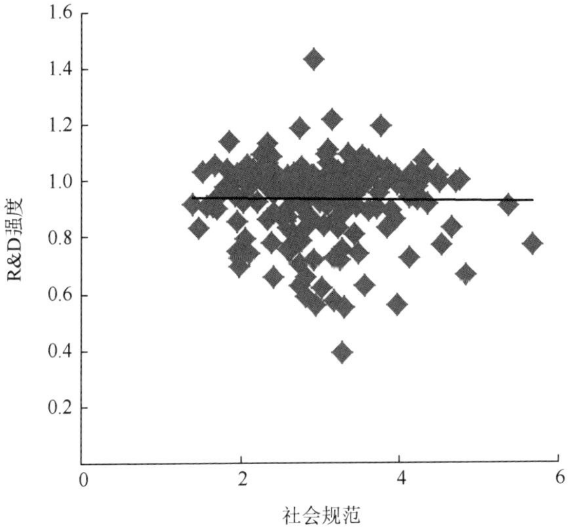

图 9-18 社会规范与 R&D 强度

以上机制外，社会资本还会通过制度的渠道促进经济增长。Peiro-Palomino（2016）认为在信任水平较高的社会中，政治家和政府工作人员以权谋私的可能性更低，更值得信赖。社会资本也可以使全社会更便于监督政府人员，政府的承诺更容易兑现，这些都有利于促进经济增长。

9.6 小 结

本章在一个资本积累与创新相互作用的内生增长模型中内生化社会资本，我们将社会资本引入效用函数，且假设社会资本是技术创新的必要投入要素。研究发现，社会资本偏好可以促进经济增长。社会资本偏好使社会资本投资增加，进而促进资本积累和创新，社会资本偏好会挤出消费。社会资本偏好通过经济增长对社会福利的正向影响大于其通过挤出消费对社会福利的负向影响，因而社会资本偏好使得社会福利水平上升。在此基础上，根据世界价值观调查数据，我们给出了社会信任、社会网络和社会规范三个维度衡量的社会资本水平，并通过散点图考察三个维度社会资本与经济增长率、投资率、人力资本水平及 R&D 强度的关系。基于散点图的研究发现，社会资本三个维度指标与经济增长率、投资率、人力资本水平及 R&D 强度之间并没有确定的关系，这可能是因为样本中不同国家发展特征存在较大差别。

社会资本对经济增长的影响属于经济增长理论与社会学的交叉学科，这是经济增长理论的前沿性研究。我们可以在包含微观决策的经济增长框架下引入社会资本，考察社会资本通过影响物质资本投资、劳动参与、人力资本积累、技术创新、资源配置等渠道对经济增长的影响。在包含委托代理的经济增长框架下，最优激励设计随着社会资本不同而有所差异。信任会影响人们的耐心程度，我们可以将贴现率内生化为社会资本的函数。本章关于社会资本动态积累方程的设定较为简单，进一步的分析可以将社会互动时间、政府公共资本等变量引入社会资本方程，给出更具有微观基础的社会资本动态方程。

经济新常态背景下，经济高质量发展并不仅依赖于硬性因素（资本、劳动和技术），而且在很大程度上依赖于经济软实力。企业家精神（entrepreneurship）也是经济增长的决定性因素，企业家精神通常是指企业家的视野、取得成功的欲望以及应对风险的态度和自信心。大量文献发现企业家精神通过促进创新和捕捉商业机会等渠道促进经济增长（Li et al.，2012）。此外，文化也是促进经济增长的重要因素。儒家传统文化如勤奋、节俭、家庭团结、团队协调、重视教育等都有利于促进经济增长。文化是一个广义的概念，我们可以从不同维度考察文化对经济增长的影响机制和作用效果。

第　10　章

R&D 投入、创新与经济增长

关于我国经济长期持续增长的动力以及我国经济未来还能否继续保持高速增长是政策制定者和学术界关注的重大问题。改革开放以来，我国经济呈现粗放型增长的特点，主要表现为经济增长是由大量资本、能源、原材料、劳动力投入等要素驱动的，而技术进步和全要素生产率对经济增长的贡献度较低（王小鲁等，2009）。关于我国经济能否实现持续增长受到诸多质疑（Young，2003；吴延瑞，2008）。在宏观层面，高投资引发了经济中的一系列不平衡；在微观层面，企业缺乏创新，生产效率低（郑京海等，2008）。因此，如何更好地实现经济增长转型，进而促进我国经济持续增长就成为政策制定者和经济理论工作者关注的重要问题。

要加快我国经济转型，更好地实现从“中国制造”到“中国创造”的跨越，实现经济增长方式由粗放型向集约型转化，一个重要的方面是加快自主创新进程，不断提高我国的科技创新能力。根据世界知识产权组织发布的全球创新指数（global innovation index，GII），2017 年全球创新指数排名中，我国位列第 22 名，比 2016 年上升了 3 名。根据《2017 年全球创新指数报告》公布的世界主要国家创新指数得分，我国得分为 52.5，相较发达国家存在较大的差距，如图 10-1 所示。我国政府认识到了要素驱动经济增长模式存在的问题，提出了实施创新性国家的建设战略，加快创新性国家建设，将经济增长的着力点转移到创新上来。

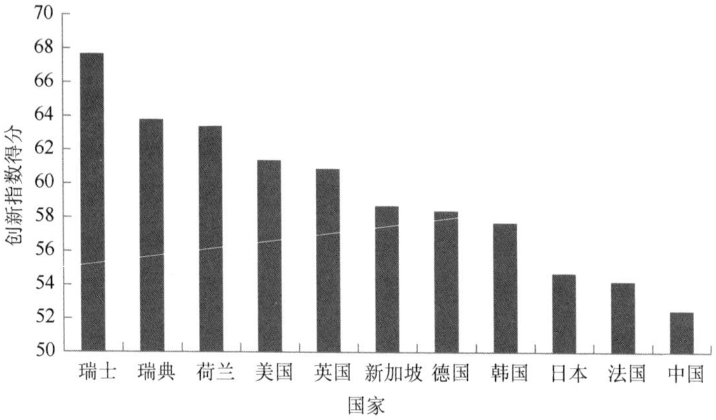

图 10-1　2017 年世界主要国家创新指数得分

我们梳理了两个方面的特征事实：①整理了 WDI 数据库提供的中国和美国经济增长率。改革开放以来，我国经济增长率远高于美国经济增长率，我国年均经济增长率为 8.73%，而美国年均经济增长率为 1.71%，如图 10-2 所示。②根据 PWT 9.0 数据绘制了中国相对全要素生产率。我们将美国看作世界技术前沿，美国的全要素生产率为 1。我国全要素生产率相对于美国全要素生产率的值在 0.4 附近，如图 10-2 所示。2000 年以来，尽管我国全要素生产率相对

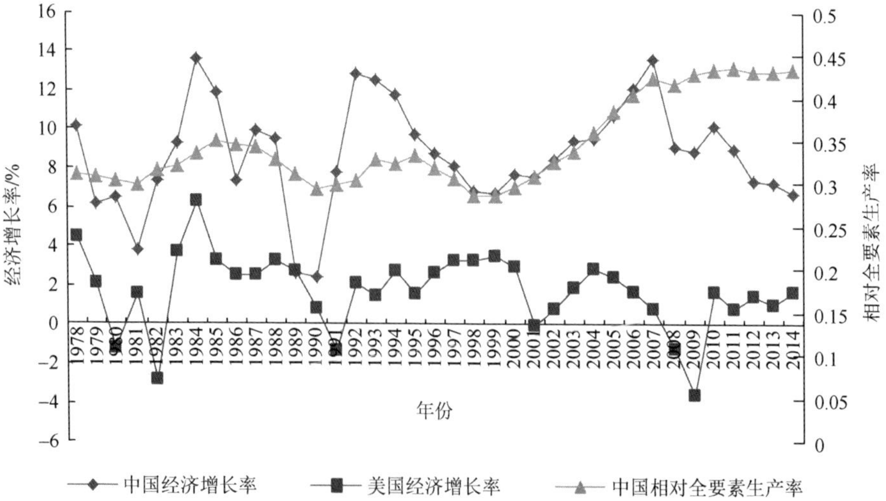

图 10-2　中国与美国经济增长率和相对全要素生产率

于美国全要素生产率在上升，但上升幅度非常有限，这也说明我国距离世界技术前沿还有较大的差距。基于上述两个特征事实，改革开放以来，尽管我国经济增长速度远高于美国，但我国全要素生产率相对于美国全要素生产率并没有显著的上升，这也说明我国在技术创新方面与美国相比仍存在较大差距。

R&D 是指在科学技术领域，为增加知识总量，以及运用这些知识进行的创造性活动。R&D 投入是衡量一个国家或地区科技活动规模及科技投入强度的有效指标，是综合实力和竞争力的核心标志。经济学家很早就意识到了 R&D 投入对技术进步和经济增长的驱动作用，并尝试在经济增长框架下将 R&D 对经济增长的影响模型化。20 世纪 90 年代初期，以 Romer（1990）、Grossman 和 Helpman（1991a）、Aghion 和 Howitt（1992）为代表的经济学家在动态一般均衡的框架下将创新、研发与内生经济增长联系起来，提出了 R&D 驱动经济增长理论。这类增长理论认为，R&D 投入可以生产出新知识（表现为新种类的产品或更高质量的产品），这又促进了技术进步和经济增长。与新古典增长理论、简单 AK 理论以及 Uzawa-Lucas 理论不同，R&D 驱动经济增长理论认为，内生的技术进步和创新是促进经济增长的主要原因。

现有文献主要关注以下两方面的工作：第一，R&D 对技术进步、经济增长和经济赶超的重要性。刘小鲁（2011）研究发现，对后发国家而言，在均衡增长路径上自主研发比重的提高对技术进步有正向推动作用，而知识产权保护的增强将会同时强化对本国研发成果以及外国专利的保护，从而既能激励本国自主研发，也会强化国外已有专利对技术后发国家自主创新的阻碍效应。黄先海和宋学印（2017）基于 115 个国家的面板数据发现，对于远离前沿的经济体，基于技术差距的追赶导向型技术进步可推动快速技术进步，对于国际准前沿经济体，追赶导向型技术进步将面临潜在“技术追赶陷阱”，竞争导向型技术进步可规避“技术追赶陷阱”。白俊红等（2017）认为，研发要素在区际间的流动不仅能够促进本地区经济的增长，其所伴随的空间知识溢出效应还有助于推动其他地区的经济增长。

第二，R&D 资本的跨国溢出效应。在开放性经济中，知识生产可以通过中间产品或者非耐用投入品进而影响别国的全要素生产率，也即 R&D 资本具有跨国溢出效应。这种溢出效应主要是通过技术转移、外商直接投资、跨国公司的研发活动，以及国际贸易尤其是一些高科技、高附加值产品的进口实现的。Coe 和 Helpman（1995）通过对 22 个 OECD 国家 1971～1990 年的实证检验发现，本国和国外 R&D 资本存量都可以影响本国的全要素生产率，且进口占 GDP 的比例越高，国外 R&D 资本存量的溢出效应越大。此外，他们还发现对于一些小国而言，国外 R&D 资本对全要素生产率的贡献至少要和国内 R&D 资本的贡献一样大；而对于七国集团（G7）而言，国内 R&D 资本对全要素生产率的贡献更大。Coe 等（1997）通过对 77 个发展中国家 1971～1990 年的数据检验发现，发达国家 R&D 资本具有很强的溢出效应，发达国家 R&D 资本每增加 1%，可以使得发展中国家的经济增长率上升 0.06 个百分点。程惠芳和陈超（2017）基于 130 个经济体 1980～2010 年的数据研究发现，国内知识资本和国外知识资本都是促进全要素生产率提升的重要原因。

根据研究类型的不同，R&D 活动包括基础研究、应用研究和试验发展，我们可以将应用研究和试验发展合起来看作广义的应用研究。需要说明的是，现有的考察 R&D 对我国经济增长的理论和实证文献主要是基于总体 R&D 行为分析的，也即研究总量 R&D 支出或是 R&D 资本对经济增长的影响。鲜有文献构建同时包括基础研究和应用研究的理论模型，考察不同类型 R&D 对我国经济增长的影响。因此，有必要构建同时包含基础研究和应用研究的经济增长模型，从理论逻辑上阐述基础研究通过促进应用研究对于经济增长的重要性。同时，更为细致地考察不同类型 R&D 对我国经济增长的影响，以期为我国 R&D 支出结构的优化提供一些理论和现实依据。

政府在推动技术创新的进程中发挥着重要作用。Romer（1990）、Rivera-Batiz 和 Romer（1991）假设 R&D 是企业行为，Park（1998）认为 R&D 不仅是企业行为，而且也是政府行为。Park（1998）在 Romer（1990）研究的基础上假设经济中同时包含企业 R&D 和政府 R&D，政府通过征税为科学家、工程师的工资支出融资。但 Park（1998）假设政府 R&D 部门生产的知识并不出售给中间产品部门，而是作为中间投入品用于企业 R&D。Park（1998）的设定使得分析更简化，但其分析并不全面。事实上，作为政府 R&D 部门，高等学校、科研机构侧重基础研究，他们生产的知识具有更多公共产品的性质。企业侧重于应用研究，企业 R&D 部门生产的知识更多具有私人产品的性质。

10.1 特征事实

本部分通过介绍国内和国外特征事实，以厘清我国在 R&D 投入方面存在的问题。根据《中国科技统计年鉴 2019》公布的 1995～2018 年我国 R&D 支出情况，我国的 R&D 经费总额从 1995 年的 348.68 亿元上升到了 2018 年的 19 677.93 亿元，R&D 经费占 GDP 的比例（R&D 强度）从 1995 年的 0.57% 上升到了 2018 年的 2.14%，如表 10-1 所示。根据研究类型的划分，R&D 支出包括基础研究支出、应用研究支出和试验发展支出。我国分类的 R&D 支出呈现不断增加的趋势，但总体而言，我国基础研究支出占 R&D 总支出的比例过低。以 2018 年为例，基础研究支出、应用研究支出和试验发展支出占 R&D 总支出的比例分别为 5.54%、11.13%和 83.33%，即我国 R&D 支出主要是试验发展支出。如果我们将应用研究和试验发展看成广义应用研究支出，则广义应用研究支出占 R&D 总支出的比例接近 95%，即我国在基础研究方面的支出占比过低。

表 10-1　1995～2018 年我国 R&D 支出和 R&D 强度

年份	R&D 经费/亿元	基础研究/亿元	应用研究/亿元	试验发展/亿元	R&D 强度/%
1995	348.68	18.06	92.02	238.60	0.57
1996	404.48	20.24	99.12	285.12	0.56
1997	509.16	27.44	132.46	349.26	0.64
1998	551.11	28.95	124.62	397.54	0.65
1999	678.91	33.90	151.55	493.46	0.75
2000	895.66	46.73	151.90	697.03	0.89
2001	1 042.48	55.60	184.85	802.03	0.94
2002	1 287.65	73.77	246.68	967.20	1.06
2003	1 539.62	87.65	311.45	1 140.52	1.12
2004	1 966.34	117.18	400.49	1 448.67	1.21
2005	2 449.98	131.21	433.53	1 885.24	1.31
2006	3 003.10	155.76	488.97	2 358.37	1.37
2007	3 710.24	174.52	492.94	3 042.78	1.37
2008	4 616.02	220.82	575.16	3 820.04	1.44

续表

年份	R&D 经费/亿元	基础研究/亿元	应用研究/亿元	试验发展/亿元	R&D 强度/%
2009	5 802.11	270.29	730.79	4 801.03	1.66
2010	7 062.58	324.49	893.79	5 844.30	1.71
2011	8 687.01	411.81	1 028.39	7 246.81	1.78
2012	10 298.41	498.81	1 161.97	8 637.63	1.91
2013	11 846.60	554.95	1 269.12	10 022.53	1.99
2014	13 015.63	613.54	1 398.53	11 003.56	2.02
2015	14 169.89	716.12	1 528.64	11 925.13	2.07
2016	15 676.74	822.89	1 610.49	13 243.36	2.12
2017	17 606.13	975.49	1 849.21	14 781.43	2.15
2018	19 677.93	1 090.37	2 190.87	16 396.69	2.14

资料来源：《中国科技统计年鉴 2019》

我们给出了 WDI 数据库公布的 2014 年 R&D 强度（R&D 支出占 GDP 的比例），如图 10-3 所示。2014 年我国的 R&D 强度为 2.02%，美国为 2.74%，日本为 3.59%，韩国为 4.29%。全世界均值为 2.1%，高收入国家为 2.5%，中等收入国家为 1.4%。这说明我国 R&D 强度相对于发达国家和东亚新兴经济体还存在一定的差距。

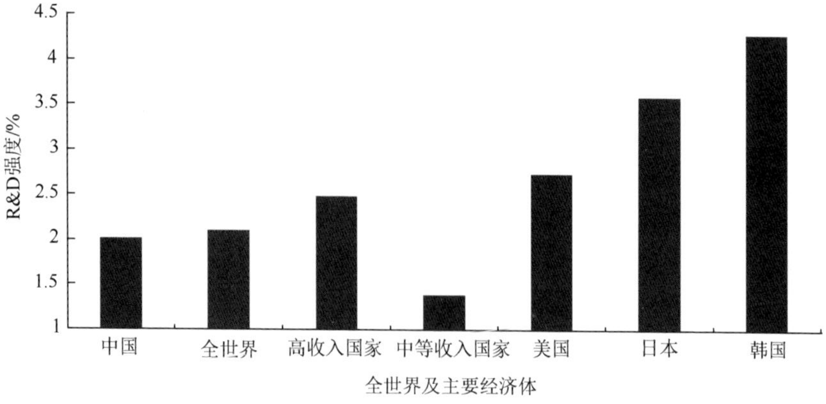

图 10-3　2014 年全世界及主要经济体 R&D 强度

我们用不同类型 R&D 支出占 R&D 总支出的比例表示 R&D 支出结

构，如表 10-2 所示。可以看出，我国基础研究支出占比为 5.5%，瑞士基础研究支出占比为 41.7%。相对于发达国家而言，我国基础研究支出占 R&D 总支出的比例过低，试验发展支出占 R&D 总支出的比例过高。这说明我国 R&D 支出结构过度倾斜于应用研究和试验发展，而对基础研究重视不够。

表 10-2　世界主要国家不同类型 R&D 支出占 R&D 总支出的比例（单位：%）

R&D 类型	中国（2018 年）	法国（2016 年）	日本（2017 年）	韩国（2017 年）	瑞士（2017 年）	美国（2017 年）
基础研究	5.5	21.9	13.7	14.5	41.7	17.0
应用研究	11.1	42.0	19.5	22.0	32.2	20.4
试验发展	83.3	36.1	66.8	63.6	26.1	62.6

资料来源：《中国科技统计年鉴 2019》

按照 R&D 活动执行部门划分，主要包括企业、R&D 机构、高等学校和其他。我们用不同执行部门 R&D 支出占 R&D 总支出的比例表示 R&D 支出结构，我们给出了世界主要国家按照执行部门划分的 R&D 支出结构，如表 10-3 所示。可以看出，相较于发达国家，我国高等学校 R&D 经费占比较低。例如，2018 年我国高等学校 R&D 支出占比为 7.4%。考虑到高等学校侧重基础研究，且考虑基础研究对于创新和长期经济增长的重要性，应增加高等学校的 R&D 支出。

表 10-3　世界主要国家按执行部门划分的 R&D 支出结构（单位：%）

执行部门	中国（2018 年）	法国（2017 年）	日本（2017 年）	韩国（2017 年）	瑞士（2017 年）	美国（2017 年）
企业	77.4	65.0	78.8	79.4	69.4	73.1
R&D 机构	13.7	12.7	7.8	10.7	0.8	9.7
高等学校	7.4	20.7	12.0	8.5	27.6	13.0
其他	1.5	1.7	1.4	1.4	2.2	4.1

资料来源：《中国科技统计年鉴 2019》

政府 R&D 投入是推动创新和技术进步的重要力量，其可以弥补企业 R&D 投入的不足。例如，由于基础研究不能产生直接的收益，企业投入基础研究的动力不足，但基础研究对整个社会创新却发挥着至关重要的作用，政府对基础研究的投入使得整个创新过程得以持续。R&D 活动通常具有不确定性，R&D 投入不一定能取得预期成果，但企业 R&D 投入对整个社会具有正的溢出效应，因此企业选择的 R&D 投资规模要低于社会最优 R&D 投资规模，政府对企业的 R&D 财政补贴可以激励企业 R&D 投资（Romer，1990）。发达国家政府 R&D 支出占 R&D 总支出的比例较高。以 2017 年的数据为例，美国为 22.8%、法国为 32.8%、德国为 27.7%、英国为 26.3%、加拿大为 31.7%、意大利为 35.2%。我国政府也意识到了政府 R&D 投资的重要性，我国政府 R&D 经费支出从 2004 年的 523.6 亿元增加到 2018 年的 3978.6 亿元。

R&D 经费主要来源于财政拨款和企业资金，我们给出了世界主要国家基础研究和应用研究资金来源，如表 10-4 所示。可以看出，与其他国家相对比，我国基础研究资金过度依赖于财政拨款，我国基础研究资金的 98.37% 来源于财政拨款，企业所占份额仅为 1.63%。我国企业对基础研究投入很少，可以通过财税、金融等手段鼓励企业增加基础研究支出。

表 10-4　基础研究和应用研究资金来源的国际比较（单位：%）

国家	基础研究			应用研究		
	政府	企业	非营利机构	政府	企业	非营利机构
中国	98.37	1.63	0	23.28	76.72	0
法国	83.51	14.45	2.05	20.77	78.32	0.9
日本	56.89	40.62	2.5	17.75	80.76	1.49
韩国	42.26	56.64	1.1	20.1	78.14	1.75
新加坡	67.51	32.49	0	30.95	69.05	0
美国	68.34	19.46	12.2	14.98	82.47	2.55
以色列	67.22	27.32	5.46	8.67	88.54	2.79
澳大利亚	77.45	16.89	5.66	25.64	72.47	1.89

资料来源：Gersbach 等（2013）

10.2 理论模型

基于 Romer（1990）、Jones（1995a）水平创新驱动经济增长理论的基础模型，严成樑（2013a）细分了 R&D 活动，构建了一个同时包含基础研究和应用研究的创新驱动经济增长模型。基础研究和应用研究相互作用，应用研究生产的成果可直接用于中间产品的生产。

10.2.1 最终产品部门

最终产品部门通过雇用劳动 L，中间产品 $x(i)$，$i \in [0, A_1]$，来生产最终产品 Y。根据水平创新驱动经济增长模型通常的设定，A_1 表示应用研究生产的知识存量。与 Jones（1995a）的研究相同，我们假设劳动增长率为 n。最终产品部门是完全竞争的，总产出函数关于劳动和中间产品满足常数规模报酬：

$$Y = L^{\alpha} \int_0^{A_1} x(i)^{1-\alpha} \mathrm{d}i \tag{10-1}$$

最终产品部门通过选择雇用劳动和中间产品数量以极大化如下的利润函数：

$$\max \left[L^{\alpha} \int_0^{A_1} x(i)^{1-\alpha} \mathrm{d}i - wL - \int_0^{A_1} p(i)x(i)\mathrm{d}i \right]$$

其中，$L^{\alpha} \int_0^{A_1} x(i)^{1-\alpha} \mathrm{d}i$ 表示最终产品部门可以获得的总收入；w 表示劳动力的工资；$p(i)$ 表示第 i 种中间产品的价格；wL、$\int_0^{A_1} p(i)x(i)\mathrm{d}i$ 分别表示雇用劳动和购买中间产品的总成本。

通过求解上述优化问题，我们可得到最终产品部门对劳动和中间产品的需求函数：

$$w = \alpha L^{\alpha-1} \int_0^{A_1} x(i)^{1-\alpha} \mathrm{d}i \tag{10-2}$$

$$p(i) = (1-\alpha) L^{\alpha} x(i)^{-\alpha} \tag{10-3}$$

方程（10-2）和方程（10-3）的左端分别表示工资和中间产品的价格，右端分别表示劳动和中间产品的边际产出。

10.2.2 中间产品部门

中间产品是为生产最终产品一次性投入且全部消耗完毕的物品。中间产品部门由一系列具有垄断权力的厂商组成，且每个厂商生产的产品各不相同。借鉴 Romer（1990）的思路，中间产品部门通过租用资本来生产中间产品，每生产 1 单位中间产品需要租用 1 单位资本。每单位资本的成本为利率 r，生产 $x(i)$ 单位中间产品的成本为 $rx(i)$。第 i 种中间产品的价格为 $p(i)$，生产 $x(i)$ 单位中间产品的收益为 $p(i)x(i)$。在利率 r 给定的前提下，中间产品部门通过选择中间产品（或选择租借资本）的数量极大化自身利润：$\pi = \max\{p(i)x(i) - rx(i)\}$。将方程（10-3）代入中间产品部门的利润函数，通过求解中间产品部门的最优性问题可知：

$$r = (1-\alpha)^2 L^{\alpha} x(i)^{-\alpha} \quad (10\text{-}4)$$

将方程（10-3）和方程（10-4）代入中间产品部门的利润极大化函数，可求得中间产品部门的利润：

$$\pi = \alpha(1-\alpha) L^{\alpha} x(i)^{1-\alpha} \quad (10\text{-}5)$$

10.2.3 R&D 部门

与现有的 R&D 驱动经济增长模型相区别，我们假设 R&D 部门同时从事基础研究和应用研究两种 R&D 活动。其中应用研究生产的知识直接销售给中间产品部门，基础研究生产的知识不能销售给中间产品部门，但可以用于应用研究。需要说明的是，尽管基础研究不能产生直接的经济效益，但却是经济运行不可缺少的，应用研究的生产效率取决于基础研究生产的知识存量。简化起见，我们假设基础研究和应用研究由同一 R&D 部门来执行，我们用 R&D 经费支出表示 R&D 部门的投入。具体地，应用研究知识生产函数为

$$\dot{A}_1 = \delta_1 R_1^{\lambda} A_1^{\phi} A_2^{\theta} \quad (10\text{-}6)$$

其中，$\dot{A}_1$ 表示应用研究生产的新知识；R_1 表示用于应用研究的 R&D 投入；A_1 表示应用研究知识存量；A_2 表示基础研究的知识存量；λ，ϕ，θ 是刻画应用研究生产效率的参数。由方程（10-6）可知，基础研究是应用研究开展的基本条件，基础研究对应用研究有促进作用。

我们假设基础研究通过 R&D 投入生产新产品，基础研究的生产函数为

$$\dot{A}_2 = \delta_2 R_2^{\omega} A_2^{\eta} \tag{10-7}$$

其中，$\dot{A}_2$ 表示基础研究生产的新知识；R_2 表示基础研究的 R&D 投入；A_2 表示基础研究的知识存量；ω 和 η 是刻画基础研究生产效率的参数。

基础研究和应用研究是相互作用、相互促进的。Gersbach 等（2018）系统梳理了基础研究和应用研究之间相互作用的机制。基础研究促进应用研究的作用渠道包括开放科学（open science），具体包括论文发表、科学报告、学术会议，以及科学家从基础研究部门流动到应用研究部门实现的知识转移，企业研发协作，基础研究人员与应用研究人员的非正式互动，高校和企业的研发合作，学术咨询，校办企业。应用研究促进基础研究的作用渠道包括：应用研究为基础研究提供数据和研究材料，提供研究素材，提供新的工具和测度技术，为具有商业价值的基础研究提供资金支持。在本章的框架下，基础研究是开展应用研究的前提，应用研究生产的新产品可以用于基础研究。

我们假设 R&D 部门是完全竞争的，从而有如下的无套利条件：

$$P_{A_1}\dot{A}_1 - R_1 + R_2 \tag{10-8}$$

方程（10-8）的左端表示 R&D 部门的总收益，R&D 活动的直接收益主要是通过应用研究获得的收入，其中 P_{A_1} 表示单位应用研究知识的价格。方程（10-8）右端表示 R&D 部门总的成本，具体包括基础研究支出和应用研究支出。根据 Romer（1990）、Jones（1995a）的设定，知识的价格为

$$P_{A_1} = \int_t^{+\infty} \pi(\tau)\exp\left[-\int_t^{\tau} r(s)\mathrm{d}s\right]\mathrm{d}\tau \tag{10-9}$$

就方程（10-9）两端对时间 t 求导，简单整理可得

$$r = \pi/P_{A_1} + \dot{P}_{A_1}/P_{A_1} \tag{10-10}$$

根据方程（10-6），每单位应用研究投入 R_1 对应用研究知识生产的边际生产率为 $\partial\dot{A}_1/\partial R_1 = \lambda\dot{A}_1/R_1$；每单位基础研究知识存量 A_2 对应用研究知识生产的边际生产率为 $\partial\dot{A}_1/\partial A_2 = \theta\dot{A}_1/A_2$。根据方程（10-7），每单位基础研究投入 R_2 对基础研究知识生产的边际生产率为 $\partial\dot{A}_2/\partial R_2 = \omega\dot{A}_2/R_2$。根据上述分析，每单位基础研究投入对应用研究知识生产的边际生产率等于基础研究投入

对基础研究知识生产的边际生产率乘以基础研究知识存量对应用研究知识生产的边际生产率，即$(\omega\dot{A}_2/R_2)(\theta\dot{A}_1/A_2)$。根据等边际原则，企业选择最优基础研究投入与应用研究投入时，基础研究投入的边际生产率与应用研究投入的边际生产率应相等，从而可以得到如下的关系式：

$$\lambda\dot{A}_1/R_1=(\omega\dot{A}_2/R_2)(\theta\dot{A}_1/A_2) \tag{10-11}$$

其中，方程（10-11）左端表示应用研究 R&D 投入的边际生产率，右端表示以应用研究知识衡量的基础研究 R&D 投入的边际生产率。若$\lambda\dot{A}_1/R_1>(\omega\dot{A}_2/R_2)(\theta\dot{A}_1/A_2)$，则应用研究 R&D 投入的边际生产率更高，此时企业可通过增加应用研究 R&D 投入，减少基础研究 R&D 投入增加知识生产数量；若$\lambda\dot{A}_1/R_1<(\omega\dot{A}_2/R_2)(\theta\dot{A}_1/A_2)$，则基础研究 R&D 投入的边际生产率更高，此时企业可通过增加基础研究 R&D 投入，减少应用研究 R&D 投入提高知识生产数量。以上两种情况都不符合最优性条件，企业最优决策时，基础研究 R&D 投入与应用研究 R&D 投入的边际生产率一定相等。通过整理方程（10-11）可知：

$$\dot{A}_2/A_2=[\lambda/(\omega\theta)](R_2/R_1) \tag{10-12}$$

平衡增长路径上基础研究知识存量A_2的增长率为常数，根据方程（10-12）可知，平衡增长路径上应用研究投入R_1和基础研究投入R_2的增长率相等。值得注意的是，在以上设定中我们假设基础研究投入也是企业行为。现实经济中，考虑到基础研究的研究周期较长，且不能产生直接的收益，基础研究主要是依赖政府投入实现的。Prettner 和 Werner（2016）假设政府对劳动收入征税，税收收入用于雇用科学家进行基础研究，即基础研究是由政府部门推动的。基础研究通过促进应用研究的渠道促进创新和经济增长，但基础研究规模越大，政府税率越高，从而对经济增长越具有抑制作用，经济中存在使得社会福利极大化的基础研究规模。

10.2.4 家庭

代表性个体通过选择消费以极大化自身福利水平：

$$\max\int_0^{+\infty}\frac{c^{1-\sigma}-1}{1-\sigma}e^{-\rho t}\mathrm{d}t$$

其中，$c=C/L$，表示平均消费；ρ表示主观贴现率；σ表示消费跨期替代弹性的倒数。

家庭面临如下的预算约束方程：

$$\dot{K} = rK + wL - cL \tag{10-13}$$

我们通过构建如下现值的 Hamiltonian 方程来求解上述优化问题：

$$H = \frac{c^{1-\sigma} - 1}{1-\sigma} + \lambda(rK + wL - cL)$$

我们可以得到如下的最优性条件：

$$H_c = c^{-\sigma} - \lambda L = 0 \tag{10-14}$$

$$H_K = \lambda r = \rho\lambda - \dot{\lambda} \tag{10-15}$$

和横截性条件：

$$\lim_{t\to+\infty} \lambda K e^{-\rho t} = 0 \tag{10-16}$$

根据方程（10-14）可知 $c^{-\sigma} = \lambda L$，将其两端取自然对数，并对时间 t 求导可得

$$(-\sigma)\dot{c}/c = \dot{\lambda}/\lambda + n \tag{10-17}$$

将方程（10-15）两端同时除以 λ，整理可得

$$\dot{\lambda}/\lambda = \rho - r \tag{10-18}$$

将方程（10-17）和方程（10-18）结合起来，整理可得到如下的人均消费积累动态方程：

$$\frac{\dot{c}}{c} = \frac{r - \rho - n}{\sigma} \tag{10-19}$$

总消费 $C = cL$，将其代入方程（10-13），且方程两端同除以 K 可得

$$\frac{\dot{K}}{K} = r + \frac{wL}{K} - \frac{C}{K} \tag{10-20}$$

横截性条件（10-16）要求当经济收敛于平衡增长路径上时满足：

$$\lim_{t\to+\infty}(\dot{\lambda}/\lambda + \dot{K}/K - \rho) < 0 \tag{10-21}$$

若 C 的增长率小于 K 的增长率，则 $\lim\limits_{t\to+\infty}(C/K) \to 0$。将方程（10-18）和方程（10-20）代入方程（10-21）可知：

$$\lim_{t\to+\infty}(\dot{\lambda}/\lambda + \dot{K}/K - \rho) = \lim_{t\to+\infty}(wL/K - C/K) \geqslant 0 \tag{10-22}$$

这与横截性条件（10-21）相矛盾。因此，C 的增长率小于 K 的增长率不成立。

若C的增长率大于K的增长率，则$\lim\limits_{t\to+\infty}(C/K)\to+\infty$，将其代入（10-20）可知平衡增长路径上$K$的增长率$\to-\infty$，这与内生增长的要求相矛盾。因此，$C$的增长率大于$K$的增长率也不成立。将上述两点结合起来可知，平衡增长路径上C和K的增长率应相等。

10.2.5 竞争性均衡求解

资本市场出清，家庭的资本供给总量等于中间产品部门对资本的需求量：

$$K=\int_0^{A_1}x(i)\mathrm{d}i \tag{10-23}$$

中间产品市场出清，即每种中间产品的供给和需求相等。根据对称性，市场对每种中间产品的需求量相等。因此，每种中间产品的供给也相同，即$x(i)=x$，$i\in[0,A_1]$，将其代入方程（10-23）可知：

$$K=A_1x \tag{10-24}$$

将方程（10-24）代入方程（10-1），可得到总产出函数：

$$Y=(A_1L)^{\alpha}K^{1-\alpha} \tag{10-25}$$

内生增长模型的核心是，平衡增长路径上利率为常数，从而可以实现持续的内生增长。在本章的框架下，将方程（10-24）代入（10-4），且结合方程（10-25）可知，利率$r=(1-\alpha)^2Y/K$，从而平衡增长路径上资本K与实际产出Y的增长率相同。

根据方程（10-10）可知$P_{A_1}=\pi\big/\left(r-\dot{P}_{A_1}/P_{A_1}\right)$，将其代入方程（10-8）可知：

$$P_{A_1}\dot{A}_1=\left(P_{A_1}A_1\right)\frac{\dot{A}_1}{A_1}=\frac{A_1\pi}{r-\dot{P}_{A_1}/P_{A_1}}\frac{\dot{A}_1}{A_1}=R_1+R_2 \tag{10-26}$$

我们用$R=R_1+R_2$表示经济中的R&D总支出，根据方程（10-5）、方程（10-24）和方程（10-25）可知$A_1\pi=\alpha(1-\alpha)Y$，将上述关系代入方程（10-26）可知：

$$P_{A_1}\dot{A}_1=\frac{\alpha(1-\alpha)Y}{r-\dot{P}_{A_1}/P_{A_1}}\frac{\dot{A}_1}{A_1}=R \tag{10-27}$$

当经济收敛于平衡增长路径上时，r、$\dot{P}_{A_1}/P_{A_1}$和$\dot{A}_1/A_1$均为常数，因此，R&D投入R和总产出Y的增长率相等。

整个社会面临如下的社会资源约束方程：

$$Y = C + \dot{K} + R_1 + R_2 \tag{10-28}$$

方程（10-28）左端表示经济中的总供给，右端表示经济中的总需求，包括消费需求、投资需求以及对 R&D 的支出。根据方程（10-28），当经济收敛于平衡增长路径上时，Y，C，R_1，R_2，$\dot{K}$ 的增长率均相同，我们假设这些变量的增长率均为 Ω。需要说明的是，从数学角度严格来说，C、$\dot{K}$、R_1、R_2 是 Y 的一部分，并不意味着 C、$\dot{K}$、R_1、R_2 与 Y 的增长率一定相等，一种可能是 C、$\dot{K}$、R_1、R_2 中某些变量的增长率小于 Y 的增长率。基于一个广义的内生增长模型，Barro 和 Sala-i-Martin（2004）证明，在内生增长框架下，C、K 和 Y 的增长率一定相等。本章构建的是一个 R&D 驱动经济增长模型，为实现内生经济增长，本章框架下 C、K、R_1、R_2 与 Y 的增长率一定相等。由于 $\dot{K} = \gamma_K K$，其中 γ_K 表示 K 的增长率，当经济收敛于平衡增长路径上时，γ_K 为常数。因此，$\dot{K}$ 与 K 的增长率相同。综上分析，C、K、R_1、R_2 与 Y 的增长率相等，这也是内生增长模型求解的通常思路。同时，本章采用通常的效用函数和生产函数，这保证均衡解是存在的且是唯一确定的，这与 Romer（1990）、Jones（1995a）的分析思路相同。

我们用 Ω_{A_1} 和 Ω_{A_2} 表示 A_1 和 A_2 的增长率。根据方程（10-25）以及平衡增长路径的定义可知：

$$\Omega = \Omega_{A_1} + n \tag{10-29}$$

根据应用研究动态积累方程（10-6），当经济收敛于平衡增长路径上时有

$$(1-\phi)\Omega_{A_1} = \lambda\Omega + \theta\Omega_{A_2} \tag{10-30}$$

根据基础研究动态积累方程（10-7），当经济收敛于平衡增长路径上时有

$$(1-\eta)\Omega_{A_2} = \omega\Omega \tag{10-31}$$

将方程（10-29）、方程（10-30）和方程（10-31）结合起来，我们可求得

$$\Omega = \frac{n}{1-\Delta},\text{其中 } \Delta = \frac{1}{1-\phi}\left(\lambda + \frac{\omega\theta}{1-\eta}\right) \tag{10-32}$$

根据方程（10-32），平衡增长路径上的经济增长率主要取决于人口增长率、基础研究和应用研究的生产效率参数。我们可以求得应用研究部门和

基础研究部门知识存量的增长率分别为$\Omega_{A_1}=\Omega-n$和$\Omega_{A_2}=\omega\Omega/(1-\eta)$。通过上述分析，我们可以得到如下的命题。

命题 1：分散经济下的经济增长率是由方程（10-32）决定的。

根据方程（10-32），通过简单比较静态分析可知$\partial\Omega/\partial\lambda>0$，$\partial\Omega/\partial\phi>0$，$\partial\Omega/\partial\theta>0$，$\partial\Omega/\partial\omega>0$，$\partial\Omega/\partial\eta>0$。上述比较静态分析的经济学含义是，基础研究部门和应用研究部门的生产效率越高，经济增长率越高。

根据方程（10-27）、方程（10-29）以及平衡增长路径的定义可知，平衡增长路径上P_{A_1}的增长率为n。将其代入方程（10-27）可知：

$$\frac{\alpha(1-\alpha)Y}{r-n}(\Omega-n)=R \tag{10-33}$$

根据方程（10-19）以及平衡增长路径的定义，可知$r=\sigma(\Omega-n)+\rho+n$。将上式代入方程（10-33），可求得分散经济下最优的 R&D 投资规模：

$$\frac{R}{Y}=\frac{\alpha(1-\alpha)(\Omega-n)}{\sigma(\Omega-n)+\rho} \tag{10-34}$$

根据方程（10-12）以及平衡增长路径上$\Omega_{A_2}=\omega\Omega/(1-\eta)$，我们可以求得分散经济下基础研究支出占 R&D 总支出的比例：

$$\frac{R_2}{R}=\frac{1}{1+M},\text{其中 } M=\frac{1-\eta}{\omega\Omega}\frac{\lambda}{\omega\theta} \tag{10-35}$$

通过上述分析，我们可以得到如下的命题。

命题 2：分散经济下 R&D 支出占 GDP 的最优比例是由方程（10-34）决定的，基础研究支出占 R&D 总支出的最优比例是由方程（10-35）决定的。

10.3 社会计划者经济及资源配置比较

与分散经济不同，社会计划者经济框架假设经济中存在一个社会计划者可以协调家庭、厂商以及政府等不同经济参与体的行为。我们可以通过求解社会计划者经济的问题，进而考察分散经济下的经济增长率以及 R&D 资源配置是否为最优。

10.3.1　模型框架

社会计划者的问题是

$$\max \int_0^{+\infty} \frac{(C/L)^{1-\sigma}-1}{1-\sigma} e^{-\rho t} \mathrm{d}t$$

经济中的预算约束方程是

$$\dot{K}=(A_1 L)^{\alpha} K^{1-\alpha}-C-R_1-R_2$$

$$\dot{A}_1=\delta_1 R_1^{\lambda} A_1^{\phi} A_2^{\theta}$$

$$\dot{A}_2=\delta_2 R_2^{\omega} A_2^{\eta}$$

我们通过构建如下现值的 Hamiltonian 系统来求解上述优化问题：

$$H=\frac{(C/L)^{1-\sigma}-1}{1-\sigma}+\mu_1\left[(A_1 L)^{\alpha} K^{1-\alpha}-C-R_1-R_2\right]+\mu_2 \delta_1 R_1^{\lambda} A_1^{\phi} A_2^{\theta}+\mu_3 \delta_2 R_2^{\omega} A_2^{\eta}$$

其中 μ_1、 μ_2 和 μ_3 为协状态变量，分别表示资本、应用研究知识存量以及基础研究知识存量的影子价格。

我们可得到如下的最优性条件：

$$H_C=(C/L)^{-\sigma}/L-\mu_1=0 \quad \Rightarrow \quad \mu_1=(C/L)^{-\sigma}/L \qquad (10\text{-}36)$$

$$H_{R_1}=-\mu_1+\mu_2 \lambda \dot{A}_1/R_1=0 \quad \Rightarrow \quad \mu_1=\mu_2 \lambda \dot{A}_1/R_1 \qquad (10\text{-}37)$$

$$H_{R_2}=-\mu_1+\mu_3 \omega A_2/R_2=0 \quad \Rightarrow \quad \mu_1=\mu_3 \omega \dot{A}_2/R_2 \qquad (10\text{-}38)$$

欧拉方程：

$$H_K=\mu_1(1-\alpha) Y/K=\rho \mu_1-\dot{\mu}_1 \qquad (10\text{-}39)$$

$$H_{A_1}=\mu_1 \alpha Y/A_1+\mu_2 \phi \dot{A}_1/A_1=\rho \mu_2-\dot{\mu}_2 \qquad (10\text{-}40)$$

$$H_{A_2}=\mu_2 \theta \dot{A}_1/A_2+\mu_3 \eta \dot{A}_2/A_2=\rho \mu_3-\dot{\mu}_3 \qquad (10\text{-}41)$$

和横截性条件：

$$\lim_{t \to +\infty} \mu_1 K e^{-\rho t}=\lim_{t \to +\infty} \mu_2 A_1 e^{-\rho t}=\lim_{t \to +\infty} \mu_3 A_2 e^{-\rho t}=0$$

将方程（10-37）代入方程（10-40），同时两端同除 μ_2 可知：

$$\alpha \lambda(Y/R_1) \dot{A}_1/A_1+\phi \dot{A}_1/A_1=\rho-\dot{\mu}_2/\mu_2 \qquad (10\text{-}42)$$

将方程（10-37）和方程（10-38）结合起来可知：

$$\mu_2=\mu_3(\omega/\lambda)\left(\dot{A}_2/R_2\right)\left(R_1/\dot{A}_1\right) \qquad (10\text{-}43)$$

将方程（10-43）代入方程（10-41），同时方程两端同除 μ_3 可知：

$$(\omega\theta/\lambda)(R_1/R_2)\dot{A}_2/A_2+\eta\,\dot{A}_2/A_2=\rho-\dot{\mu}_3/\mu_3 \tag{10-44}$$

方程（10-36）两端同时取自然对数，并对时间 t 求导可知：

$$\dot{\mu}_1/\mu_1=-\sigma(\dot{C}/C-n)-n \tag{10-45}$$

方程（10-37）两端同时取自然对数，并对时间 t 求导可知：

$$\dot{\mu}_1/\mu_1=\dot{\mu}_2/\mu_2+\dot{A}_1/A_1-\dot{R}_1/R_1 \tag{10-46}$$

方程（10-38）两端同时取自然对数，并对时间 t 求导可知：

$$\dot{\mu}_1/\mu_1=\dot{\mu}_3/\mu_3+\dot{A}_2/A_2-\dot{R}_2/R_2 \tag{10-47}$$

根据方程（10-42）可求出 $\dot{\mu}_2/\mu_2=\rho-\alpha\lambda(Y/R_1)\dot{A}_1/A_1-\phi\,\dot{A}_1/A_1$；将上述 $\dot{\mu}_2/\mu_2$ 和根据方程（10-45）得到的 $\dot{\mu}_1/\mu_1$ 代入方程（10-46），且结合平衡增长路径上 C 和 R_1 的增长率为 Ω，A_1 的增长率为 $\dot{A}_1/A_1=\Omega-n$，可知：

$$-\sigma(\Omega-n)-n=\rho-\alpha\lambda(Y/R_1)(\Omega-n)-\phi(\Omega-n)+(\Omega-n)-\Omega \tag{10-48}$$

将方程（10-48）整理可得

$$\frac{R_1}{Y}=\frac{\alpha\lambda(\Omega-n)}{\rho+(\sigma-\phi)(\Omega-n)} \tag{10-49}$$

根据方程（10-44）可得到 $\dot{\mu}_3/\mu_3=\rho-(\omega\theta/\lambda)(R_1/R_2)\dot{A}_2/A_2-\eta\,\dot{A}_2/A_2$，将上述 $\dot{\mu}_3/\mu_3$ 和根据方程（10-45）得到的 $\dot{\mu}_1/\mu_1$ 代入方程（10-47）可知：

$$-\sigma(\dot{C}/C-n)-n=\rho-(\omega\theta/\lambda)(R_1/R_2)\dot{A}_2/A_2-\eta\,\dot{A}_2/A_2+\dot{A}_2/A_2-\dot{R}_2/R_2 \tag{10-50}$$

当经济收敛于平衡增长路径上时，C 和 R_2 的增长率均为 Ω，A_2 的增长率为 $\Omega_{A_2}=\omega\Omega/(1-\eta)$，将上述关系代入方程（10-50）可得

$$-\sigma(\Omega-n)-n=\rho+\left[1-(\omega\theta/\lambda)(R_1/R_2)-\eta\right]\omega\Omega/(1-\eta)-\Omega \tag{10-51}$$

根据方程（10-51）进一步整理可得

$$\frac{R_2}{R_1}=\frac{\omega\Omega}{1-\eta}\frac{\omega\theta/\lambda}{\rho+\omega\Omega+(\sigma-1)(\Omega-n)} \tag{10-52}$$

根据社会计划者面临的三个预算约束方程，我们可计算出社会计划者经济下的经济增长率。具体计算过程如下：将 $\dot{A}_1=\delta_1R_1^{\lambda}A_1^{\phi}A_2^{\theta}$ 两端同除以 A_1，将其两端取自然对数可知：

$$\ln(\dot{A}_1/A_1) = \ln\delta_1 + \lambda\ln R_1 + (\phi-1)\ln A_1 + \theta\ln A_2 \tag{10-53}$$

其中，$\dot{A}_1/A_1$ 表示 A_1 的增长率，当经济收敛于平衡增长路径上时，其为常数。将方程（10-53）两端同时对时间 t 求导可知：

$$0 = 0 + \lambda\dot{R}_1/R_1 + (\phi-1)\dot{A}_1/A_1 + \theta\dot{A}_2/A_2 \tag{10-54}$$

将 $\dot{A}_2 = \delta_2 R_2^{\omega} A_2^{\eta}$ 两端同除以 A_2，将其两端取自然对数，并将其两端同时对时间 t 求导可知：

$$0 = 0 + \omega\dot{R}_2/R_2 + (\eta-1)\dot{A}_2/A_2 \tag{10-55}$$

根据总产出函数性质，计算得

$$\dot{A}_1/A_1 = \dot{Y}/Y - n \tag{10-56}$$

根据方程（10-54）、方程（10-55）和方程（10-56），且结合平衡增长路径的定义可知：

$$\lambda\Omega + (\phi-1)(\Omega-n) + \theta\frac{\omega}{1-\eta}\Omega = 0 \tag{10-57}$$

将方程（10-57）进一步整理可得

$$\Omega = \frac{n}{1-\Delta}, 其中\ \Delta = \frac{1}{1-\phi}\left(\lambda + \frac{\omega\theta}{1-\eta}\right) \tag{10-58}$$

对比方程（10-32）和方程（10-58），分散经济与社会计划者经济下的经济增长率是相等的。原因是，在本章的框架下，经济增长率主要依赖于生产函数以及人口增长率等外生设定。分散经济与社会计划者经济下的总产出函数、基础研究生产函数、应用研究生产函数、人口增长率均相同；且本章模型是一个非规模经济，因此分散经济与社会计划者经济下的经济增长率相同。这说明从经济增长率的角度考虑，分散经济不存在效率损失。根据方程（10-49）和方程（10-52），可以计算出社会计划者经济下 R&D 支出占 GDP 的最优比例以及基础研究占 R&D 总支出的最优比例为

$$\frac{R}{Y} = \left[1 + \frac{\omega\Omega}{1-\eta}\frac{\omega\theta/\lambda}{\rho + \omega\Omega + (\sigma-1)(\Omega-n)}\right]\frac{\alpha\lambda(\Omega-n)}{\rho + (\sigma-\phi)(\Omega-n)} \tag{10-59}$$

$$\frac{R_2}{R} = \frac{1}{1+\Upsilon} \tag{10-60}$$

其中，$\Upsilon=\frac{1-\eta}{\omega\Omega}\frac{\lambda}{\omega\theta}\left[\rho+\omega\Omega+(\sigma-1)(\Omega-n)\right]$。

通过上述分析，我们可以得到如下的命题。

命题 3：社会计划者经济下经济增长率是由方程（10-58）决定的，最优的 R&D 规模和 R&D 结构是由方程（10-59）和方程（10-60）决定的。

可以看出，无论是分散经济框架还是社会计划者经济框架，基础研究生产效率和应用研究生产效率越高，则经济增长率越高。同时研发投入在基础研究和应用研究之间存在最优的配置比例，即基础研究和应用研究投入并不是越多越好，也不是越低越好，取决于两个创新部门的生产效率。

10.3.2 研发资源配置对比

通过对比方程（10-34）和方程（10-59）、方程（10-35）和方程（10-60），我们可知分散经济与社会计划者经济下最优 R&D 规模以及基础研究支出占 R&D 总支出的比例差别较大。我们不能直接判断分散经济与社会计划者经济下 R&D 规模和基础研究比例的大小关系。为此，我们运用 MATLAB 软件，通过参数化和数值模拟对比分散经济与社会计划者经济下 R&D 规模和基础研究支出比例。根据通常的设定，我们选取如下的基准参数值：$\alpha=0.64$，$\sigma=2$，$\rho=0.02$，$n=0.02$，$\lambda=0.5$，$\phi=0.2$，$\theta=0.2$，$\omega=0.5$，$\eta=0.2$。

我们考察刻画应用研究的生产效率参数λ、ϕ、θ，基础研究的生产效率参数ω、η，以及最终产品生产的生产效率参数α在合理范围内改变时，分散经济与社会计划者经济下 R&D 规模和 R&D 结构的大小对比，如图 10-4 所示。R&D 比值表示社会计划者经济下的 R&D 规模［方程（10-59）］与分散经济下 R&D 规模［方程（10-34）］的比值，R&D 结构表示社会计划者经济下基础研究支出占 R&D 支出的比例［方程（10-60）］与分散经济下基础研究支出占 R&D 支出比例［方程（10-35）］的比值。需要说明的是，根据方程（10-35）和方程（10-60），在本章的框架下刻画最终产品生产函数的指数α并不影响 R&D 结构，因而在图 10-4（f）中，我们只是考察了α变化对社会计划者经济与分散经济下 R&D 规模比值的影响，没有考察其对 R&D 结构的影响。

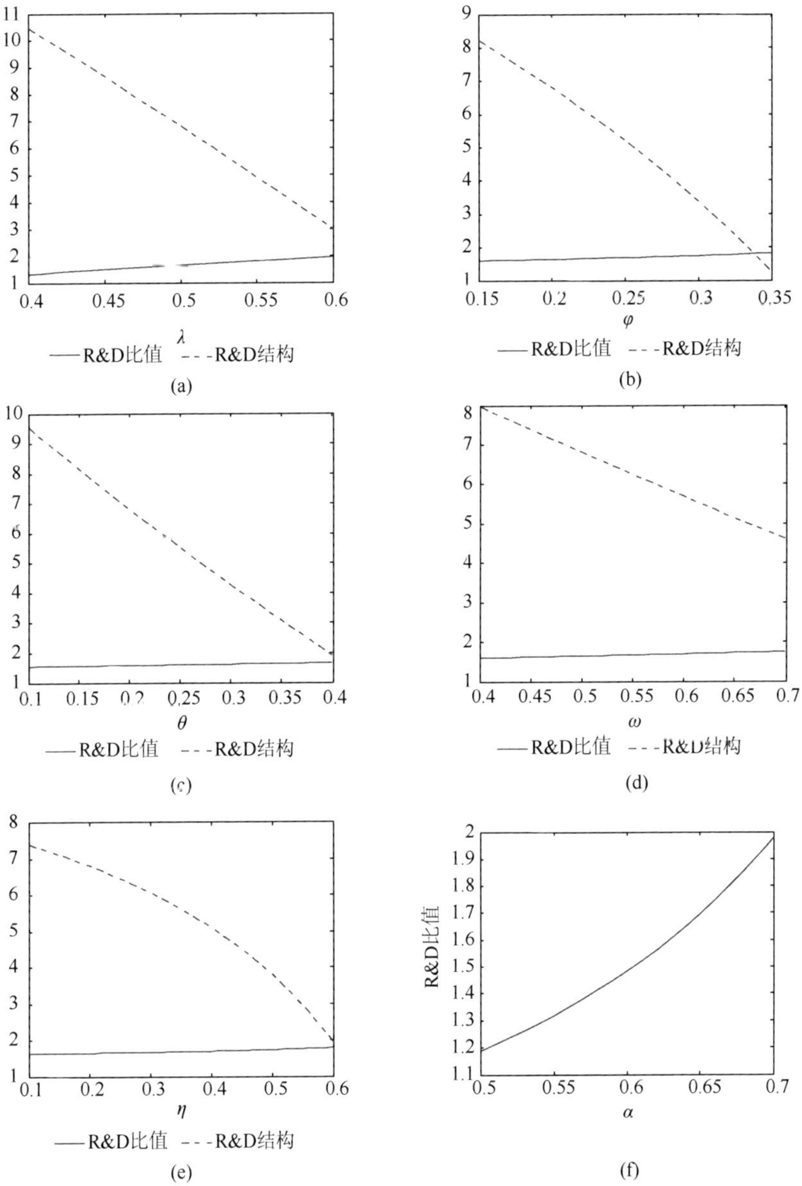

图 10-4　分散经济与社会计划者经济下 R&D 规模和 R&D 结构的对比

图 10-4 的 6 幅子图的纵轴都大于等于 1，这说明当模型参数值在合理范围内变动时，社会计划者经济下 R&D 支出占 GDP 的比例高于分散经济下的

比例，社会计划者经济下基础研究支出占 R&D 支出的比例高于分散经济下的比例，且以上结论是稳健的。从传导机制上分析，与 Jones（1995a）不同，本章框架下除包含垄断竞争效应、知识溢出效应以及重复效应外，还存在基础研究的溢出效应。其中垄断竞争效应、知识溢出效应以及基础研究溢出效应使得社会计划者经济下的 R&D 规模更大，而重复效应使得社会计划者经济下的 R&D 规模效应更小；综合对比上述两种效应，前者要大于后者。因此，社会计划者经济下的 R&D 规模更大。与分散经济不同，社会计划者经济考虑了基础研究的溢出效应，因而社会计划者经济下基础研究投入占 R&D 支出的比例要比分散经济下基础研究投入占 R&D 支出的比例更高。事实上，根据 Romer（1990）的研究，分散经济下企业从自身角度出发给出决策，而没有考虑到其 R&D 投入对别的厂商生产的知识溢出效应。而社会计划者经济却可以考虑到这种情形，从而将外部性内部化。基于上述分析，政府可以通过实施 R&D 补贴使得分散经济复制社会计划者经济，从而使得经济达到社会最优。

R&D 活动的执行部门包括高等学校、科研机构和企业。高等学校和科研机构的 R&D 经费主要来源于政府，企业 R&D 经费主要来源于企业自身。因此，与企业 R&D 部门相区别，我们可以将高等学校和科研机构看作政府 R&D 部门。不同 R&D 部门对经济的影响也差别较大。例如，政府 R&D 部门侧重于基础研究，而企业 R&D 部门则主要关注应用研究。在本章的以上模型中，我们假设 R&D 是企业行为，企业为获得垄断利润而增加 R&D 支出，而没有考虑政府 R&D 部门。这存在改进空间，是因为高等学校和科研机构等政府 R&D 部门对整个经济的创新发挥着重要作用。因此，构建同时包含企业 R&D 部门和政府 R&D 部门的经济增长模型，在此基础上计算经济增长率以及考察最优 R&D 资源配置是值得关注的重要问题。

10.4 实证分析

本部分主要包括以下几个方面的工作：首先，根据我国历年 R&D 支出数据估算基础研究资本和应用研究资本；其次，根据包含不同类型 R&D 资本的生产函数，推导出关于实际产出决定的回归方程；再次，通过实证分析考察基础研究资本和应用研究资本对我国经济增长的影响，并估算基础研究资本和应用研究资本对我国经济增长的贡献度；最后，通过滚动估计和分地区估计，分别从时间维度和空间维度估算基础研究资本和应用研究资本对我国实际产出和经济增长的影响。在此基础上，我们就实证结果给出原因分析和政策建议。

10.4.1 模型设定

根据经济增长理论关于生产函数的通常设定，物质资本、劳动以及技术水平是影响实际产出水平的重要因素，我们给出如下的总产出函数：

$$Y_{it} = A_{it} K_{it}^{\alpha} L_{it}^{\beta} \tag{10-61}$$

其中，Y_{it}，K_{it}，L_{it} 和 A_{it} 分别表示第 i 个省份第 t 年的实际产出、物质资本、劳动以及技术水平。根据 Lucas（1988）、Mankiw 等（1992）的研究，人力资本是影响经济增长的重要因素。同时，相对于基本的 Solow 模型，包含人力资本的模型可以更好地解释不同国家和地区之间的收入水平差异。为此，我们在方程（10-61）的基础上引入人力资本，从而将方程（10-61）的总产出函数拓展为

$$Y_{it} = A_{it} K_{it}^{\alpha} L_{it}^{\beta} H_{it}^{\gamma} \tag{10-62}$$

其中，H_{it} 表示第 i 个省份第 t 年的人力资本水平。

根据 Romer（1990）、Grossman 和 Helpman（1991a）、Aghion 和 Howitt（1992）的研究，R&D 通过提高技术水平从而对实际产出和经济增长有促进作用。根据研究类型的不同，R&D 活动包括基础研究和应用研究，基础研究支出积累形成基础研究存量，应用研究支出积累形成应用研究存量。我们可以将方程（10-61）的技术水平表示为不同类型 R&D 资本的函数：

$$A_{it} = \Psi RB_{it}^{\theta} RA_{it}^{\phi} \tag{10-63}$$

其中，Ψ 表示生产率参数；RB_{it} 和 RA_{it} 分别表示第 i 个省份第 t 年的基础研究资本和应用研究资本。我们这里将 R&D 存量区分为基础研究资本和应用研究资本，以揭示一些更微观的信息，这也是这部分内容的创新之处。将方程（10-63）代入方程（10-62），我们可以得到如下的总产出函数：

$$Y_{it} = \Psi K_{it}^{\alpha} L_{it}^{\beta} H_{it}^{\gamma} RB_{it}^{\theta} RA_{it}^{\phi} \tag{10-64}$$

将方程（10-64）两端取自然对数，我们可以得到如下的回归方程：

$$\ln Y_{it} = \text{Constan}\,t + \alpha \ln K_{it} + \beta \ln L_{it} + \gamma \ln H_{it} + \theta \ln RB_{it} + \phi \ln RA_{it} + \varepsilon_{it} \quad (10\text{-}65)$$

10.4.2 数据及其描述

根据方程（10-65），本章涉及的主要变量包括实际产出、物质资本、劳动、人力资本，以及基础研究资本和应用研究资本。我们用各省地区生产总值表示产出，并通过可比价格将名义地区生产总值换算为实际地区生产总值。根据龚六堂和谢丹阳（2004）的方法，我们通过固定资产价格指数将历年全社会固定资产投资换算为实际固定资产投资，并通过永续盘存法（perpetual inventory method，PIM）估算经济中的物质资本。我们用年末从业人员数表示经济中的就业人数。需要说明的是，《中国统计年鉴》和中经网统计数据库（CEInet Statistics Database）中没有公布 2006 年的从业人员数，为此我们用 2005 年和 2007 年的年末从业人员数的均值表示 2006 年的从业人员数。根据陈刚（2010）的研究，我们通过 6 岁及以上不同教育程度人口平均的受教育年限来衡量经济中的人力资本水平。现实经济中的教育程度包括小学、初中、高中、大专及以上，其中小学教育年限为 6 年，初中教育年限为 9 年，高中教育年限为 12 年，大专及以上的教育年限为 16 年。我们用各类受教育人口占总人口的比例乘以各类教育程度对应的教育年限从而计算出经济中人口的平均受教育年限。

根据执行部门的不同，R&D 活动的执行部门主要包括高等学校、科研机构和企业。我国企业在基础研究方面的投入很少，我们用高等学校和科研机构基础研究支出之和表示经济中基础研究的总支出，用总的 R&D 支出减去基础研究支出表示应用研究支出。需要说明的是，这里的应用研究支出是广义应用研究支出，包括狭义应用研究支出和试验发展支出。我们通过永续盘存法估算经济中基础研究资本和应用研究资本，具体推导方程如下：

$$S_{it+1} = (1-d)S_{it} + E_{it} \quad (10\text{-}66)$$

其中，S_{it} 表示第 i 个省份第 t 年不同类型的 R&D 资本；E_{it} 表示通过 R&D 支出价格指数计算的第 i 个省份第 t 年不同类型的 R&D 支出；d 表示 R&D 资本的折旧率，现有研究关于 R&D 资本折旧率的争议较大，本章假设不同类型 R&D 资本的折旧率分别为 10%和 15%。期初 R&D 资本为 $S_{i0} = E_{i0}/(g_i + d)$，

其中 g_i 表示第 i 个省份 1998～2015 年基础研究支出和应用研究支出对应的平均增长率。

假设 R&D 资本折旧率分别取 10%和 15%，根据方程（10-66）估算的 1995～2015 年我国基础研究资本和应用研究资本，如表 10-5 所示。可以看出，我国 R&D 资本均呈逐年增加的趋势。其中基础研究资本从 1995 年的 65.61 亿元增加到 2015 年的 2202.78 亿元；应用研究资本从 1995 年的 1195.87 亿元增加到 2015 年的 43203.3 亿元。根据方程（10-66）估算的我国 31 个省份 1998 年和 2015 年的基础研究资本与应用研究资本，如图 10-5 和图 10-6 所示。其中 1998 年的数据对应左边的纵轴，2015 年的数据对应右边的纵轴。可以看出，我国省份层面基础研究资本和应用研究资本的区域分布差距明显，北京、广东、江苏、上海、浙江、山东的基础研究资本和应用研究资本较多，而中西部省份的 R&D 资本较少。

表 10-5　我国基础研究资本和应用研究资本（单位：亿元）

年份	基础研究资本（$d=0.1$）	基础研究资本（$d=0.15$）	应用研究资本（$d=0.1$）	应用研究资本（$d=0.15$）
1995	65.61	55.53	1 195.87	1 012.72
1996	78.51	66.66	1 445.74	1 230.27
1997	96.61	82.60	1 756.62	1 501.18
1998	114.37	97.64	2 075.64	1 770.69
1999	135.18	115.24	2 481.58	2 118.60
2000	165.63	141.92	3 032.12	2 599.49
2001	201.16	172.73	3 653.69	3 134.35
2002	250.04	215.81	4 423.53	3 799.41
2003	305.24	263.64	5 309.83	4 558.15
2004	376.26	325.64	6 381.21	5 476.79
2005	450.54	388.70	7 720.74	6 632.93
2006	536.37	461.28	9 341.26	8 030.58
2007	623.87	533.23	11 266.64	9 685.49
2008	725.48	617.24	13 404.08	11 496.78
2009	858.59	730.32	16 272.91	13 981.50
2010	1 011.07	859.10	19 594.56	16 833.22
2011	1 193.70	1 013.97	23 336.71	20 009.84
2012	1 414.27	1 201.82	27 681.49	23 686.81
2013	1 649.91	1 398.61	32 585.61	27 806.06
2014	1 899.72	1 603.63	37 711.89	32 020.00
2015	2 202.78	1 856.11	43 203.30	36 479.59

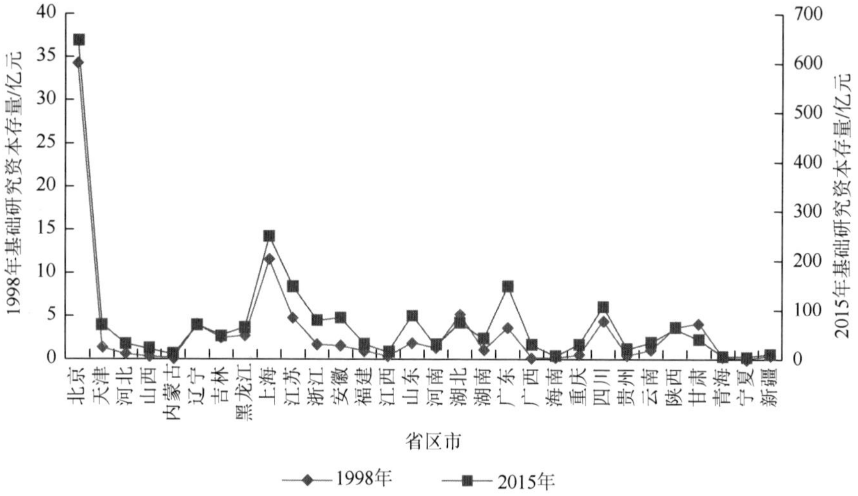

图 10-5　我国分省的基础研究资本

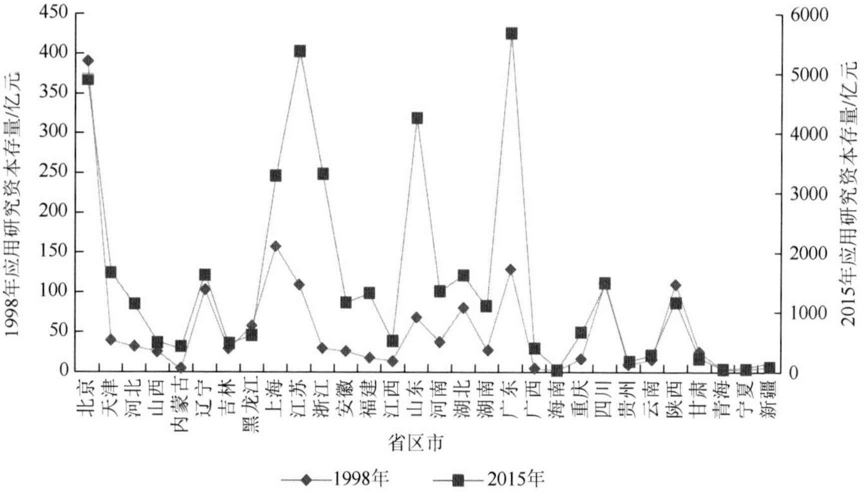

图 10-6　我国分省的应用研究资本

由于我们只能找到 1998 年后分省的 R&D 经费数据，本章选取的时间段是 1998～2015 年。R&D 支出数据来源于《中国科技统计年鉴》，人力资本根据《中国人口和就业统计年鉴》提供的数据计算得到，其余数据均是根据中经网统计数据库和《中国统计年鉴》的数据计算得到。各主要变量的简单统计描述如表 10-6 所示。

表 10-6　主要变量的简单统计描述

变量名称	单位	均值	标准差	最小值	最大值
实际 GDP	亿元	8 253.68	8 515.27	220.92	53 194.47
物质资本	亿元	30 286.58	25 015.51	445.95	95 449.71
人力资本	年	8.24	1.10	4.91	12.34
劳动	万人	2 366.81	1 662.34	254.8	6636
基础研究资本（$d = 0.1$）	亿元	26.00	58.34	0.05	652.91
应用研究资本（$d = 0.1$）	亿元	22.23	49.39	0.04	550.18
基础研究资本（$d = 0.15$）	亿元	511.97	855.30	2.26	5 681.44
应用研究资本（$d = 0.15$）	亿元	438.72	728.93	1.92	4 842.75

10.4.3　回归结果与分析

我们通过固定效应模型考察 R&D 资本对我国实际产出的影响，如表 10-7 所示。关于 R&D 资本存量的折旧率存在较大争议，我们分别假设 R&D 资本的折旧率分别为 10%和 15%，并分别进行分析，这可以看作稳健性分析。表 10-7 中的回归（1）、（2）和（3）是 R&D 资本折旧率取 10%的情形，回归（4）、（5）和（6）是 R&D 资本折旧率取 15%的情形。可以看出，物质资本、人力资本、劳动、基础研究资本以及应用研究资本对我国实际产出有显著的促进作用。当 R&D 资本的折旧率取 10%时，回归（3）显示基础研究资本和应用研究资本对应的系数分别为 0.161 和 0.248。这说明基础研究资本每增加 1 个百分点，可以使得我国实际产出增加 0.161 个百分点；应用研究资本每增加 1 个百分点，可以使得我国实际产出增加 0.248 个百分点。值得注意的是，人力资本对应的系数值最大，这说明人力资本对我国实际产出的影响力度最大，这可能是因为我国人力资本水平较低。物质资本和劳动对应的系数值较小，这说明物质资本和劳动对我国实际产出的影响力度较小，这可能是因为我国物质资本和劳动投入较多。

表 10-7　R&D 资本对我国实际产出的影响

变量	（1）	（2）	（3）	（4）	（5）	（6）
物质资本	0.134***	0.165***	0.123***	0.140***	0.165***	0.125***
	（7.22）	（10.03）	（7.36）	（7.45）	（9.84）	（7.35）
人力资本	1.137***	0.963***	0.800***	1.184***	0.986***	0.825***
	（7.03）	（6.21）	（5.35）	（7.21）	（6.29）	（5.44）
劳动	0.321***	0.130*	0.116*	0.343***	0.145**	0.130*
	（4.60）	（1.89）	（1.77）	（4.85）	（2.07）	（1.95）
基础研究资本	0.340***		0.161***	0.330***		0.154***
	（20.45）		（7.15）	（19.63）		（6.91）
应用研究资本		0.372***	0.248***		0.370***	0.252***
		（22.86）	（10.69）		（22.30）	（10.83）
常数项	−1.413***	−1.418***	−0.607	−1.587***	−1.491***	−0.701
	（−2.82）	（−3.03）	（−1.32）	（−3.11）	（−3.15）	（−1.50）
R^2	0.79	0.83	0.81	0.79	0.84	0.82

注：括号内数值为 t 统计值

***、**和*分别表示在 1%、5%和 10%的水平上显著

在以上分析基础上，我们可以估算 R&D 资本对我国经济增长的贡献度。具体思路是，将回归方程（10-65）两端同时对时间 t 求导，从而将总产出增长率表示为物质资本增长率、劳动增长率、人力资本增长率、基础研究资本增长率和应用研究资本增长率的加权平均，其中的权数就是表 10-7 中回归得到的系数。总产出增长率可以表述为如下的方程：

$$g_Y = \alpha g_K + \beta g_L + \gamma g_H + \theta g_{RB} + \phi g_{RA} \tag{10-67}$$

其中，g_Y 表示总产出增长率；g_K 表示物质资本增长率；g_L 表示劳动增长率；g_H 表示人力资本增长率；g_{RB} 和 g_{RA} 分别表示基础研究资本增长率和应用研究资本增长率。根据表 10-6 实证分析得到的系数，结合样本期间内各生产要素的平均增长率，我们可以估算出 1998～2015 年物质资本、人力资本、劳动、基础研究资本和应用研究资本对我国经济增长的贡献度分别为 $\alpha g_K/g_Y$、$\gamma g_H/g_Y$、$\beta g_L/g_Y$、$\theta g_{RB}/g_Y$ 和 $\phi g_{RA}/g_Y$，基于我国省份数据的经

济增长核算结果如表 10-8 所示。可以看出，基础研究资本对经济增长的贡献度为 30.89%，应用研究资本对经济增长的贡献度为 44.99%，两者合计得到 R&D 资本对我国经济增长的贡献度为 75.88%。上述经济增长核算的结果表明，若区分基础研究和应用研究，R&D 资本是我国经济增长的最重要动力，这与 Zhu（2012）的结论是一致的。现有的经济增长核算文献普遍忽略了不同类型 R&D 资本对全要素生产率的影响，这高估了物质资本对我国经济增长的贡献度，导致了经济增长核算偏差。

表 10-8　我国经济增长核算结果（单位：%）

变量	$d=0.1$	$d=0.15$
物质资本	18.32	18.61
人力资本	11.87	12.24
劳动	1.82	2.04
基础研究资本	30.89	29.48
应用研究资本	44.99	20.68

我们进一步将整个样本区间划分为 1998～2006 年和 2007～2015 年两个样本区间，并分别考察不同样本区间内 R&D 资本对实际产出的影响，具体结果如表 10-9 所示。回归（1）和（2）对应 1998～2006 年样本的回归结果，回归（3）和（4）对应 2007～2015 年样本的回归结果，其中回归（1）和（3）是 R&D 资本折旧率取 10%的情形，回归（2）和（4）是 R&D 资本折旧率取 15%的情形。可以看出，在上述两个样本区间内，基础研究资本和应用研究资本对应的系数都显著为正，这说明基础研究和应用研究都能够促进我国实际产出水平的提高。我们进一步计算不同样本区间，R&D 资本对经济增长的贡献度，如表 10-10 所示。其中（1）和（3）是 R&D 资本折旧率取 10%的情形，回归（2）和（4）是 R&D 资本折旧率取 15%的情形。可以看出，基础研究资本和应用研究资本对我国经济增长的贡献度整体呈现下降趋势，这可能是因为 2008 年金融危机后 4 万亿元投资产生的资本效应对经济增长的作用更大，但基础研究资本和应用研究资本对我国经济增长的贡献度仍接近 50%。

表 10-9 R&D 资本对我国实际产出的影响：分样本区间

变量	（1）1998～2006 年	（2）1998～2006 年	（3）2007～2015 年	（4）2007～2015 年
物质资本	0.043***	0.044***	0.405***	0.405***
	（3.28）	（3.24）	（9.68）	（9.62）
人力资本	0.122	0.142	0.552***	0.557***
	（0.77）	（0.88）	（4.43）	（4.47）
劳动	0.650***	0.662***	−0.273***	−0.265***
	（5.65）	（5.63）	（−3.69）	（−3.58）
基础研究资本	0.140***	0.134***	0.105***	0.098***
	（5.25）	（5.12）	（3.88）	（3.82）
应用研究资本	0.236***	0.235***	0.190***	0.200***
	（8.20）	（8.23）	（5.63）	（6.09）
常数项	−2.077***	−2.089***	1.490***	1.395***
	（−2.70）	（−2.65）	（3.18）	（2.99）
R^2	0.93	0.92	0.97	0.97

注：括号内数值为 t 统计值

***表示在 1%的水平上显著

表 10-10 我国经济增长核算结果：分样本区间（单位：%）

变量	（1）1998～2006 年	（2）1998～2006 年	（3）2007～2015 年	（4）2007～2015 年
物质资本	8.10	8.28	46.14	46.14
人力资本	1.87	2.18	7.95	8.02
劳动	8.28	8.43	−5.00	−4.86
基础研究资本	30.22	29.18	17.90	16.47
应用研究资本	48.30	48.67	30.54	31.66

我国不同地区之间经济发展水平和技术创新能力差距较大，R&D 投入对我国经济增长的影响可能存在显著的地区差异。东部沿海地区相对于中西部内陆地区具有如下两个方面的优势：第一，东部沿海地区 R&D 投资较多，科研创新能力较强，可以更好地发挥 R&D 投资的规模效应。第二，相对于

中西部地区，东部地区的配套设施较为完善，人力资本水平较高，外商直接投资和先进技术的引进较多，高新技术产业集聚效果明显等，这更有利于发挥 R&D 和创新对经济的驱动作用。现有的研究发现，R&D 对我国创新能力和经济增长的影响在不同地区之间差别较大。例如，吴延兵（2008）通过 1996～2003 年中国地区工业面板数据发现，自主研发只有对东部和中部的生产率有显著的促进作用，而国外技术引进只对西部的生产率有显著的促进作用。谢建国和周露昭（2009）利用 1992～2006 年我国省份的面板数据研究发现，国际 R&D 溢出效应呈现出中西部较强，而东部较弱的特点。但这些研究主要是基于总量 R&D 资本考察的，没有考察不同类型 R&D 资本对我国经济增长的地区差异问题。

以下我们分别考察基础研究资本和应用研究资本对我国东部沿海地区以及中西部内陆地区实际产出和经济增长的影响。根据通常的划分标准，东部地区是指北京、天津、河北、辽宁、上海、江苏、浙江、福建、山东、广东和海南 11 个省市；中西部内陆地区包括山西、吉林、黑龙江、安徽、江西、河南、湖北、湖南、四川、重庆、贵州、云南、西藏、陕西、甘肃、青海、宁夏、新疆、广西、内蒙古等 20 个省区市。

我们通过固定效应模型考察基础研究资本和应用研究资本对我国东部沿海地区和中西部内陆地区实际产出的影响，具体如表 10-11 所示。其中回归（1）和（3）是 R&D 资本折旧率取 10%的情形，回归（2）和（4）是 R&D 资本折旧率取 15%的情形。可以看出，东部沿海地区和中西部内陆地区，基础研究资本和应用研究资本对应的系数都显著为正，这说明在我国不同地区，基础研究资本和应用研究资本都促进了经济增长。从系数值的大小上看，在东部沿海地区，基础研究资本和应用研究资本对实际产出的影响力度相当，中西部内陆地区应用研究资本相对于基础研究资本而言影响力度更大，这又会影响基础研究资本和应用研究资本对不同地区经济增长的贡献度。

表 10-11　R&D 资本对我国实际产出的影响：分区域分析

变量	（1）沿海	（2）沿海	（3）内陆	（4）内陆
物质资本	0.161***	0.165***	0.084***	0.085***
	（5.99）	（6.09）	（4.02）	（3.96）

续表

变量	（1）沿海	（2）沿海	（3）内陆	（4）内陆
人力资本	0.380	0.404	0.926***	0.949***
	（1.50）	（1.56）	（5.16）	（5.22）
劳动	0.422***	0.440***	0.001	0.017
	（5.57）	（5.72）	（0.01）	（0.13）
基础研究资本	0.178***	0.168***	0.110***	0.109***
	（5.16）	（4.83）	（3.78）	（3.84）
应用研究资本	0.176***	0.180***	0.347***	0.346***
	（5.95）	（5.91）	（10.58）	（10.69）
常数项	−1.294**	−1.419***	−0.516	−0.593
	（−2.41）	（−2.60）	（−0.58）	（−0.66）
R^2	0.98	0.98	0.96	0.96

注：括号内数值为 *t* 统计值

***、**分别表示在 1%、5%的水平上显著

我们做了经济增长核算，如表 10-12 所示。其中（1）和（3）是 R&D 资本折旧率取 10%的情形，回归（2）和（4）是 R&D 资本折旧率取 15%的情形。可以看出，在东部沿海地区，基础研究资本和应用研究资本对我国经济增长的贡献度在 68%左右，且基础研究资本和应用研究资本对经济增长的贡献度大体相等。在中西部内陆地区，基础研究资本和应用研究资本对经济增长的贡献度在 80%左右，且应用研究资本对经济增长的贡献度远大于基础研究资本对经济增长的贡献度。

表 10-12　我国经济增长核算结果：分区域分析（单位：%）

变量	（1）沿海	（2）沿海	（3）内陆	（4）内陆
物质资本	19.14	19.62	13.96	14.13
人力资本	5.48	5.82	13.97	14.33
劳动	10.33	10.76	−0.01	0.18
基础研究资本	34.06	32.08	21.14	20.89
应用研究资本	34.36	35.18	60.19	59.89

10.5 小　结

R&D 活动具有正外部效应，企业在进行 R&D 决策时忽略了自身 R&D 投入对经济的正向影响，从而对应次优结果。社会计划者框架下可以将 R&D 投入产生的正外部性内部化，R&D 投入更高，对应最优结果。大量文献通过数值模拟发现，现实经济中的 R&D 投资规模低于最优 R&D 投资规模（Jones，1995a；Jones and Williams，2000）。本章的理论模型发现，现实经济中基础研究投入占 R&D 投入的比例低于最优基础研究投入比例，而现实经济中应用研究投入占 R&D 投入的比例高于最优应用研究投入的比例，即现实经济中存在 R&D 错配的问题。基于我国省级层面的数据分析表明，基础研究和应用研究在我国经济增长中发挥着重要作用。

本章的结论对于我国宏观经济政策制定具有较为重要的意义，包括如下几个方面。

第一，增加 R&D 投资，不断提高我国 R&D 投入占 GDP 的比例。相对于发达国家，我国 R&D 支出占 GDP 的比例仍较低。增加 R&D 支出可提高我国自主创新能力，促进我国经济由要素驱动向创新驱动转换。

第二，合理安排 R&D 投入结构。这主要包括如下几方面：①增加基础研究支出。基础研究的成果通常不能在短期内产生直接经济效益，但许多重大技术创新都源于基础研究的成果。我国基础研究支出在 R&D 支出中的比例很低，存在较大的提升空间。②我国存在区域发展不平衡的问题，相对于东部沿海地区，中西部地区 R&D 投入对经济增长的贡献度更大，加大对中西部地区 R&D 投入的力度有助于实现区域发展平衡。③高等学校和科研机构是我国基础研究的主体，我国高等学校、科研结构的 R&D 支出主要来源于财政拨款，因此，应加大政府对高等教育和科研机构的财政支持力度。

第三，要为创新和 R&D 投资创造更好的环境。近年来，我国在创新投入和创新产出方面进步很快，但在塑造有利于创新的环境方面仍存在较大差距。为此，首先需要加强知识产权保护，增强企业创新的内生动力。同时，R&D 投入能否发挥更大的作用也依赖于一个国家和地区的吸收能力，这包括较高的人力资本水平和完善的基础设施。其次要加快东部地区先进技术向中西部地区转移，发挥创新协同效应，提升中西部地区的科技创新能力，促进我国区域协调发展。最后要积极推动企业与科研机构、高校之间的合作，促进技术共享。

本章进一步的研究包括以下两个方面：①政府可以直接提供R&D经费。例如，高等学校、科研机构的R&D经费主要来源于财政拨款，高等学校、科研机构可以被看作政府R&D部门。政府也可以对企业或行业R&D给予财政补贴。上述两种R&D投入对经济增长影响的机理和作用效果可能差别较大。我们可以运用动态一般均衡模型考察政府为高等学校和科研机构提供R&D经费与对企业R&D进行补贴何者更有效率。②我国存在较为严重的R&D错配问题。我们可以定量估算我国R&D错配的经济增长效应和社会福利损失。

第　11　章

结构变迁、扭曲与经济增长

改革开放以来，伴随着中国长期持续经济增长的一个重要特征是产业结构变迁，即大量的劳动力从农业部门流向非农业部门，如图 11-1 所示。可以看出，我国农业部门劳动力比例不断下降，从 1978 年的 70.53%下降到 2017 年的 27%。工业部门劳动力比例和服务业部门劳动力比例总体呈上升趋势，工业部门劳动力比例从 1978 年的 17.30%上升到 2017 年的 28.10%，服务业部门劳动力比例从 1978 年的 12.18%上升到 2017 年的 44.90%。我国农业部门劳动力比

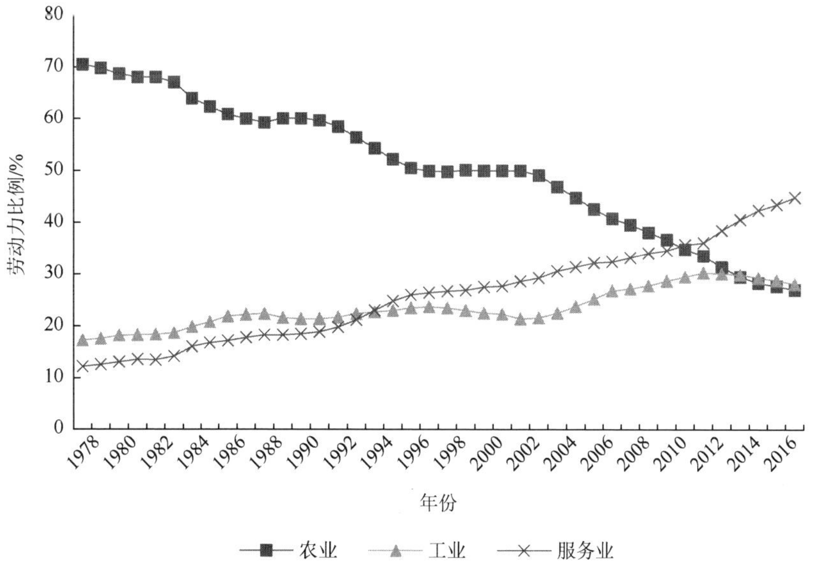

图 11-1　我国农业、工业和服务业部门的劳动力比例

例不断下降，服务业部门劳动力比例不断上升。我国工业部门劳动力比例在2012年之前总体呈上升趋势，在2012年达到峰值，为30.3%；2012年之后，工业部门劳动力比例呈下降趋势。

过去40多年间，尽管我国产业间劳动力配置逐渐优化，但相较发达国家仍有较大的差距。根据世界银行WDI数据库可以看出，2016年发达国家农业部门劳动力占比低于4%，而我国农业部门劳动力占比为28.29%，远高于发达国家的水平。发达国家服务业部门劳动力占比在70%以上，2016年我国服务业部门劳动力占比为42.41%，远低于发达国家的水平。需要说明的是，即使与发展中国家相比，我国产业结构也显得滞后。例如，根据WDI数据库，2015年巴西农业部门和服务业部门劳动力占比分别是14.55%和76.55%，俄罗斯农业部门和服务业部门劳动力占比分别是6.71%和66.11%，我国农业部门劳动力占比远高于这些国家，而服务业部门劳动力占比远低于这些国家。

我们也可以从增加值的视角来了解我国产业结构变迁，如图11-2所示。可以看出，我国农业部门增加值占GDP的比例总体呈现不断下降的趋势，从1978年的27.68%下降到2017年的7.92%。我国工业部门增加值

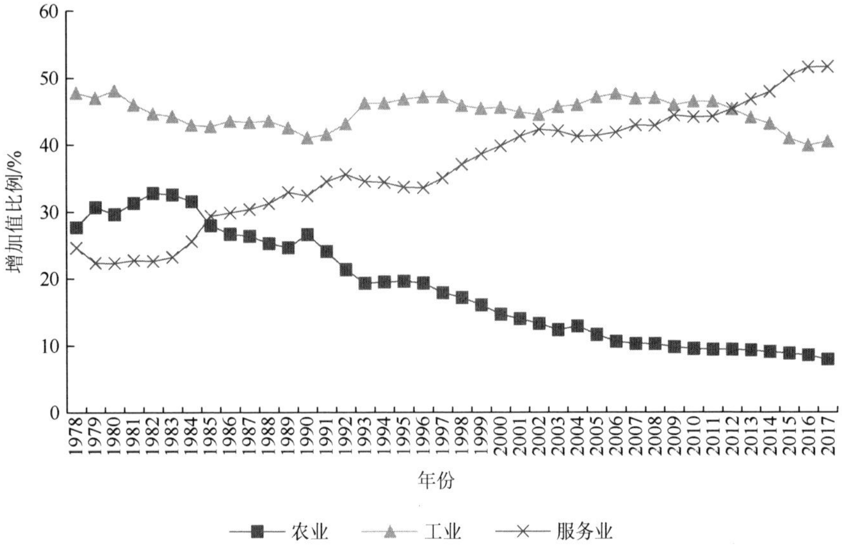

图11-2　我国农业、工业和服务业部门的增加值占GDP的比例

占 GDP 的比例总体呈现稳定的态势，在 45%左右上下波动。我国服务业部门增加值占 GDP 的比例总体呈不断上升的趋势，从 1978 年的 24.60%上升到 2017 年的 51.63%。

11.1 特征事实

本部分关于产业结构变迁的数据来源于 GGDC 数据库[①]，人均实际 GDP 数据来自 PWT 9.0。本章选取 GGDC 数据库提供的 1960～2010 年 38 个国家的数据进行分析。我们用各产业劳动力占总劳动力的比例表示产业结构变迁，考察随着人均实际 GDP 的增加，产业结构变迁有何演变规律。其中，横轴是人均实际 GDP 取自然对数，纵轴是各产业劳动力占总劳动力的比例。可以看出，随着人均实际 GDP 的增加，农业部门劳动力占比呈现不断下降的趋势，如图 11-3 所示；工业部门劳动力占比呈现倒“U”形的关系，如图 11-4 所示；服务业部门劳动力占比呈现不断增加的趋势，如图 11-5 所示。这说明随着经济发展水平的提高，农业部门规模不断收缩，服务业部门规模不断扩张，工业部门规模开始时不断扩张，到达某一收入水平后规模开始缩小。

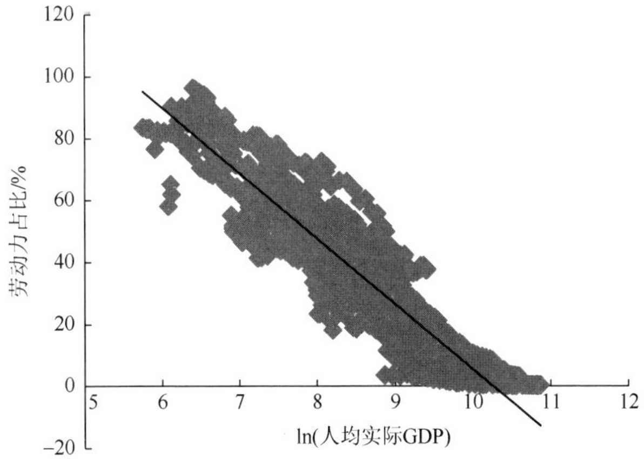

图 11-3　经济发展水平与农业部门劳动力占比

① 该数据库的详细说明见 http://www.ggdc.net/dseries/10-sector.html。

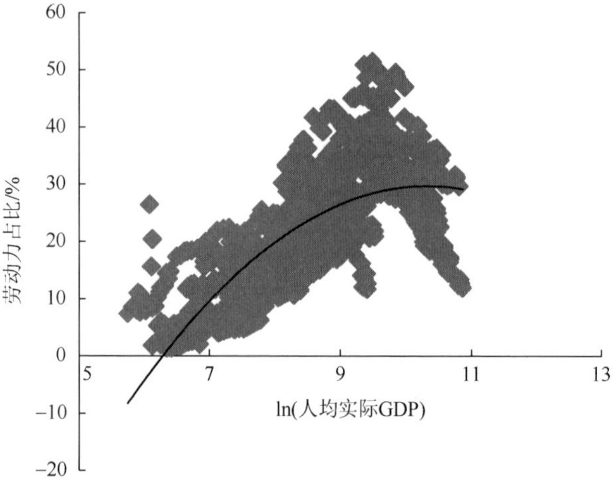

图 11-4 经济发展水平与工业部门劳动力占比

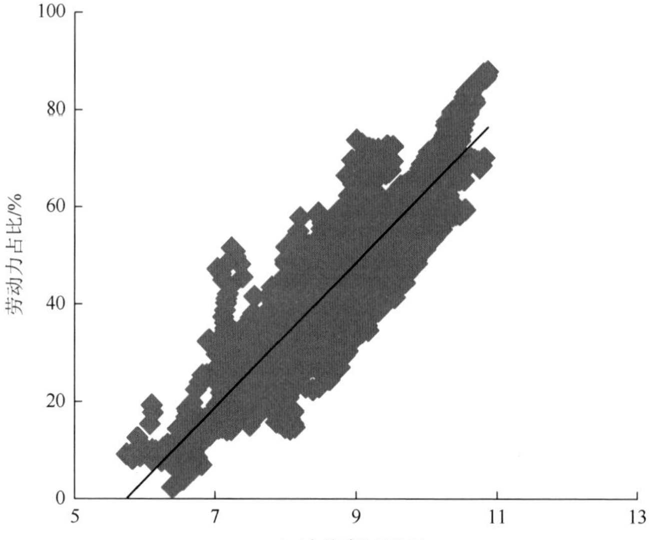

图 11-5 经济发展水平与服务业部门劳动力占比

根据 GGDC 数据库的划分，工业部门具体包括以下 4 个行业：①采矿业；②制造业；③电力、燃气与水供应；④建筑业。我们考察随着人均实际 GDP 的变化，工业内部各行业劳动力占总就业比例的变化趋势。其中横轴是人均实际 GDP 取自然对数，纵轴是各行业劳动力占总劳动力的比例。可以看出，随着人均实际 GDP 的上升，工业内部的各个行业，包括采矿业、制造业，以及电力、燃气与水供应、建筑业的劳动力占总劳动力的比例都呈倒“U”形关系，如图 11-6～图 11-9 所示，这也印证了工业部

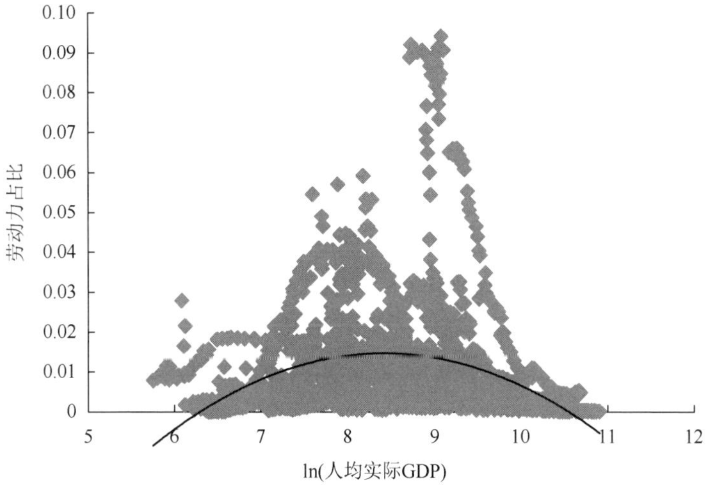

图 11-6　经济发展水平与采矿业部门劳动力占比

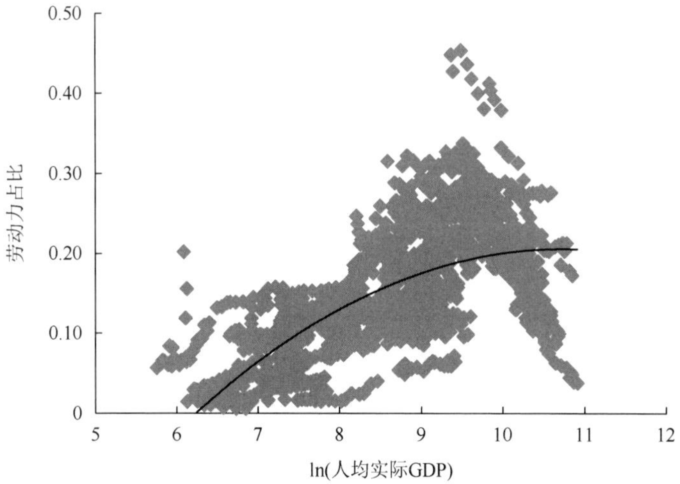

图 11-7　经济发展水平与制造业部门劳动力占比

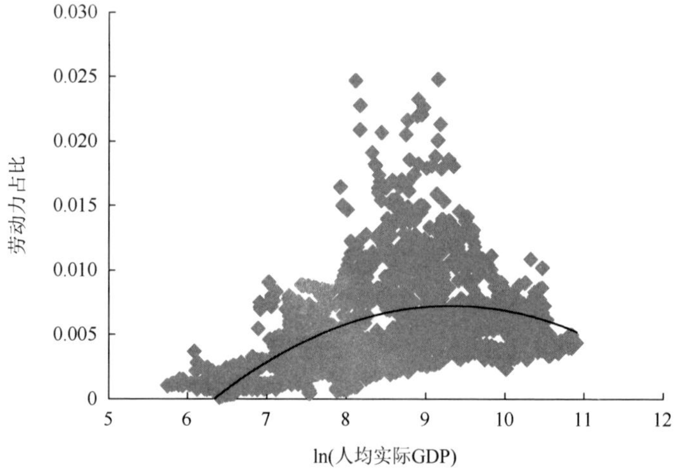

图 11-8　经济发展水平和电力、燃气与水供应部门劳动力占比

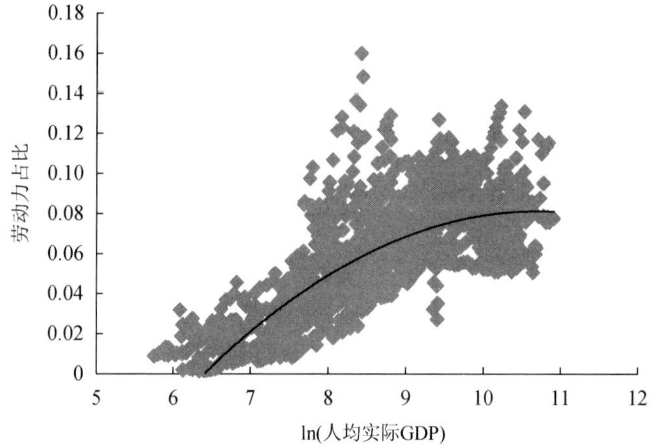

图 11-9　经济发展水平与建筑业部门劳动力占比

门劳动力比例随人均实际 GDP 增加呈倒“U”形关系。但需要注意的是，倒“U”形关系极大值点对应的人均实际 GDP 却存在差异。具体来说，采矿业及电力、燃气与水供应劳动力比例极大值点对应的人均实际 GDP 水平较低，而制造业和建筑业极大值点对应的人均实际 GDP 水平较高。

根据 GGDC 数据库，服务业具体包括以下 5 个行业：①批发、零售、酒店和餐饮部门；②交通、仓储和通信部门；③金融、保险、房地产和商务部门；④政府服务部门；⑤社区、社会和个人服务部门。我们考察随着人均实际 GDP 的变化，服务业内部各行业劳动力占总劳动力比例的变化趋势，如图 11-10～图 11-14 所示。可以看出，随着人均实际 GDP 上升，服务业内部各行业劳动力占总劳动力比例的变化趋势差别较大。其中批发、零售、酒店和餐饮部门，交通、仓储和通信部门，社区、社会和个人服务部门劳动力随人均实际 GDP 的增加都呈倒“U”形关系，但倒“U”形关系的极值差别较大，即当人均实际 GDP 低于某一阈值时，随着人均实际 GDP 的增加，这些行业的劳动力占比不断上升；当人均实际 GDP 超过该阈值时，随着人均实际 GDP 的增加，这些行业的劳动力占比下降。金融、保险、房地产和商务部门以及政府服务部门劳动力占总劳动力比例随着人均实际 GDP 的增加呈“U”形关系，即当人均实际 GDP 低于某一阈值时，随着人均实际 GDP 的增加，行业劳动力占比下降；当人均实际 GDP 超过该阈值时，随着人均实际 GDP 的增加，劳动力占比上升。

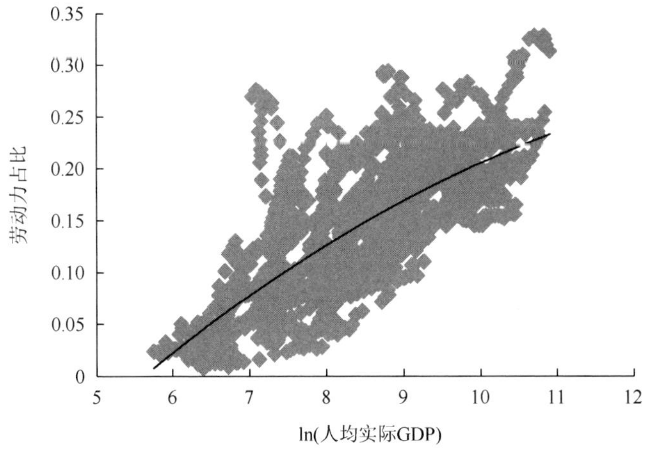

图 11-10　经济发展水平与批发、零售、酒店和餐饮部门劳动力占比

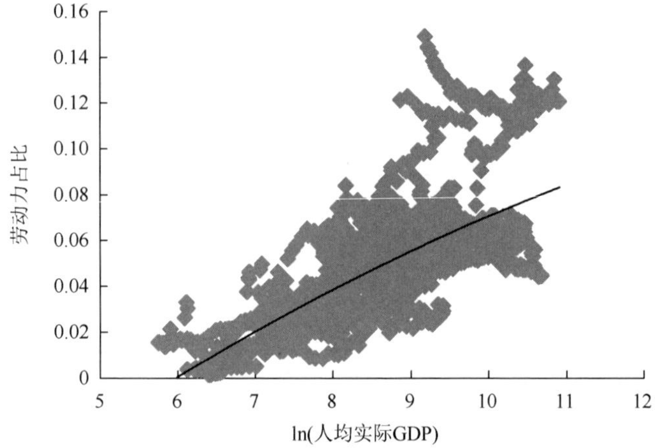

图 11-11 经济发展水平与交通、仓储和通信部门劳动力占比

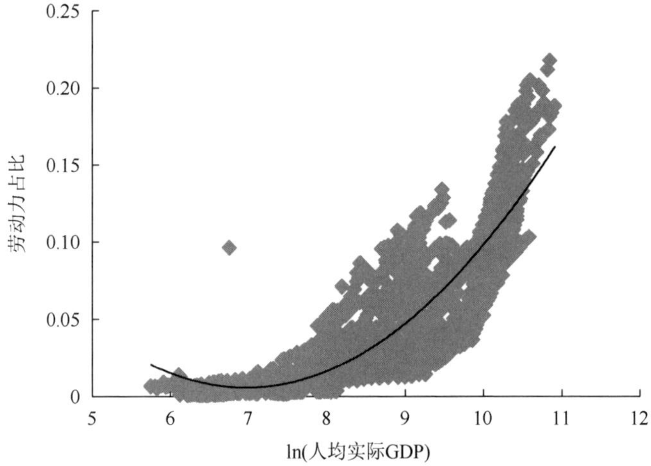

图 11-12 经济发展水平与金融、保险、房地产和商务部门劳动力占比

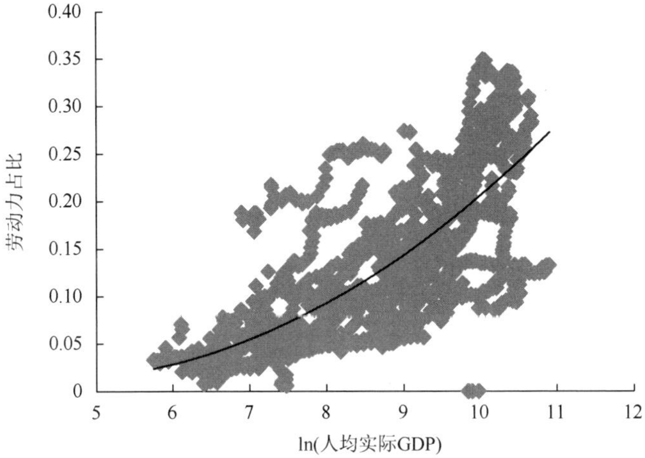

图 11-13　经济发展水平与政府服务部门劳动力占比

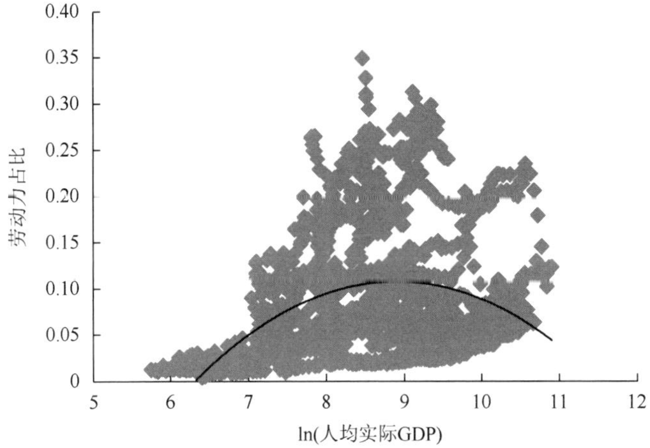

图 11-14　经济发展水平与社区、社会和个人服务部门劳动力占比

11.2　结构变迁原因探析

单部门模型不能考察生产要素在各部门之间的流动，现有的研究产业结构变迁机理的文献将单部门模型拓展成两部门模型（包括农业部门和非农业

部门），或是三部门模型（农业部门、工业部门和服务业部门），在此基础上分析促进劳动力在不同部门之间流动的机制。已有文献主要从非位似偏好和部门生产率差异两个视角来解释产业结构变迁。非位似偏好文献在代表性家庭的偏好中引入生存性消费支出，从而农产品的需求收入弹性小于 1，家庭农产品消费支出增加的速度要低于其收入增加的速度，这也被称为恩格尔效应。Echevarria（1997）、Kongsamut 等（2001）是通过非位似偏好解释产业结构变迁的代表性人物。部门生产率差异的文献强调农业、工业和服务业部门全要素生产率差异导致产业结构变迁，这也被称为鲍莫尔效应，Ngai 和 Pissarides（2007）、Acemoglu 和 Guerrieri（2008）的研究具有代表性。

Caselli 和 Coleman（2001）、Rogerson（2008）将前两种思路综合起来，运用同时包含恩格尔效应和鲍莫尔效应的模型来解释产业经济变迁。不同设定对产业结构变迁的影响效果存在差异。例如，Rogerson（2008）认为鲍莫尔效应有利于解释劳动力在工业部门和服务业部门之间的流动，而恩格尔效应是农业部门劳动力流向非农业部门的重要原因。也有研究将封闭经济的分析拓展到开放经济框架下，强调比较优势是促进产业经济变迁的重要原因，代表性的研究包括 Matsuyama（2009）所进行的研究。新近的研究从更细微的视角解释产业结构变迁，如 Alvarez-Cuadrado 等（2017）认为不同部门劳动和资本的替代弹性差异引起的再平衡效应是导致产业结构变迁的重要原因。国内学者陈晓光和龚六堂（2005）、徐朝阳（2010）研究了产业结构变迁的作用机理。

通过反事实分析定量测度产业结构变迁的贡献度也是学术界关注的重点。现有文献通过求解产业结构变迁模型，得到农业部门劳动力份额的决定方程，而后运用现实经济数据结合最优性条件校准模型基准参数值。在此基础上，运用反事实分析方法估算外生变量对产业结构变迁的贡献度。Dennis 和 Iscan（2009）探讨了美国产业结构变迁的原因，其发现 1950 年之前，主要是恩格尔效应引致了劳动力从农业部门向非农业部门的流动，1950 年后鲍莫尔效应占据主导。Alvarez–Cuadrado 和 van Poschke（2011）认为农业部门劳动生产率上升具有劳动推动效应，非农业部门劳动生产率上升具有劳动吸引效应，这两种效应都有利于劳动力从农业部门流向非农业部门。研究发现，第二次世界大战之前，劳动吸引效应是美国产业结构变迁的主要原因；第二次世界大战之后，劳动推动效应是美国产业结构变迁的重要原因。Hayashi 和 Prescott（2008）、Esteban-Pretel 和 Sawada（2014）分析了日本产业结构变迁的原因，他们认为农业部门和非农业部门之间障碍的减少可以解释日本的产业结构变迁过程。Dekle 和 Vandenbroucke（2012）研究发现，农业部门劳动生产率提高是促进我国经济转型的最重要原因，其可以解释 47%的劳动力流动，政府部门规模下降可以解释 15%～19%的劳动力流动。基于 45 个国家 1970～2005 年的数据，Swiecki（2017）通过反事实分析发现，部门偏向技术是促进产业结构变迁的最重要原因，对于发达国家制造业部门劳动力比例下降和服务业部门劳动力比例上升具有重要解释力，非位似偏好对于理解发展中国家农业部门劳动力流出具有重要解释力。Teignier（2018）认为农产品国际贸易是产业结构变迁的重要原因，基于英国和韩国数据的分析印证了这一观点，指出韩国若不实施农业保护政策，则贸易对产业结构变迁的影响更大。

关于我国农业部门劳动力份额下降的原因，代表性的研究包括 Brandt 等（2008）、Dekle 和 Vandenbroucke（2012）、Cao 和 Birchenall（2013）。需要说明的是，尽管这些文献的基准模型构建存在较大差异，但都发现农业部门全要素生产率上升是我国产业结构变迁的最重要原因。当然，这些文献得到的农业部门全要素生产率对我国产业结构变迁的贡献度存在差别。例如，Brandt 等（2008）认为农业部门全要素生产率上升可以解释 74.2%的我国农业部门劳动力比例下降，Dekle 和 Vandenbroucke（2012）认为农业部门全要素生产率上升可以解释 46%的我国农业部门劳动力比例下降。近年来，一些学者从更多的维度来解释产业结构变迁。例如，市场扭曲对产业结构变迁的影响（Brandt and Zhu，2010；盖庆恩等，2013），金融抑制对产业结构变迁的影响（王勋和约翰逊，2013），财政支出对产业结构变迁的影响（严成樑等，2016）。

11.3　结构错配与经济增长

当生产要素配置最优时，经济处于生产前沿。当生产要素处于错配状态时，经济低于生产前沿。也就是说给定同样的要素投入，生产要素错配导致全要素生产率损失，这使得产量更低。我们通过 Jones（2011）的例子对以上问题给出说明。Jones（2011）假设生产最终产品需要投入两种中间产品 A 和 B，对应的生产函数分别为 $X_A = L_A$ 和 $X_B = L_B$，其中 L_A 和 L_B 分别表示两个部门的劳动力，劳动力约束条件为 $L_A + L_B = L$。最终产品的生产依赖于两种中间产品的数量 $Y = X_A^{0.5} X_B^{0.5}$，我们假设 A 部门劳动占总劳动的比例为 x，B 部门劳动占总劳动的比例为 $1-x$，也即 $L_A = xL$，$L_B = (1-x)L$。将以上条件代入最终产品部门的生产函数，可以得到总产出 $Y = x^{0.5}(1-x)^{0.5}L = A(x)L$。$L$ 表示总的生产要素投入，其前面的系数 $A(x) = x^{0.5}(1-x)^{0.5}$ 表示全要素生产率。可以看出，使得全要素生产率最大化的劳动力配置为 $x^* = 0.5$，这对应最优配置。偏离这一值的配置，都属于资源错配。产业之间错配类似于以上设定，当产业之间要素配置最优时，可以实现全要素生产率极大化；产业之间偏离最优状态，则存在产业结构错配。

产业结构变迁和产业间市场扭曲对全要素生产率和经济增长的影响是近年来学术研究的重点。Brandt 等（2008）的研究表明，1978～2004 年，劳动力再配置对我国经济增长的贡献度为 24.60%，其中 1978～1988 年，劳动力再配置对经济增长的贡献度为 49.90%；1988～2004 年，农业部门、非农业部门和劳动力再配置对我国经济增长的贡献度为 11.40%。袁志刚和解栋栋（2011）的研究结果显示，改革开放以来，劳动力错配对全要素生产率有着明显的负效应，以不同的指标计算，在–18%～–2%，并呈逐渐扩大的趋势。朱喜等（2011）研究发现，如果有效消除资本和劳动力配置的扭曲，农业全要素生产率有望再增长 20%以上，其中东部和西部地区的改进空间超过 30%。盖庆恩等（2013）研究发现，劳动力市场的扭曲使过多的劳动力滞留在农村，会带来显著的效率损失，年均潜在损失达到 16.34%。若消除劳动力市场扭曲，中国劳均产出可提高 19. 53%。

产业结构变迁作为解释变量会对其他宏观经济变量产生影响。Caselli 和 Coleman（2001）以美国为例，考察了产业结构变迁对区域经济收敛的影响。Vollrath（2009）考察了农业部门与非农业部门之间要素错配对不同国家和地区之间收入差距的影响，结果显示，资源错配可以解释不同国家之间 30%～40%的收入差距和 80%的全要素生产率差距。Moro（2012）研究发现，制造业和服务业之间的产业结构变动可以解释 1960～2005 年美国经济波动下降的 28%。Buera 和 Kaboski（2012）认为产业结构变迁可以解释工人之间的工资不平等。Michaels 等（2012）运用美国 1880～2000 年的人口密度数据，考察了产业结构变迁对城镇化的影响。Stefanski（2014）考察了产业结构变迁对石油价格的影响，发现石油强度与产业结构之间呈倒“U”形的关系，非 OECD 国家产业结构的变迁可以解释 1970～2010 年 OECD 国家 53%的石油价格上涨。

也有学者从微观上关注某个行业对经济增长的影响，其中较为重要的是考察制造业发展对经济增长的影响。Szirmai（2012）认为，制造业相较于农业更适宜于资本积累并且制造业能更好地产生规模效益，技术进步从制造业部门扩散到其他生产部门。Szirmai 和 Verspagen（2015）认为制造业在发展中国家经济增长过程中发挥着重要作用，证明了在经济增长中制造业的作用强于服务业部门。Marcnoi 等（2016）通过实证研究发现，制造业部门对于经济发展和全要素生产率增长发挥着至关重要的作用，在中等收入国家更是如此。Haraguchi 等（2017）综合了制造业部门发展作用于经济增长的机制，研究发现，相对于农业部门和服务业部门，制造业部门更有利于资本积累，产生规模效应和推动技术进步，且制造业部门具有更好的联动效应。

产业结构变迁促进了劳动力在部门之间的合理配置，是经济增长的动力。一个重要的问题是，随着人均收入水平的提高，产业结构变迁对经济增长的贡献度如何变化？同时，产业结构变迁不仅包括劳动力在农业、工业和服务业之间的流动，而且还包括劳动力在产业内部各行业之间的流动。随着经济发展水平的提高，产业之间劳动力流动和产业内部各行业之间劳动力流动对经济增长的贡献孰大孰小也是亟须回答的问题。

11.4　结构变迁与经济增长：狭义视角的分析

本部分首先提出一个包含农业部门、工业部门和服务业部门的基准框架，并代入 GGDC 数据计算狭义产业结构变迁对经济增长的贡献度。需要说明的是，狭义产业结构变迁是指劳动力在农业部门、工业部门和服务业部门之间的流动。

GDP是农业部门增加值、工业部门增加值和服务业部门增加值的加总：

$$Y_t = Y_{at} + Y_{mt} + Y_{st} \tag{11-1}$$

其中，Y_{at}、Y_{mt}和Y_{st}分别表示农业部门增加值、工业部门增加值和服务业部门增加值。将方程（11-1）两端同时除以总劳动力L_t，可以得到劳均产出：

$$Y_t/L_t = Y_{at}/L_t + Y_{mt}/L_t + Y_{st}/L_t \tag{11-2}$$

进一步将方程（11-2）整理变换可得到：

$$Y_t/L_t = (Y_{at}/L_{at})(L_{at}/L_t) + (Y_{mt}/L_{mt})(L_{mt}/L_t) + (Y_{st}/L_{st})(L_{st}/L_t) \tag{11-3}$$

其中，L_{at}、L_{mt}和L_{st}分别表示农业部门、工业部门和服务业部门的劳动力，$L_t = L_{at} + L_{mt} + L_{st}$。定义$y_t = Y_t/L_t$表示劳均实际产值，$y_{at} = Y_{at}/L_{at}$表示农业部门劳均实际产值，$y_{mt} = Y_{mt}/L_{mt}$表示工业部门劳均实际产值，$y_{st} = Y_{st}/L_{st}$表示服务业部门劳均实际产值。$l_{at} = L_{at}/L_t$，$l_{mt} = L_{mt}/L_t$和$l_{st} = L_{st}/L_t$分别表示农业部门、工业部门和服务业部门劳动力占总劳动力的比例。将这些条件代入方程（11-3）整理得到：

$$y_t = y_{at}l_{at} + y_{mt}l_{mt} + y_{st}l_{st} \tag{11-4}$$

我们就方程（11-4）两端分别取自然对数可得

$$\ln y_t = \ln(y_{at}l_{at} + y_{mt}l_{mt} + y_{st}l_{st}) \tag{11-5}$$

对方程（11-5）求全微分可得

$$\frac{\mathrm{d}y_t}{y_t} = \frac{y_{at}\mathrm{d}l_{at} + l_{at}\mathrm{d}y_{at} + y_{mt}\mathrm{d}l_{mt} + l_{mt}\mathrm{d}y_{mt} + y_{st}\mathrm{d}l_{st} + l_{st}\mathrm{d}y_{st}}{y_t} \tag{11-6}$$

考虑到农业部门劳动力份额、工业部门劳动力份额、服务业部门劳动力份额加总等于1，从而$l_{at} = 1 - l_{mt} - l_{st}$，将上述条件代入方程（11-6）整理得到：

$$\frac{\mathrm{d}y_t}{y_t} = \underbrace{\frac{y_{at}l_{at}}{y_t}\frac{\mathrm{d}y_{at}}{y_{at}}}_{\text{农业部门产值增加}} + \underbrace{\frac{y_{mt}l_{mt}}{y_t}\frac{\mathrm{d}y_{mt}}{y_{mt}}}_{\text{工业部门产值增加}} + \underbrace{\frac{y_{st}l_{st}}{y_t}\frac{\mathrm{d}y_{st}}{y_{st}}}_{\text{服务业部门产值增加}} + \underbrace{\frac{y_{mt} - y_{at}}{y_t}\mathrm{d}l_{mt} + \frac{y_{st} - y_{at}}{y_t}\mathrm{d}l_{st}}_{\text{产业结构变迁}} \tag{11-7}$$

方程（11-7）左端表示人均实际GDP的增长率，右端分别表示农业部门、工业部门和服务业部门劳均产值增长以及劳动力在部门之间流动的变化。我们可以得到农业部门产值增加、工业部门产值增加、服务业部门产值增加以及产业结构变迁对经济增长的贡献度分别为

$$\theta_a = \left(\frac{y_a l_a}{y}\frac{\mathrm{d}y_a}{y_a}\right) \Big/ \left(\frac{\mathrm{d}y}{y}\right) \tag{11-8}$$

$$\theta_m = \left(\frac{y_m l_m}{y}\frac{\mathrm{d}y_m}{y_m}\right) \Big/ \left(\frac{\mathrm{d}y}{y}\right) \tag{11-9}$$

$$\theta_s = \left(\frac{y_s l_s}{y}\frac{\mathrm{d}y_s}{y_s}\right) \Big/ \left(\frac{\mathrm{d}y}{y}\right) \tag{11-10}$$

$$\theta_l = \left(\frac{y_m - y_a}{y}\mathrm{d}l_m + \frac{y_s - y_a}{y}\mathrm{d}l_s\right) \Big/ \left(\frac{\mathrm{d}y}{y}\right) \tag{11-11}$$

其中，产业结构变迁包括工业部门劳动力变动对经济增长的贡献度和服务业部门劳动力变动对经济增长的贡献度，分别对应：

$$\theta_{lm} = \left(\frac{y_m - y_a}{y}\mathrm{d}l_m\right) \Big/ \left(\frac{\mathrm{d}y}{y}\right) \tag{11-12}$$

$$\theta_{ls} = \left(\frac{y_s - y_a}{y}\mathrm{d}l_s\right) \Big/ \left(\frac{\mathrm{d}y}{y}\right) \tag{11-13}$$

运用 GGDC 数据，根据方程（11-8）、方程（11-9）和方程（11-10）计算农业部门增加值、工业部门增加值和服务业部门增加值对经济增长的贡献。根据方程（11-11）、方程（11-12）和方程（11-13）计算产业结构变迁、工业部门劳动力变化和服务业部门劳动力变化对经济增长的贡献度。基于产值和劳动力的数据，分别考察农业增加值、工业增加值、服务业增加值以及产业结构变迁对经济增长的贡献度，我们取样本期间的均值，具体估算结果见表 11-1。考虑到现实经济含义的有效性，我们剔除了一些异常值。可以看出，产业结构变迁是经济增长的重要驱动因素，其中坦桑尼亚、博茨瓦纳产业结构变迁对经济增长的贡献度大于等于 40%，我国产业结构变迁对经济增长的贡献度为 15.58%。总体而言，经济发展水平较高的国家和地区，产业结构变迁对经济增长的贡献度较小，这可能是因为发达国家和地区产业之间的劳动力配置已经实现了最优化。发展中国家产业之间的劳动力配置距离最优配置存在较大差距，劳动力再配置对经济增长的作用更大。

表 11-1 产业结构变迁对经济增长的贡献度[①]（单位：%）

国家	θ_a	θ_m	θ_s	θ_l
阿根廷	12.22	32.36	42.92	12.62
玻利维亚	16.56	20.21	37.97	25.77
巴西	6.97	25.74	40.84	25.77
博茨瓦纳	9.58	27.82	19.25	40.00
智利	9.06	35.97	40.95	13.27
中国	22.53	38.88	23.48	15.58
哥伦比亚	9.95	32.43	30.55	26.18
哥斯达黎加	17.03	27.14	19.49	35.76
丹麦	3.08	40.16	42.08	14.64
埃及	17.77	28.94	37.09	17.19
西班牙	15.56	34.72	29.35	21.03
埃塞俄比亚	41.56	4.69	11.29	41.43
法国	9.28	45.12	35.09	10.79
英国	3.40	51.18	45.00	0.75
加纳	40.02	21.00	18.86	19.45
印度尼西亚	9.98	27.28	33.00	29.62
印度	22.80	20.05	37.38	20.42
意大利	7.76	40.22	31.02	20.37
日本	5.39	41.11	41.62	12.13
肯尼亚	35.72	22.22	43.21	−1.96
韩国	14.74	45.35	16.94	23.13
墨西哥	6.08	23.50	42.90	26.88
摩洛哥	48.57	6.63	8.01	31.07

① 各变量对经济增长贡献度的加总不一定等于 100%，这是因为我们用离散的年度数据代入连续可微设定推出的经济增长核算表达式，从而会产生偏差。经济增长核算的关键方程（11-6）和（11-7）是基于时间连续可微推出的，其经济学含义很直观。方程（11-8）~（11-11）计算各变量对经济增长的贡献度，我们用后一年数据减去前一年数据刻画变量的绝对变动。基于数据的可得性，我们找不到更短时间段的数据，只能使用年度数据。

续表

国家	θ_a	θ_m	θ_s	θ_l
毛里求斯	17.15	31.19	45.80	6.52
马拉维	36.28	2.44	32.59	24.40
马来西亚	13.20	29.83	36.44	20.64
荷兰	2.10	44.53	49.31	2.86
秘鲁	5.16	25.15	43.05	25.30
菲律宾	10.95	42.00	37.81	8.60
塞内加尔	54.32	−3.68	21.70	23.97
新加坡	0.08	46.87	53.13	0.42
瑞典	4.71	46.98	38.00	10.75
泰国	16.78	23.26	34.60	25.06
坦桑尼亚	26.64	12.79	14.44	45.49
美国	2.63	39.16	52.55	5.81
委内瑞拉	1.62	43.51	21.42	33.58
南非	4.24	29.35	40.89	24.77
赞比亚	23.32	27.31	15.30	31.05

我们进一步分析随着人均实际 GDP 的上升，农业部门增加值、工业部门增加值、服务业部门增加值以及产业结构变迁对经济增长的贡献度呈何种变化趋势。我们以人均实际 GDP 取自然对数作为横轴，各变量对经济增长的贡献度为纵轴。可以看出，随着人均实际 GDP 的增加，农业部门产值增长对经济增长的贡献度下降，如图 11-15 所示；工业部门产值增长和服务业部门产值增长对经济增长的贡献度上升，如图 11-16 和图 11-17 所示；产业结构变迁对经济增长的贡献度呈倒“U”形关系，如图 11-18 所示。我们用 x 表示人均实际 GDP 取自然对数，用 y 表示产业结构变迁对经济增长的贡献度，可以得到图 11-18 的拟合线为 $y=-0.0273x^2+0.4038x-1.2179$ ，从而得到人均实际 GDP 取自然对数 $x=7.4$ 时，产业结构变迁对经济增长的贡献达到最大，将其代入拟合曲线可以得到狭义产业结构变迁对经济增长贡献度的最大值为 27.53%。需要说明的是，我国人均实际 GDP 已经远超

过该阈值。基于以上一般性的规律，产业结构变迁对我国经济增长的贡献度会下降。

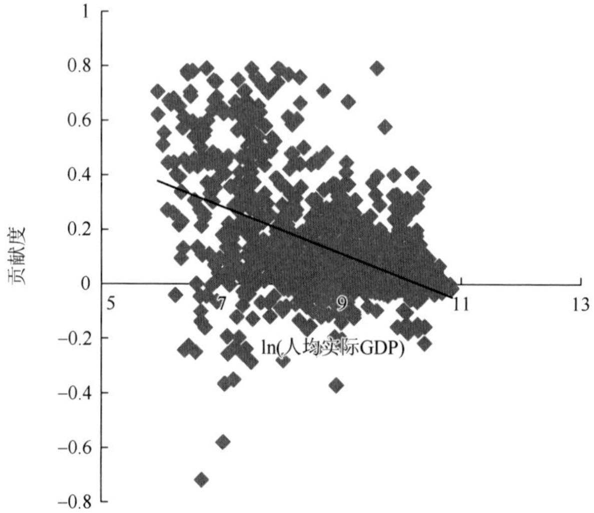

图 11-15 人均实际 GDP 与农业部门产值增长贡献度

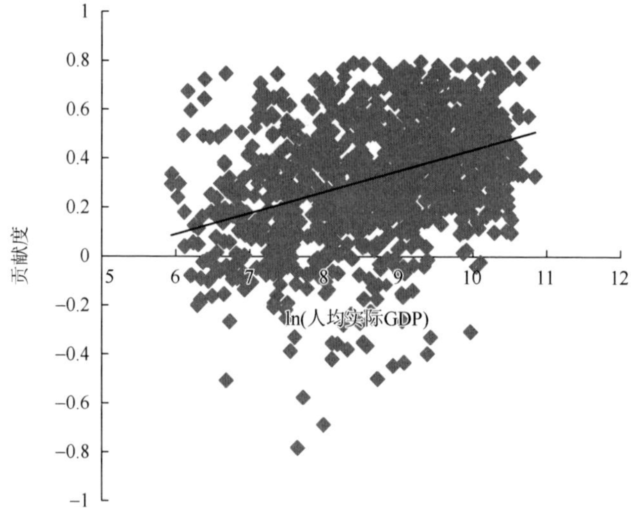

图 11-16 人均实际 GDP 与工业部门产值增长贡献度

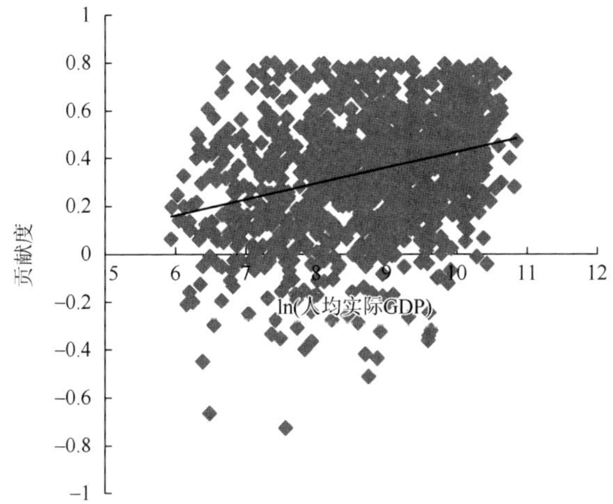

图 11-17　人均实际 GDP 与服务业部门产值增长贡献度

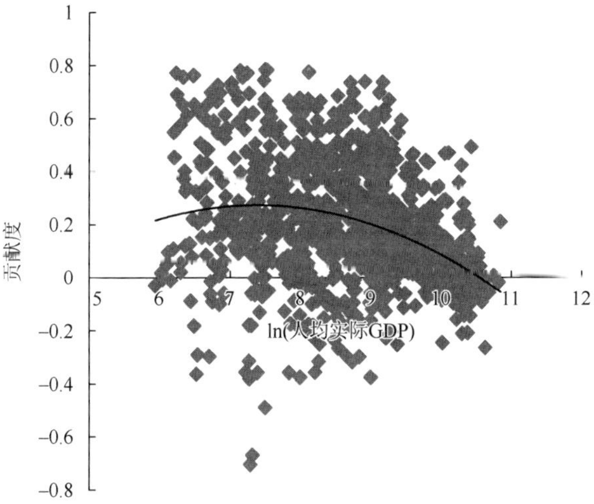

图 11-18　人均实际 GDP 与产业结构变迁对经济增长率的贡献度

以上散点图同时包含了发达国家和发展中国家的信息，异质性因素可能会影响结果分析。我们以发达国家特征事实为样本进行分析。根据国际货币基金组织的划分，在本章样本中代表性的发达国家主要包括法国、英国、意大利、日本和美国。这些国家人均实际 GDP 与工业部门增加值对经济增长贡献度的关系如图 11-19 所示。可以看出，随着人均实际 GDP 的增加，发达国家工业部门产值增长对经济增长的贡献度呈现倒“U”形关系。随着人均实际 GDP 的增加，工业部门对经济增长的贡献度呈上升的趋势，但随着收入超过一定的额度，工业部门对经济增长的贡献呈现下降的趋势。我们以人均实际 GDP 取自然对数表示 x，工业部门增加值对经济增长的贡献度为 y，可以得到图 11-19 的拟合线为：$y=-0.1411x^2+2.7845x-13.263$，进而得到当人均实际 GDP 取自然对数 $x=9.87$ 时，工业部门增加值对经济增长的贡献达到最大，将其代入拟合曲线可以得到工业部门增加值对经济增长贡献度的最大值为 47.45%。需要说明的是，我国人均实际 GDP 还没有超过这一阈值。基于以上分析，工业部门产值增加对我国经济增长的贡献度在短期内还会上升，但应该很快达到峰值。

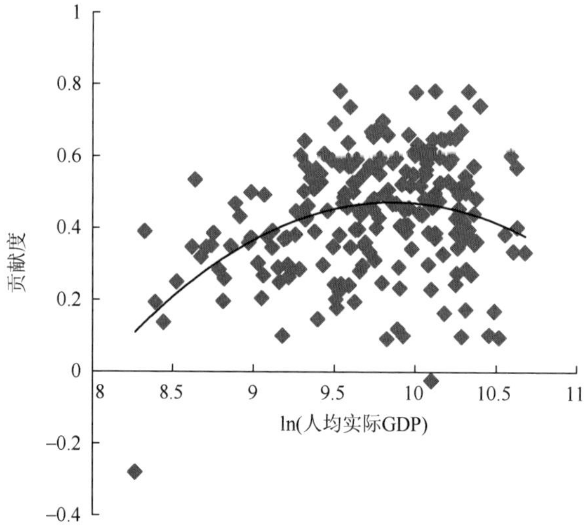

图 11-19　人均实际 GDP 与工业部门产值增长贡献度：基于发达国家数据

11.5　结构变迁与经济增长：广义视角的分析

广义视角的产业结构变迁不仅包括劳动力在农业、工业和服务业之间的流动，而且包括劳动力在产业内部各个行业之间的流动。这里主要是指工业和服务业内部各行业之间的劳动力流动。根据 GGDC 数据库，工业部门主要包括采矿业、制造业，以及电力、燃气与水供应和建筑业等 4 个行业。假设第 i 个行业的增加值为 Y_{mi}，其中 $i=1,2,3,4$，则 $Y_m=\sum_{i=1}^{4}Y_{mi}$；工业部门第 i 个行业的就业为 L_{mi}，则 $L_m=\sum_{i=1}^{4}L_{mi}$。我们定义第 i 个行业的劳均产值为 $y_{mi}=Y_{mi}/L_{mi}$，第 i 个行业劳动力占工业部门劳动力的比例 $l_{mi}=L_{mi}/L_m$，从而 $\sum_{i=1}^{4}l_{mi}=1$。我们可以得到工业部门的劳均产值：

$$y_m=\frac{Y_m}{L_m}=\sum_{i=1}^{4}\frac{Y_{mi}}{L_m}=\sum_{i=1}^{4}\frac{Y_{mi}}{L_{mi}}\frac{L_{mi}}{L_m}=\sum_{i=1}^{4}y_{mi}l_{mi} \tag{11-14}$$

将方程（11-14）两端全微分可得

$$\mathrm{d}y_m=\mathrm{d}\left(\sum_{i=1}^{4}y_{mi}l_{mi}\right)=\sum_{i=1}^{4}(l_{mi}\mathrm{d}y_{mi}+y_{mi}\mathrm{d}l_{mi}) \tag{11-15}$$

将式（11-15）进一步整理变换得到：

$$\frac{\mathrm{d}y_m}{y_m}=\sum_{i=1}^{4}\left(\frac{y_{mi}l_{mi}}{y_m}\frac{\mathrm{d}y_{mi}}{y_{mi}}+\frac{y_{mi}}{y_m}\mathrm{d}l_{mi}\right) \tag{11-16}$$

根据方程（11-16），工业内部劳均产出增长等于工业内部各行业产出增长加权以及工业内部各行业劳动力变动。将方程（11-16）代入方程（11-9）可得工业部门劳均产值增长对经济增长的贡献度为

$$\theta_m=\left[\sum_{i=1}^{4}\left(\frac{y_{mi}l_{mi}}{y_m}\frac{\mathrm{d}y_{mi}}{y_{mi}}+\frac{y_{mi}}{y_m}\mathrm{d}l_{mi}\right)\frac{y_m l_m}{y}\right]\Big/\left(\frac{\mathrm{d}y}{y}\right) \tag{11-17}$$

根据方程（11-17）可以得到工业内部第 i 个行业增加值增长对经济增长的贡献度：

$$\theta_{mi}=\left[\left(\frac{y_{mi}l_{mi}}{y_m}\frac{\mathrm{d}y_{mi}}{y_{mi}}\right)\frac{y_m l_m}{y}\right]\Big/\left(\frac{\mathrm{d}y}{y}\right) \tag{11-18}$$

将$\sum_{i=1}^{4} l_{mi}=1$代入方程（11-17）可得到工业内部各行业之间劳动力结构对经济增长的贡献度：

$$\theta_{ml}=\left[\left(\frac{y_{m1}-y_{m4}}{y_m}\mathrm{d}l_{m1}+\frac{y_{m2}-y_{m4}}{y_m}\mathrm{d}l_{m2}+\frac{y_{m3}-y_{m4}}{y_m}\mathrm{d}l_{m3}\right)\frac{y_m l_m}{y}\right]\bigg/\left(\frac{\mathrm{d}y}{y}\right) \tag{11-19}$$

我们计算了工业内部各行业增加值以及劳动力在工业内部各行业流动对经济增长贡献度的平均值，如表 11-2 所示。可以看出，制造业对经济增长的贡献度总体最高，我国制造业对经济增长的贡献度为 28.13%；采矿业，电力、燃气与水供应，建筑业对经济增长的贡献度大小没有统一规律，工业内部各行业之间劳动力流动对经济增长的贡献度不大，一些国家劳动力流动对经济增长的贡献度为负，这可能是因为劳动力从生产效率高的部门流向了生产率低的部门。

表 11-2　工业内部各行业以及劳动力流动对经济增长的贡献度（单位：%）

国家	采矿业	制造业	电力、燃气与水供应	建筑业	劳动力流动
阿根廷	1.88	29.61	0.06	5.79	−3.92
玻利维亚	10.65	8.65	0.51	7.45	0.36
巴西	2.14	19.84	1.73	3.91	−2.74
博茨瓦纳	16.31	7.83	0.57	19.32	−6.45
智利	19.31	24.38	2.98	0.22	−10.30
中国	5.37	28.13	2.78	4.21	−0.83
哥伦比亚	9.30	17.84	3.94	4.98	−5.11
哥斯达黎加	0.71	19.12	2.15	4.51	−2.75
丹麦	6.53	18.24	6.73	7.70	1.45
埃及	24.73	22.39	1.01	3.14	−13.72
西班牙	1.35	22.65	4.58	10.13	−2.07
埃塞俄比亚	−0.05	−0.76	0.04	−1.40	0.56
法国	2.12	25.80	6.60	8.99	1.61
英国	15.89	32.23	5.61	9.21	−11.47
加纳	1.55	11.50	1.07	3.05	3.76

续表

国家	采矿业	制造业	电力、燃气与水供应	建筑业	劳动力流动
印度尼西亚	−1.78	26.96	0.68	6.14	3.30
印度	2.23	15.67	2.07	1.01	−0.77
意大利	0.91	31.64	2.43	5.72	0.42
日本	1.57	31.18	2.61	4.82	0.92
肯尼亚	1.14	12.59	1.03	2.25	2.95
韩国	0.97	36.09	1.40	11.37	−1.41
墨西哥	6.39	17.49	1.06	5.71	−3.22
摩洛哥	1.93	3.35	3.28	−0.57	−0.51
毛里求斯	0.78	25.64	1.90	5.68	−2.40
马拉维	0.15	1.54	0.24	0.90	−0.25
马来西亚	18.93	22.02	0.92	1.83	−15.05
荷兰	16.95	27.35	2.54	4.97	−4.95
秘鲁	−0.91	20.67	−0.81	5.83	−0.36
菲律宾	−0.38	27.39	7.70	9.57	−2.36
塞内加尔	−1.57	−4.12	10.43	0.08	−7.00
新加坡	0.57	41.40	1.07	1.67	0.42
瑞典	0.97	32.17	3.06	8.15	3.22
泰国	2.45	20.78	3.02	0.21	−2.13
坦桑尼亚	5.20	2.01	−3.88	−4.51	15.88
美国	6.72	23.69	5.01	6.63	−2.09
委内瑞拉	27.19	9.12	0.24	11.67	−3.22
南非	7.53	20.19	1.80	5.03	−6.29
赞比亚	16.11	3.48	−2.38	5.73	7.03

根据 GGDC 数据库，服务业部门主要包括批发、零售、酒店和餐饮，交通、仓储和通信，金融、保险、房地产和商务服务，政府服务，社区、社会与个人服务等 5 个行业。我们假设第 i 个行业的增加值为 Y_{si}，其中

$i=1,2,3,4,5$ ，则 $Y_s=\sum_{i=1}^{5}Y_{si}$ ，第 i 个行业的就业为 L_{si} ， $L_s=\sum_{i=1}^{5}L_{si}$ 。我们定义每个行业的人均产值为 $y_{si}=Y_{si}/L_{si}$ ，第 i 个行业劳动力占服务业部门劳动力的比例 $l_{si}=L_{si}/L_s$ ，从而 $\sum_{i=1}^{5}l_{si}=1$ 。我们可以得到服务业部门的劳均产值：

$$y_s=\frac{Y_s}{L_s}=\sum_{i=1}^{5}\frac{Y_{si}}{L_s}=\sum_{i=1}^{5}\frac{Y_{si}}{L_{si}}\frac{L_{si}}{L_s}=\sum_{i=1}^{5}y_{si}l_{si} \tag{11-20}$$

将方程（11-20）全微分可得

$$\mathrm{d}y_s=\mathrm{d}\left(\sum_{i=1}^{5}y_{si}l_{si}\right)=\sum_{i=1}^{5}(l_{si}\mathrm{d}y_{si}+y_{si}\mathrm{d}l_{si}) \tag{11-21}$$

将式（11-21）进一步整理变换得到：

$$\frac{\mathrm{d}y_s}{y_s}=\sum_{i=1}^{5}\left(\frac{y_{si}l_{si}}{y_s}\frac{\mathrm{d}y_{si}}{y_{si}}+\frac{y_{si}}{y_s}\mathrm{d}l_{si}\right) \tag{11-22}$$

将方程（11-22）代入方程（11-10）可以得到服务业部门劳均产值增长对经济增长的贡献度为

$$\theta_s=\left[\sum_{i=1}^{5}\left(\frac{y_{si}l_{si}}{y_s}\frac{\mathrm{d}y_{si}}{y_{si}}+\frac{y_{si}}{y_s}\mathrm{d}l_{si}\right)\frac{y_s l_s}{y}\right] \bigg/ \left(\frac{\mathrm{d}y}{y}\right) \tag{11-23}$$

根据方程（11-23），我们可以得到服务业内部第 i 个行业增加值对经济增长的贡献度：

$$\theta_{si}=\left[\left(\frac{y_{si}l_{si}}{y_s}\frac{\mathrm{d}y_{si}}{y_{si}}\right)\frac{y_s l_s}{y}\right]\bigg/\left(\frac{\mathrm{d}y}{y}\right) \tag{11-24}$$

将 $\sum_{i=1}^{5}l_{si}=1$ 的条件代入方程（11-23），可得到服务业内劳动力流动对经济增长的贡献度：

$$\theta_{sl}=\left[\left(\frac{y_{s1}-y_{s5}}{y_s}\mathrm{d}l_{s1}+\frac{y_{s2}-y_{s5}}{y_s}\mathrm{d}l_{s2}+\frac{y_{s3}-y_{s5}}{y_s}\mathrm{d}l_{s3}+\frac{y_{s4}-y_{s5}}{y_s}\mathrm{d}l_{s4}\right)\frac{y_s l_s}{y}\right]\bigg/\left(\frac{\mathrm{d}y}{y}\right) \tag{11-25}$$

我们给出了 38 个国家服务业内部各行业增加值以及劳动力流动对经济增长的贡献度，如表 11-3 所示。总体而言，批发、零售、酒店和餐饮行业对经济增长的贡献度最大，其他行业对经济增长的贡献度大小对比不确定，服务业内部劳动力流动对经济增长的贡献度在不同国家之间存在较大的差距。其中，美国服务业内部劳动力流动对经济增长的贡献度最大，达到 12.68%，意大利、中国等国家服务业内部劳动力流动对经济增长的贡献度是负的，这可能是因为劳动力从生产效率高的行业流向了生产效率低的行业。需要说明的是，我国批发、零售、酒店和餐饮业，交通、仓储和通信业，金融、保险、房地产和商务服务业以及政府服务业对经济增长的贡献度大体相当。

表 11-3 服务业内部各行业以及劳动力流动对经济增长的贡献度（单位：%）

国家	批发、零售酒店和餐饮	交通、仓储和通信	金融、保险、房地产和商务服务	政府服务	社区、社会与个人服务	劳动力产业内流动
阿根廷	21.50	10.43	6.51	4.89	2.34	−1.32
玻利维亚	4.58	6.22	14.78	0.09	19.70	−1.36
巴西	14.17	4.38	8.96	10.53	1.83	5.45
博茨瓦纳	2.48	1.89	0.87	−0.80	2.13	6.73
智利	12.13	7.00	3.90	−0.74	9.52	8.23
中国	8.50	4.69	6.17	6.49	0.83	−3.82
哥伦比亚	−5.39	6.83	10.38	−0.64	13.42	6.06
哥斯达黎加	4.88	7.42	5.32	5.52	1.21	2.81
丹麦	16.11	11.73	3.20	8.94	2.32	1.82
埃及	11.84	8.57	3.65	6.78	1.81	2.13
西班牙	15.91	8.06	−0.75	1.64	4.62	−0.92
埃塞俄比亚	−1.18	1.10	−0.48	5.69	0.87	2.53
法国	15.16	10.76	4.20	7.48	1.04	−3.30
英国	12.26	12.25	6.99	1.18	2.60	11.04
加纳	7.04	6.48	−0.13	3.37	0.81	1.20
印度尼西亚	14.02	14.63	1.47	5.70	2.31	2.77
印度	8.78	5.86	1.82	14.78	1.41	4.86
意大利	18.16	7.71	1.06	6.23	2.46	−4.30
日本	16.74	4.96	8.01	11.25	2.18	0.33

续表

国家	批发、零售酒店和餐饮	交通、仓储和通信	金融、保险、房地产和商务服务	政府服务	社区、社会与个人服务	劳动力产业内流动
肯尼亚	14.53	5.07	8.17	8.74	4.89	3.03
韩国	11.15	5.57	−2.57	−0.80	6.53	0.66
墨西哥	20.09	4.48	3.11	9.76	1.65	3.24
摩洛哥	−1.02	4.40	−2.24	−0.66	−1.97	8.07
毛里求斯	5.19	12.80	1.70	11.68	5.30	10.22
马拉维	11.73	2.84	1.81	4.76	4.50	10.29
马来西亚	15.96	6.26	13.24	7.85	2.62	0.37
荷兰	16.75	9.47	13.07	6.28	5.24	−0.04
秘鲁	21.38	4.78	8.71	0.09	9.44	0.73
菲律宾	15.71	4.37	8.88	5.46	0.90	2.42
塞内加尔	2.96	7.08	−3.94	2.88	1.04	10.31
新加坡	23.32	16.08	7.22	−1.54	6.27	4.56
瑞典	15.45	8.66	8.77	10.19	2.69	−1.89
泰国	25.44	3.87	4.92	0.47	0.72	0.39
坦桑尼亚	17.03	2.70	−1.32	3.33	−0.37	−2.58
美国	19.93	8.28	16.68	−6.36	2.85	12.68
委内瑞拉	11.12	2.71	3.19	19.23	4.59	1.14
南非	16.96	7.97	8.64	3.61	2.17	3.08
赞比亚	−8.01	9.37	−0.11	4.89	1.24	7.92

在上述分析的基础上，若考虑到劳动力跨部门流动以及劳动力在部门内部各行业之间流动时，方程（11-7）的经济增长核算方程可以进一步拓展为

$$
\begin{aligned}
\frac{\mathrm{d}y}{y} &= \frac{y_a l_a}{y}\frac{\mathrm{d}y_a}{y_a} + \sum_{i=1}^{4}\left(\frac{y_{mi} l_{mi}}{y_m}\frac{\mathrm{d}y_{mi}}{y_{mi}}\right)\frac{y_m l_m}{y} + \sum_{i=1}^{5}\left(\frac{y_{si} l_{si}}{y_s}\frac{\mathrm{d}y_{si}}{y_{si}}\right)\frac{y_s l_s}{y} \\
&\quad + \sum_{i=1}^{4}\left(\frac{y_{mi}}{y_m}\mathrm{d}l_{mi}\right)\frac{y_m l_m}{y} + \sum_{i=1}^{5}\left(\frac{y_{si}}{y_s}\mathrm{d}l_{si}\right)\frac{y_s l_s}{y} + \frac{y_m - y_a}{y}\mathrm{d}l_m + \frac{y_s - y_a}{y}\mathrm{d}l_s
\end{aligned} \tag{11-26}
$$

因此，若我们定义的产业结构变迁不仅包括劳动力在产业之间流动，而且包括劳动力在产业内部各行业之间流动，则产业结构变迁对经济增长的贡献度：

$$\theta_l=\left[\sum_{i=1}^{4}\left(\frac{y_{mi}}{y_m}\mathrm{d}l_{mi}\right)\frac{y_m l_m}{y}+\sum_{i=1}^{5}\left(\frac{y_{si}}{y_s}\mathrm{d}l_{si}\right)\frac{y_s l_s}{y}+\frac{y_m-y_a}{y}\mathrm{d}l_m+\frac{y_s-y_a}{y}\mathrm{d}l_s\right]\Big/\left(\frac{\mathrm{d}y}{y}\right) \tag{11-27}$$

方程（11-27）给出了劳动力在农业部门、工业部门和服务业部门之间以及工业内部各行业和服务业内部各行业劳动力流动对经济增长的贡献度，我们将其称为广义产业结构变迁对经济增长的贡献度。与之相区别，我们将劳动力在农业、工业和服务业之间的流动称为狭义产业结构变迁。我们给出了 38 个国家样本期间内狭义产业结构变迁和广义产业结构变迁对经济增长的贡献度，如图 11-20 所示。可以看出，两个贡献度呈现相同的变化趋势，总体而言，农业、工业和服务业之间劳动力流动对经济增长的贡献度较大，而工业内部劳动力流动和服务业内部劳动力流动对经济增长的贡献度较小。产业结构变迁是经济增长的重要动力，尤其是在一些经济发展水平较低的非洲国家，产业结构变迁对经济增长的贡献度接近 50%。

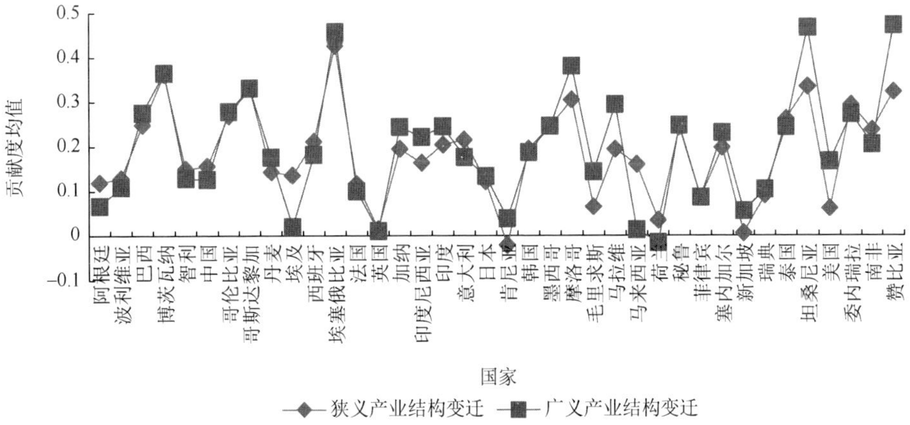

图 11-20　狭义产业结构变迁和广义产业结构变迁对经济增长的贡献度

一个问题是，广义产业结构变迁对经济增长的贡献度如何变化？广义产业结构变迁对经济增长的贡献呈倒“U”形关系，如图 11-21 所示。随着人均实际 GDP 的增加，产业结构变迁对经济增长的贡献度不断增加；当人均实际 GDP 超过某一阈值后，产业结构变迁对经济增长的贡献度开始不断下降。我们以人均实际 GDP 取自然对数表示 x，产业结构变迁对经济增长的贡献度为 y，可以得到图 11-21 的拟合线为：$y=-0.0156x^2+0.1981x-0.3434$。从而计算得到当人均实际 GDP 取自然对数 $x=6.35$ 时，产业结构变迁对经济增长的贡献度达到最大，将其代入拟合曲线可以得到广义产业结构变迁对经济增长贡献度的最大值为 28.55%。需要说明的是，我国人均实际 GDP 对应的值已经远超过这一阈值。因此，基于一般性的规律，广义产业结构变迁对我国经济增长的贡献度也会下降。

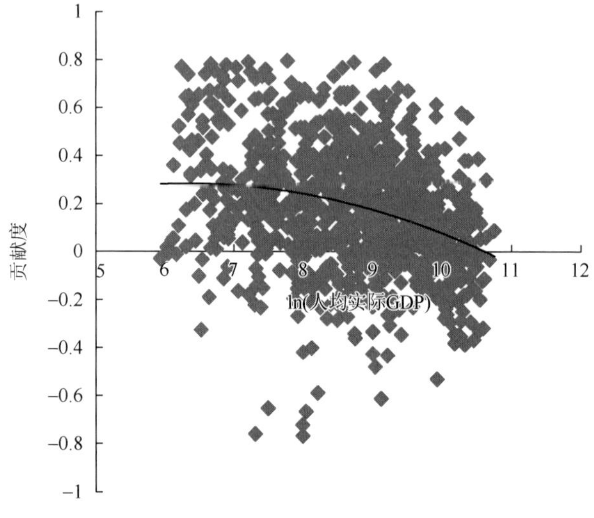

图 11-21 人均实际 GDP 与广义产业结构变迁对经济增长的贡献度

11.6 结构性扭曲

综合狭义产业结构变迁和广义产业结构变迁对经济增长的贡献度分析，产业结构变迁对经济增长的贡献主要是农业、工业与服务业之间劳动力流动对经济增长的贡献，工业内部行业之间以及服务业内部行业之间劳动力流动对经济增长的贡献度不大。我们进一步测算农业部门、工业部门和服务业部门之间的扭曲。具体地，我们通过如下指标测度产业结构扭曲：

$$\Omega = \sum_{i=a,m,s} \lambda_i \frac{|y_i - y|}{y} \tag{11-28}$$

其中，$\lambda_i = L_i/L$ 表示第 i 个产业劳动力占总劳动力的比例，这里表示权重；$i = a, m, s$ 分别表示农业部门、工业部门和服务业部门；$y_i = Y_i/L_i$ 表示第 i 个产业劳动力的平均产值；$y = Y/L$ 表示整个经济中劳动力的平均产值，其中 $Y = \sum_{i=a,m,s} Y_i$，$L = \sum_{i=a,m,s} L_i$ 分别表示总产出和总就业。方程（11-28）对应的值越小表示产业间的扭曲越小。基于方程（11-28）和 GGDC 数据测度了 38 个国家的产业结构扭曲，如表 11-4 所示。可以看出，经济发展水平高的国家，产业结构扭曲通常较小；而经济发展水平低的国家，产业结构扭曲通常较大。其中美国和新加坡产业结构扭曲很小，低于 0.1；坦桑尼亚和赞比亚的产业结构扭曲较大，大于等于 1。我国的产业结构扭曲为 0.51，这说明我国还存在较大的产业优化和改进空间。我们进一步考察产业结构扭曲对经济增长的影响，如图 11-22 所示。其中横轴表示产业结构扭曲，纵轴表示经济增长率。可以看出，产业结构扭曲越大，对应的经济增长率越低；产业结构扭曲越小，经济增长率越高。因此，缩小产业结构扭曲是促进经济增长的重要渠道。

表 11-4　产业结构扭曲估算

国家	扭曲	国家	扭曲	国家	扭曲
阿根廷	0.29	加纳	0.40	荷兰	0.18
玻利维亚	0.69	英国	0.10	秘鲁	0.60
巴西	0.64	印度尼西亚	0.68	菲律宾	0.56
博茨瓦纳	0.93	印度	0.65	塞内加尔	0.84
智利	0.39	意大利	0.30	新加坡	0.09
中国	0.51	日本	0.22	瑞典	0.19
哥伦比亚	0.51	肯尼亚	0.75	泰国	0.88

续表

国家	扭曲	国家	扭曲	国家	扭曲
哥斯达黎加	0.46	韩国	0.43	坦桑尼亚	1.00
丹麦	0.22	墨西哥	0.55	美国	0.07
埃及	0.44	摩洛哥	0.48	委内瑞拉	0.87
西班牙	0.29	毛里求斯	0.23	南非	0.47
埃塞俄比亚	0.50	马拉维	1.05	赞比亚	1.07
法国	0.19	马来西亚	0.40		

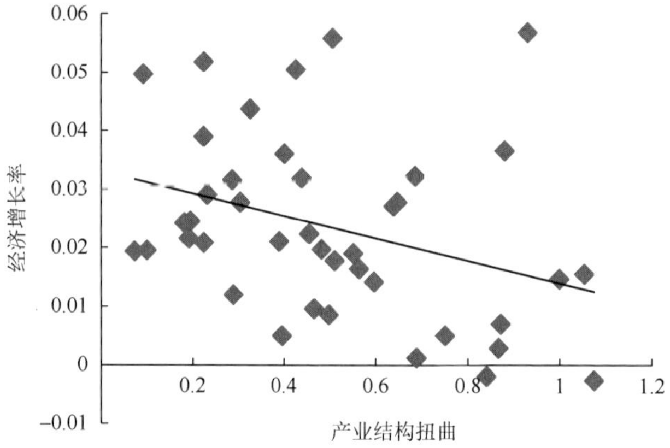

图 11-22　产业结构扭曲与经济增长率

11.7　小　　结

本章首先考察了产业结构变迁的一般性规律，在此基础上，我们通过一般性的分析框架估算了狭义产业结构变迁和广义产业结构变迁对经济增长的贡献度。研究发现，农业部门就业人数占总就业人数的比例呈下降的趋势；工业内部的采矿业，制造业，电力、燃气与水供应，建筑业 4 个行业就业人数占总就业人数的比例都呈倒“U”形关系；服务业内部的批发、零售、酒店和餐饮，交通、仓储和通信，社区、社会和个人服务就业人数占总就业人数的比例随着收入水平的增加呈倒“U”形关系；金融、保险、房地产和商务服务业，以及政府服务部门就业人数占总就业人数的比例随着人均实际 GDP 的增加呈“U”形关系。基于上述特征事实梳理，随着经济发展水平的提高，服务业中的金融、保险、房地产和商务服务业，以及政府服务业是未来发展的重点。

基于多部门产业结构变迁框架的经济增长核算发现，随着人均实际 GDP 的增加，农业部门增加值对经济增长的贡献度下降，工业部门增加值和服务业部门增加值对经济增长的贡献度在上升，产业结构变迁对经济增长的贡献度呈倒“U”形关系。人均实际 GDP 较低时，随着人均实际 GDP 的增加，产业结构变迁对经济增长的贡献度不断上升；当人均实际 GDP 较高时，产业结构变迁对经济增长的贡献度下降。基于发达国家的数据发现，工业部门增加值对经济增长的贡献度呈倒“U”形关系。基于总体数据的分析表明，产业结构变迁是经济增长的重要动力。在一些发展中国家，产业结构变迁对经济增长的贡献度超过 40%，我国产业结构变迁对经济增长的贡献度为 15.58%。考虑到劳动力不仅在产业之间存在扭曲，也在工业内部和服务业内部存在扭曲，我们给出了广义产业结构变迁概念。

从理论上说，现有研究主要运用包含农业部门和非农业部门的两部门框架，包含农业部门、工业部门和服务业部门的三部门模型来研究我国结构转型问题。事实上，包含更多维度（$N>3$）的产业结构变迁可以更好地拟合现实经济，这是因为在多部门框架下可以更好地体现不同部门的异质性，包括分部门的全要素生产率差异。例如，Ungor（2017）构建了一个包含农业、采矿业、制造业、民用业、建筑业、批发零售业、交通业、金融业、个人业务等 9 个部门的产业结构变迁模型来解释东亚地区与拉丁美洲国家经济增长的差异。值得强调的是，产业结构变迁对经济的影响是综合性的。例如，劳动力跨部门流动不仅通过促进生产要素配置优化的渠道促进经济增长，同时，产业结构变迁可以缩小传统部门和现代部门劳动力的工资差距，这有利于缓解收入不平等问题。

第 12 章

金融发展与经济增长

金融发展对经济增长的影响是金融经济学和经济增长理论研究的重点。从 Schumpeter（1912）关于金融发展对经济发展和技术创新具有重要影响的观点，到 McKinnon（1973）和 Shaw（1973）的金融发展理论将发展中国家的经济滞后归因于金融抑制，再到新近的金融经济周期理论强调金融冲击影响经济波动的机制。这些经典的研究都在强调金融发展对经济增长和宏观经济稳定的重要性。Levine（1997，2005）认为金融发展通过促进资本积累和提高技术创新两个渠道促进经济增长。金融发展水平越高，经济中的储蓄和信贷越多，资本积累速度越快。金融发展可以放宽创新性企业预算约束限制，从而促进创新。当前，我国正在加快从要素驱动型经济向创新驱动型经济转型。本章旨在通过全面系统考察金融发展对我国创新和经济增长的影响，从而就金融发展如何更好地促进我国技术创新和经济增长提出一些对策建议。

12.1 文献回顾

金融发展对经济增长和发展的影响至少可以追溯到 Schumpeter（1912）的相关研究。随着金融发展对实体经济的影响越来越大，金融发展对经济增长影响的理论研究和实证研究也越来越多，代表性的文献包括 King 和 Levine（1993a，1993b）等。Levine（1997，2005）认为金融发展主要通过如下几个渠道促进经济增长：①为投资者投资提供充分的事前信息，促进信贷资金合理分配。金融中介可以为投资者提供充足的信息，使投资者不需要投入大量的成本识别企业，从而选择投资效益最高的企业，促进信贷资金合理、高效配置。②监督企业和强化公司治理。相对于单个投资人而言，金融机构可以更好地监督企业，强化公司治理，使企业更有效运作，促进经济增长。③更便于分散和管理风险。金融发展使得投资者投资选择更加多样化，可以更好地规避风险。金融中介从长期视角考虑，在繁荣时期支付较低的回报率，在衰退时期支付较高的回报率以分散跨期风险。④动员和促进储蓄。金融中介通过在投资者和储蓄者之间建立协议，以减少交易成本和不对称信息问题。除能够动员家庭储蓄外，金融中介还能够将投资者的钱集中起来，并将其贷给企业。⑤促进交易。金融发展通过降低交易成本，促进专业化，这又使得交易更便捷。Levine（1997）阐述了金融发展作用于经济增长的传导机制，如图 12-1 所示。由于现实经济中存在信息成本、交易成本等市场摩擦，这就为金融市场和金融中介的产生提出了现实需求。金融市场和金融中介从资金配置、公司治理、风险管理、动员储蓄、促进交易 5 个方面促进资本积累和技术创新，这又进一步推动经济增长。Levine（1997，2005）综述了金融发展作用于经济增长的理论和实证文献。

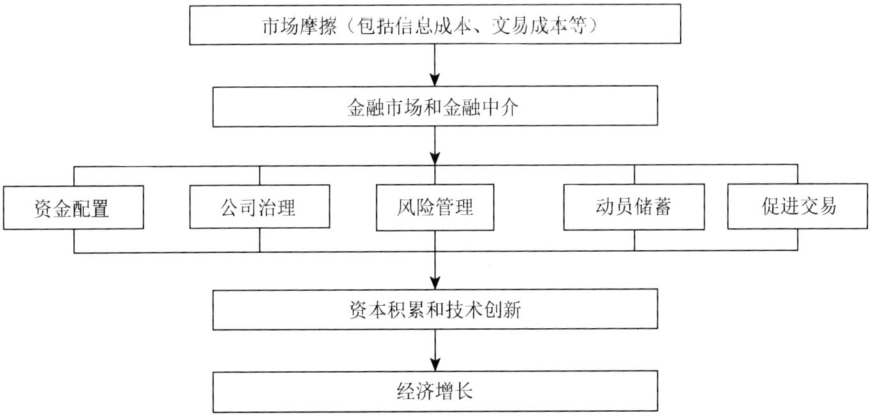

图 12-1　金融发展作用于经济增长的传导机制

资料来源：Levine（1997）

在理论模型方面，现有研究在经济增长框架下引入金融发展，从促进资本积累和技术创新的视角考察金融发展对经济增长的影响，较为重要的有 Greenwood 和 Jovanovic（1990）、King 和 Levine（1993b）、Morales（2003）等进行的研究。根据 Aghion 等（2005）的研究，金融发展水平较高的国家会收敛到世界技术前沿，而金融发展水平低的国家则会收敛到较低的发展水平。一些学者通过理论模型拟合现实经济，并通过数值模拟定量估算金融发展对经济增长的贡献度。例如，Greenwood 等（2013）通过 CSV（costly state verification）模型研究表明，金融发展和金融创新对美国经济增长的贡献度为 29%。若所有国家都采用先进金融手段，使资金由效率低下的企业流入效率高的企业，世界总产出可以提高 53%。

在实证研究方面，大量文献通过跨国截面数据、时间序列数据、面板数据模型证实了金融发展对经济增长的促进作用，Levine（1997，2005）很好地综述了相关文献。需要说明的是，运用微观企业数据考察金融发展对企业效益和创新的影响是最近关注的热点。当然，金融发展促进经济增长是建立在上述机制很好地发挥作用基础上的，现实经济中，金融发展并不一定能很好地实现这些职能，金融发展也并不一定总是促进经济增长。例如，Meon 和 Weill（2010）实证研究发现，在经济发展水平高的地区，金融发展促进经济增长，而在金融发展水平低的地区，金融发展对经济影响不显著，甚至可能抑制经济增长。Xiao 和 Zhao（2012）用银行部门发展水平衡量金融发展水平，研究发现银行部门对经济增长的影响取决于政府对银行的控制程度。在政府对银行控制程度低的国家，银行部门对经济增长有促进作用；而在政府对银行部门控制程度较高的国家，银行部门对经济增长的影响不显著，甚至有负向影响。Jerzmanowski（2017）基于美国各个州的数据，用银行反规制的时点刻画金融发展，较好地解决了金融发展的内生性问题。研究发现，银行反规制通过促进全要素生产率提高的渠道和促进物质资本投资的渠道促进经济增长，但对人力资本没有影响。Demetriades 和 Rewilak（2020）运用世界银行的金融脆弱性指标，从而从质量维度修正了民间信贷占 GDP 比例这一金融发展衡量指标，研究发现金融发展对经济增长具有显著的促进作用。

关于金融发展与经济增长之间的因果关系问题也是学术界争论的焦点。

Patrick（1966）提出了供给主导理论和需求跟随理论。供给主导理论强调金融发展对经济增长的促进作用，作用机制是，金融发展促进了资本积累，提高了资本边际生产率，从而促进了经济增长。需求跟随理论强调经济增长对金融发展的拉动作用，其作用机制是经济增长为金融发展提供了广阔的空间，从而带动了金融发展。Demetriades 和 Hussein（1996）研究表明，金融发展引致经济增长的证据微弱，在很多国家对应经济增长引致了金融发展。Al-Yousif（2002）运用1970～1999年30个发展中国家的数据研究发现，金融发展与经济增长之间存在相互因果关系。Calderón 和 Liu（2003）根据109个国家1960～1994年的数据研究发现，金融发展与经济增长之间存在相互因果关系，金融发展通过促进资本积累和生产率提高促进经济增长。Hassan等（2011）的研究表明，在撒哈拉、东亚太平洋地区经济增长引致了金融发展，而在其他地区经济增长与金融发展之间互为因果。Yang（2019）基于发达国家和发展中国家的数据分析发现，股票市场发展与经济增长之间存在格兰杰因果关系。

关于金融发展对我国经济增长的影响一直是学术界研究的热点。但由于样本区间、指标选取、计量方法等差异，现有研究得到的结论差别较大。Hao（2006）通过1985～1999年我国省级面板数据模型的研究发现，金融发展通过提高投资中国内贷款的比例和动员储蓄的渠道促进了我国经济增长，而信贷扩张并没有促进经济增长。Zhang 等（2012）运用中国286个城市2001～2006年的数据研究发现，金融发展促进了我国市级层面的经济增长，中国加入世界贸易组织（World Trade Organization，WTO）后的金融改革顺应了经济发展趋势。也有学者研究了金融发展对其他方面的影响。例如，黄玖立和冼国明（2010）研究了金融发展对我国地区制造业出口的影响，李科和徐龙炳（2011）研究了金融发展对企业融资约束的影响。

根据经典的内生增长理论，创新是经济增长的驱动力。企业R&D投入生产出新产品，产品种类不断扩张或者产品质量不断提高，这又会促进经济增长。近年来，更多的研究关注金融发展对创新的影响。通常地，R&D投资较大，且R&D投资能否取得成功面临的不确定性和风险较大。理论上说，金融发展有利于促进R&D投资和创新，相应的作用机制是，金融发展水平越高，企业越容易获得融资（或是融资成本越低），从而有利于企业增加R&D投资。Maskus等

（2012）运用 18 个 OECD 国家 22 个行业 1990～2003 年的数据表明，国内金融发展是 R&D 强度的决定因素；除外国直接投资外，国外金融发展对 R&D 强度的影响并不显著。解维敏和方红星（2011）以我国上市公司 2002～2006 年的数据为样本研究发现，银行业市场化改革的推进、地区金融发展推动了我国上市公司的 R&D 投入。Xiao 和 Zhao（2012）通过 46 个国家 28 000 个企业的数据研究发现，股票市场发展对企业创新有促进作用；银行部门发展对企业创新的影响是不确定的。在政府对银行控制程度低的国家，银行业发展促进企业创新；而在政府对银行控制程度高的国家，银行业发展抑制了企业创新。

基于 Romer（1990）创新驱动的内生增长模型，本章假设 R&D 部门企业的融资受到金融发展水平的制约，我们考察了金融发展对创新和经济增长的影响。在此基础上，运用我国省级层面数据，我们用金融业的竞争、信贷资金分配市场化、全社会固定资产投资中国内贷款与预算内资金的比值 3 个指标表示金融发展水平，通过面板数据模型考察了金融发展对经济增长的影响。本章的贡献主要体现在以下两个方面：第一，理论模型方面，本章在创新驱动的经济增长框架下模型化金融发展，给出金融发展作用于经济增长的传导机制，即金融发展通过放松 R&D 企业的预算约束，促进企业创新，推动经济增长。这区别于现有文献主要基于资本积累的框架，考察金融发展通过资本积累渠道对经济增长的影响（云鹤等，2012）。同时，理论模型分析发现，金融发展是经济转型的重要条件。当金融发展水平较低时，经济增长率可能为负，或为零，即经济是倒退或停滞的；金融发展水平较高时，经济增长率大于零，经济可以持续增长。第二，现有研究中大量实证分析的文献考察金融发展对经济增长的影响，或者考察金融发展对创新的影响。相对于这些研究而言，本章通过实证分析考察金融发展能否通过创新的渠道促进经济增长，即不仅考察了金融发展作用于经济增长的效果，而且检验了金融发展作用于经济增长的传导机制。

12.2 理论分析

现有文献中将金融发展引入理论模型的方法较多，可以从宏观视角直接将其作为外生变量引入（云鹤等，2012），也可以从微观的视角通过金融中介行为引入（Greenwood et al.，2013）。理论上说，从微观视角引入金融发展分析得更严谨，但难度较大。本章从宏观视角引入金融发展，模型中的 R&D 企业劳动力是由模型系统内生决定的，金融发展作为外生变量通过放松 R&D 企业的融资约束，进而影响 R&D 企业的劳动力和经济增长。本部分在 Romer（1990）创新驱动模型的基础上假设 R&D 部门企业融资受到金融发展水平的制约，进而考察了金融发展对创新和经济增长的影响。

12.2.1　最终产品部门

最终产品部门通过雇用劳动 L_Y 和中间产品 $x(i)$ ，$i \in [0, A]$，来生产最终产品 Y 。我们假设经济中总的劳动力数量为常数。最终产品部门是完全竞争的，总产出函数如下：

$$Y = L_Y^{\alpha} \int_0^A x(i)^{1-\alpha} \mathrm{d}i \tag{12-1}$$

最终产品部门通过选择雇用劳动和中间产品的数量以极大化自身利润：

$$\max \left[L_Y^{\alpha} \int_0^A x(i)^{1-\alpha} \mathrm{d}i - wL_Y - \int_0^A p(i)x(i) \mathrm{d}i \right]$$

其中，$L_Y^{\alpha} \int_0^A x(i)^{1-\alpha} \mathrm{d}i$ 表示最终产品部门可以获得的总收入；w 表示劳动力的工资；$p(i)$ 表示第 i 种中间产品的价格；wL_Y 和 $\int_0^A p(i)x(i)\mathrm{d}i$ 分别表示雇用劳动和购买中间产品的成本。

通过求解上述优化问题，我们可得到最终产品部门对劳动和中间产品的需求函数为

$$w = \alpha L_Y^{\alpha-1} \int_0^A x(i)^{1-\alpha} \mathrm{d}i \tag{12-2}$$

$$p(i) = (1-\alpha) L_Y^{\alpha} x(i)^{-\alpha} \tag{12-3}$$

12.2.2　中间产品部门

中间产品部门由一系列具有垄断权力的厂商组成，这些厂商从市场上租借资本，假设每生产 1 单位的中间产品需要从市场上租借 1 单位资本，每单位资本的利息成本为 r 。中间产品部门通过选择生产中间产品（或是选择租借资本）的数量极大化自身利润 $\max\{p(i)x(i) - rx(i)\}$ 。其中 $p(i)x(i)$ 、$rx(i)$ 分

别表示 $x(i)$ 单位中间产品的市场价值和生产成本。

将方程（12-3）得到的中间产品需求函数代入中间产品部门的利润函数，通过求解中间产品部门的利润极大化问题可知：

$$r = (1-\alpha)^2 L_Y^{\alpha} x(i)^{-\alpha} \tag{12-4}$$

将方程（12-3）和方程（12-4）代入中间产品部门的利润函数，可求得中间产品部门的利润为

$$\pi = \alpha(1-\alpha) L_Y^{\alpha} x(i)^{1-\alpha} \tag{12-5}$$

12.2.3 R&D 部门

根据 Romer（1990）关于知识生产函数的设定，知识生产主要取决于 R&D 人员数量以及知识存量，我们给出如下的知识生产函数：

$$\dot{A} = \delta L_A A \tag{12-6}$$

其中，δ 表示 R&D 部门生产效率；L_A 表示 R&D 部门的劳动数量；A 表示经济中的知识存量。

我们假设 R&D 部门企业在雇用劳动力前需要向金融中介借款为企业 R&D 支出融资，R&D 部门的融资额度取决于其产品销售额和金融发展水平，R&D 部门面临如下预算约束方程：

$$wL_A \leqslant \phi P_A \dot{A} \tag{12-7}$$

其中，wL_A 表示 R&D 部门需要支付的劳动成本，也是 R&D 部门需要的融资额度；P_A 表示专利的价格；$\dot{A}$ 表示新生产专利的数量；$P_A\dot{A}$ 表示新生产专利的价值；$\phi \in (0,1]$ 表示金融发展水平，ϕ 越大表示金融发展水平越高，R&D 部门融资能力越强；$\phi P_A \dot{A}$ 表示 R&D 部门的融资额度。需要说明的是，R&D 部门的销售额为 $P_A\dot{A}$，融资额度为 $\phi P_A \dot{A}$，我们假设两者的差值 $(1-\phi)P_A\dot{A}$ 被金融中介拿走了，这也可以理解为金融中介向企业借贷获得的风险溢价。

中间产品部门需要从 R&D 部门购买专利来生产新产品，根据 Romer（1990）的研究，R&D 部门生产知识的价格等于中间产品部门垄断利润的贴现值：

$$P_A(t) = \int_t^{+\infty} \pi(\tau) \exp\left[-\int_t^{\tau} r(s)\mathrm{d}s\right] \mathrm{d}\tau \tag{12-8}$$

12.2.4　家庭

按照通常的思路，家庭通过选择最优消费路径以极大化一生的福利水平：

$$\max\int_0^{+\infty}u(C)e^{-\rho t}\mathrm{d}t$$

我们假设相对风险规避系数为常数的效用函数，即 $u(C)=(C^{1-\sigma}-1)/(1-\sigma)$，其中 $\sigma>0$ 表示相对风险规避系数。通过求解家庭的优化问题可以得到家庭的消费积累动态方程：

$$\dot{C}/C=(r-\rho)/\sigma \tag{12-9}$$

12.2.5　求解竞争性均衡

资本市场出清，家庭的资本供给总量等于中间产品部门对资本的需求量：

$$K=\int_0^A x(i)\mathrm{d}i \tag{12-10}$$

根据对称性，当经济处于均衡状态时，最终产品部门对每种中间产品的需求量相同。再根据市场出清条件，每种中间产品的供给量也相同：$x(i)=x$，$i\in[0,A]$。将 $x(i)=x$ 代入方程（12-10）可知：

$$x=K/A \tag{12-11}$$

将方程（12-11）代入方程（12-1），我们可以将总产出函数表示为

$$Y=(AL_Y)^{\alpha}K^{1-\alpha} \tag{12-12}$$

根据本章的模型设定，当经济收敛于平衡增长路径上时，C、K、A 和 Y 的增长率相同，我们假设其为 Ω；L_A、L_Y、P_A 和 x 均为常数。

根据方程（12-9）和平衡增长路径的特征可知 $r=\rho+\sigma\Omega$，对方程（12-8）两端分别对时间 t 求导，且结合平衡增长路径的定义可知：

$$P_A(t)=\frac{\pi(t)}{r(t)} \tag{12-13}$$

R&D 部门的最优选择是将最大限度借款融资额度全部用于雇用 R&D 人员，对应方程（12-7）取等式约束。将方程（12-13）代入方程（12-7），且结合 $r=\rho+\sigma\Omega$ 和平衡增长路径的条件可知：

$$\alpha \frac{Y}{L_Y} L_A = \frac{\alpha(1-\alpha)Y}{\rho+\sigma\Omega}\Omega \tag{12-14}$$

将方程(12-6)两端同除以 A，且结合平衡增长路径的条件可知 $\Omega=\delta L_A$。再根据劳动力市场的均衡条件 $L_A+L_Y=L$，将上述两个条件分别代入方程（12-14）整理可得

$$\frac{\Omega}{\delta L-\Omega}=\frac{\phi(1-\alpha)\Omega}{\rho+\sigma\Omega} \tag{12-15}$$

根据方程（12-15）可计算出经济增长率：

$$\Omega=\frac{\phi(1-\alpha)\delta L-\rho}{\sigma+\phi(1-\alpha)} \tag{12-16}$$

根据方程（12-16），经济增长率是金融发展水平的函数，我们可以考察金融发展对经济增长的影响。通过简单比较静态分析可知：

$$\frac{\mathrm{d}\Omega}{\mathrm{d}\phi}=\frac{(1-\alpha)\delta L\sigma+\rho(1-\alpha)}{\left[\sigma+\phi(1-\alpha)\right]^2}>0 \tag{12-17}$$

根据方程（12-17），金融发展水平越高，经济增长率越高。这是因为 R&D 是经济增长的动力，金融发展水平越高，企业 R&D 投资预算约束越宽松，R&D 投入越多，知识生产速度越快。事实上，根据方程（12-6）和平衡增长路径的特征，我们可以将 R&D 部门的劳动投入表示成金融发展水平的函数 $L_A=\Omega/\delta$，进而考察金融发展对企业 R&D 投入的影响，通过简单计算可知：

$$\frac{\mathrm{d}L_A}{\mathrm{d}\phi}=\frac{(1-\alpha)\delta L\sigma+\rho(1-\alpha)}{\delta\left[\sigma+\phi(1-\alpha)\right]^2}>0 \tag{12-18}$$

根据方程（12-18），金融发展水平越高，企业 R&D 投入越多。需要说明的是，根据方程（12-16），金融发展是经济持续增长和经济增长转型的必要条件。通过简单计算可知，若 $\phi<\rho/\left[(1-\alpha)\delta L\right]$，则 $\Omega<0$，此时经济是持续倒退的，人均收入水平不断下降；若 $\phi=\rho/\left[(1-\alpha)\delta L\right]$，则 $\Omega=0$，此时经济处于停滞状态，人均收入保持不变；若 $\phi>\rho/\left[(1-\alpha)\delta L\right]$，则 $\Omega>0$，此时经济是持续增长的。通过以上分析可知，较高的金融发展水平是实现经济持续增长的必要条件。

12.3 实证分析

在理论分析基础上，我们进一步运用我国省级层面数据，通过计量分析考察金融发展对我国经济增长的影响及其传导机制。

12.3.1 实证模型设定

我们将总产出函数（12-12）两端同时除以最终产品部门劳动力数量，得到人均产出函数。并就方程两端取自然对数，同时引入金融发展水平变量，增加常数项和随机扰动项，从而构建如下的回归方程：

$$\ln y = \alpha_0 + \alpha_1 \ln A + \alpha_2 \ln k + \alpha_3 F + \varepsilon$$

其中，y 表示人均实际产出；A 表示知识存量，刻画创新因素；k 表示人均物质资本存量；F 表示金融发展水平；ε 表示随机扰动项。

12.3.2 变量说明

根据 Porter 和 Stern（2000）的方法，我们用专利申请数表示每年新生产的知识，并通过永续盘存法构建知识存量。用实际 GDP 表示最终产品部门的实际产出，用实际 GDP 除以总人口得到人均实际 GDP。根据通常的方法，我们通过可比价格计算出各个省份历年的固定资产投资，并通过永续盘存法估算出各省份历年的资本存量，用实际资本数量除以总人口数得到人均物质资本存量。金融发展水平指标的选取是本章关注的重点。基于金融发展作用于经济增长的传导机制，现有研究通常用金融中介对民营部门贷款占 GDP 的比例表示金融发展水平（Levine，2005），该比例越高，表示金融服务越充分，金融发展水平越高。也有学者通过其他指标衡量金融发展水平。例如，Calderón 和 Liu（2003）、Liang 和 Teng（2006）用 M2/GDP 表示金融发展水平，该指标越高，表示金融部门规模越大，金融发展水平越高。Levine 和 Zervos（1998）、Hassan 等（2011）、Xiao 和 Zhao（2012）用股票市场发展指标衡量金融发展水平。

根据金融发展作用于经济增长的传导机制，借鉴解维敏和方红星（2011）、

Zhang等(2012)的思路和我国省级层面数据的可得性,我们通过樊纲等(2011b)编制的市场化指数中的金融业市场化指标和全社会固定资产投资资金来源中国内贷款与国家预算内资金的比例（以下简称固定资产投资结构）来反映金融发展水平，其中金融业市场化又包括金融业的竞争以及信贷资金分配的市场化，我们选择如下3个指标来测度我国省级层面的金融发展水平。

（1）金融业竞争。樊纲等（2011b）用非国有金融机构吸收存款占全部金融机构吸收存款的比例表示金融业竞争。其中，"非国有金融机构"是指除中国工商银行、中国农业银行、中国银行、中国建设银行、中国邮政储蓄银行以及各政策性银行以外的金融机构，未扣除地方性国有控股的商业银行。相对于国有金融机构而言，非国有金融机构在贷款发放等方面受政府干预的可能性更小，其更可能将贷款贷给效率高的民营企业（樊纲等，2011b）。该指标越高表示金融业竞争越激烈，市场化程度越高，越有利于经济发展。

（2）信贷资金分配市场化。樊纲等（2011b）用信贷资金贷给非国有企业的比例表示，该指标越高，表示信贷资金分配的市场化程度越高，越有利于经济发展。

（3）固定资产投资结构。全社会固定资产投资的资金来源分为预算内资金、国内贷款、利用外资和自筹资金。金融发展促进经济增长的一种机制是金融发展可以将资金配置到效率更高的部门。根据Hao（2006）的研究，相对于预算内资金而言，国内贷款需要支付利息，这使得企业会积极提高资金的使用效率。同时，银行更倾向于贷款给效率高的企业，而政府预算资金配置可能不会出于极大化经济效率的考虑。借鉴Hao（2006）、Zhang等（2012）的思路，我们用该指标衡量我国金融发展水平。国内贷款的使用效率要高于国家预算内资金的使用效率，该比值越高表示金融发展水平越高。

需要说明的是，也有学者通过金融机构信贷总额/GDP来表示金融发展水平（Hassan et al，2011），这存在一定的缺陷，这是因为我国的信贷总额数据中并没有区分对国有企业和民营企业的贷款，部分信贷受政府干预借给缺乏效率的国有企业，这一指标高估了我国的金融发展水平（张军和金煜，2005）。也有学者用金融机构储蓄存款总额/GDP表示金融发展水平(Zhang et al.，2012)，储蓄存款通过信贷的渠道作用于经济增长，而信贷中不能区分对国有部门和民营部门的贷款，因此这一指标也存在一定的缺陷。同时，M2/GDP 的比例通常用于衡量一个国家的金融发展水平，以省份为单位考察时，很难衡量一个省份的 M2。此外，由于找不到四川省 1998～2002 年固定资产投资中国家预算内资金和国内贷款的数据，我们用加权平均法推算出四川省 1998～2002 年国内贷款/国家预算内资金的值。具体计算方法是，用基年比值乘以 2 减去后一年的比值得到前一年的比值。

我们给出了样本区间内我国 30 个省区市金融业竞争、信贷资金分配市场化、固定资产投资结构的均值，如图 12-2 所示。可以看出，不同省区市之间金融业竞争、信贷资金分配市场化和固定资产投资结构对应的数值变化趋势大体相当；总体而言，东部沿海地区省份各个指标值较大，金融发展水平总体较高，而中西部地区省份各个指标值较小，金融发展水平较低。

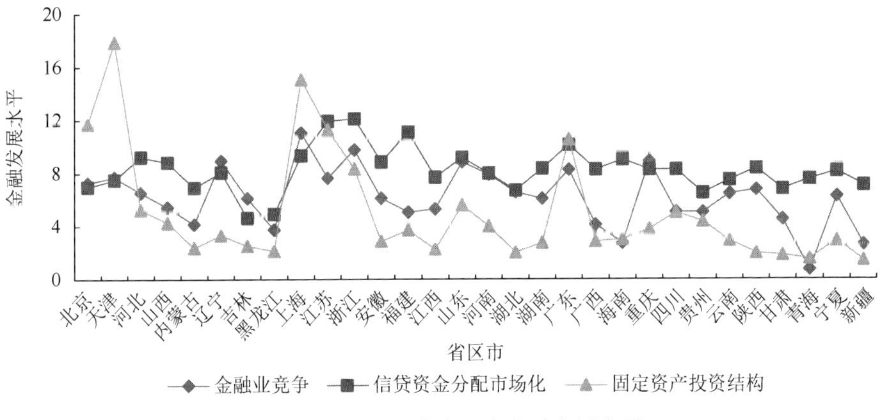

图 12-2　我国 30 个省区市金融发展水平

樊纲等（2011b）给出了 2009 年及之前我国分省的金融业竞争指数和信贷资金分配市场化指数，本章选择的样本区间是 1998～2009 年。本章选取了除西藏以外的我国 30 个省区市。本章的数据来源主要是历年《中国统计年鉴》、《新中国六十年统计资料汇编》、中经网统计数据库、各省统计年鉴以及樊纲等（2011b）的《中国市场化指数——各地区市场化相对进程 2011 年报告》。

12.3.3 计量结果与分析

我们给出了我国分省的金融业竞争、信贷资金分配的市场化、固定资产投资结构衡量的金融发展与经济增长之间的散点关系图，如图 12-3～图 12-5 所示。其中横轴表示金融发展水平，纵轴表示人均实际 GDP 取自然对数。可以看出，金融发展水平与人均实际 GDP 之间存在严格的正相关系，金融发展水平越高，人均实际 GDP 越高。

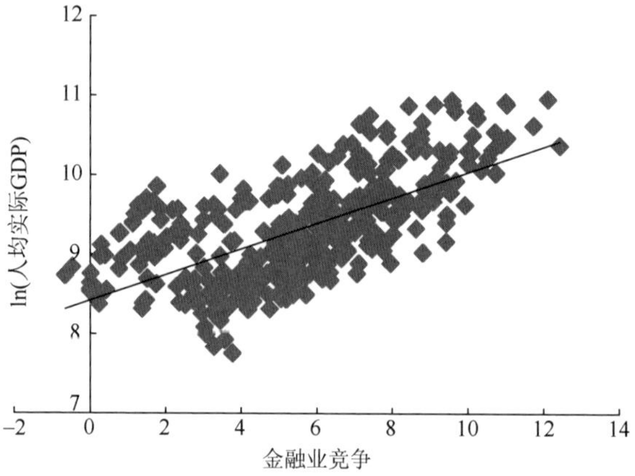

图 12-3　金融业竞争与人均实际 GDP 的散点图

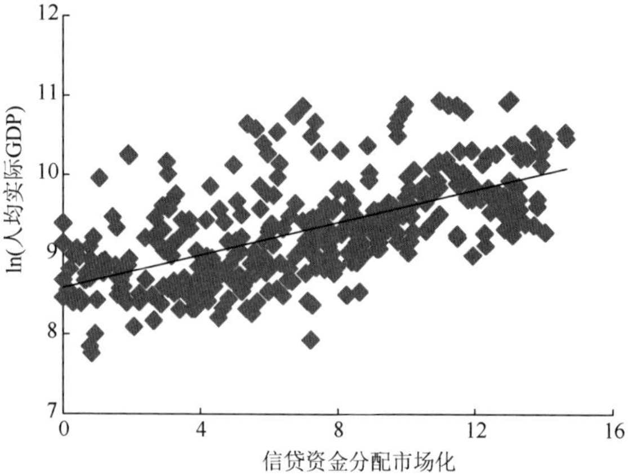

图 12-4　信贷资金分配市场化与人均实际 GDP 的散点图

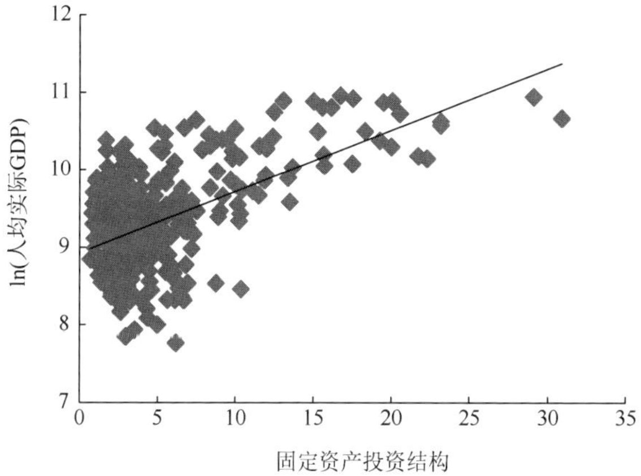

图 12-5　固定资产投资结构与人均实际 GDP 的散点图

本章借鉴 Tang 等（2008）的方法，考察金融发展能否通过创新的渠道对经济增长产生影响。具体地，我们首先控制金融发展水平，若金融发展水平对应的系数显著，说明金融发展可以影响经济增长。在此基础上，同时控制金融发展和创新，若金融发展水平对应的系数不显著，且创新对应的系数显著，则说明金融发展对经济增长的影响主要是通过创新渠道实现的。若同时控制金融发展和创新变量后，金融发展对应的系数仍然显著，但系数变小，则说明金融发展对经济增长的作用一部分是通过创新渠道实现的，另一部分是金融发展直接的作用。若创新变量对应的系数不显著，则说明金融发展不能通过创新的渠道作用于经济增长。

我们分别考察金融业竞争、信贷资金分配市场化和固定资产投资结构表示的金融发展水平对经济增长的影响，具体回归结果如表 12-1～表 12-3 所示。在表 12-1～表 12-3 的回归（1）中，我们首先考察金融发展对经济增长的直接影响。回归（2）中，我们控制知识存量表示的创新。考虑到知识存量不仅包含当期生产的知识，而且还包括之前各期生产的知识，而当期金融发展可能主要是对当期创新有影响，因此在回归（3）中，我们用当期专利申请表示当期创新。同时，创新包括低水平创新和高水平创新，为检验金融发展通过高水平创新和低水平创新作用于经济增长的渠道是否存在差异，在回归（4）中我们用发明表示高水平创新，在回归（5）中我们用实用新型和外观设计表示低水平创新。

表 12-1 金融业竞争对经济增长的影响分析

变量	（1）FE	（2）RE	（3）FE	（4）FE	（5）FE
资本存量	0.595***	0.490***	0.485***	0.474***	0.512***
	（54.84）	（41.34）	（41.23）	（38.63）	（43.37）
金融发展	0.024***	0.001	0.004	0.009***	0.007*
	（5.95）	（0.33）	（1.09）	（2.60）	（1.78）
创新		0.165***	0.175***	0.131***	0.152***
		（13.84）	（13.84）	（13.82）	（11.22）
常数项	3.326***	2.873***	3.057***	3.699***	3.006***
	（36.36）	（34.50）	（40.60）	（47.65）	（36.25）
R^2	0.91	0.93	0.92	0.93	0.92

注：FE 表示固定效应模型，RE 表示随机效应模型；括号内为 t 值

***、*分别表示在 1%和 10%的水平上显著

表 12-2 信贷资金分配市场化对经济增长的影响分析

变量	（1）FE	（2）FE	（3）FE	（4）FE	（5）FE
资本存量	0.563***	0.434***	0.443***	0.448***	0.463***
	（41.58）	（32.17）	（33.85）	（33.44）	（34.24）
金融发展	0.017***	0.010***	0.011***	0.009***	0.013***
	（6.95）	（5.61）	（6.12）	（5.11）	（6.67）
创新		0.168***	0.168***	0.128***	0.151***
		（15.12）	（15.13）	（14.22）	（12.85）
常数项	3.655***	3.330***	3.464***	3.960***	3.442***
	（30.65）	（35.39）	（37.48）	（41.12）	（34.86）
R^2	0.89	0.91	0.91	0.92	0.91

注：FE 表示固定效应模型，括号内为 t 值

***表示在 1%的水平上显著

表 12-3　固定资产投资结构对经济增长的影响分析

变量	（1）FE	（2）FE	（3）FE	（4）FE	（5）FE
资本存量	0.640***	0.495***	0.508***	0.505***	0.535***
	（95.51）	（39.92）	（44.67）	（41.64）	（49.71）
金融发展	0.015***	0.008***	0.009***	0.008***	0.010***
	（9.41）	（5.35）	（6.13）	（5.47）	（7.49）
创新		0.156***	0.155***	0.118***	0.137***
		（13.08）	（13.25）	（12.50）	（11.47）
常数项	2.940***	2.887***	2.976***	3.493***	2.888***
	（44.43）	（53.61）	（55.61）	（49.75）	（51.43）
R^2	0.92	0.94	0.93	0.94	0.93

注：FE 表示固定效应模型，括号内为 t 值

***表示在 1%的水平上显著

在回归（1）中，金融发展对应的系数显著为正，这说明金融发展对我国经济增长有显著的促进作用。在回归（2）～回归（5）中，控制创新变量后，金融发展对应系数值和显著性水平下降，而创新指标对应的系数显著为正，这说明金融发展通过创新的渠道可以促进经济增长，从而验证了本章理论模型部分得到的结论。我们分别给出了以金融业竞争、信贷资金分配的市场化、固定资产投资结构以及人均专利申请数取自然对数表示的与创新之间的散点关系图，如图 12-6～图 12-8 所示。可以看出，金融发展水平与创新之间呈正相关关系。金融发展可以促进 R&D 投资和创新，根据经典的理论，R&D 投资能否取得预期效果具有很大的不确定性，且投资者很难区分好项目和坏项目。尽管信息纰漏可以避免信息不对称问题，但企业通常不愿意透露核心信息。为避免信息扭曲，银行通常要求企业提供抵押物，但创新企业可用于抵押性的资金可能较少。金融发展通过减少信息不对称和激励扭曲，进而增加 R&D 投入，这有利于促进创新（Xiao and Zhao，2012）。

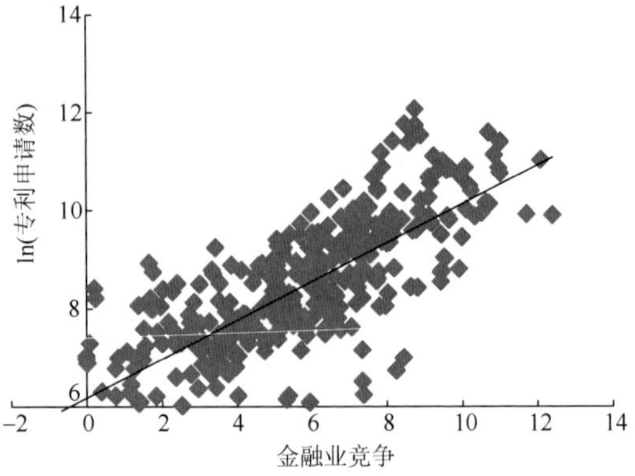

图 12-6　金融业竞争与创新的散点图

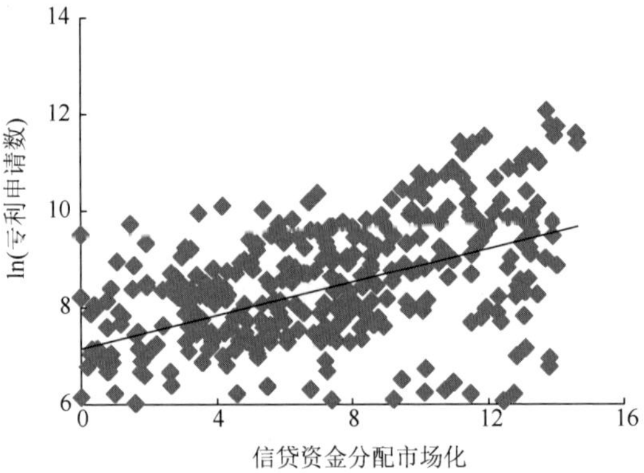

图 12-7　信贷资金分配市场化与创新的散点图

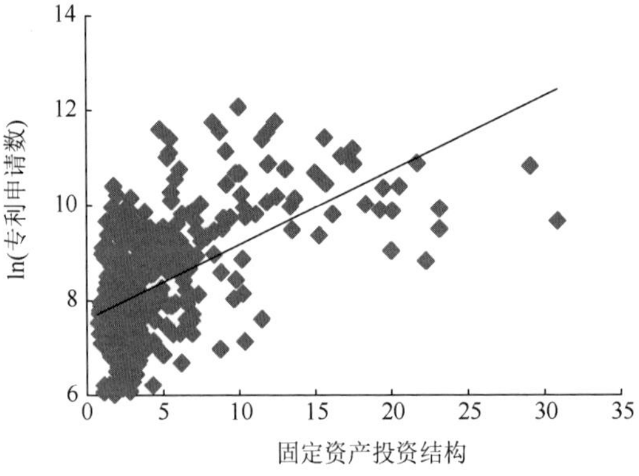

图 12-8　固定资产投资结构与创新的散点图

结合我国经济现实，金融发展通过缓解企业融资约束，使得企业有更多的渠道募集资金，从而增加 R&D 投入，加快创新进程。同时，相对于大型国有企业，民营企业受融资约束的影响更大。金融发展过程中，民营企业融资约束较国有企业有更为明显的缓解，因此，金融发展对缓解民营企业的融资约束，对创新投入的影响力度更大（解维敏和方红星，2011），企业 R&D 投入增加推动了创新和经济增长。同时，金融发展使得民营企业更容易得到贷款。大量的文献证实，相对于国有企业而言，我国民营企业的生产效率更高，民营企业是改革开放以来中国经济增长的重要引擎（Brandt and Zhu，2010）。金融发展通过支持民营企业，促进我国经济增长。此外，回归结果显示，资本存量和创新对应的系数显著为正，说明资本积累和技术创新都是促进我国经济增长的重要原因。

12.4 小　　结

本章在 Romer（1990）的创新驱动内生增长模型中引入企业 R&D 投入预算约束，考察了金融发展对创新和经济增长的影响。研究发现，金融发展水平越高，R&D 部门投入越多，知识增长速度和经济增长率越高。金融发展通过创新的渠道促进经济增长。同时，金融发展是经济停滞到经济持续增长的必要条件。在理论分析的基础上，运用我国 30 个省份 1998～2009 年的数据，通过面板数据模型考察了金融发展对创新和经济增长的影响。我们运用金融业竞争、信贷资金分配的市场化、固定资产投资结构 3 个指标考察了金融发展对经济增长的影响。实证分析结果表明，金融发展通过创新的渠道促进了我国经济增长。

本章的结论对于我国宏观经济政策的制定具有一定的参考价值，我们认为应从如下三个方面以更好地发挥金融发展对我国创新和经济增长的促进作用。

第一，通过金融发展支持企业创新。当前，我国经济进入新常态，一个核心特征是加快经济增长动力由要素驱动向创新驱动转型，减少经济增长对资本、劳动和自然资源的过度依赖，加快技术进步。实现创新驱动的前提是增加 R&D 投入，企业是 R&D 投入的主体，因此需要通过金融发展支持企业创新，以加快我国创新型国家建设的进程。

第二，鼓励银行信贷加大对民营经济的支持力度。民营经济是我国经济的重要组成部分，在促进经济增长、带动就业等方面发挥着重要作用。但民营企业发展面临严重的信贷约束，这抑制了创新和经济增长。为此，要加快信贷资金配置的市场化进程，减少政府干预，银行应根据企业效益和成长性分配资金，促进民营企业发展。

第三，推动我国金融业市场化竞争。我国银行业高度集中，国有商业银行的垄断造成了金融抑制。为此，应降低银行业准入门槛，鼓励民间资本进入银行业，促进银行业领域竞争，提高我国金融业的市场化水平。

第　13　章

制度质量、经济转型与经济增长

新古典增长理论和内生增长理论强调要素投入和技术进步对经济增长的决定作用。North 和 Thomas（1973）、Acemoglu 等（2005）则认为这些都是经济增长的表现，或者说是经济增长的相近原因，制度是经济增长的根本原因。好的制度可以极大地调动劳动者的积极性，促进生产发展，坏的制度则会对生产起到阻碍作用。Jones（2016）以朝鲜和韩国的自然实验为例说明了制度的重要性。第二次世界大战之前，朝鲜和韩国是统一的国家，具有相同的文化、相同的制度和地理条件。相对于韩国，朝鲜有更多的电力和重工业，其在经济上更具有发展优势。1953 年朝鲜战争结束后，朝鲜和韩国被分裂为两个国家，而后半个多世纪两个国家之间的发展差距在不断拉大。Acemoglu 等（2005）、Jones（2016）认为朝鲜和韩国经济发展的差异归因于两个国家制度的差异，朝鲜推行传统计划经济体制，韩国实施市场经济体制。改革开放以来我国经济持续增长的一个重要原因是制度创新，家庭联产承包责任制、国有企业改革抓大放小等一系列制度变革极大地解放了生产力，促进了我国经济增长。

近年来，越来越多的经济学家开始关注制度变迁对我国经济增长的重要性，并通过实证分析考察了制度对我国经济增长的影响。李富强等（2008）研究表明，制度不仅直接作用于经济增长，而且还通过影响生产要素投入和提升资源配置效率的途径促进经济增长，即物质资本和人力资本作用包含制度贡献，产权制度是我国现阶段经济增长的最主要动力。陈刚（2010）研究发现，制度是决定本地 R&D 效率和 R&D 溢出效率的基础性因素。产权制度越完备的地区，本地 R&D 资本和国外 R&D 资本的溢出效率越高。方颖和赵扬（2011）的估算表明，产权保护程度上升 1%，我国经济增长率可上升 4.23%，且这一结论是稳健的。关于如何衡量制度是经济学研究的重点和难点，现有文献通常用国有企业增加值占工业总产值的比例来衡量制度，也有学者通过产权保护程度来衡量制度。事实上，上述指标都只是制度的一个方面，并不能反映全部的制度。

樊纲等（2011b）从以下五个方面构建我国的市场化指数：①政府与市场的关系；②非国有经济的发展状况；③产品市场发育；④要素市场发育；⑤市场中介组织发育和法律制度环境。他们的指标能更好地反映我国市场化进程中的制度环境。樊纲等（2011a）认为市场化进程的不断推进是促进我国经济增长的重要原因。他们利用我国各省份的市场化指数，定量考察了市场化改革对全要素生产率和经济增长的作用。结果显示，从 1997 年到 2007 年，市场化指数对经济增长的贡献达到年均 1.45 个百分点，这一时期全要素生产率增长的 39.23%是由市场化改革贡献的。韦倩等（2014）构建了两种互为补充的度量市场发育水平的指标，运用中国 28 个省份 1985～2010 年的面板数据研究发现，沿海地区的崛起既不是依靠物质资本，也不是依靠人力资本，更不是依靠自然资源、基础设施等，而是市场发挥的力量。

宏观经济学关注的两个主题是长期经济增长与短期经济波动。已有研究表明，经济总体围绕长期趋势增长，但短期经济是波动的，即由于外生冲击或者经济系统自身作用的结果，经济会经历繁荣、衰退等不同的发展阶段。现有研究普遍认为，制度可以显著影响经济波动，制度越完善，制度质量越高，经济波动越小。Acemoglu 等（2003）认为，至少可以从如下几个方面理解制度作用于经济波动的传导机制：①制度质量越弱，对在位者的限制越少，从而在位者越可能利用手中的权力占用更多的财产和收入，这有可能引致社会动荡和经济波动。②对在位者或者利益集团的限制减少使其获取权力的收益更大，丧失权力的损失也更大。从而在制度质量低下的地方，不同政治派别之间为获取政权的斗争会更加激烈，这也会导致经济和社会的不稳定。③在制度质量低的地区，合作主要建立在相互信任或者重复博弈的基础上，一些外生的冲击使合作变得更困难，这有可能加剧经济波动。④在制度质量低的地区，契约性安排变得更不完备，经济关系更容易受到冲击。

⑤在制度质量低的地区，政治家为赢得更多的支持，可能被迫采取一些短期不切实际的政策，其执政后决定放弃这些政策时又会引起剧烈的经济波动。⑥在制度质量低的地区，企业家倾向于选择更容易撤资的产业或部门进行投资，这也会导致经济波动。Yang（2008）认为除上述作用机制外，在民主化程度高的国家，对在位者的约束条件较多，政策主要是通过议会讨论决定的，允许决策多元化，这有利于经济稳定。

关于制度指标的选取，考虑到经济增长与制度质量之间存在较强的内生性，一些学者尝试使用工具变量。关于制度较为经典的工具变量选择，Hall 和 Jones（1999）用与赤道的距离以及欧洲国家语言来衡量制度，Acemoglu 等（2001）用殖民者的死亡率作为制度工具变量，方颖和赵扬（2011）用基督教教会初级小学的注册学生人数作为制度的工具变量，Mobarak（2005）用穆斯林占人口多数国家的虚拟变量来表示制度。Yang（2008）认为，通过工具变量分析至少存在以下两方面的问题：①这些工具变量并不一定能真正反映过去几十年的制度变迁；②特定工具变量使得样本观测值减少，因为并不是所有国家都能对应这些数据。也有学者考察特定的制度对经济增长的影响。例如，许召元和张文魁（2015）基于 CGE 模型发现，国企改革前期主要通过要素配置改善效应促进经济增长，国企改革后期则主要通过外部溢出效应促进经济增长。胡永刚和石崇（2016）在包含国有企业和非国有企业的经济增长模型中，量化分析放松管制和加强法治对我国经济增长的影响。他们认为放松管制可以促进经济增长，而加强法治对经济增长的影响不确定。

根据现代经济增长理论，经济增长的核心动力包括技术创新和人力资本积累，我们考察这两方面特定制度对经济增长的影响。根据全球竞争力指数，我们给出了三个体现技术创新和教育方面的制度变量，并通过计量方法展开分析。

13.1　跨国制度质量比较

关于制度的衡量，有的学者侧重经济制度，有的学者侧重政治制度。其中经济制度主要是指产权保护制度、契约制度、市场化程度；政治制度则主要是指民主化程度、法律制度等。根据 North（1990）的研究，制度包括非正式制度和正式制度，其中非正式制度包括认可、戒律、惯例、传统、行动守则；正式制度包括宪法、法律、知识产权。非正式制度也可以被视为文化（Guiso et al.，2015），包括社会价值和社会规范。Guiso 等（2015）认为不仅要关注正式制度，非正式制度对经济增长也发挥着同样重要的作用。正如 Jones 和 Romer（2010）所言“不同国家之间收入和全要素生产率的巨大差异，以及距离技术前沿国家经济增长率的方差变动都证明了制度变迁的重要性”。Owen 等（2009）基于 1970～2000 年的跨国数据分析发现，制度质量是导致不同国家经济增长模式产生差异的重要原因，一旦控制了制度变量，地理特征变量如纬度等变量对经济增长的影响不再显著。Mamum 等（2017）研究发现，无论是短期还是长期，制度都可以促进经济增长，且制度对经济增长的促进作用依赖于信息通信技术的扩散效应、社会资本水平、经济全球化水平以及金融发展水平。

我们可以就我国制度质量与世界主要国家制度质量进行对比。我们给出了全球治理指数（world governance indicators，WGI）中的腐败治理、政府效率以及法律规则。全球治理指数各指标的分数在–2.5 到 2.5 之间，分值越高表示相应方面表现越好。可以看出，我国在上述维度表示的制度质量方面与发达国家相比存在较大差距。例如，主要发达国家的腐败治理指数在 1.5 左右，而我国的腐败治理指数在–0.3 左右，如图 13-1 所示；主要发达国家的政府效率指数在 1.5 左右，而我国的政府效率指数在 0.1 左右，如图 13-2 所示；主要发达国家的法律规则指数在 1.5 左右，而我国的法律规则指数在–0.5 左右，如图 13-3 所示。

根据弗雷斯数据研究中心公布的世界经济自由指数（数据来源：http://www.freetheworld.com/），经济自由度也可以部分地反映制度变量。该指数主要包括政府规模、法律体系和产权、稳健货币（sound money）、国际贸易自由、规制等五个方面。我们给出了我国历年的指数和在全世界的排名，如图 13-4 所示。其中经济自由指数对应左边的纵轴，国际排名对应右边的纵轴。可以看出，我国经济自由指数从 1980 年的 3.64 上升到 2015 年的 6.39，而我国经济自由指数的国际排名从 1980 年的第 94 位下降到 2015 年的第 113

位。这说明尽管我国经济自由水平提高，但相对于其他国家我国经济自由指数提升的速度并不快。

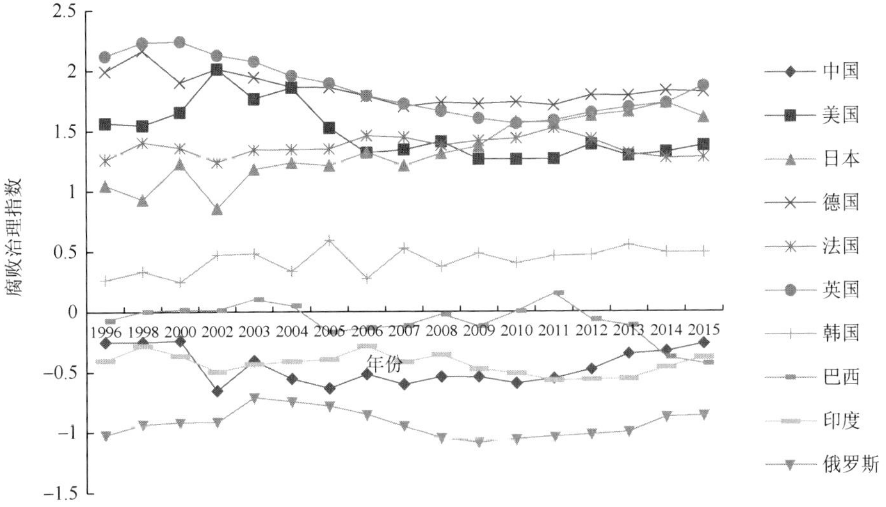

图 13-1 中国与其他主要国家的腐败治理指数

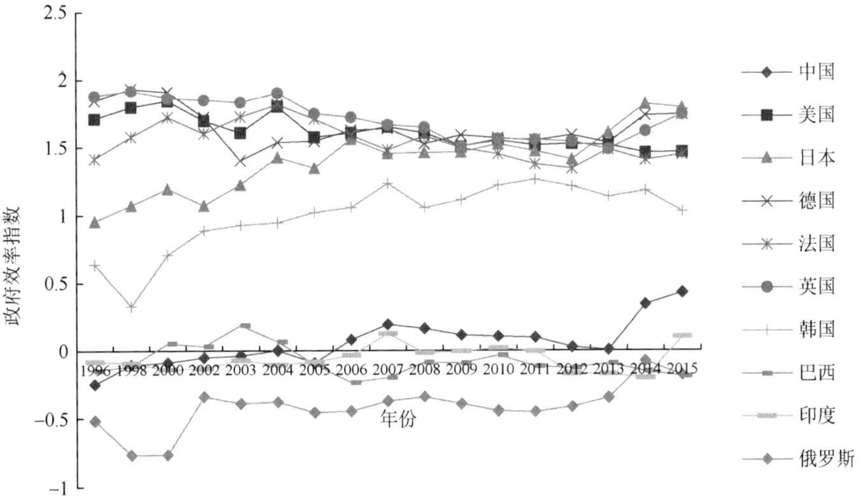

图 13-2 中国与其他主要国家的政府效率指数

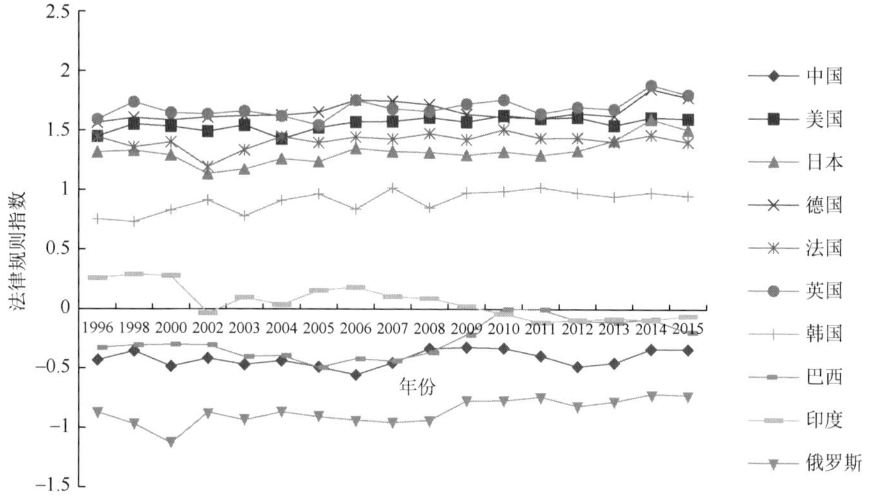

图 13-3 中国与其他主要国家的法律规则指数

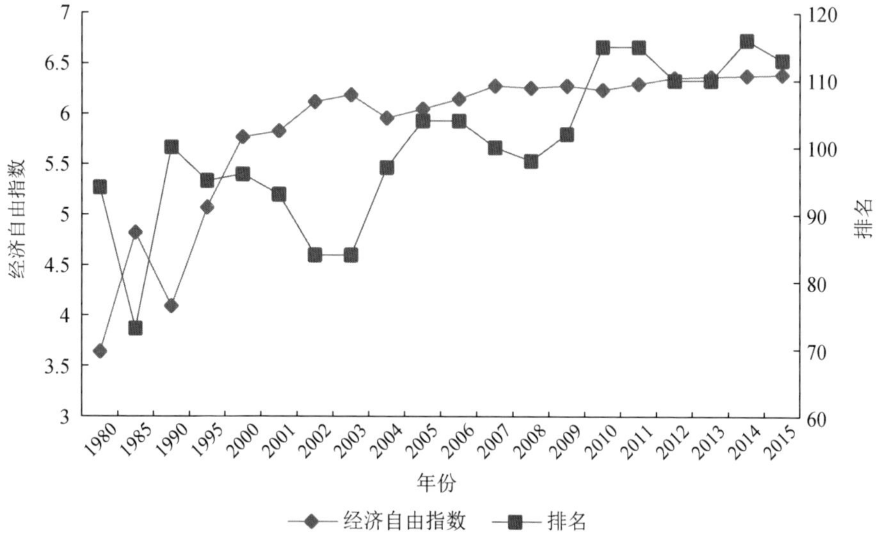

图 13-4 我国经济自由指数与国家排名

世界银行营商环境指数[①]也可以部分地反映制度质量。根据世界银行公布的数据，2019 年我国总的营商环境指数在全世界排第 46 名。从分项指标

① 数据来源：http://www.doingbusiness.org/en/data/exploreeconomies/china。

来看，营商开始排第 28 名，建设性协议处理排第 121 名，获得电力排第 14 名，登记产权排第 27 名，获得信贷排第 73 名，保护少数投资者排第 63 名，缴纳税金排第 114 名，跨界交易排第 65 名，协议实施排第 6 名，解决争议排第 61 名。综合以上指标，除协议实施分项指标外，我国其余各项指标与世界前沿都有较大的差距。

13.2 理论分析

本部分在一个同时包含创新和人力资本积累的内生增长框架下引入制度变量，研究制度差异对经济增长的影响。制度是一个多维的指标，在同时包含创新和人力资本积累的框架下，我们引入两个具体制度变量，分别对应技术创新和人力资本积累方面。其中技术创新维度主要是知识产权保护，人力资本积累维度则是使得教育获得更高回报的制度。需要说明的是，我们之所以关注人力资本和技术创新方面的制度，是因为这两个变量在解释经济增长中发挥着重要的作用。例如，Jones（2002）基于美国数据的经济增长核算表明，美国 1950 年以来的经济增长中超过 1/3 的贡献度来源于教育水平提升，约 50%的贡献度来源于五国集团（G-5，Group of Five，包括美国、法国、德国、英国和日本）研发强度的上升。同时，R&D 和教育投资通过直接与间接渠道提升落后国家吸收发达国家技术的能力，实现经济赶超。追随国家只有拥有充足的 R&D 投入，前沿国家的技术才能更好地与本地经济相适应。

13.2.1 最终产品部门

最终产品部门通过雇用人力资本 H_Y、中间产品 $x(i)$，$i\in[0,A]$，来生产最终物品 Y。最终产品部门是完全竞争的，总产出函数关于人力资本和中间产品满足常数规模报酬：

$$Y=H_Y^{\alpha}\int_0^A x(i)^{1-\alpha}\mathrm{d}i \tag{13-1}$$

我们假设最终产品的价格水平为 1，最终产品部门通过选择雇用人力资本和中间产品数量极大化如下的利润函数：

$$\max\left[H_Y^{\alpha}\int_0^A x(i)^{1-\alpha}\mathrm{d}i - wH_Y - \int_0^A p(i)x(i)\mathrm{d}i\right]$$

其中，$H_Y^{\alpha}\int_0^A x(i)^{1-\alpha}\mathrm{d}i$ 表示最终产品部门可以获得的总收入；w 表示单位人力资本的工资；$p(i)$ 表示第 i 种中间产品的价格；wH_Y 和 $\int_0^A p(i)x(i)\mathrm{d}i$ 分别表示雇用人力资本和购买中间产品的成本。

通过求解上述优化问题，可得到最终产品部门对人力资本和中间产品的反需求函数：

$$w = \alpha H_Y^{\alpha-1}\int_0^A x(i)^{1-\alpha}\mathrm{d}i \tag{13-2}$$

$$p(i) = (1-\alpha)H_Y^{\alpha}x(i)^{-\alpha} \tag{13-3}$$

13.2.2 中间产品部门

中间产品部门由一系列具有垄断权力的厂商组成，且每个厂商生产的产品各不相同。这些厂商从市场上租借资本，假设每生产 1 单位的中间产品需要从市场上租借 1 单位资本，每单位资本的利息成本为 r。中间产品部门通过选择生产中间产品（或是选择租借资本）的数量极大化自身利润：

$$\max\left[p(i)x(i) - rx(i)\right]$$

其中，$p(i)x(i)$、$rx(i)$ 分别表示 $x(i)$ 单位中间产品的市场价值和生产成本。

将方程（13-3）得到的中间产品的反需求函数代入中间产品部门的利润极大化问题，通过求解中间产品部门的最优性问题，可以得到：

$$r = (1-\alpha)^2 H_Y^{\alpha}x(i)^{-\alpha} \tag{13-4}$$

将方程（13-3）和方程（13-4）代入中间产品部门的利润极大化问题，我们可求得中间产品部门的利润：

$$\pi = \alpha(1-\alpha)H_Y^{\alpha}x(i)^{1-\alpha} \tag{13-5}$$

13.2.3 R&D 部门

R&D 部门通过雇用人力资本，同时利用已有知识来生产新知识，R&D 部门的生产函数为

$$\dot{A}=\theta H_A^{\lambda}A^{\phi},\quad 0<\lambda<1,\ \phi<1 \tag{13-6}$$

其中，θ 表示 R&D 部门生产效率的参数；H_A 表示 R&D 部门雇用的人力资本数量，A 表示经济中的知识存量。

根据 Romer（1990）的研究，我们假设 R&D 部门同样是完全竞争的，这对应如下的无套利条件：

$$\eta P_A\dot{A}=wH_A \tag{13-7}$$

方程（13-7）的左端表示雇用 H_A 单位人力资本带来的价值增值，右端表示劳动成本。$\eta\in(0,1]$ 是刻画知识产权保护程度的指标，η 越大表示知识产权保护越严格，$\eta=1$ 对应完全的知识产权保护。知识产权保护程度的加强使得创新成果被模仿的概率降低，创新回报增加，企业在创新方面的投入更多，这促进了经济增长。值得注意的是，若 $\eta P_A\dot{A}<wH_A$，则 $H_A=0$，$\dot{A}=0$。这是因为若知识产权保护力度较弱，研发投资获得的市场价值低于雇用人力资本的工资成本，R&D 部门的利润为负，从而经济中不可能有创新。若 $\eta P_A\dot{A}>wH_A$，研发获得的收益要高于成本，存在套利机会，这与 R&D 部门完全竞争的假定相矛盾。Eicher 和 García-Peñalosa（2008）在 Romer（1990）的框架中内生化知识产权保护，发现经济中存在产生多重均衡点的可能性，且不同的知识产权保护力度可以使得经济收敛到不同的均衡点。当知识产权保护程度较高时，经济收敛到经济增长率较高的均衡点，而当知识产权保护程度较低时，经济可能没有增长。与 Eicher 和 García-Peñalosa（2008）强调的经济多重均衡点不同，我们认为知识产权保护水平低时，经济收敛于依赖要素投入驱动的停滞状态。

13.2.4　家庭

经济中总的人力资本水平 H 为

$$H=hL \tag{13-8}$$

其中，h 表示经济中平均的人力资本水平；L 表示经济中总的劳动力数量，人口增长率为 n。

内生化人力资本的经典设定源于 Lucas（1988）的研究，与物质资本积累驱动经济增长的内生增长模型不同，Lucas（1988）强调教育投资和人力资本积累对经济增长的驱动作用。Lucas（1988）在新古典增长模型基础上引入人力资本积累，假设代表性个体将总的时间禀赋用作劳动获得工资收入，或是通过学习积累人力资本，人力资本水平上升有利于提高劳动的边际生产率以及收入水平。借鉴 Lucas（1988）的研究，我们假设代表性个体的人力资本积累方程为

$$\dot{h}=\delta(1-u)h \tag{13-9}$$

其中，δ 是反映教育制度的变量，也可以被理解为教育质量，$(1-u)$ 表示代表性个体的学习时间（或是教育部门的劳动力占劳动力总数的比例）。假设 $H_Y=u_YH$，$H_A=u_AH$，其中 u_Y 和 u_A 分别表示代表性个体在最终产品部门和 R&D 部门的劳动时间（或者说劳动力中用于最终产品部门和研发部门的比例），$u_A+u_Y=u$ 表示个体总的劳动时间。需要说明的是，教育不仅通过提高人力资本的渠道促进经济增长，也可以通过提高社会认同的渠道促进经济增长。具体地，幼年教育有利于形成公民德行，降低社会规范的实施成本，这与社会资本促进经济增长的机制是一致的。现有研究发现，在种族和宗教多元化的国家或地区，统一的学校教育可以减少不同群体之间的冲突（Gradstein and Justman，2002）。

代表性个体通过选择消费、学习和工作的时间来极大化自身福利水平：

$$\max\int_0^{+\infty}\frac{c^{1-\sigma}-1}{1-\sigma}e^{-(\rho-n)t}\mathrm{d}t$$

其中，ρ 表示主观贴现率；σ 表示消费跨期替代弹性的倒数。

经济中的预算约束方程为

$$\dot{K}=rK+w(H_Y+H_A)+\int_0^A\pi_i\mathrm{d}i-C-P_A\dot{A} \tag{13-10}$$

$$\dot{H}=\delta(H-H_Y-H_A) \tag{13-11}$$

其中，rK、$w(H_Y+H_A)$ 和 $\int_0^A\pi_i\mathrm{d}i$ 分别表示家庭的资本收入、劳动收入以及利润收入。

通过求解上述优化问题，我们可以得到如下的命题。

命题 1：若经济中不包含创新，则 $\delta>\rho$ 是 $(1-u)>0$ 的必要条件；若经济中包含创新，则 $\delta-\rho\geqslant\lambda n(\sigma-1)/(1-\phi)$ 是 $(1-u)>0$ 的必要条件。

以下我们给出具体的数学证明过程。

第一种情形：假设经济中不包含 R&D 活动。

假设经济中不包含 R&D 活动，只有人力资本积累，则代表性个体的最优性问题是

$$\max \int_0^{+\infty} \frac{c^{1-\sigma}-1}{1-\sigma} e^{-(\rho-n)t} \mathrm{d}t$$

个体面临的预算约束方程是

$$\dot{k} = (r-n)k + wuh - c$$

$$\dot{h} = \delta(1-u)h - nh$$

我们通过构建如下现值的 Hamiltonian 函数求解上述优化问题：

$$\Pi = \frac{c^{1-\sigma}-1}{1-\sigma} + \lambda_1\left[(r-n)k + wuh - c\right] + \lambda_2\left[\delta(1-u)h - nh\right]$$

其中，λ_1 和 λ_2 分别表示物质资本和人力资本的影子价格。

通过求解以上问题，我们可以得到如下的最优性条件：

$$\frac{\partial \Pi}{\partial c} = c^{-\sigma} - \lambda_1 = 0 \quad \Rightarrow \quad c^{-\sigma} = \lambda_1 \tag{13-12}$$

$$\frac{\partial \Pi}{\partial u} = \lambda_1 wh - \lambda_2 \delta h = 0 \quad \Rightarrow \quad \lambda_1 w = \lambda_2 \delta \tag{13-13}$$

$$\dot{\lambda}_1 = (\rho-n)\lambda_1 - \lambda_1(r-n) \tag{13-14}$$

$$\dot{\lambda}_2 = (\rho-n)\lambda_2 - \lambda_1 wu - \lambda_2\left[\delta(1-u) - n\right] \tag{13-15}$$

和横截性条件：

$$\lim_{t\to+\infty} \lambda_1 k e^{-(\rho-n)t} = \lim_{t\to+\infty} \lambda_2 h e^{-(\rho-n)t} = 0$$

综合方程（13-12）～方程（13-15），且根据平衡增长路径的定义，我们可求得经济增长率：

$$\frac{\dot{c}}{c} = \frac{\dot{k}}{k} = \frac{\dot{h}}{h} = \frac{\delta-\rho}{\sigma} \tag{13-16}$$

根据方程（13-16），$\delta-\rho>0$ 是保证经济增长率严格为正（经济中包含人力资本积累）的必要条件，即高的教育制度质量是使得经济实现持续增长的必要条件。若教育制度质量较差 $\delta \leqslant \rho$，则不能实现持续的经济增长，经济退化为基本的 Ramsey 模型。

第二种情形：假设经济中包含 R&D 活动。

假设经济中包含 R&D 活动，则代表性个体的问题是

$$\max\int_0^{+\infty}\frac{c^{1-\sigma}-1}{1-\sigma}e^{-(\rho-n)t}\mathrm{d}t$$

经济中的预算约束方程是

$$\dot{K}=rK+w(H_Y+H_A)+\int_0^A\pi_i\mathrm{d}i-C-P_A\dot{A}$$

$$\dot{H}=\delta(H-H_Y-H_A)$$

我们可以将包含创新经济中的上述两个预算约束方程写成人均形式，并通过构建如下现值的 Hamiltonian 函数来求解上述优化问题：

$$\Pi=\frac{c^{1-\sigma}-1}{1-\sigma}+\lambda_1\left[(r-n)k+whu-c+\frac{1}{L}\left(\int_0^A\pi_i\mathrm{d}i-P_A\dot{A}\right)\right]+\lambda_2\left[\delta(1-u)-n\right]h$$

其中 λ_1，λ_2 分别表示物质资本和人力资本的影子价格。

我们可以得到如下的最优性条件：

$$\frac{\partial\Pi}{\partial c}=c^{-\sigma}-\lambda_1=0\qquad\Rightarrow\qquad c^{-\sigma}=\lambda_1 \tag{13-17}$$

$$\frac{\partial\Pi}{\partial u}=\lambda_1 wh-\lambda_2\delta h=0\qquad\Rightarrow\qquad \lambda_1 w=\lambda_2\delta \tag{13-18}$$

$$\dot{\lambda}_1=(\rho-n)\lambda_1-\lambda_1(r-n) \tag{13-19}$$

$$\dot{\lambda}_2=(\rho-n)\lambda_2-\lambda_1 wu-\lambda_2\left[\delta(1-u)-n\right] \tag{13-20}$$

和横截性条件：

$$\lim_{t\to+\infty}\lambda_1 ke^{-(\rho-n)t}=\lim_{t\to+\infty}\lambda_2 he^{-(\rho-n)t}=0$$

根据竞争性均衡以及平衡增长路径的定义，将总产出函数两端同除以 K，再根据方程（13-6）、方程（13-8）、方程（13-9），当经济处于平衡增长路径上时，我们有

$$\gamma+n=\frac{\dot{Y}}{Y}=\frac{\dot{K}}{K}=\frac{\dot{C}}{C}=\frac{\dot{A}}{A}+\frac{\dot{H}}{H}=\left(1+\frac{\lambda}{1-\phi}\right)\frac{\dot{H}}{H}=\left(1+\frac{\lambda}{1-\phi}\right)\left[\delta(1-u)+n\right] \tag{13-21}$$

根据方程（13-21），经济增长率取决于知识积累的速度以及人力资本积累的速度，并最终取决于人力资本积累的速度。人力资本积累的速度越快，经济增长率提高得越高。

根据方程（13-17），我们可知 $\dot{\lambda}_1/\lambda_1=-\sigma\dot{c}/c$ 。将方程（13-18）代入方程（13-20）有 $\dot{\lambda}_2/\lambda_2=\rho-\delta$ 。对方程（13-18）两端同时取对数，并求导数，我们有

$$\delta(1-u)=(1-\sigma)\gamma-\rho+\delta \tag{13-22}$$

将方程（13-22）代入方程（13-21），我们可求得经济增长率：

$$\gamma=\left\{\delta-\rho+\lambda n/\left[\lambda+(1-\phi)\right]\right\}/\left\{\sigma-\lambda/\left[\lambda+(1-\phi)\right]\right\} \tag{13-23}$$

人力资本积累的速度：

$$\frac{\dot{h}}{h}=\frac{(\delta-\rho)(1-\phi)-\lambda n(\sigma-1)}{\sigma\left[\lambda+(1-\phi)\right]-\lambda} \tag{13-24}$$

根据通常的思路，我们假设相对风险系数$\sigma>1$，从而方程（13-24）的分母严格大于 0。根据方程（13-24）的分子部分可以看出，$(\delta-\rho)(1-\phi)>\lambda n(\sigma-1)$是经济中包含人力资本积累（经济增长率大于零）的必要条件，这要求教育制度参数δ值较大。上述命题的经济学含义是，高质量的教育制度是个体选择接受教育的必要条件。若教育质量较低，则接受教育的回报低于劳动的回报。这种情况下，个体最优的选择可能是不接受教育，将所有时间用于最终产品部门或是 R&D 部门生产以获得劳动收入。

13.2.5　竞争性均衡

经济的竞争性均衡是指存在一个价格组合$\left\{r,w,\left\{P(i)\right\}_{i=0}^{A},P_A\right\}$、制度变量组合$\{\eta,\delta\}$以及要素组合$\left\{C,K,\left\{x(i)\right\}_{i=0}^{A},H,A,h,u_A,u_Y,u\right\}$，满足如下条件：①在$w$、$\left\{P(i)\right\}_{i=0}^{A}$给定的前提下，最终产品部门通过选择劳动和中间产品的数量以极大化自身利润；②中间产品部门通过选择中间产品的数量极大化利润；③在r、P_A给定的前提下，R&D 部门通过选择雇用最优的劳动数量以极大化利润；④在满足预算约束方程（13-10）和方程（13-11）的前提下，家庭通过选择消费和劳动时间极大化福利；⑤政府预算约束方程（13-12）每期平衡；⑥中间产品市场出清，最终产品部门对中间产品的需求量恰好等于中间产品的供给量；⑦劳动市场出清，最终产品部门和 R&D 部门对劳动的需求恰好等于家庭的劳动供给；⑧资本市场出清，家庭的资本供给总量等于中间产品部门对资本的需求量：

$$K=\int_0^A x(i)\mathrm{d}i \tag{13-25}$$

根据对称性，当经济处于均衡状态时，最终产品部门对每种中间产品的需求量相同。再根据市场出清条件，每种中间产品的供给量也相同 $x(i)=x$，$i\in[0,A]$。将 $x(i)=x$ 代入方程（13-25）可知：

$$x=K/A \tag{13-26}$$

将方程（13-26）分别代入方程（13-1）～方程（13-5）和方程（13-10），通过简单整理，可求得社会资源约束方程：

$$\dot{K}=(AH_Y)^{\alpha}K^{1-\alpha}-C \tag{13-27}$$

根据方程（13-27），最终产品用于消费和投资。通过求解上述竞争性均衡，我们可以得到如下命题：

命题 2：若 $\eta P_A\dot{A}<wH_A$，且 $\delta\leqslant\rho$，模型符合新古典增长经济的理论特征，经济中没有人力资本积累与创新，经济最终将收敛于一个新古典稳态；若 $\eta P_A\dot{A}<wH_A$，且 $\delta>\rho$，则模型符合 Uzawa-Lucas 经济的特征，人力资本是促进经济增长的动力；若 $\eta P_A\dot{A}=wH_A$，且 $(\delta-\rho)(1-\phi)\leqslant\lambda n(\sigma-1)$，则经济符合创新驱动经济增长的特征，企业内生 R&D 和创新是经济增长的动力；若 $\eta P_A\dot{A}=wH_A$，且 $(\delta-\rho)(1-\phi)>\lambda n(\sigma-1)$，则经济符合 Howitt 和 Aghion（1998）提出的资本积累与创新相互作用框架的思路，人力资本积累与创新相互作用共同促进经济增长。

根据命题 2，本部分给出了一个广义的经济增长模型，在不同的制度参数环境下，模型退化成各种代表性的模型。命题 2 的另一种解读是，制度质量不同是使得经济处于不同发展阶段的重要原因。例如，若知识产权保护的程度较低，$\eta P_A\dot{A}<wH_A$，则经济中没有创新；若教育制度参数较低，$\delta\leqslant\rho$，则经济中不存在内生人力资本积累。我们认为一些国家经济增长率较低，可能是因为这些国家人力资本部门的生产效率或者创新的回报较低，经济中没有人力资本积累和创新，经济增长趋于停滞。此时，制度质量提升可以使得经济到达一个较高的发展阶段。例如，对人力资本积累制度提升可以使得教育部门的回报率足够高，加快人力资本积累。知识产权保护程度加强可以提高创新的回报率，使得经济中包含创新活动。因此，在实现经济转型过程中，制度质量发挥着至关重要的作用。Funke 和 Strulik（2000）给出了一个广义的经济增长模型来解释不同国家和地区之间的经济

增长的差异。与之不同的是，我们从制度质量的视角出发，强调制度对经济转型的重要性。从以上分析可见，制度选择是使得经济由新古典增长模式、人力资本积累驱动经济增长模式或是创新驱动经济增长模式过渡到人力资本积累与创新相互作用驱动经济增长模式的必要条件；制度质量提升可以通过转变经济增长方式，使得落后国家更好地实现赶超。以上发现与现有的研究可以呼应起来。Ngai（2004）研究发现，穷国之所以贫困在于落后制度或政策使得其在技术吸收和资本积累方面存在壁垒，这也使得穷国由粗放型经济增长模式向现代型经济增长模式转换的时点推迟，这里的壁垒可以看作一种制度扭曲。

需要说明的是，一个国家在不同发展阶段的经济增长动力存在差异。经济发展期初，经济增长主要依赖于自然资源和劳动投入；经济发展到一定阶段后，经济增长的动力转换成依赖资本形成；当经济达到高级阶段后，经济增长的动力依赖技术创新。经济在不同发展阶段进行动力变换，如何从低的发展阶段切换到高的发展阶段，关系到发展中国家如何摆脱“中等收入陷阱”的问题。本部分理论分析认为，经济能否实现成功转型在一定程度上依赖于制度质量，尤其是创新方面的制度和教育方面的制度。本章的模型可以与发展经济学中经济赶超或落后的文献结合起来。Stokey（2015）的模型分析表明，技术流入壁垒和人力资本补贴决定了技术流入和人力资本的积累，而这又决定了一个国家是收敛到技术前沿，还是落入低收入陷阱；相对于人力资本补贴，减少技术流入壁垒对经济增长的促进作用更大。本章的理论模型可以用来研究中等收入陷阱问题。张晓晶等（2018）认为，制度性扭曲是导致中等收入陷阱的重要原因，我国需要旗帜鲜明地消除扭曲，切实发挥市场在配置资源中的决定性作用。

13.3　实 证 分 析

本部分用 WDI 和全球竞争力指数数据匹配关键指标，通过面板数据研究制度质量对经济增长的影响。我们首先通过静态面板数据的固定效应模型进行分析，而后通过动态面板数据模型进行稳健性检验。

我们构建如下的回归方程以考察制度质量对经济增长的影响：

$$\text{Growth}_{it} = \alpha + \beta \text{Institution}_{it} + \Theta X_{it} + \varepsilon_{it} \tag{13-28}$$

其中，i 表示国家；t 表示年份；被解释变量 Growth_{it} 表示经济增长率；核心解释变量 Institution_{it} 表示制度质量，本章考察创新和教育方面制度对经济增长率的影响。根据全球竞争力数据库的指标，我们选取知识产权保护、高等学校与企业之间的研发协作以及教育体系质量作为制度质量指标。相对于已有文献通常采用政府效率、腐败水平等反映制度质量而言，这些指标更加具体，且主要针对创新能力和人力资本水平，这与本章理论模型部分的设计更契合。X_{it} 表示影响经济增长的其他变量，根据现有文献的通常思路，我们主要考虑投资率和产业结构，其中投资率用资本形成支出/GDP 表示，产业结构用服务业增加值/GDP 表示。ε_{it} 表示随机扰动项。

13.3.1 数据说明

全球竞争力指数旨在衡量一国在中长期取得经济持续增长的能力。本章关于创新和人力资本积累方面的 3 个制度变量来源于全球竞争力指数，具体包括知识产权保护、高校与企业的科研合作和教育体系质量。其中，知识产权保护对应的问题是“在你的国家，知识产权保护和防伪的力度有多大？”，受访者对上述问题打分，分值在 1 到 7 之间，其中 1 表示非常微弱，7 表示非常强大。高校与企业的科研合作方面对应的问题是“在你的国家，企业与高校在科研合作方面的合作程度如何？”，受访者对上述问题打分，分值在 1 到 7 之间，其中 1 表示根本不合作，7 表示合作非常广泛。教育体系质量方面的问题是“在你的国家，教育体系是否满足竞争性经济？”，受访者对上述问题打分，分值在 1 到 7 之间，其中 1 表示根本不满足，7 表示非常满足。我们将全球竞争力指数数据与世界银行的 WDI 数据进行匹配，删除变量缺失较多的国家，最终得到 120 个国家和地区的数据，样本区间是 2006～2015 年。其中反映制度质量的知识产权保护、高校与企业的科研合作及教育体系质量数据来源于全球竞争力指数，经济增长率、资本形成支出、服务业增加值以及 GDP 数据来源于 WDI。

我们给出了全球竞争力指数测算的我国知识产权保护指数变化趋势及与典型国家的对比，如图13-5所示。可以看出，2006～2010年我国知识产权保护水平逐年上升，2011年之后我国知识产权保护水平总体平稳。相对于发达国家，我国知识产权保护方面的差距较为明显。例如，2015年我国知识产权保护指数为3.96，新加坡的知识产权保护指数为6.20。我们给出了全球竞争力指数测算的我国高校与企业科研合作指数的变化趋势及与典型国家的对比，如图13-6所示。可以看出，2006～2010年我国高校与企业科研合作水平逐年上升，2011年之后该值有所下降，而后又趋于平稳运行。相对于发达国家，我国高校与企业科研合作水平差距较为明显。例如，2015年我国高校与企业的科研合作指数为4.40，美国的高校与企业科研合作指数为5.85。我们给出了全球竞争力指数测算的我国教育体系质量的变化趋势及与典型国家的对比，如图13-7所示。可以看出，2006～2014年我国教育体系质量总体呈现上升趋势，2015年该值有所下降。相对于发达国家，我国教育体系质量的差距明显。例如，2015年我国教育体系质量指数为3.92，新加坡教育体系质量指数为5.85。

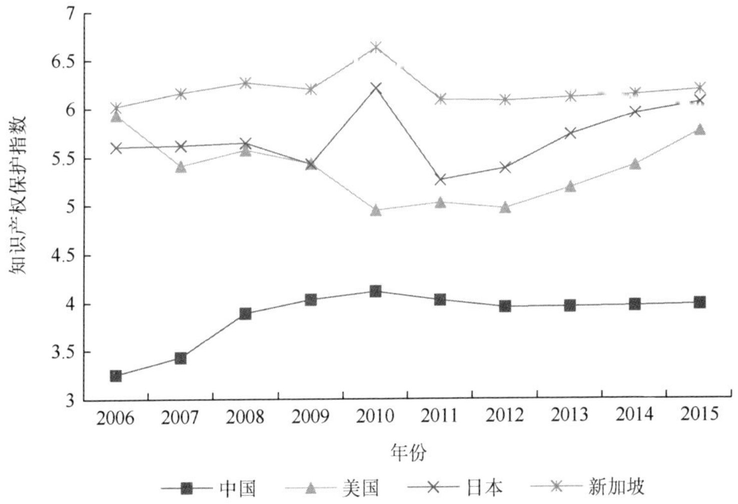

图13-5 知识产权保护指数变化趋势

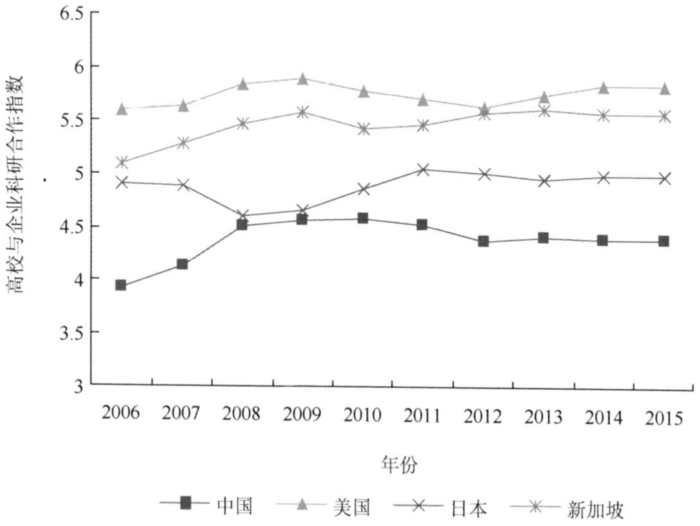

图 13-6 高校与企业科研合作指数变化趋势

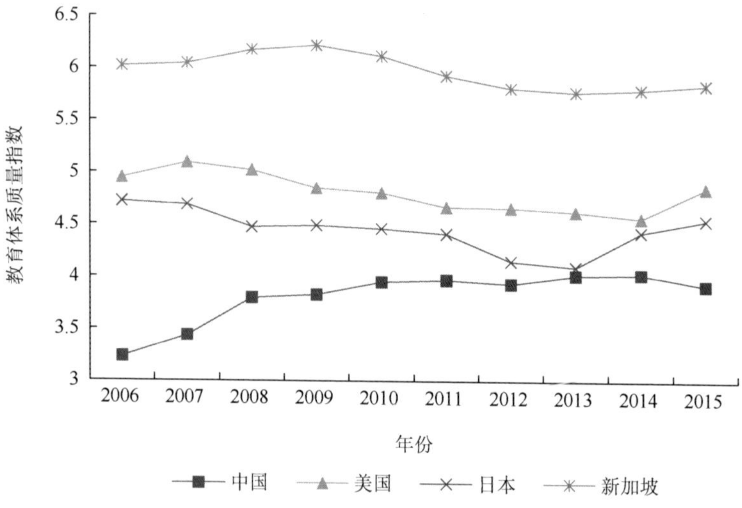

图 13-7 教育体系质量指数变化趋势

我们给出了 120 个国家和地区 2006 年、2010 年和 2015 年知识产权保护的核密度分布图，如图 13-8 所示。可以看出，相对于 2006 年而言，2010 年的知识产权保护力度有显著上升，这主要体现在核密度曲线的整体右移；相对于 2010 年而言，2015 年知识产权保护力度变化不明显。我们给出了 120 个国家和地区 2006 年、2010 年和 2015 年高校与企业科研合作指数的核密度分布图，如图 13-9 所示。可以看出，2010 年相对于 2006 年而言，高校与企业科研合作指数有显著上升，这主要体现在核密度曲线的整体右移，2015 年相对于 2010 年而言，高校与企业科研合作指数有显著上升。我们给出了 120 个国家和地区 2006 年、2010 年和 2015 年教育体系质量的核密度分布图，如图 13-10 所示。可以看出，2010 年相对于 2006 年而言，教育体系质量有显著上升，这主要体现在核密度曲线的整体右移，2015 年相对于 2010 年而言，教育体系质量指数的变化不明显。

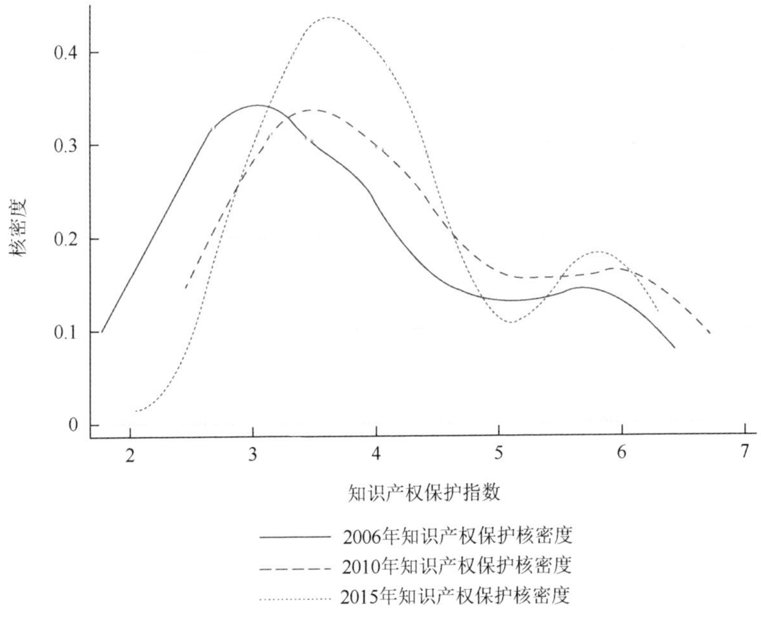

图 13-8　知识产权保护核密度图

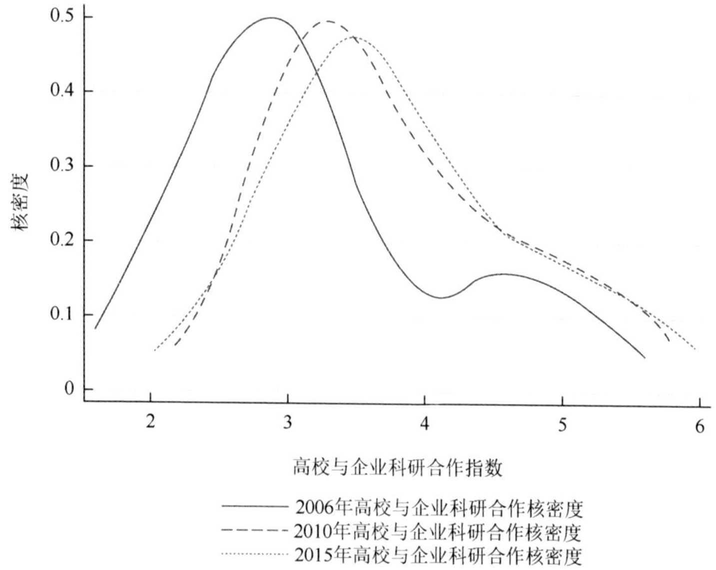

图 13-9 高校与企业科研合作核密度图

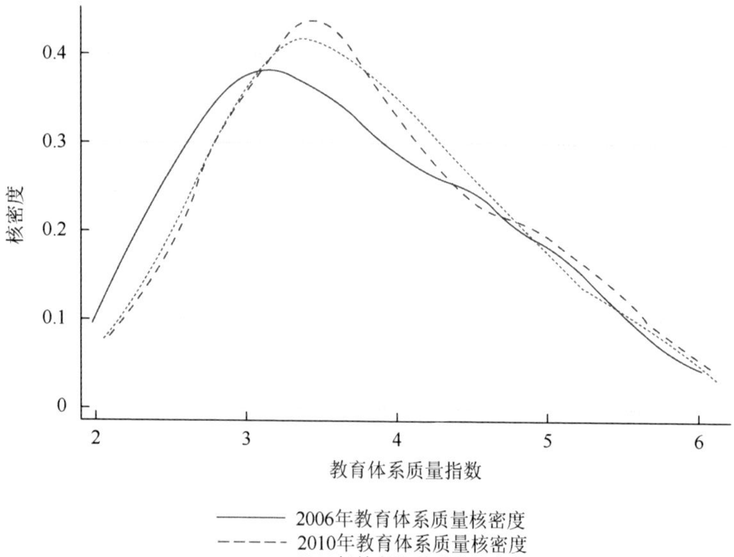

图 13-10 教育体系质量核密度图

13.3.2　回归分析

我们首先通过固定效应模型考察制度质量对经济增长的影响，具体的回归结果见表 13-1 的回归（1）、回归（2）和回归（3）。可以看出，知识产权保护、高校与企业科研合作以及教育体系质量对应的系数都显著为正，这说明创新和教育方面的制度促进了经济增长。考虑到制度质量对经济增长的影响可能存在滞后效应，且经济增长与制度质量之间可能存在共同决定的问题，我们取滞后 1 期的制度作为解释变量，详细的回归结果见表 13-1 的回归（4）、回归（5）和回归（6）。可以看出，滞后 1 期的反映创新和教育的制度变量对应的系数也显著为正，这说明了制度质量对经济增长的促进作用稳健。

表 13-1　制度质量对经济增长的影响（固定效应分析）

变量	（1）	（2）	（3）	（4）	（5）	（6）
资本形成比率	0.006***	0.007***	0.006***	0.003***	0.004***	0.003***
	（7.03）	（7.47）	（6.95）	（3.12）	（3.75）	（3.10）
产业结构	0.015***	0.014***	0.015***	0.004***	0.002	0.004***
	（11.67）	（10.59）	（11.63）	（2.77）	（1.46）	（2.77）
知识产权保护	0.060***			0.034***		
	（5.47）			（2.57）		
高校与企业科研合作		0.082***			0.107***	
		（6.85）			（7.95）	
教育体系质量			0.044***			0.062***
			（3.00）			（3.66）
常数项	7.453***	7.461***	7.516***	8.288***	8.143***	8.185***
	（82.93）	（87.44）	（77.46）	（74.80）	（80.54）	（69.99）
R^2	0.544	0.554	0.480	0.560	0.549	0.514

注：括号内为 t 值

***表示在 1%的水平上显著

经济增长存在路径依赖，即上期的经济增长会影响下一期的经济增长。为此，我们进一步将回归方程（13-28）拓展为

$$\text{Growth}_{it} = \alpha + \beta \text{Institution}_{it} + \Theta X_{it} + \psi \text{Growth}_{it-1} + \varepsilon_{it} \qquad (13\text{-}29)$$

在回归方程（13-29）中，ψ 是反映路径依赖程度的系数。根据通常的思路，我们运用广义矩估计（generalized method of moments，GMM）方法进行分析，回归结果如表 13-2 所示。可以看出，残差项的序列相关性指标 AR（2）表明残差项不存在二阶序列相关性，Sargan 检验的结果表明，工具变量是有效的。知识产权保护、高校与企业科研合作、教育体系质量对应的系数都显著为正，这说明即使考虑经济增长的动态持续性，反映创新和教育方面的制度也可以促进经济增长，因而本章的结论是稳健的。

表 13-2　制度质量对经济增长的影响（GMM）

变量	（1）	（2）	（3）
滞后经济增长率	0.963***	0.959***	0.985***
	（93.74）	（70.89）	（90.14）
资本形成比率	0.003***	0.005***	0.003***
	（4.00）	（5.10）	（4.28）
产业结构	0.003***	0.002	0.001
	（2.21）	（1.24）	（1.07）
知识产权保护	0.023***		
	（7.61）		
高校与企业科研合作		0.089***	
		（5.19）	
教育体系质量			0.026***
			（3.12）
常数项	−0.016	−0.175***	−0.120***
	（−0.58）	（−4.65）	（−4.25）
AR（2）p 值	0.256	0.249	0.254
Sargan p 值	0.227	0.545	0.234

注：括号内为 t 值

***表示在 1%的水平上显著

13.4　小　结

本章构建了一个同时包含创新和人力资本积累的内生增长模型，考察知识产权保护和教育制度对经济转型的重要性。研究发现，知识产权保护和高质量教育制度可以使得落后国家摆脱新古典经济停滞陷阱，走上人力资本积累和创新相互作用驱动的经济增长模式。政府通过加强知识产权保护和提高教育质量，对于发展中国家实现经济持续发展具有重要意义。在理论分析的基础上，基于全球竞争力指数和 WDI 数据库，我们选取知识产权保护、高校与企业的科研合作以及教育体系质量作为制度质量的指标，通过 120 个国家和地区 2006～2015 年的数据考察制度质量对经济增长的影响。基于静态面板数据模型和动态面板数据模型的研究发现，创新制度和教育制度对经济增长具有显著的促进作用。高等院校可以发挥其在基础研究方面的优势，企业可以发挥其在应用研究方面的优势，两者合作可以更好地对接需求，实现互补和共赢。为此，政府可以通过财政补贴、税收优惠和信贷等手段鼓励、支持校企合作。

一些学者认为知识产权保护对发达国家重要，对发展中国家不重要（Park and Ginarte，1997）。这是因为发达国家是创新驱动的经济，只有充分地保护知识产权，才能使发达国家的企业有足够的动力进行研发和创新。发展中国家以模仿和技术引进为主，自身的创新很少，知识产权保护越高，反而越不利于这些国家模仿发达国家的技术。值得注意的是，这并不能说明知识产权保护对发展中国家不重要。原因有以下两方面：第一，发达国家和发展中国家技术需求不同，若发展中国家不注重知识产权保护，发达国家就没有足够动力去生产发展中国家所需要的技术。第二，若发展中国家的知识产权保护程度较低，发达国家将千方百计地使其技术更加难以模仿，这将降低发达国家的创新和研发效率，并导致资源浪费（Chen and Puttitanun，2005）。

第　14　章

孝道的代际传递与经济增长

传统的经济增长理论强调资本形成、技术创新、劳动力数量和质量、贸易等对经济增长的重要性（Barro and Sala-i-Martin，2004；Acemoglu，2009），但这些更像是经济增长的表现，而不是原因。经济增长是微观经济参与体决策作用的结果，微观行为的差异是引起经济增长和收入差异的重要原因，构建具有微观基础的经济增长模型是近年来学术界研究的热点。家庭是构成社会的基本微观单位，我们可以从家庭代际行为的视角来理解经济增长。家庭代际行为是指父母和子女之间的策略互动，其中一个重要的方面是孝道。我国古人对孝道有很多深刻的理解。《说文解字》关于“孝”的解析是“孝，善事父母者。从老省，从子。子承老也”，其含义是，从字形上来看，“孝”是子承老，指善于侍奉长辈。崇尚孝道是中华传统文化的重要组成部分，这体现在一些经典论著中。例如，《论语・里仁》提到“父母在，不远游，游必有方”。《礼记》中提到“孝子之养老也，乐其心不违其志，乐其耳目，安其寝处，以其饮食忠养之，孝子之身终，终身也者，非终父母之身，终其身也”。《增广贤文》提到“羊有跪乳之恩，鸦有反哺之义”。孝道对于家庭和谐，增进家庭成员之间的感情，维持社会运行具有重要的意义。当然，不同学者关于孝道的认识差异较大。例如，雷鸣等（2018）认为孝道并不是简单的道德和文化现象，其本质是一种上一代和下一代之间的赡养合同或契约，是一种博弈意义的均衡信念和行为。

家庭代际之间的转移支付以及情感上的相互关心使得家庭为其成员提供了一个共同保险机制（Ehrlich and Lui，1991）。家庭代际行为中孝道的一个重要方面是年轻人向老年人的转移支付，这主要源于利他动机和交易动机。利他动机是指子女关心父母福利，子女对父母的转移支付使得家庭成员之间的消费更平滑，从而实现代际福利改善（Arrondel and Masson，2001）。交易动机是指有些年轻人向老年人转移支付或是赡养老年人主要是为了影响老年人的决策，以便能从老年人那里获得更多遗产。家庭内部成员之间存在策略互动，父母可以利用转移支付影响子女行为，子女也会通过其行为影响父母的遗产分配（Yakita，2018）。现有研究中大量文献检验家庭代际之间转移支付的动机（Horioka et al.，2018），但并没有形成一致性的结论。与家庭内部的自愿转移支付相区别，社会保障政策也是实现代际转移支付的重要工具。政府对工作人群征收社会保障税，而后将这部分收入分配给退休的老年人。大量文献基于 Diamond（1965）经典的跨期迭代模型研究社会保障政策对宏观经济的影响，较为重要的工作包括 Zhang（1995）、Zhang J S 和 Zhang J X（1998）、Lambrecht 等（2005）、Kaganovich 和 Zilcha（2012）、Canta 等（2016）的研究。基于对现实经济的不同认识，现有文献将社会保障政策影响经济的不同机制模型化，社会保障税率对经济的影响依赖于模型设定。

现有文献认为子女的转移支付对父母而言至关重要。Cai 等（2006）研究发现，子女对父母的转移支付对于父母老年时期消费的稳定发挥着重要作用，家庭非正式转移支付是社会保障的重要替代。现有理论模型设定时也需要考虑子女转移支付的问题，Hsu 等（2018）构建适用于分析我国的模型，假设高技能人口老年消费的 14.7%来源于子女转移性支付，低技能人口老年消费的 39.5%来源于子女的转移支付。我们认为，子女对父母的转移支付可以使得父母老年时期的经济状况获得改善，这使得老年人的预算约束放宽，可以选择更优的消费组合。更重要的是，子女对父母的转移支付体现了子女对父母的孝道，父母获得的精神欣慰可能是无法通过收入替代的。同时，Cox 和 Stark（2005）认为，子女对父母的转移支付存在示范效应（demonstration effect）。其核心思想是，年轻父母知道自己的行为会对子女产生很大的影响，因此，当自己的子女在身边时，年轻父母会对自己的父母更孝顺，为子女树立榜样，以便将来自己年老时，子女能对父母更孝顺。Thibault（2016）在一个新古典增长模型中引入示范效应，发现示范效应使得均衡状态的资本存量下降，可以避免动态无效性问题。我们认为，示范效应其实是强调孝道的代际传递。孝道的代际传递程度越高，即子代越有可能像父辈一样孝顺自己的长辈。

与本章紧密相关的文献强调文化对经济增长的重要性。文化是一个广义的概念，包括人们的偏好、价值观和信念等。Liang（2010）认为可以从儒家文化的视角来解释东亚国家和地区 20 世纪 60 年代到 90 年代的经济增长奇迹，儒家文化强调的对子女教育的重视，对家庭和亲属关系的重视是产生经济增长奇迹的重要原因。Doepke 和 Zilibotti（2014）认为文化的差异可以引起经济增长的差异，更高比例的人口具有资本主义精神的国家，经济增长的速度更快。Strulik（2016）模型化宗教认同对经济增长的影响，认为世俗化使得个体储蓄更多，提供更多的劳动供给，促进经济增长。陈昆亭和周炎（2008）研究发现，东西方文化差异是大分流的重要差异，社会文化背景可以为长期经济增长理论提供一个补充。黄少安和韦倩（2011）以人类社会中的各种合作行为和经济增长之间动态演变的事实为依据，将合作纳入经济增长模型。孝道作为一种文化也会对经济增长和社会福利产生影响。李金波和聂辉华（2011）认为，孝道的出现保障了父辈的权益，使得父辈愿意抚养子女，从而使得经济可持续增长。以中国为代表的东方文明之所以在很长一段时间走在西方前面，在某种程度上是因为独特的孝道文化以及与之配套的政治经济结构。张苏和王婕（2015）根据帕累托改进状态的分析表明，父母养老金能否为两代人提供资源配置帕累托改进的机会取决于家庭的孝养伦理。

父母的行为会对子女行为产生潜移默化的影响，“家庭是人生的第一课堂，父母是孩子的第一任老师”。Cox 和 Stark（2005）认为从心理学、人口学和社会学的视角分析，孩子幼年的经历会对其成年后的行为产生很大的影响，子女会复制或模仿父母的行为。年轻父母的转移支付决策会影响将来子女的转移支付决策，孝道具有代际传递性。现有文献主要从生产端来解释经济增长，基本思路是，通过生产函数中资本种类的扩张或内生化技术进步来解释经济增长（Romer，1990；Barro and Sala-i-Martin，2004）。事实上，经济增长不仅取决于生产端，也取决于需求端人们的偏好和信念，需求端又会反作用于供给端。体现孝道的转移支付取决于父母与子女之间的策略互动，年轻父母在做决策时会将子代将来的行为考虑进去。孝道的代际传递会影响父母和子女的行为，这包括对劳动供给、储蓄、生育决策和教育支出等的影响，这些都会影响经济增长。值的关注的是，鲜有文献关注孝道的代际传递对经济增长的影响，即使是关于中国经济增长与转型的文献也主要从生产端给出分析（Chen and Funke，2013），忽视了孝道的代际传递对我国经济增长的作用。本章从家庭微观决策的视角研究孝道代际传递对经济增长的影响机制和效果，强调经济增长的微观基础，强调孝道文化在经济增长中的作用，这区别于现有文献从拓展生产函数的视角来解释经济增长。本章的研究为我们理解经济增长问题提供了一个新的视角。

本章构建了一个包含孝道代际传递的跨期迭代模型，研究孝道的代际传递对经济增长的影响。我们将孝道的代际传递对经济增长的影响渠道分解为储蓄效应和教育支出效应。孝道的代际传递通过储蓄效应抑制经济增长，通过教育支出渠道对经济增长的影响不确定，取决于其对教育支出回报率的引致效应与挤出效应的对比。当人力资本生产函数中教育支出的弹性系数较大时，孝道的代际传递使得教育支出比例上升，促进经济增长。本章强调的核心机制是，孝道的代际传递程度越高，年轻人越会给父母更多的转移支付，这使得子女教育支出的回报率上升，因此父母年轻时期会增加对子女的教育支出，促进人力资本水平提升和经济增长。我们进一步假设父母关心子女的人力资本水平，研究父母关心子女人力资本偏好影响经济增长的机制和效果。在此基础上，我们在基准模型中引入社会保障政策，研究社会保障政策对经济增长的影响。研究发现，孝道的代际传递程度越高，社会保障税率对经济的抑制作用越小。

14.1　理 论 模 型

本部分构建了一个三期跨期迭代模型，即个体生活年幼时期、年轻时期和年老时期。年幼时期个体接受教育，没有最优性决策；年轻时期提供劳动获得工资收入，工资收入用于消费、储蓄、子女教育支出以及对父母的转移支付；年老时期退休，年老时期的消费主要依赖于年轻时期储蓄的本金和利息收入，以及子女的转移支付。本书构建的是一个“上有老、下有小”的理论模型，“上有老”体现在年轻人需要给父母转移支付，“下有小”指年轻人需要负担子女的教育支出。我们具体分析在“上有老、下有小”的环境下，个体如何做出最优性决策。

14.1.1　个体

个体的效用定义在年轻时期（第 t 期）消费和年老时期（第 $t+1$ 期）消费的基础上：

$$U_t = \ln c_{1t} + \alpha \ln c_{2t+1} \tag{14-1}$$

其中，c_{1t} 表示第 t 期年轻人的消费；c_{2t+1} 表示第 $t+1$ 期老年人的消费；$\alpha \in (0,1)$ 表示时间贴现率。

个体在年轻时期和年老时期的预算约束方程分别是

$$(1-x_t)w_t h_t = c_{1t} + s_t + e_t \tag{14-2}$$

$$c_{2t+1} = (1+r_{t+1})s_t + x_{t+1}w_{t+1}h_{t+1} \tag{14-3}$$

其中，w_t 表示工资率；h_t 表示人力资本水平；$w_t h_t$ 表示工资收入；x_t 表示工资收入中用于向老年人转移支付的比例，老年人将获得的子女转移支付用于老年时期消费；s_t 表示储蓄；e_t 表示对子女的教育支出。根据方程（14-2），个体年轻时期的工资收入用于消费、储蓄、对子女的教育支出以及对父母的转移支付。根据方程（14-3），个体年老时期的消费取决于年轻时期储蓄本金和利息收入 $(1+r_{t+1})s_t$，以及子女的转移支付 $x_{t+1}w_{t+1}h_{t+1}$。

借鉴 Lambrecht 等（2005）、Kunze（2012）关于人力资本函数的设定，我们假设子女人力资本水平取决于父母对子女的教育投入 e_t，以及父母的人力资本水平 h_t，人力资本方程如下：

$$h_{t+1} = Ae_t^{\theta}h_t^{1-\theta} \tag{14-4}$$

其中，$\theta \in (0,1)$ 和 $1-\theta \in (0,1)$ 分别表示教育支出弹性和父母人力资本的弹性。

借鉴 Cox 和 Stark（2005）关于示范效应的思路，子女对父母的转移支付存在代际传递效应，我们称之为孝道的代际传递。具体思路如下，x_t 表示第 t 期年轻人收入中用于对父母（第 t 期的老年人）转移支付的比例，x_{t+1} 表

示第 $t+1$ 期年轻人收入中用于对父母转移支付的比例。孝道的代际传递是指子女会复制或模仿父母的转移支付决策，$x_{t+1}=x_t$，即第 $t+1$ 期子女给父母的转移支付比例与第 t 期子女给父母的转移支付比例相同。直观地说，你现在怎样对待自己的父母，将来你的孩子可能会怎样对待你。这种情形下，子女会复制父母的行为，因而子女的转移支付比例 x_{t+1} 对于第 t 期的年轻人来说是内生的。第 $t+1$ 期的年轻人在做转移支付决策时也可能不复制父母行为，此时 x_{t+1} 对于第 t 期的年轻人是外生给定的。我们假设子女复制父母转移支付决策的概率为 π，不复制父母转移支付决策的概率为 $(1-\pi)$，这里的 π 表示孝道的代际传递性程度。π 越大，表示子女复制父母转移支付决策的比例越高，孝道的代际传递性越强。需要说明的是，孝道的代际传递性使得父母与子女之间形成了隐形契约，年轻人意识到子女将来会复制自己的行为，这会影响其对父母的转移支付决策，也会影响其对子女的教育支出决策。我们以下分别考虑子女复制父母转移支付决策和不复制父母转移支付决策两种情形。

当子女复制父母转移支付决策时，第 t 期与第 $t+1$ 期年轻人对老年人的转移支付比例相同，即 $x_{t+1}=x_t$。将这一条件代入方程（14-3），并将方程（14-2）和方程（14-3）代入方程（14-1），可以得到个体的效用函数为

$$U_t(x_t,x_t,s_t,e_t)=\ln\left[(1-x_t)w_th_t-s_t-e_t\right]+\alpha\ln\left[(1+r_{t+1})s_t+x_tw_{t+1}h_{t+1}\right] \tag{14-5}$$

当子女不复制父母转移支付决策时，年轻人不能影响自己子女的转移支付决策。将方程（14-2）和方程（14-3）代入方程（14-1），可得到个体的效用函数为

$$U_t(x_t,x_{t+1},s_t,e_t)=\ln\left[(1-x_t)w_th_t-s_t-e_t\right]+\alpha\ln\left[(1+r_{t+1})s_t+x_{t+1}w_{t+1}h_{t+1}\right] \tag{14-6}$$

我们假设子女复制父母转移支付决策的概率为 π，不复制父母转移支付决策的概率为 $(1-\pi)$，从而个体的期望效用函数是 $\pi U_t(x_t,x_t,s_t,e_t)+(1-\pi)U_t(x_t,x_{t+1},s_t,e_t)$。将方程（14-4）、方程（14-5）和方程（14-6）代入期望效用函数，可以得到个体的目标是极大化如下的效用函数：

$$\max_{x_t,s_t,e_t}\left\{\begin{aligned}&\ln\left[(1-x_t)w_th_t-s_t-e_t\right]+\alpha\pi\ln\left[(1+r_{t+1})s_t+x_tw_{t+1}Ae_t^{\theta}h_t^{1-\theta}\right]\\&+\alpha(1-\pi)\ln\left[(1+r_{t+1})s_t+x_{t+1}w_{t+1}Ae_t^{\theta}h_t^{1-\theta}\right]\end{aligned}\right\} \tag{14-7}$$

在问题（14-7）中，个体能够选择的变量包括年轻时期对父母的转移支

付比例 x_t、储蓄 s_t 以及教育支出 e_t，我们就极大化问题（14-7）对这三个变量求导数，可以得到如下的最优性条件：

$$\frac{w_t h_t}{(1-x_t)w_t h_t - s_t - e_t} = \frac{\alpha\pi w_{t+1} h_{t+1}}{(1+r_{t+1})s_t + x_t w_{t+1} h_{t+1}} \tag{14-8}$$

$$\frac{1}{(1-x_t)w_t h_t - s_t - e_t} = \frac{\alpha\pi(1+r_{t+1})}{(1+r_{t+1})s_t + x_t w_{t+1} h_{t+1}} + \frac{\alpha(1-\pi)(1+r_{t+1})}{(1+r_{t+1})s_t + x_{t+1} w_{t+1} h_{t+1}} \tag{14-9}$$

$$\frac{1}{(1-x_t)w_t h_t - s_t - e_t} = \frac{\alpha\pi x_t w_{t+1}\theta(h_{t+1}/e_t)}{(1+r_{t+1})s_t + x_t w_{t+1} h_{t+1}} + \frac{\alpha(1-\pi) x_{t+1} w_{t+1}\theta(h_{t+1}/e_t)}{(1+r_{t+1})s_t + x_{t+1} w_{t+1} h_{t+1}} \tag{14-10}$$

方程（14-8）的左端表示对父母转移支付使得年轻时期消费减少带来的福利损失，右端表示孝道代际传递使得老年时期获得子女转移支付带来的消费增加和福利改善。方程（14-9）的左端表示储蓄使得年轻时期消费减少带来的福利损失，右端表示年轻时期储蓄使得老年时期消费增加带来的福利改善。方程（14-10）的左端表示对子女的教育支出使得年轻时期消费减少带来的福利损失，右端表示教育支出通过子女人力资本水平提升渠道使得老年时期消费增加带来的福利改善。

14.1.2 企业

企业通过雇用物质资本和人力资本生产最终产品，生产函数关于要素投入满足常数规模报酬，企业生产函数为

$$y_t = Bk_t^{\psi} h_t^{1-\psi} \tag{14-11}$$

其中，y_t、k_t 和 h_t 分别表示第 t 期的产出、物质资本和人力资本，$\psi \in (0,1)$ 和 $1-\psi \in (0,1)$ 分别表示物质资本和人力资本的产出弹性。需要说明的是，在方程（14-11）中，物质资本和人力资本产出弹性加总等于 1，这既是企业竞争性利润为零的条件，也是产生内生经济增长的必要条件。

我们假设市场完全竞争，资本完全折旧，企业的最优性问题为

$$\max_{k_t, h_t}\left\{Bk_t^{\psi} h_t^{1-\psi} - (1+r_t)k_t - w_t h_t\right\} \tag{14-12}$$

通过求解企业的利润极大化问题，可以得到如下的最优性条件：

$$1+r_t = \psi Bk_t^{\psi-1} h_t^{1-\psi} \tag{14-13}$$

$$w_t = (1-\psi)Bk_t^{\psi} h_t^{-\psi} \tag{14-14}$$

14.1.3　宏观均衡

储蓄等于投资，这对应资本市场的均衡条件：

$$k_{t+1} = s_t \tag{14-15}$$

根据方程（14-3）可知$c_{2t} = (1+r_t)s_{t-1} + x_t w_t h_t$。将其与方程（14-2）相加，且运用企业的最优性条件以及资本市场均衡条件可得产品市场均衡条件：

$$y_t = c_{1t} + c_{2t} + k_{t+1} + e_t \tag{14-16}$$

根据方程（14-16），总产出用于年轻人的消费、老年人的消费、资本形成以及教育支出。

14.1.4　模型求解

若教育支出$e_t > 0$，则根据方程（14-4）可知，人力资本是持续增长的。再根据方程（14-11），生产函数关于物质资本和人力资本满足常数规模报酬，因此，本书的模型属于物质资本和人力资本相互作用的内生增长模型，平衡增长路径（balanced growth path，BGP）上的经济增长率为大于零的常数。根据人力资本生产函数和最终产品生产函数，结合平衡增长路径的定义，我们可知平衡增长路径上y_t、k_t、h_t和e_t的增长率均相同，我们定义平衡增长路径上这些变量的增长率为γ。

将方程（14-11）、方程（14-13）、方程（14-14）和方程（14-15）代入方程（14-8）整理可得

$$(1-x_t)(1-\psi)y_t - s_t - e_t = \frac{\psi + x_t(1-\psi)}{\alpha\pi} y_t \tag{14-17}$$

将方程（14-11）、方程（14-13）、方程（14-14）和方程（14-15）代入方程（14-9）整理可得

$$\frac{k_{t+1}}{(1-x_t)(1-\psi)y_t - s_t - e_t} = \frac{\alpha\pi\psi}{\psi + x_t(1-\psi)} + \frac{\alpha(1-\pi)\psi}{\psi + x_{t+1}(1-\psi)} \tag{14-18}$$

将方程（14-11）、方程（14-13）、方程（14-14）和方程（14-15）代入方程（14-10）整理可得

$$\frac{e_t}{(1-x_t)(1-\psi)y_t - s_t - e_t} = \frac{\alpha\pi\theta x_t(1-\psi)}{\psi + x_t(1-\psi)} + \frac{\alpha(1-\pi)\theta x_{t+1}(1-\psi)}{\psi + x_{t+1}(1-\psi)} \tag{14-19}$$

将方程（14-17）代入方程（14-18）整理可得

$$\frac{s_t}{y_t}=\psi+\frac{1-\pi}{\pi}\frac{\psi+x_t(1-\psi)}{\psi+x_{t+1}(1-\psi)}\psi \tag{14-20}$$

将方程（14-17）代入方程（14-19）整理可得

$$\frac{e_t}{y_t}=\theta x_t(1-\psi)+\frac{\psi+x_t(1-\psi)}{\alpha\pi}\frac{\alpha(1-\pi)\theta x_{t+1}(1-\psi)}{\psi+x_{t+1}(1-\psi)} \tag{14-21}$$

将方程（14-20）和方程（14-21）代入方程（14-17）整理可得

$$(1-x_t-\theta x_t)(1-\psi)-\psi-\frac{1-\pi}{\pi}\frac{\psi+x_t(1-\psi)}{\psi+x_{t+1}(1-\psi)}\psi=\frac{\psi+x_t(1-\psi)}{\alpha\pi}\left[1+\frac{\alpha(1-\pi)\theta x_{t+1}(1-\psi)}{\psi+x_{t+1}(1-\psi)}\right] \tag{14-22}$$

当经济收敛于平衡增长路径上时，有 $x_t=x_{t+1}=x^*$，将这一条件代入方程（14-22）可以得到：

$$x^*=\frac{1}{1-\psi}\frac{\alpha\pi(1-\psi)-\psi(1+\alpha)}{1+\alpha(\pi+\theta)} \tag{14-23}$$

我们假设年轻人对老年人转移支付非负，从而 $x^*\geqslant 0$，根据方程（14-23），这需要满足的参数条件是 $\pi\geqslant\hat{\pi}=\psi(1+\alpha)/[\alpha(1-\psi)]$，即孝道的代际传递程度需高于阈值 $\hat{\pi}$，年轻人才愿意为父母提供转移支付；若孝道的代际传递低于阈值 $\hat{\pi}$，则年轻人不会为父母提供转移支付。相应的作用机理是，若孝道的代际传递程度低于阈值 $\hat{\pi}$，则转移支付使得年轻时期消费减少带来的福利损失大于子女转移支付使得老年时期消费增加带来的福利改善。此时，个体年轻时期选择不为父母提供转移支付，即 $x^*=0$。

平衡增长路径上的储蓄率收敛于常数 $s_t/y_t=(s/y)^*$，将 $x_t=x_{t+1}=x^*$ 代入方程（14-20）可计算出储蓄率：

$$(s/y)^*=\psi/\pi \tag{14-24}$$

平衡增长路径上的教育支出比率收敛于常数 $e_t/y_t=(e/y)^*$，将 $x_t=x_{t+1}=x^*$ 代入方程（14-21），且结合方程（14-23）可得

$$\left(\frac{e}{y}\right)^*=\frac{\theta}{\pi}x^*(1-\psi)=\frac{\theta}{\pi}\frac{\alpha\pi(1-\psi)-\psi(1+\alpha)}{1+\alpha(\pi+\theta)} \tag{14-25}$$

根据方程（14-25），教育支出比率非负需要满足的参数条件是 $\pi\geqslant\hat{\pi}=\psi(1+\alpha)/[\alpha(1-\psi)]$，此时父母愿意对子女进行教育支出，这与转移支付非

负需要满足的参数条件相同。若孝道的代际传递程度低于阈值 $\hat{\pi}$，则年轻人不会对子女进行教育支出。相应的作用机理是，教育支出使得子女人力资本水平提升，这使得子女的收入增加，从而老年人可以获得的子女转移支付也增加。若孝道的代际传递程度低于阈值 $\hat{\pi}$，年轻时期教育支出使得消费减少带来的福利损失大于子女人力资本提升使得老年时期转移支付增加和消费增加带来的福利改善，此时年轻人选择不对子女教育进行支出，即 $e^*=0$。

在上述分析的基础上，我们进一步求解模型的经济增长率。根据最终产品生产函数（14-11）和资本市场均衡条件（14-15），我们可以求得平衡增长路径上的经济增长率 γ：

$$\gamma=\frac{k_{t+1}}{k_t}=\frac{k_{t+1}}{y_t}\frac{y_t}{k_t}=\left(\frac{s}{y}\right)^* B\left(\frac{h_t}{k_t}\right)^{1-\psi} \tag{14-26}$$

根据人力资本生产函数（14-4），平衡增长路径上的经济增长率为

$$\gamma=\frac{h_{t+1}}{h_t}=A\left(\frac{e_t}{h_t}\right)^{\theta}=A\left(\frac{e_t}{y_t}\frac{y_t}{h_t}\right)^{\theta}=A\left[\left(\frac{e}{y}\right)^* B\left(\frac{h_t}{k_t}\right)\right]^{-\psi\theta} \tag{14-27}$$

根据方程（14-26）可以计算出 h_t/k_t，将其代入方程（14-27），整理可得平衡增长路径上的经济增长率为

$$\gamma=A^{\frac{1-\psi}{1-\psi+\theta\psi}}B^{\frac{\theta}{1-\psi+\theta\psi}}\left[(e/y)^*(s/y)^{*\frac{\psi}{1-\psi}}\right]^{\frac{\theta(1-\psi)}{1-\psi+\theta\psi}} \tag{14-28}$$

根据方程（14-28），经济增长率的决定因素包括教育支出占收入的比例 $(e/y)^*$ 与储蓄率 $(s/y)^*$，简单计算可得：$\mathrm{d}\gamma/\mathrm{d}(e/y)^*>0$，$\mathrm{d}\gamma/\mathrm{d}(s/y)^*>0$，即储蓄率和教育支出比例对经济增长都有促进作用。相应的作用机制是，教育支出比例越高，人力资本水平越高，经济增长率越高。储蓄率越高，投资率越高，物质资本存量越多，从而经济增长率越高。将方程（14-24）和方程（14-25）代入方程（14-28），我们可以得到平衡增长路径上的经济增长率为

$$\gamma=A^{\frac{1-\psi}{1-\psi+\theta\psi}}B^{\frac{\theta}{1-\psi+\theta\psi}}\left(\frac{\psi}{\pi}\right)^{\frac{\theta\psi}{1-\psi+\theta\psi}}\left[\frac{\theta}{\pi}\frac{\alpha\pi(1-\psi)-\psi(1+\alpha)}{1+\alpha(\pi+\theta)}\right]^{\frac{\theta(1-\psi)}{1-\psi+\theta\psi}} \tag{14-29}$$

14.2 分析和讨论

14.2.1 作用效果和传导机制

在上述模型基础上，我们考察孝道的代际传递对经济增长的影响和传导机制。根据方程（14-23）可以得到：

$$\frac{\mathrm{d}x^*}{\mathrm{d}\pi}=\frac{\alpha}{1-\psi}\frac{(1-\psi)(1+\alpha\theta)+\psi(1+\alpha)}{\left[1+\alpha(\pi+\theta)\right]^2}>0 \qquad (14\text{-}30)$$

根据方程（14-30），孝道的代际传递程度上升使得年轻人对老年人的转移支付比例增加。这是因为孝道的代际传递程度越高，年轻时期单位转移支付获得的回报率越高。

根据方程（14-24）可以得到：

$$\frac{\mathrm{d}(s/y)^*}{\mathrm{d}\pi}=-\frac{\psi}{\pi^2}<0 \qquad (14\text{-}31)$$

根据方程（14-31），孝道的代际传递程度上升使得储蓄率下降。相应的作用机制是，孝道的代际传递程度越高，年轻人向老年人转移支付的比例 x^* 越高，这通过年轻时期可支配收入减少的渠道使得储蓄减少。同时，孝道代际传递程度上升使得老年时期获得转移支付上升，个体年轻时期不需要更多储蓄就可以实现平滑消费的目标，这也使得储蓄下降。

根据方程（14-25），我们可以得到孝道的代际传递对教育支出比率的影响：

$$\operatorname{sign}\left[\frac{\mathrm{d}(e/y)^*}{\mathrm{d}\pi}\right]=\operatorname{sign}\left[-\alpha^2(1-\psi)\pi^2+2\alpha\psi(1+\alpha)\pi+(1+\alpha\theta)\psi(1+\alpha)\right] \qquad (14\text{-}32)$$

根据方程（14-32）右端的表达式，其关于孝道的代际传递 π 呈倒“U”形，极大值点是 $\pi=\psi(1+\alpha)/\left[\alpha(1-\psi)\right]$。本书考察的是 $x^*\geqslant 0$ 和 $(e/y)^*\geqslant 0$，根据前文的论述，这要求孝道的代际传递需要满足的参数条件是 $1\geqslant\pi\geqslant\psi(1+\alpha)/[\alpha(1-\psi)]$。因此，我们考察的是方程（14-32）右端中括号内的表达式单调递减的区间。我们通过判断方程（14-32）右端表达式在两个端点上的符号来识别孝道的代际传递对教育支出比率的影响。若两个端点上的

$\text{sign}\left\{\mathrm{d}(e/y)^*/\mathrm{d}\pi\right\}$ 都为正，则孝道的代际传递使得教育支出比率上升；若两个端点上的 $\text{sign}\left\{\mathrm{d}(e/y)^*/\mathrm{d}\pi\right\}$ 都为负，则孝道的代际传递使得教育支出比率下降；若在两个端点上的 $\text{sign}\left\{\mathrm{d}(e/y)^*/\mathrm{d}\pi\right\}$ 符号不同，则孝道的代际传递对教育支出比例的影响不确定。

方程（14-32）右端中括号内的表达式在两个端点上的值分别为

$$\text{sign}\left\{\frac{\mathrm{d}(e/y)^*}{\mathrm{d}\pi}\Big|_{\pi=\psi(1+\alpha)/[\alpha(1-\psi)]}\right\}=\text{sign}\left[\frac{\psi^2(1+\alpha)^2}{1-\psi}+(1+\alpha\theta)\psi(1+\alpha)\right]>0 \tag{14-33}$$

$$\text{sign}\left[\frac{\mathrm{d}(e/y)^*}{\mathrm{d}\pi}\Big|_{\pi=1}\right]=\text{sign}\left[-\alpha^2(1-\psi)+2\alpha\psi(1+\alpha)+(1+\alpha\theta)\psi(1+\alpha)\right] \tag{14-34}$$

方程（14-34）为正的条件是 $\theta\geqslant\hat{\theta}=\alpha(1-\psi)/[\psi(1+\alpha)]-2-1/\alpha$，即人力资本生产函数（14-4）中教育支出的产出弹性高于阈值 $\hat{\theta}$ 时，孝道的代际传递对教育支出比例 $(e/y)^*$ 的影响严格为正。若 $\theta<\hat{\theta}=\alpha(1-\psi)/[\psi(1+\alpha)]-2-1/\alpha$，则方程（14-34）右端括号内的值为负。由于方程（14-34）在 $\pi\in\{\psi(1+\alpha)/[\alpha(1-\psi)],1\}$ 上是连续函数，我们可知存在 $\pi^*\in\{\psi(1+\alpha)/[\alpha(1-\psi)],1\}$ 使得 $\text{sign}\left[\mathrm{d}(e/y)^*/\mathrm{d}\pi\Big|_{\pi=\pi^*}\right]=0$。因此，若 $\pi\in\left\{\psi(1+\alpha)/\left[\alpha(1-\psi)\right],\pi^*\right\}$，则 $\mathrm{d}(e/y)^*/\mathrm{d}\pi\geqslant 0$；若 $\pi\in\left(\pi^*,1\right]$，则 $\mathrm{d}(e/y)^*/\mathrm{d}\pi<0$，即孝道的代际传递对教育支出比例的影响呈倒“U”形。综合上述分析，若人力资本生产函数中教育支出的弹性较高，则孝道的代际传递使得教育支出比率上升；若人力资本生产函数中教育支出的弹性较低，则孝道的代际传递对教育支出比率的影响是不确定的，呈倒“U”形关系。这里需要说明的是，根据方程（14-4），$\theta\in(0,1)$。若 $\hat{\theta}\leqslant 0$，即 $\psi\geqslant\alpha^2/(3\alpha^2+3\alpha+1)$，此时 $\theta\geqslant\hat{\theta}$ 的条件自然满足，孝道的代际传递对教育支出比例的影响始终为正。若 $\psi<\alpha^2/(3\alpha^2+3\alpha+1)$，此时 $\hat{\theta}>0$，则 θ 和 $\hat{\theta}$ 的大小关系不确定。

以上结论对应的传导机制包括两个方面：第一，孝道的代际传递使得年轻人对父母的转移支付比例上升，这对教育支出具有引致效应。转移支付比例上升使得子女教育支出的回报率上升，这使得父母有更大的动力向子女投资，从而教育支出比例会上升，根据方程（13-25）可以得到，

$\mathrm{d}(e/y)^*/\mathrm{d}x^* = \theta(1-\psi)/\pi > 0$。第二，孝道的代际传递对教育支出具有挤出效应。根据个体年轻时期的预算约束方程（14-2），转移支付比例上升使得年轻时期可支配收入减少，从而会挤出对子女的教育支出，这使得教育支出比例下降。孝道的代际传递对教育支出比例的上述两种效应大小对比在很大程度上依赖于人力资本生产函数中教育支出的产出弹性。若教育支出的产出弹性较高，孝道的代际传递对应的引致效应大于挤出效应，则孝道的代际传递与教育支出比例严格正相关。若教育支出的产出弹性较小，教育支出转换为人力资本的能力较弱，则孝道代际传递对应的引致效应与挤出效应的大小关系不确定。这种情形下，若孝道的代际传递程度较低，则对教育支出的引致效应大于挤出效应；若孝道的代际传递程度较高，其对教育支出的引致效应小于挤出效应。

我们进一步考察孝道的代际传递对经济增长的影响。根据方程（14-28），我们将经济增长的影响分解为储蓄率 $(s/y)^*$ 和教育支出比率 $(e/y)^*$，孝道的代际传递通过影响这两个变量来影响经济增长。通过方程（14-31）可知，孝道的代际传递通过储蓄率下降的渠道抑制了经济增长；根据方程（14-32）～方程（14-34）可知，孝道的代际传递对教育支出比率的影响是不确定的。综合上述两种力量，孝道的代际传递对经济增长的影响也是不确定的。根据方程（14-29），我们可以得到，孝道的代际传递对经济增长率的影响为

$$\operatorname{sign}\left(\frac{\mathrm{d}\gamma}{\mathrm{d}\pi}\right) = \operatorname{sign}\left\{-\alpha^2(1-\psi)\pi^2 + 2\alpha\psi(1+\alpha)\pi - \left[\psi(1+\alpha)+(1-\psi)(1+\alpha\theta)\right]\alpha\psi\pi + \psi(1+\alpha\theta)(1+\alpha)\right\} \tag{14-35}$$

通过对比方程（14-35）右端大括号内表达式和方程（14-32）右端中括号内的表达式，可以看出两者的区别是，方程（14-35）右端关于 π 的一次项多了 $-[\psi(1+\alpha)+(1-\psi)(1+\alpha\theta)]\alpha\psi\pi$，这可以被看作孝道代际传递在对教育支出影响基础上通过抑制储蓄对经济增长的阻碍作用。根据方程（14-35）右端大括号内的表达式，其关于孝道的代际传递程度呈倒“U”形，使得该表达式极大化的孝道代际传递程度为 $\pi = \psi(1+\alpha)/[\alpha(1-\psi)] - \psi[\psi(1+\alpha)+(1-\psi)(1+\alpha\theta)]/[2\alpha(1-\psi)]$。本书关注的情形是 $x^* \geqslant 0$ 和 $(e/y)^* \geqslant 0$，

对应孝道的代际传递需要满足的条件是$\pi\in\{\psi(1+\alpha)/[\alpha(1-\psi)],1\}$。可以看出，该区间位于方程（14-35）右端大括号内极值点右边的区间，即方程（14-35）右端表达式在该区间是单调递减的。我们通过考察方程（14-35）右端表达式在两个端点上的符号，进而识别孝道的代际传递对经济增长的影响。若两个端点上$\operatorname{sign}(\mathrm{d}\gamma/\mathrm{d}\pi)$都为正，则孝道的代际传递使得经济增长率上升；若两个端点上的$\operatorname{sign}(\mathrm{d}\gamma/\mathrm{d}\pi)$都为负，则孝道的代际传递使得经济增长率下降；若在两个端点处$\operatorname{sign}(\mathrm{d}\gamma/\mathrm{d}\pi)$的符号不同，则孝道的代际传递对经济增长的影响不确定。方程（14-35）右端大括号内的表达式在两个端点上的值分别为

$$\operatorname{sign}\left\{\frac{\mathrm{d}\gamma}{\mathrm{d}\pi}\bigg|_{\pi=\psi(1+\alpha)/[\alpha(1-\psi)]}\right\}=\operatorname{sign}\left[\psi^2(1+\alpha)^2+(1+\alpha\theta)\psi(1+\alpha)(1-\psi)\right]>0 \tag{14-36}$$

$$\operatorname{sign}\left(\frac{\mathrm{d}\gamma}{\mathrm{d}\pi}\bigg|_{\pi=1}\right)=\operatorname{sign}\left\{\begin{aligned}&-\alpha^2(1-\psi)+2\alpha\psi(1+\alpha)-\left[\psi(1+\alpha)+(1-\psi)(1+\alpha\theta)\right]\alpha\psi\\&+\psi(1+\alpha\theta)(1+\alpha)\end{aligned}\right\} \tag{14-37}$$

根据方程（14-37），若$\theta>\hat{\theta}=\alpha(1-\psi)/[\psi(1+\alpha\psi)]+(1+\alpha)(\psi-2)/(1+\alpha\psi)-1/\alpha$，则$\operatorname{sign}(\mathrm{d}\gamma/\mathrm{d}\pi|_{\pi=1})>0$。此时，孝道的代际传递使得经济增长率上升。若$\theta\leqslant\hat{\theta}=\alpha(1-\psi)/[\psi(1+\alpha\psi)]+(1+\alpha)(\psi-2)/(1+\alpha\psi)-1/\alpha$，则$\operatorname{sign}(\mathrm{d}\gamma/\mathrm{d}\pi|_{\pi=1})\leqslant 0$。综合方程（14-36）和方程（14-37）可知，此时孝道的代际传递对经济增长的影响是不确定的。存在$\pi^{**}\in\{\psi(1+\alpha)/[\alpha(1-\psi)],1\}$，当$\pi\in\{\psi(1+\alpha)/[\alpha(1-\psi)],\pi^{**}\}$时，孝道的代际传递使得经济增长率上升；当$\pi\in[\pi^{**},1]$时，孝道的代际传递使得经济增长率下降。需要说明的是，根据方程（14-4），$\theta\in(0,1)$。若$\hat{\theta}\leqslant 0$，即$-\alpha^2\psi^2+(3\alpha^2+2\alpha+1)\psi-\alpha^2\geqslant 0$，此时$\theta\geqslant\hat{\theta}$的条件自然满足，孝道的代际传递对经济增长的影响始终为正。若$-\alpha^2\psi^2+(3\alpha^2+2\alpha+1)\psi-\alpha^2<0$，此时$\hat{\theta}>0$，则$\theta$和$\hat{\theta}$的大小关系不确定。我们把孝道的代际传递对经济增长的影响分解为其对储蓄率和教育支出比例的影响，孝道的代际传递使得储蓄率下降，这对经济增长具有抑制作用，对教育支出比例的影响取决于人力资本生产函数中教育支出的弹性，当教育支出的产出弹性较高时，孝道的代际传递使得教育支出比例上升，且能抵消其通过抑制投资对经济增长的负面影响。需要说明的是，李金波和聂辉华（2011）认为孝道促进经济增长的机制

是，孝道使得储蓄增加，而在本书的框架下，孝道促进经济增长的机制是使得子女对父母转移支付增加，这使得教育投资的回报率上升，从而父母年轻时期会选择更高的教育支出。

我们还可以考察孝道的代际传递对年轻人消费收入占比和老年人消费收入占比的影响，根据方程（14-16）的产品市场均衡条件，我们可以求出年轻人消费和老年人消费占总收入的比例分别为

$$\frac{c_{1t}}{y_t}=(1-x_t)(1-\psi)-\frac{s_t}{y_t}-\frac{e_t}{y_t}=\frac{1}{\pi}\frac{\pi-(1-\theta)\psi}{1+\alpha(\pi+\theta)} \tag{14-38}$$

$$\frac{c_{2t}}{y_t}=\psi+x_t(1-\psi)=\alpha\frac{\pi-(1-\theta)\psi}{1+\alpha(\pi+\theta)} \tag{14-39}$$

通过简单计算可知：

$$\frac{\mathrm{d}(c_{1t}/y_t)}{\mathrm{d}\pi}=\frac{1}{\pi^2}\frac{-\alpha\pi^2+2\alpha\psi(1-\theta)\pi+\psi(1-\theta)(1+\alpha\theta)}{\left[1+\alpha(\pi+\theta)\right]^2} \tag{14-40}$$

$$\frac{\mathrm{d}(c_{2t}/y_t)}{\mathrm{d}\pi}=\alpha\frac{1+\alpha\theta+\alpha(1-\theta)\psi}{\left[1+\alpha(\pi+\theta)\right]^2}>0 \tag{14-41}$$

根据方程（14-40），孝道的代际传递对年轻人消费占收入比例的影响不确定，这是因为孝道的代际传递使得转移支付增加，这使得年轻人消费占比下降，孝道的代际传递使得储蓄下降，这使得年轻人的消费收入占比上升。根据方程（14-41），孝道的代际传递使得老年人消费占比上升，这主要是因为孝道的代际传递使得年轻人向老年人的转移支付比例上升。

14.2.2 模型的拓展

中国经济的一个重要特征是父母关心子女的人力资本，父母有很强的望子成龙动机（Chu et al.，2016）。在基本模型框架下，父母年轻时期对子女教育支出的动力是子女人力资本水平更高可以获得更高的工资收入，从而使父母能够获得更多转移支付收入。在本部分中，我们引入父母对子女人力资本的关心，这种情况下，父母对子女教育支出的影响增加了新的机制。基于这一拓展的模型，我们主要分析以下两个问题：第一，父母对子女人力资本的重视对经济增长的影响机制如何？第二，基准模型中孝道的代际传递对经济增长的机制是否仍然成立？在模型设定时，我们将子女人力资本引入父母

的效用函数，此时个体的效用函数为$U_t = \ln c_{1t} + \alpha \ln c_{2t+1} + \beta \ln h_{t+1}$，其中$\beta > 0$表示父母对子女人力资本水平的重视程度。个体年轻时期和年老时期的预算约束方程仍然为方程（14-2）和方程（14-3）。我们假设子女复制父母转移支付决策的概率为π，不复制父母转移支付决策的概率为$(1-\pi)$。将子女人力资本引入效用函数后的期望效用为

$$\max_{x_t, s_t, e_t} \left\{ \begin{array}{l} \ln\left[(1-x_t)w_t h_t - s_t - e_t\right] + \alpha\pi \ln\left[(1+r_{t+1})s_t + x_t w_{t+1} A e_t^{\theta} h_t^{1-\theta}\right] \\ +\alpha(1-\pi)\ln\left[(1+r_{t+1})s_t + x_{t+1} w_{t+1} A e_t^{\theta} h_t^{1-\theta}\right] + \beta \ln\left(A e_t^{\theta} h_t^{1-\theta}\right) \end{array} \right\} \tag{14-42}$$

以上极大化问题对转移支付比例x_t和储蓄s_t的最优性条件与方程（14-8）和方程（14-9）相同，其关于教育支出e_t的最优性条件为

$$\frac{1}{(1-x_t)w_t h_t - s_t - e_t} = \frac{\alpha\pi x_t w_{t+1}\theta(h_{t+1}/e_t)}{(1+r_{t+1})s_t + x_t w_{t+1} h_{t+1}} + \frac{\alpha(1-\pi)x_{t+1} w_{t+1}\theta(h_{t+1}/e_t)}{(1+r_{t+1})s_t + x_{t+1} w_{t+1} h_{t+1}} + \frac{\beta\theta}{e_t} \tag{14-43}$$

通过对比方程（14-43）与方程（14-10）可知，相比方程（14-10），方程（14-43）右边多了一项$\beta\theta/e_t$，这表示父母关心子女人力资本时新增的教育支出回报。通过求解以上模型，我们可以得到均衡状态的储蓄率、转移支付比例以及教育支出占收入的比例分别为

$$(s/y)^* = \psi/\pi \tag{14-44}$$

$$x^* = \frac{1}{1-\psi}\frac{\alpha\pi(1-\psi) \quad \psi(1+\alpha+\beta\theta)}{1+\alpha(\pi+\theta)+\beta\theta} \tag{14-45}$$

$$\left(\frac{e}{y}\right)^* = \frac{\beta\theta}{\alpha\pi}\psi + \frac{\theta}{\pi}\frac{\alpha+\beta}{\alpha}x^*(1-\psi) = \frac{\theta}{\pi}\frac{\pi\left[\alpha(1-\psi)+\beta\right]-\psi(1+\alpha+\beta)}{1+\alpha(\pi+\theta)+\beta\theta} \tag{14-46}$$

通过比较静态分析可知，$\mathrm{d}(s/y)^*/\mathrm{d}\pi = -\psi/\pi^2 < 0$，孝道的代际传递使得储蓄率下降，这与基准的模型相同。$\mathrm{d}(s/y)^*/\mathrm{d}\beta = 0$，即对子女人力资本水平的重视不影响储蓄率。根据方程（14-45），我们可以得到转移支付$x^* \geqslant 0$需要满足的参数条件是$\pi \geqslant \psi(1+\alpha+\beta\theta)/\left[\alpha(1-\psi)\right]$。

根据方程（14-45），可知：

$$\frac{\mathrm{d}x^*}{\mathrm{d}\pi} = \frac{\alpha}{1-\psi}\frac{\alpha\psi(1-\theta)+(\alpha+\beta)\theta+1}{\left[1+\alpha(\pi+\theta)+\beta\theta\right]^2} > 0 \tag{14-47}$$

$$\frac{\mathrm{d}x^*}{\mathrm{d}\beta} = \frac{\alpha\theta}{1-\psi}\frac{\pi-\psi(1-\theta)}{\left[1+\alpha(\pi+\theta)+\beta\theta\right]^2} \tag{14-48}$$

根据方程（14-47），孝道的代际传递使得子女对父母转移支付的比例上升，这与基准的模型相同。由于 $\psi(1+\alpha+\beta\theta)/[\alpha(1-\psi)]-\psi(1-\theta)=\psi\{(1+\alpha+\beta\theta)/[\alpha(1-\psi)]-(1-\theta)\}>0$，有意义的参数组合需满足 $\pi\geqslant\psi(1+\alpha+\beta\theta)/[\alpha(1-\psi)]$，从而 $\pi-\psi(1-\theta)>0$，将其代入方程（14-48）可知：$\mathrm{d}x^*/\mathrm{d}\beta>0$，即父母对子女人力资本水平的重视使得转移支付比例上升。根据方程（14-46）可知，$\mathrm{d}(e/y)^*/\mathrm{d}x^*=\theta(\alpha+\beta)(1-\psi)/(\alpha\pi)>0$，对父母的转移支付越多，父母对子女的教育支出比例越高，与基准模型不同的是，在方程（14-45）中，假设 $x^*=0$，我们得到 $(e/y)^*=\beta\theta\psi/(\alpha\pi)>0$，因而即使子女不对父母转移支付，父母也会对子女进行人力资本投资。这是因为在拓展的框架下，父母进行教育支出不仅是为获得转移支付，也是为了关心子女的人力资本水平，而这种投入是不计回报的。我们也可以考察父母对子女人力资本重视程度对教育支出比例的影响：

$$\frac{\mathrm{d}(e/y)^*}{\mathrm{d}\beta}=\frac{\theta}{\pi}\frac{[\pi-\psi(1-\theta)](1+\alpha\pi)}{[1+\alpha(\pi+\theta)+\beta\theta]^2} \tag{14-49}$$

根据前面的分析可知：$\pi-\psi(1-\theta)>0$，从而 $\mathrm{d}(e/y)^*/\mathrm{d}\beta>0$，即父母对子女人力资本水平的重视使得教育支出比率上升。这是因为，一方面子女对父母的转移支付增加使得父母有更多的动力对子女进行人力资本投资，另一方面，对子女的人力资本重视程度也通过直接的渠道使得教育支出比例上升。由于我们使用基准模型的人力资本生产函数和最终产品生产函数，因此基准模型中关于经济增长的分解同样适用。根据方程（14-28），结合方程（14-44）和方程（14-49）可知，父母对子女教育的重视程度 β 对经济增长的影响主要是通过教育支出比例的渠道实现的，而不能通过储蓄率的渠道实现。同时，根据方程（14-28），父母对子女教育的重视程度越高，教育支出比例越高，经济增长率越高。

同样地，我们考察孝道的代际传递对教育支出比例的影响：

$$\operatorname{sign}\left[\frac{\mathrm{d}(e/y)^*}{\mathrm{d}\pi}\right]=\operatorname{sign}\left\{\begin{array}{l}-\alpha[\alpha(1-\psi)+\beta]\pi^2+2\alpha\psi(1+\alpha+\beta)\pi\\+[1+\theta(\alpha+\beta)]\psi(1+\alpha+\beta)\end{array}\right\} \tag{14-50}$$

可以看出，与方程（14-32）的分析相同，孝道的代际传递对教育支出比例的影响是不确定的。若人力资本生产函数中教育支出的弹性较高，则孝道的代际传递对教育支出比例的影响是单调递增的；若人力资本生产函数中教育支出的弹性较低，则孝道的代际传递对教育支出比例的影响呈倒“U”形。综合方程（14-44）和方程（14-50），孝道的代际传递对经济增长的影响也是不确定的，取决于人力资本生产中教育支出的产出弹性。综合以上分析，在考虑父母关心子女人力资本的框架下，孝道的代际传递对经济增长的影响机制与基准的模型相同。父母对子女人力资本的重视使得转移支付比例和教育支出比例都上升，但不影响储蓄率，即父母对子女教育的重视通过教育支出的途径促进经济增长，但不会通过储蓄率的渠道影响经济增长。

14.3　模型的应用

人口老龄化背景下，提高社会保障税率被认为是解决养老金账户收支失衡问题的重要举措，新近的文献模拟社会保障税率提高对经济的影响（Kitao，2014；Li and Lin，2016）。我们在本书构建的包含孝道代际传递的内生增长模型中引入现收现付（pay-as-you-go，PAYG）社会保障制度，研究社会保障税率对经济增长的影响随着孝道代际传递的变化如何变化。此时，老年人与年轻人之间的代际转移支付包括家庭代际之间的内生转移支付，也包括外生社会保障转移支付。家庭养老和社会养老互为补充，在老年人养老过程中都发挥着重要的作用（郭凯明和龚六堂，2012）。Barnett 等（2018）研究发现，在家庭转移支付的基础上引入社会保障政策并不能改善社会福利。Leroux 和 Pestieau（2014）构建了子女向父母转移支付以及社会保障的模型，研究发现，当子女的孝顺确定时，父母更偏好子女的转移支付，而不是社会保障；当子女转移支付数量和规模都下降时，社会保障的作用显现。

我们在 14.1 节的理论框架下引入社会保障政策，社会保障部门对年轻劳动力征收社会保障税，而后将社会保障收入分配给当期的老年人用于消费。引入社会保障税率后，个体年轻时期和年老时期的预算约束方程分别为

$$(1-x_t-\tau)w_t h_t = c_{1t} + s_t + e_t \tag{14-51}$$

$$c_{2t+1} = (1+r_{t+1})s_t + x_{t+1}w_{t+1}h_{t+1} + p_{t+1} \tag{14-52}$$

其中，τ 表示个体年轻时期缴纳的社会保障税率；p_{t+1} 表示个体老年时期获得的社会保障收入。在上述框架下，x_t 和 τ 都反映代际之间的转移支付，但 x_t 是年轻人自愿选择的，τ 是政府强制实施的。与基准模型相同，我们假设子女复制父母转移支付决策的概率为 π，不复制父母转移支付决策的概率为 $(1-\pi)$。引入社会保障政策后，个体的目标函数是

$$\max_{x_t,s_t,e_t}\left\{\begin{aligned}&\ln\left[(1-x_t-\tau)w_th_t-s_t-e_t\right]+\alpha\pi\ln\left[(1+r_{t+1})s_t+x_tw_{t+1}Ae_t^{\theta}h_t^{1-\theta}+p_{t+1}\right]\\&+\alpha(1-\pi)\ln\left[(1+r_{t+1})s_t+x_{t+1}w_{t+1}Ae_t^{\theta}h_t^{1-\theta}+p_{t+1}\right]\end{aligned}\right\}\tag{14-53}$$

我们就目标函数（14-53）对转移支付 x_t、储蓄 s_t 和教育支出 e_t 求最优性条件可以得到：

$$\frac{-w_th_t}{(1-x_t-\tau)w_th_t-s_t-e_t}+\frac{\alpha\pi w_{t+1}h_{t+1}}{(1+r_{t+1})s_t+x_tw_{t+1}h_{t+1}+p_{t+1}}=0\tag{14-54}$$

$$\begin{aligned}&\frac{-1}{(1-x_t-\tau)w_th_t-s_t-e_t}+\frac{\alpha\pi(1+r_{t+1})}{(1+r_{t+1})s_t+x_tw_{t+1}h_{t+1}+p_{t+1}}\\&+\frac{\alpha(1-\pi)(1+r_{t+1})}{(1+r_{t+1})s_t+x_{t+1}w_{t+1}h_{t+1}+p_{t+1}}=0\end{aligned}\tag{14-55}$$

$$\begin{aligned}&\frac{-1}{(1-x_t-\tau)w_th_t-s_t-e_t}+\frac{\alpha\pi x_tw_{t+1}\theta(h_{t+1}/e_t)}{(1+r_{t+1})s_t+x_tw_{t+1}h_{t+1}+p_{t+1}}\\&+\frac{\alpha(1-\pi)x_{t+1}w_{t+1}\theta(h_{t+1}/e_t)}{(1+r_{t+1})s_t+x_{t+1}w_{t+1}h_{t+1}+p_{t+1}}=0\end{aligned}\tag{14-56}$$

企业生产函数和最优性条件与基本模型相同，市场均衡条件也与基本模型相同。我们假设现收现付社会保障制度，第 $t+1$ 期的社会保障收入为

$$p_{t+1}=\tau w_{t+1}h_{t+1}\tag{14-57}$$

与基本模型的求解思路相同，将个体的最优性条件、企业的最优性条件、生产函数、资本市场均衡条件以及社会保障平衡方程结合起来，我们可以计算出储蓄率、教育支出比例以及代际转移支付需要满足以下关系：

$$\frac{s_t}{y_t}=\psi+\frac{1-\pi}{\pi}\frac{\psi+(x_t+\tau)(1-\psi)}{\psi+(x_{t+1}+\tau)(1-\psi)}\psi\tag{14-58}$$

$$\frac{e_t}{y_t}=\theta x_t(1-\psi)+\frac{\psi+(x_t+\tau)(1-\psi)}{\alpha\pi}\frac{\alpha(1-\pi)\theta x_{t+1}(1-\psi)}{\psi+(x_{t+1}+\tau)(1-\psi)} \tag{14-59}$$

$$\begin{aligned}&(1-\tau-x_t-\theta x_t)(1-\psi)-\psi-\frac{1-\pi}{\pi}\frac{\psi+(x_t+\tau)(1-\psi)}{\psi+(x_{t+1}+\tau)(1-\psi)}\psi\\&=\frac{\psi+(x_t+\tau)(1-\psi)}{\alpha\pi}\left[1+\frac{\alpha(1-\pi)\theta x_{t+1}(1-\psi)}{\psi+(x_{t+1}+\tau)(1-\psi)}\right]\end{aligned} \tag{14-60}$$

当经济收敛于平衡增长路径上时，有 $x_t=x_{t+1}=x^*$，将上述条件代入方程（14-60）可以得到：

$$x^*=\frac{1}{1-\psi}\frac{\alpha\pi(1-\tau)(1-\psi)-\psi(1+\alpha)-\tau(1-\psi)}{1+\alpha(\pi+\theta)} \tag{14-61}$$

根据方程（14-61），可知 $\mathrm{d}x^*/\mathrm{d}\tau<0$，即社会保障税率上升使得年轻人对老年人的转移支付比例下降，这是因为社会保障税率使得个体年轻时期的可支配收入减少。将平衡增长路径上的条件 $x_t=x_{t+1}=x^*$ 代入方程（14-58）可以得到储蓄率：

$$(s/y)^*=\psi/\pi \tag{14-62}$$

根据方程（14-62）可知，$\mathrm{d}(s/y)^*/\mathrm{d}\tau=0$，社会保障税率不影响储蓄率，从而也并不影响均衡状态资本形成占收入的比例 k_{t+1}/y_t。需要说明的是，这与传统框架下的结论存在较大差异。在传统框架下，社会保障税率上升使得可支配收入减少，储蓄率下降。在包含孝道代际传递的框架下，社会保障税率存在通过可支配收入减少使得储蓄率下降的机制，但另外，社会保障缴费率上升也使得转移支付比例和教育支出比例下降，这使得子女人力资本水平下降，年老时期获得的转移支付下降，出于平滑消费的目的，年轻时期存在增加储蓄的动力，这两种力量相互抵消。

将平衡增长路径上的条件 $x_t=x_{t+1}=x^*$ 以及方程(14-61)代入方程(14-59)可得教育支出比例：

$$\left(\frac{e}{y}\right)^*=\frac{\theta}{\pi}\frac{\alpha\pi(1-\tau)(1-\psi)-\alpha\psi-\left[\psi+\tau(1-\psi)\right]}{1+\alpha(\pi+\theta)} \tag{14-63}$$

据此可以得到社会保障税率对教育支出比率的影响：

$$\frac{\mathrm{d}(e/y)^*}{\mathrm{d}\tau}=-(1-\psi)\frac{\theta}{\pi}\frac{1+\alpha\pi}{1+\alpha(\pi+\theta)}<0 \tag{14-64}$$

可以看出，社会保障税率越高，教育支出占收入的比例越低，且社会保障税率对教育支出占收入比例的影响与孝道的代际传递有关，孝道的代际传递程度π越高，方程（14-64）的绝对值越小，从而社会保障缴费率对教育投资率的抑制作用越小。从直观的机制来分析，社会保障税率对教育支出存在正向影响和负向影响。一方面，社会保障税率上升使得年轻人的可支配收入减少，从而用于教育的支出减少；另一方面，社会保障税率上升使得年老时期获得的社会保障收入上升，教育支出的回报率上升。因此，社会保障税率对教育支出的影响是不确定的，取决于上述两种力量的综合对比。在本书的框架下，社会保障税率通过挤出效应带来的影响大于通过回报率上升引起的教育支出比例增加。因此，社会保障税率上升使得教育支出比例下降。

根据方程（14-28），结合社会保障税率对储蓄率和教育支出比例的影响可知，社会保障税率越高，经济增长率越低。社会保障税率对经济增长的影响主要是通过教育支出比例来实现的，其不会通过挤出物质资本投资的渠道抑制经济增长，且孝道的代际传递程度越高，社会保障税率对经济增长的抑制作用越弱。当$\tau=0$时，这里的模型退化为基准模型，可以看出，相对于基准模型而言，包含社会保障政策的模型中对应更低的教育支出比例和经济增长。这也说明相对于社会保障强制转移支付而言，家庭内部的自愿转移支付更好。

14.4 小　结

本章构建了一个三期 OLG 模型来研究孝道的代际传递对经济增长的影响。理论分析表明，孝道的代际传递通过抑制储蓄的渠道使得经济增长率下降，对教育支出比例的影响不确定，取决于其通过教育支出回报率上升对教育支出的引致效应与通过预算约束方程挤出效应的对比。若人力资本生产函数中教育支出的产出弹性较高，则孝道的代际传递会促进经济增长。若人力资本生产函数中教育支出的弹性较低，则孝道的代际传递对经济增长的影响呈倒“U”形。本章强调的核心机制是，孝道的代际传递程度越高，年轻人向老年人的转移支付越多，这使得父母对子女的教育支出回报率上升。因此，年轻人有更大的动力增加对子女的教育支出，这使得人力资本水平上升，从而促进经济增长。我们进一步将子女的人力资本引入父母的效用函数，考察父母对子女人力资本的重视如何影响经济增长。研究发现，父母对子女的人力资本重视程度越高，教育支出比例越高，经济增长率越高。父母对子女人力资本的重视程度不会通过储蓄率的渠道影响经济增长。社会保障税率对经济增长的影响依赖于孝道的代际传递程度，政府在制定社会保障政策时应充分考虑孝道的代际传递程度。孝道的代际传递程度越高，社会保障税率对经济增长的抑制作用越小。

本章可能的拓展包括以下两点：第一，本章主要关注孝道的代际传递通过储蓄和人力资本投资的渠道对经济增长的影响，事实上，孝道还会通过影响年轻人和老年人的劳动供给、年轻人选择生育的子女数量等渠道对经济增长产生影响。从更多维度研究孝道的代际传递对经济增长的影响是我们需要进一步研究的问题。第二，现实经济中，家庭代际行为还包含很多内容，比如父母可以通过遗产分配影响子女偏好和行为，家庭内部的兄弟姐妹之间也存在博弈竞争，进一步的研究可以将家庭代际之间以及同辈之间的博弈关系更好地刻画出来，从更微观的视角研究孝道的代际传递对经济增长的影响。此外，将孝道的代际传递程度数量化，运用跨国宏观数据，通过计量方法研究孝道的代际传递对经济增长的影响也是值得关注的工作。根据本章的结论，我们提出如下两点对策建议：第一，弘扬孝道文化，重视文化因素对经济增长的驱动作用。经济新常态背景下，传统的投资驱动、出口驱动面临较大的制约，供给侧技术进步和要素配置优化需要较长的时间。因此，可以通过提升孝道的代际传递程度，从文化角度发掘经济内生增长动力。第二，孝道的代际传递对经济增长的影响依赖于人力资本生产中教育支出的产出弹性。因此，需要提高教育支出的生产效率，包括通过技术创新使得教育过程中可以使用更先进的设施，加大政府在教育方面的支出力度，使得公共教育支出与家庭教育支出形成更好的互补。

第 15 章

公共服务市场化、消费性支出与经济增长

当前，我国从高速增长阶段进入高质量发展阶段，我国社会主要矛盾已经转化为人民日益增长的美好生活需要和不平衡不充分的发展之间的矛盾。随着我国经济发展阶段的转换和社会主要矛盾的变化，我国需要注意的两个问题是：①把发展的着力点放到加快转变经济发展方式上来，更加注重经济增长的质量；②强调共享式发展，让全体人民在共建共享中有更多获得感。经济增长是社会福利的重要决定因素，经济增长率越高，消费水平和社会福利水平越高。社会福利包含的内容又远超出经济增长的范围，比如，社会福利不仅取决于消费，还取决于环境的清洁程度、社会公平程度、不同群体之间的收入差距、政府提供的公共服务等。

财政支出是总消费的重要组成部分，财政支出对于扩大内需，拉动经济增长具有重要作用。根据功能类型划分，财政支出包括生产性财政支出和消费性财政支出。生产性财政支出是指对生产具有直接促进作用的财政支出，主要是指基础设施，如铁路、通信、水利、电力等。基础设施是驱动经济增长的重要动力，Barro（1990）首次在内生增长模型中考察基础设施作用于经济增长的传导机制。基础设施是制约发展中国家实现经济赶超的重要原因，正如 Alpaslan 和 Ali（2018）所言“事实上，基础设施的缺乏，包括电力设施、交通网络和通信，使得落后国家技术和发展自身技术的能力受限，制约了发展中国家的经济增长”。消费性财政支出是指对提高社会福利有促进作用的财政支出，主要包括政府在教育、医疗和社会保障方面的支出。

公共服务市场化是经济学研究的热点领域。传统观点认为公共服务应由政府提供，这是因为基础设施是关系国计民生的重要工程。公共服务具有公共产品的性质，市场提供公共服务容易导致搭便车问题，民间资本参与公共服务提供的积极性不高。公共服务需要大量的资金投入，市场在资金支持上可能得不到满足。但政府提供公共服务所产生的问题也越来越多。例如，随着公共服务支出的不断增加，政府需要通过征收更多的税收为公共服务供给融资，而税收对投资和劳动供给具有扭曲性，这又会抑制经济增长。随着生活水平不断提高，人们对公共服务的要求也越来越高。传统的政府提供公共服务的模式已很难满足不同的消费需求，而市场则可以更好地满足人们对公共服务的多样化需求。我国政府出台了一系列鼓励民间资本参与公共服务提供的政策，这为公共服务的市场化提供了制度保证。例如，2010 年 5 月 13 日国务院颁布《国务院关于鼓励和引导民间投资健康发展的若干意见》国发〔2010〕13 号[①]提出，鼓励和引导民间资本进入基础产业和基础设施领域，鼓励和引导民间资本进入市政公用事业和政策性住房建设领域。事实上，传统的政府提供公共服务的模式正逐步发生变化，民间资本参与公共服务提供的机会越来越多，这有利于加快我国公共服务的市场化进程。

根据财政支出功能不同，我们将政府在教育、社会保障和医疗方面的支出划分为消费性（福利性）财政支出。我们给出了世界主要国家消费性财政支出占财政总支出的比例，如图 15-1 所示。其中，中国的数据来源于《中国统计年鉴》，其余国家的数据来源于 OECD 统计数据库。可以看出，发达国家消费性财政支出占财政总支出的比例基本在 60%左右，我国消费性财政支出占财政总支出的比例基本在 30%左右。需要说明的是，尽管 OECD 统计网站给出的社会保障这一指标包含的范围与《中国统计年鉴》公布的社会保障支出范围可能存在差异，但这不能否认我国消费性财政支出占比远低于发达国家的事实。基于以上宏观背景，本章旨在回答以下两个问题：①公共服务市场化对经济增长和社会福利的影响如何？②消费性财政支出结构调整对经济增长的影响如何？

① http://www.gov.cn/zhengce/content/2010-05/13/content_3569.htm。

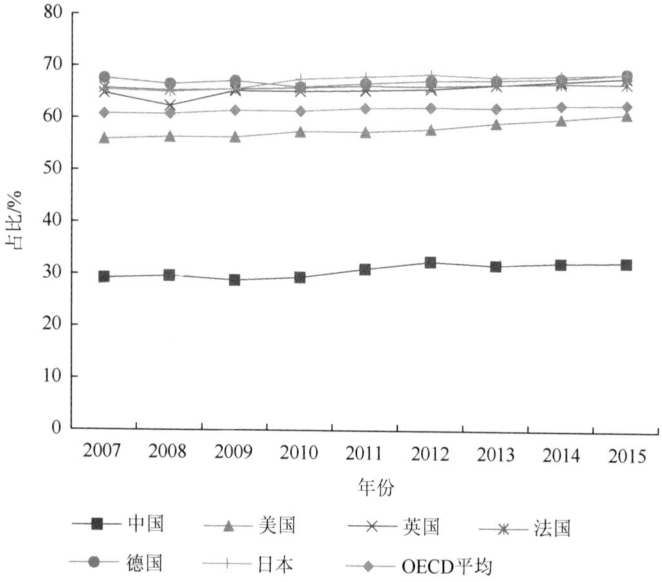

图 15-1 世界主要国家消费性财政支出占财政总支出的比例

15.1 文献回顾

15.1.1 财政支出对经济增长影响的实证分析

现有的从实证角度考察财政支出对经济影响的文献主要关注以下几个方面的内容。

第一，估算公共资本的产出弹性，即给定总产出函数$Y = AG^{\theta}K^{\alpha}L^{\beta}$，通过现实经济数据估算$\theta$的大小。需要说明的是，现有文献估算得到的生产性公共支出产出弹性值差别较大。例如，Ratner（1983）根据美国 1949～1973 年的数据，估算得到美国生产性公共支出的产出弹性为 0.06；Aschauer（1989）根据美国 1949～1985 年的数据，估算得到美国公共资本的产出弹性为 0.39。通常地，公共资本的产出弹性要低于私人资本的产出弹性，详细的论述见 Glomm 和 Ravikumar（1997）。中国社会科学院经济研究所经济增长前沿课题组（2004）根据我国 1952～2001 年的数据，估算得到我国公共资本的产出弹性为 0.098。

第二，关于政府支出规模对经济增长的影响。我们通常用政府支出占 GDP 的比例表示政府支出规模，关于政府支出规模对经济增长的影响，已有文献得到的结论差别较大，具体见表 15-1。这是因为尽管公共支出通过直接效应可以促进经济增长，但公共支出主要是通过征税实现的，税收具有扭曲性，这又会间接阻碍经济增长。此外，政府公共投资对民间投资具有挤出效应。经济发展水平不同，政府支出规模对经济增长的影响机制可能存在差异。Yamamura（2011）发现，在发展中国家，政府支出规模对资本积累具有负向影响，对于 OECD 国家，政府支出规模对资本积累的影响不显著。

表 15-1　政府支出规模对经济增长的影响：基于文献视角

文献	数据集（时间段）	估计结果
Landau（1983）	104 个国家（1960～1977 年）	—
Ram（1986）	115 个国家（1960～1980 年）	不确定
Barro（1991）	98 个国家（1960～1985 年）	—
Engen 和 Skinner（1992）	105 个国家（1970～1985 年）	—
Easterly 和 Rebelo（1993）	100 个国家（1970～1988 年）	不确定
Devarajan 等（1996）	43 个发展中国家（1970～1990 年）	不确定
Agell 等（1997）	23 个 OECD 国家（1960～1992 年）	不显著
Miller 和 Russek（1997）	39 个国家（1975～1984 年）	不确定
Mendoza 等（1997）	18 个 OECD 国家（1965～1991 年）	不显著
Fölster 和 Henrekson（2001）	23 个 OECD 国家（1970～1995 年）	—
Angelopoulos 等（2007）	23 个 OECD 国家（1970～2000 年）	—
Afonso 和 de Furceri（2010）	28 个 OECD 国家（1970～2005 年）	—

注：“—”表示政府规模对经济增长具有阻碍作用

第三，考察分类的公共支出，如教育支出、基础设施支出、国防支出和消费支出等对经济增长的影响。这些文献主要通过横截面方法、时间序列方法、混合横截面时间序列方法等来研究不同类型公共支出对经济增长的影响。Poot（2000）较为详细地综述了这方面的文献。表 15-2 是根据 Poot（2000）整理的考察分类公共支出对经济增长影响的文献数目，以及每种结果对应的文献数目。可以看出，分类的公共支出对经济增长的影响差别较大。

表 15-2 分类的公共支出对经济增长的影响

财政支出类型	总计文献	+	–	不确定
教育支出	12	11	0	1
基础设施支出	39	28	3	8
国防支出	21	1	11	9
消费支出	41	7	12	22

注：“+”表示相应类型的财政支出对经济增长具有促进作用；“–”表示相应类型的财政支出对经济增长具有阻碍作用；“不确定”表示财政支出对经济增长的影响是不确定的

宏观公共财政理论认为，相对于消费性公共支出，生产性公共支出更有利于促进经济增长。从公共支出结构的角度考虑，生产性公共支出比例越高，经济增长率越高（Barro，1990）。实证研究却发现，生产性公共支出并不一定总能促进经济增长，且经济发展水平不同的国家，生产性公共支出对经济增长的影响也差别较大。我们以两篇经典的文献为例予以说明，Easterly 和 Rebelo（1993）运用 28 个国家 1970～1988 年的面板数据发现，政府在交通、通信等方面的投资促进了经济增长。Devarajan 等（1996）运用 43 个发展中国家 1970～1990 年的数据检验发现，政府在交通、通信等方面的支出抑制了经济增长；而以 21 个发达国家 1970～1990 年的数据为样本检验时，发现政府生产性公共支出对经济增长具有促进作用。

15.1.2 财政支出与经济增长的不确定性

经济增长不确定性有助于更好地理解现实经济中不同国家和地区之间经济发展的差距。已有的研究发现，生产性公共支出和消费性公共支出是产生经济增长不确定性的重要原因。Fernández 等（2004）在一个新古典增长模型中引入消费性公共支出，研究发现，若代表性个体的偏好关于休闲和消费性公共支出是不可分的，则可以产生经济增长的不确定性，且产生经济增长不确定性的参数条件与收入税税率的大小无关。Tamai（2007）按照存量形式引入政府公共资本。研究发现，生产性公共支出的外部性是产生经济增长不确定性的重要原因；政府公共资本部门生产函数关于政府收入的产出弹性以及消费跨期替代弹性的倒数越大，越可能产生经济增长的不确定性。Chen 和 Lee（2007）假设生产性公共支出具有拥挤效应，研究发现，若生产性公共支出的外部性与拥挤效应都很大，则经济中可以产生经济增长的不确定性。基于一个单部门的内生增长模型，Park 和 Philippopoulos（2004）通过求解次优问题发现，经济中存在两类次优财政政策和两条平衡增长路径。生产性财政支出、消费性财政支出以及经济系统内生决定的扭曲性税收综合作用是经济产生多重路径的重要原因。

15.1.3　公共服务提供与偏向

关于公共服务应该由政府提供还是市场提供，在公共经济学、发展经济学和产业组织理论领域有很多经典的论述，代表性的有 Shleifer（1998）、Besley 和 Ghatak（2001）的研究，这些研究认为公共服务可以由市场来提供。例如，Shleifer（1998）认为，从促进创新和降低成本的角度考虑，民间提供公共服务占优于政府提供公共服务；若民间提供的服务与社会目标存在差异，政府可以通过契约来约束民间企业，而不是由政府提供公共服务。运用经济增长理论模型研究公共服务应该由民间提供还是政府提供的文献却较少。据我们所知，相关的主要有 Devarajan 等（1998）、Chatterjee（2007）、Chatterjee 和 Morshed（2011）的研究。Devarajan 等（1998）的研究是开创性的工作，他们在一个同时包含民间资本和公共资本两部门的框架下，假设公共资本有外部性，政府通过扭曲性税收为公共支出融资。他们的研究表明，政府对民间投资予以财政补贴对应的经济增长率与社会福利水平要高于政府直接提供基础设施时的经济增长率和社会福利水平。Chatterjee（2007）放松了 Devarajan 等（1998）的各种假定，假设常数替代弹性（constant elasticity of substituion，CES）的生产函数，企业存在借贷约束。研究发现，政府提供公共服务对应的社会福利水平高于民间提供公共服务对应的社会福利水平，政府对民间资本补贴对应的福利并不一定总是高于政府直接提供公共服务的福利水平。Chatterjee 和 Morshed（2011）在 Devarajan 等（1998）的基础上引入内生资本利用率和拥挤效应。研究发现，相对于政府直接提供公共资本而言，政府对民间资本提供补贴更有利于改善社会福利；若公共资本的拥挤效应较大，则市场提供公共服务更好。

关于财政支出结构的偏向也是学术界关注的重点。付文林和沈坤荣（2012）基于我国省级层面数据的实证研究发现，从地方财政支出结构特征看，转移支付规模扩大，地方政府倾向于更大比例增加基本建设和行政管理费支出。吴延兵（2017）基于我国省级面板数据，研究发现地方财政分权度越高，地方政府、企业和社会的创新性支出占生产性支出的比重越低，这为我国粗放式经济增长模式提供了一个解释。现有文献普遍发现，我国地方政府财政支出结构方面存在生产性财政支出偏向，而这是否一定有利于促进经济增长是值得关注的问题。

基于内生增长理论的分析框架，本章考察公共服务应该由政府提供还是市场提供的问题。需要说明的是，Devarajan 等（1998）、Chatterjee（2007）、Chatterjee 和 Morshed（2011）考察了生产性公共服务应该由政府提供还是市场提供的问题，但没有考察消费性公共服务应该由政府提供还是市场提供的问题。事实上，消费性公共服务可以由政府来提供，也可以由民间来提供。消费性公共服务提供模式不同，对经济增长和社会福利的影响差别较大。在发达国家，消费性公共服务支出占财政支出的比例远高于生产性公共服务支出占财政支出的比例。因此，构建同时包含生产性公共服务和消费性公共服务的模型具有较为重要的价值。在此基础上，本章运用我国省级层面的数据，通过静态面板数据模型和动态面板数据模型，考察消费性财政支出（具体包括财政教育支出、社会保障支出和医疗卫生支出）结构变化对我国经济增长的影响。

15.2 公共服务提供理论模型

根据 Turnovsky（1996，2000）的基本框架，我们假定经济是由连续同质具有无限寿命的家庭组成。家庭的效用定义在自身消费和消费性公共服务

基础上，家庭的目标函数是

$$\max\int_0^{+\infty}(\log C+\beta\log G_C)e^{-\rho t}\mathrm{d}t \tag{15-1}$$

其中，C 表示家庭消费；G_C 表示消费性公共服务；$\beta>0$ 表示刻画消费性公共服务重要性的参数；$\rho>0$ 表示主观贴现率。消费性公共服务可以由政府提供，也可以由市场来提供。若政府提供消费性公共服务，属于财政支出范围；对家庭而言，此时消费性公共服务外生给定。若市场提供消费性公共服务，家庭需要为使用消费性公共服务付费，消费性公共服务购买由家庭内生决定。需要说明的是，现实经济中很多公共服务同时具有生产性公共服务和消费性公共服务的特点。在模型设定时，通常将生产性公共服务引入企业生产函数，消费性公共服务引入家庭效用函数。

根据 Devarajan 等（1998）的研究，我们假设如下的生产函数：

$$Y=AK^{\alpha_1}G_Y^{\alpha_2}\bar{G}_Y^{\alpha_3} \tag{15-2}$$

其中，K 表示市场资本，包括机器设备、厂房等；G_Y 表示生产性公共服务，包括道路、桥梁、电力等。生产性公共服务可以由政府来提供，此时属于财政支出范围，政府通过征税来为公共服务供给融资；也可以由市场来提供，此时企业需要为使用生产性公共服务付费。根据 Devarajan 等（1998）的研究，生产性公共服务由市场提供时则有外部性。原因是，市场提供生产性公共服务时，忽略了自身投资对整体经济产生的溢出效应。$\bar{G}_Y$ 表示社会平均生产性公共服务水平。为使得经济可以持续增长，我们假设 $\alpha_1+\alpha_2+\alpha_3=1$，这也是内生增长理论通常的设定思路。

根据 Devarajan 等（1998）的研究，政府提供生产性公共服务时，由政府统一协调生产性公共服务供给，其可以将生产性公共服务的外部性内部化，此时企业生产函数为

$$Y=AK^{\alpha_1}G_Y^{1-\alpha_1} \tag{15-3}$$

本章假设公共服务包括生产性公共服务和消费性公共服务，两者都可以由政府提供或市场提供。若公共服务由政府提供，则政府需要通过征收扭曲性税收为公共服务融资；若由市场来提供公共服务，则政府不需要征税，但人们需要为使用公共服务付费，公共服务支出属于家庭支出的一部分。以上设定本质上还是基于 Romer（1986）和 Barro（1990）的思想，企业进行投

资决策时，忽略其外部性，而政府投资可以将外部性内部化。需要说明的是，以上设定中只考虑了一个国家，如果考虑多个国家的情形，则国家之间的公共资本具有溢出效应。例如，Hashimzade 和 Myles（2010）给出了如下的生产函数 $Y = F(K, G, \bar{G})$，其中 K、G 和 $\bar{G}$ 分别表示本国民间资本、本国公共资本和国外公共资本。

严成樑（2013a）考虑如下四种公共服务提供模式：①市场同时提供生产性公共服务和消费性公共服务；②政府同时提供生产性公共服务和消费性公共服务；③市场提供消费性公共服务，政府提供生产性公共服务；④市场提供生产性公共服务，政府提供消费性公共服务。通过分析上述四种模式对应的经济增长率和社会福利水平，进而探讨何种提供模式最优。值得注意的是，公共服务提供模式不同，企业生产函数的性质不同，家庭的预算约束方程和优化条件也不同，由此得到的经济增长率和社会福利水平差别较大。

15.2.1 生产性公共服务和消费性公共服务完全由市场提供的情形

若市场同时提供生产性公共服务和消费性公共服务，则家庭的预算约束方程是

$$\dot{K} = AK^{\alpha_1} G_Y^{\alpha_2} \bar{G}_Y^{\alpha_3} - C - G_Y - G_C \tag{15-4}$$

在预算约束（15-4）的前提下，家庭通过选择每期的消费、生产性公共服务支出和消费性公共服务支出极大化方程（15-1）的目标函数。

我们通过构造如下现值的 Hamiltonian 方程来求解上述优化问题：

$$H = \log C + \beta \log G_C + \lambda (AK^{\alpha_1} G_Y^{\alpha_2} \bar{G}_Y^{\alpha_3} - C - G_Y - G_C)$$

其中，λ 表示协状态变量，为资本的影子价格。

通过求解上述优化问题，我们可以得到如下的最优性条件：

$$H_C = C^{-1} - \lambda = 0 \tag{15-5}$$

$$H_{G_C} = \beta G_C^{-1} - \lambda = 0 \tag{15-6}$$

$$H_{G_Y} = \lambda (\alpha_2 AK^{\alpha_1} G_Y^{\alpha_2 - 1} \bar{G}_Y^{\alpha_3} - 1) = 0 \tag{15-7}$$

欧拉方程：

$$\dot{\lambda} = \rho\lambda - H_K = \rho\lambda - \lambda\alpha_1 AK^{\alpha_1 - 1} G_Y^{\alpha_2} \bar{G}_Y^{\alpha_3} \tag{15-8}$$

和横截性条件：

$$\lim_{t \to +\infty} \lambda K e^{-\rho t} = 0$$

当经济收敛于均衡状态时，市场提供的生产性公共服务等于平均公共服务 $\bar{G}_Y = G_Y$。根据方程（15-7）可计算出 G_Y/K，再结合方程（15-5）和方程（15-8）可以计算出如下的经济增长率：

$$\gamma = \alpha_1 A(\alpha_2 A)^{(1-\alpha_1)/\alpha_1} - \rho \tag{15-9}$$

当经济收敛于平衡增长路径时，各变量的增长率均为 γ。根据方程（15-5）和方程（15-6）可知 $G_C = \beta C$，将其代入方程（15-4）且两端同除以 K 整理可得

$$(1+\beta)\frac{C}{K} = (1-\alpha_1-\alpha_2)A(\alpha_2 A)^{(1-\alpha_1)/\alpha_1} + \rho \tag{15-10}$$

由于 $C = (C/K)K = (C/K)K_0 e^{\gamma t}$，且 $G_C = \beta C$，将上述条件代入方程(15-1)，可以计算出总的社会福利水平：

$$U = \frac{1}{\rho}\left[\beta \log \beta + (1+\beta)\log(C/K) + (1+\beta)\log K_0 + (1+\beta)\frac{\gamma}{\rho}\right] \tag{15-11}$$

15.2.2　生产性公共服务和消费性公共服务完全由政府提供的情形

借鉴 Barro（1990）、Devarajan 等（1998）的思路，政府同时提供生产性公共服务和消费性公共服务时，家庭面临的预算约束方程是

$$\dot{K} = (1-\tau)AK^{\alpha_1}G_Y^{1-\alpha_1} - C \tag{15-12}$$

其中，τ 表示税率，方程（15-12）表示家庭的可支配收入是用于消费和积累资产的。在预算约束方程（15-12）的前提下，家庭通过选择消费极大化目标函数（15-1）对应的福利水平。

我们通过构造如下现值的 Hamiltonian 方程来求解上述优化问题：

$$H = \log C + \beta \log G_C + \lambda\left[(1-\tau)AK^{\alpha_1}G_Y^{1-\alpha_1} - C\right]$$

其中，λ 为协状态变量，表示资本的影子价格。

通过求解上述优化问题，我们可以得到如下的最优性条件：

$$H_C = C^{-1} - \lambda = 0 \tag{15-13}$$

欧拉方程：

$$\dot{\lambda} = \rho\lambda - H_K = \rho\lambda - \lambda(1-\tau)\alpha_1 AK^{\alpha_1 - 1}G_Y^{1-\alpha_1} \tag{15-14}$$

和横截性条件：

$$\lim_{t\to+\infty}\lambda K e^{-\rho t}=0$$

假设政府税收收入用于提供生产性公共服务和消费性公共服务，其预算约束方程为

$$\tau AK^{\alpha_1}G_Y^{1-\alpha_1}=G_Y+G_C \tag{15-15}$$

我们假设生产性公共服务支出占政府总支出的比例为$0<\theta<1$，则消费性公共服务支出占政府总支出的比例为$1-\theta$：

$$G_Y=\theta\tau AK^{\alpha_1}G_Y^{1-\alpha_1},\ G_C=(1-\theta)\tau AK^{\alpha_1}G_Y^{1-\alpha_1} \tag{15-16}$$

根据方程（15-13）～方程（15-16），可计算出平衡增长路径上的经济增长率：

$$\gamma=(1-\tau)\alpha_1 A(\theta\tau A)^{\frac{1-\alpha_1}{\alpha_1}}-\rho \tag{15-17}$$

将方程（15-12）两端同除以K，结合方程（15-17）以及平衡增长路径定义可知：

$$C/K=(1-\tau)(1-\alpha_1)A(\theta\tau A)^{\frac{1-\alpha_1}{\alpha_1}}+\rho \tag{15-18}$$

将$G_C=(1-\theta)\tau AK^{\alpha_1}G_Y^{1-\alpha_1}$两端同除以$K$可知：

$$G_C/K=(1-\theta)\tau A(\theta\tau A)^{\frac{1-\alpha_1}{\alpha_1}} \tag{15-19}$$

将$C=(C/K)K=(C/K)K_0e^{\gamma t}$，$G_C=(G_C/K)K=(G_C/K)K_0e^{\gamma t}$代入方程（15-1），可以计算出经济中总的福利水平为

$$U=\frac{1}{\rho}\left[\log(C/K)+\beta\log(G_C/K)+(1+\beta)\log K_0+(1+\beta)\frac{\gamma}{\rho}\right] \tag{15-20}$$

15.2.3 政府提供生产性公共服务，市场提供消费性公共服务的情形

政府提供生产性公共服务、市场提供消费性公共服务时，家庭的预算约束方程是

$$\dot{K}=(1-\tau)AK^{\alpha_1}G_Y^{1-\alpha_1}-C-G_C \tag{15-21}$$

其中，τ表示税率。在预算约束（15-21）的前提下，家庭通过选择每期的消费和消费性公共服务数量以极大化目标函数（15-1）对应的福利水平。

我们通过构造如下现值的 Hamiltonian 函数来求解上述优化问题：

$$H = \log C + \beta \log G_C + \lambda\left[(1-\tau)AK^{\alpha_1}G_Y^{1-\alpha_1} - C - G_C\right]$$

其中，λ 为协状态变量，表示资本的影子价格。

通过求解上述优化问题，我们可以得到如下的最优性条件：

$$H_C = C^{-1} - \lambda = 0 \tag{15-22}$$

$$H_{G_C} = \beta G_C^{-1} - \lambda = 0 \tag{15-23}$$

欧拉方程：

$$\dot{\lambda} = \rho\lambda - H_K = \rho\lambda - \lambda(1-\tau)\alpha_1 AK^{\alpha_1 - 1}G_Y^{1-\alpha_1} \tag{15-24}$$

和横截性条件：

$$\lim_{t\to+\infty} \lambda K e^{-\rho t} = 0$$

政府将全部税收收入用于提供生产性公共服务，其预算约束方程为

$$G_Y = \tau AK^{\alpha_1}G_Y^{1-\alpha_1} \tag{15-25}$$

从而可求得经济增长率为

$$\gamma = (1-\tau)\alpha_1 A(\tau A)^{\frac{1-\alpha_1}{\alpha_1}} - \rho \tag{15-26}$$

根据方程（15-22）和方程（15-23），可知 $G_C = \beta C$，将其代入（15-21）且两端同除以 K 可知：

$$(1+\beta)\frac{C}{K} = (1-\tau)(1-\alpha_1)A(\tau A)^{\frac{1-\alpha_1}{\alpha_1}} + \rho \tag{15-27}$$

类似于生产性公共服务和消费性公共服务完全由市场提供情形的求解方法，我们可以计算出经济中总的社会福利，可以表示为方程（15-11）。

15.2.4　政府提供消费性公共服务，市场提供生产性公共服务的情形

若政府提供消费性公共服务而市场提供生产性公共服务时，则家庭的预算约束方程是

$$\dot{K} = (1-\tau)AK^{\alpha_1}G_Y^{\alpha_2}\overline{G}_Y^{\alpha_3} - C - G_Y \tag{15-28}$$

在预算约束（15-28）的前提下，家庭通过选择每期的消费和生产性公共服务支出以极大化目标函数（15-1）对应的福利水平。

我们通过构造如下现值的 Hamiltonian 函数来求解上述优化问题：

$$H = \log C + \beta \log G_C + \lambda\left[(1-\tau)AK^{\alpha_1}G_Y^{\alpha_2}\overline{G}_Y^{\alpha_3} - C - G_Y\right]$$

其中，λ 为协状态变量，表示资本的影子价格。

通过求解上述优化问题，我们可以得到如下的最优性条件：

$$H_C = C^{-1} - \lambda = 0 \tag{15-29}$$

$$H_{G_Y} = \lambda\left[(1-\tau)\alpha_2 AK^{\alpha_1} G_Y^{\alpha_2 - 1} \bar{G}_Y^{\alpha_3} - 1\right] = 0 \tag{15-30}$$

欧拉方程：

$$\dot{\lambda} = \rho\lambda - H_K = \rho\lambda - \lambda(1-\tau)\alpha_1 AK^{\alpha_1 - 1} G_Y^{\alpha_2} \bar{G}_Y^{\alpha_3} \tag{15-31}$$

和横截性条件：

$$\lim_{t\to+\infty} \lambda K e^{-\rho t} = 0$$

政府将税收收入全部用于提供消费性公共服务，其预算约束方程为

$$G_C = \tau AK^{\alpha_1} G_Y^{\alpha_2} \bar{G}_Y^{\alpha_3} \tag{15-32}$$

根据方程（15-30）可计算出 G_Y/K，再将其代入方程（15-31），可以计算出如下的经济增长率

$$\gamma = (1-\tau)\alpha_1 A\left[(1-\tau)\alpha_2 A\right]^{\frac{1-\alpha_1}{\alpha_1}} - \rho \tag{15-33}$$

将方程（15-28）两端同除以 K，且结合平衡增长条件可知：

$$C/K = (1-\tau)(1-\alpha_1-\alpha_2)A\left[(1-\tau)\alpha_2 A\right]^{\frac{1-\alpha_1}{\alpha_1}} + \rho \tag{15-34}$$

将方程（15-32）两端同除以 K，且结合平衡增长路径的条件可知：

$$G_C/K = \tau A\left[(1-\tau)\alpha_2 A\right]^{\frac{1-\alpha_1}{\alpha_1}} \tag{15-35}$$

类似生产性公共服务和消费性公共服务完全由政府提供情形的求解方法，我们可以计算出经济中的社会福利水平可以表示为方程（15-20）。

15.2.5　政策效果分析

我们通过数值模拟考察上述四种公共服务提供模式对应的经济增长率和社会福利水平，进而探讨何种模式最优。根据通常的设定，我们取 $\alpha_1 = 0.7$，$\alpha_2 = 0.1$，$\rho = 0.02$，$A = 0.3$，$\beta = 0.3$，$\theta = 0.4$，$K_0 = 1$。这里的两个关键参数是 α_2 和 β，我们分别取 $\alpha_2 = 0.2$ 和 $\beta = 0.6$ 进行敏感性分析。根据方程（15-9）、方程（15-17）、方程（15-26）和方程（15-33）可以看出，消费性

公共服务偏好β并不影响经济增长率，但却可以影响社会福利。我们给出了上述四种公共服务提供模式对应的经济增长率，如图 15-2 所示。其中横轴表示税率，纵轴表示经济增长率。图 15-2（a）对应$\alpha_2 = 0.1$的情形，图 15-2（b）对应$\alpha_2 = 0.2$的情形。"—"表示生产性公共服务和消费性公共服务完全由市场提供的情形，"‒‒"表示生产性公共服务和消费性公共服务完全由政府提供的情形，"--"表示政府提供生产性公共服务、市场提供消费性公共服务的情形，"++"表示政府提供消费性公共服务、市场提供生产性公共服务的情形。可以看出，若生产性公共服务的外部性较大（$\alpha_2 = 0.1$，此时生产性公共服务的外部性为$\alpha_3 = 0.2$），则政府提供生产性公共服务、市场提供消费性公共服务对应的经济增长率最高；若生产性公共服务的外部性较小（$\alpha_2 = 0.2$，此时生产性公共服务的外部性为$\alpha_3 = 0.1$），则生产性公共服务和消费性公共服务完全由市场提供对应的经济增长率最高。事实上，通过对比方程（15-17）和方程（15-26），政府提供生产性公共服务、市场提供消费性公共服务时对应的经济增长率要高于生产性公共服务和消费性公共服务完全由政府提供时的经济增长率。对比方程（15-9）和方程（15-33），生产性公共服务和消费性公共服务完全由市场提供对应的经济增长率要高于市场提供生产性公共服务、政府提供消费性公共服务时的经济增长率。

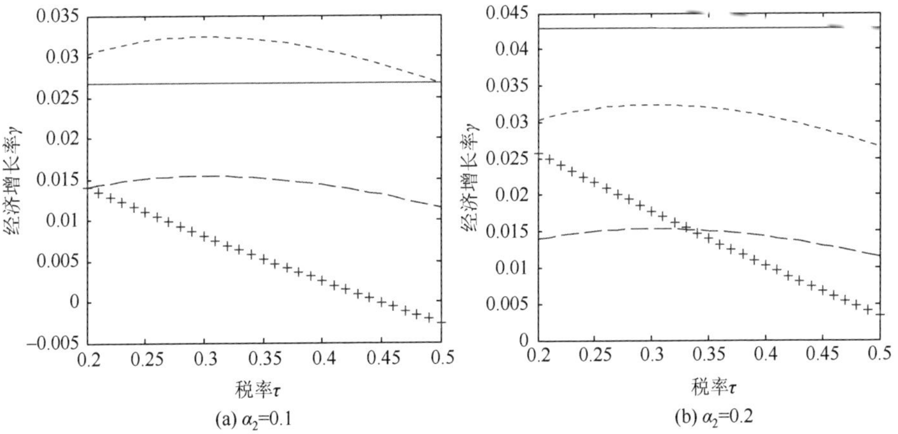

图 15-2　四种情形下经济增长率对比

通过上述分析，从极大化经济增长率的角度考虑，消费性公共服务应该由市场来提供，这是因为消费性公共服务对投资和经济增长不产生影响，但政府需要通过征税为消费性公共服务融资，而税收具有扭曲性。税率越高，税后资本边际回报率越低，家庭的储蓄和投资越少，这使得经济增长率下降。但值得注意的是，政府提供生产性公共服务与市场提供生产性公共服务何者更有利于促进经济增长却是不确定的。政府提供生产性公共服务的好处在于可以将生产性公共服务的外部性内部化，从而对经济增长有促进作用；但政府需要通过税收为生产性公共服务支出融资，这又会抑制经济增长。市场提供生产性公共服务与政府提供生产性公共服务何者更有利于促进经济增长取决于上述两种力量作用机制的大小。若生产性公共服务的外部性较小，政府税收的扭曲性更大，则市场提供生产性公共服务更好［图 15-2（b）］。若生产性公共服务的外部性较大，市场提供生产性公共服务的扭曲较大，此时政府提供生产性公共服务更好［图 15-2（a）］。

我们进一步对比四种公共服务提供模式下社会福利水平的差异。我们给出了不同参数环境下四种公共服务提供模式对应的社会福利水平，如图 15-3 所示。其中横轴表示税率，纵轴表示社会福利水平。考虑到生产性公共服务外部性以及消费性公共服务偏好是影响社会福利水平的两个重要参数，我们分别给出如下四种参数环境。参数环境 1：$\alpha_1=0.7$，$\alpha_2=0.1$，$\rho=0.02$，$A=0.3$，$\beta=0.3$，$\theta=0.4$，$K_0=1$［图 15-3（a）］。参数环境 2：$\alpha_1=0.7$，$\alpha_2=0.1$，$\rho=0.02$，$A=0.3$，$\beta=0.6$，$\theta=0.4$，$K_0=1$［图 15-3（b）］。参数环境 3：$\alpha_1=0.7$，$\alpha_2=0.2$，$\rho=0.02$，$A=0.3$，$\beta=0.3$，$\theta=0.4$，$K_0=1$［图 15-3（c）］。参数环境 4：$\alpha_1=0.7$，$\alpha_2=0.2$，$\rho=0.02$，$A=0.3$，$\beta=0.6$，$\theta=0.4$，$K_0=1$［图 15-3（d）］。其中，“—”表示生产性公共服务和消费性公共服务完全由市场提供的情形，“－－”表示生产性公共服务和消费性公共服务完全由政府提供的情形，“--”表示政府提供生产性公共服务、市场提供消费性公共服务的情形，“＋＋”表示政府提供消费性公共服务、市场提供生产性公共服务的情形。

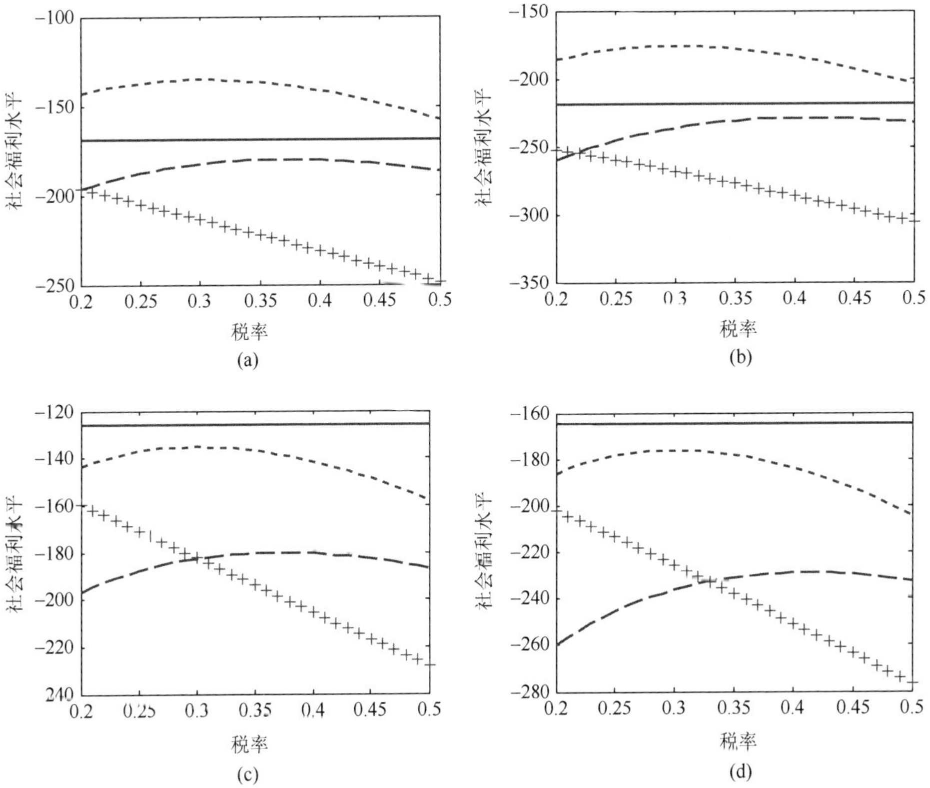

图 15-3　不同情形下的社会福利水平对比

根据图 15-3 可以看出，四种公共服务提供模式对应的社会福利水平对比与经济增长率对比具有相似之处，生产性公共服务外部性是影响社会福利水平对比的重要因素，而消费性公共服务偏好对社会福利水平对比的影响不大。若生产性公共服务的外部性较大（$\alpha_2 = 0.1$，此时生产性公共服务的外部性为$\alpha_3 = 0.2$），则政府提供生产性公共服务、市场提供消费性公共服务对应的社会福利水平最高；若生产性公共服务的外部性较小（$\alpha_2 = 0.2$，此时生产性公共服务的外部性为$\alpha_3 = 0.1$），则市场同时提供生产性公共服务和消费性公共服务对应的社会福利水平最高。需要说明的是，根据方程（15-11）和方程（15-20），经济增长率是社会福利水平的重要决定因素，因此，税收对社会福利的影响与对经济增长的影响具有相同的变化趋势。同时，四种公共服务供给模式下社会福利的大小对比与经济增长率的大小对比相吻合。通过对比图 15-3 中 4 幅子图可知，从极大化社会福利水平的角度考虑，应由市场提供消费性公共服务。

15.3　进一步的分析

根据 15.2 节的分析，相对于政府提供消费性公共服务，市场提供消费性公共服务更有利于促进经济增长和改善社会福利。这是因为政府通过征税为消费性公共服务融资，税收对经济增长有直接的抑制作用。一个重要的问题是，假设政府通过非扭曲性税收为消费性公共服务融资，税收不会对经济增长产生抑制作用，此时市场提供消费性公共服务是否仍占优于政府提供消费性公共服务？为简化起见，我们不考虑生产性公共服务，从而可以将生产函数写成简单 AK 型。

15.3.1　市场提供消费性公共服务的情形

若市场提供消费性公共服务，则家庭的预算约束方程是

$$\dot{K} = AK - C - G_C \tag{15-36}$$

在预算约束（15-36）的前提下，家庭通过选择每期的消费和消费性公共服务支出以极大化目标函数（15-1）对应的福利水平。

我们通过构造如下现值的 Hamiltonian 方程来求解上述优化问题：

$$H = \log C + \beta \log G_C + \lambda(AK - C - G_C)$$

其中，λ 为协状态变量，表示资本的影子价格。

通过求解上述优化问题，我们可以得到如下的最优性条件：

$$H_C = C^{-1} - \lambda = 0 \tag{15-37}$$

$$H_{G_C} = \beta G_C^{-1} - \lambda = 0 \tag{15-38}$$

欧拉方程：

$$\dot{\lambda} = \rho\lambda - H_K = \rho\lambda - \lambda A \tag{15-39}$$

和横截性条件：

$$\lim_{t\to+\infty}\lambda Ke^{-\rho t}=0$$

根据方程（15-37）和方程（15-39），我们可以计算出如下的经济增长率：

$$\gamma = A-\rho \tag{15-40}$$

根据内生增长理论的设定，当经济收敛于平衡增长路径时，各变量的增长率均为γ。根据方程（15-37）和方程（15-38）可知$G_C=\beta C$，将其代入方程（15-36）且两端同除以K，结合方程（15-40）可得$C/K=\rho/(1+\beta)$。由于$C=(C/K)K=(C/K)K_0e^{\gamma t}$，将上述条件代入方程（15-1），可以计算出经济中总的社会福利：

$$U=\frac{1}{\rho}\left\{\beta\log\beta+(1+\beta)\log\left[\rho/(1+\beta)\right]+(1+\beta)\log K_0+(1+\beta)\frac{A-\rho}{\rho}\right\} \tag{15-41}$$

15.3.2　政府提供消费性公共服务的情形

若政府提供消费性公共服务，家庭的预算约束方程为

$$\dot{K}=AK-C-T \tag{15-42}$$

其中，T表示一次性总税负。在预算约束（15-42）的前提下，家庭通过选择每期的消费极大化目标函数（15-1）对应的福利水平。

我们通过构造如下现值的 Hamiltonian 方程来求解上述优化问题：

$$H=\log C+\beta\log G_C+\lambda(AK-C-T)$$

其中，λ为协状态变量，表示资本的影子价格。

通过求解上述优化问题，我们可以得到如下的最优性条件：

$$H_C=C^{-1}-\lambda=0 \tag{15-43}$$

欧拉方程：

$$\dot{\lambda}=\rho\lambda-H_K=\rho\lambda-\lambda A \tag{15-44}$$

和横截性条件：

$$\lim_{t\to+\infty}\lambda Ke^{-\rho t}=0$$

根据方程（15-43）和方程（15-44），我们可以得到如下的经济增长率：

$$\gamma=A-\rho \tag{15-45}$$

我们假设$T=\tau Y=\tau AK$，其中τ表示税率。政府平衡预算约束方程为$T=\tau Y=G_C$，将其代入方程（15-42）且两端同除以K可得$C/K=\rho-\tau A$，

$G_C/K=\tau A$。$C=(C/K)K=(C/K)K_0e^{\gamma t}$。将上述条件代入目标函数（15-1），我们可以计算出总的社会福利：

$$U=\frac{1}{\rho}\left[\log(\rho-\tau A)+\beta\log(\tau A)+(1+\beta)\log K_0+(1+\beta)\frac{A-\rho}{\rho}\right] \quad (15\text{-}46)$$

15.3.3 政策效果分析

根据方程（15-40）、方程（15-41）、方程（15-45）和（15-46），市场提供消费性公共服务与政府提供消费性公共服务对应的经济增长率相同，但社会福利水平却差别较大。我们通过对比方程（15-41）和方程（15-46），进而判断消费性公共服务应该由民间提供还是政府提供的问题。我们不能直接辨别两种提供模式下的社会福利水平大小，为此我们通过数值方法进行分析。我们假设如下的基准参数取值：$\rho=0.04$，$A=0.07$，$\beta=0.3$，$K_0=1$。我们给出了市场提供消费性公共服务和政府提供消费性公共服务的社会福利水平对比，如图 15-4 所示。其中横轴表示一揽子总税率，纵轴表示社会福利水平。图 15-4（a）表示$\beta=0.3$的情形，图 15-4（b）表示$\beta=0.6$的情形。图中“—”表示市场提供消费性公共服务对应的社会福利水平，“--”表示政府提供消费性公共服务时对应的社会福利水平。

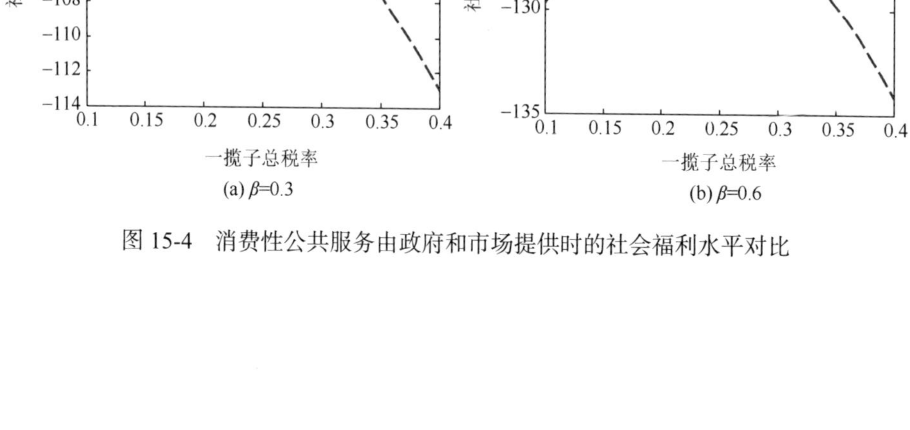

图 15-4 消费性公共服务由政府和市场提供时的社会福利水平对比

根据图 15-4，市场提供的社会福利与税率无关，而政府提供消费性公共服务时，社会福利与一揽子总税率呈倒“U”形关系。原因是，一揽子总税率越高，消费性公共服务水平越高；但一揽子总税率提高使得可支配收入减少，从而消费下降，上述两种力量对社会福利水平的影响是反向的。因此，税收对社会福利的影响不确定。根据图 15-4，市场提供消费性公共服务对应的社会福利水平始终高于政府提供消费性公共服务的社会福利水平。上述分析表明，即使不考虑消费性公共服务通过税收对经济增长产生的抑制作用，消费性公共服务也最好是由市场来提供。

事实上，我们也可以严格证明政府提供消费性公共服务对应的社会福利水平不会高于民间提供消费性公共服务对应的社会福利水平。具体思路是，根据方程（15-46），政府提供消费性公共服务时的社会福利水平是税率 τ 的函数，我们就方程（15-46）两端对税率 τ 求导数可知：

$$\frac{\mathrm{d}U}{\mathrm{d}\tau}=\frac{1}{\rho}\left(-\frac{A}{\rho-\tau A}+\frac{\beta}{\tau}\right) \tag{15-47}$$

令 $\frac{\mathrm{d}U}{\mathrm{d}\tau}=0$，可以计算出极值点 $\tau^*=\frac{\beta\rho}{(1+\beta)A}$。若 $\tau<\tau^*$，则 $\frac{\mathrm{d}U}{\mathrm{d}\tau}>0$；若 $\tau>\tau^*$，则 $\frac{\mathrm{d}U}{\mathrm{d}\tau}<0$。从而 τ^* 是使得社会福利极大化的税率。我们将 $\tau^*=\frac{\beta\rho}{(1+\beta)A}$ 代入方程（15-46），可得到政府提供消费性公共服务能够实现的最大社会福利水平为

$$U=\frac{1}{\rho}\left[\log\frac{\rho}{(1+\beta)}+\beta\log\frac{\beta\rho}{(1+\beta)}+(1+\beta)\log K_0+(1+\beta)\frac{A-\rho}{\rho}\right] \tag{15-48}$$

通过对比方程（15-41）和方程（15-48）可知，假设政府征收最优税率，则政府提供消费性公共服务对应的社会福利水平等于市场提供消费性公共服务对应的社会福利水平。当实际税率偏离最优税率时，政府提供消费性公共服务对应的社会福利水平始终低于市场提供消费性公共服务对应的社会福利水平。这为公共服务的市场化，尤其是消费性公共服务的市场化提供了理论依据。

15.4 实证分析

基于我国省级层面的数据，本部分通过实证分析考察消费性财政支出结构对我国经济增长的影响。由于《中国统计年鉴》公布的分省财政支出结构数据在2007年前后的统计口径有较大差别，我们选取2007～2016年的数据进行分析。根据实际功能，消费性财政支出主要包括财政教育支出、财政社会保障支出和财政医疗支出。根据经典的公共财政理论，消费性财政支出通过扭曲性税收实现，因此，其对经济增长具有抑制作用（Barro，1990）。事实上，消费性财政支出通过改善社会福利间接促进经济增长。我们给出了2016年我国31个省份分类的消费性财政支出占财政总支出的比例，如图15-5所示。可以看出，除一些老工业基地（如辽宁、吉林、黑龙江等省份），总体而言，教育支出占财政总支出的比例最高，社会保障支出占财政总支出的比例次之，医疗支出占财政总支出的比例最低。我们给出了2016年我国各省份加总的消费性财政支出占财政总支出的比例，如图15-6所示。可以看出，不同省份消费性财政支出占比差别较大。西藏、天津等省区市消费性财政支出占比不到30%，辽宁消费性财政支出占比超过45%。

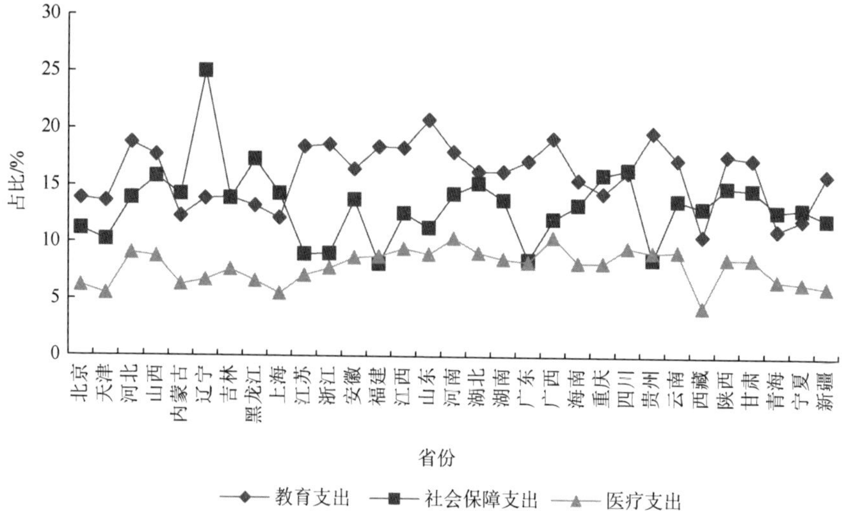

图15-5 2016年分类消费性财政支出占财政总支出的比例

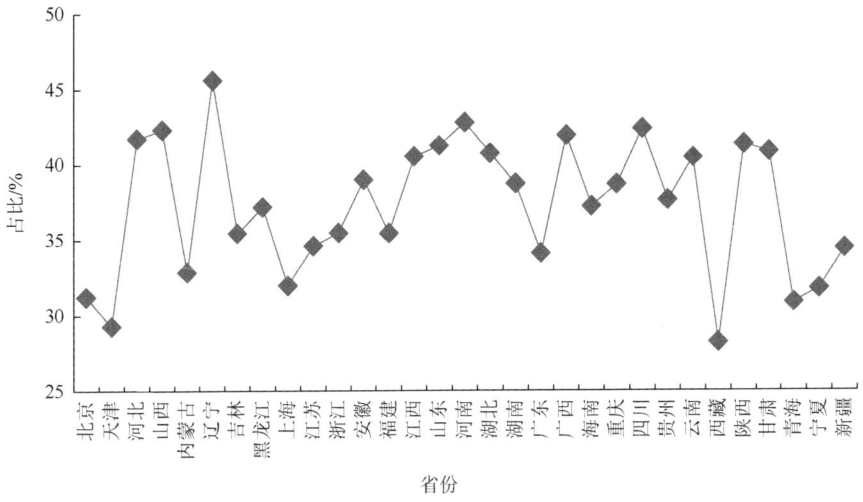

图 15-6　2016 年消费性财政支出占财政总支出的比例

我们给出了 2007 年和 2016 年我国各省份消费性支出的核密度分布图，如图 15-7 所示。我们分别用分类型消费性财政支出占财政总支出的比例表示，实线对应 2007 年的核密度分布，虚线对应 2016 年的核密度分布。可以看出，相对于 2007 年而言，2016 年我国消费性支出占财政总支出的比例上升，这主要归因于财政医疗支出占比的上升。

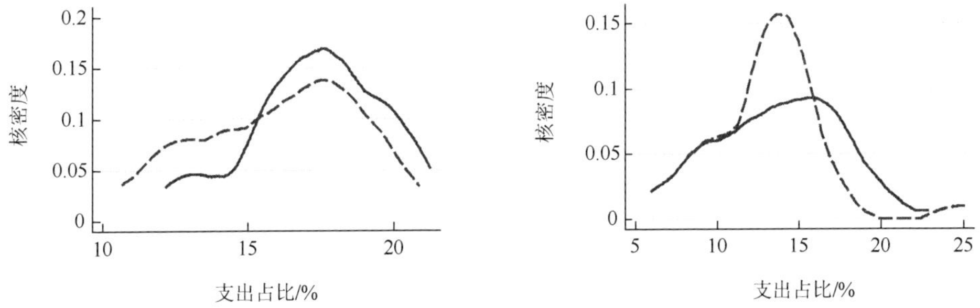

(a) 教育支出　(b) 社会保障支出

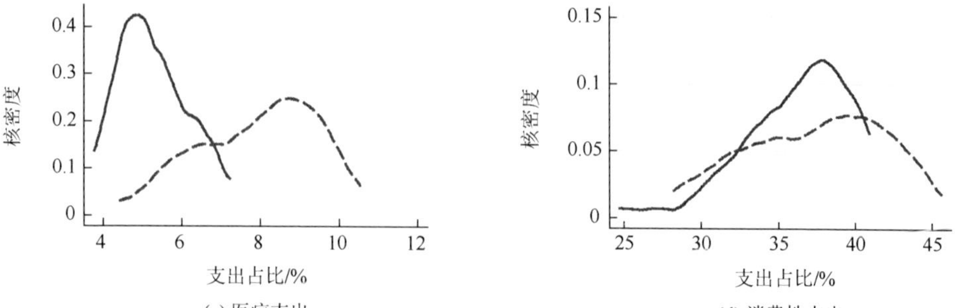

(c) 医疗支出　　(d) 消费性支出

图 15-7　2007 年和 2016 年我国各省份消费性支出核密度分布图

我们给出了 2016 年我国分省的人均财政教育支出、人均财政社会保障支出与人均财政医疗支出，如图 15-8 所示。可以看出，人均消费性财政支出比较高的省份主要集中在经济发展水平较高的直辖市，如北京、上海和天津，以及过多依赖于中央政府转移支付的经济欠发达地区，如西藏、青海、宁夏和新疆。

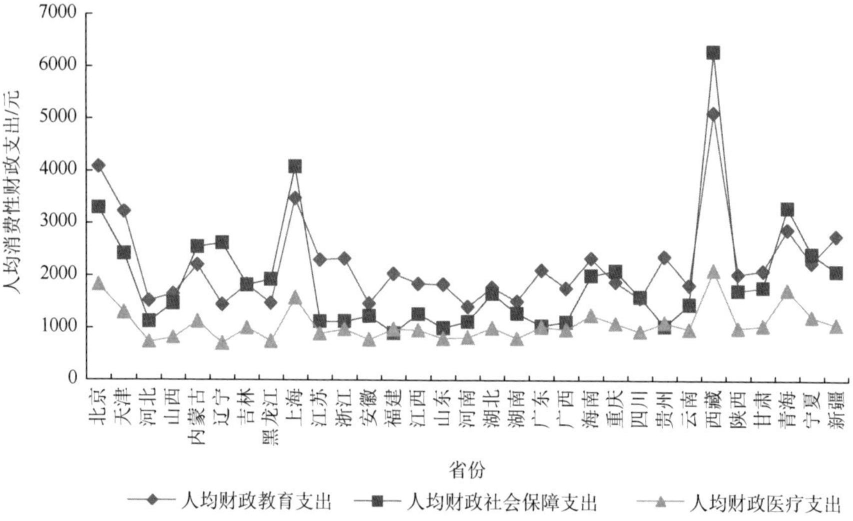

图 15-8　2016 年我国分省人均消费性财政支出

在以上数据分析的基础上，我们构建如下的回归方程：

$$\ln y_{it} = \alpha + \beta_1 \ln \mathrm{ge}_{it} + \beta_2 \ln \mathrm{gs}_{it} + \beta_3 \ln \mathrm{gh}_{it} + \beta_4 \ln \mathrm{iv}_{it} + \beta_5 \ln \mathrm{ed}_{it} + \beta_6 \ln \mathrm{op}_{it} + \varepsilon_{it}$$

其中，脚标 i 表示省份；t 表示年份；被解释变量 $\ln y_{it}$ 是人均实际 GDP 取自然对数；核心解释变量包括人均财政教育支出取自然对数 $\ln ge_{it}$，人均财政社会保障支出取自然对数 $\ln gs_{it}$，人均财政医疗支出取自然对数 $\ln gh_{it}$，资本形成占 GDP 的比例取自然对数 $\ln iv_{it}$，平均教育年限取自然对数 $\ln ed_{it}$，进出口总额与 GDP 比值取自然对数表示的开放性水平 $\ln op_{it}$；ε_{it} 表示随机扰动项。

我们分别运用 Pooled-OLS、随机效应模型（RE）、单向固定效应模型（单向 FE）、双向固定效应模型（双向 FE）进行回归，具体结果如表 15-3 所示。从模型设定上分析，双向固定效应模型更严谨。我们以双向固定效应模型的回归结果进行分析，可以看出，财政教育支出、社会保障支出和医疗支出对应的系数都显著为正，这说明三类消费性支出都可以促进经济增长。为消除消费性财政支出对经济增长影响的周期性因素，我们进一步将各个变量取三年平均，回归得到的结果如表 15-4 所示。根据双向固定效应模型估计的结果，教育支出和医疗支出显著为正，这说明财政教育支出和财政医疗支出可以显著促进经济增长，而社会保障支出对经济增长的影响不显著。

表 15-3　消费性财政支出对我国经济增长的影响

变量	（1）Pooled-OLS	（2）RE	（3）单向 FE	（4）双向 FE
资本形成率	0.092	0.013	0.024	0.019
	（1.35）	（0.37）	（0.75）	（0.65）
平均教育年限	1.604***	0.451***	0.235**	0.300**
	（16.43）	（4.15）	（2.17）	（2.47）
开放性水平	0.172***	0.073***	0.054***	0.026*
	（7.54）	（5.19）	（3.97）	（1.90）
教育支出	0.468***	0.306***	0.313***	0.236***
	（5.36）	（9.20）	（3.99）	（5.94）
社会保障支出	−0.022	0.045	0.058**	0.066**
	（−0.53）	（1.20）	（2.00）	（2.30）
医疗支出	−0.003	0.214***	0.216***	0.209***
	（−0.04）	（8.14）	（8.74）	（7.14）
常数项	2.866***	5.337***	5.660***	6.118***
	（7.65）	（23.20）	（25.84）	（18.26）
R^2	0.811	0.962	0.963	0.972

注：括号内数值为 t 统计值

***、**和*分别表示在 1%、5%和 10%的水平上显著

表 15-4 消费性财政支出对我国经济增长的影响（三年平均变量）

变量	（1）Pooled-OLS	（2）RE	（3）单向 FE	（4）双向 FE
资本形成率	0.059	−0.008	0.029	0.028
	（0.48）	（−0.12）	（0.52）	（0.49）
平均教育年限	1.669***	1.195***	0.399	0.412
	（10.66）	（5.31）	（1.40）	（1.36）
开放性水平	0.145***	0.073***	0.022	0.024
	（3.13）	（2.64）	（0.76）	（0.74）
教育支出	0.694***	0.443***	0.314***	0.298***
	（3.34）	（5.00）	（3.68）	（2.98）
社会保障支出	−0.035	−0.016	0.052	0.055
	（−0.47）	（−0.25）	（0.84）	（0.80）
医疗支出	−0.168	0.110	0.223***	0.219***
	（−1.10）	（1.64）	（3.40）	（3.15）
常数项	2.453***	3.899***	5.376***	5.450***
	（3.57）	（8.13）	（9.83）	（6.94）
R^2	0.821	0.973	0.978	0.978

注：括号内数值为 t 统计值

***表示在 1%的水平上显著

上述回归中可能存在较为严重的内生性问题，我们通过系统 GMM（SYS-GMM）和差分 GMM（DIFF-GMM）的方法考察，详细的回归结果见表 15-5。我们分别采用一步估计和两步估计。其中回归（1）和（3）是两步估计的结果，回归（2）和（4）是一步估计的结果。可以看出，财政教育支出和财政医疗支出对经济增长具有显著的正向影响，社会保障支出对经济增长的影响不显著，甚至可能抑制经济增长。由于解释变量和被解释变量都取自然对数，回归系数表示解释变量增加 1 个百分点对经济增长率的影响。根据表 15-5 的回归结果可知，财政教育支出增加 1 个百分点可以使得经济增长率上升的幅度在 0.147%到 0.306%之间，财政医疗支出增加 1 个百分点可以使得经济增长率增加的幅度在 0.247%到 0.306%之间。

表 15-5 消费性财政支出对我国经济增长的影响（GMM 分析）

变量	（1）SYS-GMM	（2）SYS-GMM	（3）DIFF-GMM	（4）DIFF-GMM
资本形成率	0.182***	0.151**	0.120**	−0.007
	（8.44）	（2.58）	（2.13）	（−0.33）
平均教育年限	1.762***	1.558***	0.005	0.043
	（48.89）	（36.09）	（0.03）	（1.61）
开放性水平	0.197***	0.209***	0.199***	0.216***
	（30.35）	（18.16）	（2.95）	（14.84）
财政教育支出	0.152***	0.147***	0.306***	0.289***
	（4.95）	（9.51）	（6.11）	（18.74）
社会保障支出	−0.068***	−0.032	0.054	0.009
	（−4.58）	（−1.49）	（0.63）	（0.52）
医疗支出	0.275***	0.271***	0.247***	0.306***
	（11.60）	（21.29）	（4.84）	（20.33）
常数项	2.918***	3.269***		
	（24.42）	（15.17）		
AR（2）p 值	0.103	0.231	0.348	0.334
外生性检验 p 值	0.121	1.000	0.365	0.882

注：括号内数值为 t 统计值

***和**分别表示在 1%、5%的水平上显著

需要说明的是，平均教育年限对应系数不显著。可能的原因是，本章运用的平均教育年限不能全面反映人力资本状况。事实上，人力资本包括数量方面的指标和质量方面的指标，平均教育年限反映人力资本数量，但不能反映人力资本质量。根据以上回归结果，财政教育支出和财政医疗支出对经济增长具有显著的促进作用，且这种促进作用是稳健的。社会保障支出对经济增长的影响不显著，甚至可能抑制经济增长。我们可以对比我国与发达国家财政教育支出和财政医疗支出占 GDP 的比例。图 15-9 是根据《中国统计年鉴》和 OECD 统计数据库整理得到的 2015 年世界主要国家政府财政教育支出和财政医疗支出占 GDP 的比例。可以看出，2015 年我国财政教育支出占

GDP 的比例为 3.83%，远低于 OECD 国家的平均值 5.31%；我国财政医疗支出占 GDP 的比例为 1.74%，远低于 OECD 国家的平均值 6.47%。因此，我国财政支出在教育支出和医疗支出方面还有较大的差距。

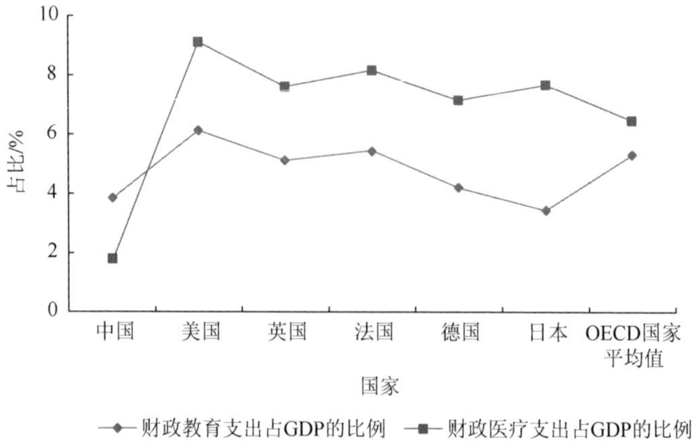

图 15-9　2015 年世界主要国家财政教育支出、财政医疗支出占 GDP 的比例

15.5　小　　结

我国以往的经验主要强调政府投资对经济增长的重要性，如 2008 年出台的 4 万亿元投资计划。财政支出主要包括生产性财政支出和消费性财政支出。生产性财政支出主要是基础设施，这对企业生产和经济增长具有直接的促进作用。消费性财政支出主要包括教育、医疗和社会保障支出。随着生产性财政支出的不断增加，我国基础设施不断完善，基础设施增加的空间在逐渐缩小。同时，根据新古典增长理论，基础设施规模扩大使得基础设施的边际回报率不断下降。这种情况下，适当减少生产性财政支出，增加消费性财政支出具有重要的作用。消费性财政支出可以更好地改善民生，尤其是对低收入群体、对落后地区的消费性财政支出可以改善其社会福利。事实上，消费性财政支出是重要的经济增长引擎，可以带动相关产业的就业和投资增加，消费性财政支出通过改善人们的预期、增加收入等渠道又会引致新的需

求，促进经济良性发展。相对于发达国家，我国公共服务还存在很多短板，消费性产品和服务支出还有很大空间。

本章在一个内生增长模型中同时引入生产性公共服务和消费性公共服务，我们假设生产性公共服务和消费性公共服务可以由政府或是市场提供。通过考察不同公共服务提供模式对应的经济增长率和社会福利水平，进而探讨何种公共服务提供模式最优。我们假设市场提供生产性公共服务时有外部性，政府提供生产性公共服务时可以将外部性内部化，但政府通过税收为公共支出融资，税收具有扭曲性。研究表明，若生产性公共服务的外部性较小，则市场同时提供生产性公共服务和消费性公共服务对应的经济增长率和社会福利水平更高；若生产性公共服务的外部性较大，则政府提供生产性公共服务、市场提供消费性公共服务对应的经济增长率和社会福利水平更高。本章的结论为公共服务市场化，尤其是消费性公共服务市场化提供了理论依据。

根据理论分析和实证分析，本章的政策含义主要包括以下两方面。

第一，发挥民间资本和公共资本的协调配合作用，共同提升社会福利。首先，民间资本参与公共服务提供对经济增长率和社会福利水平都有促进作用。因此，政府须采取切实优惠措施鼓励民间资本进入公共服务领域投资。例如，对民间投资予以金融支持，加快对民间资本的立法保护等。其次，民间资本以追求利润为直接出发点，民间投资有盲目性和不确定性，这容易导致过度投资或是投资不足的问题。因此，需要政府对民间资本予以引导。最后，在与民生领域相关的公共产品提供中，政府仍应发挥基础性作用。

第二，优化地方政府财政支出结构，提高财政支出使用效率。可适当减少政府在基础设施投资、行政管理等领域的财政支出，增加在教育、医疗、社会保障等民生领域的财政投入。此外，生产性财政支出内部也面临结构优化的问题。例如，相对于基础设施支出，政府在研发方面的支出更能促进经济增长（Alpaslan and Ali，2018）。

第 16 章

中国经济增长：事实、跨国比较与展望

图 16-1 是根据 Maddison 数据库整理得到的从 1820 年到 2010 年按照 1990 年可比价格英镑计算的我国人均实际 GDP 数据变化趋势，可以看出，在 1978 年改革开放之前的近 160 年里我国经济几乎是停滞的，1820 年我国人均实际 GDP 是 600 英镑，1978 年我国人均实际 GDP 为 977.95 英镑。而后几十年里我国人均实际 GDP 急剧上升，从 1978 年的 977.95 英镑增加到 2010 年的 8031.95 英镑。与此同时，随着我国人均实际 GDP 基数的上升，人均实际收入每增加 1000 英镑所需要的时间不断缩短。具体地，我国人均实际 GDP 从 1000 英镑上升到 2000 英镑用了 13 年（从 1979 年到 1992 年），人均实际 GDP 从 2000 英镑上升到 3000 英镑用了 5 年（从 1992 年到 1997 年），而后人均实际 GDP 每增加 1000 英镑需要的年份呈不断缩减的趋势，人均实际 GDP 从 6047 英镑上升到 8031 英镑仅用了 4 年（从 2006 年到 2010 年），平均每两年人均实际 GDP 增加 1000 英镑。

现有学者和文献从各个维度对改革开放以来中国经济增长的事实做了深度解读和分析，较为重要的工作包括：Prasad 和 Rajan（2006）认为改革开放以来中国经济的成功主要归因于两个因素：①从计划经济向市场经济的转型，这使得国有部门在经济中的份额不断下降，民营部门在经济中的份额不断上升。②对外开放使得中国融入全球经济。周黎安（2007）通过官员晋升锦标赛的机制，从政治经济学的视角来理解中国经济增长。樊纲等（2011a）通过市场化改革来解释改革开放以来中国经济增长的奇迹，Wei 等（2017）认为改革开放以来中国经济高速增长归功于市场化改革和经济基本面。其中，

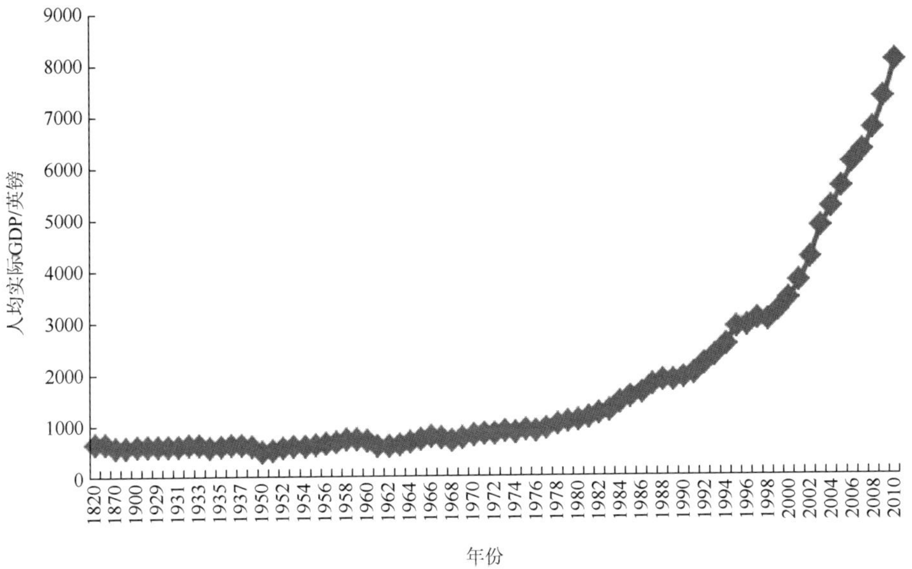

图 16-1　中国人均实际 GDP（1990 年可比价格英镑）

市场化改革是指价格由市场决定取代价格由行政决定，知识产权保护力度加强，国际贸易和投资壁垒下降，经济基本面主要是指有利的人口结构和低廉的劳动力成本。

关于经济增长的成功典型，经典的案例是新加坡、韩国，以及我国的香港和台湾地区创造的亚洲经济增长奇迹。相较于这些国家及地区经济增长的奇迹，改革开放以来我国内地（大陆）经济增长持续时间更长，且对应的平均经济增长率更高（Perkins，2019）。在理解中国经济增长时，一方面需要借鉴发达国家和地区经济增长的成功经验，但另一方面也需要借鉴典型国家经济增长衰退的历史过程，探求如何才能避免经济陷入衰退。例如，20 世纪 90 年代日本经济经历了失落的十年，其背后的原因可能是财政刺激不足、流动性陷阱、投资不足、全要素生产率下降（Hayashi and Prescott，2002）。需要说明的是，一些学者质疑中国官方公布的经济增长数据。他们认为，地方政府可能会虚报地区产值，实际经济增长要低于官方公布的经济增长（Rawski，2001）。也有学者提出了相反的结论。例如，Clark 等（2019）基于卫星记录的夜间灯光数据来计算宏观指标的权重，他们认为我国官方公布的数据可能低估了中国实际的经济增长。此外，现有研究不仅关注中国经济增长的数量，也关注中国经济增长的质量（钞小静和任保平，2011）。

当前，还存在诸多制约中国经济高质量发展的因素，其中一个突出问题是环境污染。我国经济正承受着巨大的环境成本，这突出表现在我国二氧化碳排放量的急剧增加。图 16-2 描述了国际能源署公布的 1980～2018 年中国和美国化石燃料的二氧化碳排放总量。可以看出，我国二氧化碳排放量呈不断增加的趋势，从 1980 年的 13.78 亿吨增加到 2018 年的 95.71 亿吨，2006 年我国二氧化碳排放总量超过美国，成为世界最大的二氧化碳排放国家，美国二氧化碳排放量总体稳定。

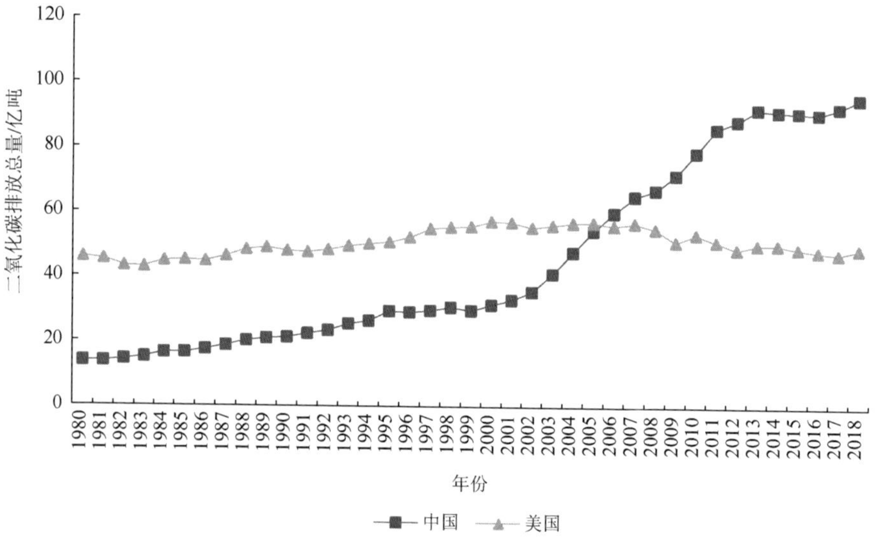

图 16-2　中国和美国化石燃料二氧化碳排放总量

随着人均寿命的不断延长和人口出生率下降，人口老龄化将成为我国面临的重要挑战。图 16-3 给出了根据国家统计局数据计算的我国历年人口出生率（对应左边的纵轴）和老年人口抚养比（对应右边的纵轴）。可以看出，我国人口出生率呈不断下降的趋势，从 1982 年的 2.228%下降到 2019 年的 1.048%。我国老年人口抚养比（65 岁及以上人口占 15～64 岁人口的比例）呈不断上升的趋势，从 1982 年的 7.98%上升到 2019 年的 17.79%。可以预计，人口出生率持续下降将会进一步加快我国老年人口抚养比的上升速度。如何应对老龄化是政策制定者和学术界关注的重点。十八届三中全会提出“研究制定渐进式延迟退休年龄政策”，十八届五中全会提出“全面实施一对夫妇可生育两个孩子政策，积极开展应对人口老龄化行动”，十九届五中全会提出“实现基本养老保险全国统筹，实施渐进式延迟法定退休年龄”。人口老龄化会影响劳动供给，导致社会保障账户收入和支出的失衡，也会导致更多的老年照料需求，这都会影响实体经济发展。

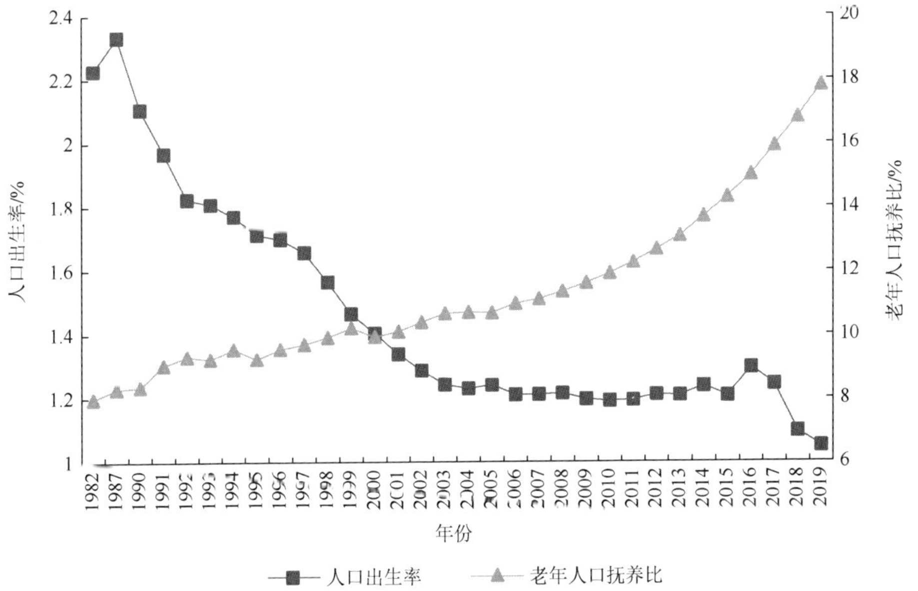

图 16-3　我国历年人口出生率与老年人口抚养比

收入分配不平等也是制约我国经济发展的重要问题。图 16-4 是世界银行 WDI 数据库 2016 年公布的主要国家的基尼系数，其中横轴国家名称后面的括号内是基尼系数对应的年份。可以看出，我国基尼系数高于除巴西以外的其他世界主要国家。根据库兹涅茨倒“U”形假说，在经济发展初期，随着收入水平的上升，收入不平等程度会加剧；当经济达到较高发展水平时，随着收入水平的上升，收入不平等程度会下降。库兹涅茨曲线拐点的到来在一定程度上依赖于宏观经济政策，包括收入分配政策、财税政策等。经济新常态背景下，降低收入不平等可以为我国经济增长提供新动力，这对于消除贫困，促进广大人民共享改革的成果具有重要意义。如何缩小我国收入不平等差距成为政策制定者和学术界关注的重点问题。

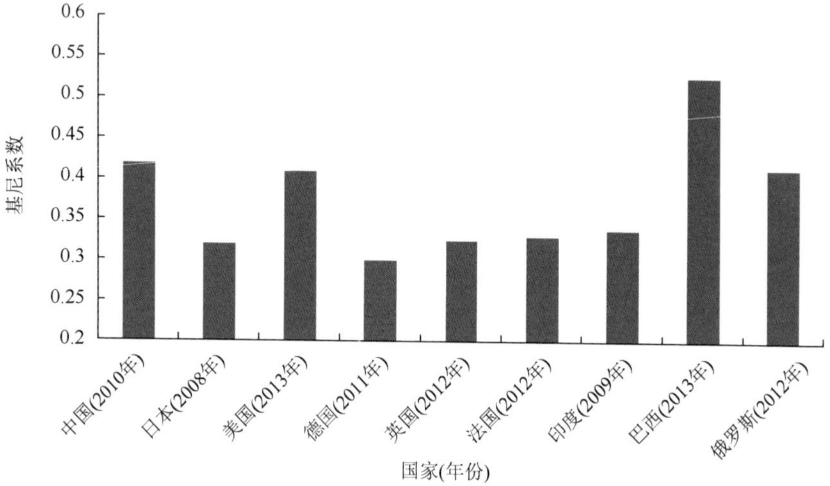

图 16-4　中国与世界主要国家基尼系数比较

产能过剩也是中国经济面临的重要问题。为应对 2008 年金融危机对经济的负面冲击，我国推出了 4 万亿元投资计划，我国工业部门生产规模急剧扩张。同时，我国经济增长速度放缓以及金融危机导致的国际市场需求减少，使得工业产品的供给与需求之间形成了很大的偏差，导致我国产能过剩严重。表 16-1 是 Woo（2019）给出的 2008 年和 2014 年我国生产能力扩张数据。可以看出，相较于 2008 年我国工业生产能力有很大提升。Perkins（2012）将中国投资分成民营企业投资、国有企业投资和政府投资三部分，2009 年国有企业大规模投资是导致产能过剩的重要原因，对房地产和股票市场的投资使得经济中的泡沫更严重。

表 16-1　我国生产能力

行业	2008 年/亿吨	2014 年/亿吨	增长率/%
粗钢	6.440	11.400	77.0
电解铝	0.181	0.381	110.5
水泥	18.700	31.000	65.8

续表

行业	2008 年/亿吨	2014 年/亿吨	增长率/%
炼油	3.910	6.860	75.4
平板玻璃	6.500	10.460	60.9
造纸	0.890	1.290	44.9
造船	0.288	0.391	35.8

资料来源：Woo（2019）

16.1　需求侧分析

改革开放以来中国基本面区别于其他国家的一个重要体现是需求结构，这突出表现在中国的高投资率和低消费率。根据凯恩斯的宏观经济理论，需求会创造供给，即需求越大，供给能够自动满足需求。我们通常指的需求对经济增长的作用，主要是消费、投资和出口“三驾马车”对经济增长的作用。图 16-5 是《中国统计年鉴》公布的 1978～2016 年我国最终消费、资本形成和净出口对经济增长的贡献度。样本区间内，最终消费、资本形成和净出口对经济增长贡献度的均值分别是 58.06%、38.29%和 3.65%。

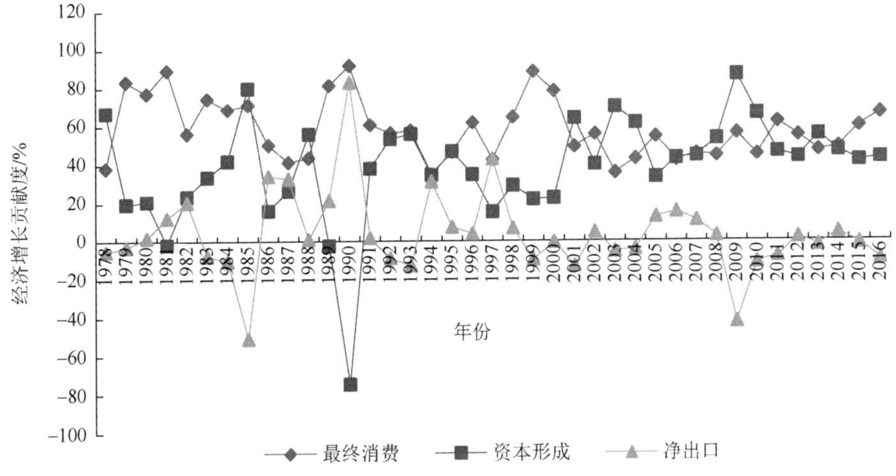

图 16-5　我国经济增长动力：需求视角的分解

我们进一步将样本区间按照时间长度分成 1978～1996 年和 1997～2016 年两个区间考察不同区间经济增长的贡献度。我们发现，1978～1996 年，最终消费、资本形成和净出口对经济增长的贡献度分别为 62.27%、29.86%和 7.87%；1997～2016 年，最终消费、资本形成和净出口对经济增长的贡献度分别为 54.07%、46.3%和–0.37%。这说明最终消费和净出口对我国经济增长的贡献在下降，资本形成对我国经济增长的贡献度在大幅上升。值得注意的是，2008 年金融危机爆发后，我国依靠大规模的投资刺激计划使得资本形成对经济增长的贡献度大幅上升。这种情况从 2013 年开始发生反转，2013～2016 年，最终消费对经济增长的贡献度在上升，而资本形成对经济增长的贡献度在下降。

现有文献通过规范的方法研究了需求对我国经济增长的贡献度。沈利生（2009）测算发现，2002 年以来，消费对经济增长的拉动作用在下降，出口对经济增长的作用在上升。王小鲁等（2009）研究发现，最终消费率持续下降对经济效率和经济增长产生负向影响，刘瑞翔和安同良（2011）通过国家统计局的投入产出数据，通过非竞争产出模型对我国经济增长动力的分析表明，1987～2007 年，我国经济增长对国内消费需求的依存度在不断下降，对出口的依存度在不断上升。不同产业对需求结构的依存度也存在差异，农业部门和服务业部门主要依赖于消费需求，工业部门主要依赖于投资和出口。黄泰岩（2014）认为需求拉动我国经济增长的动力不足，并且呈现不断衰减的趋势，必须放弃需求拉动的定式思维，寻找新的经济增长动力源。赵昌文等（2015）等基于不同工业化时期的研究发现，消费对我国经济增长的贡献呈“U”形关系，投资对我国经济增长的影响是单调递增的，出口对我国经济增长的贡献呈倒“U”形关系。

图 16-6 是根据 WDI 数据库计算得到的世界主要国家资本形成占 GDP 的比例。可以看出，我国资本形成占 GDP 的比例远高于发达国家和转型国家。1978～2015 年，我国资本形成占 GDP 比例的均值为 39.68%，美国、日本、德国、法国、英国等发达国家样本区间内资本形成占 GDP 比例的均值分别为 21.92%、27.44%、22.37%、22.26%和 18.98%，韩国资本形成占 GDP 比例的均值为 30.96%，金砖国家巴西、印度和俄罗斯资本形成占 GDP 比例的均值分别为 19.97%、27.50%和 16.64%。

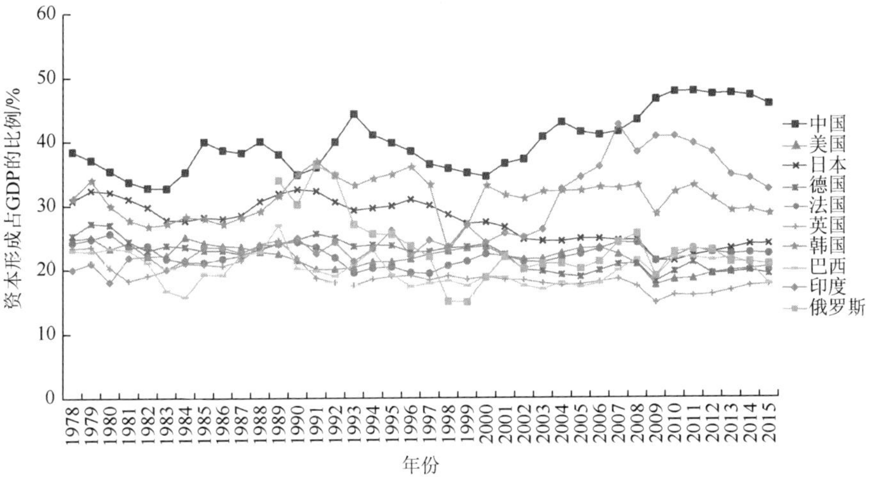

图 16-6　世界主要国家资本形成占 GDP 的比例

图 16-7 是根据 WDI 数据库计算得到的世界主要国家最终消费占 GDP 的比例。需要说明的是，这里的最终消费包括政府消费和居民消费两部分。可以看出，我国最终消费占 GDP 的比例远低于发达国家和转型国家，且我国最终消费占 GDP 的比例总体呈不断下降的趋势，从 1978 年的 62.14%下降到 2015 年的 51.12%。发达国家和发展中国家的巴西最终消费占 GDP 的比例在 80%左右，印度和俄罗斯最终消费占 GDP 的比例在 70%左右。这说明最终消费在我国支出中的占比过低，这也从一个侧面反映出消费对我国经济增长的贡献度较低。

我们用最终消费占 GDP 的比例减去政府消费占 GDP 的比例得到居民消费占 GDP 的比例。图 16-8 是根据 WDI 数据库计算得到的世界主要国家居民消费占 GDP 比例的变化趋势。可以看出，我国居民消费占 GDP 的比例总体呈下降的趋势，2015 年为 37.14%。美国居民消费占 GDP 的比例在 60%以上，巴西、印度、俄罗斯等发展中国家居民消费占 GDP 的平均比例超过 40%。

消费占 GDP 的比例过低，投资占 GDP 的比例过高带来的内部结构失衡问题的解决关系到中国能否从中等收入阶段跨越到高收入阶段（Perkins，2012）。关于中国低消费、高投资的原因引起了学术界极大的研究兴趣。现有研究主要

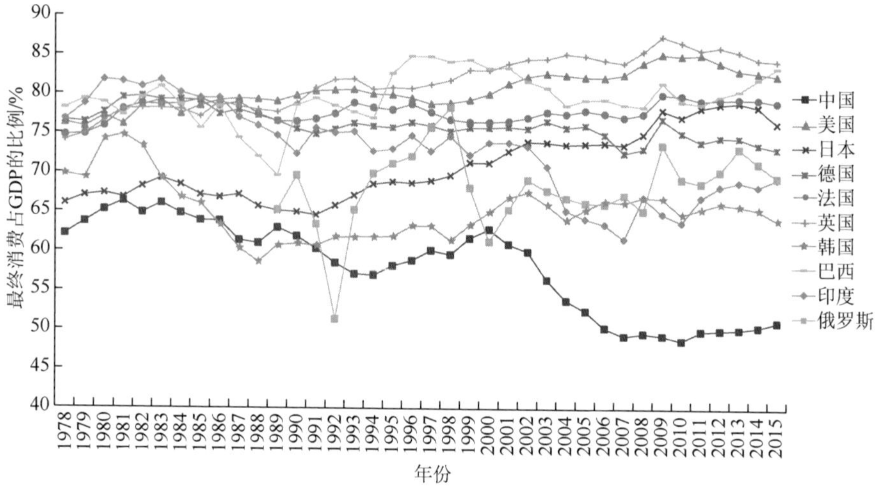

图 16-7 世界主要国家最终消费占 GDP 的比例

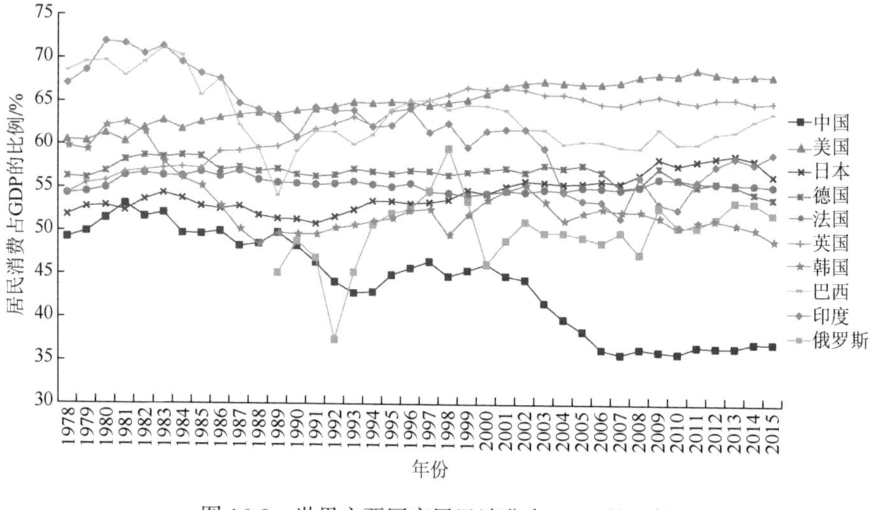

图 16-8 世界主要国家居民消费占 GDP 的比例

是从预防性储蓄，政府在教育、医疗、社会保障方面的支出不足等原因进行分析的。Du 等（2014）认为过度追求经济增长率使得初次分配和再分配过度地向资本和政府部门倾斜，劳动收入份额下降，政府支出结构过度地向生产性支出倾斜，而对民生性支出的力度较小，这使得消费投资比例下降。吕冰洋和毛捷（2014）从财政的视角来理解我国的高投资、低消费现象，他们认为从降低投资消费比的视角分析，应弱化中央的财政扩张政策，财政支出应向民生性支出倾斜，提高直接税比重，积极推动财产税和个人所得税改革。

图 16-9 给出了世界主要国家产品和服务出口占 GDP 的比例，可以看出，2007 年金融危机之前，我国出口占 GDP 的比例总体呈现不断上升的趋势。2007 年之后，出口占 GDP 的比例不断下降。2007 年以后出口占比下降的原因包括金融危机后国际市场低迷，以及我国劳动力成本上升带来的出口比较优势下降。这也说明依靠外需拉动的经济增长模式很难持续，我们必须寻找经济增长的新动力。

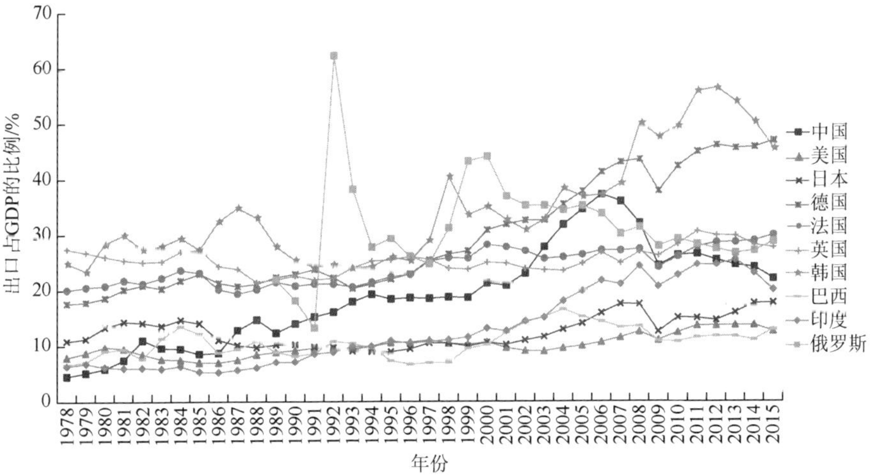

图 16-9　世界主要国家产品和服务出口占 GDP 的比例

16.2　供给侧分析

关于供给侧中国经济增长的动力主要从以下两个视角展开分析：①通过经济增长核算方法考察中国经济增长动力。②多部门框架下的中国经济增长。本部分首先从总体经济的视角考察资本、劳动和全要素生产率对我国经济增长的贡献，而后从农业、工业和服务业视角以及国有经济和民营经济的视角考察不同部门增长的源泉以及不同部门增长对我国经济增长的贡献度。

16.2.1　中国经济增长动力争论

根据 Solow（1956）、Romer（1986，1990）为代表的新古典经济增长理论和内生增长理论，经济增长的动力来源于全要素生产率上升和资本深化。全要素生产率上升直接提高了资本和劳动的边际生产率，使得生产技术前沿外移，提升了经济的总体生产能力。资本深化使得人均实际资本增加，人均实际收入上升。新古典经济增长理论假设资本边际产量随资本投入增加严格递减，新增单位资本对产出的边际贡献率不断下降。内生增长理论假设资本的边际产量为常数，均衡状态的资本产出比为常数。基于供给侧特征事实，关于中国经济增长动力的争论焦点是，中国经济增长是资本深化驱动的，还是全要素生产率上升驱动的。

现有的关于我国经济增长源泉分析的文献主要基于总量生产函数，通过经济增长核算方法考察各种因素对我国经济增长的贡献度。根据新古典生产函数的设定，经济增长的源泉包括物质资本、劳动和技术进步。具体思路是，将总产出函数写为资本、劳动和全要素生产率的函数，构建回归方程，而后将现实经济数据代入，通过回归分析估算要素产出弹性。在此基础上，根据各变量的增长率以及回归系数计算出物质资本、劳动和全要素生产率对经济增长的贡献度。关于中国经济增长的动力，现有研究大多发现中国经济增长的主要动力是要素投入，尤其是物质资本，而全要素生产率对中国经济增长的贡献较低，较为重要的文献见表 16-2。

表 16-2　中国经济增长动力核算文献

文献	物质资本	人力资本	劳动	全要素生产率	时间段
Chow 和 Lin（2002）	62%	—	10%	28%	1978～1998 年
Wang 和 Yao（2003）	47.7%	11.0%	15.9%	25.4%	1978～1999 年
Young（2003）	60%	—	—	40%	1978～1998 年
孙琳琳和任若恩（2005）	49%	—	16%	35%	1981～2002 年
Perkins 和 Rawski（2008）	43.7%	—	16.2%	40.1%	1978～2005 年

续表

文献	物质资本	人力资本	劳动	全要素生产率	时间段
Brandt 和 Zhu（2010）	48.29%	—	—	51.71%	1978～2007 年
Zhu（2012）	0.51%	7.05%	14.55%	77.89%	1978～2007 年
蔡昉（2013b）	61%	6%	9%	24%	1979～2010 年
董敏杰和梁泳梅（2013）	85.4%	—	3.7%	10.9%	1978～2010 年
李平等（2013）	57.86%	—	8.99%	33.14%	1978～2010 年
Li 等（2014）	53.32%	45.87%	—	0.81%	1986～2010 年
黄志钢和刘霞辉（2015）	69.92%	—	5.73%	24.35%	1985～2007 年
郭豫媚和陈彦斌（2015）	68.8%	9. 9%	9.3%	11.8%	1979~2014 年
余泳泽（2015）	70% ~ 85%	—	5% ~ 10%	10% ~ 20%	1978～2012 年
Wu（2016）	64.09%	21.59%	5.37%	9.28%	1980～2012 年
陈彦斌和刘哲希（2016）	64.03%	9.50%	10.23%	15.32%	1979～2015 年

注：一表示没有考虑该变量

需要说明的是，由于经济增长核算运用的基本框架、计量方法、核心指标测度方法、样本时间段等因素不同，现有文献关于要素投入和全要素生产率对中国经济增长贡献度核算的结果存在较大差异。例如，关于物质资本对中国经济增长的贡献度，郭豫媚和陈彦斌（2015）测算得到的值为 68.8%，Wang 和 Yao（2003）测算得到的值为 47.7%。关于全要素生产率对中国经济增长的贡献度，Zhu（2012）测算得到的值为 77.89%，郭豫媚和陈彦斌（2015）测算得到的值为 11.8%。大量的文献发现，随着时间的推移，全要素生产率对中国经济增长的贡献在下降（郑京海等，2008），全要素生产率的增长率甚至是负的（Wu，2016）。不过，也有学者认为相对于物质资本而言，全要素生产率上升对改革开放以来中国经济增长的贡献更大。例如，Zhu（2012）研究发现，1978～2007 年，物质资本和全要素生产率对中国经济增长的贡献度分别为 0.51%和 77.89%，并据此认为改革开放以来中国经济增长的奇迹主要归因于全要素生产率的提升，而非资本深化。

在上述文献中全要素生产率是一个广义的概念。事实上，全要素生产率包含的内容非常丰富，现有研究的一个工作是将全要素生产率无限细化。这些研究将生产函数由 $y = Af(k)$ 的形式拓展为 $y = A(A_1, A_2, \ldots, A_n)f(k)$ 的形式，其中

A_i 表示全要素生产率的影响因素。我们可以更具体地分析全要素生产率各个方面对经济增长的影响。例如，刘伟和张辉（2008）将全要素生产率分解为结构变迁效应和生产率增长效应，基于我国 1978～2006 年的数据研究发现，结构变迁效应对我国经济增长的贡献度在下降，而生产率增长效应对我国经济增长的贡献度在上升。樊纲等（2011a）认为，全要素生产率中包含了市场化改革的贡献，他们构建了我国各省份的市场化指数，定量研究显示，市场化改革进程推进提升了资源配置效率和微观经济效率，1997～2007 年我国全要素生产率增长的 39.23%是由市场化改革贡献的。我国不同省份经济增长的动力和经济增长模式也存在较大差别。Andersson 等（2013）研究发现，在领先省份，全要素生产率对经济增长的贡献度在不断上升，资本形成对经济增长的贡献度在不断下降；在追随省份，经济增长仍然主要依赖于资本形成。

需要强调的是，通过经济增长核算来研究中国经济增长时也面临一些批判。Ding 和 Knight（2009，2011）指出，经济增长核算存在两方面的缺陷：①全要素生产率衡量除劳动和资本以外的残差项，这里包含了产业结构变迁、资源配置效率、开放性水平等很多因素。换句话说，全要素生产率衡量的是“一项无知的测度”，而不仅仅是技术水平。②现实经济中，技术水平和资本水平是相互作用的，而不是相互独立的。技术水平提升会促进资本积累，而资本水平的上升又会提升技术水平。此外，经济增长核算通常假设生产函数中资本和劳动的指数是不变的，现实经济中产出弹性可能随时间变化而变化。

16.2.2 多部门框架下的中国经济增长

现有文献通过拓展标准经济增长框架来研究我国经济增长问题。这里的问题是，标准经济增长框架是以美国经济作为基准经济构建的，其突出特点是假设经济中不存在农业部门，只有非农业部门。这种框架用来研究美国等发达国家的经济问题具有较好的适用性，这是因为美国等发达国家现代化程度很高，农业部门增加值占 GDP 的比例以及农业部门劳动力占总劳动力的比例都很低，忽略农业部门不会影响整体结论。但运用该框架来研究中国经济增长问题却欠妥，这是因为与美国等发达国家不同，我国是处于转型时期的发展中国家，农业部门是我国经济中的重要组成部分。因此，研究中国经济增长问题应考虑中国产业结构特征事实，忽视农业部门的中国经济增长分析得到的结果是有偏的。在多部门框架下，可以从部门资本、劳动和全要素生产率的视角更详细地分析中国经济增长的动力。同时，生产要素在不同部门之间的流动也是经济增长的动力。具体到我国主要是劳动力在城乡之间、产业之间以及区域之间的流动。此外，通过多部门框架研究得到的结论也可以更具体。例如，如果资本深化是经济增长的主要原因，那么是农业部门资本深化的作用更大，还是非农业部门资本深化的作用更大？如果全要素生产率是中国经济增长的主要原因，农业部门技术效率和非农业部门技术效率对经济增长的贡献度哪个更大？

Bosworth 和 Collins（2008）通过估算我国农业、工业和服务业部门的增长来解释中国经济的增长。研究表明，从 1978～1993 年，我国平均经济增长率为 6.4%，农业、工业、服务业以及要素在不同部门流动的平均增长率为 1.2%、2.4%、1.1%和 1.7%。1993～2004 年，我国经济的平均增长率为 8.5%，农业、工业、服务业以及要素流动的平均增长率分别为 0.7%、5.0%、1.7%和 1.2%。他们认为，工业部门对我国经济增长的贡献度最大，且其对经济增长的贡献度呈增加趋势，而农业部门对我国经济增长的贡献度在下降。Brandt 和 Zhu（2010）通过非国有企业的发展来解释改革开放以来的中国经济增长，1978～2007 年，非国有经济部门人均实际产出的增长率为 6.16%，人均资本增长率为 1.60%，全要素生产率的增长率为 4.56%；国有经济部门人均实际产出增长率为 5.85%，人均资本和全要素生产率的增长率分别为 4.33%和 1.52%。因此，非国有经济部门的增长主要依赖于技术进步，而国有经济部门的增长主要依赖于资本形成。严成樑（2017c）构建包含农业部门、非农业部门和政府部门的多部门模型，通过反事实分析，发现在不同发展阶段经济增长的核心动力不同，1978～1994 年，农业部门全要素生产率上升是我国经济增长的最主要动力，贡献度为 50.86%；1995～2012 年，非农业部门资本深化是我国经济增长的核心动力，贡献度为 68.97%。需要说明的是，现有研究主要是基于宏观数据考察资本、劳动以及全要素生产率等对我国经济增长的贡献的，我们认为运用微观企业或行业数据更细致地分析不同要素对我国经济增长的贡献是一个重要发展方向。这是因为相对于宏观数据而言，微观企业数据和行业数据包含的信息更多，得到的结论也更可信。

16.3　特征事实和国际比较

16.3.1　中国经济增长核心特征事实

中国经济增长既遵循经济增长的一般性规律，比如全要素生产率和人力资本水平提升促进经济增长，劳动力从农业部门向服务业部门流动使得生产要素配置优化促进经济增长。中国经济也有独特的地方，比如国有经济和非国有经济的经济结构、要素禀赋等存在较大的差异，地方政府具有追求经济增长的激励等。根据经济增长理论，我们从一般性的角度研究中国经济增长。

第一，长期持续经济增长。图 16-10 给出了根据 PWT 9.0 数据计算得到的我国人均 GDP 经济增长率。可以看出，围绕平衡增长路径，我国经济增长率在上下波动。改革开放以来，我国的年均经济增长率为 8.69%。长期持续经济增长使得我国经济总产出占全球 GDP 的总量从 1978 年的 2.3%上升到 2014 年的 14.6%。

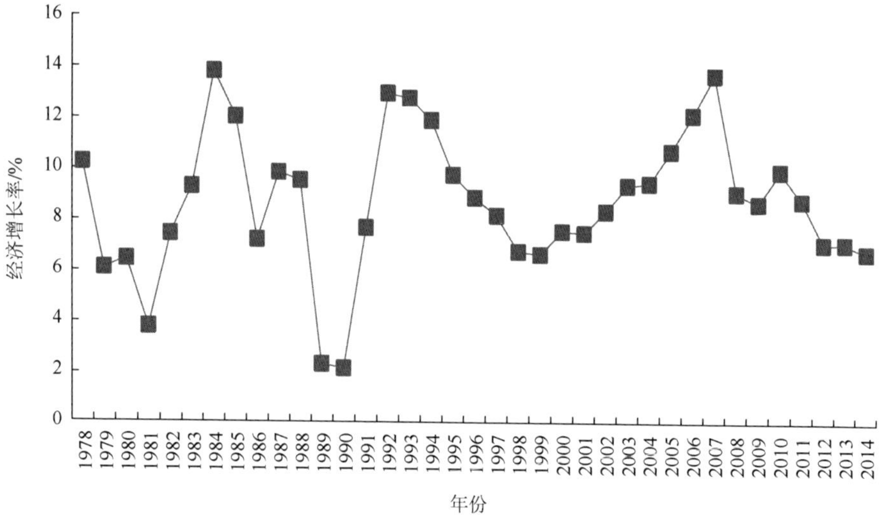

图 16-10　我国人均 GDP 经济增长率

第二，资本深化。资本深化主要体现在劳动力平均资本的上升，资本深化过程中也蕴含着技术进步。通常地，在经济起始阶段，从传统的农业社会到工业社会的转型主要依赖于资本深化，但过度依赖资本深化又会使得资本边际产量下降，带来产能过剩问题。经济发展到高级阶段需要减少对资本深化的依赖，更多地强调技术或其他因素的力量。我们用资本产出比衡量资本深化程度，根据 PWT 9.0 数据计算得到我国的资本产出比从 1978 年的 1.26 上升到 2014 年的 4.13（图 16-11）。

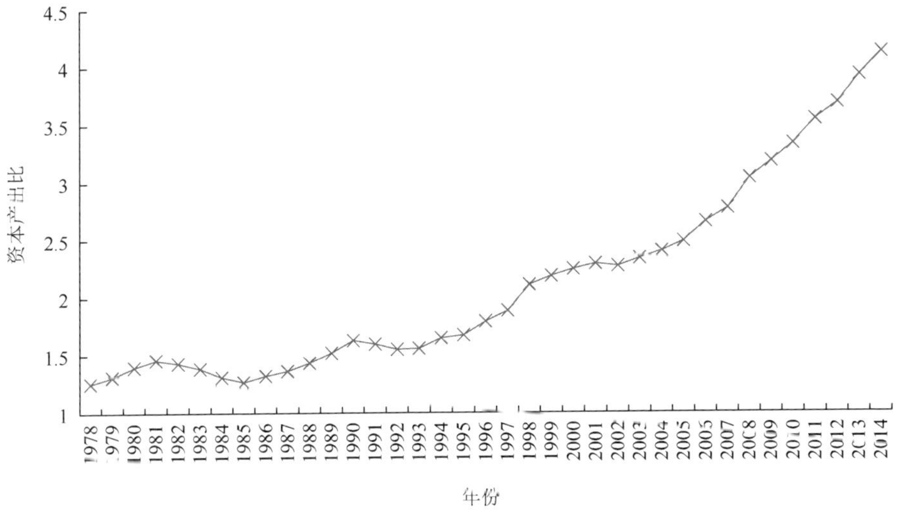

图 16-11　改革开放以来我国资本产出比变化

第三，劳动力参与率提升。用劳动力占总人口的比重表示劳动力参与率，从图 16-12 可以看出，1992 年之前，我国劳动力参与率有较大幅度的提升，从 1978 年的 46.87%提升到 1991 年的 55.55%；1992 年之后，我国劳动力参与率上升的速度下降。

第四，人力资本水平不断提升。经典的增长理论强调人力资本对经济增长的重要性。人力资本与物质资本具有互补性，人力资本越高使得物质资本的边际回报率上升，这会加快资本深化。同时，人力资本又是技术进步的必要投入，人力资本水平越高，越有利于通过研发生产出更高的技术，带动经济增长。与物质资本不同，人力资本是一个综合的概念，其不仅包括了劳动者

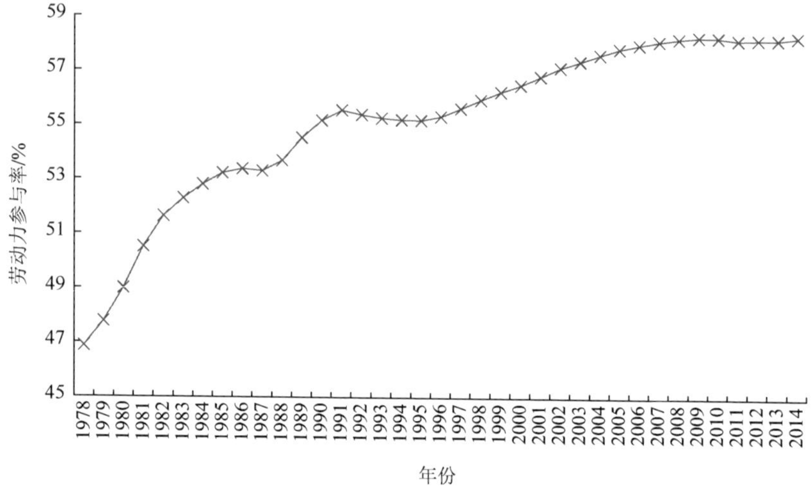

图 16-12　改革开放以来我国劳动力参与率

的教育时间，而且还包括了劳动者的教育质量，甚至包括劳动者的健康水平等。图 16-13 是 PWT 9.0 公布的我国 1978～2014 年的人力资本指数，该指标主要包含了接受教育的年限以及教育回报率的信息。可以看出，我国人力资本指数从 1978 年的 1.625 上升到 2014 年的 2.469。

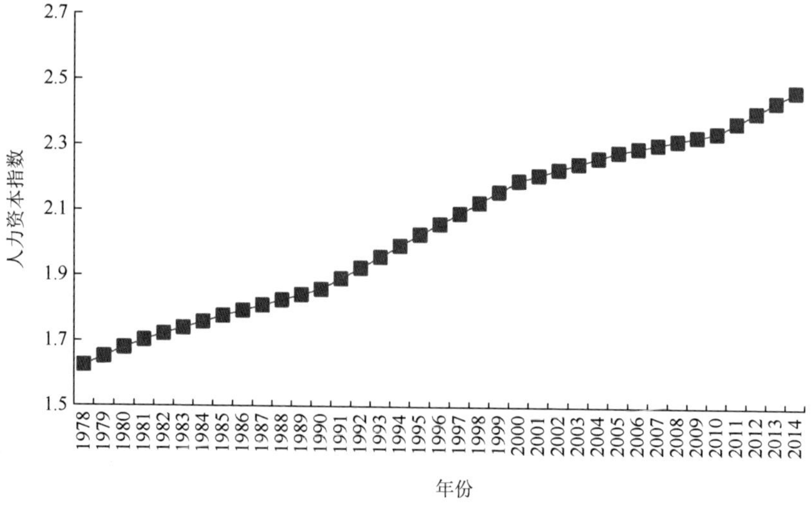

图 16-13　改革开放以来我国人力资本指数

第五，全要素生产率显著提升。全要素生产率衡量了除劳动、资本以外对生产有作用的因素，包括技术水平、经济制度、基础设施质量等。在新古典增长框架中，全要素生产率是一个黑匣子，现代经济增长理论演进的逻辑是不断深化对全要素生产率的认识。图 16-14 是根据 PWT 9.0 数据计算的我国全要素生产率，可以看出，我国全要素生产率从 1978 年的 0.54 增加到 2014 年的 1.04，其中 2000 年之前我国全要素生产率的增长速度较慢，2000 年之后全要素生产率的增长速度较快。

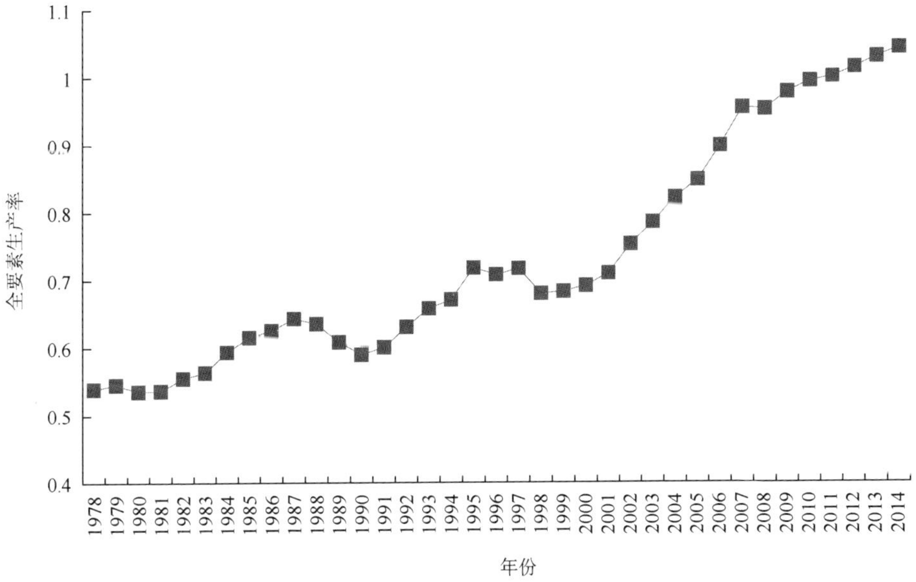

图 16-14　改革开放以来我国的全要素生产率

16.3.2　核心特征事实国际比较

我们通过跨国对比以更好地认识中国经济增长事实。经济发展所处阶段不同，经济增长的动力也存在较大差异。这里我们分别选取发达国家、新兴经济体以及发展中国家的代表性国家做对比分析。代表性的发达国家是美国和日本，代表性的新兴经济体是韩国和新加坡，代表性的发展中国家是印度和巴西。我们采用 PWT 9.0 的可比数据进行分析。图 16-15 是 1978～2014 年这些国家人均实际 GDP 取自然对数后的变化趋势，可以看出，相对于这些国家而言，我国人均实际 GDP 增加幅度最大。但从绝对数值来看，我国人均实际 GDP 与发达国家以及新兴经济体相比仍有较大的差距。

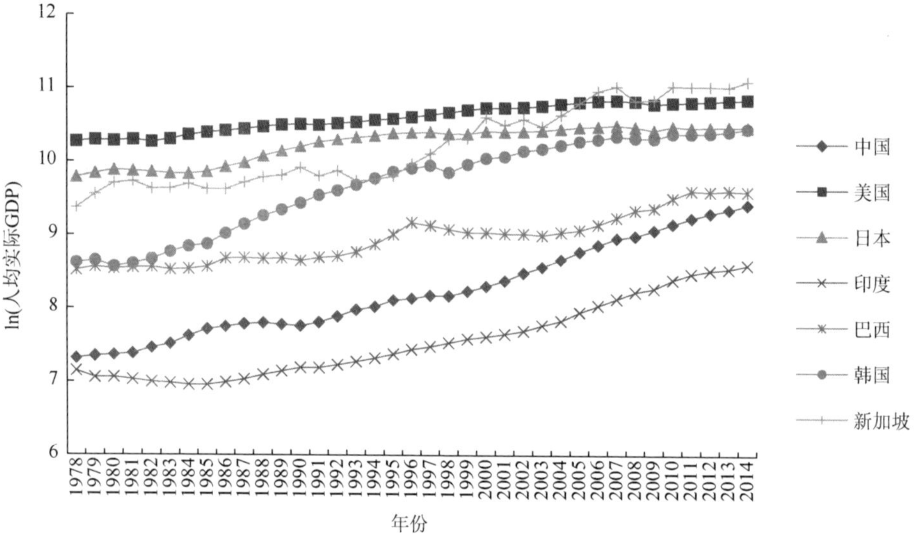

图 16-15　1978～2014 年中国相对于世界主要经济体人均实际 GDP

我们用 y_{1978} 表示 1978 年的人均实际 GDP，y_{2014} 表示 2014 年的人均实际 GDP，我们将上述两个指标取自然对数，用 $\ln y_{2014} - \ln y_{1978}$ 表示 1978～2014 年人均实际 GDP 的变动，该指标越大，表示样本区间内经济增长的速度越快。我们采用类似的方法计算样本区间内其他指标的变动，相应指标值越大，表示样本区间内该指标的增长速度越快。图 16-16 给出了 1978～2014 年样本国家人均实际 GDP 的变动。可以看出，经济增长率最高的是中国，而后依次是韩国、新加坡、印度和巴西，美国和日本的经济增长率较低。

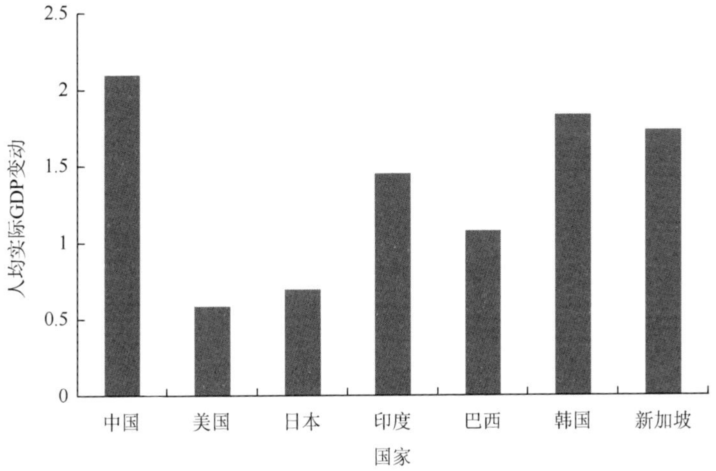

图 16-16　人均实际 GDP 变动

经济增长的因素包括资本形成、劳动供给、人力资本以及全要素生产率提升。图 16-17～图 16-20 分别是样本区间内资本产出比、劳动力参与率、人力资本和全要素生产率的变动情况。通过对比分析可知，我国资本产出比和全要素生产率的增长率高于其他国家，劳动力参与率以及人力资本增长率高于美国和日本两个发达国家，但要低于新加坡和韩国两个新兴经济体。据此分析，资本深化和全要素生产率可能是中国经济增长的最重要动力。

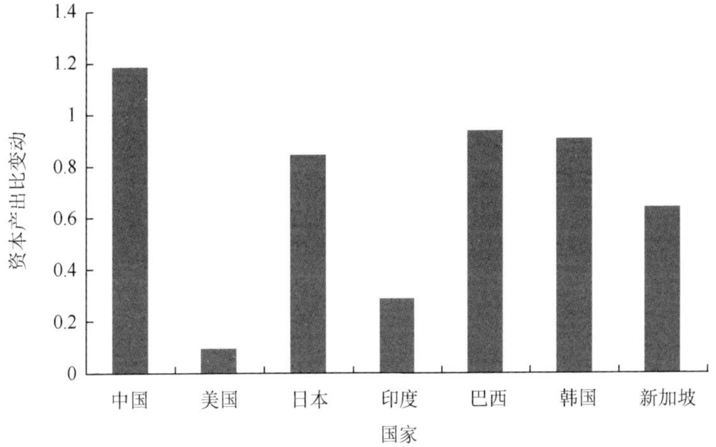

图 16-17　主要国家资本产出比变动

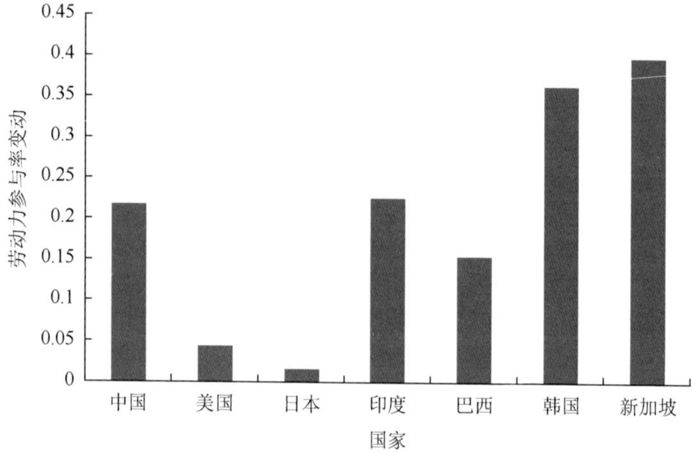

图 16-18 劳动力参与率变动

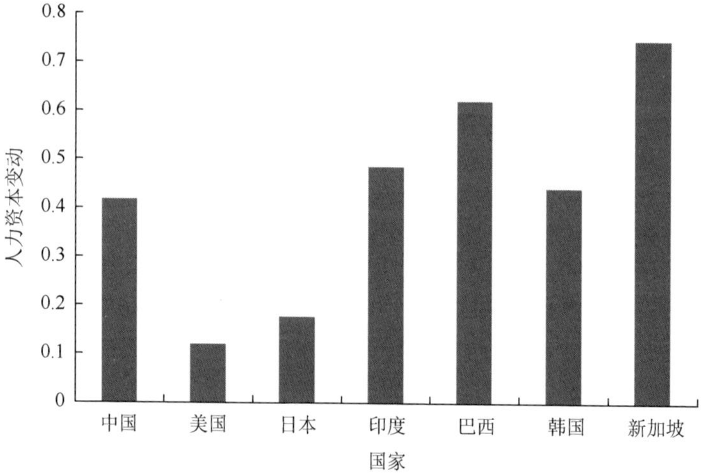

图 16-19 人力资本变动

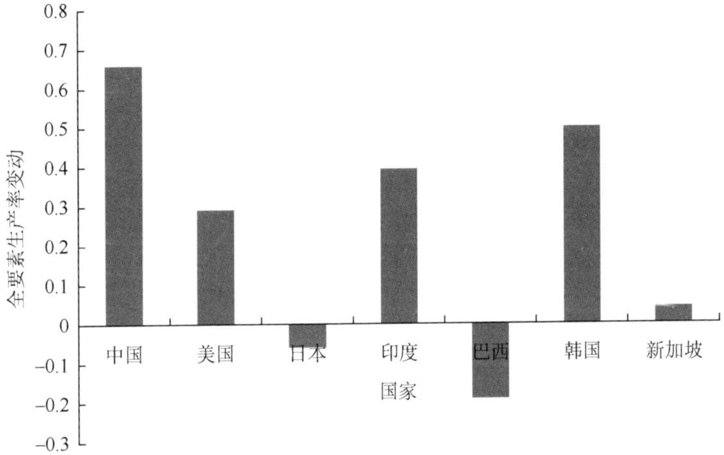

图 16-20　全要素生产率变动

16.4　经济增长核算

本部分通过经济增长核算方法研究改革开放以来中国经济增长的动力，并通过与美国、日本、韩国、新加坡、巴西、印度等国家对比，量化分析中国经济增长的成功经验。

16.4.1　基准分析框架

借鉴 Zhu（2012）的理论分析框架，我们假设总产出 Y 取决于全要素生产率 A、物质资本 K、人力资本 h 和劳动 L，我们构建如下的柯布-道格拉斯生产函数：

$$Y = AK^{\alpha}(hL)^{1-\alpha} \tag{16-1}$$

将方程（16-1）两端同除以 Y^{α} 可得

$$Y^{1-\alpha} = A(K/Y)^{\alpha}(hL)^{1-\alpha} \tag{16-2}$$

方程（16-2）进一步整理得到：

$$Y = A^{\frac{1}{1-\alpha}}(K/Y)^{\frac{\alpha}{1-\alpha}}hL \tag{16-3}$$

将方程（16-3）两端同除以总人口 Pop，可以将式（16-3）转化为

$$Y/\text{Pop} = (L/\text{Pop})(K/Y)^{\frac{\alpha}{1-\alpha}} hA^{\frac{1}{1-\alpha}} \quad （16\text{-}4）$$

我们用 Y/Pop 表示人均实际 GDP，根据方程（16-4），人均实际 GDP 可以分解为劳动力参与率 L/Pop、资本产出比 K/Y、人力资本水平 h 和全要素生产率 A 的乘积。将方程（16-4）两端取自然对数，可以得到如下的回归方程：

$$\ln(Y/\text{Pop}) = \ln(L/\text{Pop}) + \left[\alpha/(1-\alpha)\right]\ln(K/Y) + \ln h + \left[1/(1-\alpha)\right]\ln A \quad （16\text{-}5）$$

16.4.2 量化分析

根据 PWT 9.0 数据库，我们可以得到按照可比价格计算的总产出和总资本，我们用总产出除以总人口得到人均实际 GDP，用总资本除以总产出得到资本产出比，用劳动力除以总人口表示劳动力参与率。根据数据的可得性，我们选取的样本区间为 1978～2014 年。表 16-3 是根据方程（16-5）得到的回归结果，可以看出，人力资本对所有国家的人均实际 GDP 都有显著的促进作用，劳动力参与率、资本产出比与全要素生产率对人均实际 GDP 的影响在不同国家之间差别较大。

表 16-3　方程（16-5）的回归结果

变量	中国	美国	日本	印度	巴西	韩国	新加坡
$\ln(L/\text{Pop})$	0.792***	0.865***	3.439***	0.295	−0.105	1.988***	−0.681
	（3.50）	（33.57）	（11.14）	（1.40）	（−0.31）	（4.33）	（−1.17）
$\ln(K/Y)$	0.477***	−0.027	−0.015	0.932***	−0.472	−0.075	−0.892***
	（6.67）	（−1.59）	（−0.07）	（19.21）	（−1.20）	（−1.23）	（−2.84）
$\ln h$	0.462**	1.673***	4.328***	1.189***	2.547***	2.015***	3.198***
	（2.08）	（17.08）	（4.53）	（3.64）	（6.89）	（4.55）	（9.15）
$\ln A$	1.764***	1.185***	−0.044	1.614***	0.639	0.927***	1.079*
	（20.57）	（33.46）	（−0.08）	（6.04）	（1.50）	（2.50）	（1.75）
常数	8.640***	9.331***	7.417***	6.872***	7.674	9.442***	8.133***
	（34.34）	（75.96）	（7.23）	（16.43）	（18.62）	（13.39）	（13.60）
R^2	0.99	0.99	0.96	0.99	0.95	0.98	0.91

注：括号内为 t 值

***、**和*分别表示在 1%、5%和 10%的水平上显著

在回归分析的基础上，我们通过经济增长核算考察不同因素对经济增长的贡献度。我们假设 i 国的人均实际 GDP 分解为

$$\ln(Y/\text{Pop})_i = \theta_{1i}\ln(L/\text{Pop})_i + \theta_{2i}\ln(K/Y)_i + \theta_{3i}\ln h_i + \theta_{4i}\ln A_i \quad (16\text{-}6)$$

将方程（16-6）取差分得到：

$$\Delta\ln(Y/\text{Pop})_i = \theta_{1i}\Delta\ln(L/\text{Pop})_i + \theta_{2i}\Delta\ln(K/Y)_i + \theta_{3i}\Delta\ln h_i + \theta_{4i}\Delta\ln A_i \quad (16\text{-}7)$$

方程（16-7）的左端表示人均实际 GDP 的增长率（经济增长率），方程（16-7）将经济增长率分解为劳动力参与率的增长率、资本产出比增长率、人力资本增长率和全要素生产率增长率的加权平均。

基于方程（16-7），我们可以得到劳动力参与率对经济增长的贡献度为

$$\Omega_1 = \frac{\theta_{1i}\Delta\ln(L/\text{Pop})_i}{\Delta\ln(Y/\text{Pop})_i}\times 100\% \quad (16\text{-}8)$$

资本产出比对经济增长的贡献度为

$$\Omega_2 = \frac{\theta_{2i}\Delta\ln(K/Y)_i}{\Delta\ln(Y/\text{Pop})_i}\times 100\% \quad (16\text{-}9)$$

人力资本对经济增长的贡献度为

$$\Omega_3 = \frac{\theta_{3i}\Delta\ln h_i}{\Delta\ln(Y/\text{Pop})_i}\times 100\% \quad (16\text{-}10)$$

全要素生产率对经济增长的贡献度为

$$\Omega_4 = \frac{\theta_{4i}\Delta\ln A_i}{\Delta\ln(Y/\text{Pop})_i}\times 100\% \quad (16\text{-}11)$$

理论上说，$\Omega_1+\Omega_2+\Omega_3+\Omega_4=100\%$，但由于数据的复杂性，实际计算时可能与现实经济存在差距，但相对值大小仍能反映不同指标在经济增长中的重要性。在进行增长核算之前需要计算样本区间内各变量的变动值，我们用 2014 年的数值取自然对数值与 1978 年的数值取自然对数值相减得到 1978～2014 年各变量的变动，具体结果见表 16-4。可以看出，样本区间内经济增长最快的是中国，最慢的是美国；劳动力参与率增长最快的是新加坡，最慢的是日本；资本产出比增长最快的是中国，最慢的是美国；人力资本增长最快的是新加坡，最慢的是美国；全要素生产率增长最快的是中国，最慢的巴西。

表 16-4 样本区间内各变量的变动值

变量	中国	美国	日本	印度	巴西	韩国	新加坡
$\ln(Y/\text{Pop})$	2.098	0.578	0.685	1.446	1.071	1.829	1.728
$\ln(L/\text{Pop})$	0.218	0.044	0.016	0.226	0.155	0.365	0.400
$\ln(K/Y)$	1.190	0.097	0.849	0.290	0.939	0.908	0.643
$\ln h$	0.419	0.121	0.178	0.488	0.624	0.444	0.749
$\ln A$	0.659	0.291	−0.059	0.393	−0.190	0.500	0.042

基于表 16-3 回归得到的系数值以及表 16-4 得到的样本区间内各主要变量的变动值，经济增长核算的具体结果见表 16-5。可以看出，不同国家经济增长的动力差别较大，中国经济增长主要依赖于全要素生产率和资本深化，其中全要素生产率对我国经济增长的贡献度为 55.41%，资本深化对我国经济增长的贡献度为 27.06%，两者对中国经济增长的贡献度合计达到 82.47%。美国经济增长的动力主要来源于全要素生产率和人力资本，两者对美国经济增长的贡献度达到 59.66% + 35.02% = 94.68%。日本、巴西和新加坡经济增长的动力主要来源于人力资本。印度经济增长的动力主要来源于全要素生产率和人力资本，两者对印度经济增长的贡献度达到 43.87% +40.13% = 84.00%，韩国经济增长的贡献主要来源于人力资本和劳动力参与率，两者对韩国经济增长的贡献度为 48.92% + 39.67% = 88.59%。综合上述对比分析，相对于这些国家，人力资本对我国经济增长的贡献度较低，这是我国经济面临的重要问题。

表 16-5 经济增长核算（单位：%）

变量	中国	美国	日本	印度	巴西	韩国	新加坡
劳动力参与率	8.23	6.58	8.03	4.61	−1.52	39.67	−15.76
资本产出比	27.06	−0.45	−1.86	18.69	−41.38	−3.72	−33.19
人力资本	9.23	35.02	112.46	40.13	148.40	48.92	138.62
全要素生产率	55.41	59.66	0.38	43.87	−11.34	25.34	2.62

16.4.3　跨国对比分析

按照同样的思路，我们假设 j 国的人均实际 GDP 分解为

$$\ln(Y/\mathrm{Pop})_j = \theta_{1j}\ln(L/\mathrm{Pop})_j + \theta_{2j}\ln(K/Y)_j + \theta_{3j}\ln h_j + \theta_{4j}\ln A_j \qquad (16\text{-}12)$$

将方程（16-12）取差分得到：

$$\Delta\ln(Y/\mathrm{Pop})_j = \theta_{1j}\Delta\ln(L/\mathrm{Pop})_j + \theta_{2j}\Delta\ln(K/Y)_j + \theta_{3j}\Delta\ln h_j + \theta_{4j}\Delta\ln A_j \qquad (16\text{-}13)$$

借鉴 Ding 和 Knight（2009）的方法，我们通过与世界主要国家对比，探究中国经济增长的成功经验以及存在的短板。用方程（16-7）和方程（16-13）相减，我们可以得到两国之间经济增长差异的分解方程：

$$\Delta\ln(Y/\mathrm{Pop})_i - \Delta\ln(Y/\mathrm{Pop})_j = \left[\theta_{1i}\Delta\ln(L/\mathrm{Pop})_i - \theta_{1j}\Delta\ln(L/\mathrm{Pop})_j\right] + \left[\theta_{2i}\Delta\ln(K/Y)_i - \theta_{2j}\Delta\ln(K/Y)_j\right] + (\theta_{3i}\Delta\ln h_i - \theta_{3j}\Delta\ln h_j) + (\theta_{4i}\Delta\ln A_i - \theta_{4j}\Delta\ln A_j) \qquad (16\text{-}14)$$

根据方程（16-14），我们将两个国家之间经济增长率的差距分解为劳动力参与率差距、资本产出比差距、人力资本差距以及全要素生产率差距。需要说明的是，根据方程（16-14），经济增长率差异不仅取决于各变量的增长率，而且取决于变量的影响力度，即通过回归得到的系数值。

在此基础上，我们可以计算得到劳动力参与率差异对经济增长差异的贡献度为

$$\varPhi_1 = \frac{\theta_{1i}\Delta\ln(L/\mathrm{Pop})_i - \theta_{1j}\Delta\ln(L/\mathrm{Pop})_j}{\Delta\ln(Y/\mathrm{Pop})_i - \Delta\ln(Y/\mathrm{Pop})_j} \times 100\% \qquad (16\text{-}15)$$

资本产出比差异对经济增长差异的贡献度为

$$\varPhi_2 = \frac{\theta_{2i}\Delta\ln(K/Y)_i - \theta_{2j}\Delta\ln(K/Y)_j}{\Delta\ln(Y/\mathrm{Pop})_i - \Delta\ln(Y/\mathrm{Pop})_j} \times 100\% \qquad (16\text{-}16)$$

人力资本差异对经济增长差异的贡献度为

$$\varPhi_3 = \frac{\theta_{3i}\Delta\ln h_i - \theta_{3j}\Delta\ln h_j}{\Delta\ln(Y/\text{Pop})_i - \Delta\ln(Y/\text{Pop})_j} \times 100\% \tag{16-17}$$

全要素生产率差异对经济增长差异的贡献度为

$$\varPhi_4 = \frac{\theta_{4i}\Delta\ln A_i - \theta_{4j}\Delta\ln A_j}{\Delta\ln(Y/\text{Pop})_i - \Delta\ln(Y/\text{Pop})_j} \times 100\% \tag{16-18}$$

我们通过方程（16-15）～方程（16-18）计算中国与美国、日本、印度、巴西、韩国、新加坡经济增长差异的原因，具体的结果见表 16-6。其中，正值表示该因素可以解释中国经济相对于参照国的增长奇迹，负值表示中国在该方面低于参照国。可以看出，一个突出的特点是，中国人力资本对经济增长的作用要低于其他国家，这一方面是因为样本区间内我国人力资本对经济增长的影响力度较小，另一方面是因为人力资本水平较低。从绝对值的角度来分析，中国 1978～2014 年相对于发达国家、发展中国家以及新兴经济体的超长持续增长，全要素生产率提升对中国经济持续增长的作用最大，其次是资本深化，而后是劳动力参与率的提升，人力资本水平的作用是负的。这说明人力资本的表现使得中国经济增长低于参照国家。因此，中国经济增长的下一步潜力依赖于人力资本水平的提升。尽管我国人力资本水平有了很大的提升，但相对较低。图 16-21 是 PWT 9.0 数据库公布的人力资本水平。可以看出，在样本国家中，我国人力资本水平仅高于印度，2006 年以来巴西人力资本水平也超越我国，我国人力资本水平远低于发达国家。

表 16-6　跨国对比分析

变量	中国–美国	中国–日本	中国–印度	中国–巴西	中国–韩国	中国–新加坡
劳动力参与率	0.135	0.1176	0.105	0.188	–0.553	0.445
资本产出比	0.570	0.580	0.297	1.011	0.636	1.141
人力资本	–0.008	–0.576	–0.386	–1.395	–0.701	–2.201
全要素生产率	0.818	1.1598	0.528	1.283	0.698	1.117

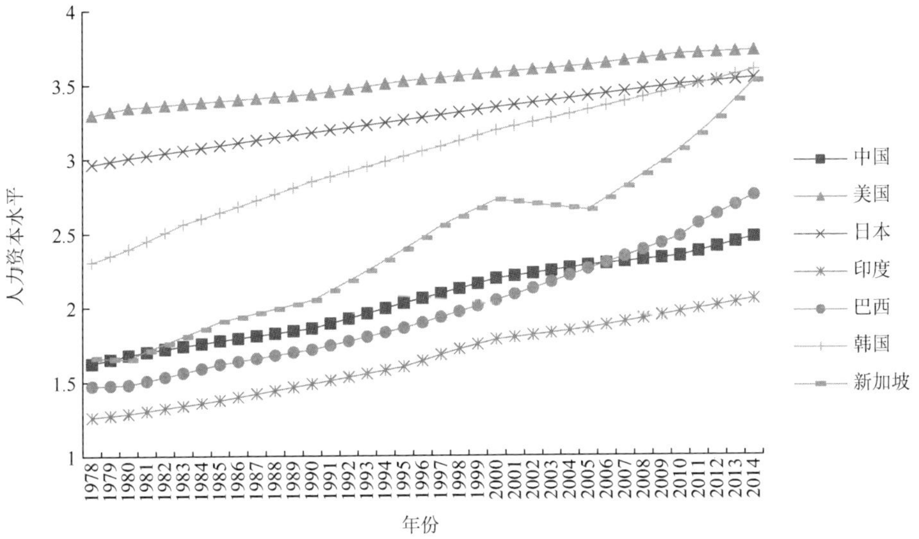

图 16-21　1978～2014 年人力资本水平发展趋势

16.4.4　进一步的分析

在经济发展的不同阶段，经济增长的主要动力可能存在差异。我们进一步以 1992 年为分界线，将样本区间划分为两个时期，其中 1978～1992 年可以视为经济转型时期，1993～2014 年可以视为市场化改革时期，进而分别考察两个不同发展阶段中国经济增长的动力差异。从图 16-22 可以看出，相

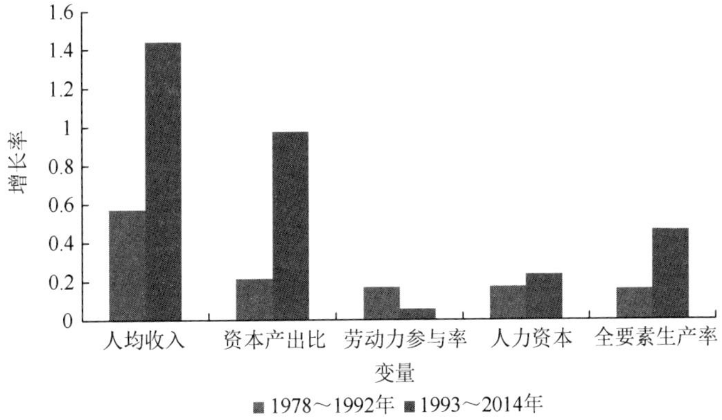

图 16-22　不同阶段中国主要变量的增长率对比

对于1978～1992年的经济转型时期，1993～2014年市场化改革时期人均收入、资本产出比、人力资本和全要素生产率上升得更快，但劳动力参与率上升的速度更慢。我们进一步计算各因素在不同阶段对我国经济增长的贡献。

从表16-7可以看出，1978～1992年，劳动力参与率和全要素生产率对我国经济增长的贡献度更大；1993～2014年，资本产出比和全要素生产率对我国经济增长的贡献度更大。这说明中国经济增长动力由全要素生产率和劳动力参与率共同作用转向全要素生产率与资本产出比共同作用。资本产出比和全要素生产率对经济增长的贡献度在上升，劳动力参与率和人力资本水平对经济增长的贡献度在下降。这里的问题是，资本深化可能使得资本边际生产率下降，且容易导致产能过剩问题，我国经济发展的方向是降低资本深化对我国经济增长的贡献度。且考虑到劳动力参与率能够提升的幅度有限，未来需要提升人力资本对我国经济增长的贡献度。

表16-7　中国经济增长核算：分样本区间（单位：%）

年份区间	资本产出比	劳动力参与率	人力资本	全要素生产率
1978～2014年	27.06	8.23	9.23	55.41
1978～1992年	17.79	23.22	13.74	48.25
1993～2014年	32.29	2.95	7.45	56.51

需要说明的是，本章通过经济增长核算方法研究中国经济增长的贡献度，这种方法存在一定的缺陷。例如，这种方法的结果依赖于生产函数设定，生产函数关于要素投入要求满足常数规模报酬，完全竞争市场假定，要素的产出弹性须等于要素收入的市场份额。Lu（2012）认为，经济周期核算方法可以较好地解决传统经济增长核算时面临的问题。运用经济周期核算方法估算不同因素对经济增长的贡献度时需要注意以下两点：①运用企业生产函数以及家庭的最优性条件与现实数据对接，从而校准出现实经济中存在的扭曲，扭曲的变化趋势可以反映家庭和企业面临的激励变动；②将校准得到的扭曲值带回原模型，通过反事实分析识别不同扭曲对经济增长的重要性。相对于经济增长核算，经济周期核算具有以下两个方面的优点：①经济周期核

算将聚焦点从生产函数拓展到一般均衡的分析框架；②其可以考虑不同经济参与体的互动，可以区分转移动态、全要素生产率提升和要素积累，可以更细致地识别经济增长的动力（Lu，2012）。基于上述分析，我们可以运用这一方法测度中国和主要国家的经济增长动力。在此基础上，更加全面地探讨中国经济增长的成功经验。

16.5　中国经济增长展望

现有研究通常用经济增长收敛假说来预测中国经济增长，这种假说认为经济增长率取决于收入初始值与均衡值的对比，一个国家或地区初始的收入水平越低，经济增长率越高，随着收入水平的提高，经济增长速度会放慢。也有研究通过美国、英国等发达国家，或者日本、韩国等与我国具有相似文化特征的东亚国家的发展经验来预测中国经济增长。我们认为国外学者通过经济增长收敛理论或与发达国家发展历程相对应的方法来预测中国经济增长有其合理性，但也存在一些问题。例如，中国当前人均 GDP 与 20 世纪 70 年代初的日本以及 20 世纪 90 年代的韩国基本相当，但当前中国的内部环境和外部环境与两者存在很大差异。我们认为中国经济有其特殊性，标准性分析方法或者简单的国别对比忽略了中国经济自身的因素，得到的结论可能是有偏的。

关于未来我国经济增长的预期，不同学者的观点差别较大。王小鲁等（2009）认为，若能克服行政管理成本上升和消费率下降对中国经济增长的负面影响，中国经济在 2008～2020 年可以保持 9%以上的增长率。Lin 等（2016a，2016b）认为，2010 年以来我国经济增长是由外部因素和周期性因素推动的，中国经济具有后发优势，供给侧和需求侧都存在很多经济增长点，他们认为 2028 年之前我国可以保持 8%左右的平均经济增长率。Yao（2016）认为世界经济增长率和投资率满足一定条件时，未来十年中国经济仍可以保持高速增长，2015～2024 年中国平均的经济增长率为 7%。张军等（2016）基于收敛假说的逻辑，根据东亚经济体的经济发展历史来预测中国经济增长潜力，他们认为 2015～2035 年按照购买力平价折算的人均 GDP 增长率为 6.2%。王少平和杨洋（2017）认为我国经济增长的下滑将止于 6%以上，经济新常态的重要特征是，经济增长率从 10%减速到 6%～7.5%。

关于中国未来经济增长动力的分析，张德荣（2013）认为中国的“人口红利”在削弱，固定资本投资对经济增长的作用也在下降。提高政府清廉度，降低政治交易费用，推动原创性技术进步是中国经济增长的重要动力。刘世锦等（2015）认为中国全要素生产率的提升应由过去主要依靠技术追赶和要素跨部门流动向更加注重原始性创新和部门内竞争转变。Perkins（2015）认为 2016～2025 年中国的年均经济增长率为 6%，资本形成、劳动供给、人力资本水平和全要素生产率的增长率分别是 5.6%、–0.3%、1.0%和 3.0%。

一些学者就不同的样本区间或各种情形下中国经济增长做了预测分析。中国经济增长前沿课题组等（2012）预测 2016～2020 年，我国潜在的经济增长率为5.7%～6.6%，2021～2030 年我国潜在的经济增长率为5.4%～6.3%。Eichengreen 等（2012）认为中国经济增长将呈现放缓的趋势，2011～2020 年中国经济增长率在 6.1%到 7.0%之间，2021～2030 年中国经济增长率在 5%到 6.2%之间。白重恩和张琼（2017）综合我国劳动生产率和劳动力预测我国的经济增长率，2016～2020 年为 6.16%左右，2021～2025 年为 5.57%左右，2026～2030 年为 4.86%左右，2031～2035 年为 3.97%左右，2036～2040 年为 3.28%左右。Ma 等（2017）给出了 2015～2030 年三种情形下中国经济的年均增长率，在慢速增长的情形下，中国经济的年均增长率为 4.4%；在适度增长情形下，中国经济的年均增长率为 5.1%，在快速增长情形下，中国经济的年均增长率为 5.7%。Fukao 和 Yuan（2016）基于乐观情景发现，2015～2020 年我国年均经济增长率为 6.2%，经济放缓情景下我国的年均经济增长率为 4.2%，结构改革情形下我国的年均经济增长率为 6.2%。

一些学者对中国经济增长持谨慎或相对悲观的态度。Higgins 等（2016）认为，未来中国经济增长呈“L”形，而不是“U”形。Barro（2016）认为中国 1990 年以来的高速经济增长已远高于条件收敛理论的预测，不可能永久偏离“收敛的铁定律”，人均实际 GDP 增长率将从 8%下降到 3%～4%。基于人力资本视角的分析，Li 等（2017）认为未来 20 年中国经济增长率在

3%左右。Glawe 和 Wagner（2019）认为中国面临经济增长进一步衰退的现实，并有可能陷入中等收入陷阱。

我们对未来中国经济走势的判断是，中国经济增长既不会像国外经济学家预言的那么悲观，也不会像国内经济学家预测的达到7%～8%的经济增长速度。中国经济增长依赖于结构优化和市场化改革的进程，在此过程中经济增长会出现下滑。不过，结构优化和市场化改革最终会为中国经济增长提供新的动力（严成樑，2017b）。

这里需要特别说明的是，提高劳动力数量和质量的重要性。由于长期的低人口出生率，我国劳动力短缺，劳动力成本的持续上升使得企业成本上升。我国当前实施的三孩政策旨在提高人口出生率，这对我国劳动力供给有正向影响，但其影响可能需要数十年后才能逐步显示出来。一个可能的解决方案是，实施延迟退休政策，增加劳动力供给。延迟退休可以部分地缓解人口老龄化对我国劳动力供给的负面冲击。将法定退休年龄从60岁逐渐提高到65岁可以部分地缓解我国劳动力供给下降的状况。加快制定出台延迟退休政策，应对人口老龄化冲击。

此外，对经济增长起作用的有效劳动供给，不仅取决于劳动供给数量，也取决于劳动者的质量或人力资本水平。在经济增长过程中，教育质量带来的人力资本水平的提高可以替代劳动力扩张带来的作用（王小鲁等，2009）。因此，通过劳动者素质的提升可以缓解我国劳动力数量下降的状况。根据PWT 9.0数据库，我国人力资本指数从1952年的1.11上升到2014年的2.47，但与世界主要国家之间仍存在很大的差距。例如，2014年美国、加拿大、德国、日本的人力资本指数分别为3.72、3.68、3.66、3.54。因此，要增加教育投入，提高人力资本水平。

第 17 章

关于中国经济增长模型构建的思考

改革开放以来，中国内地（大陆）经济增长取得了巨大的成就，年均经济增长率超过 9%。相对于新加坡、韩国，以及我国香港和台湾地区创造的经济增长奇迹，中国内地（大陆）经济增长持续的时间更长，且平均经济增长率更高（Perkins，2019）。如何通过构建经济增长模型解释中国经济增长特征事实将是经济增长理论研究的一个热点领域。

17.1 理论适用性

新古典增长理论强调经济是收敛的，即随着人均收入水平的提高，经济增长率会不断下降。根据我国经济数据，改革开放 40 多年来，随着我国人均收入水平不断提高，我国经济增长率并没有出现明显下降趋势，这说明我国经济数据不支持新古典增长理论的结论，新古典增长理论不能解释我国经济增长。内生增长理论主要包括资本驱动的经济增长理论和创新驱动的经济增长理论。资本驱动的经济增长理论强调资本形成对经济增长的决定性作用，资本形成投入占 GDP 的比例越高，经济增长率越高。根据我国的经济数据，我们发现我国资本形成投入占 GDP 的比例与经济增长率之间呈倒“U”形。随着资本形成投入占 GDP 比例的上升，经济增长率先是不断上升；超过某一阈值后，随资本形成投入占 GDP 比例的上升，经济增长率不断下降。这说明资本驱动的经济增长理论也不能解释我国经济增长。创新驱动的经济增长理论强调技术创新中存在规模效应，R&D 投入越多，知识增长率和经济增长率越高。根据我国的经济数据，R&D 人员数量以及 R&D 经费逐年增加，但我国的经济增长率并没有呈现出上升趋势，这说明我国的数据不支持创新驱动的经济增长理论。

根据以上分析，中国经济数据不支持现代经济增长理论的核心结论，现代经济增长理论难以解释中国经济增长，因而我们不能盲目照搬现代经济增长理论来指导中国实践。根据中国经济数据分析，单纯增加用于资本形成的投入和 R&D 投入，并不能为经济增长提供持续动力。事实上，相对于扩大投资规模，更应关注我国经济增长中的结构性问题。具体地，我国物质资本内部存在有形资本与无形资本错配问题，有形资本比例过高，无形资本比例过低。我国 R&D 投入内部存在基础研究投入和应用研究投入错配问题，基础研究投入的比例过低，应用研究投入的比例过高，这制约了我国创新能力的提升。同时，我们强调以人民为中心的发展思想，经济增长的目标是满足人民日益增长的美好生活需要，应避免陷入追求经济增长极大化的误区。十九大报告指出，“中国特色社会主义进入新时代，我国社会主要矛盾已经转化为人民日益增长的美好生活需要和不平衡不充分的发展之间的矛盾”[①]。人民美好生活需要是一个综合性指标，其不仅包括物质生活需要，而且包括环境清洁、社会公平，以及更有获得感等。

17.2 经验证据和启示

中国经济增长为现代经济增长理论提供经验证据和启示。一个重要的问题是，如何解释改革开放 40 多年来中国经济增长的奇迹？或者说，中国经济增长区别于标准经济的关键特征是什么？中国的一些经济学者做出了理论贡献，其中影响较大的是从制度变迁视角来解释中国经济增长。例如，张军（2007）从分权的视角解释中国经济增长与转型，周黎安（2007）从晋升

① 习近平在中国共产党第十九次全国代表大会上的报告，http://cpc.people.com.cn/n1/2017/1028/c64094-29613660.html，2017 年 10 月 28 日。

锦标赛激励模式视角解释中国经济增长奇迹，樊纲等（2011a）强调市场化改革对我国经济增长和全要素生产率提升的重要性，贺大兴和姚洋（2011）从中性政府视角理解我国经济增长。我们注意到 Xiong（2018）在一篇工作论文中通过构建包含晋升锦标赛激励制度的经济增长模型来解释中国经济增长。张军等（2020）建立了包含地方政府竞争行为的经济增长模型，研究官员考核机制从 GDP 增速向环境保护转变对中国经济增长的影响。此外，也有学者从其他视角来理解中国经济增长。例如，蔡昉（2013a）提出了一个贯通的经济增长理论框架来解释中国经济增长的历史和现实。徐朝阳（2014）考虑供给抑制政策在我国经济增长中的重要性。

中国经济增长为现代经济增长理论提供了研究启示。较为重要的内容包括：第一，经济新常态背景下，我国经济由高速增长向高质量发展转型，通过创新、协调、绿色、开放、共享促进经济实现高质量发展。这里的问题是，经济增长是一个中性概念，现代经济增长理论中并没有考虑经济质量。如何将高质量发展思想模型化，并探求创新、协调、绿色、开放、共享作用于高质量发展的路径，这些都是值得思考的问题。第二，经济新常态下，我国消费需求模式出现变化，模仿型排浪式消费阶段基本结束，个性化、多样化消费逐渐成为主流。我国当前推进的供给侧结构性改革通过提升供给质量和效率，增强供给对需求的适应性。与之对应的问题是，在供给和需求相互作用的经济增长模型中，研究供给侧结构性改革作用于经济增长的传导机制和作用效果。此外，我国实行社会主义市场经济体制，强调发挥市场在资源配置中的决定性作用，同时更好地发挥政府在保持宏观经济稳定、弥补市场失灵等方面的作用。在经济增长框架下，如何更好地体现政府与市场的关系也是中国经济增长对现代经济增长理论的重要启示。

17.3　文 献 进 展

随着中国在世界经济中重要性的不断提升，经济学家尝试构建符合中国经济特征的模型来解释中国经济增长和转型。Brandt 等（2008）构建了一个同时包含农业生产部门、国有部门和非国有部门的经济增长模型。农业部门生产农产品，国有部门和非国有部门生产非农产品。其核心特征是引入劳动力流动的壁垒，劳动力从农业部门向非农业部门流动受壁垒限制，劳动力从非国有部门向国有部门流动也受到壁垒限制。Aziz（2006）构建了一个新古典经济增长模型来解释我国低消费和高储蓄的特征事实，其假设企业融资额度受其拥有资本额度的限制。研究发现，金融扭曲可以解释我国经济增长的特征事实，若能纠正金融扭曲，则消费占 GDP 的比例可以从不足 40%提升至 55%左右，投资占 GDP 的比例从目前的 45%下降到 30%左右。Ding 和 Knight（2009）通过一个拓展的 MRW 框架来解释中国经济增长，其在传统模型的基础上假设劳动力可以在不同生产部门之间自由流动。他们通过该模型来解释中国相对于其他国家收入水平之间的差距，认为我国经济增长归因于物质资本积累、条件收敛、结构变迁导致的全要素生产率上升以及人口增长率下降等。

现有文献在主流经济增长框架下模型化中国特色的核心特征事实。Brandt 和 Zhu（2010）构建同时包含农业部门、国有部门和民营部门的三部门模型来拟合中国现实经济，在他们的框架下劳动力从农业部门流向非农业部门主要是由于以下三方面的原因：①农业部门劳动生产率的上升；②阻碍劳动力由农业部门向非农业部门流动的制度壁垒减少；③投资率的上升。Song 等（2011）通过一个新古典经济增长模型来解释中国特征事实，其假设国有企业和民营企业的生产率存在差异，同时国有企业和民营企业在资本市场上的融资能力存在差异。他们的模型可以更好地解释中国同时具有高经济增长率、高投资回报率以及外汇盈余的问题。Dekle 和 Vandenbroucke（2012）构建了一个同时包含农业部门和非农业部门的经济增长模型来解释我国现实经济结构变迁。与主流文献不同，他们假设代表性个体在政府部门的劳动时间不是最优选择的，而是外生给定的。定量研究发现，农业部门劳动生产率提高是我国经济转型最重要的原因，可以解释 47%的劳动力流动，政府部门规模下降可以解释 15%～19%的劳动力流动。张军等（2020）建立了包含地方政府竞争的经济增长模型，当地方政府考核指标从经济增长转变为环境保护时，各地区的经济增长速度均会经历结构性下调，这从官员考核机制转变的视角为理解近年来中国经济增长的增速变化提供了一个解释。

有学者探讨中国经济增长遵循何种经济增长理论。基于 1952～1998 年中国经济增长的典型特征事实，舒元和徐现祥（2002）检验中国经济增长符合哪类经济增长理论。他们认为，新古典增长理论和 R&D 经济增长理论并不适合解释中国经济，AK 理论可以更好地解释中国经济，即中国经济增长主要依赖于资本积累，而非技术进步。Curtis（2016）构建了包含内生化企业进入退出以及不同部门金融摩擦存在差异的两部门模型，假设经济中存在国有部门和民营部门，国有部门不存在金融约束，而民营部门则存在金融约束限制，国有部门个体有管理才能，而民营部门个体有企业家才能。对民营企业家禁止性壁垒的解除使得企业家可以人尽其才，将资源配置到生产效率高的企业，资本和劳动向民营企业流动使得全要素生产率上升，这是 1992 年我国市场化改革的一个反映。Chen 和 Funke（2013）通过一个内生增长模型来解释 1980 年以来的中国经济增长。经济增长的第一阶段动力是物质资本积累，第二阶段的经济增长动力是物质资本积累与人力资本积累相互作用，第三阶段的动力是资本积累与创新相互作用。他们认为中国经济增长经历了从物质资本积累驱动经济增长阶段转换到资本积累和创新相互作用的阶段。

改革开放以来，从政府主导的经济向市场主导经济的转型有助于理解中国经济的成功。不同经济模式的核心特征存在差异，Bajona 和 Locay（2009）认为政府主导经济的两个核心特征是游说效应和再分配效应。关于游说效应，生产要素由中央计划者向企业家配置，企业家需要花时间游说中央计划者以获得更多资源，这使得企业家用于生产活动的时间减少，产出下降。关于再分配效应，领导者具有平均主义倾向，即对不同劳动能力的人同等对待。这使得人们成为企业家的意愿下降，使得企业家工作的积极性下降，这也使得全要素生产率和经济增长率下降。

17.4 问题与思考

通过梳理现有的关于中国经济增长模型构建的文献，严成樑（2020）认为现有文献大体按照以下两个思路展开研究。

第一，直接套用成熟的新古典增长模型和内生增长模型，通过我国现实经济数据校准模型参数，并进行定性或定量的分析。这种分析存在较大的局限性，这是因为现代经济增长模型是以西方发达国家经济发展特征事实为样本构建的，我国经济发展与西方发达国家在各方面都存在很大的差异，这些模型没有反映我国现实经济的核心特征。从经济增长模型与现实经济特征事实相契合的角度来看，这类文献的贡献并不突出。

第二，将主流经济增长理论与中国核心特征事实相结合，从一个特定的视角对中国经济增长过程中的重要事实给出说明。这些模型较好地捕捉了我国现实经济的一些关键特征，比如，经济中存在国有企业和民营企业两种不同的企业，两者在生产率、融资能力、融资成本方面存在差异（Brandt et al.，2008；Song et al.，2011）；经济中存在的壁垒阻碍了劳动力在部门之间和企业之间的流动（Brandt and Zhu，2010），这使得劳动力市场配置的等边际方程中增加了一个制度楔子；考虑国有企业和民营企业两类企业家能力的差异，国有企业家具有管理能力，民营企业家具有企业家才能（Curtis，2016）；考虑到农业部门在我国经济中的重要性，在结构转型框架下研究中国经济增长（Dekle and Vandenbroucke，2012）；考虑地方政府激励晋升机制对地方政府投资和经济增长的影响（张军等，2020）。

基于目前的文献进展，关于中国经济增长模型构建的一个好的切入点是区分国有企业和非国有企业，且在模型设定时结合现实考虑更多微观机理。这类文献存在的一个问题是，模型构建中过度突出国有企业相对于非国有企业存在的短板，包括国有企业生产效率低、融资成本低，但就国有企业在服务国家战略，推进国家现代化和保障人民共同利益中发挥的作用缺乏考虑。未来的一个重要工作是，在经济增长模型中要更加全面和客观地体现国有企业在促进我国经济增长中的作用。如何通过构建经济增长模型解释中国经济增长特征事实将是经济增长理论研究的一个热点领域。中国经济增长既要遵循世界经济发展的一般性规律，也要有自身发展的特殊性。因此，我们既要运用一般性的研究思路和分析方法，也要注意将中国经济核心特征事实揭示出来，可以采用“中国核心特征事实 + 标准分析方法”的思路构建适合中国经济增长的模型。通过梳理文献发现，现有文献主要从国有企业与民营企业区分视角来理解中国经济增长的，研究视角相对较窄。我们认为构建中国经济增长理论模型时，需要识别中国经济增长中的关键特征事实，并通过模型体现出来。我们认为以下几个方面非常重要：①理解中国经济增长，需要将过去、现在和未来结合起来，尤其是研究改革开放前中国经济增长模式对于理解改革开放后的经济增长具有重要意义。②需要考虑市场化改革对中国经济增长的促进作用，包括产权改革、国有企业改革、金融市场改革等。③考虑政府在经济增长中的重要性，包括政府主导的经济增长，中央政府与地方政府的动态博弈。④需要充分考虑中国经济的基础性特征，包括中国高投资、低消费的特征事实，中国人口结构变化，城乡二元结构动态演化等。

参 考 文 献

白重恩，张琼. 2017. 如何保持经济中高速增长. 中国经济报告，3：23-25.
白俊红，王钺，蒋伏心，等. 2017. 研发要素流动、空间知识溢出与经济增长. 经济研究，52（7）：109-123.
边燕杰. 2004. 城市居民社会资本的来源及作用：网络观点与调查发现. 中国社会科学，（3）：136-146，208.
蔡昉. 2013a. 理解中国经济发展的过去、现在和将来——基于一个贯通的增长理论框架. 经济研究，48（11）：4-16，55.
蔡昉. 2013b. 中国经济增长如何转向全要素生产率驱动型. 中国社会科学，（1）：56-71，206.
蔡昉，张车伟. 2015. 人口与劳动绿皮书：中国人口与劳动问题报告 No.16. 北京：社会科学文献出版社.
蔡跃洲. 2018. 数字经济的增加值及贡献度测算：历史沿革、理论基础与方法框架. 求是学刊，45（5）：65-71.
蔡跃洲，张钧南. 2015. 信息通信技术对中国经济增长的替代效应与渗透效应. 经济研究，50（12）：100-114.
钞小静，任保平. 2011. 中国经济增长质量的时序变化与地区差异分析. 经济研究，46（4）：26-40.
陈刚. 2010. R&D 溢出、制度和生产率增长. 数量经济技术经济研究，27（10）：64-77，115.
陈昆亭，周炎. 2008. 富国之路：长期经济增长的一致理论. 经济研究，43（2）：19-32.
陈昆亭，周炎. 2020. 有限需求、市场约束与经济增长. 管理世界，36（4）：39-53.
陈强. 2010. 高级计量经济学及 Stata 应用. 北京：高等教育出版社.
陈晓光，龚六堂. 2005. 经济结构变化与经济增长. 经济学（季刊），4（2）：583-604.
陈彦斌，刘哲希. 2016. 经济增长动力演进与“十三五”增速估算. 改革，（10）：106-117.
程惠芳，陈超. 2017. 开放经济下知识资本与全要素生产率——国际经验与中国启示. 经济研究，52（10）：21-36.
董敏杰，梁泳梅. 2013. 1978—2010 年的中国经济增长来源：一个非参数分解框架. 经济研究，48（5）：17-32.
董雪兵，朱慧，康继军，等. 2012. 转型期知识产权保护制度的增长效应研究. 经济研究，47（8）：4-17.
樊纲，王小鲁，马光荣. 2011a. 中国市场化进程对经济增长的贡献. 经济研究，46（9）：4-16.
樊纲，王小鲁，朱恒鹏. 2011b. 中国市场化指数——各地区市场化相对进程 2011 年报告. 北京：经济科学出版社.

方颖，赵扬. 2011. 寻找制度的工具变量：估计产权保护对中国经济增长的贡献. 经济研究，46（5）：138-148.
付文林，沈坤荣. 2012. 均等化转移支付与地方财政支出结构. 经济研究，47（5）：45-57.
傅勇，张晏. 2007. 中国式分权与财政支出结构偏向：为增长而竞争的代价. 管理世界，（3）：4-12，22.
干春晖，郑若谷，余典范. 2011. 中国产业结构变迁对经济增长和波动的影响. 经济研究，46（5）：4-16，31.
高培勇，袁富华，胡怀国，等. 2020. 高质量发展的动力、机制与治理. 经济研究，55（4）：4-19.
盖庆恩，朱喜，史清华. 2013. 劳动力市场扭曲、结构转变和中国劳动生产率. 经济研究，48（5）：87-97，111.
龚刚. 2016. 论新常态下的供给侧改革. 南开学报（哲学社会科学版），（2）：13-20.
龚六堂，谢丹阳. 2004. 我国省份之间的要素流动和边际生产率的差异分析. 经济研究，39(1)：45-53.
龚敏，李文溥. 2007. 中国经济波动的总供给与总需求冲击作用分析. 经济研究，42（11）：32-44.
郭凯明，龚六堂. 2012. 社会保障、家庭养老与经济增长. 金融研究，（1）：78-90.
郭凯明，颜色. 2016. 延迟退休年龄、代际收入转移与劳动力供给增长. 经济研究，51（6）：128-142.
郭克莎，杨阔. 2017. 长期经济增长的需求因素制约——政治经济学视角的增长理论与实践分析. 经济研究，52（10）：4-20.
郭豫媚，陈彦斌. 2015. 中国潜在经济增长率的估算及其政策含义：1979—2020. 经济学动态，（2）：12-18.
贺大兴，姚洋. 2011. 社会平等、中性政府与中国经济增长. 经济研究，46（1）：4-17.
胡永刚，石崇. 2016. 扭曲、企业家精神与中国经济增长. 经济研究，51（7）：87-101.
黄玖立，冼国明. 2010. 金融发展、FDI与中国地区的制造业出口. 管理世界，（7）：8-17，187.
黄少安，韦倩. 2011. 合作与经济增长. 经济研究，46（8）：51-64.
黄泰岩. 2014. 中国经济的第三次动力转型. 经济学动态，（2）：4-14.
黄先海，宋学印. 2017. 准前沿经济体的技术进步路径及动力转换——从“追赶导向”到“竞争导向”. 中国社会科学，（6）：60-79，206-207.
黄志钢，刘霞辉. 2015. “新常态”下中国经济增长的路径选择. 经济学动态，（9）：51-62.
柯善咨，尹靖华. 2016. 民生目标下政府的支出竞争和福利效应. 统计研究，33（7）：11-18.
雷鸣，邓宏图，吕长全，等. 2018. 孝道、宗族、社群和市场——传统中国孝道社会实践的经济逻辑. 经济学（季刊），17（2）：471-498.
李富强，董直庆，王林辉. 2008. 制度主导、要素贡献和我国经济增长动力的分类检验. 经济研究，43（4）：53-65.
李金波，聂辉华. 2011. 儒家孝道、经济增长与文明分岔. 中国社会科学，（6）：41-55，222.

李科，徐龙炳. 2011. 融资约束、债务能力与公司业绩. 经济研究，46（5）：61-73.
李克强. 2015-11-06. 全面建成小康社会新的目标要求. 人民日报，（003）.
李平，钟学义，王宏伟，等. 2013. 中国生产率变化与经济增长源泉：1978～2010年. 数量经济技术经济研究，30（1）：3-21.
李世刚，尹恒. 2014. 寻租导致的人才误配置的社会成本有多大？. 经济研究，49（7）：56-66.
刘瑞翔，安同良. 2011. 中国经济增长的动力来源与转换展望——基于最终需求角度的分析. 经济研究，46（7）：30-41，64.
刘世锦，刘培林，何建武. 2015. 我国未来生产率提升潜力与经济增长前景. 管理世界，（3）：1-5.
刘伟. 2016. 经济新常态与供给侧结构性改革. 管理世界，（7）：1-9.
刘伟，张辉. 2008. 中国经济增长中的产业结构变迁和技术进步. 经济研究，43（11）：4-15.
刘小鲁. 2011. 知识产权保护、自主研发比重与后发国家的技术进步. 管理世界，（10）：10-19，187.
刘晓光，刘元春. 2017. 延迟退休对我国劳动力供给和经济增长的影响估算. 中国人民大学学报，31（5）：68-79.
卢燕平. 2007. 社会资本与我国经济和谐发展. 统计研究，（10）：9-14.
鲁元平，朱跃序，张克中. 2016. 渐进式延迟退休年龄的经济增长及产业效应. 财贸经济，（10）：30-44.
罗雨泽，芮明杰，罗来军，等. 2008. 中国电信投资经济效应的实证研究. 经济研究，43（6）：61-72.
吕冰洋，毛捷. 2014. 高投资、低消费的财政基础. 经济研究，49（5）：4-18.
吕朝凤，陈汉鹏，洛佩斯-莱瓦 S，2019. 社会信任、不完全契约与长期经济增长. 经济研究，54（3）：4-20.
沈利生. 2009. “三驾马车”的拉动作用评估. 数量经济技术经济研究，26（4）：139-151，161.
施建淮，傅雄广，许伟. 2008. 人民币汇率变动对我国价格水平的传递. 经济研究，43（7）：52-64.
舒元，徐现祥. 2002. 中国经济增长模型的设定：1952—1998. 经济研究，37（11）：3-11，63.
孙琳琳，任若恩. 2005. 中国资本投入和全要素生产率的估算. 世界经济，28（12）：3-13.
万建香，汪寿阳. 2016. 社会资本与技术创新能否打破“资源诅咒”？：基于面板门槛效应的研究. 经济研究，51（12）：76-89.
王弟海，黄亮，李宏毅. 2016. 健康投资能影响跨国人均产出差距吗？——来自跨国面板数据的经验研究. 经济研究，51（8）：129-143.
王少平，杨洋. 2017. 中国经济增长的长期趋势与经济新常态的数量描述. 经济研究，52（6）：46-59.
王天宇，邱牧远，杨澄宇. 2016. 延迟退休、就业与福利. 世界经济，39（8）：69-93.
王小鲁，樊纲，刘鹏. 2009. 中国经济增长方式转换和增长可持续性. 经济研究，44（1）：4-16.

王勋，约翰逊 A. 2013. 金融抑制与经济结构转型. 经济研究，48（1）：54-67.
王亚菲，王春云. 2017. 中国行业层面信息与通信技术资本服务核算. 统计研究，34（12）：24-36.
王一鸣. 2017. 中国经济新一轮动力转换与路径选择. 管理世界，33（2）：1-14.
韦倩，王安，王杰，等. 2014. 中国沿海地区的崛起：市场的力量. 经济研究，49（8）：170-183.
吴延兵. 2008. 自主研发、技术引进与生产率——基于中国地区工业的实证研究. 经济研究，43 （8）：51-64.
吴延兵. 2017. 中国式分权下的偏向性投资. 经济研究，52（6）：137-152.
吴延瑞. 2008. 生产率对中国经济增长的贡献：新的估计. 经济学（季刊），7（3）：827-842.
谢建国，周露昭. 2009. 进口贸易、吸收能力与国际 R&D 技术溢出：中国省区面板数据的研究. 世界经济，32（9）：68-81.
解维敏，方红星. 2011. 金融发展、融资约束与企业研发投入. 金融研究，（5）：171-183.
许召元，张文魁. 2015. 国企改革对经济增速的提振效应研究. 经济研究，50（4）：122-135.
徐朝阳. 2010. 工业化与后工业化："倒 U 型"产业结构变迁. 世界经济，33（12）：67-88.
徐朝阳. 2014. 供给抑制政策下的中国经济. 经济研究，49（7）：81-93，124.
严成樑. 2011. 资本投入对我国经济增长的影响——基于拓展的 MRW 框架的分析. 数量经济技术经济研究，28（6）：3-20.
严成樑. 2012. 社会资本、创新与长期经济增长. 经济研究，47（11）：48-60.
严成樑. 2013a. 基础研究，应用研究与最优 R&D 配置. 系统科学与数学，33（8）：879-891.
严成樑. 2013b. 公共服务应该由政府提供还是市场提供？——基于经济增长和社会福利视角的分析. 经济研究，S1：4-14.
严成樑. 2016. 延迟退休、内生出生率与经济增长. 经济研究，51（11）：28-43.
严成樑. 2017a. 延迟退休、财政支出结构调整与养老金替代率. 金融研究，（9）：51-66.
严成樑. 2017b. 新常态下中国经济增长动力分析. 中国高校社会科学，（6）：44-51，154.
严成樑. 2017c. 我国产业结构变迁与经济增长的动力——基于多部门模型的反事实分析. 华中师范大学学报（人文社会科学版），56（2）：63-73.
严成樑. 2020. 现代经济增长理论的发展脉络与未来展望——兼从中国经济增长看现代经济增长理论的缺陷. 经济研究，55（7）：191-208.
严成樑，龚六堂. 2009a. 熊彼特增长理论：一个文献综述. 经济学（季刊），8（3）：1163-1196.
严成樑，龚六堂. 2009b. 最优资本税收研究评述. 经济学动态，（12）：124-129.
严成樑，龚六堂. 2011. 经济增长不确定性理论研究新进展. 经济学动态，（2）：100-105.
严成樑，王弟海. 2012. 统一增长理论研究述评. 经济学动态，（1）：130-135.
严成樑，吴应军，杨龙见. 2016. 财政支出与产业结构变迁. 经济科学，（1）：5-16.
杨伟民. 2016. 适应引领经济发展新常态 着力加强供给侧结构性改革. 宏观经济管理，（1）：4-6.
杨宇，沈坤荣. 2010. 社会资本、制度与经济增长. 制度经济学研究，（2）：34-51.
姚东旻. 2016. 产业结构升级背景下延迟退休与失业率的关系. 中国工业经济，（1）：67-82.
尹恒，朱虹. 2011. 县级财政生产性支出偏向研究. 中国社会科学，（1）：88-101，222.

尹志超，甘犁. 2009. 公共部门和非公共部门工资差异的实证研究. 经济研究，44（4）：129-140.
余泳泽. 2015. 改革开放以来中国经济增长动力转换的时空特征. 数量经济技术经济研究，32（2）：19-34.
袁富华，张平，刘霞辉，等. 2016. 增长跨越：经济结构服务化、知识过程和效率模式重塑. 经济研究，51（10）：12-26.
袁志刚，解栋栋. 2011. 中国劳动力错配对 TFP 的影响分析. 经济研究，46（7）：4-17.
云鹤，胡剑锋，吕品. 2012. 金融效率与经济增长. 经济学（季刊），11（2）：595-612.
张车伟，薛欣欣. 2008. 国有部门与非国有部门工资差异及人力资本贡献. 经济研究，43（4）：15-25，65.
张德荣. 2013. “中等收入陷阱”发生机理与中国经济增长的阶段性动力. 经济研究，48（9）：17-29.
张军. 2007. 分权与增长：中国的故事. 经济学（季刊），7（1）：21-52.
张军，樊海潮，许志伟，等. 2020. GDP 增速的结构性下调：官员考核机制的视角. 经济研究，55（5）：31-48.
张军，金煜. 2005. 中国的金融深化和生产率关系的再检测：1987-2001. 经济研究，40（11）：34-45.
张军，徐力恒，刘芳. 2016. 鉴往知来：推测中国经济增长潜力与结构演变. 世界经济，39（1）：52-74.
张苏，王婕. 2015. 养老保险、孝养伦理与家庭福利代际帕累托改进. 经济研究，50（10）：147-162.
张维迎，柯荣住. 2002. 信及其解释：来自中国的跨省调查分析. 经济研究，37（10）：59-70，96.
张晓晶，李成，李育. 2018. 扭曲、赶超与可持续增长——对政府与市场关系的重新审视. 经济研究，53（1）：4-20.
张熠，汪伟，刘玉飞. 2017. 延迟退休年龄、就业率与劳动力流动：岗位占用还是创造？. 经济学（季刊），16（3）：897-920.
赵昌文，许召元，朱鸿鸣. 2015. 工业化后期的中国经济增长新动力. 中国工业经济，（6）：44-54.
赵志耘，吕冰洋，郭庆旺，等. 2007. 资本积累与技术进步的动态融合：中国经济增长的一个典型事实. 经济研究，42（11）：18-31.
郑京海，胡鞍钢，比格斯滕 A. 2008. 中国的经济增长能否持续？—一个生产率视角. 经济学（季刊），7（3）：2-33.
郑世林，周黎安，何维达. 2014. 电信基础设施与中国经济增长. 经济研究，49（5）：77-90.
中国社会科学院经济研究所经济增长前沿课题组. 2004. 财政政策的供给效应与经济发展. 经济研究，39（9）：4-17.
中国经济增长前沿课题组，张平，刘霞辉，等. 2012. 中国经济长期增长路径、效率与潜在增长水平. 经济研究，47（11）：4-17，75.
中国经济增长前沿课题组，张平，刘霞辉，等. 2014. 中国经济增长的低效率冲击与减速治理.

经济研究，49（12）：4-17，32.
周黎安. 2007. 中国地方官员的晋升锦标赛模式研究. 经济研究，42（7）：36-50.
朱喜，史清华，盖庆恩. 2011. 要素配置扭曲与农业全要素生产率. 经济研究，46（5）：86-98.
庄子银. 2007. 创新、企业家活动配置与长期经济增长. 经济研究，42（8）：82-94.
邹铁钉，叶航. 2015. 普遍延迟退休还是分类延迟退休——基于养老金亏空与劳动力市场的联动效应视角. 财贸经济，（4）：134-145.
Abel A B.1985. Dynamic behavior of capital accumulation in a cash-in-advance model. Journal of Monetary Economics，16：55-71.
Acemoglu D. 2002. Directed technology change. Review of Economic Studies，69：781-809.
Acemoglu D. 2009. Modern Economic Growth. Princeton：Princeton University Press.
Acemoglu D. 2012. Introduction to economic growth. Journal of Economic Theory，147：545-550.
Acemoglu D，Akcigit U，Hanley D，et al. 2016. Transition to clean technology. Journal of Political Economy，124：52-104.
Acemoglu D，Autor D，Dorn D，et al. 2014. Return of the Solow paradox? IT productivity and employment in U.S. manufacturing. American Economic Review：Papers and Proceedings，104：394-399.
Acemoglu D，Guerrieri V. 2008. Capital deepening and non-balanced economic growth. Journal of Political Economy，116：467-497.
Acemoglu D，Johnson S，Robinson J A. 2005. Institutions as the fundamental causes of long-run growth//Aghion P，Durlauf S N. Handbook of Economic Growth. Amsterdam：North-Holland：386-472.
Acemoglu D，Johnson S，Robinson J A. 2001. The colonial origins of comparative development：an empirical investigation. American Economic Review，91：1369-1401.
Acemoglu D，Johnson S，Robinson J，et al. 2003. Institutional causes，macroeconomic symptoms：volatility，crises and growth. Journal of Monetary Economics，50：49-123.
Acemoglu D，Zilibotti F. 2001. Productivity differences. The Quarterly Journal of Economics，116：563-606.
Afonso A，de Furceri D. 2010. Government size，composition，volatility，and economic growth. European Journal of Political Economy，26：517-532.
Agell J，Lindh T，Ohlsson H. 1997. Growth and the public sector：a critical review essay. European Journal of Political Economy，13：33-52.
Agénor P R，Canuto O. 2015. Middle-income growth traps. Research in Economics，69：641-660.
Agénor P R，Dinh H T. 2015. Social capital，product imitation and growth with learning externalities. Journal of Development Economics，114：41-54.
Aghion P，Howitt P. 1992. A model of growth through creative destruction. Econometrica，60：323-351.
Aghion P，Akcigit U，Howitt P. 2015. Lessons from schumpeterian growth theory. American Economic Review，105：94-99.

Aghion P，Harris C，Howitt P，et al. 2001. Competition，imitation and growth with step-by-step innovation. The Review of Economic Studies，68：467-492.

Aghion P，Bloom N，Blundell R，et al. 2005. Competition and innovation：an inverted U relationship. The Quarterly Journal of Economics，2：701-728.

Aghion P，Howitt P. 2007. Capital，innovation and growth accounting. Oxford Review of Economic Policy，23：79-93.

Aghion P，Howitt P，Mayer-Foulkes D. 2005. The effect of financial development on convergence：theory and evidence. The Quarterly Journal of Economics，120：173-222.

Aghion P，Jones B，Jones C. 2019. Artificial intelligence and economic growth//Agrawal A，Gans J，Goldfarb A. Prediction Machines：The Economics of Artificial Intelligence. Chicago：University of Chicago Press.

Ahsan H，Haque M E. 2017. Threshold effects of human capital：schooling and economic growth. Economics Letters，156：48-52.

Akçomak S，ter Weel B. 2009. Social capital，innovation and growth：evidence from Europe. European Economic Review，53：544-567.

Alexopoulos M，Cohen J. 2019. Will the new technologies turn the page on US productivity growth? Economics Letters，175：19-23.

Algan Y，Cahuc P. 2010. Inherited trust and growth. American Economic Review，100：2060-2092.

Alpaslan B，Ali A. 2018. The spillover effects of innovative ideas on human capital. Review of Development Economics，22：333-360.

Altinok N，Aydemir A. 2017. Does one size fit all? The impact of cognitive skills on economic growth. Journal of Macroeconomics，53：176-190.

Alvarez-Cuadrado F，Long N，Poschke M. 2017. Capital-labor substitution，structural change，and economic growth. Theoretical Economics，12：1229-1266.

Alvarez-Cuadrado F，van Poschke M. 2011. Structural change out of agriculture：labor push versus labor pull. American Economic Journal：Macroeconomics，3：127-158.

Al-Yousif Y K. 2002. Financial development and economic growth：another look at the evidence from developing countries. Review of Financial Economics，11：131-150.

Andersson F N G，Edgerton D L，Opper S. 2013. A matter of time：revisiting growth convergence in China. World Development，45：239-251.

Angelopoulos K，Economides G，Kammas P. 2007. Tax-spending policies and economic growth：theoretical predictions and evidence from the OECD. European Journal of Political Economy，23：885-902.

Arawatari R，Hori T，Mino K. 2018. On the nonlinear relationship between inflation and growth：a theoretical exposition. Journal of Monetary Economics，94：79-93.

Arrondel L，Masson A. 2001. Family transfers involving three generations. Scandinavian Journal of Economics，103：415-443.

Arrow K J. 1962. The economic implications of learning by doing. The Review of Economic

Studies，29：155-173.

Arrow K，Kurz M. 1970. Public Investment，the Rate of Return and Optimal Fiscal Policy. Baltimore：Johns Hopkins University Press.

Aschauer D. 1989. Is Public Expenditure Productive? Journal of Monetary Economics, 23（2）：177-200.

Azariadis C，Chen B L，Lu C H，et al. 2013. A two-sector model of endogenous growth with leisure externalities. Journal of Economic Theory，148：843-857.

Aziz J. 2006. Rebalancing China's economy：what does growth theory tell us? IMF Working Paper.

Bailey M J. 1956. The welfare cost of inflationary finance. Journal of Political Economy，64：93-110.

Bajona C，Locay L. 2009. Entrepreneurship and productivity：the slow growth of the planned economies. Review of Economic Dynamics，12：505-522.

Baldwin J R，Gu W L，MacDonald R. 2012. Intangible capital and productivity growth in Canada. The Canadian Productivity Review，29：6-41.

Barnett R C，Bhattacharya J，Puhakka M. 2018. Private versus public old-age security. Journal of Population Economics，31（3）：703-746.

Barro R J.1990. Government spending in a simple model of endogeneous growth. Journal of Political Economy，98：S103-S125.

Barro R J. 1991. Economic growth in a cross section of countries. The Quarterly Journal of Economics，106：407-443.

Barro R J. 2016. Economic growth and convergence，applied to China. China & World Economy，24：5-19.

Barro R J，Sala-i-Martin X. 2004. Economic Growth .2 ed. Boston：The MIT Press.

Bartolini S，Bonatti L. 2008. Endogenous growth，decline in social capital and expansion of market activities. Journal of Economic Behavior and Organization，67：917-926.

Basu S，Weil D N. 1998. Appropriate technology and growth. The Quarterly Journal of Economics，113：1025-1054.

Battisti M，di Vaio G，Zeira J. 2020. Convergence and divergence：a new approach，new data，and new results. Macroeconomic Dynamics：10.1017/s1365100520000413 .

Baumol W J. 1990. Entrepreneurship：productive，unproductive，and destructive. Journal of Political Economy，98：893-921.

Benhabib J，Farmer R E A. 1994. Indeterminacy and increasing returns. Journal of Economic Theory，63：19-41.

Benhabib J，Spiegel M M. 1994. The role of human capital in economic development：evidence from aggregate cross-country data. Journal of Monetary Economics，34：143-173.

Benhabib J，Rustichini A. 1997. Optimal taxes without commitment. Journal of Economic Theory，77：231-259.

Berg A，Buffie E F，Zanna L F. 2018. Should we fear the robot revolution?（the correct answer is yes）. Journal of Monetary Economics，97：117-148.

Bernanke B，Gurkaynak R. 2001. Is growth exogenous? taking Mankiw Romer and Weil seriously. NBER Macroeconomics Annual，16：11-57.

Bernasconi M，Profeta P. 2012. Public education and redistribution when talents are mismatched. European Economic Review，56：84-96.

Besley T，Ghatak M. 2001. Government versus private ownership of public goods. The Quarterly Journal of Economics，116：1343-1372.

Bils M，Klenow P J. 2000. Does schooling cause growth? American Economic Review，90：1160-1183.

Bjørnskov C. 2006. The multiple facets of social capital. European Journal of Political Economy，22：22-40.

Bjørnskov C. 2009. Social trust and the growth of schooling. Economics of Education Review，28：249-257.

Bloom D E，Canning D，Hu L L，et al. 2010. The contribution of population health and demographic change to economic growth in China and India. Journal of Comparative Economics，38：17-33.

Bloom N，Jones C I，van Reenen J，et al. 2020. Are ideas getting harder to find? American Economic Review，110：1104-1144.

Boel P，Camera G. 2009. Financial sophistication and the distribution of welfare cost of inflation. Journal of Monetary Economics，56：968-978.

Bofota Y B，Boucekkine R，Bala A P. 2016. Social capital as an engine of the growth：multisectoral modeling and implications. Macroeconomic Dynamics，20（8）：2093-2122.

Bonfiglioli A，Gancia G. 2014. Growth，selection and appropriate contracts. Review of Economic Dynamics，17：21-38.

Borgo M D，Goodridge P，Haskel J，et al. 2013. Productivity and growth in UK industries：an intangible investment approach. Oxford Bulletin of Economics and Statistics，75：806-834.

Bosworth B，Collins S M. 2008. Accounting for growth：comparing China and India. Journal of Economic Perspectives，22：45-66.

Boucekkine R，Croix D D L，Licandro O. 2003. Early mortality declines at the dawn of modern growth. Scandinavian Journal of Economics，105：401-418.

Bovenberg A L，de Mooij R A. 1997. Environmental tax reform and endogenous growth. Journal of Public Economics，63：207-237.

Brandt L，Hsieh C T，Zhu X. 2008. Growth and structure transformation in China//Brandt L，Rawski T G. China's Great Economic Transformation. New York：Cambridge University Press.

Brandt L，Tombe T，Zhu X D. 2013. Factor market distortions across time，space and sectors in China. Review of Economic Dynamics，16：39-58.

Brandt L，Zhu X. 2010. Accounting for China's growth. IZA Discussion Papers，4764.

Brock W A，Mirman L J. 1972. Optimal economic growth and uncertainty：the discounted case. Journal of Economic Theory，4：479-513.

Brock W，Taylor M. 2010. The green Solow model. Journal of Economic Growth，15：127-153.

Bruhn M，Karlan D，Schoar A. 2010. What capital is missing in developing countries? American Economic Review：Papers and Proceedings，100：629-633.

Buera F J，Kaboski J P. 2012. Scale and the origins of structural change. Journal of Economic Theory，147：684-712.

Caballero R J，Jaffe A B. 1993. How high are the giants' shoulders：an empirical assessment of knowledge spillovers and creative destruction in a model of economic growth. NBER Macroeconomic Annals，8：15-74.

Cai F，Giles J，Meng X. 2006. How well do children insure parents against low retirement income? An analysis using survey data from urban China. Journal of Public Economics，90：2229-2255.

Calderón C，Liu L. 2003. The direction of causality between financial development and economic growth. Journal of Development Economics，72：321-334.

Canta C，Pestieau P，Thibault E. 2016. Long-term care and capital accumulation：the impact of the State the market and the family. Economic Theory，61：755-785.

Cao K H，Birchenall J A. 2013. Agricultural productivity，structural change，and economic growth in post-reform China. Journal of Development Economics，104：165-180.

Carroll C D，Overland J，Weil D N. 1997. Comparison utility in a growth model. Journal of Economic Growth，2：339-367.

Carroll C D，Overland J，Weil D N. 2000. Saving and growth with habit formation. American Economic Review，90：341-355.

Caselli F，Coleman W J. 2001. The US structural transformation and regional convergence：a reinterpretation. Journal of Political Economy，109：584-616.

Cass D. 1965. Optimum growth in an aggregative model of capital accumulation. The Review of Economic Studies，32：233-240.

Cette G，Fernald J，Mojon B. 2016. The pre-Great Recession slowdown in productivity. European Economic Review，88：3-20.

Chamley C. 1986. Optimal taxation of capital incomein general equilibrium with infinite lives. Econometrica，54：607-622.

Chang J J，Lin H Y，Savitski D W，et al. 2020. Inflation and inequality in a growing economy with cash and credit goods. Macroeconomic Dynamics，24:1-34.

Chatterjee S. 2007. Should the private sector provide public capital? Macroeconomic Dynamics，11：318-346.

Chatterjee S，Morshed A K M M. 2011. Infrastructure provision and macroeconomic performance. Journal of Economic Dynamics and Control，35：1288-1306.

Che Y，Li X. 2018. Retirement and health：evidence from China. China Economic Review，49：84-95.

Chen W，Niebel T，Saam M. 2016. Are intangibles more productive in ICT-intensive industries? Evidence from EU countries. Telecommunications Policy，40：471-484.

Chen X，Funke M. 2013. The dynamics of catch-up and skill and technology upgrading in China. Journal of Macroeconomics，38：465-480.

Chen B L，Lee S F. 2007. Congestible public goods and local indeterminacy：a two-sector endogenous growth model. Journal of Economic Dynamics and Control，31：2486-2518.

Chen B L，Lu C H. 2013. Optimal factor tax incidence in two-sector human capital-based models. Journal of Public Economics，97：75-94.

Chen Y M，Puttitanun T. 2005. Intellectual property rights and innovation in developing countries. Journal of Development Economics，78：474-493.

Chiu J，Molico M. 2010. Liquidity redistribution and the welfare cost of inflation. Journal of Monetary Economics，57：428-438.

Choi C，Yi M H. 2009. The effect of the Internet on economic growth：evidence from cross-country panel data. Economics Letters，105：39-41.

Chou Y K. 2006. Three simple models of social capital and economic growth. The Journal of Socio-Economics，35：889-912.

Chow G，Lin A L. 2002. Accounting for economic growth in Taiwan and mainland China：a comparative analysis. Journal of Comparative Economics，30：507-530.

Chu A C，Cozzi G，Furukawa Y，et al. 2017. Inflation and economic growth in a Schumpeterian model with endogenous entry of heterogeneous firms. European Economic Review，98：392-409.

Chu A C，Cozzi G，Lai C C，et al. 2015. Inflation，R&D and growth in an open economy. Journal of International Economics，96：360-374.

Chu A C，Fan H C，Wang X L. 2020. Status-seeking culture and development of capitalism. Journal of Economic Behavior and Organization，180：275-290.

Chu A C，Furukawa Y，Zhu X D. 2016. Growth and parental preference for education in China. Journal of Macroeconomics，49：192-202.

Chu A C，Peng S K. 2011. International intellectual property rights：effects on growth welfare and income inequality. Journal of Macroeconomics，33：276-287.

Ciccone A，Jarociński M. 2010. Determinants of economic growth：will data tell? American Economic Journal：Macroeconomics，2：222-246.

Clark H，Pinkovskiy M，Sala-i-Martin X. 2019. China's GDP growth may be understated. China Economic Review，62：101243.

Coe D T，Helpman E，Hoffmaister A W. 1997. North-south R&D spillovers. The Economic Journal，107：134-149.

Coe D T，Helpman E. 1995. International R&D spillovers. European Economic Review，39：

859-887.

Cooley T，Hansen G. 1989. The inflation tax in a real business cycle model. American Economic Review，79：733-748.

Cooley T，Henriksen E. 2018. The demographic deficit. Journal of Monetary Economics，93：45-62.

Corrado C，Haskel J，Jona-Lasinio C，et al. 2012. Intangible capital and growth in advanced economies：measurement methods and comparative results. IZA Discussion Papers，6733.

Corrado C，Haskel J，Jona-Lasinio C. 2017. Knowledge spillovers，ICT and productivity growth. Oxford Bulletin of Economics and Statistics，79：592-618.

Corrado C，Hulten C，Sichel D. 2009. Intangible capital and US economic growth. Review of Income and Wealth，55：661-685.

Cova P，Notarpietro A，Pagano P，et al. 2019. Secular stagnation，R&D，public investment，and monetary policy：a global-model perspective. Macroeconomic Dynamics，10.1017/S136510051900066X.

Cox D，Stark O. 2005. On the demand for grandchildren：tied transfers and the demonstration effect. Journal of Public Economics，89：1665-1697.

Cozzi G. 2017. Endogenous growth，semi-endogenous growth…or both？A simple hybrid model. Economics Letters，154：28-30.

Cremer H，Pestieau P. 2003. The double dividend of postponing retirement. International Tax and Public Finance，10：419-434.

Curtis C C. 2016. Economic reforms and the evolution of China's total factor productivity. Review of Economic Dynamics，21：225-245.

d'Albis H，Greulich A，Ponthiere G. 2018. Development，fertility and childbearing age：a unified growth theory. Journal of Economic Theory，177：461-494.

Dearmon J，Grier R. 2011. Trust and the accumulation of physical and human capital. European Journal of Political Economy，27：507-519.

Dekle R，Vandenbroucke G. 2012. A quantitative analysis of China's structural transformation. Journal of Economic Dynamics and Control，36：119-135.

Delgado M S，Henderson D J，Parmeter C F. 2014. Does education matter for economic growth？Oxford Bulletin of Economics and Statistics，76：334-359.

DelongJ B，Summers L H. 2012. Fiscal policy in a depressed economy. Brookings Papers on Economic Activity，44：233-297.

Demetriades P O，Hussein K A. 1996. Does financial development cause economic growth？Time series evidence from 16 countries. Journal of Development Economics，51：387-411.

Demetriades P O，Rewilak J M. 2020. Recovering the finance-growth nexus. Economics Letters，196：109563.

Dennis B，Iscan T. 2009. Engle versus Baumol：accounting for structural change using two centuries of U.S. data. Explorations in Economics History，46：186-202.

Devarajan S，Swaroop V，Zou H F. 1996. The composition of public expenditure and economic growth. Journal of Monetary Economics，37：313-344.

Devarajan S，Xie D，Zou H. 1998. Should public capital be subsidized or provided? Journal of Monetary Economics，41：319-331.

Devereux M，Love D. 1994. The effects of factor taxation in a two-sectors model of endogenous growth. Canadian Journal of Economics，27：509-536.

Diamond P. 1965. National debt in a neoclassical growth model. American Economic Review，55：1126-1150.

Ding S，Knight J. 2009. Can the augmented Solow model explain China's remarkable economic growth? A cross-country panel data analysis. Journal of Comparative Economics，37：432-452.

Ding S，Knight J. 2011. Why has China grown so fast? the role of physical and human capital formation. Oxford Bulletin of Economics and Statistics，73：141-174.

Dinopoulos E，Thompson P. 1999. Scale effects in Schumpeterian growth models of economic growth. Journal of Evolutionary Economics，9：157-185.

Doepke M. 2004. Accounting for fertility decline during the transition to growth. Journal of Economic Growth，9：347-383.

Doepke M，Zilibotti F. 2014. Culture，entrepreneurship，and growth//Aghion P，Durlauf S N. Handbook of Economic Growth. 2 ed. Amsterdam：North-Holland：1-48.

Domar E D. 1946. Capital expansion，rate of growth，and employment. Econometrica，14：137-147.

Dosi G，Fagiolo G，Roventini A. 2010. Schumpeter meeting Keynes：a policy-friendly model of endogenous growth and business cycles. Journal of Economic Dynamics & Control，34：1448-1767.

Du J T，Fang H S，Jin X R. 2014. The "growth first strategy" and the imbalance between consumption and investment in China. China Economic Review，31：441-458.

Dupor B，Liu W F. 2003. Jealousy and equilibrium overconsumption. American Economic Review，93：423-428.

Durlauf S N，Fafchamps M. 2005. Social capital//Aghion P，Durlauf S N. Handbook of Economic Growth. Amsterdam：North-Holland.

Durlauf S N，Kourtellos A，Tan C M. 2008. Are any growth theories robust? . The Economic Journal，118：329-346.

Dutt A K. 2017. Heterodox theories of economic growth and income distribution：a partial survey. Journal of Economic Surveys，31：1240-1271.

Easterly W，Rebelo S. 1993. Fiscal policy and economic growth. Journal of Monetary Economics，32：417-458.

Ebeke C，Omgba L D，Laajaj R. 2015. Oil，governance and the（mis）allocation of talent in developing countries. Journal of Development Economics，114：126-141.

Echevarria C. 1997. Changes in sectoral composition associated with economic growth. International Economic Review，38：431-452.

Economides G，Park H，Philippopoulos A，et al. 2020. On the mix of government expenditure and tax revenues. Macroeconomic Dynamics，10.1017/s1365100520000036.

Edquist H，Henrekson M. 2015. Swedish lessons：how important are ICT and R&D to economic growth? IFN Working Paper，No. 1073.

Ehrlich I，Lui F T. 1991. Intergenerational trade，longevity，and economic growth. Journal of Political Economy，99：1029-1059.

Ehrlich I，Lui F T. 1999. Bureaucratic corruption and endogenous economic growth. Journal of Political Economy，107：S270-S293.

Eibich P. 2015. Understanding the effect of retirement on health：mechanism and heterogeneity. Journal of Health Economics：43：1-12.

Eichengreen B. 2015. Secular stagnation：the long view. American Economic Review，105：66-70.

Eichengreen B，Park D，Shin K. 2012. When fast-growing economies slow down：international evidence and implications for China. Asian Economic Papers，11：42-87.

Eicher T，García-Peñalosa C. 2008. Endogenous strength of intellectual property rights：implications for economic development and growth. European Economic Review，52：237-258.

Engen E M，Skinner J. 1992. Fiscal policy and economic growth. NBER Working Paper，No. 4223.

Erumban A A，Das D K. 2016. Information and communication technology and economic growth in India. Telecommunications Policy，40：412-431.

Esteban-Pretel J，Sawada Y. 2014. On the role of policy interventions in structural change and economic development：the case of postwar Japan. Journal of Economic Dynamics and Control，40：67-83.

Faig M，Li Z. 2009. The welfare costs of expected and unexpected inflation. Journal of Monetary Economics，56：1004-1013.

Falvey R，Foster N，Greenaway D. 2004. Imports，exports，knowledge spillovers and growth. Economics Letters，85：209-213.

Fanti L，Gori L. 2010. Child policy solutions for the unemployment problem. Economics Letters，109：147-149.

Fanti L，Gori L. 2012. Economic growth and stability with public pay-as-you-go pensions and private intra-family old-age insurance. Research in Economics，66：219-229.

Fernández E，Novales A，Ruiz J. 2004. Indeterminacy under non-separability of public consumption and leisure in the utility function. Economic Modelling，21：409-428.

Fölster S，Henrekson M. 2001. Growth effects of government expenditure and taxation in rich countries. European Economic Review，45：1501-1520.

Forte A，Peiró-Palomino J，Tortosa-Ausina E. 2015. Does social capital matter for European regional growth? European Economic Review，77：47-64.

Frankel M. 1962. The production function in allocation and growth：a synthesis. American Economic Review，52：995-1022.

Fukao K，Miyagawa T，Mukai K，et al. 2009. Intangible investment in Japan：measurement and contribution to economic growth. Review of Income and Wealth，55：717-736.

Fukao K，Yuan T J. 2016. China's growth slowdown：lessons from Japan's experience and the expected impact on Japan，the USA and Germany. China & World Economy，24：122-146.

Funke M，Strulik H. 2000. On endogenous growth with physical capital，human capital and product variety. European Economic Review，44：491-515.

Furukawa Y. 2007. The protection of intellectual property rights and endogenous growth：is stronger always better？Journal of Economic Dynamics and Control，31：3644-3670.

Futagami K，Morita Y，Shibata A.1993. Dynamic analysis of an endogenous growth model with public capital. The Scandinavian Journal of Economics，95：607-625.

Galor O. 2005. From stagnation to growth：unified growth theory//Aghion P，Durlauf S N，. Handbook of Economic Growth. Amsterdam：North-Holland.

Galor O. 2008. Towards a unified theory of economic growth. World Economics，9：97-151.

Galor O. 2010. The 2008 Lawrence R. Klein lecture—comparative economic development：insights from unified growth theory. International Economic Review，51：1-44.

Galor O，Michalopoulos S. 2012. Evolution and the growth process：natural selection of entrepreneurial traits. Journal of Economic Theory，147：759-780.

Galor O，Moav O. 2002. Natural selection and the origin of economic growth. The Quarterly Journal of Economics，117：1133-1191.

Galor O，Moav O. 2004. From physical to human capital accumulation：inequality and the process of development. The Review of Economic Studies，71：1001-1026

Galor O，Moav O，Vollrath D. 2009. Inequality in landownership the emergence of human capital promoting institutions and the great divergence. The Review of Economic Studies，76：143-179.

Galor O，Weil D N. 2000. Population，technology，and growth：from Malthusian stagnation to the demographic transition and beyond. American Economic Review，90：806-828.

García-Peñalosa C，Turnovsky S. 2007. Growth，income inequality，and fiscal policy：what are the relevant trade-offs？Journal of Money Credit and Banking，39：369-394.

Gersbach H，Sorger G，Amon C. 2018. Hierarchical growth：basic and applied research. Journal of Economic Dynamics and Control，90：434-459.

Glass A J，Saggi K. 2002. Intellectual property rights and foreign direct investment. Journal of International Economics，56：387-410.

Glass A J，Wu X D. 2007. Intellectual property rights and quality improvement. Journal of Development Economics，82：393-415.

Glawe L，Wagner H. 2020. China in the middle income trap？. China Economic Review，60：101264.

Glomm G，Ravikumar B. 1997. Productive government expenditures and long-run growth. Journal of Economic Dynamics and Control，21：183-204.

Glomm G，Ravikumar B. 1998. Flat-rate taxes，government spending on education，and growth. Review of Economic Dynamics，1：306-325.

Golley J，Wei Z. 2015. Population dynamics and economic growth in China. China Economic Review，35：15-32.

Gómez M A. 2003. Effects of flat-rate taxes：to what extent does the leisure specification matter. Review of Economic Dynamics，6：403-430.

Gómez M A. 2007. Optimal tax structure in a two-sector model of endogenous growth. Journal of Macroeconomics，29：305-325.

Gómez M A，Sequeira T. 2013. Optimal R&D subsidies in a model with physical capital human capital and varieties. Economic Modelling，30：217-224.

Gómez M A，Sequeira T N. 2014. Should the US increase subsidies to R&D？Lessons from an endogenous growth theory. Oxford Economic Papers，254-282.

Gomme P. 2015. Measuring the welfare costs of inflation in a life-cycle model. Journal of Economic Dynamics and Control，57：132-144.

Gordon R J. 2015. Secular stagnation：a supply-side view. American Economic Review，105：54-59.

Gould D M，Gruben W C. 1996. The role of intellectual property rights in economic growth. Journal of Development Economics，48：323-350.

Gradstein M，Justman M. 2002. Education，social cohesion，and economic growth. American Economic Review，92：1192-1204.

Greenwood J，Hercowitz Z，Krusell P. 1997. Long-run implications of investment-specific technological change. American Economic Review，87：342-362.

Greenwood J，Jovanovic B. 1990. Financial development，growth，and the distribution of income. Journal of Political Economy，98：1076-1107.

Greenwood J，Sanchez J M，Wang C. 2013. Quantifying the impact of financial development on economic development. Review of Economic Dynamics，16：194-215.

Grossman G M，Helpman E. 1991a. Quality ladders in the theory of growth. The Review of Economic Studies，58：43-61.

Grossman G M，Helpman E. 1991b. Innovation and Growth in the Global Economy. Boston：The MIT Press.

Grossman G M，Helpman E. 1994. Endogenous innovation in the theory of growth. Journal of Economic Perspectives，8：23-44.

Growiec J. 2007. Beyond the linearity critique：the knife-edge assumption of steady-state growth. Economic Theory，31：489-499.

Growiec K，Growiec J. 2014. Social capital，trust，and multiple equilibria in economic performance. Macroeconomic Dynamics，18：282-315.

Guerron-Quintana P A. 2011. The implications of inflation in an estimated new Keynesian model. Journal of Economic Dynamics and Control，35：947-962.

Grüner H P，Heer B. 2000. Optimal flat-rate taxes on capital—a re-examination of Lucas' supply side model. Oxford Economic Papers，52：289-305.

Guiso L，Sapienza P，Zingales L. 2015. Corporate culture，societal culture，and institutions. American Economic Review Papers and Proceedings，105：336-339.

Gupta M R，Barman T R. 2010. Health，infrastructure，environment and endogenous growth. Journal of Macroeconomics，32：657-673.

Gur N，Bjørnskov C. 2017. Trust and delegation：theory and evidence. Journal of Comparative Economics，45（3）：644-657.

Ha J，Lee S H. 2016. Demographic dividend and east Asia's economic convergence towards the US. The Journal of the Economics of Ageing，8：28-41.

Ha J，Howitt P. 2007. Accounting for trends in productivity and R&D：a schumpeterian critique of semi-endogenous growth theory. Journal of Monetary Credit and Banking，39：733-773.

Hagemann H. 2009. Solow's 1956 contribution in the context of the Harrod-Domar model. History of Political Economy，41：67-87.

Hall R E，Jones C I. 1999. Why do some countries produce so much more output per worker than others？. The Quarterly Journal of Economics，114：83-116.

Hansen G D，Prescott E C. 2002. From Malthus to Solow. American Economic Review，92：1205-1217.

Hanushek E A，Woessmann L. 2012. Do better schools lead to more growth？Cognitive skills，economic outcomes，and causation. Journal of Economic Growth，17：267-321.

Hao C. 2006. Development of financial intermediation and economic growth：the Chinese experience. China Economic Review，17：347-362.

Haraguchi N，Cheng C F，Smeets E. 2017. The importance of manufacturing in economic development：has this changed. World Development，93：293-315.

Hasanzadeh S，Khan H. 2019. Sources of Canadian economic growth. Canadian Journal of Economics/Revue Canadienne d'Économique，52：279-302.

Hashimoto K I，Im R. 2019. Asset bubbles，labour market frictions and R&D-based growth. Canadian Journal of Economics，52：822-846.

Harrod R F. 1939. An essay in dynamic theory. The Economic Journal，49：14-33.

Hashimzade N，Myles G. 2010. Growth and public infrastructure. Macroeconomic Dynamics，14：258-274.

Hassan M K，Sanchez B，Yu J S. 2011. Financial development and economic growth：new evidence from panel data. The Quarterly Review of Economics and Finance，51：88-104.

Hassler J，Mora J V R. 2000. Intelligence，social mobility，and growth. American Economic Review，90：888-908.

Hayashi F，Prescott E C. 2002. The 1990s in Japan：a lost decade. Review of Economic Dynamics，5：206-235.

Hayashi F，Prescott E. 2008. The depressing effect of agricultural institutions on the prewar Japanese economy. Journal of Political Economy，116：573-632.

Heer B，Irmen A. 2014. Population，pensions，and endogenous economic growth. Journal of Economic Dynamics and Control，46：50-72.

Heller-Sahlgren G. 2017. Retirement blues. Journal of Health Economics，54：66-78.

Helpman E. 1993. Innovation，imitation，and intellectual property rights. Econometrica，61：1247-1280.

Hendricks L. 1999. Taxation and long-run growth. Journal of Monetary Economics，43：411-434.

Higgins P，Zha T，Zhong W N. 2016. Forecasting China's economic growth and inflation. China Economic Review，41：46-61.

Hirazawa M，Kitaura K，Yakita A. 2014. Fertility，intra-generational redistribution，and social security sustainability. Canadian Journal of Economics/Revue Canadienne d'Économique，47：98-114.

Hirazawa M，Yakita A. 2017. Labor supply of elderly people，fertility，and economic development. Journal of Macroeconomics，51：75-96.

Horioka C Y，Gahramanov E，Hayat A，et al. 2018. Why do children take care of their elderly parents？Are the Japanese any different. International Economic Review，59：113-136.

Horii H，Iwaisako T. 2007. Economic growth with imperfect protection of intellectual property rights. Journal of Economics，90：45-85.

Horváth R. 2013. Does trust promote growth？Journal of Comparative Economics，41：777-788.

Hou K，Johri A. 2018. Intangible capital，the labor wedge and the volatility of corporate profits. Review of Economic Dynamics，29：216-234.

Howitt P.1999. Steady endogenous growth with population and R&D inputs growing. Journal of Political Economy，107（4）：715-730.

Howitt P. 2000. Endogenous growth and cross-country differences. American Economic Review，90（4）：829-846.

Howitt P，Aghion P. 1998. Capital accumulation and innovation as complementary factors in long-run growth. Journal of Economic Growth，3：111-130.

Howitt P，Mayer-Foulkes D. 2005. R&D，implementation，and stagnation：a Schumpeterian theory of convergence clubs. Journal of Money Credit and Banking，37：147-177.

Hsieh C. 2002. What explains the industrial revolution in east Asia？Evidence from the factor markets. American Economic Review，92：502-526.

Hsieh C，Jones C，Klenow P. 2013. The allocation of talents and U.S. economic growth. NBER Working Paper，No. 18693.

Hsieh C T，Klenow P J. 2009. Misallocation and manufacturing TFP in China and India. Quarterly Journal of Economics，124：1403-1448.

Hsieh C T，Hurst E，Jones C，et al. 2019. The allocation of talent and U.S. economic growth. Econometrica，87：1439-1474.

Hsu M，Liao P，Zhao M. 2018. Demographic change and long-run growth in China：past developments and the future challenge of aging. Review of Development Economic，22（3）：

928-952.
Hulten C R，Hao J X. 2012. The role of intangible capital in the transformation and growth of the Chinese economy. NBER Working Paper，No. 18405.
Imrohoroglu S. 1998. A quantitative analysis of capital income taxation. International Economic Review，39：307-328.
Ireland P. 2009. On the welfare cost of inflation and the recent behavior of money demand. American Economic Review，99：1040-1052.
Iremen A，Kuehnel J. 2014. Property rights，public enforcement，and growth. Scandinavian Journal of Economics，116：797-819.
Ishise H，Sawada Y. 2009. Aggregate returns to social capital：estimates based on the augmented augmented-Solow model. Journal of Macroeconomics，31：376-393.
Islam N. 1995. Growth empirics：a panel data approach. Quarterly Journal of Economics，110：1127-1170.
Iwasako T，Fugatami K. 2003. Patent policy in an endogenous growth model. Journal of Economics，78：239-258.
Javorcik B S. 2004. The composition of foreign direct investment and protection of intellectual property rights：evidence from transition economics. European Economic Review，48：39-62.
Jeon D，Menicucci D. 2008. Money，fame and the allocation of talent：brain drain and the institution of science. Journal of Economic Behavior & Organization，66：558-581.
Jerbashian V，Kochanova A. 2017. The impact of telecommunication technologies on competition in services and goods markets：empirical evidence. Scandinavian Journal of Economics，119：628-655.
Jerzmanowski M. 2017. Finance and sources of growth：evidence from U.S. states. Journal of Economic Growth，22：97-122.
Jiang N，Wang P，Wu H. 2010. Ability heterogeneity，entrepreneurship，and economic growth. Journal of Economic Dynamics & Control，34：522-541.
Johnson P，Papageorgiou C. 2020. What remains of cross-country convergence? Journal of Economic Literature，58：129-175.
Jones C I. 1995a. R&D-based models of economic growth. Journal of Political Economy，103：759-784.
Jones C I. 1995b. Time series tests of endogenous growth models. Quarterly Journal of Economics，110：495-525.
Jones C I. 1999. Growth：with or without scale effects? American Economic Review：Papers and Proceedings，2：139-144.
Jones C I. 2002. Source of U.S. economic growth in a world of ideas. American Economic Review，92：220-239.
Jones C I. 2011. Misallocation，economic growth，and input-output economics. Working Paper.
Jones C I. 2016. The facts of economic growth. Handbook of Macreconomics，2：3-69.

Jones C I. 2019. Paul Romer：ideas，non-rivalry and endogenous growth. Scandinavian Journal of Economics，121：859-883.

Jones C I，Romer P. 2010. The new Kaldor facts：ideas，institutions，population，and human capital. American Economic Journal：Macroeconomics，2：224-245.

Jones C I，Tonetti C. 2020. Nonrivalry and the economics of data. American Economic Review，110（9）：2819-2858.

Jones C I，Williams J. 2000. Too much of a good thing? The economics of investment in R&D. Journal of Economic Growth，5：65-85.

Jones L，Manuelli R，Rossi R E. 1993. Optimal taxation in models of endogenous growth. Journal of Political Economy，101：485-517.

Jorgenson D，Ho M，Stiroh K. 2005. Information Technology and the American Growth Resurgence. Boston：The MIT Press.

Jovanovic B. 2014. Misallocation and growth. American Economic Review，104：1149-1171.

Judd K. 1985. Redistributive taxation in a simple perfect foresight model. Journal of Public Economics，28：59-83.

Kaganovich M，Zilcha I. 1999. Education，social security，and growth. Journal of Public Economics，71：289-309.

Kaganovich M，Zilcha I. 2012. Pay-as-you-go or funded social security? A general equilibrium comparison. Journal of Economic Dynamics & Control，36：455-467.

Kaldor N. 1961. Capital accumulation and economic growth//Lutz F A，Hagueeds D C. The Theory of Capital. London：St. Martins' Press：177-222.

Kalfa E，Piracha M. 2018. Social networks and the labor market mismatch. Journal of Population Economics，31：877-914.

Kanwar S. 2007. Business enterprise R&D，technological change，and intellectual property protection. Economics Letters，96：120-126.

Kim S J. 1998. Growth effects of taxation in an endogenous growth model：to what extent do taxes affect economic growth. Journal of Economic Dynamics and Control，23：125-158.

King R，Levine R. 1993a. Finance and growth：schumpeter might be right. Quarterly Journal of Economics，108：717-737.

King R，Levine R. 1993b. Finance，entrepreneurship and growth：theory and evidence. Journal of Monetary Economics，32：513-542.

King R，Rebelo S. 1990. Public policy and economic growth：developing neoclassical implications. Journal of Political Economy，98：S126-S150.

Kitao S. 2014. Sustainable social security：four options. Review of Economic Dynamics，17：756-779.

Klein P，Ventura G. 2020. Taxation，expenditures and the Irish miracle. Journal of Monetary Economics，117：1062-1077.

Klenow P. 1998. Ideas versus rival human capital：industry evidence on growth models. Journal of

Monetary Economics, 42: 3-23.

Klenow P, Rodriguez-Clare A. 1997. The neoclassical revival in growth economics: has it gone far? NBER Macroeconomic Annual, 12: 73-103.

Klimaviciute J, Perelman S, Pestieau P, et al. 2017. Caring for depedent parents: altriusm exchange or family norms. Journal of Population Economics, 30: 835-873.

Knack S, Keefer P. 1997. Does social capital have an economic impact? A cross country investigation. Quarterly Journal of Economics, 112: 1251-1288.

Knowles S, Owen P. 1995. Health capital and cross-country variation in income per capita in the Mankiw-Romer-Weil model. Economics Letters, 48: 99-106.

Kocherlakota N, Yi K. 1997. Is there endogenous long-run growth? Evidence from united states and United Kingdom. Journal of Monetary Credit and Banking, 29: 235-262.

Kogel T, Prskawetz A. 2001. Agricultural productivity growth and escape from the Malthusian trap. Journal of Economic Growth, 6: 337-357.

Kongsamut P, Rebelo S, Xie D. 2001. Beyond balanced growth. Review of Economic Studies, 68: 869-882.

Koopmans T. 1965. On the Concept of Optimal Economic Growth//Econometric Approach to Development Planning. Amsterdam: North-Holland Publishing Company: 225-287.

Kortum S. 1993. Equilibrium R&D and the patent-R&D ratio: U.S. evidence. American Economic Review Proceedings, 83: 450-457.

Kortum S. 1997. Research patenting, and technological change. Econometrica, 65: 1389-1419.

Kremer M. 1993. Population growth and technology change: one million B.C to 1990. Quarterly Journal of Economics, 108: 681-716.

Krugman P. 1979. A model of innovation, technology transfer, and the world distribution of income. Journal of Political Economy, 87: 253-266.

Kuhn M, Prettner K. 2018. Population age structure and consumption growth: evidence from national transfer accounts. Journal of Population Economics, 31: 135-153.

Kunze L. 2012. Funded social security and economic growth. Economics Letters, 115: 180-183.

Kunze L. 2014. Mandatory retirement and economic growth: an inverted U-shaped relationship. Economics Bulletin, 34: 885-891.

Kuznets S. 1966. Modern Economic Growth: Rate Structure and Speed. New Haven: Yale University Press.

Kwan F, Lai E. 2003. Intellectual property rights and endogenous economic growth. Journal of Economic Dynamics and Control, 27: 853-873.

Ladron-De-Guevara A, Ortigueira S, Santos M. 1999. A two-sector model of endogenous growth with leisure. Review of Economic Studies, 66: 609-631.

Lagerlof N. 2003. From Malthus to modern growth: can epidemics explain the three regimes? International Economic Review, 44: 755-777.

Lagos R, Wright R. 2005. A unified framework for monetary theory and policy analysis. Journal of

Political Economy，113：463-484.

Lai E C. 1998. International intellectual property rights protection and the rate of product innovation. Journal of Development Economics，55：133-153.

Laitner J. 1995. Quantitative evaluations of efficient tax policies for Lucas's supply side models. Oxford Economic Papers，47：471-492.

Lambrecht S，Michel P，Vidal J. 2005. Public pensions and economic growth. European Economic Review，49：1261-1281.

Lambson V，Phillips K. 2007. Market structure and Schumpeterian growth. Journal of Economic Behavior & Organization，62：47-62.

Landau D. 1983. Government expenditure and economic growth：a cross-country analysis. Southern Economic Journal，49：783-792.

Lee G Y，Mansfield E. 1996. Intellectual property protection and U.S. foreign direct investment. Review of Economics and Statistics，78：181-186.

Lefebvre M，Pestieau P，Ponthiere G. 2019. Premature moratility and poverty measurement in an OLG economy. Journal of Population Economics，32：621-664.

Leroux M，Pestieau P. 2014. Social security and family support. Canadian Journal of Economics，47：115-143.

Levine R. 1997. Financial development and economic growth：views and agenda. Journal of Economic Literature，35：688-726.

Levine R. 2005. Finance and growth：theory and evidence//Handbook of Economic Growth. Amsterdam：Elsevier：865-934.

Levine R，Zervos S. 1998. Stock markets，banks and economic growth. American Economic Review，88：537-558.

Li C W. 2000. Endogenous vs. semi-endogenous growth in a two R&D-sector model. Economic Journal，110：C109-C122.

Li C W. 2002. Growth and scale effect：the role of knowledge spillovers. Economics Letters，74：177-185.

Li S，Lin S. 2016. Population aging and China's social security reforms. Journal of Policy Modeling，38：65-95.

Li H，Liu Q，Li B，et al. 2014. Human capital estimates in China：new panel data 1985-2010. China Economic Review，30：397-418.

Li H，Loyalka P，Rozelle S，et al. 2017. Human capital and China's future growth. Journal of Economic Perspectives，31：25-47.

Li H，Yang Z，Yao X，et al. 2012. Entrepreneurship，private economy and growth：evidence from China. China Economic Review，23：948-961.

Li Q，Wu Y. 2018. Intangible capital in Chinese regional economics：measurement and analysis. China Economic Review，51：321-341.

Li S，Lin S. 2016. Population aging and China's social security reforms. Journal of Policy

Modeling，38：65-95.
Liang M. 2010. Confucianism and the east Asia miracle. American Economic Journal：Macroeconomics，2：206-234.
Liang Q，Teng J. 2006. Financial development and economic growth：evidence from China. China Economic Review，17：395-411.
Liao P. 2013. The one child policy：a macroeconomic policy. Journal of Development Economics，101：49-62.
Lin J，Wan G，Morgan P. 2016a. Factors affecting the outlook for medium-term to long-term growth in China. China & World Economy，24：20-41.
Lin J，Wan G，Morgan P. 2016b. Prospects for a re-acceleration of economic growth in the PRC. Journal of Comparative Economics，44：842-853.
Ljungqvist L，Uhlig H. 2000. Tax policy and aggregate demand management under catching up with the joneses. American Economic Review，90：356-366.
Long X，Pellino A. 2017. Factor income taxation in a horizontal innovation model. Journal of Public Economics，154：137-159.
Lopez-Martin B. 2018. Informal sector misallocation. Macroeconomic Dynamics，1：1-34.
Lu S. 2012. East Asia growth experience revisited from the perspective of a neoclassical model. Review of Economic Dynamics，15：359-376.
Lu Y，Png I，Tao Z. 2013. Do institutions not matter in China? Evidence from manufacturing enterprises. Journal of Comparative Economics，41：74-90.
Lucas R. 1988. On the mechanics of economic development. Journal of Monetary Economics，22：3-42.
Lucas R. 1990a. Why doesn't capital flow from rich to poor countries? American Economic Review，80：92-96.
Lucas R. 1990b. Supply side economies：an analytic review. Oxford Economic Papers，42：293-316.
Lucas R. 1993. Making a miracle. Econometrica，61：251-272.
Lucas R. 2015. Human capital and growth. American Economic Review Papers & Proceedings，105：85-88.
Lucas R. 2000. Inflation and welfare. Econometrica，68：247-274.
Ma G，Roberts I，Kelly G. 2017. Rebalancing China's economy：domestic and international evidence. China & World Economy，25：1-31.
Madsen J. 2018. Health-led growth since 1800. Macroeconomic Dynamics，22：961-1000.
Mamum M，Sohag K，Hassan M. 2017. Governance，resources，and growth. Economic Modelling，63：238-261.
Mankiw G，Phelps E，Romer P. 1995. The growth of nations. Brooking Papers on Economic Activity，1：275-326.
Mankiw N，Romer D，Weil D. 1992. A contribution to the empirical of economic growth. Quarterly Journal of Economics，107：407-437.

Mansfield E. 1995. Intellectual property protection，foreign direct investment and technology transfer. IFC Discussing Paper.

Manuelli R，Seshadri A. 2014. Human capital and the wealth of nations. American Economic Review，104：2736-2762.

Marcnoi N，Reis C，Araujo E. 2016. Manufacturing and economic development：the actuality of Kaldor's first and second laws. Structural Change and Economic Dynamics，37：75-89.

Marrano M，Haskel J，Wallis G. 2009. What happened to the knowledge economy？ICT，intangible investment，and Britain's productivity. Review of Income and Wealth，55：686-716.

Marshell E，Nguyen H，Shea P. 2019. Endogenous growth and household leverage. Macroeconomic Dynamics，23：2089-2113.

Maskus K，Neumann R，Seidel T. 2012. How national and international financial development affect industrial R&D. European Economic Review，56：72-83.

Mason A，Lee R，Jiang X. 2016. Demographic dividends，human capital，and saving. Journal of the Economics of Aging，7：106-122.

Matsuyama K. 2009. Structural change in an interdependent world：a global view of manufacturing decline. Journal of the European Economic Association Papers and Proceedings，7：478-486.

McGrattan E. 1998. A defense of AK growth models. Quarterly Review Reserve Bank Minneapolis，Fall：13-27.

McGrattan E R. 2017. Intangible capital and measured productivity. NBER Working Paper，No.23233.

McGrattan E，Prescott C. 2010. Unmeasured investment and the puzzling U.S boom in the 1990s. American Economic Journal：Macroeconomics，2：88-123.

McKinnon R. 1973. Money and Capital in Economic Development. Washington DC：Brookings Institution.

Mendoza E G，Milesi-Ferretti G M，Asea P. 1997. On the ineffectiveness of tax policy in altering long-run growth：Harberger's superneutrality conjecture. Journal of Public Economics，66：99-126.

Mendoza E G，Tesar L L. 1998. The international ramifications of tax reforms：supply-side economics in a global economy. American Economic Review，88：226-245.

Meon P，Weill L. 2010. Does financial intermediation matter for macroeconomic performance？Economic Modeling，27：296-303.

Merton R. 1975. An asymptotic theory of growth under uncertainty. Review of Economic Studies，42：375-393.

Michaels G，Rauch F，Redding S J. 2012. Urbanization and structural transformation. Quarterly Journal of Economics，127：535-586.

Miller S M，Russek F S. 1997. Fiscal structures and economic growth：international evidence. Economic Inquiry，35：604-613.

Mitra S. 2019. Intangible capital and the rise in wages and hours volatility. Journal of Economic

Dynamics & Control，100：70-85.

Miyazaki K. 2013. Pay-as-you-go social security and endogenous fertility in a neoclassical growth model. Journal of Population Economics，26：1233-1250.

Miyazaki K. 2014. The effects of the raising-the-official-pension-age policy in an overlapping generations economy. Economics Letters，123：329-332.

Mizuno M，Yakita A. 2013. Elderly labor supply and fertility decisions in aging-population economics. Economics Letters，121：395-399.

Mobarak A. 2005. Democracy volatility and economic development. Review of Economics and Statistics，87：348-361.

Mondal D，Gupta M R. 2008. Innovation，imitation and multinationalisation in a north-south model：a theoretical note. Journal of Economics，94：31-62.

Morales M. 2003. Financial intermediation in a model of growth through creative destruction. Macroeconomic Dynamics，7：363-393.

Moro A. 2012. The structural transformation between manufacturing and services and the decline in the US GDP volatility. Review of Economic Dynamics，15：402-415.

Mulligan C，Sala-i-Martin X. 1993. Transitional dynamics in two-sector models of endogenous growth. Quarterly Journal of Economics，108：739-773.

Murphy K，Schleifer A，Vishny R. 1991. The allocation of talent：implications for growth. Quarterly Journal of Economics，106：503-530.

Nakamura H，Mihara Y. 2016. Effect of public health investment on economic development via savings and fertility. Macroeconomic Dynamics，20：1341-1358.

Nelson R，Pack H. 1999. The Asian miracle and modern growth theory. Economic Journal，109：416-436.

Ngai L. 2004. Barriers and the transition to modern growth. Journal of Monetary Economics，51：1353-1383.

Ngai L R，Pissarides C A. 2007. Structural change in a multisector model of growth. American Economic Review，97：429-443.

Niebel T. 2018. ICT and growth—comparing developing emerging and developed countries. World Development，104：197-211.

Nonnemen W，Vanhoudt P. 1996. A further augmentation of the Solow model and the empirics of economics for OECD countries. Quarterly Journal of Economics，111：943-953.

North D. 1990. Institutions，Institutional Change and Economic Performance. Cambridge：Cambridge University Press.

North D，Thomas R. 1973. The Rise of the Western World：A New Economic History. Cambridge：Cambridge University Press.

Oliner S，Sichel D. 2000. The resurgence of growth in the late 1990s：is information technology the story？Journal of Economic Perspectives，14：3-22.

Olsson O，Hibbs D. 2005. Biogeography and long-run economic development. European Economic

Review，49：909-938.

Ono T，Uchida Y. 2016. Pensions，education，and growth：a positive analysis. Journal of Macroeconomics，48：127-143.

Ortigueira S. 1998. Fiscal policy in an endogenous growth model with human capital accumulation. Journal of Monetary Economics，42：323-355.

Oto-Peralias D，Romero-Avila D. 2017. The consequences of persistent inequality on social capital：a municipal-level analysis of blood donation data. Economics Letters，151：53-57.

Oulton N. 2012. Long-term implications of the ICT revolution：applying the lessons of growth theory and growth accounting. Economic Modeling，29：1722-1736.

Owen A，Videras J，Davis L. 2009. Do all countries follow the same growth process？Journal of Economic Growth，14：265-286.

Palivos T，Wang P，Zhang J. 1997. On the existence of balanced growth equilibrium. International Economic Review，38：205-224.

Papageorgiou C，Fidel P. 2006. Dynamics in a non-scale R&D growth model with human capital：explaining the Japanese and south Korean development experiences. Journal of Economic Dynamics and Control，30：901-930.

Papagapitos A，Riley R. 2009. Social trust and human capital formation. Economics Letters，102：158-160.

Parente S，Prescott E. 1994. Barriers to technology adoption and development. Journal of Political Economy，102：298-321.

Park H，Philippopoulos A. 2004. Indeterminacy and fiscal policies in a growing economy. Journal of Economic Dynamics and Control，28：645-660.

Park W G. 1998. A theoretical model of government research and growth. Journal of Economic Behavior and Organization，34：69-85.

Park W G，Ginarte J C. 1997. Intellectual property rights and economic growth. Contemporary Economic Policy，21：51-61.

Patrick H. 1966. Financial development and economic growth in underdeveloped countries. Economic Development and Cultural Change，14：174-189.

Pautrel X. 2012. Pollution，private investment in healthcare，and environmental policy. Scandinavian Journal of Economics，114：334-357.

Pecorino P. 1993. Tax structure and growth in a model with human capital accumulation. Journal of Public Economics，46：251-271.

Pecorino P. 1994. The growth rate effects of tax reform. Oxford Economic Papers，46：492-501.

Peiro-Palomino J. 2016. Social capital and economic growth in Europe：nonlinear trends and heterogeneous regional effects. Oxford Bulletin of Economics and Statistics，78：717-751.

Peretto P. 1998. Technological change and population growth. Journal of Economic Growth，3：283-311.

Pereto P. 2020. Through scarcity to prosperity：toward a theory of sustainable growth. Journal of

Monetary Economics，117：243-257.
Perez R，Ruiz J . 2007. Global and local indeterminacy and optimal environmental public policies in an open economy with public abatement activities. Economic Modeling，24：431-452.
Perez-Sebastian F. 2007. Public support to innovation and imitation in a non-scale growth model. Journal of Economic Dynamics and Control，37：3791-3821.
Perez-Sebastain F. 2015. Market failure，government inefficiency，and optimal R&D policy. Economics Letters，128：43-47.
Perkins D. 2012. Rapid growth and changing economic structure：the expenditure side story and its implications for China. China Economic Review，23：501-511.
Perkins D. 2015. Understanding the slowing growth rate of the people's republic of China. Asian Development Review，32：1-30.
Perkins D. 2019. Measuring China's economic reform progress. China Economic Review，53：342-350.
Perkins D，Rawski T. 2008. Forecasting China's economic growth to 2025//Brandt L，Rawski T G. China's Great Economic Transformation. New York：Cambridge University Press.
Poot J. 2000. a synthesis of empirical research on the impact of government on long-run growth. Growth and Change，31：516-546.
Porter M E，Stern S. 2000. Measuring the ideas production function：evidence from international patent output. NBER Working Paper，No. 7891.
Prasad E，Rajan R. 2006. Modernizing China's growth paradigm. American Economic Review，96：331-336.
Prettner K，Werner K. 2016. Why it pays off to pay us well：the impact of basic research on economic growth and welfare. Research Policy，45：1075-1090.
Primo Braga C，Fink C. 2000. International transactions in intellectual property and developing countries. International Journal of Technological Management，19：35-56.
Putnam R. 1993. Making Democracy Work：Civic Traditions in Modern Italy. New Jersey：Princeton University Press.
Quah D. 1996. Convergence empirics across economics with some capital mobility. Journal of Economic Growth，1：95-124.
Ram P. 1986. Government size and economic growth：a new framework and some evidence from cross-section and time-series data. American Economic Review，76：191-203.
Ramsey F. 1928. A mathematical theory of saving. Economic Journal，38：543-559.
Rapp R T，Rozek R P. 1990. Benefits and costs of intellectual property rights in developing countries. Journal of World Trade，24：74-102.
Ratner J B. 1983. Government capital and the production function for U.S. private output. Economics Letters，13：213-217.
Rawski T. 2001. What is happening to China's statistics. China Economic Review，12：347-354.
Razin A，Yuen C W. 1996. Capital income taxation and long-run growth：new perspectives. Journal

of Public Economics，59：239-263.

Rebelo S. 1991. Long-run policy analysis and long-run growth. Journal of Political Economy，99：500-521.

Reis A B，Squeira T N. 2007. Human capital and over-investment in R&D. Scandinavian Journal of Economics，109：573-591.

Rivera-Batiz L，Romer P. 1991. Economic integration and endogenous growth. Quarterly Journal of Economics，106：531-555.

Roberts B，Rodriguez A. 1997. Economic growth under a self-interested central planner and transition to a market economy. Journal of Comparative Economics，24：121-139.

Rogerson R. 2008. Structural transformation and the deterioration of the European labor market outcomes. Journal of Political Economy，116：235-259.

Roller L，Waverman L. 2001. Telecommunications infrastructure and economic development：a simultaneous approach. American Economic Review，91：909-923.

Romer P. 1986. Increasing returns and long-run growth. Journal of Political Economy，94：1002-1037.

Romer P.1990. Endogenous technological change. Journal of Political Economy，98：S71-S102.

Romer P. 1993. Two strategies for economic development：using ideas and producing ideas. World Bank Economic Review，6（suppl 1）：63-91.

Romer P. 1994. The origins for endogenous growth. Journal of Economic Perspective，8：3-22.

Romer P. 2015. Mathiness in the theory of economic growth. American Economic Review：Papers & Proceedings，105：89-93.

Roth F，Thum A. 2013. Intangible capital and labor productivity growth：panel evidence for the EU from 1998-2005. Review of Income and Wealth，59：486-508.

Rozen K. 2010. Foundations of intrinsic habit formation. Econometrica，78：1341-1373.

Ryder J，Heal G. 1973. Optimal growth with intertemporally dependent preferences. Review of Economics Studies，40：1-31.

Sanchez-Losada F. 2019. How important are scale effects when knowledge is a public good? Scandinavian Journal of Economics，121：763-782.

Schneider P H. 2005. International trade economic growth and intellectual property rights：a panel data study of developed and developing countries. Journal of Development Economics，78：529-547.

Schubert S，Turnovsky S. 2018. Growth and unemployment：short-run and long-run tradeoffs. Journal of Economic Dynamics & Control，91：172-189.

Schumpeter J. 1912. The Theory of Economic Development. Cambridge：Harvard University Press.

Segerstrom P S. 1998. Endogenous growth without scale effect. American Economic Review，88：1290-1310.

Segerstrom P S. 2007. Intel economics. International Economic Review，48：247-280.

Shai O. 2018. Is retirement good for men's health? Evidence using a change in the retirement age in Israel. Journal of Health Economics，57：15-30.

Shaw E S. 1973. Financial Deepening in Economic Development. New York：Oxford University Press.

Shleifer A. 1998. State verse private ownership. Journal of Economic Perspectives，12：133-150.

Sidrauski M. 1967. Rational choice and patterns of growth in a monetary economy. American Economic Review，57：534-544.

Siziba S，Bulte E. 2012. Does market participation promote generalized trust? experimental evidence from south Africa. Economics Letters，117：156-160.

Solow R. 1956. A contribution to the theory of economic growth. Quarterly Journal of Economics，70：65-94.

Solow R. 1997. Is there a core of usable macroeconomics we should all believe in? . American Economic Review，87：230-232.

Song Z，Storesletten K，Zilibotti F. 2011. Growing like China. American Economic Review，101：196-233.

Sorensen A. 1999. R&D，learning and phases of economic growth. Journal of Economic Growth，4：429-445.

Stefanski R. 2014. Structural transformation and the oil price. Review of Economic Dynamics，17：484-504.

Steger T M. 2005. Welfare implications of non-scale R&D-based growth models. Scandinavian Journal of Economics，107：737-757.

Stiroh K. 2002. Information technology and the U.S productivity revival：what do the industry data say? American Economic Review，92：1559-1576.

Stockman A. 1981. Anticipated inflation and the capital stock in a cash-in-advance economy. Journal of Monetary Economics，8：387-393.

Stokey N. 1998. Are there limits to growth? International Economic Review，39：1-31.

Stokey N. 2015. Catching up and falling behind. Journal of Economic Growth，20：1-36.

Stokey N，Rebelo S. 1995. Growth effects of flat-rate taxes. Journal of Political Economy，103：519-550.

Strulik H.2016.Secularization and long-run economic growth. Economic Inquiry，54：177-200.

Strulik H. 2017. Myopic misery：maternal，depression，child investments，and the neurobiological poverty trap. Macroeconomic Dynamics，23：1-13.

Strulik H，Weisdorf J. 2010. How child costs and survival shaped the industrial revolution and the demographic transition. Macroeconomic Dynamics，18（1）：114-144.

Summers L. 1981. Capital taxation and accumulation in a life cycle growth model. American Economic Review，71：533-544.

Summers L. 2015. Demand side secular stagnation. American Economic Review：Papers & Proceedings，105：60-65.

Swiecki T. 2017. Determinants of structural change. Review of Economic Dynamics，24：95-131.

Szirmai A，Verspagen B. 2015. Manufacturing and economic growth in developing countries 1950–2005. Structural Change and Economic Dynamics，34：46-59.

Szirmai A. 2012. Industrialisation as an engine of growth in developing countries 1950–2005. Structural Change and Economic Dynamics，4：406-420.

Tamai T. 2007. Public intermediate goods，endogenous growth，and indeterminacy. Economic Modeling，24：683-689.

Tamura R. 2002. Human capital and the switch from agriculture to industry. Journal of Economic Dynamics and Control，27：207-242.

Tanaka H，Iwaisako T. 2014. Intellectual property rights and foreign direct investment：a welfare analysis. European Economic Review，67：107-124.

Tang S，Groenewold N，Leung C. 2008. The link between institutions，technology change and macroeconomic volatility. Journal of Macroeconomics，30：1520-1549.

Teignier M. 2018. The role of trade in structural transformation. Journal of Development Economics，130：45-65.

Temple J. 2003. The long-run implications of growth theories. Journal of Economic Survey，17：497-510.

Temple J，Johnson P. 1998. Social capability and economic growth. Quarterly Journal of Economics，113：967-990.

Thibault E. 2016. Demonstration effect and dynamic efficiency. Economics Letters，147：42-45.

Timmer M，van Ark B. 2005. Does information and communication technology drive EU-US productivity growth differentials？Oxford Economic Papers，57：693-716.

Tobin J. 1965. Money and economic growth. Econometrica，33：671-684.

Turnovsky S. 1996. Optimal tax，debt，and expenditure policies in a growing economy. Journal of Public Economics，60：21-44.

Turnovsky S. 2000. Fiscal policy，elastic labor supply，and endogenous growth. Journal of Monetary Economics，45：185-210.

Ungor M. 2017. Productivity growth and labor reallocation：Latin Smerican and east Asia. Review of Economic Dynamics，24：25-42.

Uzawa H. 1965. Optimal technical change in an aggregative model of economic growth. International Economic Review，6：18-31.

Varvarigos D，Xin G. 2018. Social distance and economic development. Macroeconomic Dynamics，1：1-22.

Vollrath D. 2009. How important are dual economy effects for aggregate productivity？Journal of Development Economics，88：325-334.

Wang L. 2015. Fertility and unemployment in a social security system. Economics Letters，133：19-23.

Wang P，Xie D. 2004. Activation of a modern industry. Journal of Development Economics，74：393-410.

Wang Y，Yao Y. 2003. Sources of economic growth in China 1952-1999：incorporating human capital accumulation. China Economic Review，14：32-52.

Wang Y，Li J. 2017. ICT's effect on trade：perspective of comparative advantage. Economics Letters，155：96-99.

Wang M，Zhao J，Bhattacharya J. 2015. Optimal health and environmental policies in a pollution-growth nexus. Journal of Environmental Economics and Management，71：160-179.

Wei S，Xie Z，Zhang X. 2017. From "made in China" to "innovated in China"：necessity prospect and challenges. Journal of Economic Perspectives，31：49-70.

Weitzman M. 1998. Recombinant growth. Quarterly Journal of Economics，113：331-360.

Wen Y. 2015. Money，liquidity and welfare. European Economic Review，76：1-24.

Woo W T. 2019. China's soft budget constraint on the demand-side undermines its supply-side structural reforms. China Economic Review，57：101-111.

Wu H. 2016. Sustainability of China's growth model：a productivity perspective. China & World Economy，24：42-70.

Wu Y，Zhang J. 1998. Endogenous growth and the welfare costs of inflation：a reconsideration. Journal of Economic Dynamics & Control，22：465-482.

Wu Y，Zhang J. 2000. Monopolistic competition，increasing returns to scale and the welfare cost of inflation. Journal of Monetary Economics，46：417-440.

Xiao S，Zhao S. 2012. Financial development，government ownership of banks and firm innovation. Journal of International Money and Finance，31：880-906.

Xiong W. 2018. The Mandarin Model of Growth. NBER Working Paper 25296.

Xu J. 2017. Growth through the merger and acquisition. Journal of Economic Dynamics and Control，80：54-74.

Yakita A. 2018. Parents' strategic transfers and sibling competition in the presence of pay-as-you-go pensions. Economics Letters，170：63-65.

Yamamura E. 2011. Decomposition of the effect of government size on growth. Economics Letters，112：230-232.

Yang B H. 2008. Does democracy lower growth volatility? a dynamic panel analysis. Journal of Macroeconomics，30：562-574.

Yang F. 2019.The impact of financial development on economic growth in middle-income countries. Journal of International Financial Markets Institutions & Money，59：74-89.

Yao Y. 2016. Will China be able to avoid the Japan syndrome. China & World Economy，24：98-121.

Yew S，Zhang J. 2009. Optimal social security in a dynamic model with human capital externalities fertility and endogenous growth. Journal of Public Economics，93：605-619.

Young A. 1995. The tyranny of numbers：confronting the statistical realities of the east Asian growth experience. Quarterly Journal of Economics，110：641-680.

Young A. 1998. Growth without scale effect. Journal of Political Economy，106：41-63.

Young A. 2003. Gold into base metals: productivity growth in the people's republic of China during the reform period. Journal of Political Economy，111：1220-1261.

Yu P，Lai C. 2020. Optimal privatization and economic growth in a Schumpeterian economy. Journal of Macroeconomics，64：103205.

Zaire J. 1998. Workers，machines，and economic growth. Quarterly Journal of Economics，113：1091-1117.

Zak P，Knack S. 2001. Trust and growth. Economic Journal，111：295-321.

Zeng J L. 1997. Physical and human capital accumulation R&D and economic growth. Southern Economic Journal，63：1023-1038.

Zeng J L，Zhang J. 2002. Long-run growth effects of taxation in a non-scale growth model with innovation. Economics Letters，75：391-403.

Zeng J L，Zhang J. 2007. Subsidies in an R&D model with elastic labor. Journal of Economic Dynamics and Control，31：861-886.

Zhang H，Zhang H，Zhang J. 2015. Demographic age change and economic development: evidence from Chinese provinces. Journal of Comparative Economics，43：170-185.

Zhang J. 1995. Social security and endogenous growth. Journal of Public Economics，58：185-213.

Zhang J，Wang L，Wang S. 2012. Financial development and economic growth：recent evidence from China. Journal of Comparative Economics，40：393-412.

Zhang J，Zhang J S. 2007. Optimal social security in a dynastic model with investment externalities and endogenous fertility. Journal of Economic Dynamics & Control，31：3545-3567.

Zhang J S，Zhang J X. 1998. Social security，intergenerational transfers，and endogenous growth. Canadian Journal of Economics，31：1225-1241.

Zheng Z，Huang C，Yang Y. 2020. Patent protection，innovation，and technology transfer in a Schumpter economy. European Economic Review，129：103531.

Zhu R. 2016. Retirement and its consequences for women's health in Australian. Medical Science & Medicine，163：117-125.

Zhu X D. 2012. Understanding China's growth：past，present and future. Journal of Economic Perspectives，26：103-124.

Zou H. 1994. The spirit of capitalism and long-run growth. European Journal of Political Economy，10：279-293.

索　引

H

I

J

K

L

M

N

P

Q

R

S

T

U

W

X

Y

Z

后　记

经济增长是一个古老而常新的话题。20 世纪 50 年代中后期和 20 世纪 80 年代中后期是经济增长理论发展过程中的两个关键节点。在过去的三十多年里，沿着新增长理论的研究思路，经济增长学者从各个维度对经济增长理论做了改进，极大地丰富了经济增长的作用机理，这对于认识现实经济增长和宏观经济政策设计具有重要意义。我们也必须看到，尽管现代经济增长理论取得了极大发展，但其在分析理论问题和解释现实经济时还存在一定的局限。基于此，本书在传统经济增长框架基础上做了拓展性分析，有助于我们更好地理解经济增长理论和现实问题。

本书收录了笔者发表论文的部分内容，主要包括：①严成樑、龚六堂，《熊彼特增长理论：一个文献综述》（2009 年），《经济学（季刊）》第 8 卷第 3 期；②严成樑、龚六堂，《经济增长不确定性理论研究新进展》（2011 年），《经济学动态》第 2 期；③严成樑、王弟海，《统一增长理论研究述评》（2012 年），《经济学动态》第 1 期；④严成樑，《基础研究，应用研究与最优 R&D 配置》（2013 年），《系统科学与数学》第 8 期；⑤严成樑，《公共服务应该由政府提供还是市场提供？——经济增长和社会福利视角的分析》（2013 年），《经济研究》增 1 期；⑥严成樑，《新常态下中国经济增长动力分析》（2017 年），《中国高校社会科学》第 6 期；⑦严成樑，《现代经济增长理论的发展脉络与未来展望——兼从中国经济增长看现代经济增长理论的缺陷》（2020 年），《经济研究》第 7 期。在此对这些刊物、责任编辑以及审稿专家表示感谢。

本书有幸入选《国家哲学社会科学成果文库》，获得出版基金资助，匿名评审专家高度肯定了本书的工作，在此对全国哲学社会科学工作办公室和匿名评审专家表示感谢。北京大学光华管理学院龚六堂老师一直鼓励笔者关注经济增长的前沿理论，在本书的研究过程中，龚老师提出了宝贵建议，在此对龚老师表示感谢。笔者的学生李蒙蒙、季明珠整理了部分章节的数据，牛欢整理了本书初稿，感谢他们出色的助研工作。科学出版社的责任编辑李莉女士为本书的出版做了大量工作，在此表示感谢。本书的研究得到了国家社会科学基金重大项目“供给侧结构性改革与发展新动力研究”（项目批准号：16ZDA005），国家社会科学基金一般项目“新常态下我国经济发展动力转换研究”（项目批准号：16BJL059）和霍英东教育基金会第十五届高等院校青年教师基金基础性研究课题“产业结构变迁与中国经济转型研究”（项目批准号：151083）的资助，在此一并致谢。

由于个人水平和能力有限，本书还存在诸多不足，恳请读者提出宝贵意见。

严成樑

2021 年 3 月 6 日